北京经济技术开发区年鉴

BEIJING ECONOMIC-TECHNOLOGICAL DEVELOPMENT AREA YEARBOOK

（2017）

北京经济技术开发区年鉴编纂委员会 编

方志出版社
Publishing House of Local Records

图书在版编目（CIP）数据

北京经济技术开发区年鉴 . 2017/ 北京经济技术开发区年鉴编纂委员会编 .
——北京：方志出版社，2017.12
ISBN 978-7-5144-2823-0

Ⅰ. ①北… Ⅱ. ①北… Ⅲ. ①技术开发区—北京—2017—年鉴
Ⅳ. ① F127.1-54

中国版本图书馆 CIP 数据核字（2017）第 309663 号

北京经济技术开发区年鉴（2017）

编　　者：北京经济技术开发区年鉴编纂委员会
责任编辑：齐　笑

出 版 人：冀祥德
出 版 者：方志出版社
地址　北京市朝阳区潘家园东里 9 号（国家方志馆 4 层）
邮编　100021
网址　http://www.fzph.org
发　　行：方志出版社发行中心
电话　（010）67110500
经　　销：各地新华书店
印　　刷：北京华联印刷有限公司

开　　本：889 × 1194　　1/16
印　　张：41.5
字　　数：931 千字
版　　次：2017 年 12 月第 1 版　　2017 年 12 月第 1 次印刷
印　　数：0001~1200 册

ISBN 978-7-5144-2823-0　　定价：480.00 元

北京经济技术开发区年鉴
编纂委员会

北京经济技术开发区年鉴

编　辑　部

《北京经济技术开发区年鉴》
组　稿　人

（按姓氏笔画排序）

安会会	边　蕾	蔡　雳	常勤学	车芳兴	陈　戈
陈　林	陈　旭	陈浩林	陈京生	陈君明	陈乐央
陈明月	陈晓光	成小红	程　芳	程　群	程晓芳
崔　牧	戴　豪	丹丽娜	狄　宇	丁孟良	董凤荣
杜　敏	段秋菊	房　帅	冯　玉	伏社宏	付苓霞
高　芳	高建伟	高　洁	高　磊	高　卿	杲继伟
葛晨辉	谷明华	郭佳丽	韩　笑	韩士华	韩晓婷
郝健强	郝美丽	郝美平	何　斌	何嘉欢	何静贤
何亮颖	何　霞	何　谊	侯东昊	侯　娟	侯　萱
黄　文	黄文佳	黄雯婷	黄秀敏	黄惟薇	黄永雷
霍晓蕊	贾　超	贾　坤	贾莉莉	贾　曦	姜　涛
姜小雨	蒋健勇	靳　洋	靳子畅	巨德慧	匡　娜
兰简瑶	郎咸勇	冷　琎	黎　军	李　波	李　潮
李　晨	李　菲	李　华	李　婕	李　婧	李　宁
李　倩	李　蔚	李　欣	李春澍	李靖宇	李静媛
李军辉	李楠楠	李朋朋	李小冬	李艳华	李艳军
李艳平	李云翰	连　莲	梁　爽	蔺仿如	刘　欢
刘　蕊	刘丹青	刘宏虚	刘明明	刘莎莎	刘世奇
刘湘永	刘小幸	刘晓霞	刘颜雪	刘园园	刘远征
刘紫馨	鲁　明	陆　丹	栾美丽	骆莉轩	吕　丽
吕华斌	马　乐	马苏墨	马彦华	马　焱	马银鹏
马园园	马赞钧	满兴博	毛东颖	毛　峥	蒙　乐

（续）

孟　超	孟　瑶	孟　雨	母仲秋	穆贵林	倪延云
庞露露	彭立华	钱云平	乔　晗	乔　悦	屈洪博
权立云	权伍琳	任育枝	申　磊	沈　佳	沈　剑
宋　健	宋　萌	宋晓梅	苏　欣	苏云鹏	孙　辉
孙继东	孙立东	孙　森	孙欣欣	谭　艳	陶素杰
滕　博	田　博	仝晓青	佟俐颖	王　矗	王春时
王　翠	王　丹	王德友	王　迪	王冬梅	王冬温
王海英	王华伟	王欢腾	王　瑾	王　菁	王　晶
王　雷	王　磊	王立珩	王　琳	王　曼	王　娜
王　宁	王朋飞	王　鹏	王　琪	王倩倩	王　琴
王　巍	王玮玮	王文佼	王艺秋	王英建	王玉姗
魏嘉璇	温晋平	吴　爽	吴希瑶	席志斌	夏枫荻
夏　源	肖雅娟	刑　迪	邢　雷	徐博远	徐　雪
徐　颖	闫盼娜	闫　炎	杨　博	杨　帆	杨洪星
杨晶晶	杨丽丹	杨秋超	杨婉若	杨　旸	杨　莹
杨　颖	姚　静	姚　远	姚珍珍	叶立华	尤玉霞
于春影	于金铭	于文婕	余　婕	月梅兰	曾　敏
翟　欣	翟家明	展　欣	张　弛	张　夺	张　菁
张　娟	张　萌	张　敏	张　琪	张　然	张　杨
张　一	张　莹	张　羽	张　月	张超平	张春红
张海璐	张进红	张胜智	张思思	张婉君	张万欣
张蔚青	张文彬	张晓慧	张学才	张迎春	张元璋
张洲栋	赵　晶	赵　娜	赵大维	赵桂亮	赵慧静
赵静怡	赵凯丽	赵心莹	赵英学	郑　怡	郑川立
周　泉	周　璇	周　毓	周会丽	周菁楠	周明翰
朱凯源	朱晓明	左艳丽			

12 月 28 口，开发区 2017 年度工作会召开　　田艳军 摄

7 月 1 日，开发区举办庆祝中国共产党成立 95 周年歌咏比赛　　潘清泉 摄

3月31日，高校创意总部承办 2015 全国大学生移动应用创新大赛全国总决赛　高校创意总部提供

5月18日，开发区参展第19届中国北京国际科技产业博览会　　田艳军 摄

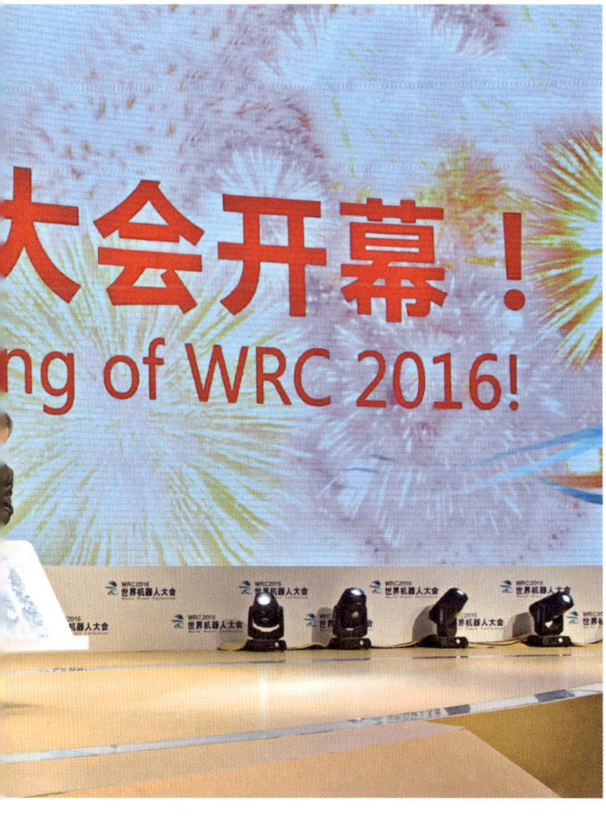

10月20日，2016世界机器人大会开幕
潘清泉 摄

2 月 2 日，开发区举办 2016 首届亦庄“新创工程 · 亦麒麟”人才评选发布活动

潘清泉 摄

9 月 27 日，开发区举办集成电路重点项目启动仪式　　亦庄国投提供

5 月 24 日，京东方首发全球最薄 8K 超高清显示屏　　京东方提供

月 27 日，2016 北京微电子国际研讨会暨中国新能源汽车电子高峰论坛举办　　北方微电子提供

1 月 8 日，京东方举办 2016 全球创新伙伴大会　　京东方提供

3月，艾德摩生物建立活肿瘤组织生物样本库　艾德摩提供

9月，赛诺菲（北京）制药来得时（甘精胰岛素）生产线完成工艺验证　赛诺菲（北京）制药提供

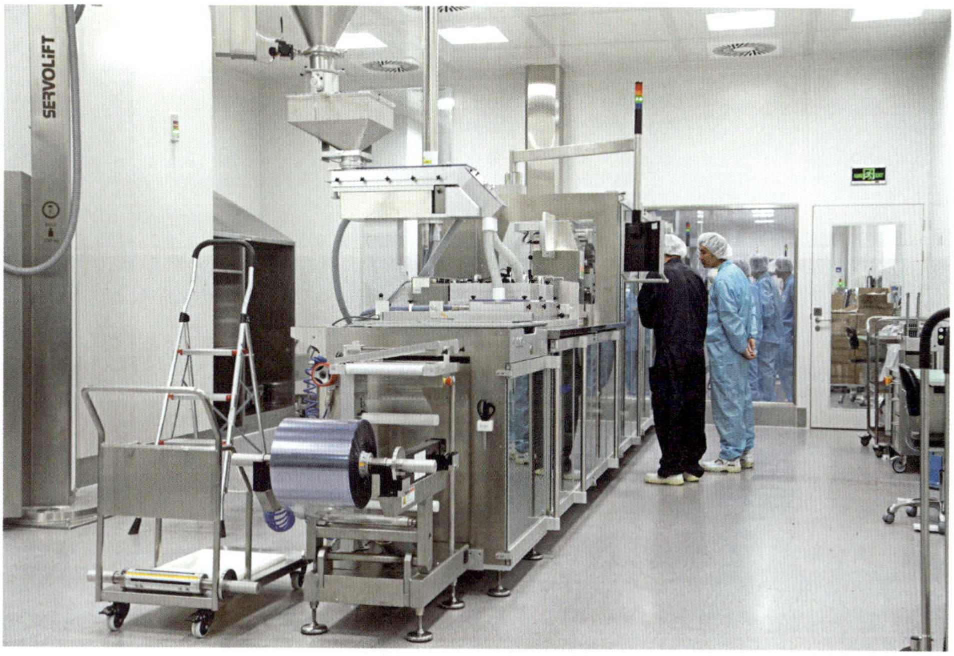

11 月 18 日，拜耳医药保健北京工厂综合扩建项目启用　　田艳军 摄

11 月 17 日，北京奔驰第 100 万辆国产梅赛德斯－奔驰整车下线

北京奔驰提供

3 月 2 日，金风科创获批北京市工程实验室　　金风科创提供

5 月，SMC 首席技师工作室挂牌　　SMC 提供

5 月 10 日，北京亦庄移动硅谷创新中心开园　　郑玮 摄

6 月 8 日，悦康科创举行新三板挂牌仪式　　陈晨 摄

5 月 16 日，天地互连举办 2016 春季 SDNFV Fest 测试活动　马乐 摄

7 月，京运通建设光伏发电与风力发电新能源发电智能营维云中心

6月1日，天地互连与开放网络基金会签署合作协议　　马乐 摄

京运通提供

4 月 17 日，美国百老汇托尼奖 · 中国启动签约仪式暨新闻发布会　君立天地提供

3 月 30 日，北京亦庄保税直购中心首家“ET 保税”品牌示范店营业　潘清泉 摄

8月24日，中铁十九局参建的瓦亚铁路举行通车典礼　中铁十九局提供

2016 年，建设中的新机场

潘清泉 摄

7 月 4 日，开发区交通大队深入辖区危化品运输企业和货运单位开展联合检查　刘磊 摄

11 月 10 日，开发区综合配套服务区锅炉煤改气工程　钱鹏 摄

10 月 24 日，开发区公安分局民警在世界机器人大会场外执勤巡逻　　徐健 摄

10 月 18 日，永兴河新河道正式启用　　新航城公司提供

2016 年，开发区建设安全岛 13 处　　潘清泉 摄

2016 年，开发区建设公共充电桩 573 个
潘清泉 摄

2016 年，开发区安装 140 根智慧灯杆　　开发区信息办提供

2016 年，开发区荣华路升级改造　　潘清泉 摄

3 月 1 日，中芯南海子园开园　　顾春春 摄

5 月 14 日，电科职院承办首都高校第 54 届学生田径运动会　　陈思亦 摄

11 月，新元公司公租房租赁服务中心投入使用　　新元公司提供

9 月 1 日，亦庄实验中学开学　　潘清泉 摄

4 月 27 日，开发区第九届文化艺术节开幕　　田艳军 摄

6 月 15 日，中杂公司杂技剧《北京》首演　徐有成 摄

12 月，开发区开展北京亦庄首届道德模范评选活动　　于晓玲 摄

7 月，南海子公园二期续建　　欧阳云淞 摄

2016 年，开发区空气质量中细颗粒物（$PM_{2.5}$）年均浓度为 81 微克 / 立方米，比 2015 年下降 13.8%

潘清泉 摄

编辑说明

一、本年鉴以马克思列宁主义、毛泽东思想、邓小平理论、“三个代表”重要思想、科学发展观和习近平新时代中国特色社会主义思想为指导，坚持辩证唯物主义和历史唯物主义的立场、观点和方法。全面落实《京津冀协同发展规划纲要》《北京城市总体规划（2016—2035年）》《国务院办公厅关于促进国家级经济技术开发区转型升级创新发展的若干意见》《国务院办公厅关于促进开发区改革和创新发展的若干意见》，坚持实事求是的原则，科学、客观地记述本地区经济社会发展情况。

二、本年鉴采用类目结构，以条目为主体，附之以文章，用规范的语体文、记述体，直陈其事，文字力求言简意赅。

三、本年鉴在原来框架结构基础上进行了调整，调整后共设有20个栏目，包括区情概况、特载、文件选载、大事记、产业促进、主导产业、新兴产业、支撑产业、科技、综合经济管理、规划·建设·管理、区属国有资产经营、财政·金融、社会发展、公用事业、党建党务、综合行政事务、法治、统计资料和附录。

四、本年鉴记述2016年1月1日至12月31日期间情况，凡2016年事项，均直书月、日，不再另写年份。

五、本年鉴在记述时使用了一些简称，主要有：大兴区和北京经济技术开发区合称为“两区”，北京经济技术开发区简称为“开发区”，中共北京市委经济技术开发区工作委员会简称为“开发区工委”，北京经济技术开发区管理委员会简称为“开发区管委会”，北京经济技术投资开发总公司简称为“开发区总公司”。凡入编企业、事业单位在其条目或标题下出现的简称均为单位习惯简称。条目中出现的国家、北京市部分机构均使用简称。“规模以上工业”指年主营业务收入2000万元及以上工业法人单位；固定资产投资项目统计起点是计划总投资额为500万元及以上的项目，该数据包含机场投资数据。“重点服务业”指年营业收入1000万元及以上（居民服务、修理和其他服务业，文化、体育和娱乐业指年营业收入500万元及以上）或年末从业人员50人及以上的重点服务业法人企业。

六、本年鉴中一般采用标准计量单位，人民币直书“元”，外币直接标明币种。“12平方公里”“16平方公里”“26平方公里”“46.8平方公里”等为特殊专属名词。

七、入选本年鉴的文章和条目、图片，均由各单位（部门）专人撰写或提供，并经主要负责人审核。凡图片摄影者无具体署名的，均注“单位”或“企业”提供。开发区经济社会统计资料统一由开发区统计局提供，业务部门统计数据由各主管部门提供。

八、本年鉴编纂出版工作得到了市地方志办公室的指导，得到开发区工委、管委会、总公司各部门、区内有关单位、入区企业的大力支持，其他年鉴编纂单位的同仁也给予了悉心帮助，全体编纂人员为年鉴的出版付出了辛勤劳动，在此谨致谢意。

目　录
CONTENTS

主导产业

支撑产业

科技

规划 · 建设 · 管理

区属国有资产经营

主题词索引

区情概况

北京经济技术开发区年鉴 2017

BEIJING ECONOMIC-TECHNOLOGICAL DEVELOPMENT AREA YEARBOOK

区域简介

北京经济技术开发区（简称开发区）始建于 1992 年 10 月，位于北京市东南亦庄地区，起步区面积 3.8 平方公里；1994 年 8 月经国务院批准为国家级经济技术开发区，一期规划面积 15.8 平方公里。1999 年 6 月，国务院批准中关村科技园区规划方案，在开发区内设立亦庄科技园；2002 年 8 月，经国务院批准开发区扩区 24 平方公里，成为第一个获国家正式批准扩区的国家级经济技术开发区，规划面积达到 39.8 平方公里。2010 年 1 月，市委、市政府决定开发区与大兴区行政资源整合，并授权开发区统一开发和管理亦庄新城范围内大兴区“12 平方公里”产业及配套用地；辖区面积达到 58 平方公里。同时，为发挥开发区辐射带动作用，促进高端产业集聚发展，开发区对大兴区新媒体基地、生物医药基地等 6 个专业园区实施统一规划、统一布局、统一招商、统一建设、统一政策，将大兴区旧宫镇、亦庄镇、瀛海镇和南海子公园共 58 平方公里作为开发区综合服务配套区。

经过二十余年建设，开发区已成为首都实体经济主阵地和链接世界经济的重要窗口。同时享受国家级经济技术开发区和国家高新技术产业园区双重优惠政策，被国家部委列为国家生态工业示范园区、首批国家国土资源节约集约示范县（市）、首批国家太阳能光伏发电集中应用示范区、国家工业节水示范园区 ISO 14000 国家示范区、国家新型工业化产业示范基地、国家级循环经济示范区、国家生物医药创新孵化基地、国家电子商务示范基地、国家海外高层次人才创新创业基地、北京电子商务中心区、北京国家生物产业基地、北京市 G20 工程生物医药成果转化基地等。

2016 年，开发区按照市委、市政府“引领新常态、打造‘高精尖’、服务京津冀”的发展要求，围绕“实体经济主力军、科技创新中心主阵地”发展定位，推动开发区产业转型升级、构建高精尖经济结构、加快创新驱动发展。全年实现地区生产总值 1172.6 亿元，按不变价计算，比 2015 年增长 8.1%；规模以上工业总产值完成 2842.5 亿元，比 2015 年增长 11.2%；其中四大主导产业实现产值 2579.8 亿元，比 2015 年增长 12.61%。累计入区企业 1.6 万家，累计投资总额 600 亿美元。其中，工业企业产值超亿元企业 158 家，超 10 亿元企业 39 家；服务业企业营业收入超亿元企业 116 家，超 10 亿元企业 22 家；83 家世界 500 强企业投资项目 119 个。国家级高新技术企业 223 家，市级知识产权示范企业 10 家、试点企业 25 家。万元地区生产总值能耗 0.149 吨标准煤，比 2015 年下降 1.2%。

开发区拥有良好的产业基础和产业集群，主要有以京东方科技集团股份有限公司为龙头的显示器产业集群；以中芯国际集成电路制造（北京）有限公司为龙头的集成电路产业集群；以北京奔驰汽车有限公司为龙头的汽车制造产业集群；以拜耳医药保健有限公司为代表的生物制药产业集群；以 SMC（中国）有限公司为代表的智能制造产业集群等。

开发区是北京市发展电子信息产业的主要聚集区之一，区内集聚了以中芯北京、北京北方微电子基地设备工艺研究中心有限责任公司、京东方为代表的，在先进工艺开发及产业化、关键装备及材料等方面取得一批国家最高水平技术研发成果的新一代信息技术企业。不同类型的集成电路企业开展上下游协作和集聚发展，形成了从设计、制造、封装测试到装备、零部件及材料完备集成电路产业链。以京东方 8.5 代线为核心的数字电视产业发展迅猛，上下游配套企业近 30 家。引进数字电视、数字家庭领域的 3D 技术、激光显示、主芯片等关键技术企业，以及小米科技有限责任公司等国内龙头终端企业，并由此带动产业链的延伸，形成完整的产、学、研为一体的数字电视全产业链。

开发区被誉为北京“药谷”，以生物技术及跨界融合为核心的生物医药产业，形成了高端化药制剂、生物制药、现代中药、生物技术服务、数字影像诊疗设备、健康服务等核心板块。此外，十余家国家级研发中心、数百家研发机构和服务外包企业共同打造门类齐全的生物医药创新研发和公共服务体系。作为国家自主创新示范区的组成部分大兴一亦庄园，已成为北京市的生物医药创新中心。

开发区在发展装备制造业时着力吸引高质量龙头项目和关键配套项目入区，形成较为精锐的产业集群。重点发展面向自动化设备的高端仪器仪表和控制系统研发、中试、检测、认证、服务环节，以及大型装备的系统集成环节。发展电机、驱动器、控制器、传感器、网络控制系统等智能机器人核心部件，引进装配、焊接等工业机器人的总装集成和机器人系统开发企业。

汽车产业是开发区四大主导产业中发展最快、增速最大的产业，聚集了以北京奔驰、北汽新能源汽车股份有限公司为龙头的产业集群，形成了传统高端品牌乘用车和新能源电动车共同发展的产业格局，涉及设计研发、整车生产、发动机关键零部件制造等领域，已成为拉动开发区内工业增长、推动工业结构调整、走新型工业化道路的重要力量。

开发区文化创意产业聚集四达时代集团等文化企业支撑发展，带动文化艺术品交易、文化装备生产、影视技术、设计服务等产业崛起。此外，国务院发展研究中心下属的国研文化传媒股份有限公司与开发区总公司合作，在开发区建立国研智库创新科学园。创新科学园将依托国务院发展研究中心国家一流智库的优势，打造以科技智库、思想智库聚集为核心的智库业，以高端信息产业为核心的智慧业，以“文化＋科技产业”为核心的智造业。

开发区始终秉承“以业兴城、以城促业”理念，按照国际标准打造整体环境。不断优化配套环境、服务环境，提升综合承载能力。完成燃煤供热单位清洁能源改造工作，建成全市首个高污染燃料禁燃区。引入海绵城市建设思路，先后成为中德雨水利用示范区、中美暴雨径流管理示范区、建设部低环境影响开发示范区。稳步推进民生工程，强化社会保障，完善公共服务体系，营造良好的社会环境。开发区周边建有五个大型生态公园，林木覆盖率超过40%。

2016年北京经济技术开发区国民经济和社会发展统计公报

2016年，开发区在市委、市政府的领导下，深入学习贯彻党的十八大，十八届三中、四中、五中、六中全会精神和习近平总书记系列重要讲话精神，坚持“稳中求快进、创新大发展”的总基调，牢牢把握供给侧结构性改革工作主线，坚定不移地“抓落实、建机制、强督查”，保持了开发区经济平稳健康、社会和谐稳定的发展局面。

一、综合经济

2016年，开发区地区生产总值实现1172.6亿元，按不变价计算，比2015年增长8.1%。从产业结构看，二、三产业比由2015年的63.9：36.1调整为63.7：36.3。

开发区实现一般公共财政预算收入169.3亿元，比2015年增长25.5%。其中，增值税、营业税分别实现财政收入55.2亿元和48.2亿元，分别比2015年增长51.5%和44.5%，营业税实现9.8亿元，比2015年下降46.9%。一般公共财政预算支出163.2亿元，比2015年增长12.3%。

开发区金融机构本外币存款余额1105.3亿元，比2015年增长25.2%；金融机构本外币贷款余额475.2亿元，比2015年增长12.3%。

开发区全年进出口总额157.2亿美元，比2015年增长7.2%。其中，开发区进口总额107.7亿美元，比2015年增长14.5%；出口总额49.5亿美元，比2015年下降5.8%。全年机电产品出口额43.8亿美元，比2015年下降9.1%。

开发区全社会固定资产投资完成386.7亿元，比2015年下降2.8%。开发区房地产开发投资106.9亿元，比2015年下降21.1%。开发区商品房屋销售面积48.8万平方米，比2015年增长28.3%。开发区商品房屋待售面积60.1万平方米，比2015年下降0.8%。

二、产业发展

开发区规模以上工业总产值完成2842.5亿元，比2015年增长11.2%。规模以上工业中，现代制造业实现产值2284.1亿元，比2015年增长12.8%。开发区规模以上四大主导产业实现产值2579.8亿元，比2015年增长12.61%。其中，电子信息产业完成产值620.5亿元，比2015年增长3.09%；装备制造产业完成产值452.2亿元，比2015年下降4.11%；生物工程和医药产业完成产值347.3亿元，比2015年增长7.96%；汽车和交通设备产业完成产值1159.8亿元，比2015年增长29.49%。

开发区实现建筑业总产值207.4亿元，比2015年下降19.7%。新签合同额958亿元，比2015年增长1.7倍。

开发区服务业收入实现4305.1亿元，比2015年增长23.7%。

开发区批发和零售业实现商品销售额3655.2亿元，比2015年增长10.2%。开发区社会消费品零售额实现379.7亿元，比2015年增长7.1%。

三、科技创新

开发区企业累计承担国家重大科技专项及“863”计划30余项。各类企业研发机构超过300家，其中国家级、市级研发机构160家，国家级重点实验室10家；国家级高新技术企业681家；市级知识产权示范企业23家，试点企业285家。

开发区专利申请量与专利授权量分别为5896件和3199件，比2015分别增长41.32%和13.72%。其中，发明专利申请量和授权量分别为2431件和969件，授权量是2012年475件的2.04倍；实用新型专利申请量和授权量分别为2891件和1797件，授权量是2012年1073件的1.67倍；外观设计专利申请量和授权量分别为574件和433件，授权量是2012年196件的2.2倍。

四、城市建设

开发区全社会用水量4731.6万立方米，比2015年增长5.9%。其中，公共服务用水600万立方米，比2015年增长3.6%；生产经营用水2121.9万立方米，比2015

年增长 8%。开发区全社会用电量 48.8 亿千瓦时，比 2015 年增长 9%。开发区年末用热户数 316 户，比 2015 年增长 1.9%；供应能力 448 兆瓦，与 2015 年持平；年末管线长度 373.8 千米，与 2015 年持平；年末采暖面积 1287.1 万平方米，比 2015 年增长 2.6%。

开发区升级改造 23 条市政道路，增扩 45 千米机动车道、36 千米慢行车道，增设导流岛、安全岛等便利设施。

五、环境保护

开发区严格执行《北京市清洁空气行动计划》和《京津冀大气污染防治强化措施（2016—2017 年）》，强化空气预警应急保障，继续深入开展清洁能源、工业治污、控车减油、扬尘防治工作，坚持“三拆两控”，加快疏解清退。开发区主要污染物细颗粒物（$PM_{2.5}$）、可吸入颗粒物（PM_{10}）年均浓度值分别为 81 微克 / 立方米和 99 微克 / 立方米，比 2015 年分别下降 13.8% 和 15.3%。

开发区污水处理量 3832.2 万吨，污水处理能力 17 万吨 / 天。

六、社会事业

开发区加快教育基础设施布局，开展教育扶持与奖励项目，落实名校办分校，推动幼儿园、中小学的建设和发展。新开设北京亦庄实验中学（北京十一中学分校）、北京市大兴区中芯南海子幼儿园和北京市大兴区爱乐恩幼儿园。确定在 X39 地块上建设规模为 81 个班的十二年建制学校和在 X88 地块上建设幼儿园的设计方案；初步确定在 E13 地块上建设规模为 69 个班的学校设计方案。

开发区优化区域医疗布局。推进同仁医院二期工程开工建设，对东方医院南院区进行升级改造。完善医疗应急救援体系，为世界机器人大会、全国大众创业万众创新活动周、科技学术月等 30 余项大型活动提供医疗保障。

开发区推进公共文化事业。成功举办世界机器人大会，期间举办无人驾驶挑战赛等 6 项赛事，共有来自全球 15 个国家和地区的 634 支参赛队参赛。首都图书馆开发区分馆新上架图书 2600 余册，全馆馆藏达 1.8 万册。全年累计接待读者 1.1 万人次，居民借阅图书 9000 余册。全年实现面向公众开放时间 4000 小时。开展各类文化沙龙 15 场，专业演出 4 场。举办开发区第九届文化艺术节、第八届半程马拉松北京公开赛、2016 北京亦庄民族交响音乐会《国乐盛典》等文体活动。与中国杂技团、国际艺术学校创新实施战略合作，累计开展《北京》《功夫熊猫》《哪吒》《杂技魅影》等主题剧、杂技专场演出 40 场。开展电影放映月活动，放映红色电影 60 余部。举办开发区（职工、社区居民）庆祝建国 67 周年暨长征胜利 80 周年书画摄影展。开展文化“三送五进”工程，有 200 多场电影、80 余场讲座和 12 场综艺演出免费送到企业、学校、社区、工地、部队。

开发区打造区域公共体育服务网络，健全全民健身公共服务体系，编制《开发区全民健身实施计划（2016—2020 年）》，完善体育设施。完成开发区体育中心升级改造工程，新建 1.2 万平方米室外专项球场和 1 万平方米配套停车场，完成 450 平方米健身俱乐部和 450 平方米培训教室升级工程。深入开展全民健身活动，举办第 13 届全民健身体育节等区级活动 10 项次。实现区域公共体育服务场地全覆盖。13 家文体基地实现免费开放 1300 小时，优惠开放时间达 4800 小时，开发区内 4 个社区健身俱乐部、18 片专项球类场地、34 套健身路径、14 个游泳场馆接待健身人数约 18 万人次。

开发区做好社区服务和社会保障工作。开展“96156”便民服务和为老帮困服务工作。“96156”便民服务热线全年共接单 110 次，完成对 10 家“96156”服务商的签约工作。开展社区便民服务工作。5 家老年餐桌定点单位累计就餐 6.4 万余人次；向老人、残疾人发放“小时工亲情服务卡”“清洗抽油烟机亲情服务卡”700 张。

七、人力资源和社会保障

开发区常住人口 14.4 万人。

开发区新增中央“千人计划”入选者 5 人，累计 63 人；新增北京市“海聚工程”入选者 9 人，累计 116 人，新增“新创工程 · 亦麒麟”入选者 156 人，累计 530 人。

开发区吸纳大兴区劳动就业 4353 人，各类企业劳动合同签订率达 100%。全年举办各类招聘会 116 场。3199 人取得了国家职业资格证。截至年底，开发区参加全市劳动保障部门城镇职工基本养老保险职工 39.2 万人，比 2015 年增长 2.7%；参加城镇职工基本医疗保险职工 35.2 万人，比 2015 年增长 7.1%；参加失业保险职工达 31.6 万人，比 2015 年增长 4.2%；参加工伤保险职工 30.9 万人，比 2015 年增长 6.4%；参加生育保险职工 27.3 万人，比 2015 年增长 4.5%。

注：

1. 财政、税收、金融、进出口等数据来源于相关职能部门。

2. 地区生产总值绝对数按现价计算，增长速度为不变价增速。

3．“规模以上工业”指年主营业务收入 2000 万元及以上的工业法人单位；固定资产投资项目统计起点是计划总投资额为 500 万元及以上的项目，该数据包含机场投资数据。

4．公报中部分数据合计数或相对数由于计量单位取舍不同而产生的计算误差，均未作调整。

特载

北京经济技术开发区年鉴 2017
BEIJING ECONOMIC-TECHNOLOGICAL DEVELOPMENT
AREA YEARBOOK

在开发区年度工作会上的讲话

中共北京市大兴区委书记
中共北京市委经济技术开发区工作委员会书记　谈绪祥

（2016 年 12 月 28 日）

今天的会议非常重要。刚才，王合生同志传达了蔡奇市长来开发区调研的指示精神，大家要认真学习，抓好贯彻落实。3 家企业代表作了典型发言，报告了过去一年发展情况和未来发展计划，同时充分肯定了开发区的工作，提出了相关发展需求，值得我们深入思考，立足改革研究，促进企业发展的服务保障工作。梁胜同志代表开发区工委、管委会对全年工作进行了认真细致的总结，客观分析了当前的形势和挑战，部署了 2017 年的重点工作，我都同意。各单位、各部门要认真研究，形成具体的工作思路和计划措施，抓好贯彻落实。

应该说，2016 年的工作非常不容易，国家经济发展进入新常态，进入结构调整的关键时期，也进入到“十三五”规划实施的开局之年，实体经济的发展尤为艰难。开发区在市委、市政府的坚强领导下，在广大企业广泛沟通和密切协作下，在广大干部群众的共同努力下，进一步研究和把握促进产业发展的规律，认真贯彻中央推进供给侧结构性改革的要求，努力打造企业发展的良好生态和服务氛围，有力推动了实体经济的发展，带动了相关产业的融合，取得了逆势增长的良好态势。成绩来之不易，值得大家自豪，我们要认真总结思考，进一步坚定发展信心，从容面对压力挑战，紧紧把握历史机遇，努力推动两区跨越发展。

一年来，我们主动融入国家发展战略。围绕京津冀协同发展，创新合作载体，完善合作机制，扩大合作交流，在建设“亦庄·永清园”等产业园的同时，进一步加强与河北省曹妃甸、沧州、正定等地区的产业合作，加快非首都功能疏解，推动京津冀协同发展示范区建设。围绕贯彻落实《北京加强全国科技创新中心建设总体方案》，构建六位一体创新体系，努力打造“五大技术创新中心”，大力推动科技成果转移转化，加速由单一产品制造向技术、标准、模式、服务输出和高端产品制造转变，北京科技创新中心主阵地建设，也在国家重大战略和全面深化改革背景下加速推进。

我们扎实推动全面深化改革。面对经济下行压力，以供给侧结构性改革为主线，坚持创新驱动，推动产业转型，做大做强实体经济，主要经济指标继续保持较高速增长，为全市经济发展做出了重要贡献。主动创新，大胆尝试，探索了一系列低效用地及相关资源的盘活清理方式，加速低端产业退出，加快高端产业引入。健全完善全面深化改革领导体制和工作机制，扎实推动各领域改革，进一步激发了开发区发展的活力，增强了高端发展的动力。

我们不断优化地区发展环境。围绕一体发展，加快推进综合配套服务区建设，开发区综合配套服务功能在更大范围进一步完善，形成产城融合、城业互促的良好局面。实施道路优化升级改造工程，推动有轨电车 T1 线规划建设，不断提升城市综合承载能力和水平。统筹优质教育医疗资源布局，不断完善公共服务保障体系。全力落实清洁空气行动计划，努力改善地区空气质量，高端产业吸附力和吸引力进一步增强。

我们持续推进全面从严治党。坚决履行全面从严治党主体责任，深入开展“两学一做”学习教育，切实加强思想、组织、作风、制度和党风廉政建设，广大党员干部理想信念更加坚定，党性修养更加自觉，工作作风更加严实。修订开发区工委工作规则，不断完善领导体制和运行机制。扎实推进“两个覆盖”工作，突破非公党建瓶颈问题，进一步夯实了基层党建基础。严格落实党风廉政建设责任制，严明政治纪律和政治规矩，严肃查处违纪违法案件，进一步巩固了风清气正、干事创业的良好政治生态。

总结过去一年的工作，我们深深体会到，坚定信仰是根本保证，为民服务是根本宗旨，追求卓越是重要标准，改革创新是根本动力，优良作风是基本保障，维护稳定是重要基础。这些成绩和经验的取得，得益于市委、市政府的正确领导和市相关部门的大力支持和帮助，得益于社会各界、广大企业和人民群众对我们的信任和支持，得益于各级班子和广大党员干部的辛勤付出和努力工作。在此，我代表两区领导班子，向所有关心、支持、参与两区建设发展的同志们、朋友们，表示衷心的感谢！

下面，围绕做好明年工作，我讲几点意见。

第一，要以全局视野和历史眼光，认真审视开发区承担的职责使命

当前，世界多极化深入发展，中国和平崛起面临更多风险考验；我国“四个全面”

战略布局协调推进，经济发展进入新常态；京津冀协同发展成为重大国家战略，规划纲要全面深入实施；首都城市战略定位更加明确，全市发展迈入建设国际一流和谐宜居之都的崭新阶段，这些构成了两区发展的重大时代背景。作为全市唯一的国家级经济技术开发区，我们必须主动站在国家和首都发展大局的高度，深刻认识研究发展规律，精准把握发展大势，找准历史方位、认清历史责任，切实承担起国家级开发区应尽的职责。

要充满信心，切实扛起引领实体经济发展的大旗。实体经济是经济发展的根基命脉，发展实体经济已成为全球普遍共识。欧美等发达国家陆续出台促进制造业回归的具体举措，通过战略规划、资金补贴、政策倾斜等，推动社会资本和研发资源向实体经济快速转移，大力发展实体经济已重新成为世界潮流。近期召开的中央经济工作会，明确提出要大力振兴实体经济，培育壮大新动能，并作出具体的安排部署，释放出提振实体经济发展的强烈信号。我们作为首都实体经济发展的主阵地，必须充满信心，当仁不让地承担起引领首都实体经济发展的重要职责，全力推动“中国制造2025示范区”建设，全力推动产业转型升级，加快构建“高精尖”经济结构，抢占发展制高点，寻求增长新动力，在新一轮国际产业竞争中继续保持领先优势，为全市乃至京津冀地区经济社会发展提供有力的产业支撑。前些天结束的中央经济工作会上，提出了继续深化供给侧结构性改革的四点部署，深入推进“三去一降一补”，深入推进农业供给侧结构性改革，着力振兴实体经济，促进房地产市场平稳健康发展。这些都与两区的整体发展密切相关，都是工作重点，必须深入研究、抓好落实。比如，围绕房地产市场平稳健康发展，要在职住均衡、一体化布局和政策配合等方面下功夫。

要不忘初心，切实扛起引领全面深化改革的大旗。总结回顾开发区24年的发展，持续深化改革是最鲜明的特色，是持续快速发展的重要法宝。1992年，市委、市政府作出在亦庄建设国家级经济技术开发区的决策部署，初衷就是实行改革开放政策，建设现代产业园区，为首都打开一扇对外开放的重要窗口，是开发模式和政府管理模式的改革创新。2012年，市委、市政府出台了《关于进一步加快推进开发区发展的意见》，明确要求我们充分发挥引领示范作用，积极推动体制机制创新和政策先行先试，积极申请建设国家级试验区、示范区，以体制机制创新形成推动首都科学发展的强大动力。2014年3月，郭金龙书记在开发区调研时强调，开发区本身就是改革创新的产物，是首都改革开放的象征。必须始终坚持全面深化改革，探索出一条可复制可推广的改革发展道路，为全市做示范、做引领，切实担负起“引领新常态、构建‘高精尖’、服务京津冀”的职责使命。大家在领会郭书记引领新常态的要求时，不仅要从经济发展的角度理解，更重要的是，要从体制机制创新的角度，理解我们在新常态背景下应当发挥的引领作用。今年8月，郭书记再次来到开发区，要求我们要有不同于一般行政区的使命认识，充分发挥体制机制优势，更加自觉地深化供给侧结构性改革，在全市发展大局中做示范、立标杆。最后，郭书记强调，开发区要永葆青春！ 12月22日，蔡奇市长到开发区调研时，要求我们坚持自己的品牌效应，建设一批代表国家水平，能够参与国际竞争的科技创新中心，打造创新驱动发展的前沿阵地。总结开发区的发展历程和市委、市政府一系列决策部署，都明确要求我们始终坚持解放思想、改革创新，努力打造首都深化改革的“试验田”、示范区。我们必须坚持创新为魂、改革为路，始终不忘改革开放的建设初衷，时刻铭记先行先试的重大使命，紧紧把握深化改革的历史机遇，努力把开发区建成首都全面深化改革示范区。

要坚定决心，切实扛起引领两区跨越发展的大旗。今年4月5日，党和国家领导人集体来大兴区参加首都义务植树活动，习近平总书记仔细询问、充分肯定了大兴区改革发展工作，并嘱托我们“要把大兴建设好”，这在大兴区发展史上具有重大的里程碑意义。立足新的形势任务，我们作出了“落实引领新常态、构建‘高精尖’、服务京津冀三大任务，紧握服务保障新机场建设、开发区创新发展、推动健康城镇化三大抓手，破解三拆两控、环境保护、城乡管理和城市文明建设三大痛点”的“三个三”战略部署。作为推动两区发展的引擎，开发区在这一战略中承担着重要任务，处于重要的位置。应该说，两区行政资源整合以后，开发区在整个两区经济发展、产业转型、园区建设等方面，发挥了重要的龙头带动作用。面对新的战略和征程，我们必须要坚定决心，主动有为，进一步发挥辐射带动和示范引领作用，围绕一体化，加快高端产业全区布局、加快政策资金全区覆盖、加快优势资源全区统筹，为推动两区实现跨越发展做出更大贡献。

第二，要以科学方法和首善标准，全力推动开发区创新发展

作为首都实体经济的主力军和深化改革的先行者，我们已经走到了舞台中央、聚光灯下。刚刚召开的党代会、人代会、政协会，选举产生了新一届大兴区区级领导班子，确定了未来发展战略；今天，我们又召开开发区年度工作会，进行全面的工作部署和动员。应该说，两区各项目标任务已经十分明确，如何高标准完成各项工作，实现开发区更高水平发展，是我们每名领导干部必须深入研究的重要课题和必须深入推进的重要工作。

一是要立足全局，深化一体发展。两区行政资源整合是市委、市政府作出的重大决策部署，推动两区一体发展是我们的重大职责使命。整合七年来，我们有力破解了开发区发展空间瓶颈，推动了大兴区城乡一体化进程，进一步巩固和发展了首都实体经济主阵地地位，开创了业促城兴、城助业旺的良好局面，实现了一体发展。应该说，成绩有目共睹，得到了社会的广泛认同，但是，我们也要清醒地认识到，一体发展的一些深层次问题已逐步显现，在行政审批、政府投资、计划考核、管理执法、干部交流和人员编制等方面，需要我们以更大的勇气和智慧去探索和突破。各位领导、各单位各部门和开发区总公司，都要从两区发展的全局出发，进一步坚定深化一体发展的信心和决心，坚持问题导向，破除体制束缚，在更深层次推动两区一体发展。

二是要服务大局，推动协同发展。必须深刻认识京津冀协同发展是国家重大战略，是落实首都城市战略定位的必由之路，也是两区更大范围统筹资源利用的重要机遇。要充分利用开发区产业、技术、科技、人才、品牌等优势，着力打造京津冀协同发展的战略支点，推动各领域协同发展取得更大突破，实现开发区“瘦身健体”、更好发展。要以园区共建为重点，推动跨区域全产业链布局，加快“曹妃甸合作园区”“亦庄·永清园”等合作园区建设，促进一批重点项目落地投产，进一步疏解非首都功能，优化两区产业结构。要主动承接中心城区功能转移，完善配套保障政策，引导中央、市属企业优质项目落地，吸引科研机构、研发中心等创新资源向两区有序高效集聚。要积极支持北京城市副中心建设，优化区域功能布局，加强产业合作、生态共治、交通互联，为副中心建设发展提供支撑和保障。

三是要把握规律，加快转型升级。实现产业转型升级是疏解非首都功能的具体举措，是开发区发展的客观需要，更是我们产业发展面临的重要课题。要有科学的理念。产业转型升级关键是转型，方向是升级，目标就是构建“高精尖”。我们要结合产业定位和方向，深刻把握产业发展规律，聚焦“高精尖”产业，不断完善产业链条、优化产业结构、提升产业层级。起步区的转型升级是一个重要的突破口和抓手，前期我们做了大量的基础性工作，规划编制也在深入推进，明年要调配力量加快推进。要有科学的规划。产业转型升级不是一朝一夕的事，需要统筹谋划和推动。要在摸清底数、弄清情况的基础上，从产业的禁限目录入手，明确我们要什么、不要什么，进而制定区域产业转型的总体思路、路径和步骤，稳步推进产业转型，不能还没搞清楚情况就盲目推进。但也不能按部就班“慢慢来”，要敢于打破常规、主动作为、加快推进。要有科学的方法。产业转型升级不能“一刀切”，要坚持分类研究，不同区域、不同行业、不同企业要有不同的办法。要突出企业主体作用，着力在树导向、定政策、抓服务上下功夫，引导企业主动转型升级。

四是要转换动能，大力改革创新。推动开发区发展的核心和动力在于改革创新，实现要素驱动向创新驱动转变。要运用改革思维谋划工作。对于开发区来讲，发展不只是量的增长，更需要质的飞跃。开发区创新发展，如果仅仅依靠旧的生产方式、活动方式的重复或加速，不可能带来更大更好的发展，必须要通过发展方式的根本性转变；实现这个根本转变，出路、动力和成败在于改革创新。各单位各部门都要强化改革创新意识，积极主动研究和提出改革举措，大胆地闯、大胆地试，以改革推动各项工作开创新局面。要强化体制机制创新。实施创新驱动发展战略，最根本的是要增强自主创新能力，最紧迫的是要破除体制机制障碍。要围绕破除制约科学发展的体制机制障碍，在招商引资、土地整体开发、城市高水平建设、人才使用、投融资等体制和机制方面，探索新路子、创造新模式，为发展注入生机和活力，实现可持续发展。要大力推进科技创新。深入落实《北京加强全国科技创新中心建设总体方案》，按照全市“一北一南”科技创新布局，以产业创新为重点，发挥科技成果转化优势，强化企业创新主体地位，推动“亦庄制造”

向“亦庄创造”转变，打造具有全球影响力的科技创新中心主阵地。

五是要规范履职，强化规则约束。“不以规矩，不能成方圆”。任何工作都要遵循规则。实际工作中出现的一些问题，究其根源，就是因为没有规则，或者是没有严格执行规则，所以必须要把制定和执行规则，作为一项重要工作来抓。特别是我们正处在改革创新、快速发展时期，规则的重要性更为突出。要完善工作规则。今年以来，按照中央、市委的要求和部署，开发区工委修订了工作规则，这是开发区工委领导统筹全面工作的行动指南。开发区管委会、总公司正在加快修订工作规则，要与开发区工委规则做好衔接，进一步优化决策程序，提高工作效率。各单位、各部门都要按照程序规范、效率优先的原则，制定完善工作规则，并严格执行，切实发挥规则的刚性约束作用。要明确规则标准。要转变工作理念，立足深化“放管服”改革，加快政府职能转变，梳理工作职责、梳理权力清单，进一步推动简政放权，把功夫下在制订标准和规则上，把精力投入到保障标准和规则的执行上，切实从乐于审批向勤于监管转变。今年，我们制定了新增产业禁限目录，下一步还要制订鼓励支持目录、单位面积能耗标准、产业疏解政策等各个领域的规则标准，并及时对外公布，让社会知晓，让企业和群众监督。各级领导干部都要注重以规则约束权力，某个方面、某个领域创造了新经验、新模式，要尽快制订相应的规则和制度，有效避免一事一议和自由裁量权带来的廉政风险。

六是要更新观念，着力优化环境。一个地区要充满活力，必须有一个良好的综合环境。我们常讲，要打造廉洁高效的政务环境、公正透明的法治环境、公平自由的市场环境、宜居宜业的生活环境，对开发区而言，核心在于营造适合高端产业发展、富有竞争力的服务环境。要转变服务理念。以供给侧结构性改革思维为指导，主动站在企业、人才、居民等服务对象的角度，思考优化服务环境的出发点和落脚点，不断提高服务的精准性和有效性。要提升服务层次。加强服务需求分析，聚焦企业核心需求，积极推动由给予政策资金优惠向提供核心服务资源转变，不断提升服务内容、品质和层次，增强开发区的竞争力和吸引力。

七是要锲而不舍，持续改进作风。过硬作风是两区的优良传统，更是推动两区事业发展的重要保障。要持之以恒抓落实、建机制、强督查。这是我们一贯的要求。各级领导干部要把主要精力放在抓落实上，细化分解每项工作，明确到人、明确时限、明确任务、明确目标，实施建账销账管理。各项工作都要建立相应的制度机制，用制度来管人管事，管队伍管作风，管进度管效果。涉及多个部门的工作，牵头部门就明确一个，其他部门都要服从调度、主动配合，绝不允许推诿扯皮。严格执行督查约谈问责办法，及时发现问题、及时督促改正，确保各项决策部署落地生根。要始终坚持务实、创新、卓越。这是我们推进工作的重要理念和标准。坚持实事求是，不违心、不唯上、只唯实，任何工作都以达到实际效果为目标，不能以简单完成所谓的指标为标准。要抓实抓细基础工作，对本职工作、分管领域要时刻做到政策懂、底数清、情况明。坚持改革创新，把创新作为基本要求，在依法依规办事的同时，大胆探索，勇于创新，更好地推动发展。同时，要激发党员干部的创新创业热情，鼓励创新、允许试错、宽容失败，努力营造想创新、敢创新、善创新的浓郁氛围。坚持追求卓越，就是要拒绝平庸，摈弃因循守旧的错误观念，大力发扬工匠精神，不断超越别人、超越自己，全力以赴把各项工作做到尽善尽美。要继承发扬“三敢一甘”精神。这是我们开展工作的重要基础，是两区宝贵的精神财富。开发区正处于跨越发展的新阶段，必须进一步强化“三敢一甘”作风保障，始终保持干事创业的激情斗志，不自满、不懈怠、不畏难，当好首都新长征路上的时代尖兵。

第三，要以政治担当和严实要求，扎实推进全面从严治党

要以学习贯彻十八届六中全会精神为统领，深入贯彻全面从严治党战略布局要求，始终保持战略定力，坚定不移推进全面从严治党，做到真管真严、长管长严，切实把严的要求贯彻到管党治党全过程。

全面从严治党，要抓好贯彻六中全会精神这个先导。党的十八届六中全会是在我国全面建成小康社会决胜阶段，召开的一次非常重要的历史性会议。全会制定修订《关于新形势下党内政治生活的若干准则》和《中国共产党党内监督条例》，专题研究全面从严治党问题，就新形势下加强党的建设作出了全局性的重大部署。要坚决执行《准则》和《条例》，坚持思想建党和制度治党紧密结合，进一步落实全面从严治党责任，进一步加强和规范党内政治生活，进一步加强党内监督，切实解决党的建设中存在的突出问题，提高管党治党的制度化、规范化水平。各级党组织要把学习贯彻十八届六中全会精神作为重要政治任务，紧密联系“两学一做”学习教育，认真抓好学习宣传。组织部门要围绕贯彻落实全会精神，抓好领导干部轮训工作，引导党员干部牢固树立“四个意识”，更加自觉地维护习近平总书记的核心地位，更加紧密地团结在以习近平同志为核心的党中央周围，更加坚定地维护党中央权威和党中央集中统一领导，更加自觉地在思想上政治上行动上与以习近平同志为核心的党中央保持高度一致。

全面从严治党，要抓好思想政治建设这个根本。理想信念，源自坚守，成于磨砺。要坚持不懈强化信仰建设，各级领导干部要走在前列、以上率下，教育引导广大党员干部筑牢信仰之基、补足精神之钙、把稳思想之舵。要毫不放松加强理论武装，深入学习习近平总书记系列重要讲话精神，切实抓好党的十九大精神的学习教育，用马克思主义中国化最新成果武装头脑，始终坚定道路自信、理论自信、制度自信、文化自信。要持之以恒加强中心组学习，巩固拓展经常性学习教育成果，推进学习型党组织建设。严格执行民主集中制，认真落实“三会一课”、谈心谈话等制度，加强经常性教育、管理和监督。持续推进“两学一做”学习教育，组织好专题民主生活会，严肃认真开展批评和自我批评，不断加强和规范党内政治生活。要切实发挥非公党建作用，强化对企业职工的思想教育，增强其对中国特色社会主义的信念、对党和政府的信任、对企业发展的信

心和对社会的责任。要严格落实意识形态工作责任制，牢牢掌握意识形态工作的领导权、管理权、话语权和主动权。

全面从严治党，要抓好干部队伍建设这个关键。党要管党，首先要从严选好用好管好干部。坚持好干部标准，树立正确的选人用人导向，进一步健全考察考核体系，突出强化干部“德、勤”表现，为事业发展选好干部、配强班子。各级领导干部特别是一把手要切实增强抓班子带队伍的能力，要抓思想、抓思路、抓管理、抓作风，不断强化领导班子和干部队伍的凝聚力和战斗力。加大干部交流轮岗力度，安排年轻干部到基层一线、矛盾集中、艰苦岗位实践锻炼，不断优化干部成长路径。全方位、多层次开展教育培训，努力培养造就一支信念坚定、视野开阔、勤勉履职、作风顽强的干部队伍。要强化干部监督管理，从严落实经济责任审计、个人事项报告等工作，进一步完善从严监督管理干部制度体系，切实解决“重选轻管”问题。要坚持党管人才原则，全面实施人才优先发展和人才强区战略，加大“五个一”工作力度，推进“十大人才工程”，打造国际化人才高地。

全面从严治党，要抓好基层组织建设这个基础。从严治党要取得实效，必须从基层组织抓起、管起、严起，真正做到管党治党全覆盖、无死角。要扎实推进基层组织建设，创新机关、社区、国企和非公企业党建工作，强化各领域党组织政治功能。要突出开发区特色，聚焦非公党建，加强机制建设、组织资源、区域资源、品牌创建 4 个统筹，抓实人员、资金、场地、待遇 4 个保障，深化党群一体化工作机制，不断扩大组织和工作覆盖面，切实发挥党的政治优势和组织优势，凝聚各方力量，推动企业健康快速发展。总公司要在推动自身改制的同时，进一步加强和改进党的建设，充分发挥国企党建的独特优势，不断推动企业做大做强，为两区建设发展做出更大的贡献。

全面从严治党，要抓好反腐倡廉建设这个保障。深入推进党风廉政建设和反腐败斗争，既是全面从严治党的重要内容，也是营造良好政治生态，推动两区健康发展的重要保障。各级党组织和领导干部要落实管党治党主体责任，逐级制定责任清单，划清责任边界，以全程纪实制度推动责任落到实处。要以规范权力运行为重点，深入推进权力清单管理，完善决策留痕、结果查究、党内监督等机制，加强对关键少数特别是一把手权力的监管。要坚决把纪律规矩挺在前面，加强党规党纪宣传教育，强化党员干部纪律意识。要严格干部管理监督，积极践行“四种形态”，对党员干部的苗头性、倾向性问题，及时咬耳扯袖，提醒纠正，防止小毛病演变成大问题。要加强警示教育，引导党员干部敬畏法纪、坚守底线，保持清正廉洁的政治本色。始终保持严惩腐败高压态势，坚持有腐必反、有贪必肃，绝不允许因为腐败问题影响两区发展。在区党代会上，我们强调在新常态下，广大党员干部都要建立起被经常性监督和质询的意识，要习惯于这种常态。各级领导干部特别是主要负责同志，也要建立起常态意识，及时指出干部存在的问题，主动提醒谈话，抓早抓小，这是对党员干部最大的保护和关爱。

最后，强调一下两节期间的工作。要认真思考谋划明年工作，理清思路、明确任务，采取科学有效措施，确保工作落到实处。要统筹安排好老干部、老党员、困难党员群众和一线员工的走访慰问，把组织的温暖送到党员群众的心坎上。要带头崇廉拒腐，严格落实八项规定精神，严格执行各项制度规定，坚决杜绝“节日腐败”。要加强应急值守，严格执行值班、带班和请销假制度，确保节日期间工作正常运转。要抓好安全稳定，深入排查化解各类安全隐患和矛盾纠纷，有效防控各类风险，确保不发生重大安全生产事故、重大公共安全事故和重大环境事故，确保国家和首都政治安全，确保地区和谐稳定。

在开发区年度工作会上的报告

中共北京市大兴区委副书记
中共北京市委经济技术开发区工作委员会副书记
大兴区副区长　北京经济技术开发区管委会主任　梁胜
（2016年12月28日）

今天的会议很重要，是我们全面贯彻落实党的十八大和十八届三中、四中、五中、六中全会精神，深入贯彻习近平总书记“2·26”重要讲话精神和《京津冀协同发展规划纲要》，按照中央经济工作会议、市委十一届十二次全会精神，围绕首都城市战略定位，推动开发区产业转型升级、构建“高精尖”经济结构、加快创新驱动发展的誓师动员会。后面，谈绪祥书记还将作重要讲话，大家要认真学习贯彻。下面，我受开发区工委、管委会委托，向大会报告2016年工作，部署明年重点任务。

一、2016年工作情况

习近平总书记2014年2月26日视察北京后，开发区认真贯彻落实讲话精神，凝心聚力、攻坚克难，经济发展连续三年实现高位逆势增长。2016年是“十三五”开局之年，经济社会发展取得了较好成绩。

（一）经济运行情况

预计全年，地区生产总值实现1172.6亿元，按不变价计算，比2015年增长8.1%；

工业增加值实现 718 亿元，按不变价计算，比 2015 年增长 9.1%；规模以上工业总产值完成 2842.5 亿元，比 2015 年增长 11.2%；规模以上工业企业实现利润 305.4 亿元，比 2015 年增长 27.5%；税收收入完成 443.5 亿元，比 2015 年增长 14%；一般公共预算收入完成 169.3 亿元，比 2015 年增长 25.5%；全社会固定资产投资完成 386.7 亿元，其中产业投资完成 231.2 亿元；出口完成 49.5 亿元，比 2015 年下降 5.8%；社会消费品零售额完成 379.7 亿元，比 2015 年增长 7.1%。区域单位土地投资、产出强度等主要效益指标，稳居全国开发区前列，用全市 1% 的工业用水支撑了全市 16% 的工业总产值，人均劳产率 38 万元 / 人，是全市的 2 倍；万元地区生产总值能耗 0.149 吨标准煤，比 2015 年下降 1.2%。

一年来，我们严格落实市委、市政府“去、治、进”的工作要求，紧扣经济社会发展工作主线，转方式、调结构、填空白、补短板，在加快推进供给侧结构性改革上下功夫、做文章。

一是抓经济运行调度。坚持问题导向，及时发现企业经营过程中遇到的难点，主动服务，狠抓精准调度，把有限的资源用在帮助企业解决资金、技术、市场、人才、基础设施等方面实际需求上，支持企业发展。政策支持方面，在全市率先出台企业出口增量、存量奖励配套政策，调动企业出口积极性，出口降幅比上半年收窄 21.7 个百分点。平台搭建方面，建设了京津冀全球路演中心，搭建资金和项目对接平台；搭建国际外贸合作平台，配合国家一带一路战略，依托四达时代集团、北京汇商融通信息技术有限公司等企业的渠道优势，实现京东方科技集团股份有限公司等开发区内企业产品在中东、非洲等国外市场直销零的突破。

二是抓产品结构调整。面向全球市场竞争，支持企业通过增品种、提品质，不断满足国际、国内市场需求，提高有效供给。北京奔驰汽车有限公司在北京不断推出全球首发车型；京东方新产品在国际高端市场占有率接近四成；中芯国际集成电路制造（北京）有限公司加大研发力度，扩大产能，从 2013 年只能生产 65 纳米、50 纳米、45 纳米 3 个技术档次 5 种产品，到现在可以做到包括 28 纳米生产技术在内的 19 种产品。这些企业的新产品，目前在市场上均呈供不应求的局面。

三是抓产业结构调整。一方面，做减法。制定实施新增产业禁止和限制目录，加速退出消费类电子产品组装、印刷机械、冶金机械和化工等没有比较优势、劳动密集型行业企业。目前，已基本完成对星网工业园企业的腾退。另一方面，做加法。把有限的资金、土地等资源用到填空白、补短板的“高精尖”产业上。支持拜耳医药保健有限公司、赛诺菲（北京）制药有限公司扩建，将一类新药和市场需求旺盛的药品投放在亦庄生产；支持中芯国际扩产，不断满足中国集成电路市场需求，同时实现高科技产品制造出口；支持京东商城、中航技进出口、航天火箭建设企业总部，承接城六区产业功能疏解，服务在京中央企业和跨国公司可持续发展。

四是抓政府服务内容调整。提升城市环境建设。持续加大生态投入，累计建成大型公园绿地项目7个，占地1200公顷，目前区域绿地覆盖率高达32%。提升城市交通能力，建设潮汐车道、改扩建城市主干道。增加高品质公共服务。聚焦企业、居民及高端人才需求，引进优质教育资源，对接名校设立分校，建立健全高水平、多元化区域教育体系；引入优质医疗资源，构建多层次、多元化医疗服务体系；坚持职住平衡发展，建成包括蓝领公寓、白领公寓、人才公租房、自住型商品房和普通商品房5个层次的多种类住房保障体系，共提供保障性住房2.6万套（间），面积160万平方米，解决8.6万人居住。

五是抓工业用地高效利用。通过腾笼换鸟，探索疏解腾退土地的二次利用新模式，向存量土地要效益。以回购方式收回原诺基亚厂区土地和厂房，支持北汽集团建设新能源汽车总部和研发中心；支持北人疏解落后产能，改造旧厂房，在原址改建亦创智能机器人创新园，建成世界机器人大会永久会址；以收储方式收回住友化学公司用地重新出让，引入华卓精科半导体项目入区。目前，正在加快推进三洋能源、GE航卫、达涅利、欧文拓普等4个工业用地项目回购工作，和核心区4S店土地置换迁建等工作，切实提升存量土地使用效率。

（二）聚焦科创中心建设，创新生态不断完善

创新体系更加完善。发挥亦国投投融资平台作用，方便企业、双创人才、创业团队低成本融资。目前，亦庄国投参与发起基金共55只，总规模超2200亿元，累计投资项目110余个，累计投资金额达243亿元，为京东方、中芯国际北京工厂等重大产业项目建设，四达时代等海外市场开拓，北京企业并购ISSI、MATTSON、SILEX、EAGLE、OV等项目，提供低成本融资超200亿元。引导、支持泰德制药、加科思、金风科创等企业设立市级工程实验室，支持北汽匠心电池研究中心、京东方国家工程实验室建设。开发区内企业累计承担国家重大科技专项和“863”计划30余项，各类企业研发机构超过300家，其中国家级、市级研发机构160家，国家级重点实验室10家。

高端人才更加集聚。设立亿元人才奖励基金，开展“博大贡献奖”“亦麒麟”评选表彰，累计吸引高端海外学人3300人，中央“千人计划”入选者63人，占全市总量1/4；北京市“海聚工程”入选者116人，占全市总量1/6。

创新成果不断涌现。鼓励企业转型升级，实现新旧动能转换。年内，国家高新技术企业新增70家，总数555家；市级知识产权示范企业23家、试点企业285家；专利转化率达到90%以上（可使用专利总量超过4万件），万人实用发明专利拥有量251件，位居全市和全国国家级开发区前列。

（三）聚焦宜居宜业，生态环境和公共服务不断提升

强化规划引领。建立产业用地规划、审批、利用台账，定量分析土地经济效益产出，

提升土地规划利用能力。编制实施开发区及综配区再生水管网规划，完成亦庄水厂规划和征地拆迁工作。统筹规划有轨电车 T1 线、亦庄地铁线、S6 线和后续有轨电车线路，实现公共交通网络一体化。编制完成起步区规划建设方案，推动区域转型升级。

优化城市环境。升级改造 23 条市政道路，增扩 45 千米机动车道、36 千米慢行车道，增设导流岛、安全岛等便利设施。在开发区内主要区域建设 3000 个无线网络热点，逐步推进主要道路、公共场所免费 Wi-Fi 全覆盖。布局智慧灯杆网点，创建集公共 Wi-Fi 基站、智能照明、视频监控、环境监测为一体的多功能数据应用系统。

狠抓大气治理。落实清洁空气行动计划，截至 11 月底，开发区 $PM_{2.5}$ 累计平均浓度 74 微克 / 立方米，比 2015 年下降 9.8%；VOC 减排完成 2517 吨，较市政府下达的 2013—2017 年 2300 吨的减排任务，提前一年超额完成。积极推动绿色低碳循环发展行动计划，完成京东方显示 1.5 兆瓦光伏发电、奔驰雨水收集再利用等项目；建设能源管控信息平台，加强对年能耗 2000 吨标煤以上 52 家重点企业的监测分析，制定产业能效准入标准；鼓励社会资本投资，建设公共充电桩 300 个，新增 15 辆纯电动公交车，开通电动公交线路 2 条，新增公租自行车 3000 辆。

优化教育卫生资源供给。北京十一学校亦庄实验中学、耀华耀中国际学校和爱乐恩幼儿园开学。北京二中亦庄学校改扩工程有序开展，河西区、路东区五校一幼启动规划设计。支持十一学校亦庄分校实施教改，实现教育资源利用最大化；支持电子科技职业学院建立校企人才供需平台，提供定制式应用人才培训，为“高精尖”企业、高层次人才提供服务。同仁医院二期工程开工建设，国家康复医院二期完成设计方案，东方医院南院区完成改造升级，3 家医院投入运营后可新增床位 1350 张，有效提升区域基本医疗承载能力。

提升区域文化品质。夯实群众文化工作基础，持续扶持 13 家文体基地、34 支群众性文化团队开展活动。第九届文化艺术节举办系列活动百余场，20 余万职工居民参与。推出《筑梦》《勇者无畏》等原创文艺作品，唱响以大国工匠精神为核心的北京亦庄文化品牌。

提升城市治理水平。建设完成安全生产一体化线上办公平台，实施涉危企业物联监控，升级独立危化品库房预警机制，引导工业企业减低危化品存量。加强瀛海镇集体经营性建设用地开发建设，完善产业配套服务设施。荣华、博兴街道启动“一站式”综合服务大厅，上海沙龙商圈完成燃气管道、消防设施改造升级。优化路口渠化，科学调控交通流量。实施源头治理，规范清理主要道路两侧违法广告牌匾。实施“平安亦庄”建设，提高社会治安综合治理能力。

（四）聚焦辐射带动，一体化协同发展不断推进

坚持综合配套服务区一体建设。完成亦庄镇五环绿化带非住宅腾退。实施集贤、南

海子四片区等7个土地项目一级开发。启动南海子二期核心区建设。完成旧宫中学改扩建。亦庄镇东工业区等5条道路建成通车和管线敷设。完成旧宫镇、瀛海镇272蒸吨锅炉煤改气工程，基本实现开发区与三镇一园集中供热无煤化。综合配套服务区与开发区一体化水平进一步提升。

坚持两区一体发展。大兴区继续发挥社会管理和公共服务优势，在教育、卫生和社会治理等方面为开发区提供保障。开发区加快构建与周边镇街一体化发展机制，在产业带动、劳动力就业等方面发挥辐射带动作用。推进北汽新能源汽车产业布局采育基地，推进大兴生物医药园升级换代，大兴区4623劳动力在开发区实现就业。支持新机场和临空经济区开发建设，推进新航城征地拆迁、安置房和相关配套设施建设工作，永兴河新机场改线工程一期全面竣工。

坚持京津冀协同发展。依托京津冀开发区创新发展联盟，促进产业合作、项目对接和企业服务常态化发展。创建河北省曹妃甸“京津冀协同发展示范园区”，签订13个合作协议，实现50余家企业与联盟成员单位对接。“亦庄·永清园”实现惠买在线等7个项目落地、京东集团华北电子商务产业园等17个项目签约，为优化环京地区产业结构和转型升级进行了积极探索。建立京津冀产业人才联盟，发挥人才对经济转型升级的引领和带动作用。

（五）聚焦政府效能，深化政府体制机制改革

深入推进“放管服”改革。梳理76项行政审批事项，取消、调整15项非行政许可审批事项。清理、规范16项行政审批中介服务和技术服务事项，编制权责清单向社会公示。推进商事制度改革，取消工商登记前置审批事项153项，推进“五证合一”登记制度，全程一站式服务大厅投入运行。

深入推进政府工作机制改革。在全市实现3个“率先”：率先实行农民工工资保险保障制度，建立农民工工资市场化保障渠道；率先通过“政府引导、企业参与”模式实现危化品独立库房升级改造和重点涉危企业物联监控；率先创建新型显示产品出口质量安全示范区，实现京津检验、通关一体化，减少通关时间，减免检验检疫费用。

深入推进国有企业改革。分类推进国有企业股权多元化改革，调整北京亦庄国际人力资源有限责任公司、北京博大网信科技发展有限公司、北京博大水务有限公司股权分配，盘活国有资本。

2016年，我们不断推进依法行政工作，规范行政复议、应诉程序，开展依法行政专项考核。加强政府信息公开，有效化解信访矛盾，回应社会关切。加大对重大投资项目及科技、民生领域的审计监督力度，提高财政资金使用效率和政府投资效益。加强绩效督查、强化一岗双责廉政责任，深入开展“两学一做”教育实践活动，着重解决了一批

群众关心的实际问题。

2016 年工作的几点体会。

（一）落实习近平总书记关于北京产业应做“白菜心”的指示，强烈激发了“高精尖”产业资源的聚集。一是原来土地资源被一些在北京没有比较优势的产业占据，《北京经济技术开发区新增产业的禁止和限制目录（2016 年版）》的出台，给“高精尖”产业提供了发展空间；二是“高精尖”企业增强了在北京的发展信心。

（二）经济运行精准调度，及时、主动服务企业。从三年来紧抓经济运行的实践看，我们在与企业的深入接触中，跳出企业本身看企业发展，给企业解决自身问题提供了全新的视角，看问题更全面、更完整，解决问题反应更快。

（三）改变政府支持方式，企业创新能力不断增强。依靠土地、税收返还等带动增长的老路子难以为继，政策支持围绕增强企业创新能力，增强对人才、团队创新创业服务能力等方面精准施策，促进了资本、市场、人才和技术等资源的市场化高效配置，人才创业、企业创新的过程中，能低成本方便找到他们所需要的资源。

在经济下行环境下，越是技术创新能力强的企业，受经济波动影响更小，发展势头更好，对开发区平稳发展支撑能力更强。

（四）城市生态环境建设是保持区域可持续发展的重要支撑。通过创建“国家循环化改造示范试点园区”，一手抓优美环境建设，一手抓公共服务提升，全面提升以人为本的“城市生态”服务环境，增强对高端人才聚集的吸引力。

（五）两区行政资源整合是两区快速发展、一体发展的重要保障。通过两区行政资源整合，大兴区起到了工兵营、护卫舰的作用，解决了开发区产业发展的空间资源、排放指标、占补平衡等问题，提高了对开发区的综合服务配套能力。开发区发挥产业引领和辐射带动作用，促进了全区其他专业园区一体发展。

（六）协同发展多方受益。打开产业链，在京津冀三地实施全产业链布局，初步探索了“亦庄技术研发 + 产品创新”“津冀产业化应用 + 工业化量产”产业链协同发展模式。

同志们，过去一年，我们始终牢记责任担当，发扬“三敢一甘”精神，坚持用创新的思维、改革的办法、开放的举措，努力破解经济转型和社会发展中的难题，创新转型的积极效应进一步显现。成绩来之不易，这是市委、市政府和开发区工委正确领导的结果，是广大企业员工和干部群众创新进取、无私奉献、共同奋斗的结果。在此，我代表开发区工委、管委会，向两区广大干部群众，向引领开发区发展的区内企业，向所有奋战在一线的驻区职能局、专业公司，向各行各业、各条战线的建设者们，致以崇高的敬意和衷心的感谢！

二、面临的形势

一是全球经济虽然在缓慢复苏，但下行压力仍然较大。包括美国、欧盟等在内的西方主要经济体所表现的贸易保护主义倾向，导致全球贸易持续低迷，对开发区的进出口造成直接的冲击和影响。

二是新常态下速度变化、结构优化、动力转换的长周期性特点，导致市场需求的快速增长难以实现。

三是《京津冀协同发展规划纲要》全面深入实施，首都城市战略定位已经明确，疏解非首都功能、提升核心功能是当前和今后一个时期首都发展的基本遵循。

四是我们在培育具有全球影响力的创新型产业集群上，在培育引领产业发展的核心技术、关键技术和共性技术上，在有效利用产业空间和盘活低效、闲置用地上，在提升城市品质上，改革任务繁重。

三、2017 年重点工作

12 月 22 日，代市长蔡奇来开发区调研指出，开发区是北京“高精尖”制造业的宝贝，是高端产业发展之地、科技创新引领之地、领军企业集聚之地，应该出、也能够出伟大企业。一要始终坚持高端化发展方向，着力发展战略性新兴产业、科技密集型产业，更好地体现“高精尖”要求，形成高端引领、创新驱动、绿色低碳的产业发展模式；二要着力打造创新驱动发展的前沿阵地，围绕“三城一区”建设，聚集一批代表国家水平、能参与国际竞争的技术创新中心，加快推动“亦庄制造”转向“亦庄创造”，为国家科技创新中心建设做贡献；三要积极做好“腾笼换鸟”文章，盘活利用低效土地；四要在京津冀协同发展中发挥引领、示范、辐射作用，形成区域产业发展与亦庄高端发展互相促进的格局；五要进一步推动产城融合发展，做到高端制造业和现代服务业良性互动，打造宜居宜业环境，实现社会管理和产业布局一体化。

落实代市长蔡奇的讲话精神，2017 年工作的总体要求是：全面贯彻党的十八大和十八届三中、四中、五中、六中全会精神，深入贯彻习近平总书记视察北京重要讲话精神和《京津冀协同发展规划纲要》，围绕首都城市战略定位，着力发挥开发区作为北京实体经济主力军、国家科技创新中心主阵地的作用，以供给侧结构性改革为主线，以提高发展质量和效益为中心，以培育具有全球影响力的“高精尖”产业集群为抓手，大力实施两区“三个三战略”，稳中求快进，创新大发展，高水平推动一体化、高端化、国际化宜居宜业和谐两区建设，以优异的成绩迎接党的十九大胜利召开。

主要经济指标：开发区地区生产总值 (GDP) 实现 1260 亿元，同比增长 8% 以上；工业增加值实现 770 亿元，同比增长 8% 以上；规模以上工业总产值完成 3000 亿元，增长8%以上；税收收入完成500亿元以上，增长12%；公共财政预算收入完成190亿元，增长12%；全社会固定资产投资完成400亿元，其中产业投资完成235亿元，占全市工业投资60%；出口完成53亿美元，与今年持平；社会消费品零售额完成405亿元，增长7%；规模以上工业企业利润完成350亿元，增长20%；万元GDP能耗、水耗完成市政府下达任务。

重点工作：

（一）紧抓经济运行不放松

一是继续坚持问题导向，把有限的资源用在帮助解决资金、技术、市场和人才等实际需求上，精准调度，支持企业发展。

二是继续支持一批已建成企业达产，实现中芯国际二期、三期完成设备投资20亿美元以上，拜耳二期、赛诺菲"来得时"等重点项目达产。

三是继续发挥投融资平台优势。创新财政资金管理手段和投入分配机制，多渠道吸引社会资本增加重点项目投入。采取股权投资方式，支持主导产业、重点项目建设。发挥基金放大效应，引导社会资本共同构建服务"高精尖"产业资金链，降低企业融资成本。制定投融资管理办法，规范基金运作。

（二）紧抓项目落地不放松

聚焦促开工、促投产，建机制、强服务，用"高精尖"项目构建"高精尖"产业，推动产业高端化、集群化、集约化发展，推动一批"伟大"企业在开发区落地生根。

推进一批已开工的重点项目建设。新一代电子信息技术产业，中科晶电砷化镓芯片制造、北方微电子二期、德鑫泉、东益拓驰、移动硅谷创新中心二期、久其政务研发及产业化基地等10个项目，总投资额336亿元，预计达产产出300亿元/年；高端汽车及新能源汽车产业，奔驰发动机二期等项目，总投资45亿元，预计达产产出250亿元；生物医药产业，奇正藏药、华兴长泰、泰德健康产业园、绿竹生物三期、赛升药业产业化基地等10个项目，总投资额53亿元，预计达产产出115亿元/年；互联网产业，九城电子商务产业园等项目，总投资额11.7亿元，预计达产产出22亿元/年。

推进一批重点项目开工建设。新一代电子信息技术产业，北京电控集团燕东8英寸、耐威科技8寸MEMS传感器芯片、中芯国际承担建设的大规模集成电路制造标准厂房、华卓精科半导体装备关键零部件研发制造、佳讯飞鸿机器人基地等10个项目，总投资额115.6亿元，预计达产产出170亿元/年；高端汽车及新能源汽车产业，奔驰前驱车二期、阿尔特汽车研发设计中心、北汽新能源研发总部3个项目，总投资额120.5亿元，达产产出335亿元/年；生物医药产业，东方协和二期、中科紫鑫研发生产基地等项目，总投资额14.7亿元，预计达产产出13亿元/年；互联网产业，京东商城研发中心二期、京东商城总部二期、小米互联网产业园、惠买二期垂直电商等4个项目，总投资额116.8亿元，预计达产产出145亿元/年；文化与科技融合产业，翟氏文创园、联合出版集团中华商务研发生产基地等项目，总投资额21.9亿元，预计达产产出36亿元/年。

（三）紧抓创新驱动不放松

落实全国科技创新中心建设任务，着力推进具有国际竞争力的创新型产业集群、国家及市级技术创新中心建设，加快推动“亦庄制造”迈向“亦庄创造”。

持续完善科技创新服务体系。充分利用区域空间资源和金融支撑服务平台，加快集聚高端人才和创新团队，建设一批技术创新研究院。支持开发区内企业抱团开拓市场，促进企业合作共赢。打造要素更加聚集、功能更加突出、特色更加鲜明、辐射带动能力更强的创新服务支撑体系。

落实全国科技创新中心建设目标任务。打造“中国制造2025”国家示范区，聚焦国家战略性产业和重点行业，启动“4-10-20工程”，即实现互联网、高端汽车、新能源汽车、集成电路4个千亿级产业集群。培育10个以上百亿级规模企业。建设20个代表国家水平、能够参与国际竞争的技术创新平台，包括依托中芯北方、北方微电子、中科院微电子所、灿芯创智，建设集成电路技术创新平台；依托华卓精科、中国科学院光电研究院、北京科益虹源光电，建设光刻机零部件技术创新平台；依托京东方，建设新型显示技术创新平台；依托芯成半导体、豪威科技，建设传感器技术创新平台；依托中金数据、京东集团，建设大数据经济创新平台；依托下一代互联网关键技术和评测北京市工程研究中心，建设下一代互联网技术创新平台；依托华夏芯，建设异构计算创新平台；依托数码大方，建设互联网协同制造技术创新平台；依托泰德制药，建设医学工程创新平台；依托百泰药业、东方百泰、神州细胞、天广实、龙兴生物，建设原创新药技术创新平台；依托博奥生物、安诺优达、中科紫鑫、五加和、汉氏联合、百奥赛图、艾德摩、博尔诚，建设基因技术转化创新平台；依托国家眼科诊断与治疗工程技术研究中心、北京视保眼科设备、爱博诺德、明达同泽科技，建设眼科诊疗器械协同创新平台；依托北京奔驰、北汽新能源、北京智能车联产业创新中心有限公司，建设车联网创新平台；依托北汽新能源创新科技中心，建设新能源汽车创新平台；依托德国汉堡大学张建伟教授团队，建设人工智能创新平台；依托和利时集团、电子技术标准化研究院、西门子研究院，建设智能制造应用技术创新平台；依托北人集团，建设机器人创新平台；依托北京智中能源互联网研究院、清华大学、京能集团，建设能源互联网创新平台。

全面提升知识产权发展水平。完成国家知识产权试点园区验收，启动国家知识产权示范园区申报工作。认定市级以上专利试点、示范企业20家。积极创建国际知识产权交易创新基地。推动美国、日本、德国、芬兰4家海外工作站建设，促进企业国际交流合作。持续加强知识产权保护，建立开发区电商企业知识产权纠纷快速调解委员会，新建2家知识产权保护服务工作站。

（四）紧抓城市建设不放松

加大城市规划、建设、管理各环节的统筹力度，提升基础设施、功能配套和公共服务水平，推动城业互促、职住平衡，加快宜居宜业新城建设。

高起点推进城市规划建设。编制道路网、市政、综合管廊、海绵城市等规划深化方案。推进南水北调亦庄水厂及周边用地开发建设，完成排水、再生水管网摸排。建成全市首条有轨电车T1线；推进京沪高速下穿通道、荣昌组合立交、博兴三桥和北环、万源街等道桥改造工程；制定凉水河桥通行能力提升和旧忠路疏堵方案；建设智慧交通网络系统。推动数字亦庄地理空间平台和“智慧灯杆”建设，提升城市信息化管理水平，打造“覆盖和速率双领先”的精品Wi-Fi示范区。

高强度推进绿色生态环境建设。提高城市环境景观，启动T1轨道沿线景观工程、亦庄新城滨河森林公园建设，实施凉水河河道治理还清工程，实施南海子公园二期、文化园公园绿化提升工程。实施绿色低碳循环发展行动计划，推进园区循环化改造等26个大项、106个子项目建设，支持京东方申评全国首家液晶面板行业国家生态原产地产品资质，支持金风科技建设园区智慧能源互联网项目。落实清洁空气行动计划，全面完成市政府下达的指标任务，率先完成区域燃气锅炉低氮化改造。完善城市雨洪利用系统，实施河西区部分路段雨水排水工程，加快打造全市水土保持科技示范区。

高品质提升公共服务保障能力。坚持实施名校办分校，开工建设两所十二年一贯制学校，一所小学、一所幼儿园；推进北京二中亦庄学校扩建工程；启动实施开发区内校园校舍空气净化系统改造工作。加快同仁医院二期建设，确保东方医院南院区投入运营。制定开发区自住型商品房管理办法，启动自住型商品房建设。实施文化惠民工程，推进河西区少年文化宫、核心区综合体育馆、路东区综合文化中心项目建设，支持企业园区文体设施向社会开放，对接“南海子”文化品牌建设，大力发展群众文化体育事业。

高标准开展安全维稳工作。坚持安全生产“党政同责、一岗双责”。加快建设企业安全风险评估和隐患排查治理防控体系，加大压力管道设施隐患排查力度，有序开展老旧电梯巡检更新。加强重点街区、商圈消防设施改造和安全隐患排查。加强“三品一械”监管，确保食品安全。编制《开发区劳动争议仲裁调解白皮书》。公安、安全、街道联勤联动，建设“平安亦庄”。

高水平抓好城市综合管理。综合运用扩路、分流、单行道、潮汐车道等多种方式，减轻高峰时段交通拥堵压力。优化公交线路布局，无缝连接有轨电车T1线，新开通和优化4条公交线路。加强城市秩序治理，研究早餐车“退路进园”，开展地铁沿线非法运营整治，对占道停车、占道经营、露天烧烤实施重点整治。

（五）紧抓改革创新不放松

坚持问题导向，认真梳理各领域改革创新任务，夯实精简高效的体制机制优势，引领创新发展，永葆开发区青春。

着力推进土地利用模式创新。不断探索存量土地高效利用方式，加快制定工业用地供给侧结构性改革试点办法，完善低效用地退出机制，建立土地回收平台。鼓励工业用地缩短土地出让年限，支持开发区总公司统一持有开发。加快出台工业用地二次利用政策。统筹推进瀛海镇、旧宫镇集体经营性建设用地开发建设，实现两区产业一体化布局。

着力推进“放管服”行政改革。整合行政资源、简化审批流程，加快推进行政审批网上办理平台建设。发挥市场主体作用，健全服务外包后期监管评价体系。进一步放大PPP模式在基础设施建设运营方面的融资规模，提高公共产品供给效率和质量。

着力推进人力资源转型升级。加快建立符合企业需求的各领域创新型人才团队。以企业需求为主体，推行“订单培训”和效果评价机制，加快培育符合智能化生产需要的技工人才和高端人才队伍，保障人力资源的可持续发展。

（六）紧抓协同发展不放松

发挥开发区主导产业带动作用和“北京·亦庄”品牌优势，继续支持综配区民生项目建设，推进“两区五园”一体发展。

大力支持综配区建设。重点支持瀛海小学、旧宫医院等民生项目建设，推进五福堂110千伏、瑞新110千伏、宝善庄220千伏变电站建设，实施旧宫南街等14条道路改造工程。

推动两区一体发展。加大对专业园区支持力度，通过“拨改投”提高资金使用效率。推进智能网联汽车产业基地建设，推进蓝鲸军民结合创新园项目建设。发挥开发区在项目储备、资本撬动方面的带动作用，推动临空经济区发展。加快推进路南区道路、市政设施、综合管廊和海绵城市等方面规划编制。推进“12平方公里”项目征地拆迁和道路改造，推进集贤、南海子土地一级开发，助力城乡一体化发展。

推动京津冀协同布局。编制“曹妃甸合作园区”产业规划，设立产业发展基金，推进绿色印刷和新材料项目向河北省曹妃甸布局。推动“亦庄·永清园”10个项目开工。完善京津冀科技创新公共服务平台功能。加快研究制订京津冀开发区产业合作路线图。支持开发区总公司参与天津武清休闲旅游项目和天津滨海企业大道产业平台项目建设。

（七）紧抓自身建设不放松

全面落实从严治党要求，巩固深化“两学一做”学习教育成效，进一步提高政府效能和服务水平。

全面深入贯彻党的十八届六中全会精神。切实增强政治意识、大局意识、核心意识、看齐意识，更加自觉在思想上政治上行动上同以习近平同志为核心的党中央保持高度一致，坚决维护党中央权威。

积极推进依法行政。严格依照权力清单履行法定职能，加快完善责任清单梳理，严格行政问责。强化程序意识和规范意识，保障群众的意见得到充分表达，合理诉求得到充分体现。全面推进政务公开体系化建设，提高政府工作透明度，主动接受社会监督，确保依法行政、有效施政。

持续推进作风转变。坚决落实中央八项规定，坚持密切联系企业、联系群众，坚持问题导向，深入基层开展调查研究，坚持谋划工作一张蓝图绘到底、推进工作一竿子插到底。进一步规范工作机制和决策程序，修订完善开发区管委会工作规则，加大政府购买服务统筹力度。

坚定不移推进党风廉洁建设。落实“一岗双责”，深化廉政风险防控，严格执行廉洁自律准则和纪律处分条例，严格执行党内监督条例，运用好监督执纪“四种形态”，抓早抓小，坚持把纪律挺在前面。规范权力行使，严格落实“决策留痕、结果查究”机制，强化“关键少数”权力监管。落实重大事项汇报制度，主动接受党内监督、群众监督。推动党风廉洁向基层延伸，形成层层传导压力的工作局面。加大审计监督力度，促进党政领导干部和国有企业负责人依法履行经济责任，强化政府重大投资项目跟踪审计。

同志们，在新的历史条件下，开发区创新发展的机遇和挑战并存，责任重大、使命光荣。按照市委、市政府的整体部署，在社会各界特别是产业界的大力支持下，我们有信心、有基础，围绕“引领新常态、打造‘高精尖’、服务京津冀”，发挥实体经济主力军作用，建设首都科技创新中心主阵地，在落实首都城市战略定位、建设国际一流和谐宜居之都的伟大实践中，做出应有的贡献，以优异的成绩向党的十九大献礼。

2016 年北京经济技术开发区环境状况公报

2016 年，北京经济技术开发区环保局在开发区工委、管委会的正确领导下，围绕中心工作，服务发展大局，以持续改善区域环境质量为目标，积极开展各项工作。为改善区域环境质量，促进区域经济转型升级起到了积极的作用。

经过开发区各单位共同努力，在维持主要污染物排放量基本稳定的同时，超额完成挥发性有机物减排 970 吨。年内，环境空气主要污染物年均浓度比 2015 年均有所下降，其中 $PM_{2.5}$ 年均浓度为 81 微克 / 立方米，比 2015 年下降约 13.8%。大气环境质量持续改善，地表水环境质量、土壤环境质量和声环境质量平稳向好，辐射环境质量保持正常，环境安全得到了有效保障。

环境质量

一、大气环境

（一）全区空气质量状况

2016 年，开发区二氧化硫月均浓度值范围为 3~30.6 微克 / 立方米，年均值为 12 微克 / 立方米，低于《环境空气质量标准》（GB3095-2012）二级标准限值。二氧化氮月均浓度值范围为 34~94 微克 / 立方米，年均值为 51 微克 / 立方米，超过二级标准限值，超标倍数为 0.28。可吸入颗粒物月均浓度值范围为 66~165 微克 / 立方米，年均值为 99 微克 / 立方米，超过二级标准限值，超标倍数为 0.41。细颗粒物月均浓度值范围为 52~145 微克 / 立方米，年均值为 81 微克 / 立方米，超过二级标准限值，超标倍数为 1.31。空气主要污染物浓度相比 2015 年均有一定下降，其中二氧化硫浓度下降 29.7%，二氧化氮浓度下降 3.7%，可吸入颗粒物浓度下降 15.3%，细颗粒物浓度下降 13.8%。

年内，开发区环境空气主要污染物最低月均浓度均出现在夏季，最高月均浓度集中出现在 12 月和 1 月。采暖期污染物浓度值明显高于非采暖期，主要受冬季采暖的影响。主要污染物在年内的变化趋势见图 1。

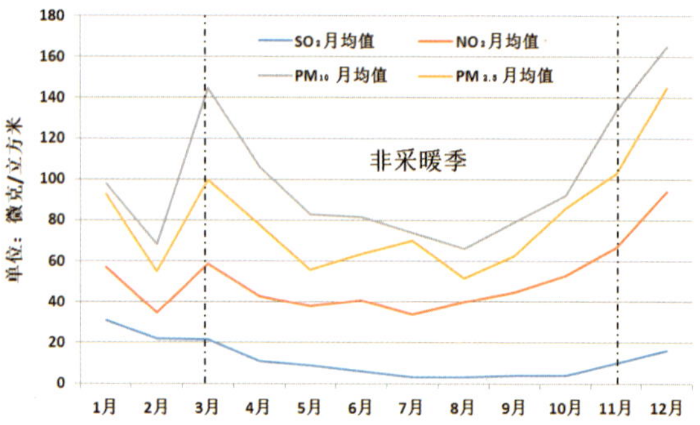

图 1　2016 年空气主要污染物月均浓度变化趋势图

（二）空气质量指数

2016 年，开发区有效监测天数为 342 天，有效数据率为 93.7%。空气质量等级在二级及以上的天数为 160 天，约占全年的 43.8%；空气质量等级为五级、六级的空气重污染天数为 44 天，约占全年的 12.1%。各级总天数具体构成情况见图 2。

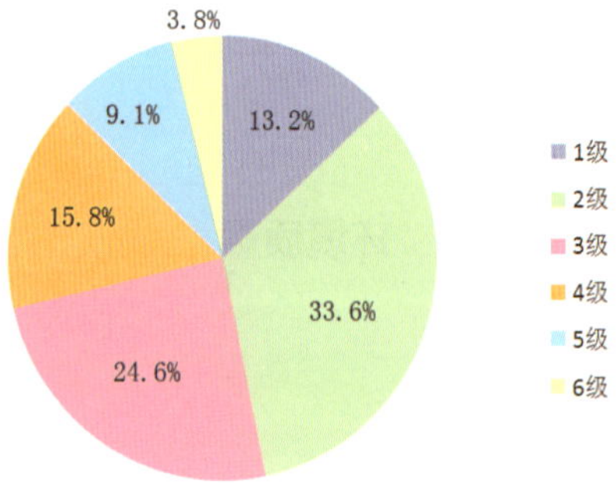

图 2　2016 年空气质量等级构成情况图

2016 年，开发区环境空气主要污染物以细颗粒物为主，其中有 168 天首要污染物为细颗粒物，约占总监测天数的 48.6%，较 2015 年有明显下降；其他主要污染物占比情况见图 3（个别日期首要污染物数据缺失，部分日期有两个首要污染物）。

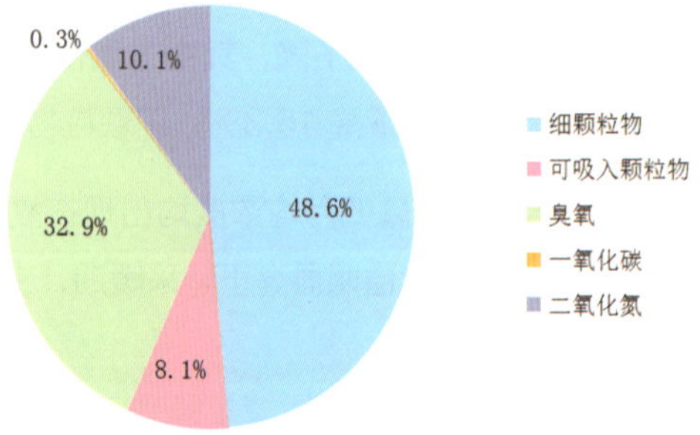

图 3　2016 年空气首要污染物构成情况图

二、地表水环境

（一）地表水总体水质状况

2016 年，开发区设置 7 个地表水监测断面，对新凤河桥、凉水河旧宫桥、凉水河马驹桥、凉水河马驹桥闸下游、大羊坊沟、通惠北干渠北和通惠北干渠南开展了地表水水质监测。统计结果表明：上述 7 个断面中出现的超标项目共有 10 项，分别为高锰酸盐指数、化学需氧量、生化需氧量、氨氮、总氮、总磷、氟化物、硫化物、粪大肠杆菌群以及阴离子表面活性剂，所有监测中均未发现重金属超标现象。通惠北干渠北断面和大羊坊沟断面的超标项目最多，为 9 项。其中，各监测断面的氨氮、总氮和总磷超标情况较为严重，大羊坊沟断面水质最差，硫化物、阴离子表面活性剂等指标超标情况也较为严重。与 2015 年度相比，开发区内 7 个断面水质变化不大，仅有通惠北干渠北断面水质略微转好。

（二）河流水质

凉水河和通惠北干渠为开发区内的主要地表水源，其水质类别在 2016 年度均为劣Ⅴ4 类，污染类型为有机污染型；新凤河和大羊坊沟流经开发区内的长度极短，各仅有一个水质监测断面，粗略概括其水质类别分别为劣Ⅴ3 类和劣Ⅴ4 类。

三、土壤环境

开发区选取的 10 个土壤监测点的各监测项目全部达标，土壤质量等级均为Ⅰ级，所有监测项含量在空间上分布十分均匀，各个监测点间监测结果差异不大，说明开发区总体土壤环境质量较好。与 2015 年相比，开发区土壤环境质量没有明显变化。

四、地下水环境

（一）地下水环境质量状况

2016 年，开发区分别在路东区、文化园、河西区和软件园设置 4 个监测井位，全年监测 4 次，共计 24 个监测指标。经过统计分析，开发区地下水主要监测指标的年均值超标情况较少，软件园所有监测指标均达标，路东区、文化园、河西区均仅有总硬度一项指标超标，超标倍数分别为 0.13 倍、0.21 倍、0.28 倍，比 2015 年有所增加。

（二）地下水综合水质

开发区内地下水水质除文化园由于总硬度超标质量较差外，水质总体良好。

五、声环境

2016 年，开发区环境噪声监测结果显示：1 类区昼间年平均值为 52.6dB（A），超标率 20%；3 类区昼间年平均值为 55.5，全年均达标；4a 类区昼间年平均值为 63dB（A），超标率 9%。开发区各类功能区声环境质量普遍良好，但夜间声环境质量明显差于昼间。

六、辐射环境

2016年，开发区γ辐射剂量率月均值和年均值均在环境本底范围内，属于环境正常水平，未发现异常；环境中也未检出人工总α、总β、铯等放射性核素与空气中放射性碘。

措施与行动

一、污染治理与减排

（一）大力推进清洁空气行动计划

2016年，开发区管委会在清煤降氮、控车减油、治污减排、清洁降尘4方面采取多项措施，进一步推进清洁空气行动计划，全方位落实大气污染防治措施。年内，开发区大气污染物中细颗粒物（$PM_{2.5}$）年均浓度为81微克/立方米，比2015年下降13.8%；空气中主要污染物二氧化硫、二氧化氮、可吸入颗粒物（PM_{10}）3项主要污染物年均浓度值分别为12微克/立方米、51微克/立方米、99微克/立方米，比2015年分别下降29.7%、3.7%、15.3%。

（二）落实重点工程，扎实推进污染减排

2016年，开发区率先在全市建设重型运输车低排放示范区，基本完成区域内“假国3”重型车的排查及淘汰任务；构建区域绿色出行体系，推广普及新能源车，降低机动车排放水平；全年完成10项“环保技改”工程，在印刷、电子、汽车制造等重点行业减排挥发性有机物970吨，超额完成全市下达的减排372吨的任务；全面开展区域燃气锅炉低氮技术改造工程，实现氮氧化物减排69吨；全区5000平方米以上施工工地全部安装视频监控设备，新开工项目全部安装洗轮机，推广使用可周转回收利用的路面硬化材料，有效降低扬尘污染。

（三）持续提升污水处理能力，加强水资源再生利用

开发区积极开展污水处理和再生水利用三年建设任务。年内，完成南区污水处理厂一期建设工作、东区污水处理厂三期扩建项目投入试运行，污水处理能力提升到17万方/日。全区污水纳管率、污水处理率、污水处理Ⅳ类水体达标率均保持100%。全年高品质再生水供应量达1095万方，利用率占全区总用水的30%。使得开发区万元地区生产总值水耗保持在4立方米左右，是全市平均水平的1/4。

二、环境安全与监管

（一）继续加强环境监管力度

2016年，按照新《中华人民共和国环境保护法》及其配套办法，开发区加大对区

内企业违法行为查处力度，并通过媒体曝光。开发区环保局各项监察执法工作累计出动执法人员2227人次，检查污染企业2171家次。查处各类环境违法行为为51起，其中处罚51家274.3万元，查封7家。排污申报登记企业409家，收费218家，征收排污费4356.3万元，其中扬尘排污费732万元。受理信访368件。与2015年同期相比，开发区环境保护的监管力度明显增强，其中违法企业处罚金额较去年同期相比增长217%，排污收费金额同比增长501%。

（二）扎实开展污染源监督性监测

在污染源监测方面，制定了《开发区2016年环境监测工作方案》等监测工作方案，指导全年的污染源监测工作。全年完成国控源、市控源和重点企业的各类月报、季报、年报数据的上报工作，实现数据上报完成率均为100%。同时，为了给环境管理提供科学依据，全年委托第三方检测机构对各类污染源开展监督性监测工作412次。

（三）逐步推进环保监控信息化建设

2016年，开发区环保局推进环保监控系统建设，在20家废水重点排污单位和3家废气重点排污单位安装了自动监控系统，实现实时监控，并建设2个环境空气质量观测站。同时，进一步完善集“监测运行管理、数据中心、核心业务、应急管理、排放预警、领导决策”于一体的环保监控信息平台，逐步实现开发区环保信息化。

三、环境准入

2016年，开发区严格执行北京市和开发区禁限目录。对项目中涉及重污染工艺的产业坚决否决。全年拒批拟入区的印刷、汽修等企业10余个。同时通过多种途径解决企业入区过程中的总量指标问题。主动与产促部门对接，先期介入。通过现有企业污染物深度治理、企业间排污交易和两区统筹协调等方式解决重点项目入区环评审批过程中的总量指标问题。年内，共完成88个项目总量前置审批，做到了增产不增污。

四、机制创新与保障

（一）继续推进生态工业示范园区建设

2016年，开发区通过国家级生态工业示范园区复审。复审过程中，专家组对开发区在产业链发展、水资源综合利用、综合能耗利用率等方面给予了高度评价。开发区联合市发展改革委、市财政局发布实施了《北京经济技术开发区绿色低碳循环发展计划》，实施园区循环化改造项目、绿色公共交通服务项目、园区电动汽车示范项目等26个大项，共106个子项目，总投资达46.1亿元。已开工项目81个，其中已完工项目40个。

（二）继续实施环保专项资金政策

2016年，《新区环境保护资金管理暂行办法（2016年修订）》《2016年度新区环境保护资金项目申报指南》实施。全年初审两区项目100个，预计扶持资金约1.16亿元，直接拉动企业投资达 72 亿元，有力推进生态工业示范园区建设。

全民参与

2016 年，开发区环保局主动送政策进企业 30 余次，重点解读了“大气十条”“水十条”、锅炉排放标准、汽车制造排放标准和区域资金扶持政策等，帮助企业及时掌握法律法规和政策信息；开展“环保知识有奖问答”“生态亦庄，美不可言”“六五”环境日健步走等活动，向社区传递“环境质量改善，从自身做起”的环保理念；组织开发区小学生“我爱地球妈妈”演讲比赛，选拔出 3 名小学生参加全市“我爱地球妈妈”中小学生演讲比赛，并分获一、二、三等奖。利用报纸、电视、网络、微信等多种媒介，对开发区环保工作进行全方位、多角度、深层次宣传报道，特别是在《中国环境报》上专题报道了开发区挥发性有机物治理的经验和效果，并在全国予以推广。

文件选载

北京经济技术开发区科技创新投资引导基金实施细则

京技管〔2016〕37号
（2016年5月24）

第一章 总则

第一条 为促进科技与金融相结合，引导社会资本和金融机构强化对高新技术产业、科技型企业和科技研发、成果转化项目的支持，不断完善北京经济技术开发区（简称开发区）投融资体系及科技创新服务体系，开发区设立科技创新投资引导基金（简称引导基金）。根据《国务院印发关于深化中央财政科技计划（专项、基金等）管理改革方案》（国发［2014］64号）、《关于进一步创新体制机制加快全国科技创新中心建设的意见》（京发［2014］17号）、《创业投资企业管理暂行办法》（发展改革委第39号令），制定《北京经济技术开发区科技创新投资引导基金实施细则》（简称本实施细则）。

第二条 引导基金宗旨是创新政府资金扶持方式，采取参股支持方式引导合作投资机构投资于创业期中小企业，通过发挥财政资金的杠杆放大效应，引导社会资本进入创业投资领域并鼓励其增加对中小企业的投资。引导基金不以营利为目的。

第三条 开发区管理委员会（简称开发区管委会）负责引导基金重大事项的决策；开发区科技局负责引导基金监督和管理；开发区财政局负责引导基金资金的拨付。引导基金委托北京亦庄国际投资发展有限公司（简称亦庄国投）作为引导基金名义出资代表；委托北京亦庄国际产业投资管理有限公司（简称亦庄产投）作为科技基金受托管理机构对引导基金进行日常经营管理。

第四条 引导基金资金主要来源于开发区财政资金、引导基金收益和其他社会资金等。

第五条 引导基金总规模7.5亿元，连续5年每年出资1.5亿元，分为天使引导基金与创投引导基金，其中天使引导基金规模每年5000万元，创投引导基金规模每年1亿元。

第六条 引导基金管理和资金使用必须遵守有关法律、法规和财务会计制度的规定。

第二章 基金申请

第七条 引导基金遵循“政府出资、市场运作、非营利性、参股不控股、适时保本退出”的原则，以参股支持方式引导社会资本共同设立创业投资企业（简称参股创投企业），重点投资于符合开发区定位和相关产业政策、产业投资导向的创业期科技型、创新型中小企业。参股创投企业按照市场化方式独立运作，自主经营，自负盈亏。

第八条 申请引导基金投资的合作投资机构原则上应符合以下条件。

（一）实收资本在 5000 万元以上，所有投资者以货币形式出资；

（二）有明确的投资领域；

（三）至少有 3 名具备 5 年以上创业投资或相关业务经验的专职高级管理人员；

（四）至少有 3 个对中小企业投资的成功案例，即投资所形成的股权年平均收益率不低于 20%；

（五）管理和运作规范，具有严格合理的投资决策程序和风险控制机制；

（六）按照国家企业财务、会计制度规定，有健全的内部财务管理制度和会计核算办法；

（七）承诺出资设立的参股创投企业重点投资于符合开发区定位和相关产业政策、产业投资导向的创业期科技型、创新型中小企业。

第三章 决策流程

第九条 引导基金投资的评审决策程序如下。

（一）公开征集。受开发区科技局委托，基金受托管理机构面向社会公开征集引导基金合作投资机构。

（二）机构申报。拟合作的投资机构向基金受托管理机构提交合作设立参股创投企业的投资方案。

（三）专家评审。由基金受托管理机构组织专家建立专家评审委员会，对上述投资方案进行评审。专家评审委员会设置 5 席委员，其中开发区科技局、开发区财政局代表 2 席，亦庄产投代表 1 席，外部专家及创业投资行业自律组织的代表 2 席。

（四）社会公示。经专家评审通过的投资机构，在有关媒体上公示，公示期为一周。对公示中发现问题的机构，引导基金不予合作。

（五）开发区管委会审定。开发区管委会根据专家评审结果，确定合作投资机构，审定投资方案，并出具会议纪要。

（六）方案实施。由基金受托管理机构组织合作投资机构实施审定通过的投资方案，包括协议谈判及签署、基金设立备案以及完成出资等。

第四章 退出方式

第十条 引导基金在参股创投企业稳定运营后，可通过将出资份额优先转让给其他股东或投资者、向第三方公开转让出资份额或者参股创投企业到期后清算退出等途径完成退出，以实现资金的良性循环。

参股创投企业应当在投资人协议和企业章程（或合伙协议）中明确参股创投企业的社会出资人（股东或合伙人）不先于引导基金退出。

第十一条 根据《关于完善投融资体系促进产业发展的管理办法》中关于开发区基金退出方式的要求，参股创投企业其他股东或投资者自引导基金投入后 3 年内购买引导基金在参股创投企业中出资份额的，转让价格参照引导基金原始投资金额；超过 3 年的，转让价格参照引导基金原始投资金额与按照转让时中国人民银行公布的 1 年期贷款基准利率（单利）计算的收益之和。

第十二条 参股创投企业到期后清算，引导基金依照本实施细则要求及投资相关协议约定获取本金和收益。参股创投企业发生破产清算，按照法律程序清偿债权人的债权后，剩余财产首先用于清偿引导基金。

第五章 基金管理

第十三条 开发区科技局负责引导基金重大事项的监督和管理，履行下列职责。

（一）制定引导基金合作投资机构评审规则和流程；

（二）根据评审规则和流程，对评审工作进行监督，根据评审委员对于合作投资机构申报的拟与引导基金共同设立参股创投企业投资方案的意见，研究审定设立参股创投企业的投资方案；

（三）委托、指导和监督基金受托管理机构对引导基金的日常管理工作，评估、考核引导基金投资运行情况；

（四）其他引导基金重大事项。

第十四条 亦庄国投作为受托的引导基金名义出资代表，行使引导基金出资人义务，与基金受托管理机构签订委托管理协议，与经审定的合作投资机构签订相关协议。

亦庄产投作为引导基金受托管理机构履行下列职责。

（一）按照引导基金评审规则和流程，面向社会公开征集引导基金合作投资机构；组织专家参与对合作投资机构申报的拟与引导基金共同设立参股创投企业投资方案的评审；组织实施开发区管委会审定通过的投资方案；

（二）向参股创投企业派驻经开发区科技局认可的董事、监事、投资决策委员会观察员或其他管理人员；代表引导基金以出资额为限对参股创投企业行使出资人权利，承担出资人义务；

（三）管理引导基金投资形成的出资权益，适时提出出资退出方案，经开发区管委会批准后，负责实施退出工作；

（四）要求参股创投企业聘请中介机构按照引导基金的要求进行年度审计，监督参股创投企业的运营情况，根据开发区科技局要求提供报告。

第十五条　按照引导基金受托管理规模 2% 每年，向受托管理机构支付管理费，管理费在引导基金中列支，具体支付时间、支付方式在委托管理协议中明确约定。

第十六条　引导基金的出资比例最高不超过参股创投企业实缴出资总额的 30%，且不能成为单独或并列的第一大出资人；闲置资金只能存放银行和购买国债。

第十七条　参股创投企业经营期限最长为 10 年，自其设立之日起开始计算，且存续期内不得从事下列业务。

（一）吸收或变相吸收存款、发放贷款或从事资金拆借；

（二）期货及金融衍生品交易；

（三）抵押和担保业务；

（四）房地产投资；

（五）赞助和捐赠；

（六）创业投资企业管理部门禁止从事的其他业务。

参股创投企业进行投资时应当遵循下列原则。

（一）根据《创业投资企业管理暂行办法》进行投资运作，重点投资于本实施细则第七条规定的投资领域；

（二）投资于开发区内创业期中小企业的资金额度不低于引导基金出资额的两倍；

（三）对单个企业的投资不得超过参股创投企业实缴出资总额的 20%，且所取得的单个被投资企业的股权 / 股份 / 权益比例不得超过 30%；

（四）不得对已上市企业进行股权投资，但是所投资的企业上市后，参股创投企业所持股份的未转让部分及其配售部分不在此限；

（五）不得投资于其他创业投资企业。

基金受托管理机构对参股创投企业未按本实施细则规定开展投资业务的，应与参股创投企业进行协调，要求参股创投企业进行调整；协调无效的，报请开发区管委会同意后，将引导基金从参股创投企业中退出。

第十八条　为保证引导基金安全运行，受托管理机构应选定境内商业银行作为引导基金的资金托管银行，具体负责资金保管、拨付、结算等日常工作并对引导基金投资区域、方向等进行动态监管。托管银行定期向开发区科技局和引导基金受托管理机构出具托管报告。托管银行应符合以下条件。

（一）成立时间在五年以上的全国性股份制商业银行；

（二）具有创业投资基金托管经验；

（三）无重大过失不良记录，且无行政主管机关或司法机关处罚的不良记录。

第六章 监督机制

第十九条 引导基金受托管理机构须制定以下风险控制措施保障引导基金安全。

（一）制定严格的投资流程和投资筛选标准；

（二）与合作投资机构就有关事项协商一致并签订投资协议；

（三）在参股创投企业董事会、监事会中占有席位，或取得投资决策委员会观察员席位，或委派其他人员参与参股创投企业的管理；

（四）与合作投资机构及参股创投企业约定定期信息公开机制；

（五）依照本实施细则与合作投资机构约定退出条款；

（六）其他有利于保障资金安全的措施。

引导基金受托管理机构应根据开发区科技局要求提交引导资金和投资项目进展情况等相关重大事项报告。报告内容包括但不限于受托管理的资金使用情况、参股创投企业经营情况、投资项目的退出和收益情况和其他应报告的重要事项等。

第二十条 开发区科技局负责对引导基金整体运行情况、投资效果和受托管理机构的管理工作进行考核及评估，主要参照以下标准。

（一）是否按照引导基金委托要求，组织专业管理团队对引导基金进行管理；

（二）是否向参股创投企业派驻经开发区科技局认可的董事、监事、投资决策委员会观察员或其他管理人员，行使相应投资人权利，承担投资人义务；

（三）是否要求参股创投企业定期提供经审计的财务报告、资金使用情况报告及被投资项目进展情况报告等，并根据开发区科技局要求定期提供报告。

第七章 附则

第二十一条 本实施细则由开发区管委会负责解释。

第二十二条 本实施细则自发布之日起三十日后开始实施。

北京经济技术开发区科技股权投资基金实施细则

京技管〔2016〕37号
（2016年5月24日）

第一章 总则

第一条 为促进科技与金融相结合，引导社会资本和金融机构强化对高新技术产业、科技型企业和科技研发、成果转化项目的支持，不断完善北京经济技术开发区（简称开发区）投融资体系与科技创新服务体系，开发区设立北京经济技术开发区科技股权投资基金（简称股权投资基金）。根据《国务院印发关于深化中央财政科技计划（专项、基金等）管理改革方案》（国发［2014］64号）、《关于进一步创新体制机制加快全国科技创新中心建设的意见》（京发［2014］17号），制定《北京经济技术开发区科技股权投资基金实施细则》（简称本实施细则）。

第二条 股权投资基金可采用股权投资、债权投资、知识产权共享等方式投资于符合开发区定位和相关产业政策、产业投资导向的科技型、创新型企业。

第三条 开发区管理委员会（简称开发区管委会）负责股权投资基金重大事项的决策；开发区科技局负责股权投资基金监督和管理；开发区财政局负责股权投资基金资金的拨付。股权投资基金委托北京亦庄国际投资发展有限公司（简称亦庄国投）作为名义出资代表，北京亦庄国际产业投资管理有限公司（简称亦庄产投）作为基金受托管理机构。

第四条 股权投资基金资金主要来源于开发区财政资金、股权投资基金收益和其他社会资金等。

第五条 股权投资基金总规模2.5亿元，连续5年每年出资5000万元。

第六条 股权投资基金管理和资金使用必须遵守有关法律、法规和财务会计制度的规定。

第二章 投资领域和方向

第七条 股权投资基金遵循“政府出资、市场运作、非营利性、参股不控股、适时保本退出”的原则，重点投资于符合开发区定位和相关产业政策、产业投资导向的科技型、创新型企业。

第八条 申请股权投资基金的项目原则上应符合以下条件。

（一）符合开发区重点支持的产业发展方向，具有良好的社会效益。

（二）项目实施企业为拥有核心技术或知识产权的科技型、创新型企业，且原则上至少应满足以下条件之一：成立时间不超过 5 年；资产总额不超过 3000 万元；年销售额或营业额不超过 3000 万元；职工人数不超过 300 人；直接从事研究开发的科技人员占职工总数的 20% 以上。对于创新性、产业带动性和示范效应较强的重点项目的实施企业，可适当突破上述条件限制。

（三）项目实施企业须为公司制法人，在开发区办理工商注册和税务登记，且承诺在获得投资后约定期限内不迁离开发区。

第三章 决策流程

第九条 股权投资基金的评审决策程序如下。

（一）项目申报。符合支持条件的企业可直接向基金受托管理机构提出投资申请，并提交相关申请材料。

（二）材料初审。由基金受托管理机构负责受理企业的申报资料，同时对申报资料进行审查。

（三）专家评审。由基金受托管理机构组织专家建立专家评审委员会对项目进行评审，形成初步投资建议。专家评审委员会设置 5 席委员，其中开发区科技局、开发区财政局代表 2 席，亦庄产投代表 1 席，外部专家代表 2 席。

（四）投资方案。基金受托管理机构根据专家评审形成的初步投资建议出具初步投资方案。

（五）开发区管委会审定。开发区管委会对基金受托管理机构提交的初步投资方案进行审定，并出具会议纪要。

（六）方案实施。由基金受托管理机构组织实施审定通过的投资方案，包括协议谈判及签署、完成出资等。

第四章 退出方式

第十条 股权投资基金在稳定运营后，可通过下列途径完成退出，以实现资金的良性循环：被投资企业还款；上市退出或将股权转让；股东回购；破产清算退出。

第十一条 根据《关于完善投融资体系促进产业发展的管理办法》中关于开发区基金退出方式的要求，股权投资基金在被投资企业获得支持 1 年（含）内退出，退出价格参照股权投资基金原始投资额与按照退出时中国人民银行公布的同期存款利率计算的收益之和；股权投资基金在被投资企业获得支持 1~5 年（含）内退出，退出价格参照股权投资基金原始投资额与按照退出时中国人民银行公布的同期贷款利率计算的收益之和。股权投资基金支持项目原则上采用上述方式退出，若股权投资基金与被投资企业约定其他退出方式的，经开发区管委会审议通过，从其约定。

第十二条 若被投资企业发生清算，视投资方式按照法律程序执行清算。

第五章 基金管理

第十三条 开发区科技局负责股权投资基金重大事项的监督和管理，履行下列职责。

（一）制定股权投资基金项目评审规则和流程；

（二）根据评审规则和流程，对评审工作进行监督，根据评审委员意见，研究审定股权投资基金投资方案；

（三）委托、指导和监督基金受托管理机构对股权投资基金的管理工作，评估、考核股权投资基金投资运行情况；

（四）其他股权投资基金重大事项。

第十四条 亦庄国投作为受托的股权投资基金名义出资代表，行使股权投资基金出资人义务，与基金受托管理机构签订委托管理协议。

亦庄产投作为股权投资基金受托管理机构具体负责股权投资基金投资方案、合作方案、退出方案的拟订和实施，负责股权投资基金的投后管理等相关工作。股权投资基金受托管理机构应根据开发区科技局要求报送股权投资基金投资运行情况等相关资料。

第十五条 按照股权投资基金受托管理规模 2% 每年，向受托管理机构支付管理费，管理费在股权投资基金中列支，具体支付时间、支付方式在委托管理协议中明确约定。

第十六条 股权投资基金的出资比例原则上不超过被投资企业注册资本或净资产的 20%。股权投资基金单个项目累计投资金额原则上不超过 2000 万元。

第十七条 股权投资基金不得用于从事以下业务。

（一）投资于已上市企业，所投资的未上市企业上市后，基金所持股份未转让及其配售部分除外；

（二）从事担保、抵押、委托贷款、房地产（包括购买自用房地产）等业务；

（三）投资于其他创业投资基金或投资性企业；

（四）投资于股票、期货、企业债券、信托产品、理财产品、保险计划及其他金融衍生品；

（五）向任何第三人提供赞助、捐赠等；

（六）吸收或变相吸收存款，或向任何第三人提供贷款和资金拆借；

（七）进行承担无限连带责任的对外投资；

（八）以发行信托或集合理财产品的形式募集资金；

（九）其他国家法律法规禁止从事的业务。

第十八条 为保证股权投资基金安全运行，选定境内商业银行作为股权投资基金的托管银行，具体负责资金保管、拨付、结算等日常工作并对股权投资基金投资区域、方向等进行动态监管。托管银行定期向开发区科技局和股权投资基金受托管理机构出具托管报告。托管银行应符合以下条件。

（一）成立时间在五年以上的全国性的股份制商业银行；

（二）具有创业投资基金托管经验；

（三）无重大过失及行政主管机关或司法机关处罚的不良记录。

第六章 监督机制

第十九条 股权投资基金受托管理机构须制定以下风险控制措施保障股权投资基金安全：

（一）制定严格的投资流程和投资筛选标准；

（二）与被投资企业和被投资企业主要股东就有关事项协商一致并签订投资协议；

（三）委派项目负责人定期了解被投资企业运营情况；

（四）与被投资企业和被投资企业股东约定定期信息公开机制；

（五）与被投资企业和被投资企业股东约定退出条款；

（六）其他有利于保障资金安全的措施。

股权投资基金受托管理机构应根据开发区科技局要求提交委托管理资金和委托项目进展报告等相关重大事项报告。报告内容包括但不限于受托管理的资金使用情况、被投资企业经营情况、股权投资的退出和收益情况、委托协议约定的其他事项。

第二十条 开发区科技局负责对股权投资基金整体运作情况、资金投资效果进行考核及评估，主要参照以下标准。

（一）是否按照股权投资基金委托要求，组织专业管理团队对股权投资基金进行管理，按照严格的投资流程和投资标准，与被投资企业签订投资协议；

（二）是否向被投资企业派驻经开发区科技局认可的项目负责人，代表股权投资基金行使相应权利，承担相应义务；

（三）是否根据开发区科技局要求定期提供经审计的被投资企业财务报告、资金使用情况报告及被投资企业进展情况报告等。

第七章 附则

第二十一条 本实施细则由开发区管委会负责解释。

第二十二条 本实施细则自发布之日起三十日后开始实施。

大事记

1月

14 日，北京“高精尖”产业发展基金发布会在中关村举行，北京亦庄国际投资发展有限公司、北京赛升药业股份有限公司和北京亦庄生物医药园合作发起设立的北京亦庄生物医药产业并购基金成为 11 只首批“高精尖”合作基金之一，基金规模 8 亿元。

18 日，北京中交兴路信息科技有限公司、北京亦庄国际投资发展有限公司等 15 家企事业单位发起设立“智能汽车与智慧交通产业联合创新中心”。

是日，北京云基地企业管理有限公司旗下北京天润融通科技股份有限公司挂牌新三板。

27 日，北汽集团与开发区签署新能源汽车产业发展合作协议，双方携手打造世界级新能源科技创新中心、国内首座数字化智能工厂、国内高端电芯产业化验证与示范工厂、新能源汽车生态圈云平台。

是月，京东集团研发体系物流实验室开展一系列无人机送货实验，主要集中在完成从配送站到乡村推广员的商品传递，解决农村电商“最后一公里”的配送需求。

2月

1 日，大地影院集团以旗下 80 家影院未来部分票房收入作为质押发行的资产证券化产品在深圳证券交易所挂牌，融资总额 11.3 亿元，用于发展其影院建设等相关业务。

2 日，开发区举办“创兴创亦 人才聚首”——2016 首届“新创工程 · 亦麒麟”人才评选发布活动。选出的 126 名领军人才和自 2008 年以来认定的 9 批 247 名海外高层次人才共 373 人被评选为首届亦庄“新创工程 · 亦麒麟”人才。

4 日，北京同仁医院南区二期正式动工。

16 日，北京星网宇达科技股份有限公司建设的惯性导航与测控产品产业化基地在开发区启用。项目总投资 2.85 亿元，占地面积 1.25 万平方米，建筑面积 4 万平方米，主要建设惯性导航与测控产品、铁路轨道检测设备、智能驾考系统 3 个产业化项目和惯性技术研发中心项目。

是日，北京云基地企业管理有限公司旗下北京云端时代科技有限公司正式挂牌新三板。

19 日，在北京市科学技术奖励大会上，京东方科技集团股份有限公司的“基于自主技术平台的大尺寸平板显示核心技术研发应用”、北京云电英纳超导电力技术有限公司的“饱和铁心型超导限流器的关键技术研究”和北京同仁堂股份有限公司的“中药抗抑郁的物质基础与神经生物学机制研究”分获一等奖。

24 日，北京市委任命谈绪祥为中共北京市委经济技术开发区工作委员会书记，李长友不再担任中共北京市委经济技术开发区工作委员会书记职务。

3月

1日，北京市大兴区中芯南海子幼儿园开园。该园为民办性质幼儿园，开设18个班，位于开发区四海路X82号教育用地，用地面积6000.2平方米，建筑面积5589.86平方米。

18日，中国饮料工业协会携手加多宝（中国）饮料有限公司等企业开展“水教育”项目。加多宝旗下的昆仑山雪山矿泉水工厂被中国饮料工业协会授予首批“水教育示范基地”称号。

23日，中共中央政治局委员、国务院副总理汪洋率队到小笨鸟跨境电商平台运营展示中心、技术研发中心和大数据中心调研。商务部国际贸易谈判代表兼副部长钟山、国务院副秘书长江泽林、海关总署副署长邹志武、商务部部长助理张骥、北京市副市长程红等陪同调研。

是日，京津冀科技创新公共服务平台上线。

24日—25日，以“构筑创新开放格局共谋‘十三五’跨越发展”为主题的2016中国半导体市场年会暨第五届中国集成电路产业创新大会在开发区召开。

30日，北京亦庄保税直购中心首家“ET保税”品牌示范店对外营业。品牌示范店建筑面积1000平方米，营业面积550平方米，所售商品涵盖德国、法国、加拿大等近50个国家和地区的5000多种优质商品。

是日，京东集团在西藏自治区拉萨市开设的首家“京东帮服务店”开业，实现中国大陆地区全覆盖。

是月，北京天地互连信息技术有限公司—全球SDN测试认证中心开发的SDN控制器测试工具OFsuite_Performance，可对主流开源控制器RYU、OpenDaylight、ONOS的多项性能指标进行测试，并在报告中对测试结果进行可视化呈现。

是月，北京艾德摩生物技术有限公司在PDX技术平台的基础上建立了全国首家活肿瘤组织生物样本库。截至年底，该样本库收集3000份肿瘤样本。

是月，北京义翘神州生物技术有限公司自主研制的重组凝血八因子品种启动临床入组。

4月

1日，北京市委任命崔志成为中共北京市委经济技术开发区工作委员会副书记。

8日，全国首家以推动绿色建材发展为宗旨的跨行业联盟组织——中国绿色建材产业发展联盟在北京成立并落户开发区。开发区内企业中金数据系统有限公司承接全国绿色建材行业数据后台、在线评估认证平台、绿色建材网上电商平台等项目。

17日，“美国百老汇进入中国 托尼奖落户北京亦庄”启动签约仪式暨新闻发布会在开发区举办，这是中国首次引进落地的世界顶级演艺品牌，也是托尼奖70年来首次对大中华地区进行官方授权。

18日，开发区与国家大剧院战略合作签约仪式暨首场演出活动在开发区博纳星辉剧院启动。由国家大剧院原创、再现匠人世家传奇故事的话剧《样式雷》拉开“北京亦庄高雅艺术演出季”的大幕。

19日，北京亦创生物技术产业研究院在北京亦庄生物医药园揭牌，研究院将依托开发区基因技术转化创新中心，加速基因研究成果转化为医学新技术、新产品。

25日，中关村管委会、大兴区人民政府和开发区管委会联合印发《关于促进中关村智能机器人产业创新发展的若干措施》。措施针对制约智能机器人产业发展的关键问题，重点从提升创新能力和水平、促进市场推广、支持创新创业、促进产业集聚、吸引领军人才和团队、加大金融扶持、提升国际影响力7个方面制定10条措施。

是月，北京数字冰雹信息技术有限公司成为国家242信息安全计划专项合作单位。

是月，北京泰德制药股份有限公司、北京凯因科技股份有限公司、北京金风科创风电设备有限公司、安诺优达基因科技（北京）有限公司、北京华兴长泰物联网技术研究院有限责任公司5家企业获批建立北京市工程实验室。

5月

5日，北京经济技术开发区产业人才协会成立大会暨第一届会员代表大会召开。来自开发区各个行业的127名会员代表选举出人才协会第一届理事会理事、理事会理事长、监事会监事、监事会监事长等，并通过了《北京经济技术开发区产业人才协会章程》。

6日，开发区工委组织部下发《关于深化领导干部联系企业制度暨选派机关党员领导干部到企业担任党建项目经理的通知》，选派开发区6名处级副职和中层管理人员深入非公企业担任党建项目经理，帮助非公企业开展党建工作。

9日，大地影院（香港）有限公司向阿里影业的全资附属公司SAC Finance Company Limited发行总金额为10亿元的可换股债券，认购资金用于影院经营、投资和并购，也可用于银行借款的偿还。

10日，北京亦庄文化创意产业联盟成立仪式举行，该联盟是开发区首家获得北京市民政局认可的文化产业社会团体，有会员单位39家。

11日，北京屹唐盛龙半导体产业投资中心以3亿美元收购美国硅谷的半导体加工设备供应商Mattson Technology，成为中国半导体装备产业国际收购首例。

是日，位于河西区的百度亦庄数据中心正式启用，百度亦庄数据中心由中国移动和百度共同投资、合作建设，建筑总面积约为3.8万平方米，可部署4万多台服务器，是业界首个针对移动互联网业务大规模部署的云计算中心。

14日—15日，首都高等学校第54届学生田径运动会开幕式在北京电子科技职业学院体育场举行。运动会由市教委、市体育局主办，北京市大学生体育协会和电科职院承办，70所参赛高等院校的校领导、教师和学生共4000余人参加。

24 日，京东方科技集团股份有限公司在美国旧金山举行的 2016 年美国显示周（SID Display Week）展会上首发全球最薄 8K 超高清显示屏。

31 日，昆仑山雪山矿泉水与世界斯诺克战略合作新闻发布会在北京召开。昆仑山雪山矿泉水成为世界斯诺克高端赛事官方唯一饮用水。

是月，北京凌云智能科技有限公司在 2016 第十四届北京国际汽车展览会首次推出凌云推背概念车和凌云推背迷你概念车。

6 月

4 日，欧洲质量研究协会 (ESQR)2016 年年会在比利时首都布鲁塞尔举行，四达时代集团获得该协会颁发的 2016 年最佳商业实践奖。

7 日，北京亦庄 · 永清高新技术产业开发区正式挂牌。河北省人民政府任命廊坊市常务副市长贾永清兼任园区工委书记、管委会主任；任命永清县委书记邢华金兼任园区工委常务副书记；任命北京经济技术开发区投资促进局调研员邹本雨兼任园区工委副书记、管委会常务副主任。

是日，数码辰星科技发展（北京）有限公司受邀参加 LIPA（Laser Illuminated Projector Association）激光放映协会全球领导层级别激光技术发展研讨会，成为全球激光放映协会领导层的唯一中国企业成员。

8 日，亦庄创投汇成为北京市“北京众创空间联盟”单位，同时获得北京市第三批“众创空间”授牌。

13 日，在国务院总理李克强和德国总理默克尔的共同见证下，北京汽车股份有限公司与戴姆勒股份公司正式签署框架协议。双方共同增资 40 亿元用于北京奔驰汽车有限公司发动机工厂扩建。

是日，第 70 届托尼奖颁奖典礼首次在大中华地区转播。首播由央视网、乐视视频、芒果 TV、爱奇艺等 8 家网络媒体平台合作完成，首次打破获得转播权的国家和地区只通过一个媒体平台转播颁奖典礼的先例。

16 日，北京奔驰汽车有限公司梅赛德斯 – 奔驰长轴距 E 级车下线。

是日，开发区创设“先锋部落”党建品牌，建筑工程安全培训体验基地、嘉捷学堂、金风大学、京东大学、北京电子科技职业学院 5 家单位被授予“先锋部落”称号，为首批区级党员教育培训基地。

18 日，第四届中国中小企业产业园区建设与投资年会暨创业孵化器国际论坛在北京人民大会堂举行。“北京经开 –E7 创享家”被授予“中国中小企业创业孵化示范平台”称号。

22 日，中芯国际集成电路制造有限公司高通骁龙 28 纳米系列产品量产。

27 日，北京亦庄国际投资发展有限公司、北京泰豪智能工程有限公司、北京精博现代假肢矫形器技术有限公司被国家工商行政管理总局评为 2014—2015 年度守合同重信用企业。

29 日，开发区总工会召开装备制造产

业工会联合会成立大会，主要包含金属制品业、普通机械制造业、专用机械制造业、交通运输设备制造业、电气机械及器材制造业、电子及通信设备制造业、仪器仪表自动化控制系统及办公用机械制造业等行业企业。大会审议通过了工会联合会筹备组工作报告和《北京经济技术开发区装备制造产业工会联合会组织办法》，选举产生了装备制造产业工会联合会第一届委员会，常务委员会委员 13 人、工会主席 1 人、副主席 3 人。

30 日，工业和信息化部电子工业标准化研究院、清华大学网络行为研究所、中金数据系统有限公司等单位共同发起成立北京亦庄国际产业互联网研究院股份公司，以“互联网 + 产业”和“互联网 + 企业”为主要研究方向。

是月，京东集团首批引进 40 台新能源纯电动货运汽车在京沪两地率先上路运营，其中投放北京市 30 台、上海市 10 台。这是国内物流快递行业在大型货运车辆中首次使用环保纯电动车。

是月，哈尔滨工大特种机器人有限公司与云南梦工厂联合研发的玉石自动化生产线亮相中国—南亚博览会暨第 24 届中国昆明进出口商品交易会的“梦工厂”展区。该玉石自动化生产线是中国首条自主研发设计、实践工业 4.0 概念的面向玉石行业的自动化柔性生产线。

7月

16 日，全球首颗量子科学实验卫星“墨子号”从酒泉卫星发射中心升空。北京数字冰雹信息技术有限公司担任的“墨子号”卫星科学实验运行监控平台的设计开发工作完成。

20 日，京东集团（纳斯达克股票代码：JD）首次上榜《财富》杂志公布的 2016 年全球财富 500 强榜单，位列 366 位，成为中国首家且唯一入选财富 500 强的互联网企业。

22 日，京津冀开发区创新发展联盟（曹妃甸）产业合作对接会在河北省唐山市曹妃甸区召开。会议围绕“产业协同，合作共赢”主题，实现了 50 余家企业与联盟成员单位的对接，中科晶电信息材料（北京）有限公司在河北省曹妃甸工业区投资“6 英寸砷化镓集成电路（芯片）产业化项目”和“高品质图形化蓝宝石衬底项目”等 13 个合作协议。

28 日，北京天诚同创电气有限公司与岳阳高澜节能装备制造有限公司在岳阳市举行智慧能源项目签约仪式，双方联手打造湖南省首个兆瓦级智能微电网项目。

8月

2 日，北京数字冰雹信息技术有限公司入选 2016 中国大数据企业 50 强。

是日，中金数据系统有限公司、华为软件技术有限公司与武汉市政府签署武汉市智慧城市建设与运营战略合作协议。

3 日，全国人大常委会副委员长陈昌智带队的全国人大常委会促进科技成果转化执法检查组到开发区调研科技成果转化情况，北京市人大常委会副主任孙康林，开发区领导谈绪祥、梁胜陪同调研。执法检查组参观京东方显示技术有限公司、中芯国际集成电路制造有限公司的企业展厅，实地查看工艺流程和产品生产线，了解企业科技成果转化情况。

4日，由北京亦庄国际投资发展有限公司发起成立的北京创业投资创新服务联盟第一届会员大会举行。大会选举北京信中利投资股份有限公司董事长汪潮涌任理事长、北京快创商学院创始人尹立志为联盟秘书长。截至年底，联盟汇聚110余家会员单位。

16日，东方医院南院区升级改造工程动工。

17日，北京奔驰汽车有限公司获全国工贸行业安全生产标准示范企业称号，成为全国工贸行业首批、中国机械制造业首家获此称号的企业。

19日，“京津冀国家级开发区产业人才联盟”启动大会召开。联盟由北京经济技术开发区、天津经济技术开发区等16家国家级开发区和保税区联合发起成立。

22日，华夏芯（北京）通用处理器技术有限公司在“2016全球异构计算HSA峰会”上发布一款64位高性能处理器。处理器基于全自主核心技术，支持HSA国际标准，面向移动通信、机器视觉、人工智能、智能终端、消费电子和物联网等领域。

23日，由中国投资协会和开发区管委会联合主办的“新供给 新模式 新机会——2016中国创新型领军者论坛暨全国产融创新百城大巡讲”在开发区举行。与会人员共同探讨领军者如何引领创新，推进中国经济在“十三五”时期的持续进步与革新。

24日，中共中央政治局委员、北京市委书记郭金龙一行先后到北人亦创智能机器人创新园和金风科创风电设备有限公司调研。了解北人亦创智能机器人创新园项目建设和智能机器人展示情况，结合多媒体听取园区总体规划和2016世界机器人大会筹备进展和园区企业转型升级等情况汇报。随后，参观金风科创智慧园区展示厅、电控产品生产车间，了解金风科创在直驱永磁风电产品、智能微电网、风电大数据和智能制造等“高精尖”产业结构升级方面创新发展汇报；了解公司从风电装备制造企业逐渐向综合服务型企业转变的新想法和新成绩。市领导张工、隋振江一同调研。

是日，中铁十九局集团有限公司参建的塔吉克斯坦铁路瓦赫达特—亚旺铁路隧道与桥梁勘察设计施工项目举行通车典礼。该项目是丝绸之路经济带框架内首个开工并建成的铁路项目。

25日，北京奔驰汽车有限公司第100万台国产梅赛德斯－奔驰发动机下线。

是日，京东集团与东港股份有限公司签订合作协议，联合打造“京东包装实验室”，致力于绿色物流包装产品的研发和使用。该实验室是国内首家基于电商物流包装领域的实验研发机构。

27日，北京北方微电子基地设备工艺研究中心有限责任公司与北京七星华创电子股份有限公司在开发区举行重组发布仪式，正式对外发布公司重组后的全新品牌——北方华创（NAURA）。公司重组后成为国内唯一一家主营半导体高端装备制造的上市公司。

31 日，市食药监管局开发区分局食品快速检测实验室投入使用，标志着开发区食品安全监管工作新增一项技术手段。

是月，开发区印发《北京经济技术开发区大气污染防治强化措施 2016—2017 年细化实施方案》。方案提出到 2017 年，开发区空气中的细颗粒物年均浓度需达到 65 微克 / 立方米左右的空气质量任务目标。

是月，北京天诚同创电气有限公司与发展改革委能源研究所开展“金风科技绿色供应链管理的运作模式、推进机制与案例研究”合作项目，该项目得到美国能源基金会 (The Energy Foundation)15 万美元的研究费用支持。

是月，北京天地互连信息技术有限公司与 ONOS（Open Network Operating System）就 SDN（Software Defined Network，SDN）控制器领域签署战略合作协议，天地互连正式成为 ONOS 官方合作伙伴。

是月，北京亦庄国际投资发展有限公司获中国证监会批复，核准发行 75 亿元公司债券。

是月，北京东械科技有限公司建立首个军工智能化的样板工厂，实现生产过程的无人化调度和全程数据流闭环。智能工厂由中央大数据平台、物资物流智能化系统和产线智能化系统三大板块构成。

9月

1 日，北京亦庄实验中学投入使用并举行开学典礼。该校是北京市十一学校按照名校办分校的模式所创办的完全中学，承接了十一学校优质教学资源和教学理念，自主构建了一套多样化、可选择的，包括分层课程、分类课程、综合课程和特需课程的课程体系。

是日，大兴区爱乐恩幼儿园开园，开设 9 个教学班，新增学前教育学位 225 个。

2 日—7 日，京东方科技集团股份有限公司在 2016 德国柏林国际电子消费品展览会（IFA）上推出的全球首款 65 英寸 8K 超高清显示屏获“IFA 产品技术创新大奖”。

5 日，富思特新材料科技发展股份有限公司自主研发出的高科技专利产品——净霾自洁涂层助力获国家火炬计划产业化示范项目证书。

6 日，京东集团发布 VR/AR 战略，并成立全球电商领域首个 VR/AR 产业推进联盟。联盟联合 30 多家 VR/AR 上下游企业，通过品牌、营销、运营、金融等方式，为 VR、AR 企业提供全面支持。

是日，京东方科技集团股份有限公司选送的绿色产品管理系统（GPM-Green Product Management）和质量问题正反向关闭系统（QPI）均获得首届全国质量创新大赛一等奖。

是日，《2016 年度两区环境保护资金项目申报指南》发布。

7 日，北京泰豪智能科技有限公司“城市氧吧”智慧空气净化管理系统入选市科委第四批北京市新技术新产品(服务)名单。该系统是针对日益严重的环境污染问题和公共环境需求而设计的一套整体解决方案。

19 日，第 19 届北京科技交流学术月开幕式暨中国制造 2025 报告会在开发区举行。汇龙森国际企业孵化（北京）有限公司和北京硅酸盐学会、北京京东方显示技术有限公司和北京电子学会、安诺优达基因科技（北京）有限公司和中关村人才协会、北京华德液压工业集团有限责任公司和北京机械工程学会 4 组北京市科协“创新簇”示范站获授牌。

20 日，开发区科技创新企业商会成立大会暨第一次会员大会召开，这是北京市首家科技创新企业商会。

21 日，京津冀科技期刊协作发展联盟成立大会暨京津冀科技期刊创新发展论坛在开发区举行。来自京津冀的科技工作者、科技期刊工作者和信息、知识产权界的专家学者 200 人参加。

22 日，京津冀开发区创新发展联盟与首都经济贸易大学战略合作框架协议签署暨产业发展研究中心揭牌仪式在北京举行，京津冀开发区创新发展联盟产业发展研究中心和首都经济贸易大学硕士研究生实习基地同时揭牌。

是日，由北京市新闻出版广电局主办、四达时代集团承办的“2016 北京影视剧非洲展播季”活动在尼日利亚首都阿布贾举行。

23 日，华北高速公路股份有限公司参与申报的 8 个光伏项目共计 270 兆瓦全部进入国家第六批可再生能源电价附加资金补助目录，正式获得国家补贴资格。公司旗下 9 个光伏电站共计 293 兆瓦已全部进入国家补贴目录。

27 日，开发区举行集成电路标准厂房、燕东 8 寸特色工艺线、耐威 8 寸 MEMS 芯片生产线、华卓精科半导体装备基地 4 个集成电路产业重点项目启动仪式。

是月，开发区信息办发布《北京经济技术开发区宽带无线城市 2016—2018 年行动计划》《北京经济技术开发区宽带无线城市建设及服务规范 V1.0》。

是月，资生堂丽源化妆品有限公司欧珀莱（AUPRES）品牌取消在产品包装内的纸质说明书。该举措的实施每年能保护森林 1940 平方米、减少二氧化氮排放 35.7 吨。

是月，赛诺菲（北京）制药有限公司扩建的来得时（甘精胰岛素）卡式瓶罐装线完成全部工艺验证。

10 月

9 日，开发区首家金融机构工商登记指导站落户中国农业银行开发区支行，这是中国农业银行北京市分行首家工商登记注册指导站。

13 日，GE 北京科技园落成启用。GE 北京科技园总建筑面积 7.5 万平方米，可容纳 2200 多名员工，为航空、发电、医疗、油气、能源互联、交通、可再生能源、研发和数字工业部门等 GE 各业务和职能部门设计有办公场所。

18 日，由开发区管委会、芬兰瓦萨市政府主办，以“纯净亦庄 清洁发展”为主题的中芬生态创新园平台路演活动在开发区京津冀全球路演中心举行。

是日，北京锤子数码科技有限公司年度产品 Smartisan M1（4G+32G 全网通版）、M1L（4G+32G 全网通版）、M1L（6G+64G 全网通版）3 个配置版本 2 款手机在上海发布。

18 日—19 日，第三届北京亦庄（京津冀）生物医药产业大会在开发区召开，共举办 21 场大会报告、5 场主题论坛。开发区和京津冀地区 70 余家生物医药相关企业参展，380 家企业参会。

20 日—25 日，由工业和信息化部、中国科协、北京市政府共同主办的世界机器人大会在北京亦创国际会展中心举办。中共中央政治局委员、国务院副总理刘延东出席大会开幕式并讲话。

是日，京东智能云语音服务开放平台暨叮咚新品发布会召开，叮咚系列的全新产品叮咚（DingDong）灵动版 A3，及京东智能音频联盟合作伙伴的众多新品首次公开亮相，京东智能云语音服务开放平台正式上线。

28 日，灿芯创智微电子技术（北京）有限公司牵头实施的国家 02 科技重大专项“14 纳米产学研通用共享 IP 平台建设”课题在开发区启动。

是日，悦康药业集团有限公司被认定为 2016 年国家技术创新示范企业。

是日，京东方科技集团股份有限公司绵阳第 6 代 AMOLED（柔性）生产线项目与四川省绵阳高新技术产业开发区正式签约。该生产线计划总投资 465 亿元，产能为每月 4.8 万片玻璃基板，尺寸为 1500 毫米 ×1850 毫米，产品主要应用在智能手机、可穿戴设备、车载显示、AR/VR 等领域。

30 日，几内亚共和国总统孔戴率政府高官代表团考察四达时代集团总部，参观了四达时代研究院、译制配音基地、大型播控中心、高清演播室等地，了解科技产品和译制配音技术，并看望非洲籍员工。

31 日，开发区管委会与北京公共交通控股（集团）有限公司完成关于 T1 线政府与社会资本合作 (PPP) 项目签约，标志着亦庄新城现代有轨电车 T1 线项目由审批决策阶段转入全面实施阶段。

是日，开发区国税局与开发区地税分局共建 3600 平方米联合办税服务厅，推出微信平台、网上申报、网上认证、网上购票、网上缴税等业务，实现 24 小时全天候为纳税人提供服务。

是月，北京云基地企业管理有限公司入选由工业和信息化部组织开展的“国家小型微型企业创业创新示范基地”。这是云基地继“国家中小企业创新创业公共服务示范平台”之后获得的第二项国家级资质认证。

11月

2 日，中冶京诚工程技术有限公司自主研发的国内第一条高速粉末连续喷涂彩涂板卷生产线在山东科瑞钢板有限公司热试成功。

3 日，国富瑞数据系统有限公司北京通州 3 号数据中心入选中国数据中心产业发展联盟首批数据中心绿色节能示范项目。

6 日，中国发展出版社主办的国研智库论坛 · 2016 年会在开发区举行。TEA 全球示范产业园、“一带一路”主题旅游产业研究中心等首批 8 家企业签约入驻中国智库创新科学园。

8 日，京东方科技集团股份有限公司首款家庭云艺术馆 BOE iGallery 在 2016 全球创新伙伴大会（IPC 2016）上首发。

11 日，北京东方百泰生物科技有限公司的治疗糖尿病长效药物 Exendin-4 免疫融合蛋白和北京康力优蓝机器人科技有限公司的优友 U05 类人型商用智能服务机器人均获“中国黑科技百强”称号。

15 日，国家标准化管理委员会公布了全国 13 个 2016—2017 年度国家级服务业标准化示范项目。北京亦庄置业有限公司的生物医药园工业物业服务标准化示范项目成为两个北京市入选项目之一，是全国首个工业物业服务标准化示范项目。

17 日，北京奔驰汽车有限公司第 100 万辆整车下线，获得来自中国整车制造企业的首个“2016 年度全球卓越运营最佳工厂——最佳大规模制造厂商”称号。

18 日，拜耳医药保健有限公司北京工厂新扩建工程竣工。新厂建设规模 2.61 万平方米，阿司匹林肠溶片年生产能力达到 269.14 百万盒 / 年，约合产值 30 亿元，成为拜耳医药保健全球最大的处方药包装基地。

21 日，《北京市大兴区和北京经济技术开发区“十三五”时期环境保护与生态建设发展规划》发布。

24 日，四达时代集团中标巴基斯坦首张卫星电视运营牌照，这是四达时代获得的首张亚洲国家卫星电视运营牌照。

28 日，北京市重点产业知识产权运营基金揭牌仪式在开发区举行。该基金是中国首只由中央、地方财政共同出资引导发起设立的知识产权运营基金，采取有限合伙的形式，存续期为 10 年，计划规模 10 亿元。

是日，北京东霖消防科技有限公司自主研发生产的有害气体检测仪正式面世。该产品可以一机多用，同步实时监测一氧化碳、甲醛、可燃气体（天然气）、$PM_{2.5}$、空气湿度、空气温度、室内光照等情况。

29 日，全球最高世代线——京东方合肥第 10.5 代 TFT-LCD 生产线主体封顶。该生产线于 2015 年 12 月开工，总投资 400 亿元。项目主要生产 65 英寸以上 8K 超高分辨率液晶显示屏，设计产能为 9 万片玻璃基板（3370 毫米 × 2940 毫米）/ 月。

30 日，以“全球创新协同 振兴实体经济”为主题的第 12 届中外跨国公司国际年会全球创新港揭牌仪式在开发区举行。“全球创新港——中国产融结合示范区”总体方案正式发布，标志着中国产融结合示范区首个样板工程落户开发区。

是月，开发区首家居家养老服务中心和日间照料中心落成。该中心位于天宝南街上海沙龙商业中心社区服务中心二层，总面积 500 余平方米。

是月，经纬纺织机械股份有限公司旗下的“数字化粗细联合机全自动粗纱机系统”项目获 2016 年中国纺织工业联合会科技进步二等奖。

是月，位于开发区景园街9号的葆婴有限公司新工厂竣工投产。新工厂总投资超过3亿元，建筑面积3万多平方米，采用10万级洁净生产车间，历时3年建成。

12月

1日，中金数据系统有限公司投资建设的武汉超算暨云计算（数据）中心落成揭牌，成为国家网络人才安全与创新基地的先导项目和首个建成项目。

6日，康明斯排放处理系统（中国）有限公司年产销量突破25万台。25万台后处理器在市场投入使用，相当于氮氧化合物每年减排约12万吨，颗粒物每年减排约1.4万吨，相当于使全国近1000万人在一年中免受雾霾困扰。

7日，开发区职工艺术团出品的原创话剧《筑梦》，在博纳星辉剧院首次公演。

7日—9日，由北京天地互连信息技术有限公司——下一代互联网国家工程中心主办的GNTC全球网络技术大会在北京开幕。

8日，北京奔驰汽车有限公司首席技师赵郁获由人力资源社会保障部颁发的“中华技能大奖”称号。

13日，北京星网宇达科技股份有限公司在深圳证券交易中心A股上市。股票简称星网宇达，股票代码002829，首次发行1900万股。

14日，京东方科技集团股份有限公司研制的55英寸3D 4K医疗用超高清显示屏首次亮相北京医院，展示3D超高清显示屏在医疗领域的应用价值。

15日，中国教育电视台教育云服务平台在高校创意总部通过初审验收，正式进入试运营阶段。平台以教育类课程和应用为核心，为各年龄阶段的目标人群提供全方位、全类别、立体化的互动式教育服务，实现教育类移动互联网全行业的资源整合和综合性服务。

是日，开发区工商分局在工商注册服务大厅为汉唐网源技术（北京）有限公司颁发首张电子营业执照。

20日，开发区经海路派出所、巡防大队驻地项目完工并投入使用。

22日，代市长蔡奇到开发区调研，实地察看了中芯国际集成电路制造（北京）有限公司二期产品生产线，北京奔驰汽车有限公司总装车间生产流程，京东方显示技术有限公司生产、研发工作。副市长隋振江一同调研，开发区领导谈绪祥、梁胜陪同。

28日，开发区2017年度工作会召开。会议总结2016年工作，部署2017年任务。

是日，北京京运通科技股份有限公司向北京晶澳太阳能光伏科技有限公司出售软轴单晶硅炉、多晶铸锭炉，销售总金额2.76亿元。

是月，开发区完成第七批监控摄像头建设工程，该项目包含100路监控摄像头，遍布核心区、河西区、路东区社会公共区域。至此，开发区内实现每条路交叉口、社区主要出入口都有监控摄像头覆盖。

年内，开发区制定《北京经济技术开发区新增产业的禁止和限制目录（2016 年版）》，明确负面清单，引导产业发展方向。

年内，开发区总公司完成北京星网工业园有限公司股权收购工作，以北京星网工业园有限公司为主体，先后收回微软移动（中国）投资有限公司和三洋能源（北京）有限公司 2 家企业的土地和厂房，占地面积约 17 万平方米，建筑面积约 19 万平方米。

年内，开发区法庭试行“以审判为中心”的庭务改革被北京高院司法专刊刊登，并作为司法改革先进经验在北京法院系统推广。

年内，北京瑞云档案管理有限公司成功研发 RFID 系统集成软件，完成 RFID 智能保密档案库房建设。

年内，北京永瀚星港生物科技股份有限公司研发部负责人、教授范振符在全球率先制备出肿瘤特异性适配体血清标志物 Ma153-A。Ma153-A 覆盖食管癌、贲门癌、宫颈癌，已成为中国澳洲健康旅游项目澳洲认可项目。

年内，北京新华印刷有限公司建成国内首个印刷行业自动化防爆纸屑回收系统。

年内，开发区完成荣华路、文化园路、荣京西街、西环北路、东环南路、经海一路北段、科创五街、永昌路、景园街、同济路、荣昌东街 11 条道路改造；完成综配区旧宫镇、瀛海镇 33 台共 272 蒸吨锅炉煤改气工程。

年内，开发区建设公共充电桩 573 个，新增 15 辆纯电动公交车，开通电动公交线路 2 条，新增公租自行车 3000 辆，其中 1000 量为变速车、2000 辆为普通车。

年内，开发区新增单向机动车道 45 千米，新增慢行系统里程 36 千米。结合凉水河景观绿道建设使开发区城市慢性系统连网成片。优化渠化路口 49 处，增设置导流岛、安全岛路口 13 处。同时采用新型金色隔离护栏 15 千米，新型弧形路缘石及平立组合式雨水收集系统。完成亦庄新城滨河公园调整段审批工作，启动凉水河景观绿道工程。

年内，开发区空气中细颗粒物（$PM_{2.5}$）年均浓度为 81 微克 / 立方米，比 2015 年下降 13.8%。北京市各区县空气质量同比变化情况，开发区排名第三。

年内，开发区发改局推动南海子公园产业用地投资，全年完成投资 11 亿元。南海子公园产业用地总占地面积 218 公顷，其中建设用地 29 公顷、建筑面积 53 公顷。

年内，开发区检验检疫局作为全国首批上线试点机构，接受 e-CIQ 主干系统入境、出境和包装首单报检，出具 e-CIQ 主干系统上线后首份“入境货物通关单”。

年内，开发区总公司落实市委、市政府深化国企改革的相关要求，在对子公司分类研究的基础上，推进子公司国企改革。完成子公司北京博大网信科技发展有限公司股权多元化改制工作，推进北京博大水务有限公司、北京博大万泰国际投资咨询有限公司改制的资产划转和对价谈判工作，研究北京博大数文广告有限公司和北京博大经开建设有限公司的改革思路和框架方案。

年内，开发区建成 Wi-Fi 热点 3000 个，基本覆盖开发区政府办公大厅和主要公共区域。

年内，开发区启动智慧灯杆建设试点，建成开发区荣华路、北环路及世界机器人大会永久会址周边 4 条道路等 6 条市政道路 140 处智慧灯杆。智慧照明、无线 Wi-Fi、移动微基站和 LED 电子屏 4 项功能上线。

年内，开发区与市出入境检验检疫局合作，建成北京新型显示产品质量安全示范区。北京京东方显示技术有限公司、冠捷显示科技（中国）有限公司等上下游企业享受进口零部件免检、成套设备在企业内实现与检验检疫局共同检验、法检费减半等优惠政策，验放速度提高 50%。

年内，开发区作为北京市第一个出台外贸稳增长政策的区县，对企业在 2016 年度的出口存量和增量给予资金奖励，受益企业 130 余家，占开发区外贸企业总数的 30%、出口总额的 98%，政策实现重点出口企业全覆盖。

年内，开发区工委宣传部组织开展北京亦庄首届道德模范评选活动。杨云春、马骉、王佩英、乔勇、赵斌、封宾、韩洪波、戚克学、王海英、王继康 10 人被评为北京亦庄首届道德模范。北京奔驰汽车有限公司首席技师赵郁获首都精神文明建设奖。施耐德（北京）中低压电器有限公司党支部、北京博大经开建设有限公司党总支书记王春玲被推荐为北京市第十三届思想政治工作优秀单位、优秀思想政治工作者。

产业促进

综述

2016年，开发区围绕贯彻习近平总书记重要讲话精神和《京津冀协同发展规划纲要》，按照市委、市政府对开发区提出的“引领新常态、打造‘高精尖’、服务京津冀”的发展要求，落实开发区作为北京实体经济主力军、国家科技创新中心主阵地的战略定位，凝心聚力、攻坚克难，经济发展连续三年实现高位逆势增长。

年内，开发区新批内、外资企业投资额折合138.1亿美元。其中，外资项目投资总额36.9亿美元；内资企业注册资本677.9亿元（折合101.2亿美元）。合同利用外资19.6亿美元，实际利用外资3.05亿美元；内资项目备案金额247.8亿元。完成产业固定资产投资231.19亿元。外资总投资额中93%来自现有企业的增资，其中仅北京奔驰汽车股份有限公司、京东世纪贸易有限公司、华润医药控股有限公司等4家企业增资高达29.5亿美元。167家备案的内资项目中近88家为制造业项目，占比超过50%。

推进北汽新能源汽车产业布局采育基地，推进大兴生物医药园升级换代。按照“政府引导、协会主导、企业主体、市场运作、多方共赢”的原则，发挥辐射带动作用，促进京津冀产业协同布局。加快研究制订京津冀开发区产业合作路线图，落实三地国家级开发区产业规划、产业布局、产业政策三协同；编制“曹妃甸合作园区”产业规划，设立产业发展基金，推进绿色印刷和新材料项目向曹妃甸布局。依托京津冀开发区创新发展联盟，促进产业合作、项目对接和企业服务常态化发展。创建曹妃甸“京津冀协同发展示范园区”，签订13个合作协议，实现50余家企业与联盟成员单位对接。继续支持廊坊市优化提升产业结构，避免环京地区产业低端化发展，加快推进两地合作共建区北京亦庄·永清高新区建设，做出示范。亦庄·永清园实现北京惠买在线网络科技有限公司等7个项目落地、京东集团华北电子商务产业园等17个项目签约，为优化环京地区产业结构和转型升级进行了探索。

开发区搭建国际外贸合作平台，配合国家一带一路战略，依托四达时代集团、小笨鸟跨境电商平台等企业的渠道优势，实现京东方科技集团股份有限公司等开发区内企业产品在中东、非洲等国外市场直销零的突破。

（高洁）

产经活动

概况

年内，开发区新批内、外资企业投资额（含增资，从 2016 年 10 月 1 日起，外资企业投资额以企业注册资本为准）折合 138.1 亿美元。其中，外资项目投资总额 36.9 亿美元；内资企业注册资本 677.9 亿元（折合 101.2 亿美元）。合同利用外资 19.6 亿美元，比 2015 年增长 216.9%，实际利用外资 3.05 亿美元，比 2015 年增长 1%。内资项目备案金额 247.8 亿元，比 2015 年增长 9.4%。完成产业固定资产投资 231.19 亿元，比 2015 年增长 1.7%。外资总投资额中 93% 来自现有企业的增资，其中仅北京奔驰汽车股份有限公司、京东世纪贸易有限公司、华润医药控股有限公司等 4 家企业增资高达 29.5 亿美元。167 家备案的内资项目中近 88 家为制造业项目，占比超过 50%。

完成已签约未获土地项目 12 个，已获批土地待建项目 14 个，包括百度云计算中心、朵唯移动通信产业基地、森特士兴集团总部和研发中心等。工程在建项目 28 个，包括中科晶电砷化镓芯片生产线、北方微电子二期、泰德健康产业园、同仁堂健康总部等。在谈项目 43 个，包括北汽新能源科技创新基地等。

（高洁）

参加 SEMICON CHINA 2016 展览

3 月 15 日—17 日，全球半导体产业“SEMICON CHINA 2016 展览”在上海新国际博览中心举行。超过千家展商、近 3000 个展位参展，吸引专业观众和全球领导型企业高管 5 万余人参加。开发区管委会携北京亦庄国际投资发展有限公司、北京亦庄移动硅谷科技园、东方晶源微电子科技（北京）有限公司、华夏芯（北京）通用处理器技术有限公司、易美芯光(北京)科技有限公司、IC 咖啡、北京芯诣世纪科技有限公司、上海灏谷集成电路技术有限公司等开发区内具有代表性的集成电路企业参加。开发区管委会主任梁胜、副主任绳立成出席活动。梁胜主持“2016 中国产业与技术投资论坛”。亦庄国投董事长芦永忠和 SEMI 全球副总裁陆郝安就促进开发区在半导体、平面显示、微电机、纳米科技等高科技领域的人才、项目、技术交流与合作，签订战略合作协议。北京亦庄国投投资发展有限公司总经理王晓波以“产业资本助力集成电路产业生态”为题作演讲。通过大会树立北京·亦庄国家集成电路产业跨越发展主阵地的产业形象，为北京·亦庄和亦庄国投打造一张全新的产业名片。

2016 中国产业与技术投资论坛举办　　徐晨 摄

（杨莹 周磊 张祺）

国务院副总理到小笨鸟公司调研

3 月 23 日，中共中央政治局委员、国务院副总理汪洋率队到小笨鸟跨境电商平台运营展示中心、技术研发中心和大数据中心调研，了解平台交易数据和情况，听取企业负责人汇报。汪洋高度评价小笨鸟跨境电商平台的创新，指出“跨境电子商务是未来地区贸易的方向，效率高、成本低，未来可以开发的潜力很大，小笨鸟做出了可贵的探索，希望公司未来做得更好，继续探索电子商务新模式”。商务部国际贸易谈判代表兼副部长钟山、国务院副秘书长江泽林、海关总署副署长邹志武、商务部部长助理张骥、北京市副市长、市工商联主席程红等陪同调研。小笨鸟跨境电商平台由北京汇商融通信息技术有限公司开发和运营，2014 年 9 月 1 日上线，实现中国供应商利用小笨鸟平台的“一键发布”，实现同一种商品向全球 45 个国家、75 个站点和平台同时发布。

（王丽华）

中国半导体市场年会召开

3 月 24 日—25 日，由开发区管委会为大会指导单位，中国半导体行业协会、中国电子信息产业发展研究院联合主办的 2016 中国半导体市场年会在开发区丰大国际酒店举办，会议主题为“构建创新开发格局、共谋‘十三五’跨越发展”。会议分为高峰论坛、CEO 峰会、分论坛、颁奖仪式等主要环节，分析与研论业界热点和难点问题。年会邀请国家行业主管部门、地方政府、国内外行业组织、国内外知名半导体厂商、专业科研院所和知名投资机构等单位负责人 800 人参加。

（臧瑞楠）

促进智能机器人产业创新发展措施出台

4 月 25 日，中关村管委会、大兴区人民政府和开发区管委会联合印发《关于促进中关村智能机器人产业创新发展的若干措施》。措施针对制约智能机器人产业发展的关键问题，重点从提升创新能力和水平、促进市场推广、支持创新创业、促进产业集聚、吸引领军人才和团队、加大金融扶持、提升国际影响力 7 个方面制定 10 项措施。在提升创新能力和水平方面，支持智能机器人关键核心技术攻关和重大技术成果转化；支持企业创制标准和申请专利；对具有国际先进水平的自主知识产权重大成果产业化项目，优先推荐政府股权项目支持。在推动上下游合作方面，支持智能机器人企业、产业技术联盟、专业机构联合产业链上下游企业或用户单位，共同搭建共性技术平台和产业促进平台；支持智能机器人产品的应用推广。在推动形成产业集聚方面，鼓励智能机器人企业在开发区布局，重点推动开发区智能机器人产业集群建设，全产业链整合上下游创新资源，构建智能机器人产业生态。在健全配套服务方面，支持企业吸引高端领军人才和团队；建立全方位的智能机器人产业发展金融服务体系；支持智能机器人领域创业孵化；鼓励在开发区举办具有国际影响力的智能机器人展示与交流活动。该措施的制定充分体现市场在资源配置中起决定性作用，成为国家和北京市支持智能机器人产业发展的有力支撑和重要组成部分。

（张妍）

63 家开发区企业参加第 19 届科博会

5 月 18 日—22 日，由科技部、中国贸促会、知识产权局和北京市政府共同主办的第 19 届中国北京国际科技产业博览会（简称科博会）在中国国际展览中心举行。开发区展区以两区重点发展的产业链和产业集群为展示线索，突出高新技术成果和互动体验项目，分为集成电路、新型显示、智能制造、生物医药、产业互联、文化创意六大板块。开发区内中芯国际集成电路制造有限公司、北京奔驰汽车有限公司、京东方科技集团股份有限公司等63家企业参展，展现两区“产城融合、绿色低碳、高端集群、创新智造、金融创新”的发展成就和发展优势。5月18日，在科博会科技合作项目签约仪式中，开发区管委会签下企业信息管理系统、IC产业化服务平台、博大光通智慧城市示范3个项目，签约金额近110亿元，约占总签约额的40%。签约的3个项目，突出了开发区“高精尖”产业发展策源地、全球影响力科技创新中心两个战略目标。北京市副市长、科博会组委会副主席程红，科博会组委会常务副秘书长、北京市贸促会主任熊九玲，开发区管委会副主任沈永刚出席签约仪式并见证签约。5月20日，北京市委书记郭金龙、市长王安顺，副市长张工、副市长隋振江等领导来到开发区展区，观看北京亦庄创新创业地图，了解开发区集成电路产业发展情况。北京亦庄国际投资发展有限公司被第19届科博会组委会授予“优秀组织奖”，亦庄创新创业地图获展览会“最佳展示奖”。

（杨莹 周磊 查云帆）

走进亦庄英才汇活动举行

5月26日，由《英才》杂志社主办的走进亦庄英才汇活动在开发区博大大厦举行。活动包括“产业领袖共谋未来、企业领袖共创价值”互动交流；分享有关资本市场、上市公司、投资等方面有价值含量的信息；寻找圈子嘉宾可匹配的资源；搭建上市公司之间合作信任的基础，有效建立高端受众对于开发区投资环境的深度了解，提升开发区科技创新、产融结合的品牌形象，拓展企业领袖与政府高层交流的渠道。

（张平）

蛮牛杯VR开发者颁奖盛典举办

第四届蛮牛杯VR开发者颁奖盛典在开发区举办　郑玮 摄

6月7日，由开发区管委会、华宸互动科技（北京）有限公司和北京蛮牛科技有限公司主办，开发区科技局、北京亦庄国际投资发展有限公司、开发区中小企业服务中心协办的第四届蛮牛杯VR开发者颁奖盛典在开发区丰大国际酒店举办。以“创见VR未来”为主题，宏达国际电子股份有限公司VR虚拟现实设备（HTC Vive）、美国虚拟现实头戴设备制造商Oculus、大朋VR等全球20余家顶级虚拟现实技术/增强现实技术（VR/AR）设备厂商及国内200多家厂商进行展示，并启动华宸互动发起的“蛮牛虚拟现实开发者联盟”，开发区管委会副主任绳立成出席并致辞，开发区工委宣传部部长赵雅娟为获奖者颁奖。随着VR产业的发展与消费市场需求的成熟，将为教育、游戏、视频直播、视频娱乐、医疗健康、房地产等领域带来更大机遇。

（张祺 杨莹）

参展第九届中国生物产业大会

7月5日，开发区参展主题为“实施创新驱动发展战略、推动生物产业引领转型”第九届中国生物产业大会。参展的13家企业对于生物医药产业、健康产业、基因检测应用等方面进行诠释。强化“六位一体（研究院＋联盟＋专利池＋基金＋技术交易平台＋特色产业园）”创新链对产业创新发展的支撑作用，支持成立一批创新联盟、技术研究院、企业研发机构等创新服务机构，推动产业链上下游企业的协同创新和集群创新的形象。大会以国家生物产业为纽带，结合国内外生物产业发展情况及生物产业的特色，以全新面貌呈现，为国内外从事生物技术和生物产业的研发机构、企业、人才创业团队搭建政策研讨、学术交流、产品展示、项目合作、融投资对接的综合性平台，推动中国生物产业发展。中国生物产业大会是由中国生物工程学会、中国医疗器械行业协会、中国化学纤维工业协会等十多家国家级学会、协会，联合国家生物产业基地所在省政府共同主办，是中国生物产业领域规模最大、层次最高的品牌大会。

（王梓哲）

东霖科技承办智慧消防物联网高峰论坛

7月9日，由中国安全产业协会、北京消防协会和开发区管委会联合主办，开发区中小企业服务中心、欧必翼集团协办，北京东霖消防科技有限公司承办的首届智慧消防物联网高峰论坛在开发区京津冀全球路演厅举行，论坛主题是“消防产业物联网 · 科技创新”。在论坛上，中国安全产业协会理事长肖健康就“中国安全产业形势及展望”提出新思路，清华大学公共安全研究院博士疏学明对“智慧消防”进行解析，人民武装警察部队学院的教授周炜和马良分别就“智慧消防物联网与城市大数据”等话题发表见解，东霖科技董事长罗加勇分享传统行业成功转型和升级的成功经验，中央电视台《见证品牌》栏目特约评论员杨慧组织探讨“消防行业发展及市场分析、合作共赢共创辉煌”话题。其间，与会人员到OBE互联网创新园观摩东霖科技智慧消防物联网系统、智能逃生、单兵定位系统、与智慧城市对接大数据分析等核心技术演示。

（付苓霞）

承办市文化创意创新创业大赛亦庄分赛

7月，由市委宣传部、市国有文化资产监督管理办公室指导，市文化创意产业促进中心主办，开发区承办的首届北京市文化创意创新创业大赛亦庄分赛区开赛。开发区赛区为大赛初赛“接力”的第五棒和首个分赛区。活动以“科技创新与文化创新融合发展”为主线，围绕开发区打造首都科技创新中心与“文化智谷”总目标，通过大赛匹配产业高端人才，调动市场优势资源，促进产业转型升级。大赛意在文化创意产业领域挖掘和寻找具有成长性的创新创业人才和项目，激发文创领域创新创业的活力，提升北京市文化创意产业创新创业氛围。经过对近百个报名项目的初步遴选，具有鲜明文化特色、较高IP价值、产业逻辑鲜明的胶流APP、NOWDO

脑洞等项目参与路演，前 6 名获复赛晋级资格。

（查云帆）

开展生物医药行业对接交流

8 月 11 日，开发区组织区内 6 家企业赴云南省昆明市开展生物医药行业对接交流，其中汇龙森国际企业孵化（北京）有限公司、北京泰德制药股份有限公司、北京东方百泰生物科技有限公司等企业与云南药企达成合作意向。生物医药和大健康产业是云南省八大重点产业之一，昆明市作为“滇中生物医药产业集聚区”核心地区，聚集云南白药集团、昆药集团、沃森生物、三七科技等一批领军企业，正在加快推进昆明国家生物产业基地建设。交流活动旨在实施开发区企业“走出去”发展战略，加强不同地区同行业的对接和交流，促进跨地区企业之间的人才、技术及产品等对接，探讨跨区域建立行业全产业链的创新模式，优化开发区生物医药产业布局，推动产业深化创新发展。

（王梓哲）

参展北京国际生物医药创新展览会

8 月 18 日—20 日，由北京医药行业协会主办，开发区管委会协办的首届北京国际生物医药创新展览会在北京展览馆举行。开发区受邀作为协办单位参加展示。展览会通过举办产业政策论坛，企业交流，宣传开发区产品政策；论坛聚焦“儿童用药”“疫苗安全”等社会各界关注的热点问题，倾听社会各界建言献策，搭建项目与资本的对接平台，为参展商与采购商进一步合作创造机会和条件。

（王梓哲）

举办 HSA 全球异构计算论坛

8 月 22 日—23 日，由全球异构系统架构（HSA）协会、中国半导体协会联合主办，华夏芯（北京）通用处理器技术有限公司等企业承办，开发区管委会作为会议支持单位的首届 2016 全球异构计算 HSA 峰会在开发区丰大酒店举行，约 300 人参会。峰会以拥抱“CPU+ 时代”为主题，专注于异构计算发展趋势、应用领域、生态链构建研讨，是中国首次举办下一代异构处理器全球峰会。围绕 HSA 计算技术对产业的影响和发展趋势，重点针对人工智能、深度学习、软件无线电、物联网等领域的应用需求，邀请国家网信办、工业和信息化部电子司和联发科等国内外行业专家、学者共同讨论集成电路及相关领域协同发展。峰会举办 8 场产业发展趋势专题报告、20 场生态链构建和应用领域需求专题演讲、新产品发布和演示活动。

（臧瑞楠）

举办 2016 中国创新型领军者论坛

8 月至 12 月，中国投资协会与开发区管委会共同主办中国创新型领军者论坛。论坛在政策解读、项目资本对接、人才引进、产融协同创新等方面进行深入探讨和交流。探讨如何推动转型升级，推进中国经济在“十三五”期间的持续进步与革新。针对企业的深度需求，通过政企对话互动交流方式扩大亦庄影响力，宣传推介开发区区位优势和产业布局，有利于将全国产融创新平台的广泛性与亦庄的独特性有机结合起来，为企业发展与转型升级提供全方位支持。上百家企业参与论坛。

（宋昱瑾）

第 17 届北京微电子国际研讨会举行

9 月 27 日—28 日，由市经济信息化委主办、开发区管委会和北京半导体行业协会等单位共同承办的 2016 北京微电子国际研讨会暨中国新能源汽车电子高峰论坛在开发区亦创国际会展中心举行，700 余人参加。以“联动融合，创新共赢，推动产业跨越发展”为主题，重点针对人工智能、物联网、智能汽车与新能源汽车电子等应用需求，围绕中国微电子产业发展与资本运作、新能源汽车电子关键技术创新、产业高端要素整合等话题，邀请国内外嘉宾对集成电路与新能源汽车电子产业发展共同研讨产业跨越发展。该活动已在开发区连续举办三届，对宣传开发区电子信息产业环境、搭建投资促进平台、服务招商引资工作起到重要的推动作用。

（臧瑞楠）

第三届北京亦庄生物医药产业大会举行

10 月 18 日—19 日，第三届北京亦庄（京津冀）生物医药产业大会在开发区召开。大会以“推动生物医药‘高精尖’发展，展示京津冀创新创业成果”为主题，组织开幕论坛、医疗器械注册与临床试验高端论坛、投融资论坛、CRO 服务论坛、体外诊断试剂论坛 5 场主题论坛共 21 场大会报告。为生物医药企业提供交流、学习、分享和合作的平台；对京津冀地区生物医药企业产品、技术、项目、服务和团队等方面集中进行展览展示；展现京津冀生物医药企业的创新创业风采，促进区域合作，提升 E-TOWN BIO 品牌形象。两区和京津冀地区 70 余家生物医药相关企业参展，380 家企业超过 850 人参加大会。

（王梓哲 边蕾）

世界机器人大会召开

10 月 20 日—25 日，由工业和信息化部、中国科协、北京市政府共同主办的世界机器人大会在北京亦创国际会展中心举办，大会分论坛、博览会、机器人大赛三大板块。中共中央政治局委员、国务院副总理刘延东出席大会开幕式并作重要讲话。中共中央政治局委员、北京市委书记郭金龙，全国政协副主席、科技部部长、中国科协主席万钢，美国使馆、日本使馆、瑞士使馆派使馆代表参加开幕式。前全国政协主席贾庆林，工业和信息化部、民政部、财政部、科技部、国防科工系统等领导参观展览和大赛。大会集会、展、赛、创为一体，围绕“共创共享共赢 开启智能时代”主题，共赏机器人最新成果，共话机器人前沿技术，共谋机器人发展良策，促进机器人产业链、创新链、资金链的有效对接，对全球机器人事业发展起到促进作用。大会汇聚 300 余位全球一流专家学者与企业家登台献艺，近 2 万人参加论坛；博览会吸引 22.8 万人次现场参观；无人驾驶挑战赛、机器人明星挑战赛、国际水中机器人大赛、RoboCup 挑战赛、无人机飞行极限挑战赛、RoboCom 青少年挑战赛 6 场精彩比赛在亦庄上演。

（鱼鹏涛 张清华 张祺）

第 11 届北京文博会动漫论坛举办

10 月 28 日，由市文化局、市文化创意产业促进中心主办，开发区管委会协办，北京君立天地文化产业有限公司承办的第 11 届中国北京国际文化创意产业博览会动漫游戏产业发展国际论坛在开发区举办。市委宣传部副巡视员、市文化创意产业促进中心主任梅松，开发区工委宣传部部长赵雅娟分别在开幕式上致辞。论坛聚焦虚拟现实技术在动漫领域的应用，结合文博会“激发文化活力引领产业创新”主体思路，以“动漫产业经典与突破，实现科技与现实相融合”为主题，通过文博会动漫论坛平台示范作用，推动VR技术取得新突破。论坛特别设置探讨VR产业发展趋势、VR推介会等环节，为企业提供展示空间，从而进一步整合资源，推动开发区的产业转型与升级。中国传媒大学、武汉大学、国家超级计算天津中心、微软全球开发者联盟、动漫游戏VR/AR开发者联盟、完美世界、利亚德集团、四达时代集团、北京科影国际影视策划有限公司、酷米网等单位结合自身发展进行虚拟现实技术在动漫游戏领域发展最新动态主题演讲。北京市各区文促机构代表，国内动漫游戏领域相关院校及研究机构，动漫行业、游戏行业、金融行业相关领军企业和新闻媒体代表300余人出席论坛。北京君立天地已连续承办五届文博会动漫论坛活动。

第11届北京文博会动漫论坛在开发区举办　齐美娟 摄

（查云帆 夏枫荻）

第八届中国医药企业家年会举行

10月28日—30日，由中国医药企业管理协会主办，中国农工民主党中央医疗卫生·生物技术工作委员会和开发区管委会作为指导单位协办的第八届中国医药企业家年会暨2016医药产业创新论坛在北京亦创国际会展中心举行。全国政协副秘书长、农工党中央副主席何维出席开幕式并作题为《关于生物医药创新发展的思考与建议》主题报告。国内知名医药企业、产业园区、研究机构、产业基金等单位主要负责人近千人参会。会议期间开展招商对接活动，挖掘优质项目落户开发区。

（王梓哲）

中国北京—美国麻州智能制造论坛举办

中国北京—美国麻州智能制造论坛在开发区举办　齐美娟 摄

10月29日—30日，由市科委直属的北京生产力促进中心主办，开发区管委会作为指导单位，波士顿科技创投中心承办的中国北京—美国麻州智能制造论坛暨机器人产业投资合作交流会在开发区京津冀全球路演中心举办。会议以“集聚海外高层次人才，培育机器人及高端智能装备产业”为主题，美国麻省机器人中心、波士顿地区机器人及高端智能装备企业、地方政府部门、投资机构和基金公司等负责人150

人参加。开发区与美国麻州机器人产业代表性企业的直接对接，对开发区加快实现具有全球影响力的“高端、高效、高辐射力的智能机器人创新中心”的目标有积极意义。

（臧瑞楠）

第六期北京市文化产业沙龙举办

12月1日，以“创新驱动 迈向‘高精尖’——VR/AR技术在文创领域的机遇和挑战”为主题的第六期北京市文化产业沙龙在开发区京津冀全球路演中心举办。市委宣传部副部长余俊生主持，市委宣传部副巡视员、市文化创意产业促进中心主任梅松，市新闻出版广电局副局长王野霏，开发区工委宣传部部长赵雅娟，大兴区委宣传部部长沈洁出席。在企业路演展示环节中，中文在线、光线传媒、迈吉客、蛮牛科技等中小微初创率先尝试应用VR/AR技术的8家企业，进行项目路演展示，涵盖影视、出版、广告、游戏、旅游等领域，文化部艺科所、中国传媒大学、北京亦庄国际投资发展有限公司等单位的7位专家学者和投资机构代表，分别从专业角度剖析VR/AR等新技术在文创领域的发展前景、应用趋势和相关瓶颈问题，对新技术新模式如何有效推动文创产业和新兴业态发展、促进形成“高精尖”产业体系提出相关建议。文化产业沙龙是北京市委宣传部创办的文化产业品牌之一，旨在凝聚各方智慧，建设产业智库平台。通过沙龙活动，发挥调动市场主体创新活力，有效整合技术、创意、资本等软硬件要素资源，推动实现文化生产力的换挡提速。来自相关高校院所和投资机构的专家代表，市有关部门、各区宣传部、文促机构及文化企业负责人150人参加。

（查云帆）

全球传感器与智能化发展高峰论坛召开

12月2日，由中国电子科技集团、中国科学院微电子所主办，中国科学院物联网发展中心承办，开发区管委会作为指导单位的2016年全球传感器与智能化发展高峰论坛在开发区丰大国际酒店召开。100余家企业300人参加论坛。论坛上举行合作签约和中国物联网产业联盟授牌仪式。北京亦庄移动硅谷有限公司与中国科学院微电子研究所共同签署战略合作协议，双方将在集成电路IP资源共享、集成电路设计、物联网产业融合、项目孵化引入、人才培训等方面开展合作。旨在推进开发区形成完备的集成电路产业链，提升产业规模，加速本土企业进入价值链高端环节，汇聚设计与应用企业，打造本土设计与本土应用的良性互动，吸引集成电路设计类企业在开发区集聚。20多家会员单位和峰会注册嘉宾2000余人参加论坛。

（臧瑞楠 张祺）

区域合作

概况

2016年，开发区与中国开发区协会共同承担京津冀开发区创新发展联盟秘书处日常工作。与首都经贸大学合作设立京津冀产业发展研究中心；组织“走进京津冀”产业对接活动。与河北省唐山市曹妃甸开发区签署合作共建园区协议，打造京津冀协同发展示范园区。截至年底，联盟储备项目达 500 个。北京亦庄·永清高新区管理机构组建完成，编制高新区规划，产业规划，初步确定高新区“互联网＋”智能制造和电子商务(临空经济、智慧物流、跨境电子商务)两个主导产业。推动北京惠买在线网络科技有限公司、北京行有恒医药有限公司等首批 7 个项目进场。园区管委会参加中国·廊坊国际经济贸易洽谈会、河北省国际贸易投资洽谈会，新增京东集团华北电子商务产业园、含嘉仓文化创意创业园等 17 个签约入区项目，储备项目累计达到 150 个。

（高洁）

北京亦庄·永清高新区正式挂牌成立

6 月 7 日，北京亦庄·永清高新技术开发区管委会根据河北省人民政府下发《关于同意设立省级北京亦庄·永清高新技术产业开发区的批复》(冀政字[2015]35 号)，任命高新区工委书记、管委会主任由廊坊市常务副市长贾永清兼任，工委常务副书记由永清县委书记邢华金兼任，工委副书记、管委会常务副主任由北京经济技术开发区投资促进局调研员邹本雨兼任。

（周翔）

京津冀长三角通航产业联盟成立

7 月 1 日，开发区管委会与中国开发区协会、上海临港经济发展（集团）有限公司、中国国际飞行器交易中心有限公司签署《战略合作备忘录》，以“政府推动、市场引导、企业运作、资源整合”为原则，推动构建“京津冀·长三角·珠三角”通航产业联盟，设立北京、上海双总部的全国性通航产业联盟发展架构体系。7 月 21 日，开发区管委会与京津冀开发区创新发展联盟、上海临港经济发展（集团）有限公司、中航天宇国际投资有限公司签署合作框架协议，整合资源，为通航产业创造良好的投资环境。12 月 10 日，由中国开发区协会主办、上海临港经济发展(集团)有限公司承办的中国开发区协会通用航空产业园区专业委员会成立大会暨京津冀·长三角·珠三角通用航空产业高峰论坛在上海举行。150 家通用航空业产业园区、企事业单位 330 余名代表参加，涉及全国各经济技术开发区、航空航天、旅游会展和地产开发等行业。

（张平）

研讨企业人才战略和对策

7 月 15 日，由中国劳动学会薪酬专业委员会和现代国企研究杂志主办，开发区管委会、京津冀开发区创新发展联盟、开发区特色产业园发展联盟协办的经济新常态和国际化进程中企业人才战略和对策研讨会在开发区举办。会议邀请国内人力资源和社会保障领域专家和顾问，围绕“经济新常态下企业人力资源管理对策”“中国企业在海外的风险管控”等主题进行探讨，帮助企业应对经济新常态下人力资源管理，及时了解国际人力资源管理新思路、新方法，搭建企业交流平台，促进已经或计划走向海外进行国际运营的企业发展。开发区内外 200 余家企业参加会议。

（蔡腾飞）

研讨特色产业园和储备园区统计工作

7 月 22 日，开发区企业发展服务局会同开发区统计局召开特色产业园和储备园区统计工作研讨会，旨在了解开发区特色产业园和储备园统计情况，以便进一步提升园区创新服务能力、提高产业园产业聚集程度。33 家产业园区的 43 人参加。

（孔祥龙）

京津冀开发区创新发展联盟达成 13 项合作

（曹妃甸）产业合作研讨会召开　田艳军 摄

7 月 22 日，由中国开发区协会、京津冀开发区创新发展联盟主办，北京市开发区协会、天津市开发区协会、河北省开发区协会协办，开发区管委会、曹妃甸开发区管委会承办的京津冀开发区创新发展联盟（曹妃甸）产业合作研讨会在河北省唐山市曹妃甸区召开，标志着京津冀开发区创新发展联盟产业合作全面推进。会议围绕“产业协同，合作共赢”主题，签订了中科晶电信息材料（北京）有限公司“6 英寸砷化镓集成电路（芯片）产业化项目”“高品质图形化蓝宝石衬底项目”等 13 个合作协议。明确联盟成员单位要进一步加大对联盟的支持，发挥联盟在产业协调、企业服务、科技创新、大数据等方面的平台作用；联盟要按照《京津冀协同发展规划纲要》要求，围绕曹妃甸、滨海新区、北京新机场、张承生态涵养区等地进行产业“4+N”布局，推进京津冀开发区产业合作和合理分工；联盟要发挥京津冀开发区产业基金的杠杆作用，推动京津冀开发区间广泛开展金融合作。联盟名誉主席师荣耀、主席梁胜、秘书长关嵘，市经济信息化委副主任段润保、河北省商务厅副厅长奚献军、唐山市委副书记王立彤等领导出席会议。

（蔡腾飞）

京津冀国家级开发区产业人才联盟启动

8 月 19 日，开发区召开“京津冀国家级开发区产业人才联盟”启动大会。“京津冀国家级开发区产业人才联盟”由北京经济技术开发区、天津经济技术开发区等 16 家国家级开发区和保税区联合发起成立。产业人才联盟的成立将团结凝聚京津冀国家级开发区的产业人才，促进人才之间的交流合作，为京津冀国家级开发区产业转型升级提供智力支撑。

京津冀国家级开发区产业人才联盟启动大会召开 田艳军 摄

（张祺）

北京亦庄 · 永清高新区签约 10 个项目

9 月 8 日—11 日，第 19 届中国国际投资贸易洽谈会在厦门举办。北京亦庄 · 永清高新区首次作为独立单位参加洽谈会，共签约包括京东集团华北区供应链总部项目、京东方医疗装备产业小镇项目、含嘉仓艺术创业创意园项目、阳光鸿志军用蓄电池项目、神州数码科捷电子商务总部基地、雨昕新能源生产基地项目、京津冀新媒体产业基地项目、东方金鹰信息科技产业园项目、东方泰洋永清新材料基地项目、行有恒中国医药集团物联网项目共计10个项目，涉及投资470亿元，拟用地506.67公顷。

北京亦庄·永清高新区参加第19届中国国际投资贸易洽谈会　单位提供

（周翔）

京津冀开发区创新发展联盟研究中心揭牌

9月22日，京津冀开发区创新发展联盟与首都经济贸易大学战略合作框架协议签署暨产业发展研究中心揭牌仪式在北京召开。联盟与首都经济贸易大学统计学院共同建立战略合作关系，双方将在课题研究、指导培训、实习实践等领域开展密切合作，共同成立京津冀开发区创新发展联盟产业发展研究中心，围绕京津冀开发区产业协同创新发展、推进产业服务平台体系建设等重大战略问题，共同开展课题研究，为进一步发挥京津冀开发区创新发展联盟作用提供数据、技术支撑和政策建议。

（蔡腾飞）

硕士研究生实习基地揭牌

9月22日，京津冀开发区创新发展联盟产业发展研究中心和首都经济贸易大学硕士研究生实习基地揭牌。建立产学研联合培养研究生基地，聘请京津冀开发区创新发展联盟的业界专家担任首都经济贸易大学统计学院研究生校外导师，参与指导培养硕士研究生和博士生（包括本科生），创新发展联盟提供部分研究生实习岗位，建立产学研联合培养研究生基地（在创新发展联盟挂牌）等，促进学生工作实践和研究能力的提高。

（蔡腾飞）

开发区能源互联网企业研讨会召开

10月21日，由开发区企业发展服务局、科技局、全球能源互联网研究院、中国化学与物理电源行业协会储能应用分会指导，开发区中小企业服务中心、开发区特色产业园发展联盟、北京博电新力电气股份有限公司、福禄克电子仪器仪表公司主办的博电能源互联网创新园新能源产业创新技术研讨会在开发区博电大厦召开。北京天地互连信息技术有限公司、北京泰豪智能科技有限公司、北京华进创威电子有限公司、北京旁沃数控设备有限公司等企业代表分享在各自领域所取得的成果。联盟成员单位代表百余人参会。

（孔祥龙）

物联传感京津冀北京运营中心正式运作

12月23日，物联传感京津冀北京运营中心正式运作。由北京物联互通科技有限公司和南京物联传感技术有限公司共同发起的以“智慧世界，物联互通”为主题的物联网国际标准技术、智能全套解决方案的应用和展示活动在开发区举行。活动期间，物联网应用领域专家们共同探讨了行业发展趋势。物联传感京津冀运营中心的成立将推进京津冀地区和周边物联网产业的发展，加快解决方案和项目产业落地，促进物联网应用的教化和落地应用，增强当地服务商在项目落地过程中解决问题的能力。

（张祺）

“走进京津冀”交流活动常态化

年内，京津冀开发区创新发展联盟开展以“走进京津冀”为主题的走访交流活动常态化。先后走访河北省曹妃甸、沧州、廊坊、邢台、衡水、石家庄和天津市西青等近20家开发区，进行专题调研，探讨项目合作。6月，组织开展“走进京津冀——沧州开发区”考察交流活动。北京市开发区协会、河北省开发区协会、中国质量万里行促进会等相关单位领导，与开发区内12家企业代表赴河北省沧州渤海新区、临港开发区考察交流。7月，开展“走进京津冀——西青开发区”考察交流活动，组织开发区财政局、企业发展服务局30余人赴天津市西青经济技术开发区考察交流。活动搭建了京津冀开发区、企业互动平台，促进产业协同信息和工作经验交流，宣传联盟工作。

（蔡腾飞）

主导产业

综述

2016年，开发区围绕“高精尖”产业定位，立足新一代信息技术、生物医药、汽车制造、智能装备四大主导产业，发挥北京奔驰汽车有限公司、中芯国际集成电路制造（北京）有限公司、京东方科技集团股份有限公司、拜耳医药保健有限公司等龙头企业的引领作用，带动开发区内产业链上下游企业集群发展，培育创新型产业集群。

开发区把有限的资金、土地等资源用到填空白、补短板的“高精尖”产业上，支持企业通过增品种、提品质，不断满足国际、国内市场需求，提高有效供给。支持北京奔驰引入发动机核心制造技术，建成除奔驰德国以外唯一的发动机工厂；支持中芯国际扩产，不断满足中国市场对集成电路产品的需求，同时实现高科技产品制造出口；支持拜耳医药保健、赛诺菲（北京）制药有限公司扩建，将一类新药，以及市场需求旺盛的药品投放在开发区生产。面向全球市场竞争，北京奔驰不断推出全球首发车型；京东方新产品在国际高端市场占有率接近四成；中芯国际加大研发力度，扩大产能，从2013年只能生产65纳米、50纳米、45纳米3个技术档次5种产品，到现在可以做到包括28纳米生产技术在内的19种产品。拜耳医药保健完成二期扩产后，总部正在研究三期扩产和全球研发第二总部建设。

开发区四大主导产业实现产值2579.8亿元，比2015年增长12.6%。其中，电子信息产业完成产值620.5亿元，比2015年增长3.1%；装备制造产业完成产值452.2亿元，比2015年下降4.1%；生物医药产业完成产值347.3亿元，比2015年增长7.96%；汽车制造产业完成产值1159.8亿元，比2015年增长29.49%。开发区电子信息和生物医药产业产值占全市一半以上，汽车和装备产业产值占全市1/4以上。

（张辰）

新一代信息技术

京东方与北汽新能源签署合作协议

1 月，京东方科技集团股份有限公司与北京新能源汽车股份有限公司签署合作协议，建立长期战略合作关系。基于在柔性、透明、OLED 等新型显示领域的技术积累，双方将共同推进新型显示技术与新能源汽车技术的融合，推出性能更优良、体验更舒适的车载显示和相关车用产品；加强技术交流，共同推进产业链发展，提升自主品牌汽车零部件国产化率，加速推进新能源汽车普及，为绿色环保做出贡献。

（沈佳子）

中科晶电成立高科技生产型子公司

3 月 17 日，中科晶电信息材料（北京）股份有限公司与华微集成电路（江苏）有限公司共同投资在开发区成立北京中科微波集成电路制造有限公司，注册资本 1.05 亿元，该公司以研发、生产和销售砷化镓晶圆为主业，由中科晶电控股经营。中科微波的砷化镓晶圆业务是在市场发展新形势下经长期调研后挖掘出的具有高成长、高附加值及短回收期优势的高科技项目，为推进中科晶电“调结构、促创新”战略目标的实现奠定基础。

（张元璋）

京东方多款产品展示创新能力

3 月 19 日，以“新五年规划时期的中国”为主题的第 17 届中国发展高层论坛在北京召开。京东方科技集团股份有限公司携 98 英寸 8K 超高清显示产品、110 英寸 4K 超高清显示产品、65 英寸 OGS 4K 超高清触控产品等多款前沿科技产品亮相同期举行的 CDF 2016 Innovation Expo 暨 CDF 2016 创新前沿展，展示中国供给侧创新力量。10 月 12 日，京东方携智慧辅助驾驶系统、65 英寸 OGS 4K 超高清显示产品、BOE LOGO 异形切割显示屏、5.5 英寸可折叠柔性显示屏等创新产品，亮相 2016 年全国大众创业、万众创新活动周北京会场。11 月 16 日，2016 中国国际高新技术成果交易会开幕，京东方携智慧家居、智慧车联多款产品，110 英寸 8K、98英寸4K、65英寸8K超高清显示屏，以及 VR/AR、OLED、曲面、异形等新型显示产品亮相，以场景式应用全方位展现高新科技为品质生活带来的无限可能。

京东方 98 英寸 8K 超高清显示产品　企业提供

（沈佳子）

京东方携多项解决方案亮相展会

4 月 8 日，京东方科技集团股份有限公司携 10K、8K、4K 等超高清显示产品，会议、车载、交通、家居等多元化智慧显示解决方案，在以“创新、智能、融合”为主题的 CITE 2016 展会上，向公众展示创新显示构筑的美好生活。4 月 13 日，京东方携超窄边框拼接显示产品，交通、会议等智慧显示解决方案，在以“视听无边·世界联通”为主题的亚太地区最大专业视听与信息通信展 InfoComm China 2016 展会上展示。8 月 18 日，京东方携智慧车联、智慧家庭等多款创新系统和解决方案，以及大尺寸超高清显示、柔性显示、虚拟现实显示等创新显示产品，亮相 2016 年 iWorld 数字世界博览会。

（沈佳子）

京东方投资精电国际加速布局车载市场

4 月 21 日，精电国际有限公司召开股东特别大会，同意京东方科技集团股份有限公司或下属全资子公司以每股 3.5 港元的价格现金认购精电国际，增发新股 4 亿股。京东方以自有资金认购超过 50% 精电国际股本，加速实施车载显示事业全球战略布局。9 月 2 日，京东方携精电国际参加鄂尔多斯车载信息服务产业应用联盟（TIAA）第 29 次全国工作会议，展示其在车载显示领域的布局。11 月 8 日，精电国际携智慧辅助驾驶系统亮相在德国慕尼黑举办的全球电子行业的顶级盛会——2016 国际电子元器件展览会（Electronica 2016）。

（沈佳子）

北京泰豪承接朝林大厦节能改造项目

5 月 10 日，北京泰豪智能科技有限公司与开发区管委会签约，承接朝林大厦低碳节能设施技术建设示范项目。朝林大厦是开发区管委会对外窗口统一办公地，建筑面积 7.33 万平方米。该项目结合最新低碳节能应用技术和“智慧亦庄”建设远景，通过智能节能控制、建筑能效补偿、可再生能源利用、智慧感知物联、建筑生态系统综合服务平台建设，打造城市公共建筑低碳节能综合示范工程，树立以实际能耗为控制目标的建筑节能榜样，为开发区实现低碳节能、循环发展目标发挥示范作用。

（毛东颖）

国富通公司承建中药材流通追溯体系项目

国富通公司承担建设湖北省中药材流通追溯体系项目　　王俊 摄

5 月至 6 月，国富通信息技术发展有限公司承担建设的内蒙古自治区赤峰市中药材流通追溯体系和湖北省中药材流通追溯体系项目建设实施。该流通追溯体系以发展现代流通方式为基础，运用信息技术手段，实现中药材流通的索证索票、购销台账的电子化，形成来源可追溯、去向可查询、责任可追究的质量安全追溯链条。

（杨乐）

国富通公司中标电子商务进农村项目

6 月 17 日，国富通信息技术发展有限公司中标内蒙古自治区凉城县商务局组织的凉城电子商务进农村项目，中标金额为 1350.8 万元。12 月 8 日，国富通公司中标内蒙古自治区托克托县经济和信息化局组织的托克托县电子商务进农村项目，中标金额为 1739.8 万元。凉城县和托克托县均是商务部电子商务进农村示范县，该项目引领电子商务在农村更大范围推广和应用，促进农村现代市场体系完善。

（杨乐）

中芯北京量产高通骁龙 28 纳米系列产品

6 月 22 日，中芯国际集成电路制造有限公司宣布位于开发区的中芯北京厂量产高通骁龙 28 纳米系列产品，这是继高通骁龙 410 处理器在中芯国际上海厂量产后，中芯国际再次取得重大进展，标志着中芯国际在 28 纳米技术节点又向前跨出重要一步。

（张祺）

北京泰豪与多家企业签署战略合作协议

北京泰豪与芬兰安培能、瓦帕斯签署合作协议　毛东颖 摄

7 月 15 日，北京泰豪智能科技有限公司与华为技术有限公司签署智慧城市生态圈合作框架协议，成为首批加盟合作单位。北京泰豪整合线下基础业务，发挥华为在 ICT 领域解决方案推广优势，通过线上增值应用合作，将北京泰豪自主研发的产品方案与华为的需求融合，为用户提供最优的软硬件解决方案，实现在智慧城市领域的多赢局面。9 月 13 日，北京泰豪与霍尼韦尔围绕共建智慧机场、提升机场运营管理效率，及安全、舒适、节能表现等达成合作，正式签订战略合作协议。10 月 18 日，“纯净亦庄，清洁发展”中芬生态创新园平台路演活动在开发区京津冀全球路演中心举行。北京泰豪作为优秀能源企业代表，与芬兰安培能公司、瓦帕斯公司正式签署战略合作框架协议，双方将利用各自领域的专业优势，促进中、芬两国企业在新能源和节能环保产业领域就项目、技术交流等方面展开合作。

（毛东颖）

京东方两条生产线主体封顶

7 月 22 日，中国首条面向柔性显示的 OLED 生产线——京东方科技集团股份有限公司第 6 代 AMOLED 生产线主体封顶。该生产线于 2015 年 5 月开工建设，总投资 465 亿元。设计产能为每月 4.8 万片玻璃基板投片量（玻璃基板尺寸为 1850 毫米 ×1500 毫米），定位于高端手机显示和新兴移动显示等产品。11 月 29 日，全球最高世代线——京东方合肥第 10.5 代 TFT-LCD 生产线主体封顶。该生产线投建于 2015 年 12 月，总投资 400 亿元。项目主要生产 65 英寸以上 8K 超高分辨率液晶显示屏，设计产能为每月 9 万片玻璃基板（3370 毫米 ×2940 毫米）。该生产线采用的自动化和智能化水平的整体设备和核心工艺技术达业界最高水平，投产将开启大尺寸超高清显示新时代。

（沈佳子）

中交兴路为两车企接入北斗终端

7 月，北京中交兴路车联网科技有限公司分别与上汽依维柯红岩商用车有限公司、华菱星马汽车（集团）股份有限公司达成商用卡车前装北斗终端落地接入服务合作。中交兴路将协助两家厂商完成近 30

个省份的商用卡车前装北斗终端与属地化监管平台联调对接，促进商用卡车行车安全监管。

（张云蕊）

京东方展出多款 8K 显示产品

8 月 6 日，巴西环球电视台在巴西明日博物馆（Museum of Tomorrow）设立“Experience Tomorrow – TV Evolution in Brazil”（体验未来：电视的演变）展览，首次采用京东方科技集团股份有限公司生产的 98 英寸 8K 超高清电视显示屏转播里约奥运会现场赛事。8 月 24 日，京东方携手日本株式会社计测技术研究所参加北京国际广播电影电视展览会，展示 8K 超高清显示在广播电视行业的应用。9 月 29 日，由联合国宽带委员会和华为公司联合举办的第三届全球超宽带高峰论坛（UBBF 2016）在德国法兰克福举行。京东方展出 98 英寸 8K 超高清电视，让参会者感受大尺寸超高清魅力。10 月 19 日，12 月 7 日，京东方携全球最大尺寸的 110 英寸 8K 超高清显示屏，分别参加在北京国家会议中心举办的 2016 国际冬季运动（北京）博览会、在上海举办的 2016 上海国际跨媒体技术装备创新博览会，展示全球跨媒体产业前沿创新科技与业态趋势。

（沈佳子）

北京泰豪建设节能减排监控管理平台

9 月 7 日，北京泰豪智能科技有限公司正式签订合同，服务石家庄节能减排监控管理平台项目。石家庄作为发展改革委和财政部节能减排财政政策综合示范城市，因地理位置和用能结构的原因，节能减排任务紧迫。该项目平台建设围绕“以在线监测为支撑，跟踪企业用能排污过程；以相关法律法规为标准，监管企业能耗排污水平；以辅助决策为目的，支撑能源环保发展决策”的三大目标，通过建成一个覆盖石家庄市工业领域 216 家规模以上重点用能和排污企业的节能减排监控管理平台，促进石家庄市产业结构优化，深化节能减排信息化应用。

（毛东颖）

北方微电子与七星电子重组

9 月 27 日，经中国证监会批复，北京北方微电子基地设备工艺研究中心有限责任公司与北京七星华创电子股份有限公司在开发区亦创会展中心举行重组发布仪式，正式对外发布公司重组后的全新品牌北方华创（NAURA）。公司重组后成为国内主营半导体高端装备制造的上市公司，专注于集成电路、半导体照明、功率半导体、微机电系统、先进封装、光伏电池、平板显示、光信息器件等泛半导体领域的高端装备产品研发和制造，提供包括以刻蚀机、PVD 、CVD 、氧化炉、扩散炉、清洗机、自动转送移载系统、流量计等近 80 个系列产品。

（杨帆）

开发区 4 个集成电路重点项目启动

9 月 27 日，开发区举行集成电路标准厂房、燕东 8 寸特色工艺线、耐威 8 寸 MEMS 芯片生产线、华卓精科半导体装备基地4个集成电路产业重点项目启动仪式，发改委、工业和信息化部、科技部、市经济信息化委等部门领导出席。集成电路标准厂房（一期）项目定位于为国内外优秀集成电路设计企业提供稳定持续的产能保障和基础设施条件，打造中国集成电路的标杆性工业园；燕东8寸线项目通过与国际顶尖驱动电路、功率器件厂商合作，建成国内技术最先进的特色工艺产线；耐威MEMS 8寸线项目引进国际主流技术的完整系统和管理技术，提高国内MEMS代工业务发展水平；华卓精科项目吸纳集成电路装备领域的高端科研技术资源，填补国内光刻机关键零部件研发和制造领域空白，为北京市开展光刻机整机研制奠定基础。

（捷菲）

东械科技建立军工智能化的样板工厂

东械科技站点实现无人化自动装卸货　　张超平　摄

9月，北京东械科技有限公司建立首个军工智能化样板工厂，实现生产过程无人化调度和全程数据流闭环。东械科技确立智能工厂的架构模型，智能工厂由中央大数据平台、物资物流智能化系统和产线智能化系统三大板块构成。其中，物资物流智能化板块打破原有物资物流服务于产线的模式，承担生产过程中中枢神经作用，牵引整个生产。物资物流智能化搭建从“原材料”到“在制品”再到“成品”的物料主线，将产线或生产设备数据逐一绑定在对应的物料上，形成以实物流为基础的实时、完整、准确的大数据平台，通过大数据平台与智能化设备的互联互通，最终实现一个全生产过程中数据采集、决策、执行、纠偏的无人化封闭系统。

（张超平）

锤子数码向两家基金会捐款约290万元

10月18日，北京锤子数码科技有限公司首席执行官罗永浩在锤子M1产品发布会上，宣布将200多万元门票收入，以及原计划成立Smartisan公益基金的近100万元，全部捐赠给OpenBSD基金会和国际开源组织OpenSSL基金会。11月23日，OpenBSD基金会发布公告收到来自锤子数码28万加拿大元（折合约140万元）捐款。OpenBSD基金会是一家加拿大非营利组织，支持OpenBSD和相关项目（OpenSSH、OpenBGPD、OpenNTPD、OpenSMTPD、LibreSSL和mandoc）。12月8日，国际开源组织OpenSSL基金会发表官方声明，确认收到来自锤子数码21.2万美元（折合约150万元）捐款。OpenSSL是一个安全套接字层密码库，囊括主要的密码算法、常用密钥、证书封装管理功能和SSL协议，并提供丰富的应用程序供测试或其他目的使用。

（马银鹏）

京东方举办2016全球创新伙伴大会

11月8日，京东方科技集团股份有

限公司以“开放两端 芯屏气／器和”（Ecoresystem: Open and Connected）为主题，在北京举办 2016 全球创新伙伴大会（IPC 2016）。会议以主论坛、4 个分论坛和前沿科技产品展的形式展开。京东方董事长王东升和首席执行官陈炎顺、美国奇点大学校长 Ray Kurzweil（雷·库兹韦尔）、物联网之父 Kevin Ashton（凯文·艾什顿），以及来自相关领域的专家学者、企业高管作主题演讲，共话物联网各细分领域的现状、挑战与机遇。会上，京东方董事长王东升提出“开放两端 芯屏气／器和（Ecoresystem: Open and Connected）”物联网生态理念，将相关的芯片、显示器件、软件和内容、功能硬件组合，形成人与人、人与物、物与物相连的价值创造系统新理念。同时京东方全球首发一款新品——BOE 画屏。BOE iGallery 是全球首款数字艺术馆，包含精选艺术内容库、艺术欣赏交易平台，能还原艺术原作的显示终端和更多附加服务。

（沈佳子）

中交兴路货运公共平台 400 万辆车入网

12 月 2 日，全国道路货运车辆公共监管与服务平台（简称货运公共平台）入网车辆数突破 400 万辆。货运公共平台由交通、公安、安监三部委共同使用，由交通部牵头建设，由北京中交兴路信息科技有限公司作为技术支持单位，针对货运行业“多、小、散、乱”特点，对重型载货汽车和半挂牵引车进行自动监管。平台 2013 年 1 月 1 日上线，累计接收车辆轨迹点数据 13131 亿条，为道路货运车辆提供安全监控提示超过 21 亿次，超速纠正率 96%，疲劳驾驶纠正率 41%，提高了道路货运车辆的行车安全。

（张云蕊）

锤子数码一步功能在 GitHub 平台开源

12 月 21 日，北京锤子数码科技有限公司一步（One Step）功能在 GitHub 平台开源，包括一步（One Step）功能的所有框架层和 UI 实现层代码，以及实现 Smartisan SDK 的开源。手机厂商与应用开发者都能修改并使用该功能的源代码，以完成并实现更优秀的人机交互。“一步（One Step）”功能将最近添加／使用的图片、文件和剪切板内的文字集合在屏幕顶部，将常用应用和联系人集中于屏幕侧边，通过拖拽即可将信息发送至应用或联系人，节省在不同应用之间切换的诸多步骤，提升应用间协作效率。GitHub 是面向开源和私有软件项目的托管平台，于 2008 年 4 月 10 日上线，除了 Git 代码仓库托管和基本的 Web 管理界面以外，还提供订阅、讨论组、文本渲染、在线文件编辑器、协作图谱（报表）、代码片段分享（Gist）等功能。注册用户已超过 350 万人。

（马银鹏）

京东方绵阳第 6 代 AMOLED 生产线开工

12 月 28 日，京东方科技集团股份有限公司绵阳第 6 代 AMOLED（柔性）生产线建设于四川省绵阳高新技术产业开发区开工。该生产线计划总投资 465 亿元，产能为每月 4.8 万片玻璃基板，尺寸为 1500 毫米 ×1850 毫米，产品主要应用在智能手机、可穿戴设备、车载显示、AR/VR 等领域。

（沈佳子）

北方微电子主要产品占据重要市场份额

年内，北京北方微电子基地设备工艺研究中心有限责任公司自主研发的14纳米等离子硅刻蚀机、单片退火系统、LPCVD进入集成电路主流代工厂；28纳米Hardmask PVD、Al-Pad PVD设备已率先进入国际供应链体系。刻蚀机和PVD设备在全球主要封装企业中得到应用。封装PVD机台在全球排名前三的CIS封装企业中稳居鳌头；TSV刻蚀设备在大陆地区的新增市场中实现较高市场占有率；同时推出应用于Bumping制程的Descum设备。LED领域，ELEDE系列刻蚀机自2010年面市以来销售量超过200余台，其中氮化镓刻蚀机在2014—2016连续3年新增市场占有率达80%以上，出货量全球第一；PSS刻蚀机是全球主流PSS厂家的首选机台，中图半导体科技有限公司已累计采购近百台；自主开发的AlN缓冲层溅射设备，实现AlN Sputter的全球市场占有率第一；EPEE550系列PECVD保持新增市场占有率80%以上。在MEMS和新兴市场，北方微电子的深硅刻蚀设备批量销往多家科研机构和生产线，服务于微纳制造、光通信、化合物半导体、功率器件等多个新兴领域，客户安装量超过百台以上；应用于薄膜/厚膜硅外延的APCVD系统获客户大批采购订单。北方微电子研发国内首台应用于高效光伏电池生产的负压扩散炉，打破国际技术垄断；研发的晶硅电池线大部分关键生产设备如在线湿法刻蚀机、槽式单晶制绒机、卧式扩散炉、PECVD等设备均实现进口替代。

（杨帆）

新一代信息技术企业（部分）

京东方科技集团股份有限公司

2016年，京东方科技集团股份有限公司（简称京东方，英文简称BOE）注册资本351.5亿元，归属于上市公司股东的净资产787亿元，总资产2051亿元，实现营业收入689亿元。其中，归属于上市公司股东的净利润为18.8亿元。京东方新增专利申请量7570件，其中发明专利超80%，累计可使用专利超过5万件。年内，世界知识产权组织（WIPO）发布的2016年全球国际专利申请（PCT）情况显示，京东方位列全球第八。美国商业专利数据显示，京东方进入2016年度美国专利授权量TOP50，排名第40位，年增长率超200%，在TOP50中位列第一。全球创新活动领先指标——汤森路透《2016全球创新报告》显示，京东方已跻身半导体领域全球第二大创新公司。京东方智能手机液晶显示屏、平板电脑显示屏、笔记本电脑显示屏的市场占有率均位列全球第一，显示器、显示屏的市场占有率全球第二，液晶电视显示屏出货量居全球第三。

京东方创立于1993年4月，是一家为信息交互和人类健康提供智慧端口产品和专业服务的物联网公司，核心事业包括显示与传感器件、智慧系统和健康服务。显示和传感器件产品广泛应用于手机、平板电脑、笔记本电脑、显示器、电视、车载、可穿戴设备等领域；智慧系统为新零售、车载、金融、教育、艺术、医疗等细分行业领域，提供物联网整体解决方案；健康服务事业与医学、生命科技相结合，发展移动健康、数字医院、再生医学，整合健康园区资源。京东方拥有11条半导体显示生产线（其中2条在建），包括北京第5代和第8.5代TFT-LCD生产线、成都第4.5代TFT-LCD生产线、合肥第6代TFT-LCD生产线和第8.5代TFT-LCD生产线、鄂尔多斯第5.5代LTPS/AMOLED生产线、重庆第8.5代TFT-LCD生产线、福州第8.5代TFT-LCD生产线和成都第6代柔性AMOLED生产线9条运营生产线。合肥第10.5代TFT-LCD生产线和绵阳第6代柔性AMOLED生产线，是中国大陆唯一能够自主研发、生产和制造1.5英寸～110英寸全系列半导体显示产品的企业，是在建的全球首条最高世代线。同时，京东方在河北固安、江苏苏州、福建厦门等地拥有多个制造基地，在美国、德国、日本、韩国、新加坡、印度、俄罗斯、巴西、阿联酋等国家设有营销中心和研发基地，服务体系覆盖欧、美、亚等全球主要地区。2014年，京东方启动DSH战略转型，由原有的显示器件事业转型为显示与传感事业、智慧系统事业、健康服务事业。

（沈佳子）

京东方科技集团股份有限公司

董事长 王东升

副董事长兼首席执行官 陈炎顺

中芯国际集成电路制造（北京）有限公司

2016年，中芯国际集成电路制造（北京）有限公司（简称中芯北京）员工人数2658人。销售总额10.3亿美元，净盈利2.3亿美元，实现连续19个季度盈利；月产能超过6万片。截至年底，中芯北京二期项目第二阶段（B3项目）厂房主体建设完工。

中芯北京于2002年7月25日在开发区注册成立，注册资本10亿美元，是中芯国际集成电路制造有限公司的全资子公司。中芯北京拥有中国第一条12英寸集成电路生产线，是国内规模最大、技术最先进的12英寸集成电路代工厂。技术能力覆盖0.35/0.25/0.18/0.13微米、90/65/55/45/40纳米多个技术代，65/55纳米工艺产品是公司的主要生产产品。中芯北方集成电路制造（北京）有限公司（简称中芯北方）于2013年7月12日注册成立，由中芯国际与北京市政府出资代表人合资建设，员工人数1954人，专注于45纳米和更精细集成电路的量产。

（马焱）

中芯国际集成电路制造（北京）有限公司

董事长 周子学

首席执行官 邱慈云

揖斐电电子（北京）有限公司

2016年，揖斐电电子（北京）有限公司（简称北京揖斐电）拥有员工1700人，年产印制电路板29万平方米，产值约9.1亿元。年内，公司完成36亿日元设备、工艺更新，年底开始初期流动。公司节能减排成效明显，废物产生量比2015年下降21%，电镀工艺节能20%，二氧化碳排放减少3000吨。

北京揖斐电是日本揖斐电株式会社IBI（总公司）全额出资创立的子公司，于2000年12月在开发区设立，从事移动终端用多层高密度印制电路板的生产制造、销售，产品全部用于移动终端（如智能手机、平板电脑等）高密度印制线路板。公司获“首都文明单位”“中国质量诚信企业”等称号。

（李小冬）

揖斐电电子（北京）有限公司

总经理 袁藤本镇

北京北方微电子基地设备工艺研究中心有限责任公司

北方微电子外观　　企业提供

2016年，北京北方微电子基地设备工艺研究中心有限责任公司（简称北方微电子）营业收入9.2亿元，资产总额36.9亿元，利润总额1.06亿元，纳税额2021万元。公司拥有“千人计划”专家9人，海外专家21人。在开发区、中关村电子城高科技园区、北京天竺出口加工区拥有三大制造基地，营销服务体系覆盖亚洲、美洲、欧洲等全球主要国家和地区。公司位于开发区的总部生产基地占地18万平方米。其中半导体级别洁净厂房4万平方米，配备专业的工艺展示实验室、工艺设备开发实验室、工艺性能检测实验室、零部件精密清洗实验室和射频等离子实验室。年内，北方微电子与北京七星华创电子股份有限公司在开发区亦创会展中心举行重组发布仪式，正式对外发布公司重组后的全新品牌：北方华创（NAURA）。公司自主研发的新型大产能高性能ICP刻蚀设备ELEDE 380E和200毫米新型高性能多功能磁控溅射系统Polaris G620发布。公司通过知识产权管理规范标准化认证；自主研发的exiTin H430 TiN金属硬掩膜物理气相沉积系统获“第十届（2015年度）中国半导体创新产品和技术项目”奖。

北方微电子于2001年10月25日在开发区注册成立，占地面积10万平方米，其中超净厂房1.3万平方米。北方微电子专业从事集成电路和半导体照明高端工艺设备研发与生产，是国内领先的高端半导体装备制造企业，是国内TFT-LCD生产线的骨干设备供应商，国家02专项的主要承接单位，累计专利1004项，在北京市首批61个战略性新兴产业重点项目中占据4项。公司主要产品包括刻蚀、PVD、CVD、氧化/扩散、清洗、气体质量流量计等高端半导体工艺装备和核心零部件，广泛应用于集成电路、微机电系统、功率半导体、先进封装、半导体照明、化合物半导体、新能源光伏、平板显示等尖端领域。北方微电子多种产品在客户G5至G10.5各个世代TFT-LCD生产线和OLED生产线上批量应用；CELL段的ODF工艺紫外固化炉UV Cure和Cutting工艺的Grind Cleaner等设备均在各世代生产线占据重要份额。北方微电子气体质量流量控制器（MFC）产品行销欧美，在国内市场中占第一品牌行业地位。

北方微电子是中关村高新技术企业，

通过由法国BVQI公司审核的ISO 9001质量管理体系、ISO 14001环境管理体系和OHSAS 18001职业安全卫生管理体系认证，先后获“国家战略性创新产品”证书、SEMI中国产业奖、半导体创新产品和技术奖、激情2013最具创新力企业奖、OFweek·2013最佳LED设备技术创新奖、2013高工金球奖、北京市优秀科技创新团队、安全文化建设示范企业、首都劳动奖状、中关村知识产权领军重点示范企业、OFweek·最佳LED设备技术创新奖等荣誉和称号。公司研制的8英寸100纳米等离子刻蚀机获2007年北京市科学技术进步奖一等奖、2009年国家科学技术进步奖二等奖、中国信息产业2006经济年会十大经济事件、北京市高技术产业2006重大经济事件、第一届中国半导体创新产品等多项殊荣；承担的“十一五”国家科技重大专项“65-45纳米PVD设备研发”项目获得市科学技术奖二等奖；承担国家科技重大专项“90/65纳米刻蚀机研发及产业化”“65-45纳米PVD设备研发”两大项目；完成14纳米立体栅刻蚀机研发与产业化项目（2014—2017年）和国产集成电路装备关键零部件量产应用工程（2014—2016年）两个国家科技攻关专项申请工作。

（杨帆）

北京北方微电子基地设备工艺研究中心有限责任公司

董事长 张劲松

总经理 赵晋荣

富智康精密组件（北京）有限公司

2016年，富智康精密组件（北京）有限公司（简称北京富智康）营业收入7.8亿元，利润2195万元，净利润982万元，资产5.77亿元，员工1000余人，研发设计人员120余人。12月，鸿海集团收购NOKIA功能机品牌，北京富智康成为鸿海集团FIH（Foxconn International Holdings）事业群在华北地区的NOKIA功能机研发、检测和销售基地，北京富智康开始由制造业向自有品牌转型。

北京富智康成立于2001年，是富士康科技集团旗下富士康国际控股有限公司北京分公司，原名为富士康精密组件（北京）有限公司，于2014年4月1日更名。北京富智康隶属于世界500强鸿海集团，是鸿海集团FIH事业群重要的无线通信设备制造厂，拥有世界先进的冲压、成型、表面处理、SMT、系统组装和测试生产线，拥有高水平的模具研发制造能力和研发设计队伍，服务于小米手机、黑莓手机、夏普电视等厂商。

（安会会）

富智康精密组件（北京）有限公司

总裁 郭台铭

北京云狐时代科技有限公司

2016年，北京云狐时代科技有限公司（简称云狐时代）员工534人，其中北京213人、沈阳225人、上海96人。年内，云狐时代获中国信息通信大数据大会优秀特种防护终端方案奖、“2016世界移动互联网大会”移动互联网行业最具影响力奖、第四届中国商业创新大会2016年度最佳手机品牌称号。董事长董德福获2016中国信息产业年度经济人物奖。

云狐时代成立于2010年6月，在北京、上海、沈阳有大型产业园基地，是一家集智能产品研发、生产、销售为一体的国家级高新技术领军企业，是综合智能工作解决方案提供商，在国内智能科技领域处于核心地位。云狐时代致力于国际互联网特种智能终端方案解决和行业智能终端定制，通过“云＋移动应用＋智能工装”高纬度生态服务改善人类的工作模式，将工作安全化、轻松化、智能化，使企业主体工作由智能工作装备和平台完成。云狐时代在智能工作领域开发智能平台、智能云、智能应用、智能工装，成为国内第一家能够为军队、企业和个人提供完整软硬件和平台服务的互联网企业。总部位于开发区，在上海、深圳、杭州等城市，和美国、日本、韩国等国家设有分支机构，已通过 ISO 9001、ISO 14001、HOSAS 18001 认证。公司点点运动平台获年度中国百强好应用、年度热门应用、最具创新价值 APP、联想十佳产品等称号。

（戈青）

北京云狐时代科技有限公司

董事长 董德福

中科晶电信息材料（北京）股份有限公司

2016 年，中科晶电信息材料（北京）股份有限公司（简称中科晶电）总资产 4.99 亿元，营业收入 1.97 亿元，缴纳税金 489.57 万元，有 201 名员工。年内，中科晶电 2、3、4 英寸砷化镓单晶片研发和生产产业化项目获 2015 年度北京市科学技术奖三等奖。中科晶电与华微集成电路（江苏）有限公司共同投资在开发区内注册成立北京中科微波集成电路制造有限公司，以砷化镓微波集成电路晶圆生产为主营。公司增资扩股，股东由 3 名法人股东增至 9 名法人股东，注册资本由 1.45 亿元增加至 1.98 亿元。

中科晶电为中外合资企业，成立于 2004 年，注册资本 1595.74 万美元，总投资 4500 万美元。原名中科晶电信息材料（北京）有限公司，2015 年 12 月 29 日，完成股份制改制备案登记，整体变更为股份有限公司，注册资本变更为 1.45 亿元。公司定位于高科技、高成长型砷化镓衬底材料供应商，服务于国内外各大半导体元器件用外延片和芯片制造商；旗下子公司 4 家、孙公司 1 家，分布在北京市、江苏省张家港、山西运城和香港特别行政区，形成多元化集团发展模式；以图形化蓝宝石衬底材料、砷化镓微波集成电路晶圆和砷化镓衬底材料的研发、生产和销售为主。公司先后通过 ISO 9001:2008、ISO/TS 16949:2009、ISO 14001:2004、OHSAS 18001:2007、俄罗斯 GOST 等管理体系认证，符合欧盟《RoHS 指令》（2011/65/EU）和《REACH 法规》（1907/2006/EC）产品检测认证。中科晶电是国家高新技术企业、中关村高新技术企业、国家火炬计划产业化示范项目认证企业、北京科技研究开发机构、中关村瞪羚重点培育企业、2012—2013 中关村信用培育双百工程一百家最具影响力信用企业、北京中关村企业信用促进会 Azc+ 级信用单位、2013 年度北京市诚信创建企业、北京市信用企业、北京市专利试点企业、安全标准化二级企业。

（张元璋）

中科晶电信息材料（北京）股份有限公司

董事长 张 杰

北京太时芯光科技有限公司

2016年，北京太时芯光科技有限公司（简称太时芯光）全资子公司马鞍山太时芯光科技有限公司生产外延片27万余片，加工生产的芯片销售额5544.5万元，员工280人。公司自主研制的红外LED芯片工艺全面导入量产。

太时芯光成立于2008年7月，注册资本3000万美元，总投资额9900万美元，是国家高新技术企业。公司产品以高亮度和超高亮度红黄光LED外延片和芯片为主。公司先后通过俄罗斯GOST认证，中关村高新技术企业认证，ISO 9001质量管理体系和QC 080000认证。

（闫静）

北京太时芯光科技有限公司

董事长 沈光地

总经理 廉 鹏

北京东港嘉华安全信息技术有限公司

2016年，北京东港嘉华安全信息技术有限公司（简称东港嘉华）销售收入1.76亿元，工业总产值5303.8万元，纳税720.77万元，员工119人。年内，东港嘉华建设的瑞宏网（sx.e-inv.cn）助力大润发牵牛网开出山西省第一张电子发票；广西瑞宏电子发票综合服务平台瑞宏网（gx.e-inv.cn）正式运营。辽宁瑞宏电子发票综合服务平台瑞宏网（ln.e-inv.cn）开具辽宁省保险业与餐饮业首张电子发票；辽宁省电子发票综合服务平台瑞宏网（www.e-inv.cn）开具生活服务业营改增增值税电子普通发票。贵州省健康行业首张电子发票由贵州颐生云健康信息技术有限公司通过贵州瑞宏电子发票综合服务平台瑞宏网（gz.e-inv.cn）开出。北京市电子发票综合服务平台瑞宏网（www.e-inv.cn）以移动开票、电子发票报销、涉税大数据三大服务板块参展京交会。

东港嘉华是由东港股份有限公司和欣泉有限公司共同投资，于2007年2月2日注册成立的一家具有企业法人资格的外商投资企业。公司投资总额2亿元，位于开发区经海四路139号，拥有3.3万平方米的综合研发生产大楼。公司是由市国税局授权的电子发票查验平台，主要业务范围涵盖开发、生产电子发票应用软件，为电商等企业和税务部门提供电子发票技术支持、技术服务、软硬件系统集成和档案存储、数字化加工。先后通过ISO 9001质量管理体系、ISO 14001环境管理体系、GB/T28001职业健康安全管理体系、ISO 27001信息安全管理体系的认证。公司拥有国家高新技术企业、北京市级科技研究开发机构、中关村高新技术企业、开发区企业创新中心等称号。

（韩士华）

北京东港嘉华安全信息技术有限公司

董事长 王爱先

北京中交兴路信息科技有限公司

2016年，北京中交兴路信息科技有限公司（简称中交兴路）总资产5.55亿元，营业收入8.77亿元，纳税1485.84万元，员工210人。年内，全国道路货运车辆公共监管与服务平台入网车辆数突破400万辆。公司“车旺智运”“中交好运力调度系统”等多个自主研发产品上线；参与发起成立“智慧汽车与智慧交通产业创新示范区”。“车旺大卡平台及其关键技术”

项目获年度卫星导航定位科技进步奖二等奖；公司获“中国商用车车联网产业十佳运营服务商”“中国智能交通三十强企业”“ITS 交博会金狮奖”等十余项荣誉。重庆中交兴路供应链管理有限公司获得重庆市无车承运人试点企业资格。

中交兴路成立于 2004 年 6 月，注册资本 5688.89 万元，是一家商用车车联网领域的运营和服务商，致力于为中国 1400 万辆营运货车和其背后 3000 万名公路货运从业人员提供工作和生活全方位服务。公司融合物联网、移动互联、智能交通、云计算、大数据、地理信息、位置服务等先进技术，整合货运产业链上下游资源，开发拓展货运大数据、定位、社交、金融、保险、油品等一系列业务。在北京、重庆两地建有国家级车联网产业基地，拥有省级分支机构超 40 家，业务范围覆盖全国。公司是国家级高新技术企业、中关村高新技术企业，拥有互联网地图测绘甲级资质证书、全国增值电信业务经营许可证、电信与信息服务业经营许可证、道路运输经营许可证、信息安全等级保护三级证书、北京市交通运输经营备案证、交通运输部合标系统平台认证、ISO 9001 质量管理体系认证证书等多项认证与资质。中交兴路被认定为“商用车车联网北京市工程实验室”；被评为“国家高新区先锋榜（2013）百新企业”“中国智能交通三十强企业”“中国卫星导航与位置服务十佳运营商”、北京市专利试点企业、“2014 德勤—亦庄高科技、高成长 20 强企业”“德勤—中国高科技、高成长50强企业”，其产品被评为“最受全国先进物流企业欢迎的物流信息化产品”“最受全国先进物流企业欢迎的解决方案”。

（张云蕊）

北京中交兴路信息科技有限公司

董事长 夏曙东

北京华兴长泰物联网技术研究院有限责任公司

2016 年，北京华兴长泰物联网技术研究院有限责任公司（简称华兴长泰）营业收入 4000 万元，员工近 90 人，其中本科以上学历占 85%。

华兴长泰由从事药品管理系统开发的海归、北京市海外高层次人才博士王旻和国际欧亚科学院院士、原清华医学院常务副院长赵南明于 2011 年 3 月共同创办，是一家自主创新型高新技术企业。公司吸收国外多年药品精细化管理先进技术和经验，融合国内法律法规和使用环境要求，运用物联网技术，为中国医院落实用药安全、减少用药出错和智能便捷管控提供整体解决方案，是中国全手术室布局、医院全院布局智能药品和耗材管控系统的供应商和服务商。公司拥有近 30 家三级甲等医院用户。公司申请专利 33 项，获授权 23 项，其中 13 项为发明专利，并拥有全部知识产权。公司通过国家级双软认证和 ISO 9001 质量体系认证，被评为“2015 德勤—亦庄高科技、高成长 50 强企业”“2015 德勤—亦庄高科技、高成长 20 强明日之星企业”。

（刘莎莎）

北京华兴长泰物联网技术研究院有限责任公司

董事长 王旻

北京东械科技有限公司

2016 年，北京东械科技有限公司（简

称北京东械）营业额8000万元。年内，北京东械建立首个军工智能化的样板工厂，实现生产过程的无人化调度和全程数据流闭环。

北京东械成立于2010年，属国家级高新技术企业，专注于物资物流装备和一体化软件平台的研发，是国内唯一一家在智能制造领域提供物资、物流智能化解决方案，以及提供以物资物流智能化为中枢的中央大数据平台搭建的服务商。公司以制造业智能制造为主体方向，覆盖金融、医药、电力、图书档案、安保等多个行业。公司硬件产品族包括存储智能装备和物流智能装备两大板块，存储智能装备包括六大种类50余种型号；物流智能装备包括六大种类20余种型号。公司软件系统包含智能工厂大数据平台、智能终端调度平台和设备客户端，其中自主研发的EDMES智能工厂大数据平台为开放式企业私有云综合管理平台，可实现基于智能工厂理念下的工艺程序化、一键式生产。公司解决方案可以延伸到上下游全产业链，通过生产中内部物流和电子商务中外部物料流通全程信息采集，实现信息流和实物流双闭环，通过电商私有云、工厂私有云、供应商私有云的互联互通，搭建工业物联网。公司服务客户包括航天、航空等军工单位，以及京东方、华为、美的、比亚迪、联合汽车电子、延锋伟世通等20余家企业；业务覆盖华北、华东、华南、西部区域，为制造业细分领域排名前列的企业提供解决方案超过200家；与西门子、松下、ASM等国际巨头形成战略合作。2012年，成立全资子公司山西东械自动化科技有限公司，注册资本1050万元，承担生产任务。公司获授权发明专利15项，实用新型20余项，外观专利10项；拥有“EMT”和“E-Drawer”两个商标；完成智能硬件产品研发超过100项；研发的50多个软件子系统超过200个功能模块。

（张超平）

北京东械科技有限公司

总裁 时桂刚

北京中电科电子装备有限公司

2016年，北京中电科电子装备有限公司（简称北京中电科公司）营业收入1.56亿元，实现回款1.72亿元。截至年底，员工220人，其中研发人员116人、本科以上职工121人。包括研究员级高级工程师4人、北京市科技新星1人、北京市优秀青年工程师3人、开发区“新创工程领军人才”2人。年内，北京中电科公司申请发明专利21项（授权8项）、申请软件著作权2项。公司获北京市科学技术进步二等奖，获“北京市两化融合管理体系贯标试点企业”“德勤—亦庄高科技、高成长企业20强企业”称号，1人获得全国优秀首席信息官。

北京中电科公司成立于2003年，为中国电子科技集团和中国电子科技集团第45研究所控股子公司；2015年1月5日，中国电子科技集团公司内部优势进行资源整合，3个研究所和11个控股公司整合为中电科电子装备集团有限公司，北京中电科公司股权变更为中电科电子装备集团有限公司100%控股。主营业务为集成电路专用设备、电子元器件设备和光电器件设备的设计、销售、安装调试、技术咨询、技术服务，晶圆颗粒生产加工服务，货物进出口、技术进出口、代理进出口。公司电子封装设备涵盖整个半导体后封装工艺线，具备减薄机、划片机、装片机、键合机、高密度倒装键合机等集成电路后封装关键设备的批量供货能力。形成由系统集成技术、精密运动控制技术、精密光学和机器视觉技术、超精密零部件与结构设计技术、工艺物化和特种工艺技术五大核心共性关键技术研究室体系，以及机器视觉实验室、划片工艺实验室、减薄工艺试验室等专用实验室，为后封装设备的研发提供技术支持。公司拥有核心发明专利 120 余项，保持 GB/T19001-2008 等质量体系认证。

（戴豪）

北京中电科电子装备有限公司

董事长 景　璀

总经理 姚立新

国富通信息技术发展有限公司

国富通公司外观　　企业提供

2016 年，国富通信息技术发展有限公司（简称国富通公司）作为博鳌亚洲论坛官方中英文网站技术支持、内容维护、英文翻译等相关的运维服务方，保障博鳌亚洲论坛 2016 年会两网安全运行，工作得到高度认可。国富通公司承担建设内蒙古自治区赤峰市中药材流通追溯体系和湖北省中药材流通追溯体系项目建设实施。参与内蒙古凉城县和内蒙古托克托县电子商务进农村项目公开招标并中标。

国富通公司成立于 1998 年，是中国国际电子商务有限公司的全资子公司。公司总部设在北京，是专门从事 IT 服务、软件研发、系统集成的高新技术企业。公司以大型应用软件开发和服务为核心，集自主开发行业软件和应用工具于一体，涵盖系统软件、支撑软件、行业应用软件等各层次，形成以电子政务研发、物联网应用和移动互联网为核心的三大主营业务。公司为各地方商务机构和企业提供信息化支撑；为各级商贸领域提供在线申报、审批、备案、政策咨询与产业指导等电子政务方案。公司多年承担中华人民共和国商务部网站群体系建设和运营工作，承担多项地方电子商务公共服务平台开发与运维，以及地方商务领域电子政务系统开发建设工作。公司获 ISO 9001:2015 质量体系认证、CMMI ML3、计算机系统集成二级、国家高新技术企业等资质证书。

（杨乐）

国富通信息技术发展有限公司

总经理 丁　强

信维创科通信技术（北京）有限公司

2016 年，信维创科通信技术（北京）有限公司（简称信维创科）营业收入 5.99 亿元，利润 8639 万元，员工 258 人。公司是国家高新技术企业，先后通过 ISO 9000、ISO 14001、OHSAS 18001 等国际标准认证。

信维创科隶属于深圳市信维通信股份有限公司（简称信维通信），前身是 2001

年8月在开发区成立的阿尔贡电信设备(北京)有限公司。该公司由瑞典阿尔贡移动通信公司投资兴建，专门从事手机天线设计与制造。2002年11月，美国圣韵公司收购瑞典阿尔贡移动通信公司，公司更名为阿莫斯圣韵无线通信(北京)有限公司。2004年，莱尔德公司收购阿莫斯圣韵无线通信(北京)有限公司，于2006年更名为英资莱尔德无线通信技术(北京)有限公司。2010年11月，信维通信成功登陆创业板(股票代码：300136)。2011年6月，莱尔德集团宣布退出手机天线业务，信维通信全资收购英资莱尔德无线通信技术(北京)有限公司股权。

信维通信产品包括天线、音射频、连接器、整机射频解决方案，应用领域包括消费电子、汽车、工业、军事及移动终端测试服务等。公司客户群包括微软、索尼移动、摩托罗拉、华为、OPPO、RIM和其他北美国际知名品牌。公司拥有雄厚的研发实力，领先的测试能力，在全球布局，除北京、上海、深圳外，还在美国、瑞典、韩国，以及中国台湾均设立分支机构。

（杜敏 王雷 刘静）

信维创科通信技术(北京)有限公司

董事长 彭　浩

执行副总裁 吴会林

北京泰豪智能科技有限公司

2016年，北京泰豪智能科技有限公司(简称北京泰豪)营业收入14.7亿元，利润2亿元，员工520人。年内，北京泰豪楼宇能管中心平台、光伏电站远程监控系统、“城市氧吧”智慧洁净空气系统等多项节能低碳技术产品入选《北京市2016年节能低碳技术产品及示范案例推荐目录》。公司连续第十年被评为“全国智能建筑行业十大品牌企业”；凭借“泰豪智慧园区综合能源系统示范项目”获“2016中国智慧能源产业十佳实践案例奖”。公司获评2016年度“全国建筑业先进企业”“中国市场智能建筑十大系统集成商产品品牌”“2016年度优秀智慧城市解决方案供应商”；获批设立博士后科研工作站；获节能行业最高信用等级企业荣誉——AAA级信用评价。

北京泰豪成立于1998年，是国内智能建筑行业领军企业、智慧城市投资建设运营商。公司主要业务覆盖智慧城市总体规划、智慧建筑、智慧能源、智慧园区、智慧机场、智慧水务等多领域。公司与松下、ABB、国家信息中心等多家国内外知名企业和科研院所长期战略合作，承接人民大会堂、故宫博物院、国家博物馆等数千项重大工程，参与北京城市副中心智慧城市顶层规划、湖南湘潭新型智慧城市PPP项目、石家庄节能减排监控管理平台、新余城市能源与环境监测平台等多个智慧城市示范性项目。公司是中国智慧城市发展研究中心企业联合组成员、中国节能协会副理事长单位、中国建筑业协会智能建筑分会副会长单位，拥有电子与智能化工程专业承包一级、建筑机电安装工程专业承包二级、建筑智能化系统设计专项甲级、信息系统集成一级、涉密甲级等专项资质。

（马益荣 毛东颖）

北京泰豪智能科技有限公司

董事长 李春生

总经理 邹卫明

冠捷显示科技（中国）有限公司

2016年，冠捷显示科技（中国）有限公司（简称冠捷显示科技）销售额42亿元，纳税额8147万元，利润3633万元，员工1986人。年内，公司实施MNT和TV线体自动化升级改造项目，提高生产效率，并获质检总局颁发的中国生态原产地产品保护证书。

冠捷显示科技2010年在开发区投资建设新厂，新建4条生产线，年产能液晶显示器600万台、液晶电视200万台，年营业额达40亿元以上。产品线由液晶显示器扩展到智能数字电视、3D电视电脑一体机等高端数字显示领域。公司通过产品创意、模式创新、流程再造、成本结构、价值提升、形象工程六大核心战略指导工作，按照新型工业化的要求构建显示技术产业新体系，塑造一个全球化的华人显示品牌。

冠捷显示科技的母公司冠捷科技有限公司（简称冠捷科技集团）保持2006年以来全球最大电脑显示器制造商的地位，2011年成为全球第四大液晶电视制造商，也是全球前五大制造商中唯一一家原设计厂商。2016年，冠捷科技集团电脑显示器全球市场占有率达35.4%，位居全球第一；液晶电视全球市场占有率达8.5%，位居全球第四。冠捷科技集团拥有十二大制造基地、七大销售中心和五大研发中心，形成全球3631个售后服务网络与销售中心。其中，海外制造基地分别位于巴西玛瑙斯与圣保罗、波兰戈茹夫、墨西哥蒂华纳、俄罗斯圣彼得堡等地。七大销售中心分别位于中国大陆、美国、巴西、德国、荷兰、印度、日本。五大研发中心则分别位于比利时、新加坡、印度，中国台北、厦门。自有品牌AOC/Envision在全球销售30多年，产品分销至全球逾130个国家、地区并持续增长。截至年底，冠捷科技集团在亚太地区18个国家拥有38个服务中心，欧盟45个国家建有63个服务中心，北美洲3个国家设有51个服务网络，在中南美洲的23个国家设有139个售后服务中心。2005年，冠捷科技集团与荷兰皇家飞利浦电子公司（简称飞利浦）在显示器和电视业务方面建立合作，并购飞利浦显示器和部分电视制造业务。2012年，在欧洲成立与飞利浦电视业务合资企业TPVISION。通过长期持股奇美电子面板供应商，获得富有弹性的面板资源，为拓展海外市场奠定基础。

（林为民）

冠捷显示科技（中国）有限公司

董事长 谢继琮

总经理 吴光发

北京锤子数码科技有限公司

2016年，北京锤子数码科技有限公司（简称锤子数码）在上海梅赛德斯—奔驰文化中心发布年度产品——Smartisan M1/M1L两款手机。锤子数码一步（One Step）功能在GitHub平台开源。

锤子数码于2014年6月3日在开发区成立，主要业务是Smartisan智能手机产品和手机附件产品的销售、售后检测、维修、客服等服务工作，销售渠道包括线上电子商务、线下实体体验店。锤子数码在全国拥有105家（授权）售后服务中心，在北京、上海、郑州、太原等城市开通上门快修服务，在广东地区开通上门取送服务。Smartisan手机获得“Good Design

Award（优良设计奖）”与“星火国际工业设计奖”银奖，Smartisan T1 手机获 iF 国际设计奖金奖。

（马银鹏）

北京锤子数码科技有限公司

首席执行官　罗永浩

奥音科技（北京）有限公司

奥音科技生产线　　企业提供

2016 年 5 月 20 日，奥音科技（北京）有限公司（简称奥音科技）成立，位于开发区同济南路 20 号，注册资本 3.8 亿元。

奥音科技拥有 80 年声学领域解决方案历史，前身是飞利浦电子声学解决方案公司，主要进行先进声学技术和声学器件、材料，以及解决方案的研发、推广，以巩固奥音科技在全球声学技术领域领先地位，推动奥音科技在国内的生产基地进行大规模的精密生产和制造，为全球主要的消费电子品牌企业提供精密声学零部件。2016 年 5 月，上海德蓄投资管理有限公司全资收购美国楼氏电子集团旗下高端电子扬声器、受话器等相关精密制造业务和全部资产。包括楼氏电子（北京）有限公司，维也纳研发中心，中国江苏苏州、山东潍坊和菲律宾等地区的相关生产设备和资产，以及全球知识产权，公司由外资企业转为内资企业。上海德蓄以持续发展企业先进技术研究的发展战略，支持大规模生产工程部署，同时继续投入境外企业研发基地。奥音科技在北京和江苏镇江设有大规模生产基地，进行扬声器和受话器精密生产和制造，年产值预计超过 20 亿元，50% 为海外客户。6 月 30 日，收购活动获得主管单位批准，公司正式运作，并持续加大在智能制造行业的投资。7 月 18 日，取得北京市工商局颁发的营业执照。7 月 28 日，奥音科技收购楼氏集团之境外奥地利公司 100% 股权，经维也纳商事法庭准予名称变更为奥音科技（奥地利）有限公司（Sound Solutions Austria GmbH）。

奥音科技有国内外两个研发团队。其中，维也纳技术研发中心有专职研发人员 56 人，主要从事声学领域前沿科技的开发，并和北京研发团队紧密合作开发新产品；有 5 个智能团队，分别涵盖声学、结构、先进制造、质量和项目管理领域，可以基于客户需求开发出独特创新的产品。维也纳技术研发中心 13% 的员工具有博士学位，55% 的员工具有硕士学历。北京研发中心整个研发团队平均具有 10 年以上的工作经验，其中核心部门的声学和产品设计的核心骨干都具有 10 年以上的研发设计经验，对于声学产品设计有丰富的经验和深刻的理解。85% 的员工具有本科以上学历，21% 的员工具有研究生以上学历。

（骆莉轩）

奥音科技（北京）有限公司

总经理　李明铭

威讯联合半导体（北京）有限公司

2016 年，威讯联合半导体（北京）有限公司（简称威讯北京，英文简称 Qorvo）营业收入 12 亿美元，员工 2000 余人。获得国务院颁发的稳岗补贴 59 万元、市发改委专项补助资金 9 万元。威讯北京在中国半导体协会评选的《中国十大半导体封装测试企业》榜单中位列第三名。年内，威讯北京通过 ISO 18000 认证并完成 ISO 14000、ISO 9001 复审；接待来自全球 10 多家客户的 20 次审核，8 家客户的 30 次拜访；贯彻执行企业社会责任（CSR）相关政策，完善体系建设。

威讯北京成立于 2001 年 8 月，公司主要为全球手机厂商生产零备件，是无线射频产品主要供货商。威讯北京工厂占地面积约 1.8 万平方米，建筑面积约 1 万平方米，其中生产车间 4000 平方米，包括 1500 平方米无尘车间。公司还设立可靠性和失效分析实验室、中国销售和客户技术支持中心，主要经营范围为开发、生产、测试、加工集成电路产品和专用设备、仪器、材料；销售自产产品；自产产品的安装、调试、维护、技术咨询、技术服务。公司长期坚持提供创新的射频解决方案，结合产品和领先的技术优势、以系统级专业知识和全球性的制造规模，快速解决客户复杂的技术难题。威讯北京服务于全球先进的无线设备、有线和无线网络、防空雷达、通信系统市场，在这些领域持续保持着领先优势，并推进 5G 网络、云计算、物联网和其他新兴应用市场，实现人物、地点和事物的全球互联。

（杨璐）

威讯联合半导体（北京）有限公司
亚太区运作副总裁 李育才

汽车制造

北京汽车公司与戴姆勒公司签署协议

6 月 13 日，在国务院总理李克强和德国总理默克尔的共同见证下，北京汽车股份有限公司与德国戴姆勒股份公司正式签署框架协议，双方共同增资 40 亿元，用于北京奔驰汽车有限公司发动机工厂的进一步扩建。12 月 2 日，北京奔驰发动机工厂二厂区奠基仪式在开发区举行，迈出北汽集团与戴姆勒公司在北京奔驰后百万时期继续深化合作的重要一步。

（张乐）

京东首批新能源纯电动货运汽车上路运营

6 月，京东集团首批引进 40 台新能源纯电动货运汽车在北京、上海两地率先上路运营，其中投放北京 30 台、上海 10 台。配送货车“零排放”，率先在国内物流快递行业中大型货运车辆中使用，环保纯电动车为全行业树立了节能减排的标杆。

（侯娟）

北京奔驰获安全生产标准化示范企业称号

北京奔驰获安全生产标准化示范企业称号　　企业提供

8 月 17 日，北京奔驰汽车有限公司获“安全生产标准化示范企业”称号，成为全国工贸行业首批、中国机械制造业首家获此殊荣的企业。由国家安全生产监督管理总局组成的专家组依照《工贸行业安全生产标准化示范企业创建工作实施方案》，对北京奔驰安全生产标准化示范企业进行评估验收。专家组认为北京奔驰安全生产基础建设扎实，本质安全水平较高，全员参与、自主管理取得明显成效，生产现场整洁有序，安全生产标准化系统有效运行并持续改进，建立具有企业特色的自主安全管理体系，安全生产绩效显著，在全国同行业的安全生产管理水平领先，基本达到国际同行业先进水平，通过专家组验收。

（张乐）

第 100 万台梅赛德斯－奔驰发动机下线

8 月 25 日，北京奔驰汽车有限公司第 100 万台国产梅赛德斯－奔驰发动机下线，发动机工厂月产量突破 3 万台大关。国产发动机产量首破百万大关，标志着戴姆勒迄今海外布局的唯一一座发动机工厂迎来产能释放里程碑。

北京奔驰国产发动机产量首破百万大关　　企业提供

（张乐）

第 100 万辆国产梅赛德斯－奔驰整车下线

11 月 17 日，北京奔驰汽车有限公司第 100 万辆国产梅赛德斯－奔驰整车下线。从第一辆国产梅赛德斯－奔驰到第 100 万辆，北京奔驰在中国本土打造四大系列 14 款品质卓越的梅赛德斯－奔驰汽车。其中蕴含着“The best or nothing”的百年星徽品牌理念，凝聚着北京奔驰对于卓越品质的不懈追求。

（张乐）

北京奔驰年产突破 30 万辆

北京奔驰年产突破 30 万辆　　企业提供

11 月 30 日，北京奔驰汽车有限公司举行年产突破 30 万辆暨全新长轴距 E 级车月产第 1 万辆车下线仪式。北京奔驰年产量从 10 万辆到 30 万辆，用时不到 3 年；全新长轴距 E 级车从投产到月产破万用时不到 6 个月。

（张乐）

汽车制造企业（部分）

北京奔驰汽车有限公司

2016 年，北京奔驰汽车有限公司（简称北京奔驰）产量实现 33.5 万辆，销量实现 31.7 万辆；已连续 10 年首席赞助中国网球公开赛。年内，北京奔驰作为第六届北京国际电影节的战略合作伙伴，携长轴距 E 级车和全新 GLC SUV 多款产品登场；北京汽车股份有限公司与德国戴姆勒股份公司正式签署框架协议，双方共同增资40亿元，用于发动机工厂的扩建；发动机工厂二厂区奠基仪式在开发区举行；全新梅赛德斯－奔驰长轴距E级车下线；第100万台国产梅赛德斯－奔驰发动机下线，月产量突破3万大关；第100万辆国产梅赛德斯－奔驰下线；年产突破30万辆暨全新长轴距E级车月产第1万辆车下线仪式举行。北京奔驰获“安全生产标准化示范企业”称号，成为全国工贸行业首批、中国机械制造业首家获此殊荣的企业；获“2016年度全球卓越运营最佳工厂——最佳大规模制造厂商”，成为中国首家获此殊荣的整车制造企业；被中华全国总工会授予“全国五一劳动奖状”。

北京奔驰成立于2005年8月8日，是北京汽车股份有限公司与戴姆勒股份公司、戴姆勒大中华区投资有限公司共同投资，集研发、发动机与整车生产、销售和售后服务为一体的中德合资企业。公司拥有全球面积最大、产量最高、综合性最强的梅赛德斯－奔驰乘用车生产制造基地，是戴姆勒公司首个德国本土以外的梅赛德斯－奔驰汽车发动机制造工厂、戴姆勒合资公司里最大的研发中心，并成为戴姆勒全球唯一同时拥有前驱车平台、后驱车平台和动力系统平台的豪华汽车合资企业。公司引入梅赛德斯－奔驰畅销全球的C级车、E级车、GLC SUV和GLA SUV四大主力车型，全面占领中高级、行政级、中型SUV和紧凑型SUV四大豪华车主流细分市场。北京奔驰发动机工厂生产的缸体、缸盖、曲轴三大发动机核心部件返销德国，用于戴姆勒德国发动机工厂整机装配，标志着北京奔驰正式纳入戴姆勒全球采购供应链体系，发动机产品质量完全达到戴姆勒全球统一标准。北京奔驰还建立了戴姆勒海外第一个质量中心，以戴姆勒全球统一标准和质量管理体系进行奔驰车辆生产。北京奔驰各车型通过中国环境标志认证检查，获得中国环境标志产品证书，具备政府采购资格。公司党委获“北京市国资委系统创先争优先进基层党组织”“北汽集团创先争优红旗党委”称号；公司获北京市“最具影响力企业”“生产经营突出贡献奖”、开发区“十大功勋企业”“纳税50强企业”“首都文明单位标兵”等荣誉和称号。

（张乐）

北京奔驰汽车有限公司

总裁兼首席执行官 夏博韬

党委书记、高级执行副总裁 陈宏良

北京德尔福万源发动机管理系统有限公司

2016年，北京德尔福万源发动机管理系统有限公司（简称德尔福万源）销售收入26亿元。公司有20余条生产线，国产化项目产品主要为电喷系统零部件，包括喷油系统、燃油输送系统、供气调节系统、传感器类、排放检测传感器、点火线圈等，满足世界公认的排放法规标准。随着ITMS-6F、MT20、MT20U、MT20U2、MT22U、MT34、MT60、MT80、MT22.1等产品推出，德尔福万源成为国内汽车市场发动机管理系统的第二大供应商，市场占有率10%。

德尔福万源前身为北京德尔福汽车系统有限公司，是由美国德尔福公司与中国运载火箭技术研究院共同投资组建的合资企业，其中外方占股51%，中方占股

49%，于 2000 年投产。主要开发和生产汽车发动机管理系统（电子燃油喷射系统），是国内汽车市场发动机管理系统的第二大供应商。2012 年 11 月，德尔福万源从开发区同济北路迁入博兴路 19 号。新厂总投资 3.6 亿元，占地面积近 3 万平方米，建有生产基地和研发中心，主要从事汽车发动机电子控制系统的生产和发动机管理系统和变速箱控制系统的研发，增加供给北京奔驰和中国大众的两条新的点火线圈生产线。公司曾获北京市国际经贸合作奖、开发区特殊贡献奖，被评为开发区 2006 年度纳税信用 A 级企业、中国汽车工业协会 2007 年度中国汽车零部件百强企业等荣誉。

（邢贵中 甘丽娜）

北京德尔福万源发动机管理系统有限公司
董事长 韩树旺
总经理 王 晖

北京北汽李尔汽车系统有限公司

2016 年，北京北汽李尔汽车系统有限公司（简称北汽李尔）销售收入 21.16 亿元，纳税总额 2.14 亿元，员工 788 人。年内，奔驰 V213 项目和 W213 项目、印度奔驰 213 项目陆续量产。

北汽李尔是由北京汽车投资有限公司与李尔（毛里求斯）投资有限公司共同出资组建的中外合资企业，成立于 2007 年 4 月，注册资本 220 万美元，中外方各持有 50% 的股权，占地面积 4 万平方米。主营业务为汽车座椅组装生产，具备年产 40 万套高端汽车座椅的产能。公司生产工艺和质量控制体系引自德国李尔相同的座椅制造体系，关键测量设备直接由德国进口，并通过 ISO/TS 16949、ISO 14001 认证。公司曾获 2012 年度开发区纳税 50 强、开发区纳税增长 50 强、北汽股份有限公司“优秀供应商”、北京奔驰“优秀供应商”。

（贾燕）

北京北汽李尔汽车系统有限公司
董事长 许小江
总经理 孙 琦

北京中瑞蓝科电动汽车技术有限公司

2016 年，北京中瑞蓝科电动汽车技术有限公司（简称中瑞蓝科）有员工 200 余人，销售纯电动物流车 2400 台（套），营业额呈现每年将近 25% 的增长趋势。

中瑞蓝科成立于 2013 年，注册资本 1.44 亿元，是电池产业链垂直整合的实联长宜中国控股有限公司绝对控股子公司，是一家专注于纯电驱动新能源汽车动力电源总成、电驱动总成、智能化整车控制总成和关键零部件的开发商、制造商、技术服务商。公司以纯电动汽车开发技术、集成技术、模块化柔性制造技术为依托，研发、制造、销售纯电动汽车电源系统、电驱动总成系统、整车控制系统和关键零部件，产品覆盖乘用车、客车和专用车领域。中瑞蓝科起步于 2003 年在欧洲荷兰建立的电动汽车实验室，研发纯电驱动汽车动力电源系统、驱动电机系统和整车控制系统三大技术，形成以荷兰 DURACAR 新能源汽车科技公司为重点的海外研发基地，以北京中瑞蓝科中央研究院为核心的科技研发基地，以动力电源工厂、电子工厂、电机工厂为基础的核心产品制造基地，以北京中恒瑞弛科技有限公司、北京中瑞北方商用车有限公司为主体的专业制造基地，以江苏尼欧凯汽车有限公司、江苏海安电动汽车和三电总成批量制造工厂为新能源汽车产业基地。公司在欧盟国家具有研发、制造、销售和资源整合力量。公司通过国家高新技术企业认证、ISO 9001:2008 质量管理体系认证和 ISO/TS 16949:2009 质量管理体系认证。

（高建伟）

北京中瑞蓝科电动汽车技术有限公司

董事长 林伯实

生物医药

北生研疫苗产业基地项目建设

1 月 4 日，北京北生研生物制品有限公司疫苗产业基地项目 208 号锅炉房完成竣工验收，是疫苗产业基地第一栋竣工验收建筑。7 月 23 日，104 号生产厂房乙脑车间改造成 IPV 疫苗车间完成施工。截至年底，101 车间、102 车间、103 车间、207 车间、208 车间完成竣工验收。

（乔楷）

赛升药业股本增资

3 月 1 日，北京赛升药业股份有限公司第二届董事会第九次会议审议通过《关于公司〈2015 年度利润分配预案〉的议案》，以公司总股本 12000 万股为基数，向全体股东每 10 股派发现金红利 3.6 元（含税），共计 4320 万元。以资本公积金转增股本，每 10 股转 10 股，共计 1.2 亿股。3 月 24 日，公司 2015 年年度股东大会审议通过《关于公司〈2015 年度利润分配预案〉的议案》，4 月 20 日披露《2015 年年度权益分派实施公告》，4 月 26 日实施完毕，该次权益分派实施后，公司总股本由 1.2 亿股增加至 2.4 亿股。

（王雪锋）

艾德摩生物建立活肿瘤组织生物样本库

3 月，北京艾德摩生物技术有限公司在 PDX 技术平台基础上，建立国内领先的“活肿瘤组织生物样本库”。该样本库可全面高效率的搜集和利用生物样本、生物信息等数据。艾德摩生物与国内多家三甲医院开展肿瘤个体化治疗合作，收集来自全国的活肿瘤样本。截至年底，样本库收集肿瘤样本 1200 份。

（肖雅娟）

义翘神州重组八因子进入临床阶段

3 月，北京义翘神州生物技术有限公司自主研制的重组凝血八因子产品，启动临床入组。该产品于 2015 年 12 月 24 日获得临床试验批件，预计 2017 年完成临床试验。重组八因子是国际公认最难研制和生产的重组蛋白药物之一，其生产工艺具有巨大挑战性，其在中国首次完成临床前研究和临床申请，取得阶段性的重大突破，上市后将缓解血友病病人一药难求的困境。

（王梓哲）

安诺优达引进 HiSeq X Ten 测序系统

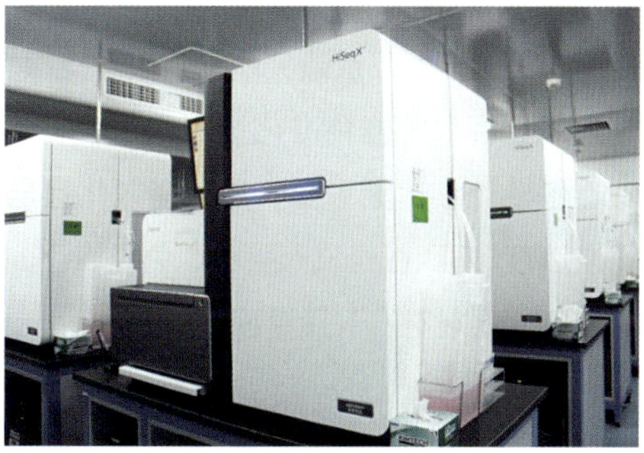

安诺优达引进 HiSeq X Ten 测序系统　　姜莹 摄

4 月 11 日，安诺优达基因科技（北京）

有限公司宣布引进美国 Illumina 公司生产的全球通量最高的 HiSeq X Ten 测序系统，进一步提升基因测序平台实力，为精准医疗和科研服务两大核心业务领域的数据吞吐量建立重要竞争力，为全球化业务拓展奠定了硬件基础。HiSeq X Ten 系统在世界上首次打破人类全基因组测序 1000 美元门槛。该系统由 10 台 HiSeq X 超高通量的仪器组成，每年可获得 1.8 万多个人类基因组序列；每台 HiSeq X 系统可以 30 倍或更高的覆盖度对人类基因组进行测序，而耗材费用明显低于 1000 美元。该系统帮助科学家、研究所和国家实现创建人类和物种变异综合目录，建立群体规模参考数据，从而快速推进癌症和复杂疾病研究进程。同时也可通过前所未有的高通量为非人类物种实现经济高效的全基因组测序。

（裴素蕊 姜莹）

嘉捷集团建成平安爱普德生物实验室

5 月 6 日，北京嘉捷源技术开发有限公司控股子公司旗下平安爱普德（北京）生物技术有限公司建成北京平安爱普德生物实验室，实验室总建筑面积 2300 平方米，可实现 1 万人次药敏检测、2000 人次免疫治疗和 10 万人次早期筛查。该实验室由美国国家癌症研究所提供技术支撑，能为患者提供肿瘤精准化诊疗整体解决方案，包括癌症早期预警、癌症有效化疗与精准治疗、3D 替身试药平台、免疫治疗、早期肺癌低剂量 CT 筛查等。

（赵京慧）

智飞绿竹生物中试楼通过竣工验收备案

5 月 27 日，北京智飞绿竹生物制药有限公司三期“疫苗新品种产业化生产基地”项目“1# 中试楼”工程通过开发区建发局竣工验收备案。该项目位于开发区河西区 X53F2 地块，于 2013 年 11 月取得建筑工程施工许可证后开工建设，单体建筑面积 4.03 万平方米，主要包括生产车间、办公楼、实验楼等。园区市政和配套设施建设投入使用。

（李楠楠）

安诺优达承办全国血液病精准医学培训

安诺优达承办全国血液病精准医学中青年医师培训班 肖飞 摄

6 月 25 日—26 日，由北京清华长庚医院主办、安诺优达基因科技（北京）有限公司承办的“2016 全国第一届血液病精准医学中青年医师培训班”在北京清华长庚医院举办。全国 100 多名青年医师参加培训，并围绕血液病精准医学的议题，就精准医学临床实践、血液肿瘤病例分析、大数据及其医学应用、大规模临床基因组学研究成果等方面展开探讨。

（肖飞 郎咸勇）

安诺优达举办首届肿瘤精准医疗论坛

8 月 26 日，由北京亦庄生物医药园联合安诺优达基因科技（北京）有限公司共同举办的“第 33 期 E-TOWN BIO 产业创新与发展论坛暨第一届肿瘤精准医疗论坛”在北京亦庄生物医药园召开。中国人民解放军第三〇七医院教授江泽飞、中国医学科学院肿瘤医院教授王锡山、首都医科大学宣武医院教授支修益、北京大学人民医院教授崔恒等300余名肿瘤领域专家、科学家、产业精英和医疗工作者参加。论坛上，以安诺优达首席运营官梁峻彬为代表的肿瘤精准医学相关企业技术专家作报告；围绕肿瘤精准医疗主题，以科技部颁布的“精准医学研究”重点专项指南为指导，针对高通量测序（NGS）在肿瘤领域的应用、肿瘤个体化诊疗和全程管理、肿瘤临床数据解读和肿瘤多学科诊疗等方面进行最新学术进展和临床经验分享。安诺优达与到会专家和科学家就肿瘤高通量测序的临床转化与应用价值和策略进行了交流探讨。作为国内首批开展高通量测序临床转化应用的企业，在肿瘤精准医疗领域，安诺优达推出了实体肿瘤个体化诊疗基因检测和血液病基因检测项目，在临床实践中显示出良好的应用价值。

（肖飞 郎成勇）

赛诺菲来得时生产线完成工艺验证

9月，赛诺菲（北京）制药有限公司扩建的来得时（甘精胰岛素）卡式瓶罐装线完成全部工艺验证，具备生产能力。该项目投资9000万美元。

（王梓哲）

京东方举办首届中韩质子放疗学术论坛

10月18日，由京东方科技集团股份有限公司旗下首家高端综合医院——北京明德医院与韩国三星首尔医院质子中心共同主办的第一届中韩质子放疗学术论坛在北京明德医院举办。北京明德医院与韩国三星首尔医院达成战略合作，双方就医疗团队交流与肿瘤、心脑血管等重症治疗领域展开合作。在肿瘤综合治疗和质子治疗方面，北京明德医院为韩国三星首尔医院在国内唯一战略合作机构。

（沈佳子）

艾德摩生物科研中心启用

艾德摩生物研发中心　　企业提供

10月，北京艾德摩生物技术有限公司入驻位于开发区科创三街24号的北京博大兴工业园。艾德摩生物科研楼设计使用面积5500平方米，主要用于建设活肿瘤生物样本库中心、人源肿瘤异种移植模型研发平台、肿瘤精准医疗检测服务平台。

（肖雅娟 潘雯娜）

拜耳医药保健北京工厂扩建项目竣工

11月18日，拜耳医药保健有限公司新扩建工厂竣工，阿司匹林肠溶片年生产能力达到269.14百万盒，约合产值30亿元，成为拜耳医药保健全球最大的处方药包装基地。新厂建设规模为2.61万平方米，位于开发区宏达北路20号。该项目包括全自动物料处理的物流后勤区域、分析实验室和高速包装生产线等生产设施。

采用超高速一体化包装生产线，可实现药品从铝塑包装到成品入库的全自动化生产和智能化控制，速度最快达到900板/分钟，远高于国内同类产品线；采用自动化和智能化物流设备，提高生产工艺稳定性和药品质量一致性，标志着中国制药工艺装备水平进入智能化新阶段；先进的供热通风与空气调节和电气系统大量应用，每年可节约能源12000兆瓦时。拜耳医药保健2014年投资约1亿欧元用于大规模提升北京工厂的生产能力，北京工厂扩建项目的相关协议于2014年3月28日在德国签署。

（程晓芳 王梓哲）

安诺优达满分通过ctDNA检测室间质评

11月，卫生计生委临床检验中心公布《全国肿瘤游离DNA（ctDNA）基因突变检测室间质量评价调查活动结果报告》，安诺优达基因科技（北京）有限公司参加的高通量测序（检测突变类型：单核苷酸变异/短片段缺失/短片段重复/融合基因/拷贝数变异）和数字PCR（检测基因：EGFR）2项检测项目均获得满分。ctDNA基因突变检测室间质量评价有74家实验室回报结果，全国通过NGS检测上报全部类型突变并获得满分的实验室5家，安诺优达位为其中1家，标志着安诺优达ctDNA检测实验流程的规范性和准确性处于行业领先水平。

（肖飞 苗苗）

永瀚星港制定胃部疾病检测试剂行业标准

12月，北京永瀚星港生物科技股份有限公司受食品药品监管总局医疗器械标准管理中心委托，起草制定《胃蛋白酶原I/II测定试剂盒行业标准》，是国内唯一的胃癌和胃部疾病检测试剂的行业标准。验证项目为外观、检出限、线性、准确度、精密度、特异性、稳定性等。

（李婧）

嘉捷集团引进超级活化NK细胞培制技术

12月，北京嘉捷源技术开发有限公司控股子公司南昌平安普德医疗技术有限公司肿瘤精准诊疗总部和产业基地，与美国加州大学洛杉矶分校专家联合开展技术转化研究，引进超级活化NK细胞培养制备技术。激活后的NK细胞输入到癌症患者体内后，可溶解杀死CSCs细胞，诱导CSCs细胞分化，提高患者对药物和放射治疗的敏感性，从而有效提高癌症治疗效果。

（赵京慧）

生物医药企业（部分）

拜耳医药保健有限公司

2016年，拜耳医药保健有限公司（简称拜耳医药保健）实现工业总产值148亿元，是北京市唯一一家连续五年实现产值过百亿的生物医药企业；主营业务收入156亿元，纳税总额34.5亿元，员工7000余名。年内，拜耳医药保健新扩建工厂竣工。截至年底，公司“走进西部”卫生人才培训项目，在全国26个省份完成220余期培训，覆盖2400多个县、7200多家医院，培训卫生人才3万人次。公司“走进基层”项目在31个省和地区培训约1500名卫生管理人员。共计21504名肝癌和5967名肾癌患者受益于多吉美患者援助项目，累计援助药品金额

162亿元。

拜耳医药保健是拜耳集团的子公司，于1995年8月25日在开发区注册成立，公司占地面积3.6万平方米，建筑面积2.28万平方米，处方药工程建筑面积约1万平方米。1995—1997年，拜耳医药保健在北京兴建药品生产与包装工厂，用于制造固体和半固体产品。2011年，北京工厂获得市食品药品监管局颁发的GMP证书，成为北京市第一家获此证书的制药企业。拜耳医药保健主要业务部门包括拜耳处方药、保健消费品、动物保健。拜耳医药保健处方药业务遍及260多个城市，处方药事业部专注于心脏病学、肿瘤学、妇科学、血液学和眼科学等治疗领域，在中国的总部位于北京，在北京、广州、成都、和江苏设有工厂。为满足中国市场对拜耳产品日益增长的更高需求，拜耳医药保健投资1亿欧元，用于大规模提升北京工厂生产能力，使北京工厂成为拜耳医药保健全球最大的处方药包装基地。拜耳医药保健曾连续两届被商务部评为信用等级AAA级企业，是唯一一家拥有4种产品（拜唐苹®、拜新同®、拜阿司匹灵®、拜复乐®）销售过10亿元的外资企业，曾获“2010年度最具贡献度大品种”称号、第十届人民企业社会责任奖。其拜唐苹®、拜新同®、拜阿司匹灵®、拜复乐®4种知名产品多次获得“G20工程大品种”称号。

（程晓芳）

拜耳医药保健有限公司

总裁 江 维

悦康药业集团有限公司

悦康集团医药科工贸产业基地　　陈晨 摄

2016年，悦康药业集团有限公司（简称悦康集团）总资产达28亿元，营业收入23亿元，净利润2亿元，缴纳税额达7698万元。员工2000余人，其中大专及以上学历占33%。年内，悦康集团出席中意卫生合作研讨会；悦康集团安徽高端医药原料基地热电联产项目正式点火运行；悦康集团生物医药产业集群项目举行奠基仪式；悦康集团头孢药物晶型研究实验室升级为“头孢药物晶型技术研究国家地方联合工程实验室”；悦康集团（美国）公司成为中国首个药学专业海外研究生实践教育基地；子公司北京悦康科创医药科技股份有限公司新三板挂牌仪式在京举行。悦康集团再次入围中国医药工业百强企业；被认定为“2016年国家技术创新示范企业”；获2016国家科技进步二等奖；获评“北京生物医药产业跨越发展工程（G20）行业领军企业”“2016德勤—亦庄高科技高成长20强企业”称号。

悦康集团创建于1988年，2001年在开发区建厂并成立集团总部，是一家集新药研发、药品生产和流通销售于一体的医药集团企业，是北京市级科研机构、企业技术中心、工程实验室。在中国内地建立从医药原料到制剂生产的全产业链医药工业体系。悦康集团围绕做好产品、做大产能、完善产业链的3个中心任务，在国内建立以安徽原料药基地为基础，以北京、上海、广州、重庆4个特色制剂基地为核心的医药全产业链发展格局。公司主要产品覆盖抗生素类、消化类、心脑血管类、抗肿瘤类、免疫调节类、抗病毒类、降糖类等十多个治疗领域，剂型囊括小水针、冻干粉针、片剂、胶囊剂、颗粒剂、栓剂、膏剂、凝胶剂等。公司2011年通过欧盟GMP认证。2013年在美国设立研发中心进行ANDA申报。2014年位列工业和信息化部“中国制药工业百强”第四十位，被评为“中国医药研发产品线最佳工业企业”“中国医药工业制剂国际化先导企业”和“医药高端制剂北京市科技国际合作基地”。2015年并购美国阿特斯维斯集团旗下洛杉矶药厂。

（何铖）

悦康药业集团有限公司

董事长 于伟仕

总 裁 于圣臣

北京泰德制药股份有限公司

2016年，北京泰德制药股份有限公司（简称泰德制药）员工2416人，销售收入30.06亿元，净利润8.84亿元。泰德制药主导产品前列地尔注射液（凯时®）销售收入12.19亿元，氟比洛芬酯注射液（凯纷®）销售收入11.95亿元。年内，泰德制药“一种稳定的PGE1冻干乳及其制备方法”（CN 201310603102.8）、“一种考来维仑的干混悬剂及其制备方法”（CN 201210406499.7）2项发明专利获专利证书。研发的国家三类新化学药品“丁酸氯维地平原料药及脂肪乳注射液”，原化学药品第六类“维格列汀片”，原化学药品第六类“依托考昔片”3个化学药品获批临床试验。泰德制药获评“2016中国化学制药行业工业企业综合实力百强企业”“2015年度中国医药制造业百强企业”“2015年度中国医药工业百强企业”“2015年度中国医药行业成长50强企业”“2015年度守法诚信企业”；获得中国财经峰会“2016杰出品牌形象奖”；公司2016年入选工业和信息化部“质量标杆”工业企业。公司研发生产的凯纷®（氟比洛芬酯注射液）和凯时®（前列地尔注射液）登上“2016中国制药·品牌榜”并获“2016·医院终端”称号；凯纷®获“2016中国化学制药行业优秀产品品牌”称号。公司总裁孔泰获评“2015年度中国医药行业10大新锐人物”“2016（行业）影响力人物”；董事长郑翔玲获评“2016中国经济十大商业领袖”“2016中国经济十大杰出女性”。

泰德制药原名北京泰德制药有限公司于1995年成立，位于开发区荣京东街8号，是一家研发、生产、销售医药产品的中外合资高新技术企业。泰德制药先后被评为外商投资先进技术企业、北京市高新技术企业、中关村国家自主创新示范区创新型试点企业、中国医药企业制剂国际化先导企业、中国医药工业最具投资价值企业、北京生物医药产业跨越式发展工程首批G20企业、G20工程最具贡献度高成长企业、2013年度北京市诚信创建企业、2014年度中国医药制造业百强企业、2014年度中国医药成长50强企业、

2015年中国化学制药行业工业企业综合实力百强等荣誉和称号，是中国首个拥有向日本出口小容量注射剂许可证并自2008年起实现向日本批量出口注射液产品的企业。其主导产品前列地尔注射液（凯时®）获评2015年中国化学制药行业其他心脑血管类优秀产品品牌。

（贾琳）

北京泰德制药股份有限公司

董事长 郑翔玲

总 裁 孔 泰

康龙化成（北京）新药技术股份有限公司

2016年，康龙化成（北京）新药技术股份有限公司（简称康龙化成）总资产26亿元，营业收入10.4亿元，净利润1.66亿元，产值增长40%以上。员工2800人，本科以上学历人员占85%，其中硕士以上学历占45%。公司在国内拥有5家全资子公司。年内，康龙化成宣布加入以弗雷德里克国家癌症研究实验室为中心的美国国家化学生物科研联盟，参与该组织创新药研发。公司与默沙东（MSD）就购买默沙东英国霍兹登园区签订非限制性条款，涉及默沙东英国霍兹登的化学工艺研发和制剂等各项实验设施，推动原料药及制剂研发服务领域发展。

康龙化成由康龙化成股份有限公司于2004年7月出资设立，投资额1.5亿元，注册资本2.12亿元。于2016年11月由有限责任公司变更为股份有限公司，注册资本增至5.91亿元，是国际领先的生命科学研发服务企业。康龙化成打造了全方位的临床前药物研发一体化平台，贯穿合成与药物化学、生物、药物代谢、药代动力学、药理、药物安全评价、放射标记代谢、工艺研发、GMP生产和制剂研发服务等领域；拥有约10万平方米符合国际药物研发标准实验楼，提供包括苗头化合物探索与靶标验证、先导化合物优化、临床前候选药物筛选、新药临床研究申请和新药申报等一体化研发服务。公司在中国、美国、英国均有运营实体，全球拥有4000多名员工，长期与北美洲、欧洲、日本和中国的各医药公司、机构保持合作关系。

（权立云）

康龙化成（北京）新药技术股份有限公司

董事长兼总经理 楼柏良

北京同仁堂科技发展股份有限公司

2016年，北京同仁堂科技发展股份有限公司（简称同仁堂科技公司）销售年收入46.7亿元，利润5.96亿元，工业总产量1447.9万千克，工业总产值31.92亿元。年内，同仁堂科技公司旗下生产愈风宁心品种的片剂生产线和提取物生产线通过欧盟GMP认证，是同仁堂系内首家获得欧洲药监部门认可的单位。各产品型子公司不断开发新品种，完成了根源御养多效洗发露、阿胶芦荟汁、阿胶饼干、阿胶蜜枣等新产品上市，牡丹籽油研发试产成功。同仁堂科技公司以“扬国药精粹，创健康中国”为主题，在北京、广州、长春等10个城市举办“六味七星杯”健康舞大赛61场、公益性健康知识讲座467次，开展义诊咨询927场。同仁堂阿胶、西黄丸传统制作技艺双双入选北京市东城区非物质文化遗产名录。同仁堂科技集团组织开展的“国药同仁堂，助力中国梦，立足本岗位，圆梦同仁堂”大型主题营销活动获第30届北京市企业管理现代化创新成果一等奖。

同仁堂科技公司由北京同仁堂股份公司于2000年3月组建而成，同年10月底在香港联交所创业板挂牌上市。同仁堂科技公司作为北京同仁堂集团旗下的六大二级集团之一，是一家集产、供、销于一体的高科技现代化中药企业，通过ISO 9001质量体系认证，所有生产线均通过国家GMP认证，其中通过澳大利亚TGA认证的生产线8条、通过日本厚生省认证生产线1条。产品涉及20多个剂型，200多个品种。

（刘欣 刘慧）

北京同仁堂科技发展股份有限公司

董事长 梅 群

总经理 高振坤

北京智飞绿竹生物制药有限公司

2016年，北京智飞绿竹生物制药有限公司（简称智飞绿竹生物）总资产14.27亿元，销售收入3亿元，利润总额1.1亿元，上缴税收3357万元。年内，智飞绿竹生物三期“疫苗新品种产业化生产基地”项目“1#中试楼”工程通过竣工验收备案，单体建筑面积4.03万平方米。“冻干b型流感嗜血杆菌结合疫苗”获临床试验批件；向知识产权局申报4项发明专利并获得受理通知书，3项发明专利获得授权。公司通过“北京市细菌性疫苗工程技术研究中心”绩效考评工作，被评为“优秀”等级；入选“2016德勤—亦庄高科技、高成长20强企业”；执行董事杜琳入选“北京市高层次创新创业人才支持计划领军人才”；总经理刘刚入选开发区亦麒麟“新创工程”领军人才。

智飞绿竹生物成立于2003年10月（原名北京绿竹生物制药有限公司，2013年3月18日更名为北京智飞绿竹生物制药有限公司），是重庆智飞生物制品股份有限公司独资控股子公司，注册资本8.3亿元，占地总面积达5.5万平方米。公司是集疫苗科研开发、生产制造和市场营销于一体的国家级高新技术企业。产业化基地项目获得发展改革委、工业和信息化部“产业振兴和技术改造专项”资金3328万元；承担的国家“863”计划项目、北京市科技计划项目课题结题。公司一类新药福氏宋内氏痢疾双价结合疫苗获2015年重大新药创制科技重大专项资助。公司曾获“北京市专利试点企业”、中关村“瞪羚计划”重点培育企业、中关村“十百千工程”企业、“北京科技研究开发机构”“北京市细菌性疫苗工程技术研究中心”“北京市企业技术中心”“北京市G20工程企业”“2015德勤—亦庄高科技、高成长20强企业”等称号和资质认定；通过并获药品GMP证书，为北京市首家通过该版认证的疫苗生产企业；公司执行董事杜琳被评为开发区首届“新创工程”领军人才。

（李楠楠）

执行董事 杜 琳

总经理 刘 刚

北京四环生物制药有限公司

2016年，北京四环生物制药有限公司（简称四环生物）产值1.7亿元，完成销售额1.6亿元，纳税额1400万元。员工200余人，其中工程技术人员占70%以上、专科以上学历员工超过80%。年内，四环生物作为国内促红素、白介素-2的主要生产厂家之一，参加全国血液净化论坛、中国肿瘤内科大会、第19届全国临床肿瘤学大会（CSCO）和中华医学会肾脏病学分会2016年学术年会。

四环生物成立于1988年，是中国首家集基因工程药物研发、生产和销售为一体的高新技术企业，是中国拥有生物制药品种最多的企业之一。2001年，江苏四环生物股份有限公司收购四环生物，注册资本3.2亿元。2004年，现代生产厂房建成，总投资1.5亿元，占地面积1.7万平方米，达到欧盟GMP标准。公司拥有新生物制品第一类抗癌药物德路生®（注射用重组人白介素-2）是国家“八五”重点课题；“863”计划高技术研究开发项目——基因工程人白细胞介素-2，是由公司研制、中试、生产和临床应用的科研成果；新德路生®（重组人白介素-2注射液）是公司自行研制，在国际上拥有专利的首家上市白介素-2水针剂新药；环尔博®（重组人促红素）是抗贫血新生物制品第二类新药；欣粒生®（重组人粒细胞刺激因子）是促进中性粒细胞增加的新生物制品第二类新药。公司的销售网点遍布全国32个省、市、自治区；主要产品环尔博和欣粒生远销亚洲、非洲的6个国家。公司通过GMP认证，是国内第一家被批准正式生产重组人白介素-2的单位，产品“欣粒生®”在印度和乌兹别克斯坦获得注册证书，“环尔博®”在泰国和乌兹别克斯坦获得注册证书。公司曾获“2012中国制药行业重合同守信用企业”称号，中国发明协会中国发明成果金杯奖、国家“八五”攻关重大科技成果奖、国家科技进步二等奖、第四届科技之光奖、北京市新技术产业开发实验区颁发的“百项表彰拳头产品”。

（朱丽芳 吕众）

北京四环生物制药有限公司

总经理 程度胜

北京凯因科技股份有限公司

2016年，北京凯因科技股份有限公司（简称凯因科技）营业收入3.4亿元，员工425人。年内，凯因科技推进丙肝根治产品组合战略布局，具有自主知识产权的丙肝治疗药物——培集成干扰素a-2注射液，生产申请获市食品药品监管局受理通知书；丙肝一类新药KW-136及胶囊获临床试验批件；革命性丙肝药物索磷布韦国内首仿获得临床批件。公司董事长周德胜博士入选国家第二批“万人计划”。公司初步建立单抗药物分子设计和人源化技术平台。

凯因科技成立于2008年8月，注册资本1.15亿元，是一家集研发、生产、营销、服务于一体的国家高新技术企业。公司以生物技术为平台，专注于肝病领域，致力成为提供治疗解决方案的专业化公众公司。2010年完成股份制改制。公司科技研发团队由海归和本土博士、硕士组成，专业涵盖生物分子学、药理、工艺开发、质控和制剂等领域，完全具备自主开发生物药物的技术力量。其中，“千人计划”1名、“海聚工程”2名、“高聚工程”3名。公司曾被评为北京市重组蛋白药物工程技术研究中心、北京市企业技术中心、北京市专利示范单位、北京市专利引擎试点企业、北京市生物医药产业跨越发展（G20）工程企业、中关村国家自主创新示范区百家创新型企业试点单位、中关村企业信用培育双百工程最具发展潜力企业、中关村高端领军企业、中关村新锐百强企业和中关村瞪羚企业。

（刘紫馨）

北京凯因科技股份有限公司

董事长 周德胜

北京昭衍新药研究中心股份有限公司

2016 年，北京昭衍新药研究中心股份有限公司（简称昭衍）员工 270 余人，营业收入超过 1 亿元，完成对 213 个药物新分子临床前评价。年内，韩国食品药品安全部（MFDS）首次派出法规检查人员到中国，昭衍接受并通过（GLP）检查，国际化程度提升。昭衍在开发区京津冀全球路演中心主办“第四届中国北方地区毒性病理读片会”，邀请国内病理专家进行讲座，进行疑难病理现场解读和学术交流。投入 1000 余万元建立临床分析中心，支持临床试验的生物样本的分析。昭衍承担的发展改革委蛋白类生物和疫苗发展专项“动物实验公共服务平台”项目通过环评验收。昭衍被市科委认定为“北京生物医药产业跨越发展工程（G20 工程）高端服务企业”。

昭衍成立于 1995 年（原北京昭衍新药研究中心有限公司，2012 年变更为北京昭衍新药研究中心股份有限公司），是一家专业从事新药临床前评价的实验室，是中国最早成立的 GLP 实验室之一，是中国首家通过美国 FDA 的 GLP 现场检查、同时具有国际 AAALAC（实验动物福利的国际认证机构）认证和 OECD GLP、MFDS GLP 资质的专业化临床前药物安全性评价机构。公司建有符合国际标准的动物饲养管理设施和现代化功能实验室约 1.3 万平方米，配备先进仪器设备 600 余台（套），具备包括致癌试验、吸入毒理、眼科药物评价技术、心血管系统评价技术、生物安全试验等在内的一系列创新服务能力，服务内容涵盖从药物发现到新药注册全过程。公司业务领域包括药物的药理和毒理学评价、实验动物生产、食品动物产品和化学品评价服务。公司承担国家“十一五”“十二五”重大新药创制“国际化创新药物安全性评价技术平台建设”等多个课题。

（何亮颖）

北京昭衍新药研究中心股份有限公司

董事长 冯宇霞

总经理 左从林

北京天坛生物制品股份有限公司

2016 年，北京天坛生物制品股份有限公司（简称天坛生物）资产总额 57.83 亿元，营业收入 21.96 亿元，净利润 2.62 亿元，员工 2627 人。年内，天坛生物控股股东中国生物技术股份有限公司（简称中国生物）完成系统内重组，根据重组方案，天坛生物将所持有的除成都蓉生、长春祈健股权及三间房厂区东院土地、房屋以外的全部资产和负债作为出资，设立北京北生研生物制品有限公司（简称北生研），天坛生物本部成为投资控股类型上市公司本部（仍称为天坛生物）。北生研注册资本为 12.16 亿元，资产总额为 43.32 亿元。公司获纳税百强企业、战略性新兴产业 50 强企业、成都制造业 100 强、壮大规模贡献奖、“北京市高新技术成果转化示范企业”、中国化学制药行业工业企业综合实力百强、药品质量管理示范企业、G20工程企业等称号。

天坛生物于1998年6月由北京生物制品研究所独家发起并创立，注册资本5.15亿元，是中国医药集团总公司旗下中国生物直接控股的高科技上市公司。天坛生物拥有成都蓉生药业有限责任公司、长春祈健生物制品有限公司、北京天泽生物制品有限责任公司等全资及控股子公司。公司从事疫苗、血液制剂等生物制品的研究、生产和经营，主要产品有人血白蛋白、静脉注射用人免疫球蛋白（pH4）、破伤风人免疫球蛋白、脊髓灰质炎减毒活疫苗、重组乙型肝炎疫苗（酵母）、麻腮风联合减毒活疫苗、麻疹风疹联合减毒活疫苗、吸附无细胞百白破联合疫苗、乙型脑炎灭活疫苗（Vero细胞）、冻干水痘减毒活疫苗、流感病毒裂解疫苗等。

（于金铭）

北京天坛生物制品股份有限公司

董事长　杨晓明

总经理　魏树源

北京亚宝生物药业有限公司

2016年，北京亚宝生物药业有限公司（简称亚宝生物）固体制剂车间产量约6亿片，营业收入5800万元，销售收入5600万元，净利润80万元，纳税额685万元，拥有员工153人。年内，公司ANDA产品氢溴酸加兰他敏片生产场地转移申请收到美国FDA批准函；公司接受CFDA的GMP复认证的现场检查，获得GMP证书；公司产品维生素C泡腾片获得加拿大上市许可证书；公司两项自主研发发明专利获授权，分别是“一种治疗心血管疾病的缓释片及制备方法”（ZL 201210570914.2）；“一种治疗心血管疾病的缓释片及其制备方法”（ZL 201210570915.7）。亚宝生物获得中关村高新技术企业证书。

亚宝生物是亚宝集团的全资子公司，成立于2007年6月，注册资本8000万元，厂房占地面积1.7万平方米，建筑面积2万平方米，是一家集药品研发、生产于一体的现代外向型制药公司。拥有2个美国产品的ANDA批件，国内产品有硝苯地平缓释片、维生素C泡腾片、奥美拉唑肠溶片等，年生产能力达100亿片。亚宝生物拥有固体制剂生产设备和实验设施，按照美国食品和药物管理局（FDA）法规要求建立六大质量管理体系，各项技术指标和产品质量符合美国cGMP要求。亚宝生物先后获北京市药品质量管理示范企业称号；于2011年成为国内首批通过新版GMP认证的企业；2012年被评为北京市药品质量管理示范企业；2013年首次接受FDA的cGMP现场检查，并获得批准；2015年第二次接受FDA的cGMP现场检查，检查结果零缺陷，获得FDA批准。

（薛红　郝美平）

北京亚宝生物药业有限公司

总经理　范秀君（1月任）

田海根（1月免）

北京旷博生物技术股份有限公司

2016年，北京旷博生物技术股份有限公司（简称旷博生物）总资产1.94亿元，拥有北京“海聚工程”人才3名，开发区“新创工程”领军人才5名，海外专家5名，公司员工本科以上学历占70%。截至年底，旷博生物拥有 2 家全资子公司和 2 家控股子公司。主持和参与“十一五”“十二五”国家科技重大专项、卫生行业科研专项等多个课题，拥有 14 项国家发明专利、2 项计算机软件著作权、5 个注册商标、43 个医疗器械注册证书。

旷博生物成立于 2009 年 8 月，于 2014 年实现股份制改革，更名为“北京旷博生物技术股份有限公司”，拥有 2 家全资子公司和 1 家控股子公司。公司以开发生产临床诊断试剂和科研试剂产品为方向，建立分子诊断、分子免疫、细胞免疫、蛋白免疫、发光生化五大技术平台，拥有化学发光试剂、荧光标记抗体、结核 ELISpot 酶联免疫试剂、四聚体特异性 T 细胞检测试剂、Aimplex 流式高通量多因子检测试剂、重组蛋白等产品线，提供 microRNA 表达谱分析和功能研究、基于 microRNA 表达谱的诊断试剂等系列产品和服务。公司临床产品主要包括化学发光系列产品（肿标类、性腺类、心肌类、甲功类等）、流式产品、分子诊断产品和蛋白免疫产品，主要用于肿瘤的临床早期诊断、临床免疫功能评价、白血病免疫分型和重大传染病防控。公司通过中国质量认证中心“关于实验室用生物试剂盒的研发、生产及服务的质量管理体系认证”、ISO 9000 认证和 ISO 9001CQC 认证，是安全生产标准化三级企业、2014 中关村高成长企业 TOP100、2014 年中关村瞪羚企业、中关村新锐百强企业、北京科技研究开发机构、北京市高新技术企业，先后获“德勤—亦庄高科技、高成长 20 强企业”“德勤—中国高科技、高成长 50 强企业”等称号，是“北京先进医疗设备产业创新联盟”发起单位、候任理事长单位。

（杨碾零）

北京旷博生物技术股份有限公司

董事长 兰宝石

总经理 贯冼钊

北京赛升药业股份有限公司

2016 年，北京赛升药业股份有限公司（简称赛升药业）和子公司销售收入 6.16 亿元，净利润 2.58 亿元（扣除非经常性损益净利润 2.39 亿元）。缴纳企业所得税 4243.75 万元。其中核心产品薄芝糖肽注射液收入 1.52 亿元，脱氧核苷酸钠收入 1.75 亿元，GM-1 收入 1.24 亿元，纤溶酶注射剂收入 1.05 亿元，注射用胸腺肽收入 1480.59 万元，其他产品完成销售收入 4636.26 万元。核心产品的销售收入占 92.48%。

年内，赛升药业位于开发区河西区 X20 街区 X20F2 地块的医药生产基地主体工程结构完成封顶，项目占地面积 4.19 万平方米，建筑面积 8.98 万平方米。赛升药业被评为中关村 AA+zc 信用企业、百家最具影响力信用企业、北京市诚信创建企业、北京市专利示范单位、北京生物医药产业跨越发展工程（G20）工程—行业领军企业（2016—2020 年）、中国知识产权团体会员、新创工程领军人才创办企业，入选“2016 德勤—亦庄高科技、高成长 20 强企业”。公司授权专利“高纯度蛇毒纤溶酶的制备方法及其药物制剂”获中国专利优秀奖；薄芝糖肽注射液被中国质量评价协会和北京企业评价协会授予科技创新奖（优秀奖）。公司董事长兼总经理马骉被开发区认定为第一批新创工程领军人才；在2016（第五届）首都科技盛典颁奖晚会上获推动“北京创造”科技领军人物称号。

赛升药业原名北京赛生药业有限公司，成立于1999年5月，于2011年7月28日整体变更为股份制企业，2015年6月26日在深圳证券交易所创业板上市，注册资本2.4亿元。现位于开发区兴盛街8号，是一家专注于生物化学医药产品的研发、生产和销售的高新技术企业，产品涉及心脑血管、免疫调节和神经损伤三大医疗领域药品，包括活性蛋白、活性蛋白酶、活性多肽、活性多糖、两性脂类等生物大分子。赛升药业被评为国家高新技术企业、北京市级企业科技研究开发机构、北京市企业技术中心、中关村AA+zc信用企业和百家最具影响力信用企业、2014—2015年度中关村信用培育双百工程“百家最具影响力信用企业”、2015年度“首都文明单位”，2014—2015年连续入选德勤—亦庄高科技、高成长20强企业。

（梁冬娜 翟志芳）

北京赛升药业股份有限公司

董事长兼总经理 马 骉

北京永瀚星港生物科技股份有限公司

2016年，北京永瀚星港生物科技股份有限公司（简称永瀚星港）销售额441.44万元，利润-254.28万元，纳税额12.55万元，员工22人。年内，永瀚星港起草制定《胃蛋白酶原I/II测定试剂盒》行业标准。公司范振符教授通过分支生物学方法，在全球率先制备出的肿瘤特异性适配体血清标志物Ma153-A。公司一类医疗器械产品通过市食品药品监管局产品备案并已投产。公司通过ENISO 13485:2012/AC2012&AC:2012认证。

永瀚星港前身是北京永瀚星港生物技术有限公司，成立于2006年，是新三板挂牌企业中唯一的“自体孵化型高新技术生物企业”。公司致力于癌症、心脑血管疾病和代谢性疾病的早期诊断、预防和治疗，业务包括研究先进诊疗方法、诊疗器械和相关医疗服务，产品有抗体、适配体、诊断试剂、医疗服务软件，精密快速诊断仪器等。永瀚星港是国家高新技术企业、国家重点新产品计划企业、科技部重点项目承办单位、中关村高新技术企业，所有诊断类产品均获北京市自主创新产品称号。公司承担国家科技部中小企业技术创新基金项目、中关村科技园区小企业创新资金项目和开发区科技创新项目，拥有发明专利6项，实用新型专利2项，软件著作权1项。

（李婧）

北京永瀚星港生物科技股份有限公司

董事长 列海权

总经理 范飞舟

北京康乐卫士生物技术股份有限公司

2016年，北京康乐卫士生物技术股份有限公司（简称康乐卫士）资产7073.78万元；办公面积2800平方米。员工90人，其中博士7人、硕士32人。

康乐卫士于2008年在开发区登记注册，是一家致力于创新生物医药研发的国家级高新技术企业。2013年5月，公司完成股份制改造；2015年9月，在全国中小企业股份转让系统正式挂牌（股票名称：康乐卫士，股票代码：833575）。

公司以“基于结构设计的重组蛋白生物制品的研发”为核心技术和业务方向，逐步建成重组蛋白药物设计、重组蛋白表达和工程技术、病毒样颗粒制备、新型疫苗佐剂研发与评价、重组蛋白药物质量评价和“假病毒”中和抗体检测，以及重组蛋白药物GMP中试开发等多个关键技术平台，开发预防宫颈癌的重组三价人乳头瘤病毒（HPV）疫苗、重组九价人乳头瘤病毒（HPV）疫苗、重组手足口病病毒（EV71/CoX A16）疫苗、重组诺如病毒（NoV）疫苗和人甲状旁腺素（rh-PTH）等预防和治疗用生物制品。公司先后被认定为国家高新技术企业、北京市专利引擎试点单位、北京市科技开发研究机构、开发区企业创新中心、开发区海外高层次人才创办企业等。

（李艳华）

北京康乐卫士生物技术股份有限公司

董事长 郝春利

总经理 刘永江

北京利德曼生化股份有限公司

利德曼化学发光试剂研发实验室　　王朋飞 摄

2016年，北京利德曼生化股份有限公司（简称利德曼）总资产16.6亿元，实现营业收入5.3亿元。员工350余人，其中硕士或博士学位占11%，本科以上学历占40%。新获专利授权7项，取得新产品注册证书和备案证书产品共计21个。公司研发的全自动生化分析仪及全自动凝血分析仪系列机型取得市食品药品监管局颁发的医疗器械注册证；全自动化学发光免疫分析仪CI1000、CI2000入选第三批优秀国产医疗设备产品目录。公司自主研发的低密度脂蛋白胆固醇测定试剂盒-LDL（直接法-表面活性剂清除法）、全自动化学发光免疫分析仪（CI1000）、同型半胱氨酸测定试剂盒-HCY（酶循环法）、胱抑素C测定试剂盒-CysC（免疫比浊法）、脂蛋白a测定试剂盒-LPa（免疫比浊法）、载脂蛋白A1/B测定试剂盒-APOA1/B（免疫比浊法）、载脂蛋白A2测定试剂盒-APOA2（免疫比浊法）、载脂蛋白C2（APOC2）检测试剂盒-（免疫比浊法）、载脂蛋白C3检测试剂盒-APOC3（免疫比浊法）、载脂蛋白E测定试剂盒-APOE（免疫比浊法）获得北京市新技术新产品（服务）证书。年内，利德曼入选北京生物医药产业跨越发展工程（G20工程）——行业领军企业；通过高新技术企业重新认定。公司参展第13届中国检验医学暨输血仪器试剂博览会、第二届全国临床检验装备技术与应用学术会议、中华医学会第12次全国检验医学学术会议。

利德曼创立于1997年11月，注册资本1.58亿元。2015年10月，利德曼以资本公积金转增股本，每10股转增15股，注册资本增至4.25亿元。2012年在深圳证券交易所创业板上市，是一家集研发、生产和销售于一体的国家级高新技术企业。主营业务涵盖体外诊断试剂、诊断仪器和生物化学原料三大领域，获得近200项体外诊断产品注册证书，其中31项化学发光免疫诊断试剂注册证书、5项仪器注册证书，完成17种诊断酶的产业化。公司通过市食品药品监管局医疗器械质量体系考核、YY/T0287idt ISO 13485质量管理体系认证、GB/T19001idt ISO 9001质量管理体系认证。公司参与"十二五"规划重点课题——结核病诊断技术的研究、国家火炬计划、发展改革委2015—2017年增强制造业核心竞争力重大工程包项目、G20工程龙头企业培育项日、中关村现代服务业试点项目等多个项目。利德曼被评为北京市著名商标，公司获评国家高新技术企业、中关村高新技术企业、中关村"十百千工程"企业、纳税信用A级企业、生化诊断试剂检验技术北京市重点实验室、北京市科技研究开发机构等资质认证。

（张丽华 王朋飞）

北京利德曼生化股份有限公司

董事长兼总裁 沈广仟

北京迈劲医药科技有限公司

2016年，北京迈劲医药科技有限公司（简称迈劲医药）总资产3091万元，主营业务收入（技术转让，技术开发及中间体销售）566万元，员工25人。年内，迈劲医药与寿光富康制药有限公司合作的曲司氯铵项目取得生产批件，与华东医药合作的右兰索拉唑申请临床注册，与远大医药（中国）有限公司合作的盐酸莫西沙星项目取得临床批件。截至年底，迈劲医药取得18项新药证书、66件临床批件、25件仿制药的生产批件，拥有5项注册商标、申请10项发明专利。

迈劲医药前身是由北京大学、香港灵素科研有限公司和北京迈劲医药科技有限公司合资组建的中外合作企业，是专门从事新药的基础研究和应用开发的技术型企业。2001年在开发区注册成立，是专门从事新药的基础研究和应用开发的技术型外商投资企业。公司拥有850余平方米独立配套、先进完整的研发设施，设药物合成室、药物制剂及分析室、临床室、药理室、药品注册部和医学情报网络部，组成完整的新药项目研发体系，建立新药项目情报搜集、立项、研发、申报的流程管理系统。2002年，被认定为国家高新技术企业。2003年，被市科委认定为科技研究开发机构。2010年，被评为开发区企业创新中心。

（杨帅）

北京迈劲医药科技有限公司

总经理 马 超

北京协和建昊医药技术开发有限责任公司

2016年，北京协和建昊医药技术开发有限责任公司（简称协和建昊）员工近90人，主营业务收入稳定。年内，协和建昊开展50余个药物的非临床安全性评价，包括化学药物、中药和生物制品、肥料、医药器械、食品类产品的安全性评价。大鼠局部给药染毒保定带、家兔局部给药/染毒保定带、小型猪局部给药/染毒保定带3项发明专利获授权。承担国家科技重大专项《特需药品安全评价技术平台建设》

与《国际标准药物安全评价技术平台建设》项目通过财务验收；市发展改革委组织的《药物安全评价关键技术北京市工程实验室创新能力建设项目》通过验收，形成包括儿童用药（包括新生儿用药）、吸入毒理评价、生殖毒理评价、光敏剂与光毒性和早期毒性评价等关键技术平台。

协和建昊成立于2002年，是中国医学科学院药物所控股的中关村高新技术企业、国家火炬计划重点高新技术企业、北京市高新技术企业、中关村生物医药研发外包联盟理事单位，是食品药品监管总局GLP认证和国际AAALAC认证的临床前药物安全性评价专业机构，是农业部的农药A级毒理学测试GLP实验室、环保部的化学品生态毒理GLP实验室、CNAS化学品GLP实验室。协和建昊通过SFDA的GLP认证、ISO 9001:2008认证、NQA认证、计量认证等，被评为2013中关村高成长企业TOP100，“2013德勤—亦庄高科技、高成长20强企业”，获2014年中国产学研合作创新成果奖。

（靳洪涛）

北京协和建昊医药技术开发有限责任公司

董事长 冯建波（6月任）

庾石山（6月免）

总经理 魏金锋（6月任）

王爱平（6月免）

舒泰神（北京）生物制药股份有限公司

2016年，舒泰神（北京）生物制药股份有限公司（简称舒泰神）营业收入14.03亿元，营业利润2.95亿元，归属于上市公司股东的净利润2.57亿元。员工689人，其中本科及以上学历379人，占总人数的55%。年内，舒泰神经市经济信息化委批准成立北京市“企业技术中心”。公司和子公司新增授权3项国家发明专利、1项国内外观设计专利，提交5项国内发明专利申请、1项国内外观设计专利申请和3项PCT专利申请；提交国内商标申请16项，新增国内注册商标25项。舒泰神被中国医药工业信息中心被评为“中国医药工业最具成长力企业”“2016德勤—亦庄高科技、高成长20强企业”“G20工程行业领军企业”，获北京市诚信创建企业称号。曲司氯铵胶囊获北京市新技术新产品证书。

舒泰神于2002年8月16日成立，注册资本为1.33亿元，是以研发、生产和销售生物制品为主的制药企业。公司主要产品为苏肽生（注射用鼠神经生长因子）和舒泰清（复方聚乙二醇电解质散—Ⅳ）。2008年12月，公司被认定为国家高新技术企业，2014年12月通过重新认定。2009年12月，被科技部、市政府和中国科学院联合认定为中关村国家自主创新示范区创新性企业，承担多项国家级、市级科技创新和产业化项目；多项课题入围国家重大新药创制项目并获得滚动支持。产品被认定为国家火炬计划产品、北京市高新技术成果转化项目、国家生物医药高技术产业化示范工程项目和北京市自主创新产品，获得北京市科学技术进步奖三等奖。

（段秋菊）

舒泰神（北京）生物制药股份有限公司

董事长 周志文

总经理 张荣秦

国药中生生物技术研究院有限公司（北京生物制品研究所有限责任公司）

2016年，国药中生生物技术研究院

有限公司（简称国药中生研究院），北京生物制品研究所有限责任公司（简称国药中生北京公司），均为高新技术企业。获得Ⅰ类新药证书1项，获临床批件2项，获发明专利1项，联合申报中华医学科技奖获二等奖；1项Ⅰ类新药处于ⅢB期临床试验阶段，1项Ⅰ类新药启动ⅠC开展扩大试验；2项开展Ⅰ期临床研究；2项申报新药临床研究批件的项目处于评审阶段。

国药中生研究院前身是北京生物制品研究所，成立于1919年（北洋政府中央防疫处），是中国历史上第一个国家卫生防疫和血清疫苗研究与生产的专门机构，先后研制生产中国最早的牛痘、霍乱、伤寒、狂犬病疫苗及白喉抗毒素等15种制品；分离出中国第一株青霉素菌种。1998年，北京生物制品研究所重组优质资产，成立北京天坛生物制品股份有限公司。2005年，北京生物制品研究所组建北京微谷生物医药有限公司，承担国家重点项目“新型疫苗国家工程研究中心”建设工作。2011年，北京生物制品研究所完成公司制改革，更名为北京生物制品研究所有限责任公司。主要从事新型疫苗、抗体、新型佐剂、治疗类生物制剂、基因与蛋白质诊断试剂等生物制品研究和中试工艺开发，主持或参与完成手足口病疫苗、宫颈癌疫苗、艾滋病疫苗、治疗性乙肝疫苗、脊髓灰质炎灭活疫苗、北京株水痘减毒活疫苗、发热伴血小板减少综合征灭活疫苗等国家重点研发项目，并与日本国立感染症研究所、日本DNAVEC公司、美国帕斯适宜卫生科技组织（PATH）、加拿大国家研究院理事会（NRC）、荷兰克鲁赛尔生物制药公司（Crucell Holland B.V.）、以色列Valin Technologies Ltd.等开展国际合作研究。2013—2016年，公司先后承担国家重大传染病专项、“863”计划、支撑计划、重大新药创制、市科委项目、留学人员科技项目择优资助项目等47项。

（祖立航 王振权）

国药中生生物技术研究院有限公司

（北京生物制品研究所有限责任公司）

总经理 王玉琳

安诺优达基因科技（北京）有限公司

2016年，安诺优达基因科技（北京）有限公司（简称安诺优达）营业收入超过3亿元。年内，安诺优达引入Illumina HiSeq X Ten测序系统，建立国内最全面的规模化测序平台。安诺优达基因大数据云计算平台——“安诺云”上线运行，增强公司对生物大数据的存储、计算和交付能力。

在生育生殖领域，安诺优达无创产前DNA检测（NIPT）及染色体异常检测产品自动化检测线完成升级，样本整体检测周期大幅缩短，检测通量明显提升。推出NIPT“1+1+1”升级检测，为临床选择更合适的诊疗方案提供参考。公司NGS胚胎植入前遗传学筛查产品完成临床转化，提高患者植入胚胎的着床率、增加活产率、降低流产率。形成包括无创产前DNA检测、染色体异常检测、NGS胚胎植入前遗传学筛查、叶酸利用能力基因检测等在内的优质产品组合，在生育生殖高通量测序领域总体业务量位列全国前三。公司利用全球领先的桌面式NextSeq 550AR高通量测序平台、自主开发的配套试剂盒、专业分析软件及优化的实验流程，为合作医院实验室搭建和检测分析提供完善的整体解决方案。

在血液肿瘤精准诊疗领域，安诺优达与中国人民解放军总医院的合作研究成果“Mutational spectrum and risk stratification of intermediate-risk acute myeloid leukemia patients based on next-generation sequencing”（见刊 *Oncotarget*），为急性髓细胞白血病（AML）患者预后分层提供全新的分子生物学依据。公司首席执行官兼总裁陈重建当选为中国研究型医院学会血液病精准诊疗专业委员会副主任委员。

在实体肿瘤精准诊疗领域，安诺优达以满分成绩通过卫生计生委临床检验中心全国首次 ctDNA 检测室间质评的最全变异类型检测项目。自主研发完成 GSP（单端锚定）技术，可准确检测突变频率下限为 0.05%，是一种超高深度、灵敏度的 ctDNA 检测新技术，在保证超高的低频变异检出率的同时，样本范围更广，检测范围更灵活。此外，公司与国家癌症中心、中国医学科学院肿瘤医院共同发布中国人群非小细胞肺癌无创式全程管理项目（LONGLUNG），通过安诺优达无创液体活检技术，对入组患者进行 ctDNA 检测，评估不同治疗方案疗效，辅助临床医生选择最佳治疗策略。

在科技服务领域，安诺优达引入一系列自动化工作站和全自动文库制备仪，全面提升实验平台的自动化程度。推进单细胞测序、Hi-C 测序等产品研发升级，推出 G&T-Seq 等新产品，打造业内最全面的检测产品线；在 *Nature*、*Immunity*、*Cell Stem Cell* 等国际权威期刊发表学术论文 17 篇，总影响因子超过 180；生物信息分析软件著作权登记 15 项；海外业务拓展加速，业务范围覆盖亚洲、欧洲、美洲、澳洲等地区。

在基因体检领域，安诺优达建立自动化样本提取和全新的捕获测序生产线，实现多样本多项目同时检测。依托全年检测的数万例样本数据，完善疾病风险计算模型，丰富中国人群基因数据库，形成核心数据壁垒。为适应市场需求，新产品不断推出，形成从基础 P53 基因检测到高端个人全基因检测全面覆盖的产品结构。

安诺优达主办第 33 期 E-TOWN BIO 产业创新与发展论坛暨第一届肿瘤精准医疗论坛；承办第一届全国血液病精准医学中青年医师培训班；参与第六届中国胎儿医学大会、第 11 届全国胃癌学术会议、第 12 次全国妇产科学年会、第 14 次全国血液学术年会、第六届中美国际肺癌论坛、第 19 届全国临床肿瘤学大会等 30 余场大型学术会议。公司举办校园宣讲会 200 余场，专题技术讲座 10 多场，生物信息培训班 2 次，进一步普及新一代基因组学知识与进展。

安诺优达入选发展改革委第一批“国家基因检测技术应用示范中心”；被市发展改革委认定为“精准医疗与基因工程北京市工程实验室”；经市科委、市发展改革委、市经济信息化委、市卫生计生委、市食品药品监管局、中关村管委会、市投资促进局评选为“北京生物医药产业跨越发展工程（G20 工程）—高端服务企业”；入选市科委 2016 年度“北京科创企业清单”及市知识产权局“北京市专利试点单位”；入围“2016 年中国最具科技引领力企业”“2015中关村新锐企业十强”“2016德勤一亦庄高科技、高成长20强企业”榜单等。

安诺优达成立于2012年4月28日，专注于新一代基因组学技术在人类医学健康和生命科学研究两大领域的产业化应用，建立高性能高通量测序和数据计算平台，形成了在Bio-IT基础和产业化服务能力方面的优势。公司已取得多项核心技术专利，范围涵盖样品处理、测序文库构建、质量控制、生物信息分析等关键技术环节，其中生物信息分析方面取得40项软件著作权。公司获国家高新技术企业、国家基因检测技术应用示范中心、卫生计生委首批高通量测序临床应用试点单位、精准医疗与基因工程北京市工程实验室、G20工程企业、中关村高新技术企业、博士后科研工作站、北京科技研究开发机构、中关村高成长企业TOP100、中关村十大创新成果、德勤一亦庄明日之星等系列资质或荣誉。公司先后和北京大学、北京理工大学、中国海洋大学、大连理工大学、上海海洋大学、华中农业大学、河北农业大学等高校建立校企合作联盟。

（肖飞 郎咸勇）

安诺优达基因科技（北京）有限公司

董事长 夏佐全

总经理 陈重建

北京悦康科创医药科技股份有限公司

2016年，北京悦康科创医药科技股份有限公司（简称悦康科创）营业收入1251.08万元，其中技术性收入1251.08万元；研究开发费用567.26万元。员工69人，其中研发人员占78%，本科以上学历占51%，研究生以上学历占17.3%。年内，悦康科创正式挂牌新三板（股票代码：836747）；公司申报5项国家发明专利；获评2016年北京企业评价协会科技创新奖——企业类优秀奖及北京市企业社会责任履行承诺单位。

悦康科创成立于2009年4月，是从事医药产品技术开发、技术咨询、技术转让和技术服务的高新技术企业。公司可进行新药调研立项，化合物合成、分析测试，制备合格的制剂终产品，申报或技术转让。悦康科创获得北京市科技研发机构、高新技术企业、开发区企业创新中心、大兴区小巨人企业、北京市专利试点单位等称号。与沈阳药科大学、北京理工大学、北京石油化工学院等学校建立学术交流和长期合作关系。

（张胜智）

北京悦康科创医药科技股份有限公司

董事长 于晓明

本元正阳基因技术有限公司

2016年，本元正阳基因技术有限公司（简称本元正阳）。本元正阳成立于2000年10月，注册资本1.11亿元，是从事基因载体研发和生产的生物技术企业。公司立足于病毒载体平台研发、生产、服务和药物开发，是国家“863”计划生物领域病毒基因载体研发基地和国内唯一具备多品种病毒载体开发和规模生产能力的高科技企业。公司实验室面积710平方米，符合GMP要求的中试车间面积800平方米。公司建立腺相关病毒、腺病毒、仙台病毒（同日本DNAVEC公司合作）、慢病毒和质粒DNA等多种基因载体的生产、纯化和检定技术平台和中试工艺，可大规模生产高质量的基因载体制品以用于基因治疗药物、载体疫苗的临床前研究和早期临床，产品线涵盖世界上 90%以上的用于基因治疗的载体种类。公司自主研发或合作研发的基因治疗药物主要针对临床重大疑难病症，如恶性肿瘤、先天性遗传病、老年性痴呆、重症下肢缺血、视网膜疾病、类风湿性关节炎等。公司承担国家“863”计划“973”计划、发展改革委、市科委等科研课题 11 项，发表学术论文 58 篇，申请国内外专利 37 件，其中 17 件专利获授权。承担过 AAV 载体中试生产工艺研究、AAV-FIX 治疗血友病 B 研究、AAV-GAD 治疗 I 型糖尿病研究、AAV2-TNFR-Fc 治疗类风湿性关节炎、溶瘤腺病毒 SG600-P53 治疗非小细胞肺癌等项目。

（何新舟）

本元正阳基因技术有限公司

董事长 贺 旋

总经理 许允立

珐博进（中国）医药技术开发有限公司

2016 年，珐博进（中国）医药技术开发有限公司（简称珐博进）注册资本增至 1.16 亿元，员工 70 人。年内，经国家药典委员会批复，正式确定可博美（FG-4592）中文通用名为罗沙司他，食品药品监管总局受理了罗沙司他用于治疗新适应征——“相对低危骨髓增生异常综合征患者贫血”的 Ⅱ / Ⅲ 临床试验申请；在全国 29 家三级甲等医院开展罗沙司他分别治疗透析和非透析慢性肾病患者贫血的两项 Ⅲ 期临床试验；开展拟上市产品和临床样品之间的生物等效性试验，该试验于 12 月底获军事医学科学院附属医院伦理委员会批准。公司生物合成角膜项目完成中国食品药品检定研究院所需注册测试样品的生产准备工作并生产出第一批注册测试样品，建立独立的生物合成角膜质量管理体系和设计控制系统，与同仁医院合作建立用于效能评估的猪角膜植入模型。珐博进入选市科委组织的“北京生物医药产业跨越发展工程（G20 工程）—后备企业”。

珐博进前身是北京培正医药技术开发有限公司，是于 2011 年 11 月在开发区成立的外商独资企业，2012 年 9 月更名为北京珐博进医药技术开发有限公司，2013 年 2 月入住北京亦庄生物医药园，2014 年 10 月更名为珐博进（中国）医药技术开发有限公司，是一家致力于研发创新性生物技术、化学药品的生物医药科技公司。在研项目生物合成角膜（FG-5200）是治疗因角膜功能障碍引起的视力缺陷的创新医疗器械，罗沙司他（FG-4592）有望成为口服抗贫血新药。珐博进在北京亦庄生物医药园的工厂于 2014 年竣工并获颁“药品生产许可证”，被评为“中关村高新技术企业”“北京市级企业科技研究开发机构”“北京生物医药产业跨越发展工程（G20 工程）—后备企业”。

（陈君明）

珐博进（中国）医药技术开发有限公司

董事长 托马斯·聂夫

执行总裁 钟黎蕴华

第一三共制药（北京）有限公司

2016 年，第一三共制药（北京）有限

公司（简称第一三共制药）营业额 5.38 亿元，纳税额 7640 万元；因注射剂停产，固定成本大幅增加，净利润亏损 49 万元。员工 208 人，其中硕士 4 人、本科生 57 人。截至年底，投资总额 2.51 亿美元。年内，第一三共株式会社将投资股份转给第一三共（中国）投资有限公司，第一三共制药成为第一三共（中国）投资有限公司的全资子公司。第一三共制药注射剂软袋生产线制剂栋投入生产，产品由瓶装改为袋装。

第一三共制药是由第一三共株式会社和第一三共（中国）投资有限公司出资在开发区建立的外商合资企业。原名称为第一制药（北京）有限公司，由日本第一制药株式会社投资，1998 年 5 月 19 日在开发区注册成立，总投资 2000 万美元。2005 年，日本总社因企业合并重组，公司名称变更为第一三共株式会社。2009 年，公司更名为第一三共制药（北京）有限公司。2011 年，第一三共株式会社在上海设立第一三共（中国）投资有限公司，调整在华事业，由第一三共（中国）投资有限公司统一管理在华事业，第一三共制药仅作为生产基地。2012 年，第一三共株式会社通过第一三共（中国）投资有限公司向第一三共制药增资；2013 年，开始注射剂软袋生产线制剂栋的建设工程；2015 年，注射剂软袋生产线制剂栋竣工；2016 年 12 月 28 日投入生产。第一三共制药主要生产品种有泰利必妥®片剂、可乐必妥®片剂、可乐必妥®注射剂、优利福®硬胶囊剂，均达到《药品生产质量管理规范（2010 年修订）》的要求，通过认证并获药品 GMP 证书。

（尚红欣 赵晶）

第一三共制药（北京）有限公司

厂长 孔雁

北京义翘神州生物技术有限公司

2016 年，北京义翘神州生物技术有限公司（简称义翘神州）各重点经济指标持续保持两位数增长。员工 600 余人，其中硕士、博士 170 余人。年内，义翘神州新建办公大楼投入使用，位于开发区科创七街 31 号，占地面积 3.73 万平方米；研发的 Zika 病毒相关重组蛋白、基因产品正式上线。截至年底，义翘神州研发生产基因产品 20 多万条；蛋白 5000 多个；抗体 8700 多个，比 2015 年增长 15%；细胞因子类产品 620 多个，ELISA 试剂盒和抗体对产品 520 多个，真核细胞培养基产品 10 个，其他科研工具产品 100 多种。

义翘神州成立于 2007 年 4 月 23 日，是一家以研发、生产和流通销售为主的高端科研试剂大平台性质企业，蛋白生产技术平台是全球规模最大的蛋白试剂研发生产基地。先后被认定为国家高新技术企业、G20 企业，是北京科技研究开发机构、北京市重点实验室和北京企业创新中心。主持国家重大专项唯一蛋白 / 抗体药企业综合大平台攻关、国家新发突发传染病生物药应急研发平台攻关和发展改革委战略性新兴产业公共服务平台建设。义翘神州保持每年 1000 余个产品的快速增长速度，产品服务于全球 90 余个国家的 1.9 万余名科研工作者。助力清华、哈佛、麻省、耶鲁、剑桥等高等学府，美国 CDC，美国 NIH，美国 FDA 等单位将部分具有重要科研应用价值的科研成果发表在国际顶尖学术杂志 ***Science***、***Nature***、***Cell*** 等。公司拥有全球领先的单克隆抗体和重组蛋白药物的生产工艺技术平台。每年新增重组蛋白种类800 ~ 1000种，新增抗体1500余种，成为多个跨国制药企业在重组蛋白和单克隆抗体研究开发领域的全球首选技术服务供应商。公司为全球前十的制药企业和生物技术公司提供数百种单克隆抗体候选药物的临床前生产技术服务，产品质量控制指标均达到临床使用样品的要求。

（赵凯丽）

北京义翘神州生物技术有限公司

董事长兼总经理 谢良志

贝达药业股份有限公司北京新药研发中心

2016 年，贝达药业股份有限公司北京新药研发中心（简称贝达药业北京研发中心）有 101 名研发人员，学历以本科和硕士为主，有 5 名国家“千人计划”专家。年内，国家一类新药、中国首个靶向非小细胞肺癌治疗药物埃克替尼（凯美纳）的年销售额突破 10 亿元，获中国工业大奖。公司在研的多个靶向抗肿瘤 1.1 类新药取得突破进展，针对肺癌、胃癌、肝癌等较为敏感的选择性的 c-Met、VEGFR 抑制剂项目 BPI-9016M，全新结构的第三代 T790M 耐药突变的选择性不可逆抑制剂项目 BPI-15086，从美国 Xcovery 引进的针对 ALK 突变引发肺癌的靶向抗癌药 X-396 项目均获得食品药品监管总局的临床试验批文，进入一期临床试验阶段。公司在深圳证券交易所挂牌交易。

贝达药业北京研发中心成立于 2003 年，位于开发区北工大软件园，总部位于杭州余杭经济技术开发区，设有合成、药理、分析、制剂、注册等部门，可完成新药开发过程中临床前期的所有工作。

（刘湘永）

贝达药业股份有限公司北京新药研发中心

董事长 丁列明

北京集翔多维信息技术有限公司

2016 年，北京集翔多维信息技术有限公司（简称集翔多维）有员工 8 人，其中研发人员 5 人。全年除承担国家课题研发以外，取得营业收入 33 万元，净利润 -6.95 万元。

集翔多维创立于 2004 年 2 月，是一家专业从事医学图像引导手术导航系统研发的高新技术企业。公司利用自主开发的多项图像识别技术、实时图像处理技术，开发 CTO 手术导航系统、GANZ 截骨导航系统、肝肿瘤手术导航系统、支气管镜下活检导航系统、光学相干断层成像图像分析系统、冠脉造影分析系统、血管内超声图像管理系统等产品，通过与山东大学齐鲁医院、北京阜外医院、北京安贞医院、上海交通大学附属上海市胸科医院等多家医院合作完成医疗产品测试，投入临床试用。

（王玉珊）

北京集翔多维信息技术有限公司

董事长兼总经理 易 新

北京罗诺强施医药技术研发中心有限公司

2016 年，北京罗诺强施医药技术研发中心有限公司（简称罗诺强施）主营业务收入 557.32万元，净利润 203.12万元，纳税总额 11 万元。员工 14 人，其中美国籍高管 2 人、印度籍专业技术人员 4 人，产品开发高管 1 人，国内专业技术人员 7 人。年内，公司获得 3 项发明专利授权；完成 3 个研发产品（高技术壁垒国内独家 / 独批产品）的实验研究，进入中试；签订 1 个药品委托开发合同；签订 1 个技术转让合同；签订仿制药“反向工程”技术研究合同 26 个。完成市科委项目“托吡酯缓释胶囊的开发”结题审计，信用等级 A 级。获得全国工商联医药业商会会员和中国医药质量管理协会（仿制药分会）会员资格。罗诺强施董事长魏世峰和首席运营官汪鹤龄被评为开发区“新创工程 · 亦麒麟”领军人才；董事长魏世峰被开发区总工会评为最美劳动者。公司是中关村高新技术企业，于 2016 年年底被认定为国家高新技术企业。

罗诺强施成立于 2011 年 9 月，位于北京亦庄生物医药园，由董事长魏世峰带领海外制剂专家团队创立。拥有口服固体制剂、注射剂和皮肤外用制剂三大技术平台；在口服固体制剂领域开发 12 种技术平台，包括缓控释技术、克服难溶药技术、克服稳定性低技术等具有自主知识产权的技术平台。公司从 2014 年承担北京亦庄生物医药园制剂平台的技术支持和日常运营管理。主要业务是独家药物制剂产品的研究开发，核心技术是高端制剂技术和工艺。核心团队具有 20 多年在美国多家著名跨国制药公司开发原创药制剂产品、创新制剂产品和 OTC 产品经验。董事长魏世峰在北京大学药学院、清华大学药学院、医科院药物研究所等学术单位给研究生授课，给北京石油化工学院制药工程本科生授课，应聘作为学位答辩委员会委员参加医科院药物研究所硕士和博士论文答辩。

（汪鹤龄）

北京罗诺强施医药技术研发中心有限公司

董事长兼总经理 魏世峰

北京星昊医药股份有限公司

星昊医药分析实验室　　企业提供

2016 年，北京星昊医药股份有限公司（简称星昊医药）员工 514 人，其中科研人员 96 人，科研人员中硕士及以上学历人员占 35.42%，中级及以上职称人员占 10.42%。年内，星昊医药全资子公司广东星昊药业有限公司在香港成立全资子公司——香港星昊国际投资有限公司；香港星昊国际投资有限公司在美国成立全资子公司“Sunho US International Investment Limited”。星昊医药与其他 7 名股东设立北京崇德英盛创业投资有限公司，星昊医药持股 4.90%。星昊医药被市知识产权局评为 2016 年知识产权示范企业；被开发区管委会和德勤中国评为“2016 德勤—亦庄高科技高成长 20 强企业”；星昊医药的全资子公司——广东星昊药业有限公司通过 2016 年度 GMP 认证。截至年底，星昊医药申请国家专利 140 项，其中获得授权 46 项、获得新药证书28个、注册生产批件160余件、临床研究批件50余件。

星昊医药于2000年10月成立，原名为北京星昊现代医药有限公司。2002年，在开发区建成近万平方米的现代化科研中心，从事医药和相关产品的研发。2005年1月，更名为北京联合伟华药业有限公司；6月，公司成立全资子公司广东星昊药业有限公司，并通过GSP认证。2007年3月，公司整体改制为北京星昊医药股份有限公司，注册资本9197.72万元，位于开发区中和街18号，研发销售包括片剂、胶囊剂、颗粒剂、冻干粉针剂、小容量注射液、大容量注射液等多种剂型的药品。公司拥有8条生产线，全部通过2010版GMP认证。星昊医药现有在研项目70余项，主要研究包括口服固体缓释控释制剂技术研究、注射剂给药系统脂质纳米载药体系研究、跨黏膜给药系统研究以及长效/超长效给药系统可调控型生物降解缓控释模型微球类研究等。星昊医药在北京、广东、长春建设有生产基地。以星昊医药为依托单位建立起来的北京市缓控释制剂工程技术研究中心，集合星昊医药的"高精尖"科研团队人才，依托星昊医药的GMP认证中试车间、百万级净化实验室、进口先进仪器设备，为缓控释制剂研究开辟研发方向。工程技术中心与星昊医药相辅相成，研发与产业化相结合，形成良性循环，使得工程技术中心与企业双向发展、相互促进。

（权伍琳）

北京星昊医药股份有限公司

董事长 殷 岚

总经理 于继忠

北京艾德摩生物技术有限公司

2016年，北京艾德摩生物技术有限公司（简称艾德摩生物）营业收入达200余万元。现有员工45人，其中博士6人、硕士10人、本科14人。年内，艾德摩建立了精准医疗平台、肿瘤免疫评价平台——Ideal-Immune两个服务平台，并在PDX技术平台的基础上建立活肿瘤组织生物样本库。公司入驻北京博大兴工业园，使用面积达5500平方米。公司被评为中关村高新技术企业。

艾德摩生物成立于2014年8月，位于北京亦庄生物医药园。是由北京市"海聚工程"、中关村"高聚工程"和北京市"科技新星计划"人才、北京市特聘专家，开发区"亦麒麟"人才彭思颖博士带领其团队创立的创新性生物公司。艾德摩生物致力于肿瘤转化医学研究及癌症个性化治疗，通过自主研发的人源肿瘤异种移植模型（patient derived xenograft model，PDX），针对不同的癌症患者筛选适合的治疗药物，为医生提供精确的临床用药指导，共同为患者提供具有针对性和高效性的个性化治疗方案。公司与清华大学、首都医科大学、厦门大学、第四军医大学、上海长海医院等建立长期项目合作。

（肖雅娟）

北京艾德摩生物技术有限公司

总经理 彭思颖

小江生物技术有限公司

2016年，小江生物技术有限公司（简称小江生物）总资产1.46亿元，员工32人。年内，小江生物完成用于治疗心衰的化药1.1类新药临床前机理和药学研究工作，并启动药理毒理试验。

小江生物2009年在黑龙江省黑河市爱辉区登记注册，2014年变更至开发区西环南路18号汇龙森科技园。是一家集小分子创新药物研发的跨国、跨地域的国际合作医药企业。注册资本5000万元，下属企业和分支机构包括3家全资子公司——北京江林威华生物技术有限公司、黑河小江生物制药有限公司和天舒生物技术有限公司。公司打造了一支由“千人计划”“长江学者”科学家为领军人才的化学药物研发团，利用国际上最先进的基于结构指导药物设计理念，以多种现代生物学和医学技术进行新型药物的设计和筛选，开发新型药物。公司研发项目包括世界首创的病理性心肌肥厚和心衰的候选药物发现开发、治疗急性白血病的靶向疗法和联合用药方案开发等。并逐步建成药物合成、剂型开发、质量研究、体内外药效学评价和药物代谢动力学评价等多个关键技术平台。

（李艳华）

小江生物技术有限公司

董事长兼总经理 郝春利

北京北生研生物制品有限公司

2016年，北京北生研生物制品有限公司（简称北生研）总资产40.13亿元，销售收入4452.93万元，科研投入815.82万元，员工1170人。8月8日，北生研注册成立，资产总额43.32亿元，注册资本12.16亿元。8月19日，天坛生物疫苗产业基地投资主体变更为北生研。12月1日起，北生研作为北京天坛生物制品股份有限公司的全资子公司正式运营，其生产设施、业务范围、相应的权利义务由北生研全面承继。

年内，北生研Sabin株脊髓灰质炎灭活疫苗（sIPV）完成Ⅱ期和Ⅲ期临床研究现场工作；ACYW135群脑膜炎球菌多糖疫苗完成Ⅲ期临床研究现场工作；注射用重组人干扰素β1b完成临床样品制备和自检。公司“口服Ⅰ型Ⅲ型脊髓灰质炎减毒活疫苗（bOPV）”投放市场，截至年底，累计入库超过1亿剂次。北生研吸附无细胞百（三组分）白破联合疫苗和H7N9流感病毒系列疫苗获得《药物临床试验批件》，获专利授权1项、申报的1项专利获得受理号。公司发表文章23篇。公司被市科委认定为G20领军企业；“脊髓灰质炎减毒活疫苗（OPV）关键技术升级换代”项目获得中国医药集团科技成果二等奖。

（于金铭）

北京北生研生物制品有限公司

总经理 魏树源

赛诺菲（北京）制药有限公司

赛诺菲（北京）制药来得时生产线　　企业提供

2016年，赛诺菲（北京）制药有限

公司，简称赛诺菲（北京）制药。主营业务收入 46.74 亿元，其中出口 6.28 亿元；工业总产值 44.21 亿元；纳税额 6.4 亿元；拥有员工 1082 人。年内，来得时®产品在出口澳大利亚的基础上，通过日本 GMP 认证；来得时®产品出口日本；新产品欣维可获得 CFD 上市批准。

赛诺菲（北京）制药始建于 1995 年，是法国赛诺菲集团在华设立的全资子公司。母公司赛诺菲是一家全球领先的医药健康企业，拥有糖尿病与心血管疾病、普药与新兴市场、赛诺菲健赞、赛诺菲巴斯德和健康药业五大事业部。赛诺菲集团员工超过 10 万名，来自 100 多个国家。赛诺菲（北京）制药重点品牌包括全球销售重磅产品来得时，口服降糖药亚莫利，抗凝依诺肝素克赛，治疗脂肪肝和其他肝病的药物易善复等。赛诺菲（北京）制药按照世界上严格的质量标准设计建造，拥有先进的来得时（甘精胰岛素）注射笔组装线技术、全封闭制粒生产线和全自动固体包装线。2010 年 5 月，赛诺菲集团投资 9000 万美元在赛诺菲（北京）制药建设来得时生产车间和相关配套设施。该项目组装生产线已于 2012 年 5 月投产，无菌灌装线正在验证中。赛诺菲（北京）制药相继获“十百千工程”企业，“G20 工程优秀企业”“G20 工程杰出成长企业”“G20 工程杰出贡献企业”称号，来得时®产品被评为“G20 工程突出贡献大品种”“G20 工程创新品种（甘精胰岛素注射液）”。

（母仲秋）

赛诺菲（北京）制药有限公司

工厂总监　何国玲

智能制造

星网宇达惯性导航产品产业化基地启用

星网宇达惯性导航与测控产品产业化基地启用　企业提供

2 月 16 日，北京星网宇达科技股份有限公司建设的惯性导航与测控产品产业化基地在开发区启用，星网宇达董事长兼总经理迟家升出席基地启用仪式，发表致辞并与副总经理李国盛共同为基地揭牌。基地总投资 2.85 亿元，总建设面积 3.52 万平方米，于 2014 年 3 月 28 日开工建设，2014 年 9 月 15 日实现主体工程完工。截至年底，有员工 307 人。该基地的启用，有助于星网宇达吸引更多高端人才、形成惯性技术人才高地，为星网宇达未来的研发、生产和销售提供动力。

（姚珍珍）

安川首钢产品参展多个专业展会

3 月 8 日—10 日，安川首钢机器人有限公司参展广州国际工业自动化技术及装备展，参展项目有机器人装配系统、机器人上下料系统和双臂机器人玩牌系统。6 月 14 日—17 日，安川首钢参展第 21 届北京 · 埃森焊接与切割展览会，展示机器人弧焊系统、机器人点焊系统、机器人高速焊接系统、机器人激光远程焊接系统、机器人3D视觉搬运系统和双臂机器人玩牌娱乐系统。10月21日—25日，安川首钢参展世界机器人大会展示机器人装配演示系统、机器人3D视觉搬运系统、机器人视觉高速搬运系统、机器人娱乐系统等。11月3日—5日，安川首钢参展第13届“中国光谷”国际光电子博览会，展示的项目有机器人3D视觉搬运系统、机器人激光远程焊接系统、双臂机器人玩牌和机器人视觉高速搬运系统。

（王力勇）

经纬纺机与西门子战略携手

3月，经纬纺织机械股份有限公司与西门子（中国）有限公司签署战略合作协议，在数字化棉纺成套设备、棉纺数字化工厂解决方案等方面建立长期商业合作关系，共同打造纺织机械行业的工业4.0（德国政府提出的十大未来事项之一），为客户打造智能化工厂，在工厂的全生命周期内提升工程效率、运营效率，降低运营成本，提高产品质量，确保生产的合规性。

（翟家明）

中冶京诚监理武汉地铁11号线东段贯通

4月1日，中冶京诚工程技术有限公司全资子公司北京赛瑞斯国际工程咨询有限公司监理的武汉市轨道交通11号线东段工程全线安全监理标段首条盾构区间顺利贯通。武汉地铁11号线西起中法生态城，东止左岭，全长约68千米，设站34座，是武汉市最长的轨道交通线。

（程芳）

北航—星网宇达奖学金颁奖仪式举行

4月14日，2016年度“北航—星网宇达”奖学金颁奖仪式在北京航空航天大学新主楼会议中心举行。北京星网宇达科技股份有限公司董事长迟家升、副总经理徐烨烽，北京航空航天大学研究生院、学生处等部门负责人出席仪式。本年度奖学金共授予10名学生，授奖金额9.5万元，其中4名本科生每人奖励5000元，3名硕士研究生每人奖励1万元，3名博士研究生每人奖励1.5万元。该奖学金的设立对于巩固星网宇达与北京航空航天大学的校企合作，促进导航与测控专业优秀人才的培养具有积极意义。

（姚珍珍）

经纬纺机专备件旗舰店上线运行

5月，经纬纺织机械股份有限公司借助互联网资源优势，打造的纺织工业品电商新航道——经纬纺机专备件旗舰店正式上线运行，标志着经纬纺机走上电商之路，实现商业模式和运营模式转变。经纬纺机接轨互联网，有助于提升企业价值，完善企业服务，提升生产效率，降低生产成本。

（翟家明）

中国煤炭工业协会会长到中化吉林调研

5月，中国煤炭工业协会会长王显政到中化吉林长山化工有限公司考察航天炉褐煤粉煤气化装置的建设和运行情况，开展煤矿去产能和褐煤清洁高效利用技术专题调研。该项目是航天长征化学工程股份有限公司首个、也是国内首个使用褐煤的粉煤气化项目，标志着航天炉煤种适应性广，技术先进可靠，为行业内提供了宝贵的褐煤气化经验。王显政充分肯定长山褐煤项目成功开车和稳定运行的成果，表示将持续关注该项目进展和性能考核情况，中国煤炭工业协会将对褐煤清洁高效利用技术提供大力支持。

（冷琎）

SMC 公司“首席技师工作室”挂牌

5 月，SMC（中国）有限公司员工张恩良加工技术工作室被开发区人劳局授予“首席技师工作室”标牌；被开发区总工会授予“开发区职工创新工作室”和“开发区劳模创新工作室”标牌，并受开发区委托在 SMC 第二工厂举行工作室挂牌仪式。该工作室成立于2012年，有14名成员，主要致力于加工新设备、新工艺、新技术在生产中的应用、实践与推广，并为公司事业的发展培养更多的技术人才。主要业务为导入更高效、稳定、成本更低的加工工艺和设备；加工技术和刀具研究与实践；自动化技术在生产中的应用。通过以上生产革新活动，截至年底，该工作室为公司带来 295 万元收益。

（孙欣欣）

中冶京诚主办地下综合管廊建设研讨会

7 月 28 日—30 日，中冶京诚工程技术有限公司和中国中冶管廊技术研究院主办的 2016 年中国城市地下综合管廊建设学术研讨会在青岛召开，国内城市地下管廊行业内的知名学者、技术专家、城市管理者、工程设计者和建设者及相关从业人员 300 余人参加。会上，中冶京诚副总裁、中冶管廊研究院常务副院长郝勇兵针对中国城市地下综合管廊发展现状、相关政策作简要解读，介绍中冶京诚在地下城市综合管廊行业取得的科研成果和业绩。中冶管廊研究院技术研发部部长王瑀作题为《城市地下综合管廊规划设计问题》学术报告，与会人员参观位于青岛市高新区的综合管廊示范工程。会议通过对城市综合管廊建设所面临的投融资模式、规划设计、建设施工、管理运营维护、效益与费用分担等问题进行深入探讨，解析城市综合管廊建设面临的难题。

（程芳）

中冶京诚广西项目启动应急预案

7 月 31 日，广西壮族自治区梧州市苍梧县发生 5.4 级地震，震中距离中冶京诚工程技术有限公司梧州环城公路施工现场约 50 千米，公司梧州环城公路项目部立即启动应急预案，第一时间采取暂停现场高边坡、涵洞基坑、隧道等工程，施工人员撤离施工现场的安全措施。8 月 1 日，台风“妮妲”进入广西壮族自治区梧州市境内，最大风速 20 米 / 秒，强度为热带风暴。为确保全线施工人员安全，公司梧州环城公路项目部紧急制订施工人员安全撤离方案，项目部施工人员全部安全撤离出危险区域，通过以上措施未发生安全事故。

（程芳）

UC Davis 医疗中心代表考察大基医疗

9 月 5 日，美国加利福尼亚大学戴维斯医疗中心（简称 UC Davis 医疗中心）初创公司转化与企业关系主管 James J.Kovach、设施规划发展室主任 Mark S.Romney 在美国驻华大使馆商务处人员陪同下到北京大基康明医疗设备有限公司参观考察。这是继 7 月双方达成初步入驻意向后，UC Davis 医疗中心首次参观考察大基医疗，旨在通过与大基医疗合作，共同促进医学影像学的发展，在提高图像质量的同时降低成本，让更多的患者受益。大基医疗董事长孙启银携公司高层接待来访人员。在了解 UC Davis 医疗中心医疗卫生系统综合实力后，双方就医疗设备、技术支持、厂房规划、商业模式等入驻细节进行深入探讨。常务副总裁李海舟陪同考察团参观大基医疗展厅、文化廊、生产车间、技术研发中心和影像中心。考察团对大基医疗在全身 PET、PET-CT、PET-MR 和医用电子加速器（A45）方面取得的成果表示震惊，尤其是看到大基医疗独家拥有的颠覆性 A45 治疗技术在治疗癌症、血管斑块、糖尿病等重大疾病方面取得的效果时，对 A45 治疗核心技术表现出极大兴趣，期待通过双方合作，促进共同发展。

（翟巧波）

中航国际北京公司签约项目生效

9 月 5 日，中国航空技术北京有限公司伊朗水泥熟料线总包项目正式生效。该项目为中航国际北京公司与德国洪堡公司在伊朗联合开发的第一个水泥生产线总包项目，将为伊朗水泥业主建设一条日产 3300 吨熟料水泥生产线。11 月 1 日，中航国际北京公司委内瑞拉建材项目生效。该项目是委内瑞拉政府推出的民生系列工程之一，可以推动委内瑞拉“大住房计划”，为当地百姓改善居住条件，同时促进国内建材产品出口。11 月 28 日，中航国际北京公司签约土耳其 KCS 余热发电项目生效，该项目是公司在土耳其开发的第二个水泥余热发电项目。

（江玮）

航天火箭公司服务“天宫二号”

9 月 22 日，“天宫二号”空间实验室升空，航天长征火箭技术有限公司研制的精密定轨接收机作为空间应用系统的重要支撑载荷开始加电运行。在轨测试结果表明，精密定轨接收机软硬件系统运行状态和各项技术指标均达到国际先进水平，高质量完成预期目标。精密定轨接收机“天宫二号”提供的高质量观测数据，可实现大型航天器超高精度的定轨数据，配合三维成像微波高度计完成海洋和陆地测高，在推动中国近地轨道大型航天器精密定轨技术以及干涉测高技术发展方面具有重要意义，为高精度海洋测高的实际应用奠定基础。精密定轨接收机提供的高精度时频标准实现较高同步精度，为应用系统众多载荷各种科学实验提供技术保障。

（吴希瑶）

赤那思电气胜诉同业两家企业侵权案件

9 月 30 日，江苏省高级人民法院对江苏省两家电力设备公司擅用“赤那思”作为企业名称，侵害北京赤那思电气技术有限公司商标权和不正当竞争纠纷案做出终审判决，两被告立即停止侵害“赤那思”商标专有权的行为；立即停止实施不正当竞争行为；立即变更其企业名称中使用的“赤那思”字号；给予原告赤那思电气经济赔偿；在《人民法院报》除中缝以外的版面上刊登声明，消除影响。赤那思电气于 2014 年 9 月向江苏省南通市中级人民法院提起诉讼，两被告在未经授权的情况下，分别于 2008 年和 2010 年开始将“赤那思”作为企业字号使用，并在相同或类似商品上使用与原告注册商标相同或近似的商标，造成公众混淆；将与原告注册商标相同或近似的文字作为企业字号在相同或类似商品上突出使用，造成公众误认；在网站和宣传手册上使用与原告相同的宣传内容。

（于春影）

签署商业航天产业基地项目三方框架协议

10月19日，中国运载火箭技术研究院、北京亦庄国际投资发展有限公司、航天投资控股有限公司签署投资中国长征火箭有限公司合作框架协议。三方同意，在火箭业务商业化发展方面发挥各自优势，共同寻求在航天运载、发射和搭载服务、空间信息应用、空间在轨服务、太空旅游、地面终端制造和服务、太空虚拟体验等太空港运营和大数据系统等相关领域的项目合作，并可在条件成熟时考虑在开发区建设地标性商业火箭大厦和现代化的商业火箭园区。项目拟总投资30亿元，占地面积6.67万平方米，主要开展商业航天项目，打造火箭院航天技术应用和服务产业国际化平台，形成“运载工具＋平台＋载荷”“发射＋产品＋应用”的一体化集成服务能力，实现商业航天需求一体化解决方案，形成军民融合、资本融合、技术融合的商业运营模式。

（宋昱瑾）

经纬纺机参展ITMA国际纺机展

10月21日—25日，2016年中国国际纺织机械展览会暨ITMA亚洲展览会在国家会展中心（上海）举办。经纬纺织机械股份有限公司携棉纺智能成套系统等设备参展。经纬纺机按棉纺机械、织造机械、经编机械、捻线机械、印染机械、纺机专件六大业务板块，共展出设备17台套；开辟电子商务展区，增加模型、3D、视频交互、H5电子样本等现代科技展示手段，将产品技术功能、结构特点生动直观地展现给观众。亮相产品摆放面积达1850平方米，创历届之最。

（翟家明）

经纬纺机社会责任报告再次荣膺最高奖

11月7日，经纬纺织机械股份有限公司2015年社会责任报告在上海发布，这是经纬纺机第八次发布社会责任报告，被纺织工业联合会评为“中国纺织服装行业社会责任公共治理示范奖”，蝉联行业第一。2015年社会责任报告通过事实陈述、图片展示、图表详解、案例解析等方式，披露公司2015年在智能、创新、担当、惠民、绿色等方面履行社会责任等情况。

（翟家明）

星网宇达在深交所A股上市

星网宇达在深交所A股上市　　企业提供

12月13日，北京星网宇达科技股份有限公司在深圳证券交易中心A股成功上市（股票简称：星网宇达，股票代码：002829）首次发行1900万股，募集资金

3.35亿元。募集资金主要用于惯性导航与测控产品产业化项目、惯性技术研发中心建设项目、基于惯性技术的铁路轨道检测设备产业化项目、基于北斗的新一代驾驶人考训系统产业化项目等4个项目建设和产能扩充。董事长迟家升在上市仪式上致辞，市科委副主任张继红、海淀区副区长李长萍和开发区管委会副主任绳立成出席上市仪式并致辞。

（姚珍珍 王丽华）

OBE金融助力开发区小微企业成长

年内，北京欧必翼投资基金管理有限公司现管理投资基金10亿元，其中60%的投资资金用于开发区高成长性和创新性项目的发展。OBE金融主要面向TMT、移动互联网、新材料、智能硬件等领域，累计投资10家高成长性优质企业项目。OBE金融还为入驻园区企业和开发区科技型企业提供投资咨询、资产管理服务等业务，推动开发区区域经济和金融市场的资本运转。

（胡子琼）

安川首钢焊接生产线采用数据管理系统

年内，安川首钢机器人有限公司焊接生产线实现数据采集和追溯管理系统的集成。该系统首先对工件进行编码，利用工件编码采集记录焊接过程中的所有数据，包括焊接时的电流和电压、焊接速度、焊接时间、报警等信息。该信息自动保存在计算机内，由系统实现信息的自动上传。用户可以根据工件的编码对焊接时的数据进行追溯，也可为生产管理、质量管理，以及技术改进提供最原始的数据积累基础。该系统已经运用于多个前副车架和后副车架的焊接生产线。

（张颖）

长城测控公司获中石化分公司四大订单

年内，北京瑞赛长城航空测控技术有限公司获中国石化销售有限公司旗下分公司四大订单，订单总额约874万元。订单包括鄂尔多斯油库隐患治理项目、山西长治石油分公司油库自动化设备系统集成工程项目、山西临汾石油分公司东芦油库油库无门禁系统和周界报警系统及自动化集中控制隐患整改项目、南通姚港油库储罐计量及液位报警连锁改造项目。

（周书宇）

宏达日新中标多个项目

年内，北京宏达日新电机有限公司取得泰国抑河锻造工程海外项目1个间隔。在国家电网公司重点建设的特高压交流项目胜利—锡林郭勒盟线路项目中，宏达日新特有的3次回路专用开关LBS设备中标胜利站10个间隔，中标锡林郭勒盟站4个间隔。在国家电网公司换流站配套1000千伏特高压交流及特高压变电站扩建工程中，中标潍坊站扩建LBS设备7个间隔，中标苏州站扩建LBS设备6个间隔，中标皖南站扩建LBS设备2个间隔，该产品市场占有率达到同类招标设备的70%左右。宏达日新兼顾南网和国网扩建工程项目，252千伏及110千伏扩建项目中标16个间隔左右。

（刘元）

和利时中标多个重大项目

年内，和利时集团旗下印度公司中标印度兰科（LANCO）有限公司大型太阳能多晶硅（1500TPA）全厂DCS+SIS

一体化项目。和利时签约国华九江电厂2×1052兆瓦超临界燃煤发电机组全厂DCS和辅控一体化项目，DCS控制点数超过4万点。签约甘肃敦煌10兆瓦熔盐储热塔式光热发电项目，该项目是国内大规模商业太阳能熔盐储热光热发电领域的首台（套）项目，也是亚洲首座塔式熔盐光热电站。签约青山印尼100万吨/年不锈钢及连铸坯工程配套2×350兆瓦超临界燃煤孤网运行发电机组全厂DCS+DEH+MEH一体化项目。一次中标武汉都市环保工程技术股份有限公司总包集中采购的9套钢铁厂65兆瓦等级高温超高压煤气发电DCS项目。签约陕西国华锦界电厂#3#4机组（2×600兆瓦）DCS系统MACS-K升级改造项目。签约国华宁东二期2×660兆瓦机组TCS系统（汽机岛控制系统）项目。签约新疆东方希望新能源一期1.5万吨/年多晶硅项目DCS和SIS系统，该项目总点数1.5万点，是国内单线规模最大的多晶硅生产线。签约青岛海尔集团海尔洗衣机天津新工厂自动化集成项目。签约亚士创能科技（上海）股份有限公司安徽（滁州）生产基地20万吨/年水性涂料项目DCS和Batch系统，该项目总点数7000点，是国内水性涂料规模最大生产线。签约青山控股集团有限公司（印度尼西亚）100万吨/年不锈钢及连铸坯工程配套的2×350兆瓦超临界燃煤孤网运行发电机组全厂仪表成套项目。签约福建罗源湾电厂2×1000兆瓦超临界燃煤发电机组全厂DCS项目。签约巴斯夫催化剂（上海）有限公司DCS和Batch系统项目。签约江西晶昊盐化有限公司江西省岩盐资源综合利用100万吨/年纯碱项目等。

（张蔚青）

中冶京诚中标5项城市地下综合管廊工程

年内，中冶京诚工程技术有限公司开拓国内城市地下综合管廊市场，探索PPP建设模式，中标5项国内城市地下综合管廊工程。4月6日，中标湖南省长沙市梅溪湖地下综合管廊设计项目。8月8日，中标河北省秦皇岛现代服务产业园区地下综合管廊项目。9月9日，中标河北省衡水市滏南新区综合管廊及道路工程（PPP）项目。10月28日，中标安徽省马鞍山市博望区地下综合管廊项目。10月31日，中标山西省太原市地下综合管廊工程项目。

（程芳）

和利时多个重大项目开通运营

年内，北京地铁14号线中段工程开通运营，与14号线东段实现顺利贯通，和利时集团是14号线中段工程综合监控系统、变电所自动化系统、环境与设备监控系统的供货商和系统集成商。深圳地铁11号线开通运营，和利时为深圳地铁11号线工程的供货商和系统集成商，提供包含综合监控系统、变电所自动化系统、环境与设备监控系统、火灾报警系统、低压开关柜（MCC）系统、能源系统在内的六大系统。由和利时担任集成供货商的北京地铁8号线二期、昌八联络线和10号线二期综合监控系统工程项目同时通过最终验收。和利时与中海油能源发展装备技术有限公司共同承接的中海油17-2油田平台中控系统国产化改造项目通过投运验收。

（张蔚青）

智能制造企业（部分）

SMC（中国）有限公司

2016年，SMC（中国）有限公司（简称SMC）销售收入49亿元，利润5.3亿元，纳税2.4亿元，员工3584人，平均年龄31岁，其中大专以上学历技术人员占职工总数的50%。公司产品出口额12亿元，国内销售额37亿元。年内，SMC10项国家实用新型专利“气液联动缸”“定位气缸”“浮动行程气缸”“双行程气缸”“自动上料装置及自动上料加工系统”“供料装置”“用于裁剪柔性带式物料的物料裁剪装置”“用于检测工件的开关性能的检测装置及检测系统”“旋转定位上料装置”“子母爪组件及液压卡盘装置”获授权；发明专利“一种伺服控制方法、装置及系统”获国家专利证书。SMC受邀参加以“创新、智能、绿色”为主题的2016第18届中国国际工业博览会；举办中国大学技术中心学术交流会。SMC继续向清华大学、哈尔滨工业大学、北京理工大学等16所院校提供奖学金、教育经费338万元，资助院校举办学术交流和研究活动经费54万元，资助贫困地区希望小学校园基础建设改造、校园文化建设活动费用43万元；组织山东、四川、云南希望小学师生代表34人参加北京之旅夏令营。SMC公司技师许建柱、尚晓利被市人力和社保局评为享受北京市政府技师特殊津贴人员。

SMC成立于1994年9月，是SMC株式会社在中国投资建成的集研发、生产制造、销售、技术服务为一体的海外子公司。经营项目是国家重点支持的高新技术领域、国家鼓励类外商投资项目、2015年发展改革委和工业和信息化部重点发展的“强基”工程之一（强基工程：中国制造2025中的加强关键工业基础件项目）。主营业务是开发、制造气动元件与装置，及其他辅助元件、工业自动化元件装置和相关电子元器件；自产产品的技术咨询、技术服务。主要产品是气动元件，其市场占有率在世界同行业中排名第一位。公司重视技术普及和技术开发工作，通过与国内院校的合作，促进资产、技术、人才等方面的流动与融合。SMC先后与清华大学、北京理工大学、哈尔滨工业大学、南京理工大学、上海交通大学、北京航空航天大学、西安交通大学等14所大学合作建立具有世界先进水平的气动技术中心，培养从学士、硕士到博士的高层次技术人才，并在各校设立SMC奖学金，为中国培养大批气动技术专业人才。公司被海关总署评为中国首批AEO认证企业。

（孙欣欣）

SMC（中国）有限公司
总经理　赵　彤

通用电气医疗北京工业园

2016年，通用电气医疗北京工业园（简称GE工业园）拥有包括生产、采购和研发团队员工超过1100名；生产大型设备超过3000台（套），产品70%外销；工业总产值约41亿元。年内，GE工业园推进本土化采购，国内采购金额1.8亿美元，涉及78家供应商，通过本土化采购降低设备的生产成本，形成成本降低、产量增加的正向产业循环。GE工业园投入大量资金打造智能工厂，北京工厂研发完成世界首部CT自动换模测试机械臂，并用于CT生产测试环节；定制并引进手术机测试人机协同机器人和物料自动传输机器人；建立以R-KanBan、Tableau为代表的信息交互管理系统，初步搭建智能工厂框架。

GE工业园于1991年在开发区成立，由通用电气医疗集团（简称GE医疗）旗下航卫通用电气医疗系统有限公司（简称GE航卫）和北京通用电气华伦医疗设备有限公司（简称GE华伦）组成。GE航卫是由美国通用电气医疗系统亚洲公司与中国科学器材公司于1991年合资成立，是美国通用电气公司在中国第一个合资公司。GE航卫是通用医疗集团中国公司的第一家制造公司，注册资本250万美元，主要生产CT、核磁等设备。GE华伦是通用医疗集团的全资子公司，1995年在开发区成立，注册资本3800万美元，生产X光机、手术机、核医学设备、血管机等。GE工业园占地面积7万平方米，是GE医疗集团最大的生产和研发基地之一。以进口部件组装为主，发展成为GE医疗全球最大的医疗影像设备生产基地，其产品线覆盖CT、X光机、手术机、心血管机和核医学设备，可生产探测器、直准器和控制柜等核心零部件和分系统。研发中心开发的产品包括昆仑、玲珑、珠峰和银河等。GE医疗在中国建立包括独资和合资企业在内的多个经营实体，拥有7000多名员工。GE医疗在中国共拥有五大全球生产基地：在北京建有CT扫描系统和X光成像系统工厂，在上海建有生命科学基地，在无锡建有超声和患者监护仪设备工厂，在桐庐建有滤纸生产基地，在天津建有磁共振成像系统生产基地。公司被列入开发区纳税50强企业，是北京市“十百千”模范企业之一，获“国家2025”试点企业、开发区十大功勋企业等称号，获开发区“安全生产月”优秀组织奖和优秀个人奖。

（贾莉莉 鲍勇 杨东华）

通用电气医疗北京工业园

总经理 陈和强

经纬纺织机械股份有限公司

2016年，经纬纺织机械股份有限公司（简称经纬纺机）总资产353.2亿元，营业总收入104.26亿元，利润总额30.31亿元，资产负债率为55.08％，在全国有40多家分、子公司。员工1.01万人，其中技术研发人员1268人。公司被确定为国家级技术中心。

年内，公司与西门子（中国）有限公司签署战略合作协议；能源管理体系通过验收；自主研发的JWF1213型梳棉机单元组和“数字化棉纺成套设备”，以及经纬纺机下属分（子）公司研制的各单机、专件、系统等9个项目的科技成果通过科技成果鉴定；承办的国家智能制造装备发展专项“棉纺数字化车间”项目全面运用到客户；“经纬纺机专备件旗舰店”正式上线运行；自主研发的JWG1728A-30型提花剑杆织机销往国外市场。在新疆乌鲁木齐参办以“共建共享 机遇合作”为主题的2016“一带一路”纺织服装产业发展论坛；携棉纺智能成套系统等设备参展2016年中国国际纺织机械展览会暨ITMA亚洲展览会。由经纬股份榆次分公司主要承担的国家科技支撑计划“支撑区域和地方支柱产业的制造业信息化综合应用示范”项目子课题“离散制造过程制造物联与集成协同关键技术研发与示范应用”通过科技部高新司验收。经纬股份榆次分公司在中国质量协会组织的全国实施用户满意工程推进大会上，获中国质量协会最高奖项“全国实施用户满意工程先进单位（标杆企业类）”奖项。公司党委被国资委授予“中央企业先进基层党组织”称号，被恒天集团党委授予“先进基层党组织”称号；公司第八次发布社会责任报告，被中国纺织工业联合会评为“中国纺织服装行业社会责任综合治理先进单位”，行业排名再次蝉联第一；经纬纺机旗下“数字化粗细联合机全自动粗纱机系统”项目，获 2016 年中国纺织工业联合会科技进步二等奖。

经纬纺机隶属于中国恒天集团有限公司，是以纺织机械为主业，兼营商用汽车、金融及股权投资业务的上市公司（股票代码：000666）。2000 年，公司总部在北京设立，2003 年公司注册地迁入开发区，为国家高新技术企业，在全国拥有 30 多家分、子公司，1380 多人的技术研发队伍。公司作为全流程棉纺成套设备供应商，业务格局分为三大板块（纺织机械、金融信托、商用汽车）和六大单元（棉纺机械、织造机械、纺机专件、捻线机械、经编机械、印染机械），产品出口至 40 多个国家和地区，全部产品备件上线互联网，价格公开、服务公开。公司技术中心被认定为国家级技术中心，主要企业技术中心均通过省级认定，拥有纺织机械专利技术 500 余项。公司曾获“2011 年度中国纺织服装行业社会责任信息披露实践示范奖”、中央企业先进集体、全国“五一劳动奖状”、国家火炬计划重点高新技术企业、中国民族经济之花、中国纺织十大品牌文化企业、全国纺织工业优秀企业、“中国纺织服装行业社会责任建设先进单位”等称号，通过能源管理体系认证。

（翟家明）

经纬纺织机械股份有限公司

董事长 叶茂新

总经理 姚育明

北京大基康明医疗设备有限公司

2016 年，北京大基康明医疗设备有限公司（简称大基医疗）副总裁兼临床医学研究院院长曾骏、副总裁兼医疗设备研究院院长张圈世获 2016 首届亦庄新创工程 · 金麒麟人才评选活动“亦庄新创工程”领军人才奖。

大基医疗成立于 2003 年，位于开发区永昌北路 11 号，是一家专业从事核医学诊断设备 PET-CT、PET-MRI 和治疗设备电子加速器（A45）的生产、研发、销售为一体的国际化高科技医疗集团，在美国、瑞典等国家设有公司、研发中心和工厂。2013 年年底，大基医疗与美国费城国际癌症中心医院签署协议，将核医学诊断设备 PET-CT、PET-MRI 和治疗设备电子加速器——A45 销售到美国费城。公司先后被认定为国家高新技术企业、北京市高新技术企业、北京市核医学装备工程技术研究中心、中关村高新技术企业、中关村国家自主创新示范区“十百千工程”企业、北京生物医药产业跨越发展工程（G20 工程）企业、中关村科技园区瞪羚企业等。承担多项国家支撑项目、“863”计划工程、国家高性能医学诊疗设备专项等。

（翟巧波）

北京大基康明医疗设备有限公司

董事长 孙启银

蓝星（北京）化工机械有限公司

蓝星北化机生产车间　　田艳军 摄

2016 年，蓝星（北京）化工机械有限公司（简称蓝星北化机）完成产值 3.07 亿元，营业收入（不含税）3.6 亿元，实现利润 2348 万元，员工 1041 人。科研经费投入 2765 万元，申报专利 16 项，其中发明 7 项。截至年底，企业拥有专利 111 项，其中发明专利 67 项，PCT 专利 2 项；有效专利 110 项，其中发明专利 66 项。

年内，公司承揽项目 156 个，共计 3.33 亿元，15 个海外项目投入运行，12 个项目在洽谈跟进中。国内业务，在谈项目 7 个，近 130 万吨。蓝星北化机 MET 微电解循环水处理装置，2 套 MET-200 循环微电解处理系统在蓝星东大和沈阳蜡化投入运行，一套在建；船舶压载水电解设备，和日本松下达成首批 100 台合作意向。蓝钿阀门业务板块签订阀门各类合同近 40 个，合同金额达到 3042 万元，回款 1800 万元。形成“315”业务发展模式，开展 3 项业务、建设 1 个平台、5 个工作重点，实现介质压力 600 磅、900 磅工况下 LNG 阀门产品的零泄漏研发和试制，填补低温高压 LNG 阀门的国内空白。蓝星北化机完成市科委设计创新中心的申报，被市科委认定为北京市设计创新中心。

蓝星北化机是中国化工集团旗下的中国蓝星（集团）股份有限公司全资子公司，是在原北京化工机械厂（1966 年建厂）基础上于 2006 年搬迁组建而成，2006 年 11 月注册成立，注册资本 2 亿元。公司是中国唯一拥有自主知识产权，能自行设计、开发、制造离子膜电解槽，并能为用户提供成套离子膜烧碱装置和电解工艺技术与服务的专业公司。公司依托“电解”和“设备制造”核心技术，形成氯碱装备、新增电解、环保容器、蓝钿阀门和工程技术的“4+1”业务板块，为用户提供整体解决方案，实现智能制造和制造服务化，打造高新技术型国际化工程公司。公司拥有世界先进的加工、检测设备和生产线，其离子膜电解槽和电极的年产能力分别为 300 万吨和 500 万吨，离子膜电解槽、生产能力名列国内首位、世界第三位。

公司通过 ISO 9001 质量体系、ISO 14001 环境体系和 ISO 18001 职业健康安全体系认证，拥有 A2 级特种设备制造许可证和 A1、A2 级特种设备设计许可证；获美国机械工程师学会（ASME）颁发的压力容器设计制造证书及 U 和 U2 钢印标志；产品获得欧洲 CE 认证及 GOST 认证，具有计量、测量管理体系 AAA 级证书。是中国化工行业技术创新示范企业、北京市高新技术企业、北京市专利示范单位、北京市企业技术中心、北京市氯碱装备工程技术研究中心、北京市特种设备焊接培训中心、中关村第二批百家创新型试点企业、开发区企业研究中心，拥有专业资质和安装维修服务团队。先后获中央企业先进集体称号、国家科技进步二等奖、北京市首届专利发明奖二等奖、第十届中国专利优秀奖、北京市科学技术奖二等奖。

（李云翰）

蓝星（北京）化工机械有限公司

总经理 康建忠

施耐德（北京）中低压电器有限公司

施耐德中低压生产线　　徐长明 摄

2016年，施耐德（北京）中低压电器有限公司（简称施耐德中低压）营业额28.04亿元，纳税额3.65亿元。员工1047名，其中管理人员有11名、生产员工925名、技术人员111名。施耐德中低压全员劳动生产率较2012年年均提高12%，能源消耗年均降低5%，运营成本连续三年持续降低5%以上，产品交付周期连续三年持续缩短20%以上，产品不良报废率连续三年降低15%以上，2014—2016年设备产品出口年均增长15%，逐步实现业务对亚太地区的全覆盖。

施耐德中低压成立于1997年11月6日，前身为施耐德中压和施耐德中低压，是中外合资企业。施耐德电气（中国）投资有限公司占股份90%，施耐德电气公司（法国）占5%，开发区总公司占5%。公司厂区面积3.13万平方米，经营范围包括生产大型工程智能化柜式或抽屉式断路器、工业用中低压电力设备和零部件等；主要产品和核心技术是MCCB（低压塑壳断路器）、中压二次环网柜及零部件，产品不仅在国内市场得到广泛使用，同时出口全球各个地区，年产值近30亿元。公司坚持以SPS（施耐德精益生产体系）为指导，建设信息化、自动化和智能化的生产系统，主要实现订单自动排程、效率实时、问题及时反馈、绩效实时监控、全供应链物料拉动，自动化设备与信息数据的实时联通，实现数据的自动获取和机器设备的智能化制造。公司是中国电气工业100强、纳税信用A级企业，多次获得开发区纳税50强企业、开发区十大功勋企业、开发区保增长突出贡献企业、安全生产标准化2级企业等称号。

（倪延云）

施耐德（北京）中低压电器有限公司

工厂总经理 胡仲海

北京ABB低压电器有限公司

2016年，北京ABB低压电器有限公司（简称ABB低压）产品获中国低压电器行业优选断路器、中国低压电器行业最具影响力品牌、2016年度北京市实施卓越绩效模式先进企业，2016年度ABB集团CEO安全团队奖称号。ABB低压参加开发区健康发展和“安康杯”安全知识竞赛，获组织二等奖；参加开发区总工会“爱岗敬业好职工”评比活动，7人获爱岗敬业好职工称号。公司定期开展安全月、我是一日安全员活动，实现全年零损工事故。公司承担社会责任，支持员工参与第五届“为爱而走”慈善健走大会、义务植树、“善行者”、环保“清香”等各类社会公益活动。

ABB低压成立于1994年11月，由ABB（中国）有限公司与北京敬业电工集团共同投资创建，隶属于ABB中国低压产品部，是ABB在华4家低压产品制造基地之一。总投资2900万美元，主要生产终端配电保护产品和建筑电器附件产品，产品核心技术来源于ABB德国、ABB意大利等公司，应用于城乡建筑、工业和公共事业等自动化领域。终端配电保护产品包括微型断路器、电磁式及电子式剩余电流断路器、隔离开关及其他模数化终端配电；建筑电器附件产品包括机械开关、插座、信息插座、酒店功能控制、附件等。公司先后获第13届中国电气工业100强、“安全生产标准化A级企业”称号，由·艺系列开关插座获“2011年中国创新设计红星奖”。

（祁瑶 张海璐）

北京ABB低压电器有限公司

总经理 杨文广

安川首钢机器人有限公司

2016年，安川首钢机器人有限公司（简称安川首钢）机器人订货台数、销售金额和利润同比分别增长17.9%、6.7%和1.8%。年内，安川首钢汽车零部件注塑产品的机器人全自动取件及水口剪切应用技术取得突破，集成成套设备，适用于所有注塑类行业。公司研发推出专用冲压机器人生产线和一体化全方位机器人激光焊接、切割加工系统，产品进入机器人激光应用领域。公司PCSM控制系统V1.0和PCSS控制系统V1.0取得计算机软件著作权；“一种工件焊接装置及焊接方法”获国家发明专利授权，另有3项技术发明专利、4项实用新型发明专利获授权。公司获由中国机器人行业发展论坛颁发的2016年度中国十大系统集成商恰佩克奖。

安川首钢前身为首钢莫托曼机器人有限公司，由日本株式会社安川电机和中国首钢总公司共同投资，1996年8月成立，2011年更名。公司专业从事机器人系统、自动化生产线设计、制造、安装调试和销售。通过北京总部和上海分公司两大生产、研发基地，为用户提供最佳的解决方案，应用于汽车、摩托车、工程机械等行业。公司先后获开发区纳税增长50强企业、中关村“十百千工程”企业、2015年度中国十大系统集成商恰佩克奖等荣誉，被评为一汽轿车股份有限公司优秀供应商、长春佛吉亚排气系统有限公司最佳供应商、东旭集团有限公司优秀供应商、迈赫机器人股份有限公司优惠战略供应商、福建骏鹏通信科技有限公司优秀供应商等。

（张敬宾）

安川首钢机器人有限公司

总经理 前川昭一（4月任）

富田也寸史（4月免）

北京华德液压工业集团有限责任公司

2016年，北京华德液压工业集团有

限责任公司（简称华德液压）制定、修订国家标准8项，其中发布实施1项，修订中7项；申报专利6项，其中2项专利已获授权。院士专家工作站开展3个合作项目取得阶段性成果。华德液压获中国工程机械产业最具影响力液压系统品牌、北京市安全文化建设示范企业、北京市构建和谐劳动关系先进单位和科技社团创新簇企业示范站等称号；高压大流量比例阀关键技术研究和应用获机械工业优秀科技成果奖、三种工程阀产品获2016年度液气密行业技术进步三等奖、流量共享型多路阀获北京京城机电控股有限责任公司2016年度技术创新一等奖。

华德液压成立于1979年，是国内产品种类最全、最具规模的液压基础元件和系统集成供应商，系中国液压气动密封件工业协会副理事长单位、中国液压行业骨干、北京京城机电控股有限责任公司麾下重点企业。公司是由集团总部、研发中心、营销服务网络、生产基地（分公司）和控股子公司等组成的国有大型有限责任公司，是一家具有自主知识产权的液压基础件专业制造和系统集成服务的国家高新技术企业。公司主营业务是以高压液压阀、高压柱塞液压泵/马达、液压成套设备三大支柱产业为核心，辅以密封件等产品，具有自主知识产权的液压基础件专业企业。主导产品液压泵/马达、液压阀规模和质量居行业前列，部分高端产品在国防等重大装备列装。产品广泛用于工程机械、冶金、机床、军工、环保、船舶、航天、石油石化等领域。“十一五”“十二五”期间多次承担国家级项目的研究与应用，参与工业和信息化部“强基工程”。公司是国家高新技术企业，中国液压气动密封件工业协会副理事长单位、中国机械工业500强企业，所属分公司均通过ISO 9001质量管理体系、ISO 14001环境管理体系、OHSAS 18001职业健康安全管理三大体系认证，主导产品通过中机诚业产品质量认证、德国莱茵CE认证、中国船级社CCS认证、美国FM认证、节能产品认证。曾获北京市名牌产品、北京市著名商标、全国用户满意产品、中国市场用户满意第一品牌、中国机械工业优质品牌、中国质量诚信企业、工业和信息化部品牌培育试点企业、诚信长城杯企业、中关村国家自主创新示范区“十百千工程”第二批重点培育企业、装备中国创新先锋榜技术创新奖等称号。“高压大流量比例阀关键技术研究及应用”和“高压轴向柱塞泵/马达设计与测试关键技术及应用”项目，分别获中国机械工业科学技术一等奖和技术进步一等奖；静液压驱动产品获“2015中国农机零部件产品”创新奖和“2015年中国工程机械十佳配套件创新品牌”；六维度市场营销模式获“北京市企业管理创新”一等奖。

（孟尧）

北京华德液压工业集团有限责任公司

总经理 廖显胜

北京北开电气股份有限公司

2016年，北京北开电气股份有限公司（简称北开电气）资产总额10.22亿元，员工904人。年内，北开电气完成国内首例全自动无人驾驶列车技术项目——北京地铁燕房线工程的国产化直流开关柜设备全部通过现场测试，并完成试运行；自主研发的ZN65A-EP（F）/4000安-50千安固封极柱手车式发电机保护开关一次性通过西安高压电器研究所的型式试验，成为国内首家生产额定电流达4000安-50千安固封极柱手车式发电机保护开关的厂家；通过550千伏产品的型式试验，正式进入超高压行列。公司220千伏GIS产品应用于浙江省杭州供电公司古荡变电站中，为G20峰会的举办提供安全、可靠的电力供应；作为电器开关的供应商，为世界机器人大会提供全套高低压配套设备，保障用电安全。公司共获得六项实用新型专利证书和一项中国船级社型式认可证书；与北京禾光永业科技有限公司签署战略合作协议。

北开电气前身是北京开关厂，具有64年开关电气制造经验，1999年12月组建成为股份制企业，2003年迁至开发区，占地面积14万平方米，注册资本2.7亿元。公司致力于高、中、低压开关控制设备，超导和机电一体化开关控制设备技术的研究、管理、销售、制造和安装维修服务，主营智能化组合电器、SF6组合电器、SF6断路器、真空断路器和接触器、充气柜、智能变电站、低压陆用（船用）空气断路器、高低压成套配电装置和军工产品等，作为国家电网公司和南方电网公司主要设备供应商，产品广泛应用于电网、电厂、电气化铁路、地铁和轻轨等市场。公司是国家级技术中心、北京市高新技术企业，在全行业率先通过ISO 9001质量管理体系、ISO 14001环境管理体系和GB/T28001职业健康安全管理体系认证，通过国家三级保密资格单位认证，获武器装备科研生产许可证书，被中国电力企业联合会评定为AAA级信用企业，是一级安全生产标准化机械制造企业。

（徐颖）

北京北开电气股份有限公司

董事长 冯纪华

总经理 何 伟

北京京精医疗设备有限公司

2016年，北京京精医疗设备有限公司（简称京精公司）员工381人，拥有一支光、机、电、信息、医学等学科较齐全的科技队伍，大专以上学历科技人员158人，占41.5%；研究开发人员60人，占15.7%。

京精公司由香港金卫医疗科技有限公司于2000年6月投资设立，总投资额1500万美元，注册资本1010万美元，占地面积2.4万平方米。公司是专门从事血液回收系统、血液净化、血液治疗和血液储存技术的研究、生产、推广、销售、服务、培训为一体，是国家高新技术企业。3000P/3000N型血液回收机系列产品是主打产品，满足医院临床自体血液回收需求；3000H型血液回收治疗机引入血浆置换、血液治疗功能，属国内首创；HS-9000/HS-9000B加温输液泵系列产品满足临床输液加温并快速输液需求；BX-A冰冻红细胞洗涤机适用于洗涤解冻后的冰冻红细胞，满足备战需求。公司通过ISO 9001/ISO 13485国际质量体系认证和医疗器械质量管理规范体系审核。先后获国家重点新产品证书、国家科学技术进步奖二等奖、北京市科学技术进步奖一等奖、北京市高新技术企业证书、北京十大优秀专利实施项目、北京市重大科技成果推广计划、北京市安全生产标准化二级企业等荣誉。

（高光普）

北京京精医疗设备有限公司

董事长兼首席执行官 黄 帆

北京安达维森机电设备技术有限公司

2016年，北京安达维森机电设备技术有限公司（简称安达维森）总资产625.02万元，净资产504.61万元，高科技类营收占比98.6%。年内，安达维森承担的市经济信息化委智慧城市试点项目“智慧社区街镇服务平台”，通过了由市经济信息化委组织的专家鉴定。安达维森核心产品“空巢老人生活规律异常监测（硬件）系统”“居家养老社会化街镇服务（软件）平台”获得大型工程应用验证。公司启动“产品成果、知识产权与人才资源共享合作战略”。产品成果共享方面，公司以居家养老领域自主产品——空巢关怀系统为内容，与北京康孚科技股份有限公司开展共享合作，获得中国重汽集团房地产公司“高层适老化社区智能系统集成总承包”项目的技术提供方资格。公司技术团队，包揽了该项目园区网络覆盖系统、高清视频监控系统、智能楼宇对讲系统、园区紧急求助系统、居家养老空巢关怀系统、空巢老人行踪监护系统、生活服务智能调度系统在内的全部智能系统的技术方案拟定，以及技术产品提供。知识产权共享方面，公司以自主研发的iHouse智能门禁控制系统技术为对象，交由北京厚文知识产权顾问有限公司代理，申请多达45项实用新型与发明专利构成的专利池，以该专利池为基础的知识产权运营项目，已经在中国新世界（天津）地产投入测试运行。人才资源共享方面，公司以STE（A）M教育模式在职业教育领域的植入为基础，每年通过对来自职业教育领域的应届毕业生进行为期半年的“导师制”集训后，将其派驻合作企业，负责公司自有产品与技术成果在合作公司的应用事宜。在为合作企业带来新产品与新技术的同时，实现了技术人才资源的培养与储备。

安达维森成立于2011年5月，是国家级高新技术企业。2013年初，现任公司执行董事、北京市教委职业院校特聘专家、北京市通信信息协会副理事长的陶雨先生携多年技术开发成果加盟安达维森，由此开启安达维森在高技术领域的业务。安达维森是一家基于自动化控制技术、有/无线通信技术和计算机软/硬件技术的物联网技术应用企业。主要业务是面向社会、社区、企业、家庭和个人多个方面提供信息化、网络化、智能化技术产品与系统的应用定制与委托开发服务。公司核心技术资源包括：硬件体系——物联网应用网关、软件系统——精细化管理平台、云端服务——大数据智能中心。公司物联网技术应用研发中心是开发区认定的区级科研机构，企业新技术项目“空巢老人生活规律异常监测系统”获得市科委科技型中小企业技术创新项目和开发区科技局新区科技创新专项资金支持。公司拥有GB/T19001-2008idt ISO 9001:2008 质量管理体系认证、西门子（中国）公司自动化系统（M3）入围供应商等资质。获“2015年北京市诚信创建企业”称号。“空巢老人生活规律异常监测系统”“居家养老社会化街镇服务平台”“iHouse智能建筑房间控制器”3项核心产品获北京市新产品新技术（服务）证书；获市通信信息协会颁发的“新锐创新奖”“智慧城市建设积极推进奖”。

（蒋健勇）

北京安达维森机电设备技术有限公司
执行董事 陶 雨
总经理 蒋健勇

航天长征化学工程股份有限公司

2016年，航天长征化学工程股份有限公司（简称航天工程公司）营业收入13亿元，纳税额2195.5万元，利润额1.86亿元。员工641人，其中硕士322人、本科生241人、研究员24人、高级工程师112人，工程师329人，具有国家注册化工工程师、结构工程师、注册造价工程师等相关国家注册资格的人员129人。年内，航天工程公司“日处理煤量3000吨级航天粉煤加压气化炉的研制”项目通过中国航天科技集团公司立项评审会；具有自主知识产权的“大型航天粉煤加压气化技术”通过中关村管委会组织的“十百千”国家配套项目验收。公司成为中国氮肥工业协会常务理事单位；被国家五部委联合认定为国家企业技术中心；获评2016年度“中国石油和化工行业技术创新示范企业”“石油和化工勘察设计行业技术创新示范企业”。

航天工程公司位于开发区经海路141号，注册资本4.12亿元，是以具有自主知识产权的航天粉煤加压气化技术为核心，专业从事煤气化技术、关键设备的研发、工程设计、技术服务、设备成套供应和工程总承包。公司获得专利授权141项，参与制定国家标准4项，拥有化工石化医药行业甲级工程、压力容器A1/A2/A3/SAD级、压力管道GB类/GC类/GD类设计资质。2009年，公司拥有自主知识产权的煤气化装置通过中国石油和化学工业联合会的科技成果鉴定，航天粉煤加压气化技术被发展改革委列入《国家重点节能技术推广目录》；2010年，航天粉煤加压气化技术被工业和信息化部列入《重点行业清洁生产技术推行方案》，被中国氮肥工业协会评为“2007—2010年氮肥、甲醇行业技术进步奖”（特等奖）；2011年，公司被中国低碳经济发展促进会评为“2011年低碳经济科技示范基地”，被评为“中关村高新技术企业”，航天粉煤加压气化装置获科技部、环保部、商务部和质检总局联合颁发的“国家重点新产品证书”；2012年，公司成为“全国石油和化工行业粉煤气化技术工程研究中心”，被评为“北京市高新技术企业”；2014年，公司获“北京市知识产权专利示范单位”“2014中国化工装备百强”企业称号，航天煤气化技术获第66届纽伦堡国际发明展览会金奖和国际创新专项奖；2015年，公司在上海证券交易所上市，获“2015年度全国化学工业优质工程奖”“石化行业‘十二五’最具竞争力企业奖”。

（冷琎）

航天长征化学工程股份有限公司
董事长 唐国宏
总经理 姜从斌（9月任）
王明坤（9月免）

北京利达华信电子有限公司

2016年，北京利达华信电子有限公司（简称利达华信）销售额5.46亿元，员工近千人。公司被中国消防协会授予“企业信用评价 AAA 级信用企业”，连续第八年蝉联消防行业“十大知名报警企业”称号。

利达华信前身为北京利达防火保安设备有限公司，成立于 1990 年 1 月 18 日。公司拥有建筑面积 3 万平方米的集中央空调、楼宇自控、安防监控系统、宽带网及综合布线系统的智能化星级厂房。主要产品有火灾自动报警控制系统，消防广播、电话及联动系统，电气火灾监测预警系统，城市消防联网系统，工业用高抗干扰火灾自动报警系统，石油化工等行业所用的防爆火灾报警控制系统和应急疏散系统。产品销往国内外 20 多个国家和地区，并设有 100 多个分销公司和售后服务机构。

（木子）

北京利达华信电子有限公司

董事长 涂燕平

北京供电福斯特开关设备有限公司

2016 年，北京供电福斯特开关设备有限公司（简称福斯特）拥有员工 197 人，实现销售额 3.3 亿元，纳税额 864 万元。

福斯特 2002 年进驻开发区，是原机械工业部和电力工业部定点的高低压开关设备生产厂家。园区占地面积 2.7 万平方米，公司下设 7 个部门、3 个车间，有大中小型设备 16 台（套），装备了从日本进口的 58 工位数控冲模回转头压力机、数控剪板机、数控折弯机等。主要产品为高低压开关柜，共五大类 20 多个品种，主要生产 KYN28A-12 等高压成套设备、MNS 等低压成套设备。产品广泛应用于石油化工、发电、输变电、配电等行业。福斯特通过 ISO 9001:2000、ISO 14001:2004、OHSAS 18001:2007 体系认证。

（陈林）

北京供电福斯特开关设备有限公司

总经理 孙廷芹

北京瑞赛长城航空测控技术有限公司

2016 年，北京瑞赛长城航空测控技术有限公司（简称长城测控公司）销售收入 1.16 亿元，利润总额 15.48 万元，员工约 200 人。年内，长城测控公司五轴飞行模拟转台现场通过验收测试，卧式五轴转台设计通过评审，电液伺服加载系统进入联调测试阶段，安全监控系统完成电磁兼容摸底试验，开发的罐车物料监测仪通过验收。公司获得两项实用新型专利授权；获中国石化销售有限公司旗下分公司四大订单，订单总额约 874 万元。公司通过 ISO 9001 质量体系、HSE 体系现场审核，通过高新技术企业重新认定和安标国家中心的飞行检查。成立新技术推广办公室，重点开展与中关村管委会、开发区管委会下属的节能环保、新能源等产业联盟对接，全面带动公司新业务发展，促进形成新的经济增长点。与山东微感光电子有限公司、烟台经济技术开发区滨海新区建立良好合作机制，推进新业务新产品的开发工作。

长城测控公司成立于 1990 年 7 月 30 日，注册资本 1200 万元。隶属于中国航空工业集团公司，从事易燃易爆环境和特种环境测控系统及测控设备研究、开发与制造，并提供监测、管理、控制一体化的整体解决方案（技术支持、工程服务）。公司是高新技术企业。多年来，公司在“军民结合、亦军亦民”方针指导下，产品在中国的20多个省市、自治区、直辖市均有销售。公司通过ISO 9001质量体系认证、安全标准中心监督审核、安全生产分类分级评审。

（姚远）

北京瑞赛长城航空测控技术有限公司

董事长 梅方清（4月任）

张振伟（4月免）

总经理 申燕双

北京宏达日新电机有限公司

2016年，北京宏达日新电机有限公司（简称宏达日新）资产总额3.03亿元，缴纳税款1900万元，投资收益108万元。员工125人，其中在岗职工121人、专业技术人员32人、中方派驻高级管理人员1名、日方派驻高级管理人员3人。

宏达日新成立于2001年9月29日，前身是北京北开日新高压开关设备有限公司，为日本日新电机株式会社（持股85%）和北京京城机电控股有限责任公司（持股15%）共同出资成立的中日合资有限责任公司，注册资本为6500万元，位于开发区宏达南路8号。主要业务包括设计、生产气体绝缘开关及配套设备、零部件；销售自产产品；提供自产产品的安装、调试、维修、技术咨询、技术服务（售前和售后服务）。主要技术和产品从日新电机株式会社引进和自主开发，主导产品包括126千伏GIS、252千伏GIS、72.5-168千伏无功补偿专用开关（LBS）等。公司曾获“2011—2012年度纳税信用A级企业”“2013—2014年度纳税信用A级企业”“2013—2015年度高新技术企业”等称号。

（青木务 绘内康晴）

北京宏达日新电机有限公司

董事长 青木务

总经理 绘内康晴

北京华东电气股份有限公司

2016年，北京华东电气股份有限公司（简称华东电气）营业收入1.24亿元，总资产3.18亿元，纳税总额545万元；员工205人，拥有科技人员73人，研发人员56人，高级职称16人、博士2人、硕士2人。拥有有效专利35项。年内，华东电气通过华夏认证中心质量、环境、职业健康安全管理体系审核；通过北京天一正认证中心武器装备质量管理体系年度监督审核；18个低压成套开关设备通过中国质量认证中心强制性产品认证；获得核工业集团公司颁发的《核电站用1E级配电设备合格供应商》证书，以及通州区安全生产监督管理局颁发的《安全生产标准化三级企业证书》。

华东电气成立于1985年，注册资本1亿元，固定资产2.8亿元， 占地面积6万平方米，建筑面积4万平方米。主要从事智能电气成套设备的研发、设计、生产和销售，产品有ZF10B-126型气体绝缘金属封闭开关设备、ZF38-126型气体绝缘金属封闭开关设备、LW49-126型户外高压交流六氟化硫断路器、LW49-145型户外高压交流六氟化硫断路器、LW50-252/3150-50型六氟化硫罐式断路器、KYN61-40.5、KYN28A-12型铠装移开式金属封闭开关设备、GHK-Z2000 智能型低压成套开关设备、核电站用 1E 级中、低压成套开关设备，产品广泛应用于核电站、城乡电网、发电厂、变电站、石油、化工、冶金、造船、电气化铁路、地铁、城市轻轨、港口、军队国防、垃圾电站和环保等市场。公司是国家级高新技术企业、中关村瞪羚企业、武器装备科研生产许可企业、北京市科技研究开发机构。

（彭立华）

北京华东电气股份有限公司
董事长 王钰洲（12 月任）
王怀新（12 月免）
总经理 王钰洲

中国航空技术北京有限公司

2016 年，中国航空技术北京有限公司（简称中航国际北京公司）销售收入 53.5 亿元，利润总额 5052 万元，员工 295 人。年内，中航国际北京公司伊朗水泥熟料线总包项目、委内瑞拉建材项目、土耳其余热发电项目生效。

中航国际北京公司成立于 1992 年，是中国航空工业集团公司的成员单位，中国航空技术国际控股有限公司的全资子公司，注册资本 8 亿元。公司主营以水泥建材、石化工程、机械车辆为主的机电工程总包业务，具有机电工程设计、设备供应、土建安装、设备调试、运营管理等整体解决能力，在全球十余个国家和地区设立投资企业和海外机构，在南美、中东、东南亚、非洲等区域建设多个海外工程项目。公司是德国洪堡公司的控股股东。

（江玮）

中国航空技术北京有限公司
党委书记兼董事长 邹康宁

北京京诚瑞达电气工程技术有限公司

2016 年，北京京诚瑞达电气工程技术有限公司（简称瑞达公司）完成营业收入 4.51 亿元，利润 8774 万元。公司现有员工 343 人，其中硕士、博士 130 人，具有中高级以上技术职称 295 人。公司获得 17 项软件著作权，3 项专利授权。公司研发的“中厚板高性能滚切式定尺剪机组关键技术和成套装备开发与应用”获得中冶集团科技进步一等奖；自主研发的 CERI.INVT 变频器在新抚钢棒材工程、宝钢湛江 4200 毫米厚板工程中获得应用。

瑞达公司于 1998 年 4 月成立，是中冶京诚工程技术有限公司（简称中冶京诚）的全资子公司，前身为北京赛瑞斯达电气设计研究所，2004 年改制为瑞达公司，同年迁入开发区。2012 年 12 月，中冶京诚所属自动控制工程技术所、信号与通信工程技术所并入瑞达公司。公司经营范围包括技术服务与咨询、工程设计、设备集成、基础自动化、过程自动化、信息化系统集成，业务领域覆盖冶金、化工、港口、市政、发电、输配电、弱电智能化、新能源等市场。建立健康电网、智能工厂、绿色工厂、智慧管网及智能建筑四大技术方向。工程业务遍及东北、华北、华东，工程技术出口至白俄罗斯、孟加拉国、印度、伊朗等海外市场。公司冶金原料、连铸、棒材、飞剪、无缝钢管、中厚板等多项控制系统获冶金科学技术奖一、二、三等奖；40 余项软件成果获版权局授予软件著作权。

（侯东昊）

北京京诚瑞达电气工程技术有限公司
总经理 李铁

中冶京诚工程技术有限公司

2016 年，中冶京诚工程技术有限公司（简称中冶京诚）营业收入 70.36 亿元，纳税额 5.25 亿元，利润 2.38 亿元，社会贡献率 10.15%。员工 4201 人，其中国家工程设计大师 1 人、享受政府特殊津贴专家 7 人、全国冶金高级管理专家 1 人、全国冶金高级技术专家 32 人、中冶集团首席专家 3 人、中冶集团工程技术院院士 1 人、具有国际认证资格 7 人、国家注册人员 753 人，教授级高级工程师 374 人，高级工程师 961 人，工程师 1057 人；博士 45 人。

年内，中冶京诚主编新国家标准《钢铁企业节能设计标准》《工业电视系统工程设计规范》，参编新国家标准《钢结构技术规程》《钢铁企业原料场工程设计标准》，参编新行业标准《钢铁企业自备电厂副产煤气设施安全设计规范》，公司主编的行业标准《钢铁企业煤气—蒸汽联合循环电厂设计规范》获批颁布。参与的科技部“十三五”国家重点研发项目“既有工业建筑结构诊治与性能提升关键技术研究与示范应用”获批。中冶京诚中标 5 项城市地下综合管廊工程。中冶京诚全资子公司北京赛瑞斯国际工程咨询有限公司监理的武汉市轨道交通 11 号线东段工程全线安全监理标段首条盾构区间顺利贯通。中冶京诚受邀为“城市市长之家”培训，代表中国中冶管廊研究院与参加培训的城市市长深入探讨了城市地下综合管廊规划与设计、PPP 建设、地下综合管廊运营维护未来发展等问题和经验，公司被市长之家培训中心列入培训授课首选合作伙伴。中冶京诚主办的“2016 中国城市地下综合管廊建设学术研讨会”在青岛召开。中冶京诚自主研发的国内第一条高速粉末连续喷涂彩涂板卷生产线在山东科瑞钢板有限公司热试成功。中冶京诚承担设计和综合技术服务工作的宝钢湛江 4200 毫米厚板工程热负荷成功试车。

中冶京诚研发成果“烧结烟气恒温复合循环余热回收技术”获得中国钢铁工业协会、中国金属学会二等奖，《中厚板高性能滚切式定尺剪机组关键技术和成套装备开发与应用》获得北京市科技成果二等奖、中国冶金科工集团公司科技成果二等奖，《BIM 技术在台塑河静钢棒线材工程设计中的应用》获得 2016 年“创新杯”建筑信息模型（BIM）设计大赛工业工程普及应用奖。中冶京诚与清华大学联合申报的“烟气多污染物控制技术与装备国家工程实验室”入围环保领域的国家工程实验室名单，位居首位。全国冶金行业优秀工程设计奖和总承包项目管理成果奖评选中，获 14 项优秀工程设计与管理奖。公司通过了中国船级社质量认证公司的质量、环境和职业健康安全管理体系年度监督审核。被中央精神文明建设指导委员会评为“全国文明单位”。中冶京诚全资子公司北京中冶京诚工程设计咨询有限公司获“全国施工图审查工作先进单位”称号。公司董事长、党委书记施设当选为中国勘察设计协会第六届理事会理事长。

中冶京诚前身为成立于 1951 年的北京钢铁设计研究总院，系中国第一家国家级的冶金设计单位，于 2003 年 11 月 28 日改制为国际化的工程技术公司，隶属于世界 500 强企业中国冶金科工集团公司。公司先后为国内外 500 余家客户提供近5000项工程技术服务。2007年起公司经营收入连续多年超过100亿元。在历年国家建设部、中国勘察设计协会等年度排名中，均位居前列，其中2007年、2008年连续2年位列全国勘察设计企业营业收入排名百强之首。公司于2008年被认定为“北京市企业技术中心”，2010年获得人力资源社保部的批准建有博士后科研工作站，形成研究、设计、制造、中试、工程、产业一体化的创新模式。公司在业内率先获得“国家综合设计资质”“国家工程监理综合资质”等一系列国家行业最高级别的行政许可。公司曾完成多项国家重点工程设计和科研课题，获国家发明奖、国家和省部级科技进步奖、国家和省部级优秀工程设计奖等500余项，拥有职务有效专利713项，其中发明职务专利172项。公司主编或参编280余项国家和行业标准。

（程芳）

中冶京诚工程技术有限公司

董事长兼党委书记 施设

总裁 刘波

和利时集团

2016年，和利时集团（简称和利时）营业额40亿元，员工3500余人。年内，和利时成立北京和利时智能技术有限公司，专为用户提供自动化生产线集成解决方案和大型高端机器设备电控系统方案。和利时旗下新加坡CONCORD公司在卡塔尔首都多哈成立子公司，为和利时开拓中东市场提供平台。和利时携云服务、煤矿综合监控系统参加北京市两化融合成果展；大规模可编程逻辑控制器系统（PLC）参加国家“十二五”科技创新成就展；应邀参加“第13届中国国际现代化铁路技术装备展览会”；在南京国际博览中心“2016世界智能制造大会”工业和信息化部智能制造试点示范企业展区参展。

和利时创始于1993年，是中国领先的自动化与信息技术解决方案供应商，于2008年在美国纳斯达克上市。公司总部位于北京，在杭州、西安、深圳、新加坡、马来西亚、印度设有研发、生产或服务办公基地，在全国各地设有数十处服务机构，并建成可靠性与系统仿真试验中心、国家级企业技术中心和4条自动化产品生产线，拥有年产能超过1万台控制柜的大型控制系统成套基地。公司主营业务集中在工业自动化、轨道交通自动化和医疗自动化三个领域，每个业务领域又包含3个业务方向：工业自动化包含过程自动化、离散自动化和矿山自动化；轨道交通自动化包含干线铁路自动化、城际铁路自动化和城市轨道交通自动化；医疗自动化包含中药调剂自动化、颗粒包装自动化和实验自动化。公司拥有近万家客户，成功实施2万多个控制系统项目。公司被发展改革委、财政部、海关总署、税务总局联合认定为国家级企业技术中心，是科技部、国资委、全国总工会认定的创新型企业，具有计算机信息系统集成一级资质，是市高新技术企业、软件企业，国家“863”成果产业化基地，全国优秀博士后科研工作站，连续多年被评为中国软件行业100强企业，获发展改革委颁发“国家高技术产业化十年成就奖”，参与并主持多项国家标准的制定。

（张蔚青）

和利时集团

董事长 邵柏庆

欧必翼门控科技（北京）有限公司

2016 年，欧必翼门控科技（北京）有限公司（简称 OBE 门控）互联网创新园引入企业近 25 家，投资入股企业 10 家，涵盖 3D 打印、新材料、物联网、移动互联网、共享平台为主的“高精尖”优质项目。

OBE 门控成立于 2000 年，2008 年迁入开发区，注册资本 310 万美元，办公生产区 3 万平方米，是一家在旋转门、速通门、平移门、门控五金领域内集研发、销售、生产、安装、售后于一体化的专业公司。拥有门控和通道管理两大类产品，为商业楼宇、金融机构、能源行业及机场等多种场合提供旋转门、地铁屏蔽门、速通门、门禁系统和视频监控等出入口产品，服务于奥运场馆等知名建筑。公司是国家高新技术企业、中关村高新技术企业。拥有专利 50 项，累计销售额达 8 亿元，实现纳税 3000 万元以上。产品通过欧盟 CE 认证、TUV 认证。2007—2009 年被评为“门类科技创新企业、中组部工程优秀施工单位”；先后被评为“建设部自动门车库门标准化技术委员会常务委员单位”“中国饭店协会常务理事单位和供应商专业委员会常务理事单位”“2010 中国饭店业金牌供应商”“德勤一亦庄高科技、高成长 20 强企业”“中国优秀创新企业”“质量、服务、信誉 AAA 示范企业”，获绿色建材产品证书。2015 年，OBE 门控于 2011 年自筹资金建立的互联网创新园投入使用，建筑面积 3 万平方米，先后被授予“中关村现代服务业集聚发展公共服务平台”“中小企业创新公共服务平台”“开发区特色产业园”“全国产融示范基地”北京市首个“产业互联网金融创新基地”等称号。依托于实业的发展，在“互联网 +”时代背景下，面对区域经济的转型与升级，OBE 突破原有的行业的壁垒，率先完成传统制造业的转型升级，成为涉足门控、安防、太赫兹产业园、物业管理、金融等多板块融合发展的集团化公司。

（胡子琼）

欧必翼门控科技（北京）有限公司

总裁 张建新

北京华安远大智能电气有限公司

2016 年，北京华安远大智能电气有限公司（简称华安远大）资产总额 1.13 亿元，营业收入 929.45 万元，纳税总额 136.36 万元。年内，公司获专利 12 项，其中实用新型专利 9 项、外观设计专利 2 项、发明专利 1 项。

华安远大于 2012 年入驻开发区，注册资本 1 亿元，占地面积近 7 万平方米，公司拥有现代化的综合厂房和先进的数控生产、加工、测试设备，拥有专业的动态无功补偿成套装置全容量实验设备和测试手段。公司主要从事智能电气设备的研发、设计、生产和销售业务，主要产品系列有（干式、油浸式）高压动态无功补偿和谐波治理成套装置（MSVC）、自动调谐偏磁式消弧线圈、高压静止无功发生器（SVG）、高压动态无功补偿装置（SVC）、有源滤波成套装置（APF）、高压自动无功补偿电容柜、调压式动态无功补偿装置干式变压器、特种电抗器、柱上式线路自动调压器、高压开关柜局部放电检测仪等智能电气设备。华安远大致力于加强智能电网、节能减排领域的技术创新，在电压无功控制、电能质量品质提升和节能降耗等方面为客户提供整体解决方案，是国家高新技术企业、中关村高新技术企业、开发区企业协会会员，获得开发区科技创新资金支持，设计开发的大型故障限流器技术填补国内行业空白。

（马彦华）

北京华安远大智能电气有限公司

总经理 陈宜军

北京赤那思电气技术有限公司

赤那思电气补偿柜　　企业提供

2016 年，北京赤那思电气技术有限公司（简称赤那思电气）有员工 50 人，各项重点经济指标与上年持平。年内，赤那思电气完成延长石油延安能源化工有限责任公司延安煤油气资源综合利用项目 35 千伏框架式并联电容器成套装置的现场指导安装，通过勘测现场环境和主要负荷，选用 CETBB1 回路和 2 回路的积木式智能型高压自动无功补偿装置；响应“一带一路”政策号召，启动菲律宾留学和游学项目；自主研发的“容性交流电压调节装置及容性调压供电设备”获得实用新型专利授权。公司连任北京市建筑装饰协会电气委员会副会长单位、陕西省节能协会副会长单位。

赤那思电气创立于 1999 年 1 月 8 日，致力于无功补偿、谐波治理、电能质量优化等领域的技术研究和解决方案制定。主要产品有高 / 低压无功补偿成套装置和其电力电容器、电抗器、控制器等核心元器件，产品广泛应用于电力、汽车制造、船舶、冶金、煤炭、石油化工、水泥等领域。公司自主研发 20 多个核心专利技术，通过国家高新技术企业认证和中关村高新技术企业认证、CCC 国家强制性产品认证、ISO 9001:2000 质量管理体系认证、ISO 14001:2004 环境管理体系认证、GB/T 28001-2001 职业健康安全管理体系认证。公司是中国电工技术学会电力电容器专业委员会会员单位，能源行业无功补偿和谐波治理装置标准化技术委员会委员，《高压电力滤波装置设计与应用导则》《高压并联电容器装置的通用技术要求》国家标准起草委员会成员，《高压静止同步补偿装置》《低压静止无功补偿发生装置》《磁控电抗器型高压静止无功补偿装置》能源行业标准起草委员会成员。公司积木式无功自动补偿装置、抽出式低压智能无功自动补偿装置入选第二批自主创新产品目录，是市政府采购的首选产品。公司是中石油、国家电网合格供应商。

（于春影）

北京赤那思电气技术有限公司

总经理 战子英

博世力士乐（北京）液压有限公司

2016 年，博世力士乐（北京）液压有限公司（简称博世力士乐）完善了移动控制和紧凑型液压业务。公司在业务上得到客户三一重工和卡特比勒的认可，连续三年获得卡特彼勒颁发的银级质量认证，获得 SANY 颁发的 2016 年度质量优秀奖。

博世力士乐是 1996 年博世集团在中国设立的制造基地之一，其厂区位于开发区永昌南路 6 号，总占地面积 8 万多平方米，建筑面积 6 万多平方米，主要生产行走、回转、卷扬减速机、液压泵和马达等产品。

（李静媛）

博世力士乐（北京）液压有限公司

副总裁兼商务总经理 陈明思（7 月任）

Jin Zheting（7 月免）

副总裁兼技术总经理 陈吾伟

北京利达科信环境安全技术有限公司

2016 年，北京利达科信环境安全技术有限公司（简称利达科信）员工 65 人，年产值 1410 万元，纳税额 97 万元。年内，公司成功研发环保智能监管仪、运维系统软件、叶绿素 A 和蓝绿藻二合一在线监测仪、总氮在线监测仪。公司中标北京市通州区污染源在线运维项目；中标北京市昌平区环境保护局油烟采购项目；与北京市石景山环境保护局合作开发石景山区智慧环保平台研发与示范课题。截至年底，公司取得 2 项中国环境保护产品认证、1 项软件著作权。

利达科信成立于 2002 年 7 月，注册资金 1500 万元，是一家集研发、生产、销售环保在线监测设备于一体的高新技术企业。利达科信先后通过国家高新技术企业认定、ISO 9001 质量管理体系认证、ISO 14001 环境管理体系认证，获环境污染治理设施运营证书，获中关村国家自主创新示范区创新型试点企业、北京科技研究开发机构、北京市瞪羚重点培育企业称号。

（陶素杰）

北京利达科信环境安全技术有限公司

董事长兼总经理 王 欣

北京卓越航空工业有限公司

2016 年，北京卓越航空工业有限公司（简称卓越航空）与多家合作单位致力于研发 Gemini 系列重油发动机。卓越航空专门从事航空发动机销售、零部件开发和委托加工。公司通过全资收购美国卓越航空发动机公司而将其生产技术和质量管理体系引进中国，在中国组装生产 XP（150~215 马力）和 Vantage（180 马力）、航空重油发动机系列活塞发动机。

卓越航空成立于 2010 年 7 月 8 日，是通用航空活塞发动机及零部件的生产和供应商，拥有 1500 多种零部件的生产许可 PMA 认证，以及质量管理体系和资质认证。公司专门从事航空发动机销售、零部件开发和委托加工。生产的发动机系列有华帝（Vantage）I/O-360 系列和 XP 系列的 I/O-320、I/O-360、I/O-400 发动机，其中部分通用航空活塞发动机（Vantage 系列）已经获得美国联邦航空局、欧航局和加拿大适航当局的相关认证。

（于雪莲）

北京卓越航空工业有限公司

董事长 成身棕

航天长征火箭技术有限公司

2016 年，航天长征火箭技术有限公司（简称航天火箭公司）销售收入 20.02 亿元，利润 1.81 亿元，航天技术应用比 2015 年增长 53%。年内，公司参与的北斗二号卫星工程获国家科学技术进步奖特等奖；公司获“导航产业二十年特别贡献奖”。

航天火箭公司于1999年12月15日在开发区注册成立，注册资本3.99亿元。2005—2016年，公司连续获“全国精神文明建设工作先进单位”称号；2008年，被全国总工会授予“全国五一劳动奖状”；2010年，获“全国模范职工之家”“全国五四红旗团支部”称号；2013年，被评为北京市“纳税信用A级企业”；2014年，获“全国工人先锋号”称号。

（吴希瑶）

航天长征火箭技术有限公司

总经理 李凉海（4月任）

李艳华（4月免）

北京航天拓扑高科技有限责任公司

2016年，北京航天拓扑高科技有限责任公司（简称航天拓扑）营业收入2.3亿元，利润总额2200万元，新签合同额实现3.6亿元，员工218人。年内，公司烟草自动化控制专业中标武汉卷烟厂制丝管控系统、柳州卷烟厂制丝线集控系统和太原卷烟厂制丝线集控系统等项目；燃气监控调度专业中标北京燃气、山西天然气、湖北天然气、华润燃气、山西煤层气等项目；公司以“产、学、研、用”模式，与航天科研院所、高校签订项目合作协议，开拓智慧工厂、智慧燃气、智慧海事、智能消防等业务领域，为卷烟行业自控系统提供整体解决方案，为燃气行业提供数字化管道整体解决方案。

航天拓扑于2001年5月15日成立，位于开发区永昌南路21号。2003年航天拓扑在开发区购置土地1.07万平方米，兴建测控研发生产基地。公司第一大股东北京航天万源科技公司是中国运载火箭技术研究院下属的全资单位，第二大股东航天投资控股有限公司是中国航天科技集团公司授权的投资管理主体、资本运作和战略合作的平台。公司致力于烟机、燃气、热力、供水、配电、物流等领域的自动化控制和监控管理系统集成、军品配套产品和旋转机械故障诊断系统的设计、开发、生产和服务。公司在烟草、燃气及军工等领域有二十多年行业历史，先后承制多项重点工程，多次获得部（集团公司）、院级科技进步奖。公司获得机电设备安装工程专业承包三级资质、安防工程企业资质三级证书、计算机信息系统集成二级资质，通过质量管理体系、职业健康安全管理体系、环境管理体系认证。

（尹飒）

北京航天拓扑高科技有限责任公司

董事长 刘中兵

总经理 孙晓波

中国航空科技工业股份有限公司

2016年，中国航空科技工业股份有限公司（简称中航科工）收入366.28亿元，纳税额9.55亿元，员工57144人。

年内，中航科工AC352系列直升机完成首飞，填补中国民用直升机谱系7吨级的空白；AC311系列直升机完成空中游览、空中警戒、公务飞行、加装医疗救护设备试飞任务；双发轻型直升机AC312E实现首飞，进入科研试飞阶段；AC313系列直升机完成应急漂浮试飞和飞行充气实验，是国内首次适航验证的水上运行机型；

为适应高原需求研制的 AC311A 系列直升机，获得中国民航局（CAAC）颁发的型号合格证和生产许可证；运 -12 系列飞机获中国民航局（CAAC）和美国联邦航空管理局（FAA）颁发的型号合格证；中航科工旗下洪都航空作为国产大飞机 C919 机身等直段唯一供货商，再度获中国商飞优秀供货商银奖。中航科工 56Gbps 高速连接器项目中标国家工业强基工程；收购中国航空规划设计研究总院有限公司，新增航空工程服务业务；成功突破智能自动布纤技术，全年 46 项自动化项目取得成效；成功进入通信领域国际龙头全球供货商行列，在欧洲电动汽车市场实现突破；首批 L15Z 飞机和 12 架初教六飞机完成海外用户交付。中航科工 L15 高级教练机及 K8 教练机亮相第九届南非防务展，为 L15 高级教练机首次在非洲大陆进行飞行表演；中航科工首次组织子公司参加第 50 届范堡罗国际航空航天展览会。

中航科工成立于 2003 年 4 月 30 日，注册资本 46 亿元，同年其 H 股在香港联交所挂牌上市（股票代码：2357），内资股股东为中航工业、中航机电、中国华融资产管理股份有限公司、中国信达资产管理股份有限公司、中国东方资产管理公司，H 股股东主要为空中客车集团（Airbus Group）。中航科工旗下企业由中直股份、洪都航空、中航电子和中航光电四家 A 股上市公司，及天津航空、中航传媒规划等多家航空制造业相关企业。公司是直升机、教练机、通用飞机、航空零部件和航空电子产品制造商，产品包括直 1 吨至 15 吨系列直升机；L-15 高级教练机、K-8 中级教练机和 CJ-6 初级教练机；Y-12 系列运输机和 N-5 系列农林飞机，其中 Y-12 成功出口美国，成为首次进入发达国家市场的中国民用飞机；机载电子产品、连接器产品和机电产品三大类，广泛应用于航空、航天、兵器、船舶、通信、铁路、石油、医疗设备、电力、电子、轨道交通、新能源、通信网络和电子信息等领域。

（夏源）

中国航空科技工业股份有限公司

董事长 林左鸣

副董事长兼总经理 谭瑞松

赛维航电科技有限公司

2016 年，赛维航电科技有限公司，简称（中航工业）赛维航电。有员工约 160 人，营业收入 5180 万元，利润 260 万元，上缴所得税 57.5 万元。公司共承担国家重点型号测试任务 76 个，软件测试规模累计 598.8 万行，设计测试用例约 21 万个，发现软件问题约 1.4 万个。（中航工业）赛维航电通过中国新时代认证中心 GJB9001B-2009 质量体系认证审核、北京市保密认证审查委三级保密资格认证、北京市保密认证审查委二级保密资格认证。

（中航工业）赛维航电于 2001 年 12 月成立，注册资本 8980 万元，是中国航空工业集团公司的成员单位，是（中航工业）计算机软件北京测评中心的挂靠单位。公司致力于军用软件测试和系统测试环境建立等相关工作，测试业务领域覆盖海装、陆航、空装、总参二部、总参四部、二炮、科研院所和院校，参与所有航空在研型号和老机改造型号等 40 多个国家重点型号 500 余项军用软件的测试任务，成为海装、陆航、空装软件工程化检查与管理的重点支撑单位，也是中国航空工业集团公司软件质量信息收集汇总和软件工程化管理推进的依托单位。公司具备民用软件测试资质（CNAS/DILAC）和能力。

（张弛）

赛维航电科技有限公司

董事长 郑育才

北京星网宇达科技股份有限公司

星网宇达生产线　田艳军 摄

2016年，北京星网宇达科技股份有限公司（简称星网宇达，股票代码：002829）总资产达8亿元，实现营业收入2.77亿元。员工326人，其中博士5人，硕士以上学历人员占12.88%、本科以上学历人员占75%。星网宇达下属2家全资子公司（北京星网卫通科技开发有限公司和北京星网测通科技有限公司），5家控股公司（北京星网智控科技有限公司、武汉星网光测科技有限公司、北京尖翼科技有限公司、武汉雷可达科技有限公司和北京图元科技有限公司）。

年内，星网宇达惯性导航与测控产品产业化基地在开发区建设落成并入驻。星网宇达获得2项发明专利、2项实用新型专利授权，获得3项商标权“星网宇达”“北斗驾考”和“惯性+”（商标号分别为14347311、12898873、17604768）。下属子公司共10项软件成果获软件著作权，北京星网智控科技有限公司获得4项软件著作权，武汉星网光测科技有限公司获得2项软件著作权，北京星网卫通科技开发有限公司获得4项软件著作权。公司参展第十届中国国际国防电子展览会、北京国际军民融合装备展览会、2016北京国际应急信息技术与装备展览会、第四届中国（绵阳）科技城国际科技博览会、美国卫星展、国际通信与资讯科技展览及研讨会。

星网宇达成立于2005年5月20日，注册资本7600万元，是国家级高新技术企业和双软（指软件企业的认定和软件产品的登记）企业，始终专注于惯性技术开发和产业化应用，主要开展惯性组合导航、惯性测量、惯性稳控产品的研发、生产和销售，并为航空、航天、航海、电子、石油、测绘、交通和通信等多个领域用户提供全自主、高动态的位置、速度、姿态等信息的感知、测量和稳定控制服务。公司具备武器装备科研生产和承制资格，并通过质量管理体系和保密资格认证，具有增值电信业务经营许可证和计算机信息系统集成资质，长期致力于北斗和惯性导航技术的研发与产业化，在惯性技术应用领域形成基惯性组合导航系统、惯性测量系统、惯性稳定控制系统三个类别，几十个型号产品。产品服务于国民经济和国防建设，在军民两个市场发挥着重要作用，是行业领先的产品供应商和技术方案提供商。

（姚珍珍）

北京星网宇达科技股份有限公司

董事长兼总经理 迟家升

北京中车赛德铁道电气科技有限公司

中车赛德生产车间　　乔建岗 摄

2016 年，北京中车赛德铁道电气科技有限公司（简称中车赛德）总资产 5.91 亿元，销售收入 3.66 亿元。员工 100 余人、临时劳务人员 20 余人，其中专业技术人员 40 余人，拥有一支 16 人的技师队伍，拥有各类设备 40 余台，建立了完整的计算机辅助设计系统。年内，中车赛德承担中国铁路总公司科技研究开发计划课题《高速动车组受电弓关键技术研究——高速受电弓研制》，通过自主研发，设计出满足中国标准动车组高速运营要求的自主化高速受电弓。公司通过环境管理体系 ISO 14001、职业健康安全管理体系 OHSAS18001、国际铁路行业标准 IRIS、国际焊接质量体系 EN15085 等体系认证。截至年底，公司共取得专利 89 项。

中车赛德成立于 2003 年，是由中车大同电力机车有限公司投资组建的股份制高新技术企业，注册资本 7116 万元，其中无形资产 1670 万元。公司总部位于开发区永昌中路 9 号，拥有 7210 平方米的办公研发大楼、4657 平方米的生产基地，在山西大同建有受电弓专业生产基地。公司专注于机车车辆核心产品的研发和制造，通过技术引进合作方式进行吸收、转化和再创新，占领轨道交通行业高压电器产品的技术制高点。2005 年，公司取得中车大同电力机车有限公司 /ALSTOM 技术引进重载机车多种高压开关的技术引进资格许可；获得和谐 2 型重载电力机车主断路器等 6 种高压开关的国产化机遇，成功拓宽产品线。公司主型产品 DSA200 型受电弓，DSA250 型受电弓是铁路总公司引进和谐 2、和谐 3 型电力机车，以及 CRH1、CRH2、CRH5 三种和谐号动车组的唯一指定供应商。并从各系列受电弓发展为含受电弓、主断路器、接地开关、高压隔离开关、高压电压互感器、绝缘子、高压电缆、干燥器等多种高压电器系统集成产品，由单一的受电弓供应商转型为铁路车顶高压电器的专业供货商，为客户提供各种速度等级条件下的轨道装备受流和开关控制的系统解决方案。

（陈晓光）

北京中车赛德铁道电气科技有限公司

董事长 郭胜清

总经理 马　君

众德迪克科技（北京）有限公司

2016 年，众德迪克科技（北京）有限公司（简称众德迪克）总资产 2200 万元，净资产 1200 万元，营业收入 3000 万元，净利润200万元。员工50人，其中大专以上学历人员达100%。众德迪克拥有3家控股子公司。年内，众德迪克与中国航天科工集团签署战略合作协议。众德迪克参展2016世界机器人大会，2台明星机器人产品“Alan”“Boy”在展会上向观众表演舞蹈、弯道行走、展位外地图扫描和自由行走等多项内容，并与观众进行语音交流互动。该款服务机器人采用众德迪克全新的底盘技术，集成先进的雷达系统，具有更好的导航和行走能力；智能机器人阿兰参演北京市国资委“国企楷模—北京榜样”主题活动，并与劳动楷模们同台表演才艺节目《出彩中国人》。公司服务机器人参加以“新起点新征程聚众力赢未来”为主题的中国机器人产业推进大会，获由中国机器人产业联盟颁发的中国机器人认证（CR）证书。

众德迪克成立于2012年，位于开发区荣昌东街6号1号楼1层6107，注册资本1000万元，是专业从事服务机器人、智能科技产品和智能装备研发、制造和销售的国家高新技术企业，提供快消、金融、机场、医疗、政务、智慧城市等商务领域智能机器人平台服务。众德迪克专注打造行业客户数据平台接口，大数据关联、分析和“人工智能服务（AI）+”云平台，构建垂直领域“智慧云”知识数据库、语音交互数据库和B2C消费级产品，同时潜心研制商务端服务、智能家居多元化产品。公司有100多项新型专利、发明专利和软件著作权等自主知识产权。公司机器人通用底盘和运动控制核心算法，ROS智能控制系统、多传感器融合，语音交互系统及大数据采集系统三块核心技术处于世界先进技术水平。智能产品包括商务端服务机器人“Alan”和“Boy”系列、桌面级机器人“Alan-Mini”；家用消费端智能产品“睡眠宝宝”“Solargirl”智能灯、智能空气净化器；智能轻型协作机械臂、智能制造装备生产线、自动化仓储物流等整体解决方案。

（钱龙）

众德迪克科技（北京）有限公司

董事长 贾相晟

总经理 吴亚军

哈尔滨工大特种机器人有限公司

哈工大机器人集团北京展厅　　蔡璨 摄

2016年，哈尔滨工大特种机器人有限公司（简称哈工大机器人集团特种机器人事业部）总资产1.23亿元，净资产6527万元，实现营业收入7286万元，员工105人，其中本科及以上学历人员达85%。公司租用大族企业湾5000平方米的经营场地，其中机器人产品展厅800平方米。年内，公司通过国军标质量管理体系认证，质量、环境、职业健康安全管理三体系认证，三级保密资格单位认证、国家高新技术企业认定。公司参展第四届中国—南亚博览会暨第24届中国昆明进出口商品交易会；携60余款产品，参展

2016 北京世界机器人大会。公司与丹麦 EFFIMAT 公司达成战略合作协议。全资子公司北京军立方机器人有限公司获两化融合管理体系贯标试点称号。

哈工大机器人集团特种机器人事业部成立于 2015 年 3 月，是哈工大机器人集团下属一级子公司，注册资本 4285.7 万元。哈工大机器人集团特种机器人事业部拥有 3 家全资子公司、2 家分公司，是集设计、开发、制造、售前售后于一体的高科技企业。公司主要业务是为公安、消防、国防、军工等领域提供特种环境下机器人产品和自动化装备，包括涵盖国防“陆、海、空”应用领域的安防、排爆、武装打击、查验类机器人、水下机器人、无人机等产品和整体解决方案，在公安、消防、武警和国防系统应用广泛；提供自动喷涂、装配、钻铆、焊接、冲压、仓储等自动化设备和生产线智能化升级改造服务，并在军工市场取得突破。

（黄雅薇）

哈尔滨工大特种机器人有限公司

董事长 王　猛

总经理 唐霄汉

新兴产业

综 述

2016年，开发区依托完备的“高精尖”产业基础和科技创新体系，坚持科技文化融合发展方向，加快推进新兴产业技术创新、建设科技与文化融合发展示范区，打造首都文化产业发展新高地。实施“互联网+”融合计划，推动现代信息技术在产业中的应用。

支持京东商城、中航技进出口、航天火箭建设企业总部，承接城六区产业功能疏解，服务在京中央企业和跨国公司可持续发展。承办首届智慧消防物联网高峰论坛，推进京津冀公共消防安全领域资源共享、深度融合、协同创新。打造湖南省首个兆瓦级智能微电网项目，签署3个智慧能源项目，推动新能源绿色发展。推进惠买在线二期项目建设，加快推进京东商城总部二期项目落地。打造京东互联网创新中心，提升互联网技术研发、互联网创新创业融合发展水平，成立国际产业互联网研究院，鼓励酒仙网电子商务股份有限公司、北京惠买在线网络科技有限公司扩展市场，加快在京津冀布局。酒仙网B2C、B2B开放平台上线，惠买在线定制一台国际化水平的HTDV高清转播车，扩大场景化视频规模。国富瑞数据系统有限公司北京通州3号数据中心入选绿色节能示范项目。中金数据系统有限公司投资建设武汉超算暨云计算（数据）中心，成为国家网络人才安全与创新基地先导项目和首个建成项目。

年内，美国百老汇托尼奖·中国落户开发区，这是中国首次引进落地的世界顶级演艺品牌，也是这一国际顶级奖项70年来首次对大中华地区进行官方授权。成立北京亦庄文化创意产业联盟，该联盟是开发区首家获国家政府部门认可的文化产业社会团体，有会员单位39家。开发区文化创意产业营业收入突破1000亿元，与海淀区、朝阳区、东城区支撑起北京市文化创意产业八成以上收入，成为北京市文化创意产业的生力军。

（张辰）

新能源和新材料

京运通子公司山东天璨两个项目通过验收

3月8日，北京京运通科技股份有限公司节能环保事业部——山东天璨环保科技有限公司承担的冶金建材产业结构调整项目——“年产6000立方米新型功能陶瓷催化剂项目”通过竣工验收。5月13日，山东天璨承担的发展改革委“稀土稀有金属新材料研发和产业化专项”项目——“年产300万套国V高效净化汽车尾气的稀土催化剂生产线”项目通过验收。

（王琪）

中泰嘉纳尔科技公司成立

6月，由嘉纳尔科技（北京）有限公司和山东中泰新能源有限公司共同投资成立中泰嘉纳尔科技（北京）股份有限公司，位于开发区运成街，注册资本5000万元。主要经营新型垂直轴大型风力发电设备和无坝水力发电设备，签订风电制造项目总金额8亿元。

（王春时）

天诚同创打造湖南省首个智慧能源项目

7月28日，北京天诚同创电气有限公司与湖南高澜股份全资子公司岳阳高澜节能装备制造有限公司（简称岳阳高澜）在湖南省岳阳市举行智慧能源项目签约仪式。双方通过联手打造湖南省首个兆瓦级智能微电网项目，为岳阳高澜园区提供清洁能源，提高负荷侧用能效率。该项目计划于10月开工，内容包括整合光伏发电系统＋储能系统＋蓄冷（蓄热）＋充电桩＋微网控制系统等多种系统，其中光伏系统年平均发电量为145.9万千瓦时左右，在25年工程寿命期内总发电量将达到3646.9万千瓦时。

（李晔）

北京市委书记到金风科创调研

8月24日，中共中央政治局委员、北京市委书记郭金龙一行到北京金风科创风电设备有限公司研发生产基地调研。金风科创总裁王海波、执行副总裁吴凯等陪同。郭金龙一行参观金风科创智慧园区展示厅、电控产品生产车间，听取金风科创在直驱永磁风电产品、智能微电网、风电大数据和智能制造等“高精尖”产业结构升级方面创新发展情况汇报，了解公司从风电装备制造企业逐渐向综合服务型企业转变的新想法和新成绩。郭金龙肯定公司在产品研发、服务模式转变方面所做的努力，鼓励公司要瞄准市场需求不断创新，加大技术研发攻关力度，提高企业核心竞争力和可持续发展能力。

（陈戈）

天诚同创项目获美国能源基金会资金支持

8月，北京天诚同创电气有限公司与发展改革委能源研究所开展“金风科技绿色供应链管理的运作模式、推进机制与案例研究”合作项目，以新疆金风科技股份有限公司为样板，摸索和研究基于绿色供应链推动链上企业节能减碳的运作模式和推进机制，总结经验和实施模式，为中国制造业企业绿色转型升级提供创新工业节能减排新模式，在实现环境优化、节能减碳的前提下，提升整个风电产业链条的市场竞争力。该项目得到美国能源基金会（The Energy Foundation）15 万美金研究费用支持。天诚同创已协助欧伏电气、龙马重科、宁波日星铸业、中车永济电机、高澜股份等多家企业开展智慧能源解决方案建设。

（李晔）

天诚同创签署多个智慧能源项目

9 月 20 日，北京天诚同创电气有限公司与中国中车集团公司子公司中车永济电机有限公司合作的绿色综合智慧能效项目启动，天诚同创为中车定制绿色综合智慧能效解决方案，助力企业绿色发展转型升级。10 月 21 日，与北京首钢自动化信息技术有限公司签订智能微网及动力电池梯级利用战略合作协议，双方将在智能微电网、储能充电站和动力电池梯级利用领域，通过科研合作项目、合作科技攻关，推进技术创新和探索新技术应用。12 月，与远东集团有限公司（简称远东控股）签署智慧能效战略合作协议。天诚同创利用智慧能源领域技术成果和经验，为远东控股厂区建设多能协同综合能源供给体系，提高厂区可再生能源应用比重，实现负荷侧智慧用能，提升能源综合利用效率。远东控股发挥自身产品、技术（智慧能源、能效管理等）、服务、投资优势，与天诚同创共同探索创新智慧能效模式。

（李晔）

京运通参加 2016 北京微电子国际研讨会

9 月 27 日—28 日，北京京运通科技股份有限公司在北京亦庄亦创国际会展中心参加 2016 北京微电子国际研讨会暨中国新能源汽车电子高峰论坛。会上，京运通介绍了 4 个事业部主营业务，并展出区熔炉拉制出的 8 寸区熔单晶硅棒。

（王琪）

京运通 1000 型单晶炉全自动化改造完成

11 月，北京京运通科技股份有限公司高端装备事业部完成 1000 型单晶炉全自动化改造工作并通过验收，移交至河北晶龙集团邢台单晶基地。标志着公司掌握大尺寸单晶炉的自动化控制技术。

（王琪）

京运通签订 2.76 亿元合同

12 月 28 日，北京京运通科技股份有限公司高端装备事业部与北京晶澳太阳能光伏科技有限公司签订设备供需合同。公司向北京晶澳出售软轴单晶硅炉、多晶铸锭炉，销售总金额 2.76 亿元（含税）。

（王琪）

新能源和新材料企业（部分）

北京通力盛达节能设备股份有限公司

2016 年，北京通力盛达节能设备股份有限公司（简称通力盛达）拥有员工 180 人。公司研发中心通过区级研发机构评审认定。公司为开拓军品电源市场启动国军标体系认证工作，提高整体竞争力。

通力盛达成立于 1993 年，注册资本 7335 万元，2014 年被北京贝能达技术有限公司并购。贝能达公司是一家专业研制轨道交通装备制造的高新技术企业，主要业务为铁路通信和轨道交通乘客信息系统，曾承担多项国内外重大项目建设。通力盛达是集节能产品研发、制造、销售和服务为一体的综合型高新技术企业，在中国最早研制智能通信电源并参加起草技术标准，在开发区有一座1.4万平方米的现代化生产基地。公司主营产品包括通信用高频开关电源系统（包括室内型、室外一体化型、室内外壁挂型、嵌入型）、机房智能换热空调、机房智能交流配电箱、模块电源和远供电源等。公司先后通过ISO 9001质量管理体系认证、ISO 14001环境管理体系认证和GB/T28001职业安全管理体系认证，引进先进的ERP（企业资源管理系统），是北京电源行业协会常务理事单位、北京市专利工作试点单位。公司产品先后通过美国UL、FCC，德国TUV，欧盟CE和ROHS/REACH等国际认证，同时通过中国质量认证中心的CQC安全认证和国家节能产品认证。公司拥有专利几十项、多项软件著作权证书，是北京市专利工作试点单位、北京市质量AAA级企业、国家高新技术企业。

（杨春阳）

北京通力盛达节能设备股份有限公司

董事长 郑小勇

总经理 徐小林

康明斯排放处理系统（中国）有限公司

2016年，康明斯排放处理系统（中国）有限公司（简称康明斯排放）中国区保有量超过50万套，全球保有量超过320万套。在中国年产销量突破25万台。公司获SBP（同步业务计划）Class A认证。

康明斯排放是康明斯（中国）投资有限公司的全资子公司，成立于2008年6月，2009年9月开始批量生产。康明斯排放作为首批满足国四、国五、欧IV、欧V、欧VI、EPA2010、EPA2013排放标准的业内领先企业，为客户提供全系排放处理解决方案，主要包括选择性还原催化器（SCR），柴油氧化催化器（DOC），部分流催化器（PFC）和柴油颗粒捕集器（DPF）等。康明斯排放同时致力于开发更高效、更兼容的产品，如碳氢喷射系统、尿素喷射系统、发动机与后处理控制模块、超低排放系统分解反应器及EcoFitTM系列后处理产品。后处理产品可兼容从2.8L ~ 95L的各种发动机平台，应用覆盖中重型卡车、轻型卡车、中重型客车、工程机械、农用机械及大马力发电机组等。公司客户除康明斯排放事业部外，还包括福田、一汽、东风、宇通、金龙等众多国内外知名企业。2009年9月，康明斯排放第一台后处理产品下线；2013年5月，与东风汽车在湖北十堰成立合资公司生产排放处理设备；2013年11月，历史第十万台后处理产品下线；2014年11月，首个年度第十万台后处理产品下线；2015年12月，后处理系统的关键部件UA2尿素泵实现年度第十万台产品下线；2015年，康明斯排放产能达40万套。康明斯排放曾获福田汽车年度优秀供应商“科技创新奖”，东风康明斯排放处理系统“2014年度最佳供应商”，福田汽车“同步开发优秀供应商”“科技创新贡献奖”“优秀供应商”“科技创新奖”，日野汽车“最优秀供应商”等奖项和称号。

（冯思硕）

康明斯排放处理系统（中国）有限公司

总经理 苟 明

北京天诚同创电气有限公司

2016年，北京天诚同创电气有限公

司（简称天诚同创）营业收入36.17亿元，利润总额5.31亿元，纳税额2.18亿元；拥有员工879人，其中博士8人、硕士164人、本科生316人，有技术研发序列人员264人、制造工人311人。年内，天诚同创与中国中车集团公司子公司中车永济电机有限公司合作的绿色综合智慧能效项目启动；公司与高澜股份全资子公司岳阳高澜节能装备制造有限公司签署智慧能源项目；公司与北京首钢自动化信息技术有限公司签订智能微网及动力电池阶梯级利用战略合作协议；公司与远东控股集团有限公司签署智慧能效战略合作协议。公司举办以"携手金风·低碳发展·节能共赢"为主题的2016年第一届天诚同创供应商大会暨智慧能效论坛。公司在首届中国能源互联网领袖论坛中获能源互联网最具影响力先锋企业称号，连续四年被评为"德勤一亦庄高科技、高成长20强企业"。

天诚同创成立于2008年12月，注册资本1亿元，是新疆金风科技股份有限公司的全资子公司。公司专注于用能侧技术和产品创新开发，围绕能源用户需求，提供智能微网与分布式能源、电力交易、综合能效管理和数字化云平台等系统解决方案，助力客户降低综合用能成本、提高清洁能源占比。在能效管理领域，公司自主研发的SEP（Smart Energy Efficiency Platform）智慧能效平台包含40多个功能模块，可实现实时监测、数据查询、能效分析、报表输出、报警管理、设备管理、系统管理、电能质量、能耗报告等功能，满足工业企业能源可视化管理和动态监测；在冷却供冷领域，通过水蓄冷空调系统利用晚间低谷期廉价电力开启空调机组制冷，以低温水的形式储存起来。在白天电力负荷和电价较高时，把储存的冷量释放出来，以满足建筑物、生产等用冷需求，节省空调系统运行费用并降低电力峰值负荷；在智能化关键设备方面，智能微网暂态稳控保护装置、智能微网动态稳控保护装置、负荷侧管理系统等智能化软硬件，为广大用户提供智慧能源。在负荷侧，通过建立数据采集系统采集负荷信息，实现对负荷可视化监控和预测；依据供电可靠性要求，对负荷进行分类，提供个性化能源解决方案。在电源侧，根据负荷分析结果和自然资源分布情况，规划、配置和集成各类分布式电源（风、光、电、柴、储），提高终端能源利用率。在电网侧，基于负荷侧和电源侧的综合智慧管理，实现电网侧的优化运行，最终提高电网的运行管理水平。

天诚同创参与研究的"2.5兆瓦直驱永磁风力发电机组"获2011年度国家能源科技进步一等奖；2013年，公司"一种风力发电机"获第15届中国专利奖优秀奖；2015年，公司IV型逆变器产品，以大于98.3%的中国效率，成为中国第一批获得CQC发起的光伏产品"领跑者"太阳能产品认证证书企业；2.5兆瓦风电机组主控系统、3.0兆瓦风电机组主控系统、2.0兆瓦风机直驱型高功率密度变流器被认定为北京市新技术新产品。智慧能源方面，公司参与两项国际标准的制定（均已立项）；9项国家标准的制定（2项已发布、7项已立项）；18项行业标准的制定（3项已发布、15项已立项）。负责金风智能微网项目入选首都蓝天行动科技示范工程。公司还先后被认定为中关村高新技术企业、北京市企业技术中心、北京市科技研发机构、中关村“十百千”重点培育企业、北京市专利试点企业、北京市高新技术成果转化示范企业等。

（李晔）

北京天诚同创电气有限公司

总经理 杨 华

北京金风科创风电设备有限公司

金风科创生产线 田艳军 摄

2016 年，北京金风科创风电设备有限公司（简称金风科创）年产值 54.97 亿元，实现销售收入 58.14 亿元，比 2015 年增长 7.11%，上缴税费 2.04 亿元。在职员工 1481 人，其中大专及以上学历人员占 94%，本科及以上学历人员占 86%，拥有来自德国、美国等十余个国家的外籍员工。年内，公司申报的“智慧风电设计运营互联网服务技术北京市工程实验室”获市发展改革委批准认定。公司建立人才支持和培养体系，在管理和技术双通道拥有全方面培训课程，培养出北京市海外高层次人才 1 人，开发区新创工程领军人才 3 人。

金风科创成立于 2006 年 2 月，注册资本 9.9 亿元，是上市企业新疆金风科技股份有限公司（简称金风科技）全资子公司。主营业务包括大型风力发电机组生产与销售；风力发电机组技术引进与应用；风力发电机零部件的生产与销售；风电场建设运营业务的技术咨询服务；中试型风力发电场的建设与运营。公司凭借在研发、制造风力发电机组和建设风电场的丰富经验，向客户提供高质量风力发电机组，开发出整套风电服务和风电场开发解决方案，满足客户在风电行业价值链多个环节需要。公司基于风峰演算法的高风速大容量风电机组研发和应用项目获 2014 年北京科学技术奖二等奖，金风 2.5 兆瓦机组获国际权威认证机构 DNV GL 首张中国型式认证。

（陈戈）

北京金风科创风电设备有限公司

总经理 曹志刚

北京龙源冷却技术有限公司

2016 年，北京龙源冷却技术有限公司（简称龙源冷却）总资产 6.25 亿元，营业额 3.5 亿元，创利税 4200 余万元。员工 300 人，本科以上人员占 95%，其中研发人员 28 人，博士和高级职称人员 13 人。8 月，公司股权改制为民营企业。年内，公司获批售电服务业务；获得 4 项发明专利授权，累计获得 38 项专利授权，其中核心产品专利 30 项。截至年底，公司签订国际、国内合同总装机容量累计 32 万兆瓦。

龙源冷却成立于 2006 年 5 月，是中国国电集团所属国电科技环保集团股份有限公司的控股子公司，主营业务是发电厂空气冷却系统（空冷）设计、空冷系统核心设备制造、成套设备供货、空冷系统施工安装服务，具备 1000 兆瓦机组直接空冷和间接空冷系统 EPC 总承包能力。公司空冷散热器生产基地占地面积 3.47 万平方米，可生产制造大扁管直接空冷散热器、钢管钢翅片间接空冷散热器、铝管铝翅片间接空冷散热器等各种新型电站空冷散热器。龙源冷却是国家高新技术企业、中关村高新技术企业，具有 ISO 9001:2000 质量、ISO 14001:2004 环境和 GB/T28001 职业健康安全“三标一体化”管理体系认证证书和英国 UKS 国际质量体系认证证书，是中国电力企业联合会 AAA 级信用企业。公司产品获得欧盟 CE 认证、美国 ASME 认证；安全生产管理体系获得北京安全生产标准化认证。龙源冷却设有独立的空冷技术研究分公司，是市科委授予的北京市科技研究开发机构。2011 年，公司在美国成立益美高龙源冷却空冷公司（Evapco-Blct Drycooling,Inc.），在世界范围内销售电站空冷设备。截至 2016 年，完成近 20 个国际项目的直接空冷散热器供货。

（张靖）

北京龙源冷却技术有限公司

董事长兼总经理　栾艺铭

北京京运通科技股份有限公司

2016 年，北京京运通科技股份有限公司（简称京运通）总资产 119.88 亿元，净资产 62.89 亿元，营业收入 18.13 亿元，净利润 2.6 亿元。员工 981 人，其中大专及以上学历人员占 43.12%。京运通拥有 46 家全资子公司、6 家控股子公司、1 家参股子公司和 5 家孙公司。年内，京运通出资 3024 万元参与设立北京融和晟源售电有限公司，出资 1 亿元参与投资设立三江财产保险股份有限公司。公司向 7 名高级管理人员授予限制性股票 380 万股；发行公司债券第一期 12 亿元、票面利率 4%，第二期 12 亿元、票面利率 3.98%；出资 1.06 亿美元投资产业并购基金。公司参与制定的 SEMI 标准——“SEMI PV 22-0716 太阳能电池用硅片标准”发布。公司通过 ISO 9001:2008 质量管理体系外审，取得“三证合一”营业执照，获“北京市安全生产标准化二级企业”“2016 德勤一亦庄高科技、高成长 20 强企业”称号，公司“JZ-2600C 型长方形铸锭炉”获北京市新技术新产品（服务）证书。

京运通节能环保事业部——山东天璨环保科技有限公司（简称山东天璨） 鲁西化工 2*480 吨 / 小时锅炉脱硝改造工程项目、大唐临清 35 万千瓦热电联产脱硝工程投运，“烟气脱硝催化剂公共技术研发平台”项目被列入 2016 年度淄博市创新发展重点项目，并获政府项目扶持资金 30 万元。公司参加第八届中国包头 · 稀土产业（国际）论坛，与中国北方稀土（集团）高科技股份有限公司就年产 50000 立方米稀土基 SCR 烟气脱硝催化剂生产线项目签约，与包头市人民政府就稀土基脱硝催化剂项目签署战略合作框架协议。公司首席科学家祝社民应邀参加美国国际环境科学与技术会议、中英环保创新合作高峰论坛。山东天璨新型稀土基脱硝催化剂获中国环境科学学会颁发的“环境友好型技术产品”证书；公司被中国环境报理事会授予 2015 年度环保突出贡献奖；被山东省淄博市高新区评为三十强科技型高成长工业企业。山东天璨通过 ISO 9001 质量管理体系、ISO 14001 环境管理体系、GB/T 28001 职业健康安全管理体系认证。

京运通高端装备事业部和新材料事业部——北京天能运通晶体技术有限公司（简称天能运通）参加 SEMICON China 2016 国际半导体设备、材料、制造和服务展览暨研讨会等多个国际国内研讨会。京运通高端装备事业部研发 G7 半熔技术，并通过宁晋松宫基地和晶海洋基地验收。

京运通新材料事业部——无锡荣能半导体材料有限公司（简称无锡荣能）对污水车间进行中水回用项目改造，每月可节约用水近 7000 吨。

京运通节能环保事业部——武汉京运通环保工程有限公司（简称武汉京运通）与沙河市安全实业有限公司签订《玻璃窑炉烟气脱硝、脱硫、除尘备用线总包合同》，合同总造价 5900 万元；与南海长海发电有限公司签订《1# 锅炉低氮燃烧器合同》，设备交货；获得“（大气污染防治工程）工程设计专项乙级”资质证书。

京运通原北京东方科运晶体技术有限公司，成立于 2002 年 8 月 8 日，注册资本为 19.96 亿元，是一家以高端装备制造、新能源发电、新材料和节能环保四大产业综合发展的集团化企业，主导产品包括单晶硅生长炉、多晶硅铸锭炉、区熔单晶炉等光伏和半导体设备，多晶硅锭和硅片、区熔单晶硅棒和硅片等光伏产品，光伏发电和风力发电等新能源发电项目，固定源和移动源稀土无毒脱硝催化剂。

京运通于 2002 年获高新技术企业称号，后经过重新认定和复审，一直为高新技术企业；于 2011 年 9 月 8 日在上海证券交易所上市（股票简称：京运通，股票代码：601908）。

2007—2008年，JRDL-900型软轴单晶炉和 JZ-660 型多晶硅铸锭炉获中国半导体行业协会、中国电子材料行业协会、中国电子专用设备工业协会和中国电子报社联合授予的中国半导体创新产品和技术奖。2008 年、2009 年、2013 年，公司“JRDL-900 型软轴单晶硅炉”“JZ-460/660 多晶硅铸锭炉”“大投料量定向结晶多晶硅铸锭炉转化”项目被认定为北京市高新技术成果转化项目。2011 年 2 月，公司 JZ-660 多晶硅铸锭炉获北京市科学技术进步三等奖，公司技术中心被认定为北京市企业技术中心；10 月，公司入选中关村“十百千工程”企业；11 月，公司获北京市产品评价中心产品质量创新企业奖，公司 JZ-460/660 多晶硅铸锭炉获产品质量奖；11 月，公司“JZ-460/660 多晶硅定向生长凝固炉”项目获国家能源科技进步奖三等奖。2012 年 2 月，公司 JZ-800/1000 型多晶铸锭炉被评为第六届（2011 年度）中国半导体创新产品和技术。2015 年 12 月，公司“JQ-900 区熔炉”获北京市新技术新产品（服务）证书。

2006 年，公司承担“北京市火炬计划项目”的“QR-400 区熔高阻单晶硅炉产业化项目”；2008 年，公司承担“北京市高成长企业自主创新科技专项”的“JZ-460 多晶硅关键生长设备的研发项目”。2009 年，公司承担金太阳示范工程的“北京京运通厂房屋顶光伏发电项目”，及工业和信息化部电子信息产业发展基金的“JZ-660 节能高效多晶硅铸锭炉研发及产业化项目”。2010 年，公司承担“国家火炬计划项目”的“JZ-550/800 定向凝固结晶法多晶硅铸锭炉产业化项目”。

2011年，公司承担国家技术重大专项02专项“极大规模集成电路制造装备及成套工艺”的子课题“基于IGBT用硅单晶区熔设备研制”；北京市科技计划项目“800公斤级多晶硅铸锭炉研制”项目以及下属两个课题“800公斤级多晶硅铸锭工艺研发”课题及“800公斤级多晶硅铸锭炉系统开发及产业化”课题。

（王琪）

北京京运通科技股份有限公司

董事长兼总经理 冯焕培

北京牡丹联友环保科技股份有限公司

2016年，北京牡丹联友环保科技股份有限公司（简称牡丹联友）资产总额1.71亿元，营业收入7269万元，净利润711万元，纳税总额876万元。年内，公司取得全国中小企业股份转让系统股权激励股份登记函。公司中标北京国际贸易公司烟气在线监测系统，中标合同总价为3630.46万元（含税），中标设备112套。公司与日本东亚DKK株式会社签订《VOC监测设备技术合作及销售基本合约书》，该协议的签署有利于完善公司产品结构，拓宽产品应用范围。

牡丹联友成立于1992年，注册资本6900万元，是中关村科技园区北京高新技术企业。2015年，牡丹联友同时完成新三板的挂牌、定增和上市，证券代码：832987。牡丹联友专业从事环保领域污染源在线监测设备的研发、生产、销售和后期运营服务，拥有国际一流烟气排放连续监测技术和产品，所生产设备已在北京、天津、上海、广东、广西等20多个省、自治区、直辖市投入运行，建立长期稳固售后服务站10个。公司承担过国家重点科技攻关项目和国家高技术产业化示范工程，多次承担科技部创新基金项目——二氧化硫和烟尘一体化监测技术的研发和产品中试。牡丹联友被中关村评为2014—2015年度中关村信用培育双百工程一百家最具发展潜力信用企业、2011年两区纳税增长50强企业、北京科技研究开发机构、中关村信用双百企业、中关村示范区高新技术企业和“瞪羚”企业，两次被福布斯杂志评为中国最具发展潜力200家中小企业，被发展改革委列为国家高技术产业化示范工程。公司项目被列入第一批中关村国家自主创新示范区新技术新服务目录、北京市高新技术成果转化项目，连续多年获政府专项资金支持。

（孟雨）

北京牡丹联友环保科技股份有限公司

董事长 杨　森

总经理 王东民

北京同益中特种纤维技术开发有限公司

2016年，北京同益中特种纤维技术开发有限公司（简称同益中）总资产3.2亿元，营业收入3.12亿元，出口额3211.46万美元，利润总额4253万元，员工480人。年内，同益中申请专利4项，其中申请PCT专利1项、发明专利2项、实用新型专利1项；2项PCT专利获4个国家和地区授权。公司被中国科协评选为国家优秀院士专家工作站，被市经济和信息化委认定为企业技术中心，被市商委认定为北京市双自主企业，被开发区科协评选为开发区优秀院士专家工作站。

同益中成立于1999年2月，注册资

本8000万元，隶属于国家开发投资公司，是中国国投国际贸易有限公司全资子公司。公司专业从事超高分子量聚乙烯纤维及其复合材料的研发、生产和销售，是国家高新技术企业、北京市科技创新研究开发机构，也是国内最早从事超高分子量聚乙烯纤维及其无纬布研发和生产企业之一。2000年，同益中率先在国内实现超高分子量聚乙烯纤维的产业化；2009年，获国家科学技术进步二等奖。

（赵桂亮）

北京同益中特种纤维技术开发有限公司

董事长兼总经理　黄兴良

富思特新材料科技发展股份有限公司

2016年，富思特新材料科技发展股份有限公司（简称富思特）举行“同心、同梦、同行”20周年庆典暨净醛净霾科技成果展示会。富思特自主研发的高科技专利产品——净霾自洁涂层助力获国家火炬计划产业化示范项目证书；连续第六次获中国房地产开发企业500强首选供应商品牌、中国金漆奖十大外墙涂料品牌、十大工程涂料品牌、中国建筑涂料高新技术领军企业称号，在世界涂料企业排行榜排名第89位，亚太地区排行榜排名第41位；获2016年中国涂料品牌盛会暨华彩奖（第十届）影响力品牌评选颁奖盛典“2015年度工程建筑涂料影响力品牌”和“荣耀中国钻石品牌”两项殊荣。

富思特始创于1995年，是集建筑涂料、保温、地坪、保温装饰板的研发、生产、销售和施工技术服务为一体的大型现代化企业。富思特拥有五大产品体系、六大生产基地、50余家分支机构，并以每年30%的增长速度引领行业发展。富思特拥有先进的现代化科技研发中心，分设水性涂料、保温材料、工艺研发、新材料中心、博士后工作站五大中心，拥有100多台世界领先的试验、检测设备和80多人组成的研发团队。公司是国家高新技术企业、北京市企业技术中心，拥有45项发明专利；率先在行业内通过ISO 9001国际质量管理体系认证、ISO 14001国际环境管理体系认证、ISO 14024国际环境标志产品认证，并成为中国ISO 14024国际环境标志产品认证涂料标准制定者。作为国家建筑涂料标准副主编单位，富思特曾受邀主编44项保温、涂料技术与工艺方面的国家标准和行业标准，并受托主编5部墙体保温与涂料行业职业技能培训教材。

（朱凯塬）

富思特新材料科技发展股份有限公司

董事长　郭祥恩

嘉纳尔科技（北京）有限公司

2016年，嘉纳尔科技（北京）有限公司（简称嘉纳尔科技）营业收入443.71万元（税后），员工16人。年内，嘉纳尔科技和山东中泰新能源有限公司共同投资建立的中泰嘉纳尔科技（北京）股份有限公司成立，签订风电制造项目，总金额8亿元。嘉纳尔科技成功自主研发飞机导管专用清洗剂产品并投入批量生产。嘉纳尔科技获北京市中小企业创新基金支持研发的聚乙烯醇缩甲醛（PVFM）精密高分子滤材（滤芯）产品正式结题。截至年底，嘉纳尔科技共拥有8项发明专利和4项实用新型专利。

嘉纳尔科技于2005年10月在开发

区汇龙森科技园注册成立，主要从事航空、船舶维修用清洗材料、环保型建材、高分子过滤材料和相关专业设备的研发、设计、制造和推广，主导产品包括航空维修用化学品和配套设备、自熄型阻燃聚氨酯保温材料、PVF 高分子过滤材料、电子传感器和数控大型工业微波设备等。2008—2016 年，嘉纳尔科技通过 ISO 9001:2008 国际质量管理体系认证、中关村高新技术企业认证，是市知识产权局授予的专利试点单位、市科委等部门认定的北京市自主创新产品单位、北京质协质量评价中心评审的“长城杯质量信得过单位”。公司飞机脱漆剂系列产品被编入《中国军工军需企业与产品物资采购目录》《中国军转民物资采购手册》《中国民航商务指南》等。

（王春时）

嘉纳尔科技（北京）有限公司

董事长 金文涛

总经理 文玉杰

龙创信恒（北京）科技有限公司

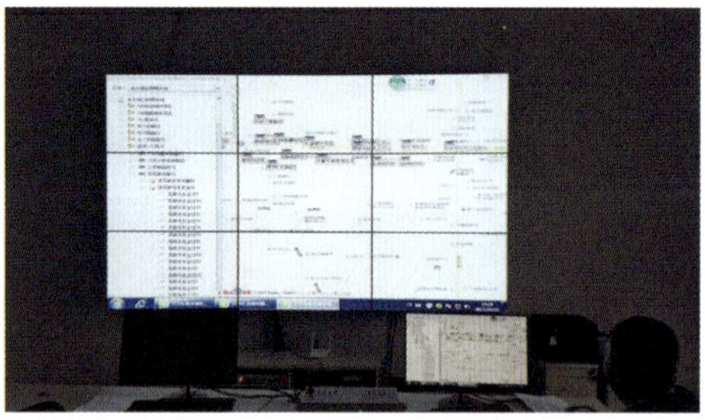

龙创科技承接的河北省涞水县城区照明监控中心 杨延东 摄

2016 年，龙创信恒（北京）科技有限公司（简称龙创科技）总资产 9789.92 万元，销售收入 2363.45 万元，纳税额 30.4 万元，员工 150 人。年内，龙创科技承接的河北省涞水县城区照明系统远程监控改造工程项目、长春高新区市政路灯节能与监控项目施工完毕，达到合同约定效果；中标北京五环路路灯照明系统远程监控改造工程，中标金额 358 万元。龙创科技总部迁至开发区地盛北街 1 号经开大厦 15 层。

龙创科技于 2005 年 1 月成立，是一家集研发、生产、销售、技术服务于一体的专业从事节能节电、能源管理的高新技术企业，是发改委、财政部首批备案，工业和信息化部重点推荐的节能服务公司，承担 1 项国家火炬计划项目（市政路灯节电器项目）。

（穆耀威）

龙创信恒（北京）科技有限公司

总经理 高向武

亨特道格拉斯建材（北京）有限公司

2016 年，亨特道格拉斯建材（北京）有限公司（简称亨特建材）为原亨特建筑产品（北京）有限公司，营业收入 3541 万元，纳税额 190 万元。员工 15 人，均为大专及以上学历。年内，亨特建材为同仁堂大兴生物医药基地、天津陆家嘴金融大厦等项目提供产品和服务。截至年底，两项目整体安装完毕。

亨特建材是荷兰亨特集团（Hunter Douglas Group）于 2000 年设立的全资子公司，在北京、天津、河北等地经营亨特旗下的乐思龙金属吊顶和外墙、NBK 建筑陶土产品。亨特集团主要从事建筑产品、窗饰产品的制造、销售和服务，及金属加工、精密机械生产和金属期货交易等业务。1994 年，亨特集团在北京设立办事处，为北京、吉林、辽宁、黑龙江、天津、河北等北方区域客户提供产品和服务。2000 年 1 月，办事处正式升级为亨特建材（北京）有限公司。2010年，亨特集团将亨特建材（北京）有限公司拆分为亨特建筑产品（北京）有限公司和亨特窗饰产品（北京）有限公司；2016年9月，两个公司重组为亨特道格拉斯建材（北京）有限公司。亨特建筑参建的国家重大项目包括首都博物馆、国家游泳馆、天津奥林匹克中心体育场、首都机场、北京地铁、中央机构办公楼等；通过ISO 9001质量管理体系和ISO 14001环境管理体系认证。

（沈剑）

亨特道格拉斯建材（北京）有限公司

董事长 LIDONG

总经理 刘佳博

比泽尔制冷技术（中国）有限公司

比泽尔中国家庭日活动　　企业提供

2016年，比泽尔制冷技术（中国）有限公司（简称比泽尔中国）产值11.3亿元，销售收入12.4亿元，销售制冷压缩机11.5万台。比泽尔中国获由中国制冷空调工业协会主办的中国制冷空调行业大学生科技竞赛十周年特别贡献奖。

比泽尔中国成立于2006年，位于开发区经海四路20号，是比泽尔集团全资子公司。2014年，比泽尔中国工厂二期竣工，生产面积翻一番，达到3.8万平方米，办公区域面积4700平方米，是中国最大的独立压缩机制造厂之一。比泽尔中国通过ISO 9001质量体系认证及国内相关认证。半封闭活塞压缩机和半封闭螺杆压缩机通过CRAA产品认证，运输用铝制压缩机通过CCAP认证。公司产品包括半封闭活塞压缩机、开启式活塞压缩机、半封闭螺杆压缩机、全封闭螺杆压缩机、涡旋压缩机、压力容器等。比泽尔集团位于德国辛德芬根，从事设计及制造压缩机、冷凝机组和压力容器逾80年，产品广泛应用于高效节能建筑、冷冻零售和食品加工行业，及交通运输行业，其制冷压缩机的生产、销售、服务业务遍布全世界100余个国家和地区。比泽尔集团1994年在北京成立第一家中国分公司。

（滕博）

比泽尔制冷技术（中国）有限公司

执行董事 吕 森

销售与市场总经理 冯 飚

北京东霖消防科技有限公司

2016年，北京东霖消防科技有限公司（简称东霖科技）总资产2000多万元，净资产1450多万元。公司研发团队由2名教授、5名博士、10名硕士和40余名本科学历的技术研发人员组成。年内，东霖科技出品的室内智能空气质量监测硬件——东霖小清新上市；自主研发有害气体检测仪正式面世；水系灭火剂产品获中国国家强制性产品认证证书。公司承办以“消防产业物联网·科技创新”为主题的首届智慧消防物联网高峰论坛。公司通过ISO 9001质量管理体系认证、国家级高新技术企业认证，并评为双软认证企业。

东霖科技成立于2013年，位于开发区科创七街29号院4号楼，注册资本2376.4万元，是国内唯一一家智慧消防物联网第三方运营管理平台服务商，是具有独立法人资格的国家级高新技术企业、中关村高新技术企业、双软认定企业，并获得70多项知识产权和国家专利。公司主要从事智慧消防物联网系统（含大数据平台）、危化品及家庭空气监测系统；高效水系灭火逃生瓶、远距离手持灭火喷剂、高分子凝胶灭火剂、独立感烟装置、独立式智能喷淋系统等产品和系统的研发、设计、生产制造、销售与服务。

（付苓霞）

北京东霖消防科技有限公司

董事长 罗加勇

总　裁 晋宝生

互联网＋

京东与多省市政府达成战略合作

1月5日，京东集团与甘肃省天水市麦积区政府签署战略合作协议，天水花牛苹果集团独家授权京东线上销售潘苹果·花牛9粒装。SOHO中国有限公司董事长潘石屹，天水市副市长霍卫平，京东副总裁、京东商城生鲜事业部总裁王笑松等莅临见证。1月14日，京东与上海市政府签署战略合作框架协议。上海借助京东自营式电商的强大供应链整合能力与品质电商的品牌优势，助力上海总部经济发展。中共上海市委副书记、市长杨雄与京东董事局主席兼首席执行官刘强东出席，上海市副市长周波与京东副总裁黄东升签署战略合作协议。3月2日，京东与贵州省政府签署战略合作框架协议，推进贵州“互联网＋”战略发展，在“互联网＋‘三农’”“互联网＋现代物流”“互联网＋商贸流通”“互联网＋数据服务”等方面合作。贵州省委书记陈敏尔、省长孙志刚与刘强东等出席，贵州省副省长陈鸣明与京东执行副总裁蓝烨签署协议。3月25日，京东、山东新华制药股份有限公司与淄博市政府签署“健康城市”战略合作协议。三方在淄博市公立医院范围内，建设淄博市医疗处方流转信息平台，实施处方药电子商务试点项目，在医药分家、分级诊疗、慢性病管理等领域探索有改革和民生意义的可行方案。3月27日，京东与福建省政府签署战略合作框架协议，福建省支持引导本地老字号、著名商标、“三品一标”等闽货品牌，在京东平台共建“闽货网上行”专区，推动传统行业互联网转型升级。福建省与京东联手推动海峡两岸跨境电商发展。京东支持福建企业、侨商依托京东“全球购”和“全球售”平台开展进出口销售，并提供一站式跨境电商平台服务和国际物流供应链服务。福建省省长于伟国、京东执行副总裁蓝烨等出席。4月26日，京东与河北省委、省政府达成战略合作协议，在云计算数据中心和电子商务物流基地建设、农村电商、互联网金融等方面展开合作协议。河北省委书记赵克志、省长张庆伟出席。5月8日，京东与北京市昌平区政府签署战略合作协议。双方将共建京东农业示范项目、京东昌平线上特色馆、线下体验馆和农村电商生态中心等项目，延长昌平都市现代农业产业链。双方还将在农业嘉年华品牌提升、特色旅游推介、电商人才培训、公共信息服务等方面展开合作。6月5日，京东与江苏省淮安市盱眙县政府签署农村电商3F战略合作协议。江苏省政府驻京办事处党组书记、主任李明耀，京东副总裁马健荣等领导出席发布会，宣布中国盱眙·京东第二届网络小龙虾节暨盱眙特产馆正式启动。10月11日，京东与山东省政府签署战略合作协议，双方将在电子商务智慧物流体系建设、农村电商、跨境电商、互联网金融、“互联网+政务”等方面展开合作。11月29日，京东与江苏省政府签署“互联网+”战略合作协议，双方将在互联网与现代物流、“三农”、商贸流通、制造业、数据服务、创业创新、医药、金融等领域加强合作，促进江苏经济转型升级。同日，京东与宿迁市政府就合作建设“（宿迁）物联网智能制造产业园”项目达成战略协议。11月30日，京东与安徽省政府签署战略合作协议，双方将在电子商务运营与物流基础设施建设、农村电商和电商精准扶贫、金融、大数据与云计算、一带一路跨境电商等领域加强合作，推进安徽省电子商务和“互联网+”产业发展。12月15日，京东与云南省农业厅、云南农垦集团签署“互联网+现代农业”战略合作框架协议，三方将探索“互联网+”现代农业领域合作机会。

（侯娟）

京东与国内外知名品牌商达成战略合作

1月6日，京东集团子公司——京东智能总裁王振辉与哈曼时尚和车载音响事业部大中华区副总裁兼总经理郭志明在国际消费电子展CES（Consumer Electronics Show）上，宣布京东智能与哈曼达成战略合作，推出首款合作产品——智能无线蓝牙音箱“JBL Go Smart”，对外公布“JD+智能音频”解决方案。1月26日，京东宣布与厄瓜多尔出口与投资促进局达成战略合作，京东在厄瓜多尔包下万亩玫瑰花田，以建立直供鲜花基地模式，通过航空公司专用鲜花仓位运抵中国。2月15日，京东与WMF、WOLL、双立人、菲仕乐、爱慕莎和法国乐美雅六大知名厨具品牌在2016德国法兰克福春季国际消费品展览会上，宣布签署2016年度战略合作协议，六大品牌为京东提供充足的商品供应和独家款式，京东为其开拓在华市场，推动销售升级。3月31日，京东与韩国贵金属销售业中央会、山东威海市电子商务行业协会在京东国际珠宝馆韩国站商品招商会上签署三方协议，并与威海市人民政府驻韩办事处签署双方合作协议。参与合作的各方将为中国消费者引入更多韩国本土珠宝饰品品牌。韩国南大门A ONE饰品协会，ASTRE，STRAWBERRY SHERBET，T-GEM等韩国饰品品牌与京东签署合作协议。3月，京东全球购与日本花王集团签署战略合作协议，为中国消费者提供日本原产地直供的花王系列产品。4月6日，京东全球购携手日本物流公司YAMATO在东京签署谅解备忘录，达成战略合作。双方在物流和招商方面，对日本企业入驻京东全球购给予全面支持。京东全球购同时与FRANK公司达成战略合作，为日本商家提供店铺设立和运营支持。6月20日，京东和沃尔玛达成一系列战略合作，合作协议覆盖线上线下零售市场。京东线上用户和当日达物流网络为沃尔玛门店和山姆会员商店带来客流量，并为顾客提供更好的物流配送服务。京东通过沃尔玛旗下“1号店”品牌优势，补充和增强京东产品丰富度和在重点区域竞争力。7月14日，京东携手日本贸易振兴机构（JETRO）在日本东京举办京东家居家装日本招商会。京东与西川（NISHIKAWA）、虎牌（Tiger）、珍珠生活（PEARL LIFE）、贝印（KAI）四大知名日本家居品牌和三条国际交流协会达成战略合作。7月26日，刘强东与联想集团董事长兼首席执行官杨元庆在京东总部共同签署全面战略合作协议，联想全线产品未来三年力争在京东实现600亿元的目标销售额，双方在促进消费升级、农村电商和面向企业客户服务等方面，展开全价值链战略合作。9月1日，在第38届加中贸易理事会年度大会及商务论坛现场，京东与加拿大时尚家居设计品牌Umbra签署战略合作协议，同时开启品牌入驻与自营模式合作，京东成为Umbra在全球范围内首个官方授权的电商平台。9月13日，在GPU技术大会（GTC CHINA 2016）上，京东与全球视觉计算行业领袖NVIDIA（英伟达）达成战略合作协议并共建联合实验室，双方在人工智能领域展开合作，助力京东在深度学习、VR/AR等人工智能战略的推进。11月8日，京东超市正式宣布与人头马君度集团（Remy Cointreau Group）签署战略合作协议，京东超市获品牌授权的产品直供资格。

（侯娟）

中金数据与贵州省政府签署合作协议

1月7日，中金数据系统有限公司、上海联影医疗科技公司、深圳华大基因科技公司与贵州省政府就“云上贵州·健康云”项目签署战略合作框架协议。贵州省委副书记、代省长孙志刚在贵阳市会见中金数据董事长杨洁、上海联影医疗科技公司董事长薛敏、深圳华大基因科技公司董事长汪建。省委常委、常务副省长秦如培，副省长何力等领导参加会见，并出席签约仪式。杨洁、薛敏、汪建表示，将积极参与贵州经济社会发展，推进精准医疗科学研究和临床应用，开拓“基因＋影像”创新融合发展模式。

（李晨）

京东举办促销活动

1月11日，京东集团春节大促正式启动。1月11日至2月14日，全国近90个重点城市商品配送服务不停歇，24小时客服不间断。京东为农村年货购买推出“乡亲APP”。3月1日—11日，京东3C电脑节上线，电脑办公品类销售950万件，比2015年增长77%。其中，3月1日首卖创下1小时销售4万件历史新高。4月4日，京东推出主题为“澳洲生活，畅享自然”线上活动，为澳洲相关优质商品进入中国市场打开通道。5月4日，京东举办第三届京东国际红酒节。11月10日，手机京东开启连续12小时的明星表演与京东送货直播秀活动。截至12时，京东直播全网累计2100万人次在线观看。20时，Swisse品牌商品销售件数过15万件。

（侯娟）

京东生鲜内引外联保障优质货源

1月11日，京东商城与广州易江南贸易有限责任公司达成战略合作，在广州市白云机场跨境保税区正式开启国内首家跨境保税生鲜自营仓。4月13日，京东商城生鲜事业部与恒都农业集团达成战略合作，独家预售澳大利亚空运安格斯活牛。5月5日，京东生鲜与山东烟台果品总公司合作，在樱桃园周边建立原产地协同仓，从原产地采摘樱桃到消费者手上只需要48小时。6月30日起，哈根达斯冰激凌正式登陆京东商城生鲜频道，为北京、上海两地城区用户提供现货直达。7月，京东商城生鲜事业部正式上线“京东美食地图·地方生鲜馆”，与广西壮族自治区百色市合作，上线芒果等一系列特色农产品。8月2日，京东生鲜启动“遍寻天下鲜”系列活动，先后与阳澄湖大闸蟹、宁德三都港黄鱼、陕西华圣苹果等国内优质生鲜企业签约，将原产地直供、标准化贯彻在生鲜电商领域。8月15日，京东生鲜事业部与十多个国家大使馆签署合作协议，法国、加拿大、西班牙等多个国家和地区的生鲜产品上线京东自营平台。

（侯娟）

互联网十大“民酒”评选活动举行

1月12日，由酒仙网电子商务股份有限公司商学院主办的第二届中国互联网十大“民酒”评选活动颁奖仪式在北京举行，45度汾酒集团15年陈酿（千秋爵品老酒）、52度金不换明窖秘酿、42度国帅中国韵·八宝福佑、52度泸州老窖·龙香醇、52度扳倒井1915酒庄、桓龙湖鲜果酒礼盒、54度宝丰荣耀、52度五粮液股份公司锦上添花鸿典、52度泸州老窖三人炫、38度徐九经老酒获十大“民酒”称号。酒仙网“民酒”评选助力酒企实现从传统销售模式到互联网模式的转型与产品升级。

（赵大维）

京东旗下京东金融为线上销售保驾护航

1月16日，京东集团宣布旗下京东金融集团和红杉资本中国基金，与嘉实投资和中国太平领投投资人完成增资协议签署，融资66.5亿元。融资后，京东金融交易后估值为466.5亿元，京东仍控制京东金融多数股权，2016年上半年完成融资。5月4日，京东金融获得上海证券交易所关于“京东金融—华泰资管2016年1期保理合同债权资产支持证券”（简称京东金融第一期保理ABS）挂牌转让无异议函，发行规模20亿元，是国内资本市场首单互联网保理业务ABS。5月31日，京东金融推出京东金融大数据消费指数及京东天灏投资数据平台和京东金融量化策略开发平台两款最新产品服务证券行业，其中京东金融大数据消费指数已经登陆彭博全球终端。6月，京东金融和天津滨海柜台交易市场合作，设立天津滨海京元众筹交易中心，并在天津市注册。该交易中心为小微企业融资、转让和相关活动提供设施与服务的场所，是中国首个互联网私募股权融资交易场所。9月6日，京东金融推出“资产证券化（ABS）云平台”，包括资产证券化服务商的基础设施服务业务、资产云工厂的资本中介业务和夹层基金投资业务三大引擎。有效降低融资企业融资门槛、融资成本，提升资产证券化中介机构的服务效率、管理效率，降低ABS资产违约风险。9月22日，京东金融宣布“白条”与银行合作成立联名电子账户——“白条闪付”正式上线，该账户通过银联云闪付技术，实现在全国约1900万台银联闪付POS机上使用，覆盖800多万家商户。10月，京东农村金融升级迭代旗下业务，打造数据驱动型2.0版京农贷风控解决方案；将乡村白条与农村理财打通，升级为“京东开店宝”和“京东消费宝”。京东农村金融覆盖全国1500个县，30万个行政村。11月15日，京东董事会批准并授权公司寻求重组负责运营京东互联网金融业务的京东金融，旨在将京东金融转型为只有中国投资者作为股东的企业，以便在中国开展某些需要政府许可的金融服务业务，更好地利用中国资本市场资金。

（侯娟）

云基地旗下两家企业正式挂牌新三板

1月18日和2月16日，北京云基地企业管理有限公司旗下两家直投企业——北京天润融通科技股份有限公司和北京云端时代科技有限公司正式挂牌新三板，分别成为中国新三板SaaS云呼叫中心和市场桌面云领域第一股。随着两家公司的正式挂牌，云基地自2010年成立，在云计算领域的直投和孵化企业中，已诞生5家新三板挂牌企业，累计市值超过30亿元。

（赵心莹）

京东助力国家“精准扶贫”战略

1月22日，京东集团与国务院扶贫开发领导小组办公室签署《电商精准扶贫战略合作框架协议》。双方共同探索“产业扶贫、创业扶贫、用工扶贫”三大模式，发挥京东电商平台优势，助力国家“精准扶贫”战略。国务院扶贫办副主任洪天云、国务院扶贫办国际合作和社会扶贫司司长李春光与京东董事局主席兼首席执行官刘强东、京东执行副总裁蓝烨等出席签约仪式。2月22日，河南沈丘县电商精准扶贫启动仪式暨京东元宵会在沈丘县举行，沈丘县政府与武汉京东世纪贸易有限公司共同签署《关于电子商务进农村战略合作协议》，双方在农村电子商务领域展开合作，打造农村电子商务全国性示范县。标志着京东华中区电商精准扶贫计划正式启动，沈丘县成为京东华中区精准扶贫第一县。3月4日，贵州（兴仁）农村电商返乡青年创业论坛暨京东西南第150家县级服务中心开业仪式在贵州省兴仁县举行。自2015年2月在贵州启动电子商务进农村以来，京东通过在农村地区招募推广员、开设县级服务中心、京东帮服务店、农村专项培训等形式，吸引超过2000名青年返乡就业、创业。3月5日，京东集团第1000家县级服务中心落户井冈山，以县级服务中心为区域发展依托枢纽，做好针对贫困县帮扶工作。4月7日，京东与黑龙江省扶贫办在哈尔滨签订电商扶贫协议，兰西、桦南、克东、延寿、绥滨和明水6个贫困县作为京东电商扶贫试点县，通过制定支持精准扶贫合作政策，探索电商精准扶贫新路。兰西县与京东现场签订电商扶贫协议。9月1日，京东贵州扶贫馆开馆暨“我有贵州一亩茶”众筹活动启动仪式在贵阳市举行。京东贵州扶贫馆是京东全国首家省级扶贫馆，贵州省66个贫困县筛选出特色小吃、民族工艺、调料制品等400余种优质农特产品入驻，产品将销往全国23个省、自治区、直辖市。11月，刘强东和腾讯公司首席执行官马化腾联合号召网友做公益，通过捐赠微信运动步数为贫困地区农民捐鸡苗。京东扶贫跑步鸡公益行动，开创“社交＋公益＋电商＋扶贫”的新模式，通过发挥京东电商平台优势，以“互联网＋”助力国家“精准扶贫”战略。

（侯娟）

京东在四川省首发“京东帮移动仓”

1月22日，京东集团在四川省启动“京东帮移动仓”首发，试点区域包括南充南部县、蓬安和达州的渠县三地。“京东帮移动仓”是京东专门为农村消费者打造的全新购物体验模式，京东利用拥有的海量大数据以及省级、市级和县级地区仓储网络，将适合于农村市场消费的家电商品，提前部署到离客户最近的“京东帮服务店”；针对应季商品，借助配送服务车实现“货到村”的移动销售和快捷交付，减少客户订单流转环节，缩短订单履约时效。

（侯娟）

多家国内外知名品牌入驻京东

2月1日，知名珠宝品牌I Do京东旗舰店开幕。I Do选择京东作为开拓电商销售渠道第一站，与周星驰联合打造的《美人鱼》电影限量版衍生品项链“鱼萌萌”在京东独家预售。2月23日，德国快时尚生活方式品牌TOM TAILOR京东旗舰店正式开业，京东成为TOM TAILOR在中国区首家入驻的电商平台，消费者可通过海外直邮模式购买到TOMTAILOR全球当季最新款商品。3月28日，高端时尚运动品牌Y-3旗舰店在京东开幕，同时限量首发Y-3 KYUJO HIGH及Y-3QASA HIGH幻影武士两款2016年春夏最新款鞋型。5月9日，德国百年厨具品牌WMF正式入驻京东，开启WMF官方旗舰店。5月10日，世界著名球队利物浦足球俱乐部宣布正式入驻京东全球购，并通过京东全球购和利物浦官方购物网联合首发2016—2017赛季主场球衣，利物浦官方海外店上线。同日，中国首家“网络助残公益商城”正式登陆京东，京东以“互联网+公益”创新形式开启电商助残的新篇章。5月25日，京东儿童家具馆上线，正式推出独立的儿童家具类目，并与中国质量认证中心（CQC）共同推出首个电商平台儿童家具质量评审标准，建立系统、严格的儿童家具品质保障体系。5月，京东全球购自营花王官方旗舰店正式上线，成为京东全球购平台内唯一日本花王集团直接供货自营线上平台。6月3日，法国干邑品牌“路易十三”官方旗舰店在京东正式上线，京东成为路易十三在中国首家入驻的电商平台。同日，京东正式上线中国特产怀宁馆，该平台是安徽省怀宁县唯一授权的官方销售渠道，也是怀宁蓝莓首次通过电商平台面向全国发售。6月13日，法国童装Group Zannier入驻京东全球购，开设中国区第一家线上官方旗舰店Kidiliz。6月29日，京东全球购英国馆上线，汇集英国足球周边、零食甜点、母婴用品、服饰箱包、个护美妆等品类，涵盖利物浦足球俱乐部、YOOMI、Vitabiotics、JRE、GOLDCOLLAGEN、绅士堂、NYR等多个知名英国品牌，英国牛栏和英国惠氏奶粉也登陆英国馆。10月17日，沃尔玛全球官方旗舰店携美国、日本等全球知名品牌商品正式入驻京东全球购。10月27日，巴塞罗那足球俱乐部与京东全球购达成合作，开设中国首家线上官方海外旗舰店，为中国球迷带来正版俱乐部商品。

（侯娟）

云开信安成为公安部eID项目运营商

2月，在北京云基地企业管理有限公司推动下，发展改革委高技术产业司印发的《“互联网＋”支撑简化公共服务流程方便群众办事实施方案（征集意见稿）》中，增加“采取 eID 为必要的管理和技术手段”相关内容。云基地旗下北京云开信安科技有限公司（简称云开信安）成为与公安部合作的关于国家级网络身份（eID）验证的运营服务提供商。

（赵心莹）

惠买在线扩大场景化视频规模

惠买在线 HTDV 高清转播车　　杨洪星 摄

2 月，北京惠买在线网络科技有限公司定制一台 HTDV 高清转播车（一种集成广播电视前期制作系统的车载节目制作平台），可用于全国各地户外电视节目的直播制作播出。在转播车技术支持下，惠买在线户外直播在北京、上海、江苏苏州、浙江杭州等城市，打造原产地直播名牌栏目，缩短了市民和厂家距离，实现三方共赢。同时，惠买在线通过购物达人手机直播、用户视频，改变传统网购展示模式，以长视频、短视频、三维动画、VCR 等方式，展示商品。截至年底，惠买在线拥有 4 个 400 平方米主演播厅，8 个 600 平方米的演播厅，配备专业营销策划、视频创意、节目制作、灯光摄像、后期处理等 300 余人的视频制作团队，可满足 6 档节目同时直播和录制。

（杨洪星）

京东探索互联网医疗解决方案

3 月 2 日，京东集团与好医生集团在北京签署战略合作框架协议。双方将在互联网医疗、医药电商、基层医疗等领域逐步展开合作，使双方在医疗服务、供应链、渠道等方面的优势形成互补，为消费者探索“求医问诊＋便捷购药”的“一站式”在线医疗方式。6 月 22 日，京东推出面向产业上下游合作伙伴和流通渠道的“京东医药 B2B 分销平台”，为消费者提供自营非处方药（OTC）和健康保健产品的“京东大药房”业务。“京东医药”改变传统医药流通方式，为消费者提供一站式全品类医疗医药服务平台。

（侯娟）

京东新通路覆盖全国 5 万家中小门店

3 月 4 日，京东集团新通路事业部召开首次品牌战略合作沟通会，全国数百家食品饮料、洗涤洗化、日用百货等主要快消品行业品牌厂商参加。会上，京东副总裁、京东商城新通路事业部负责人杜爽介绍京东新通路事业布局和品牌厂商合作共赢发展计划。5 月，京东新通路相继与双鹿、东顺集团股份有限公司、亿滋（北京）食品有限公司等数百家品牌商达成战略合作协议，京东新通路将为品牌商提供仓储配送、地勤服务、门店营销、数据分享等“一站式”服务。截至年底，京东新通路已覆盖全国 5 万家中小门店。

（侯娟）

京东参加大型展会展示智慧京东

3 月 9 日，京东家电参展 2016 年中国家电及消费电子博览会（AWE 2016）。5 月 11 日—13 日，京东集团作为 CES Asia 官方行业合作伙伴连续第二年参展 2016 年第二届亚洲消费电子展（CES Asia 2016），展示京东在智能硬件、互联网金融、无人机配送、人工智能技术等领域的最新进展。对外发布全新场景化购物产品——京东智能冰箱，利用门箱互拍、图像识别、RFID 识别、光谱分析等技术，实现场景化购物、亲情互联、高品质电商服务等众多功能。京东众筹对外发布众创生态圈“百十一”计划，将投资 100 家创业企业，扶持、打造 10 家市值达到 10 亿级创业企业，成就一家市值达到 100 亿元创业企业。5 月 25 日，京东以“智慧京东”为主题亮相 2016 贵阳国际大数据产业博览会，展区汇集智慧物流、智慧生活、智慧客服、智慧的云、智慧金融和智慧供应链等板块，展示京东大数据应用场景，描绘未来智慧数据布局。11 月 16 日，京东参展第三届世界互联网大会，展示“智慧物流”系统，与参展嘉宾和观众分享“互联网 + 物流”时代的全新生活体验，凸显出京东系列“黑科技”的实用性和落地效果。

（侯娟）

京东接入“云桥”认证认可信息共享平台

3 月 15 日，国家认监委正式向京东集团开放“云桥”认证认可信息共享公共服务平台。通过“云桥”平台对接，国家认监委向京东提供强制性产品认证（CCC 认证）目录和证书信息的验证服务。京东可以实时读取国家认监委 CCC 认证信息数据库，在商品采购发布环节加强管理，对 CCC 认证产品实施全流程管控，确保在线商品符合 CCC 认证要求，缺乏有效 CCC 证书的商品在发布环节将直接被拦截，无法上架，确保消费者选购到安全放心的 CCC 认证产品。

（侯娟）

京东获多项年度大奖

3 月 21 日，京东集团入选“2016 年 BrandZ 最具价值中国品牌 100 强”榜单 TOP15，并以 166 高分获“最满足消费者需求中国品牌”奖。3 月，在中国广告杂志社评选的“2016 中国广告年度大奖”中，京东获“中国最具品牌影响力”大奖。4 月 27 日，京东四川阆中配送站获国家邮政局第二届寻找最美快递员活动“2016 最美快递员”团队奖。6 月 1 日—3 日，2016 年第 14 届中国 ECR 大会公布“2015 年中国 ECR 优秀案例”评选结果，京东零售平台“京东和美的协同型计划、预测及补货”项目获“2015 年中国 ECR 优秀案例”供应链优化方向白金奖。6 月 16 日，京东获北京农村电商产业发展峰会“2016 年最受北京市民喜爱的农业电商”奖，并位居十大农业电商首位。6 月 23 日，京东获中国互联网协会颁发的“2014—2016 年度中国互联网行业自律贡献奖”。7 月 2 日，京东商城青龙系统在第八届中国物流信息化大会上被授予“2016 年中国物流与采购信息化优秀案例”奖；青龙系统研发负责人李鹏涛获“2016 年中国物流信息平台十大风云人物”奖。9 月 23 日，京东物流获第八届城市物流发展大会中国配送管理与技术创新优秀案例一等奖、配送管理与技术创新优秀案例优胜奖和物流标准化成效突出企业三项大奖。10 月，京东零售平台团队和京东业务联合团队代表中国区参加 2016 TFC 全球供应链挑战全球总决赛，获亚军。12 月，京东获新华网评选的“2016 年度中国社会责任精准扶贫奖”、《21 世纪经济报道》评选的“2016 年度最佳扶贫贡献奖”、人民网评选的“人民企业社会责任奖年度扶贫奖”等奖项。

（侯娟）

京东开普勒项目官网上线

3 月 22 日，京东开普勒项目官网（k.jd.com）正式上线。京东通过开普勒项目为合作伙伴提供商品精选、电商交易、物流配送、分佣结算、技术支持等电商解决方案，与合作伙伴共同搭建基于场景化移动购物体验。4 月 29 日，京东首次面向行业阐释京东开普勒项目。基于移动互联网的“新四化”——碎片化、个性化、去中心化、场景化，为合作伙伴开放京东在供应链管理、物流运营、技术大数据等高品质电商能力，共享品质生活。首批加入开普勒项目的有下厨房、什么值得买等 APP。6 月 18 日，开普勒项目订单量是 5 月日均订单量的近 8 倍。

（侯娟）

酒仙网召开第四届中国酒类电商领袖论坛

3 月 22 日，酒仙网电子商务股份有限公司主办的第四届中国酒类电商领袖论坛在成都召开。论坛主题为“互联网时代的酒业生态圈”，2000 人参加。论坛通过即时服务 O2O（酒快到）、线上特卖 B2B（中酿酒团购）阐述如何打造互联网时代酒业生态圈。

（赵大维）

京东推进羊绒制品分级制度

3 月 28 日，京东集团作为首家受邀电商企业出席中国畜产品流通协会第五届二次理事会暨第 23 届全国绒毛会议，并与中国畜产品流通协会、检测机构天祥集团（Intertek）签署三方战略合作协议，共同推进羊绒行业的品质提升。三方将对羊绒厂商进行溯源验厂，共同推进羊绒制品分级制度，推广“羊绒制品优质商家”评定工作；三方将秉承“正品行货”理念，联合举办线上羊绒类产品博览会，根据质检标准严格挑选商家，辅以京东最优的资源和平台配置，对优质商家进行重点扶持和推广，以提高优质品牌线上占有率。在羊绒制品销售期间，天祥集团与畜产品流通协会携手京东商城宣讲包括如何选购、洗涤、保养羊绒等相关常识，让消费者进一步掌握分辨羊绒品质优劣的方法，放心购买高品质正品行货。

（侯娟）

京东在西藏开出首家京东帮服务店

3 月 30 日，京东集团在西藏自治区拉萨市开设的首家京东帮服务店开业。西藏也是全国最后一个开通京东帮的省级地区，至此，京东帮服务店经过一年多时间实现中国大陆地区全覆盖。京东还在西藏开通移动商店项目，拉萨主城区消费者在京东 APP 上选择“移动商店”下单，即可享受当日或者次日送达的网购体验。京东帮服务店是京东于 2015 年开展“电子商务进农村”战略中工业品下乡的重要一步，是京东在4~6级地区开通的集大家电营销、配送、安装、维修四位一体的实体服务店，消费者可享受免费送货到家、货到付款、上门安装、售后维修一站式服务。

（侯娟）

京东推进中国电商行业绿色物流发展

3月，京东集团全面推广快递电子签单，标志着由京东研发的青龙绿色物流系统实现物流全流程电子签收，从内部物流到与客户交接的所有环节均可通过线上化和无纸化完成。标志着绿色物流在中国电商行业首次全面落地。8月25日，京东集团与东港股份联合打造“京东包装实验室”，通过压缩包装耗材尺寸和面积减少材料成本，从而减少社会资源浪费；用更加环保的新材料替代旧材料，使包装物能够循环利用，进而实现节能环保。该实验室是国内首家基于电商物流包装领域的实验研发机构，对于推动整个电商行业包装材料的规划化、集约化将起到示范作用。

（侯娟）

京东云华东数据中心建成使用

4月初，随着京东基础云、数据云两大产品线，京东电商云、物流云、产业云、智能云四大解决方案，及华北、华东、华南三地数据中心的正式上线，京东集团将计算/存储能力、电商/物流平台构建能力、大数据管理挖掘能力在内的资源完整对外开放。5月，京东云华东数据中心建成使用，该中心落户于江苏省宿迁市，占地面积13万平方米，总机柜数量超过5000架，为京东华东地区云计算、大数据和移动互联网等业务打造坚实的互联网基础设施平台。

（侯娟）

中金数据任绿色建材联盟副理事长单位

4月8日，中国绿色建材产业发展联盟在北京成立并落户开发区。中金数据系统有限公司作为联盟发起单位之一，任副理事长单位。绿色建材联盟是在工业和信息化部于2015年6月复函支持并指导下，由经济日报社所属的《中国建材报》同中国建筑材料领域138家企事业单位、高等院校、科研机构共同发起成立，是全国首家以推动绿色建材发展为宗旨的跨行业联盟组织。中金数据承接全国绿色建材行业数据后台、在线评估认证平台、绿色建材网上电商平台等项目，为绿色建材行业可持续发展提供平台运营、技术支持和数据保障服务。

（李晨）

手机京东携手知名品牌销售额屡创新高

4月11日，手机京东好奇超级品牌日当天，好奇纸尿裤销售额是2015年“双十一”当天的4倍，京东全网销售额破亿。4月27日，手机京东苏泊尔超级品牌日当天，苏泊尔厨具销售额是2015年“双十一”当天的2倍。5月18日，手机京东周生生超级品牌日启动第1小时，全网销售额破千万；周生生的单日销售额是2015年“双十一”当天的7.5倍。5月31日，手机京东可口可乐系列产品销售额是2015年“双十一”当天的8.7倍。6月28日，手机京东格力超级品牌日活动开启仅1分钟，格力电器销售额突破千万；截至当天9时，格力电器销售额突破2015年“双十一”全天销售额。7月至9月，京东先后携手美的、华为荣耀、惠氏、戴尔、LG、罗莱、飞利浦、小米8家知名品牌开展“京东超级品牌日”。

（侯娟）

京东发布多个电商行业相关发展报告

4月13日，京东全球购联合易观智库发布《2015—2016年京东全球购消费白皮书》。白皮书对跨境电商发展现状、消费者群体画像等内容解读，展望未来跨境电商发展趋势。5月27日，在京东微信、手机QQ购物两周年庆生暨品牌战略发布会上，京东微信手机QQ购物与易观智库联合发布2016年《中国移动社交电商发展专题研究报告——京东微信、手机QQ购物两周年发展白皮书》，京东集团副总裁、京东微信手Q业务部总经理侯艳平发布微信手机QQ购物面向未来发展的“四化战略”（社交购物生态化、数据智能化、渠道增值化、品牌标杆化）。10月18日，京东与易观联合发布《2016中国网络零售购物节消费者行为专题研究报告》。报告显示，2015年中国网上零售市场交易规模近4万亿元，网上零售成为主要消费渠道。12月1日，京东联合21世纪经济研究院发布《2016中国农村电商消费趋势报告》，该报告是双方合作发布的首份农村电商行业完整生态报告。报告对京东平台上农村电商消费区域、用户画像、购买行为、支付行为、品牌偏好等进行分析，展示农产品上行、农村金融的现状和趋势，剖析中国农村电商的生态与消费新动向。

（侯娟）

京东到家与众包物流平台“达达”合并

4月15日，京东集团宣布旗下O2O子公司“京东到家”与中国最大众包物流平台“达达”合并，组建全国最大众包物流平台——新达达。合并后的新公司保持独立运营和发展，主要包括众包物流平台和超市生鲜O2O平台两大业务板块。众包物流平台将整合原有“达达”和京东到家的众包物流体系，为中国零售、服务和O2O企业提供规模化、低成本的“最后三公里”物流基础设施服务；O2O平台继续沿用“京东到家”品牌，通过与线下商超、零售店和便利店合作，在超市生鲜领域，打造便捷和高品质的消费者购物体验。

（侯娟）

云基地参加网络安全和信息化工作座谈会

4月19日，北京云基地企业管理有限公司首席科学家、友友天宇联合创办人姚宏宇参加由中央网络安全和信息化领导小组组长习近平在北京主持召开的网络安全和信息化工作座谈会，并进行题为“加快构建信息领域核心技术体系”的专项汇报。该会议是继2014年中央网络安全和信息化领导小组召开第一次会议后又一“重量级”会议，体现出云基地在云计算和大数据领域工作获得国家高度认可。习近平提出让互联网更好造福人民，建设网络良好生态，在核心技术上取得突破，正确处理安全和发展的关系，增强互联网企业的使命感、责任感，以及聚天下英才而用之等重要指导思想。

（赵心莹）

京东体育频道正式上线

4月24日，由京东体育主办的“倒计时100天－跑向里约2016 JD RUNNING轻越野赛”在北京西山森林公园鸣枪开跑，来自北京及周边地区2000余人参加。活动当日，京东正式宣布京东体育频道上线。京东体育秉持“专业、品质、服务”的品牌价值，在产品品类、内容营销、赛事合作等领域全面发力，对消费者进行专业化、时尚化运动消费引导。

（侯娟）

数字冰雹成为242课题专项合作单位

4月，北京数字冰雹信息技术有限公司成为国家242信息安全计划（简称242课题）专项合作单位。作为242课题直接参与主体，数字冰雹承研的网络安全可视化研究是网络安全领域前沿技术。242课题是由工业和信息化部下属国家计算机网络与信息安全管理中心下达的国家级信息安全研究计划，是信息安全领域最为核心的国家级项目之一。

（丁冬）

京东上榜全球财富500强等权威排行榜

5月3日，京东集团以4627亿元交易额入榜中国连锁经营协会发布的“2015年中国网络零售百强”榜单，并位居榜首。数据显示，中国网络零售百强企业2015年商品交易总额7982亿元，京东占57.97%。6月8日，作为中国领先的自营式电商企业，京东首次入榜英国《金融时报》公布的“2016年BrandZ最具价值全球品牌100强”榜单，并成为全球品牌价值成长最快的五大品牌之一。7月20日，京东首次上榜《财富》杂志公布的2016年全球财富500强榜单，位列第366位，成为中国首家且唯一入选财富500强的互联网企业。

（侯娟）

京东智慧物流开放平台投入运营

5月13日，京东集团召开发布会，宣布京东X事业部成立，京东智慧物流开放平台正式亮相，标志着京东正式进军智慧物流领域。京东X事业部囊括京东全自动物流中心、京东无人机、京东仓储机器人和京东自动驾驶车辆送货等一系列尖端智能物流项目，对行业前沿、高端智能设备、智慧系统进行多方位、立体化地研究与创新。6月8日，京东在江苏宿迁开展无人机试运营，完成首单京东无人机配送，标志着京东智慧物流体系建设落地。宿迁试运营的无人机采用京东自主研发的机型，能够实现全自动化的配送流程，无须人工参与，包括无人机自动装载、自动起飞、自主巡航、自动着陆、自动卸货、自动返航等覆盖配送全流程的一系列智慧化动作，提高配送效率、降低物流成本。6月，京东青龙系统京东智能分拣中心系统在京东固安智能物流中心落地，日订单分拣能力达到30万单。7月，京东X事业部推出与新通路融合全新移动端APP—京东便民乐加，并对已有的京东物流APP进行全面升级。“双十一”期间，京东无人机在北京、宿迁、西安等多地同时投入运营，在北京亦庄完成北京地区首单配送，京东无人仓24小时智能分拣为前方配送，AR/VR技术为消费者塑造身临其境的购物体验。京东机器人仓、机器人分拣中心、自动化分拣中心也于“双十一”正式启动测试，利用人工智能、机器人和数据感知全面提升作业效率。

（侯娟）

中金数据加入京津冀大数据联盟

5月18日，京津冀大数据产业发展高

端会议在河北省廊坊市举行，会上京津冀大数据联盟正式宣布成立，中金数据系统有限公司成为京津冀大数据联盟首批成员单位。并参加了首届京津冀大数据联盟理事会第一次会议。中金数据作为国内最大金融数据处理后台服务提供商，加入京津冀大数据联盟，立足深厚行业服务经验和高端金融客户资源，携手业内伙伴，为行业客户提供更多服务和解决方案。

（李晨）

天地互连主办 SDNFV Fest 测试活动

5 月 20 日，开放网络基金会（ONF）和北京天地互连信息技术有限公司全球 SDN 测试认证中心联合 Ixia 共同举办的“2016 春季 SDNFV Fest”测试活动在北京落幕。测试包括 OpenFlow v1.3 协议一致性测试、SDN 性能测试、SDN 互通测试、NFV 测试、SDN/NFV 方案测试 5 个部分。测试活动参与人数和规模超过往届，来自 Accton、赛特斯、烽火、华为、Ixia、Pica8、Radisys、西麦科技等 16 家企业的近 30 名工程师、20 余款设备参与测试。

（周悦）

京东与国家部、委、局签署战略合作协议

5 月 27 日，京东集团与发展改革委签署战略合作协议，共同推动安置化解过剩产能职工、促进农民工等人员返乡创业工作。根据协议，京东将加速向钢城、煤城地区布局物流营销服务网络，到“十三五”末覆盖 70% 以上的县级钢城、煤城，支持发展电子商务，帮助现有商业网点拓展经营服务范围，促进当地就业和劳动者增收；开放旗下服务器、京东金融、京东众筹、京东云等平台资源，通过实施“一村一品一店”工程，加快生鲜冷链宅配体系建设，加速线上线下流通联动，布局京东农资服务中心，就近建设产地仓等方式，支持试点地区发展现代农业，带动试点地区商贸流通业转型升级，支持培育智能硬件产业，促进创业就业。6 月 28 日，京东与中国物品编码中心达成战略合作协议，在电子商务和移动端应用等领域，利用各自资源优势促进商品条码使用规范，促进企业产品基础数据标准化管理。7 月 25 日，京东全球购与商务部外贸发展局签署战略合作协议，双方在数据分析、跨境电商平台宣传推广、贸易促进等多个领域实现合作。8 月 23 日，市工商局与京东等 11 家知名网络交易平台签署《加强网络交易消费者权益保护框架协议》。主要包括工商部门与平台经营者建立数据交换共享、消费风险防控、电子证据互认、多元化消费纠纷解决、落实经营者首问和赔偿先付制度、网络消费维权社会共治、信用激励及约束、沟通协调机制等内容。9 月 6 日，京东与农业部签署农业电子商务合作协议，双方在农业优质资源产销衔接、精准扶贫、渠道下沉与信息进村入户、大数据研究与合作、乡村金融等方面展开合作。

（侯娟）

京东生鲜配送和服务升级

5 月，京东生鲜启用客户订单时效承诺系统，消费者在购买产品时可以选择自己方便的收货时间。在生鲜电商领域，京东是唯一拥有客户订单时效承诺系统的电子商城。7 月，京东生鲜夜间（19：00—22：00）配送在一线城市全面上线。8 月，

全面支持订单货到付款，服务升级。10月，正式上线独立客服，开通京东生鲜专属客服热线。11月，京东生鲜配送升级，在已有的支持“次日达”城市基础上，扩增至243个城市，支持最慢“隔日达”的快递服务；新增城市最远半径扩至宁夏、青海、广西、贵州、云南等偏远地区，辐射到百色、漳州、遵义等三线以下城市。11月，京东生鲜升级协同仓，一线重点城市实现活鲜夜间配送。

（侯娟）

天地互连与ONF成立开放SDN推广中心

6月1日，北京天地互连信息技术有限公司与开放网络基金会（ONF）在全球SDNFV技术大会现场签署合作协议，联合成立开放SDN推广中心（OSPC），共同推进亚太地区开放网络生态系统的发展和建立。开放SDN推广中心计划于2017年推出中文版本SDN培训和考试项目，并在北京举办ONF会员大会。

（周悦）

京东推出一站式综合体验平台

6月1日，京东集团召开“京东陪伴每时每刻”——2016京东陪伴计划发布会，推出“陪伴计划”一站式综合体验平台。“陪伴计划”作为京东的战略项目，是在消费升级趋势下的一次进阶之举。该计划致力于为目标用户打通、聚合京东现有体系关联资源，建立共生关系的开放式平台，为消费者提供更贴心、更高品质的服务，为父母陪伴孩子成长提供购物、资讯、理财、公益于一体的专属产品和服务。

（侯娟）

天地互连全球SDNFV技术大会召开

天地互连2016全球SDNFV技术大会召开　　马乐 摄

6月1日—2日，北京天地互连信息技术有限公司和江苏省未来网络创新研究院共同主办的“2016全球SDNFV技术大会”在北京召开。会议讨论对SDN/NFV的实践与部署，展示SDN/NFV技术的最新部署现状和发展方向，助推其发展继续走向深入。大会汇聚来自中国工程院、中科院、ONF、OpenDaylight、OPNFV、ONOS、Linux基金会等权威组织的顶级专家，来自海内外运营商、云数据中心、互联网公司等应用单位的科研代表，及各大设备厂商的近50名嘉宾和近千名观众。

（周悦）

京东“6·18”促销季订单量过亿

6月1日—20日，所有电商平台和众多线下商户参与京东年度促销活动——“6·18品质狂欢节”。大促期间，京东累计订单量过亿，6月18日全天下单量比2015年增长超过60%。其中，移动端下单量占比85%，是2015年同期的2.2倍；当日京东新增下单用户中，来自微信购物和手机QQ购物的新用户数量是2015年同期的2.6倍。京东超市“6·18”当日共售出2500万件商品。广东、北京、江苏、上海、四川5省市的下单量领跑京东“6·18”的地域排行榜。促销季的配送，由新达达平台上的逾200万众包配送员与京东商城的自建物流队伍一起，为过亿的消费者提供高品质的“最后一公里”配送服务，确保京东商城在订单波峰期间的配送效率。京东“智能卖场”项目在促销季期间正式上线，用户从PC、APP微信端进入京东商城，都能看到满足自己个性化需求的京东页面，为不同用户呈现出最适合的商品、店铺、品牌、优惠券和相应的活动等。

（侯娟）

“互联网+”健康保险发展专项基金成立

6月5日，中国健康促进基金会“互联网+”健康保险发展专项基金管理委员会在中金数据系统有限公司召开成立大会。中国健康促进基金会理事长白书忠担任该专项基金管理委员会名誉主任委员，大会选举产生以中金数据董事长杨洁为主任委员，共18人组成的“互联网+”健康保险发展专项基金管理委员会。该基金会的成立旨在落实中国“十三五”规划，探索与创新健康保险服务模式。

（李晨）

京东与北京物资学院建京东电子商务学院

6月27日，京东集团与北京物资学院签署战略合作协议，双方将共建京东电子商务学院，在电子商务和相关专业人才培养、专业培训、企业发展、政策研究等领域展开合作，为中国电商行业提供高素质的定制化人才。该学院在北京物资学院内部独立设置并运行，是校企合作模式创新之举。

（侯娟）

中金数据发起成立国际产业互联网研究院

6月30日，工业和信息化部电子工业标准化研究院、清华大学网络行为研究所、中金数据系统有限公司等单位共同发起成立北京亦庄国际产业互联网研究院股份公司（简称国际产业互联网研究院）。该公司是以“互联网＋产业”和“互联网＋企业”为主要研究方向的股份制公司。公司主要股东包括中金数据系统有限公司、东尚国际控股有限公司、北京中奥共赢投资管理中心、北京亦庄创新股权投资中心、清科信息科技有限公司等。截至年底，国际产业互联网研究院设立面向“互联网＋协同制造”“互联网＋绿色建材”“互联网＋信息安全”3个主要产业方向的创新服务中心，并以协同、发展、共赢为理念拓展在“互联网＋其他领域”的创新业务模式。

（李晨）

数字冰雹为“墨子号”卫星提供监控平台

数字冰雹为“墨子号”卫星提供监控平台　企业提供

7月16日，全球首颗量子科学实验卫星“墨子号”从酒泉卫星发射中心升空。北京数字冰雹信息技术有限公司担任“墨子号”卫星科学实验运行监控平台的设计开发工作，卫星飞行一周监控平台运行平稳。平台针对量子实验的星地协同过程，构建全面展现科学实验流程与状态的天地一体化运行监控系统，用以监控量子卫星的载荷工作状态与科学实验进展。该系统位于北京怀柔区的空间科学卫星在轨运行控制中心，在卫星在轨运行期间，参与量子实验任务的地面科学家团队通过本系统持续监测各项量子科学实验任务的状态，保障各项科学研究顺利开展。

（丁冬）

国富瑞数据与健康管理协会签署合作协议

7月28日，国富瑞数据系统有限公司与中国健康管理协会签署合作协议，双方在协会网站平台建设，及健康数据的存储、灾备、大数据服务和管理等方面开展合作。双方以“一切为了人民健康”为服务理念，通过信息化技术和服务，共同普及健康政策法规，开展健康管理工作，宣传健康知识。8月1日，国富瑞数据承建的中国健康管理协会网站正式上线。

（申娜）

中金数据联手华为与武汉市政府签署协议

8月2日，中金数据系统有限公司、华为软件技术有限公司与武汉市政府就武汉市智慧城市建设与运营战略签署合作协议。三方将共同建设武汉超级计算中心，推进武汉城市云建设、促进武汉云计算和大数据产业发展等方面，开展战略合作。

（李晨）

天地互连与ONOS签署SDN控制器协议

8月，北京天地互连信息技术有限公司与ONOS（Open Network Operating System）就SDN（Software Defined Network）控制器领域相关合作签署战略合作协议，天地互连正式成为ONOS官方合作伙伴。天地互连将与ONOS共享研究资源和相关实践经验，共同开发控制器，推进ONOS社区的成熟和SDN控制器的发展。同时天地互连授权ON.Lab使用OFsuite测试工具开展测试工作，完善和提升ONOS控制器能力。

（周悦）

天地互连推出IPv6-only预测试业务

8月，北京天地互连信息技术有限公司－全球IPv6测试中心面向所有苹果APP供应商推出IPv6-only预测试业务，对APP各功能模块进行测试，帮助厂商定位APP中IPv6相关问题，以确保APP符合完全IPv6-only标准。旨在通过该中心所提供APP IPv6-only测试和解决方案，保障APP能够通过IPv6-only测试顺利进驻苹果App Store。

（周悦）

数字冰雹与建谊集团签署战略合作协议

8月，北京数字冰雹信息技术有限公司与北京建谊投资发展（集团）有限公司正式签署战略合作协议。双方就智慧城市产品技术研发和创新开发智慧城市类专项产品方面发挥各自优势，本着“优势互补、合作共赢”宗旨，共同致力于智慧城市的发展和建设。

（丁冬）

京东成立首家电商VR/AR产业联盟

9月6日，京东集团发布VR/AR战略，成立电商领域首个VR/AR产业推进联盟，联合30多家VR/AR上下游企业，从VR、AR硬件设备厂商、算法及系统制作商到内容供应商，涵盖完整的VR、AR生态，通过品牌、营销、运营、金融等方式，整合行业资源，为VR、AR企业提供全面支持。京东将提供一套统一的建模工具，让使用者制作统一标准的电商应用和VR/AR 内容，降低建模成本。同时建立内容分发平台，对接内容提供商和需求方，推动 VR/AR 新内容产出。

（侯娟）

烟台大数据产业园落户中金烟台数据中心

9 月 18 日，中国电子商会、中金数据系统有限公司、浪潮集团有限公司三方就烟台市智慧城市建设与信息产业发展签署战略合作协议，共同打造立足烟台、面向山东省乃至全国的大数据产业基地。同时，烟台大数据产业园正式揭牌落户中金烟台数据中心。

（李晨）

云基地入选小微企业创业创新示范基地

10 月，北京云基地企业管理有限公司经过企业信用、管理制度、创服功能、服务成效等多项标准考核，入选由工业和信息化部组织开展的国家小型微型企业创业创新示范基地。

（赵心莹）

京东商城“双十一”交易额同比增长 60%

11 月 1 日—11 日，京东商城交易额比 2015 年增长 60%，11 月 11 日当天，京东商城交易额比 2015 年增长 59%，其中移动端下单量占 85%。广东、北京、江苏、上海、四川领跑地域交易额排行榜前列。服饰家居品类的下单量创历史新高，全站占比超过 40%。“双十一”期间，京东集团相继与联想、尼康、华硕、微软、乐视、卡西欧、360、暴风、南孚等厂商举办战略签约仪式，签署囊括独家包销、促销让利、销量同比提升等多项合作内容在内的战略签约意向书；近百家品牌厂商与京东达成战略签约。

（侯娟）

国富瑞数据中心入选绿色节能示范项目

11 月 3 日，国富瑞数据系统有限公司北京通州 3 号数据中心在 2016 中国绿色数据中心技术大会暨数据中心技术委员会 2017 年年会上，入选由中国信息协会指导，中国数据中心产业发展联盟颁发的首批“数据中心绿色节能示范项目”（四星级）。

（申娜）

数字冰雹助力“长征五号”可视化项目

11 月 3 日，“长征五号”首飞成功，意味着北京数字冰雹信息技术有限公司参与的长征五号可视化项目取得成功。该项目包括长五箭体和内部系统结构、发射厂区和火箭垂直总装运转过程，及点火发射和飞行过程数据的呈现。长征五号首飞成功提升中国自主进入空间的能力，把中国火箭送入包括美国和俄罗斯在内的世界主流火箭阵营。

（丁冬）

云基地启动人工智能“云脑”建设计划

11 月，北京云基地企业管理有限公司正式启动人工智能“云脑”建设计划。公司以现有云计算和大数据平台资源为基础，在机器学习、数据挖掘、神经网络和深度学习等方面进一步开发，建设人工智能“云脑”平台，为人工智能领域创业创新提供企业级和平台化的支持与推动。

（赵心莹）

武汉超算暨云计算（数据）中心落成

12 月 1 日，中金数据系统有限公司投资建设的武汉超算暨云计算（数据）中心落成揭牌，成为国家网络人才安全与创新基地的先导项目和首个建成项目。武汉超算暨云计算（数据）中心可面向武汉市本地政府和客户，承接电子政务、智慧城市项目和本地企业云服务项目，也承接湖北省乃至全国和国际的数据中心与云计算服务项目。武汉超算暨云计算（数据）中心率先落成投产的过渡数据中心是国内规模最大的集装箱数据中心。

（李晨）

酒仙网 B2C、B2B 开放平台上线

12 月 5 日，酒仙网电子商务股份有限公司 B2C、B2B 开放平台上线发布会在北京举行，酒仙网董事长郝鸿峰、参会嘉宾和 B2C 首批签约商家代表共同开启酒仙网开放平台。酒仙网升级开放平台基于“共享、合作、共赢”理念对商家开放入驻，与更多品牌合作，为平台商家提供多元化的服务，为客户提供丰富的酒品。

（赵大维）

天地互连 GNTC 全球网络技术大会召开

12 月 7 日—9 日，由北京天地互连信息技术有限公司—下一代互联网国家工程中心主办的 GNTC 全球网络技术大会于北京召开。会议以“新技术、新架构、新网络”为主题，近百位行业权威专家通过主题演讲、圆桌论坛、展览展示等多种形式分享最前沿技术，探讨全球网络发展趋势。全球组织机构负责人、网络领域顶级专家、海内外主流运营商、知名互联网公司、先进设备商代表、权威媒体代表等 2000 余人参加大会。

（马乐）

AWS Direct Connect 落户国富瑞数据

年内，国富瑞数据系统有限公司作为亚马逊 AWS Direct Connect 服务合作伙伴，AWS Direct Connect 亚太地区节点之一在国富瑞数据 BJ3 数据中心落地。国富瑞数据依靠自有和合作伙伴丰富的网络资源，为客户提供快捷、可靠、灵活和低成本的 AWS 网络连接服务。AWS Direct Connect 服务帮助客户在自有网络和 AWS Direct Connect 节点之间建立网络专线连接，实现客户数据中心、办公室或主机托管区域与亚马逊云服务 AWS 的网络连接，可以降低网络成本、提高带宽流量，提供一个比基于 Internet 连接更为一致的网络体验。

（郭亮）

“互联网 +”企业（部分）

京东集团

京东仓储库房　　企业提供

2016 年，京东集团（简称京东）市场交易额达 9392 亿元，净收入达 2601 亿元，是中国收入规模最大的互联网企业。京东入榜 2016《财富》全球 500 强，是国内首家入选该榜单的互联网企业；根据艾瑞咨询最新数据显示，2016 年一季度

中国网络购物市场中 B2C 市场交易规模为 5716.7 亿元，其中京东在一季度中国 B2C 购物网站交易规模的市场份额达到 31.2%，比 2015 年四季度再增加 4.1 个百分点；根据第六届中国家电网购高峰论坛发布的《2015 年中国家电网购分析报告》显示，京东位于家电网购领先地位；京东连续第三次登上《财富》（中文版）2015 年中国 500 强企业榜单，位列互联网企业第一名。

截至年底，京东拥有超过 12 万名正式员工，并间接拉动众包配送员、乡村推广员、中小企业职员等就业人数近 400 万人。京东拥有中国电商领域规模最大的物流基础设施，覆盖中小件、大件和冷藏冷冻仓配一体化系统，在全国范围内拥有七大物流中心，运营 256 个大型仓库，拥有 6906 个配送站和自提点，自营配送覆盖全国 98% 人口，仓储设施占地面积约 560 万平方米。京东开设 1700 多家“京东帮服务店”，服务覆盖 44 万个行政村；建立 1800 多家“县级服务中心”，拥有近 30 万名乡村推广员，服务 30 万个行政村；地方特产馆特产店 1200 多家，京东农资电商合作涉农企业 500 多家，授权京东农资服务中心 130 多家。京东通过品牌品质、自营直采、地方特产、众筹扶贫等模式，在 832 个国家级贫困县扩展合作商家近 5000 家，上线贫困地区商品近 200 万个；将大量贫困地区的农特产品直接卖到全国各地的大城市，并帮助农户培育农产品品牌，实现销售额近百亿元。

年内，京东与质检总局上线“质量承诺信息公开查询平台”实现对接，消费者可以通过电商平台查询质量承诺信息；加入中消协电商消费维权绿色通道（直通车）平台，与中消协在各地投诉受理网络直接对接，高效解决消费者投诉，保障其消费权益；牵头成立空气净化器诚信联盟；参与签署发展改革委发起的“反炒信”信息共享协议；与食品药品监管总局签署关于建立食品安全协作机制备忘录。“京东到家”在全国覆盖城市拓展到 12 个，包括北京、上海、广州、深圳、武汉、南京、天津、宁波、成都、西安、重庆、苏州。京东董事局主席兼首席执行官刘强东应邀出席全国政协主席俞正声主持的全国政协双周协商座谈会，针对快递行业发展提出在核心城市周边配建大型物流园区、加强多模式运输枢纽建设和加大铁路电商专列开放力度、电商快递帮助市民减少海量交通出行，对缓解城市交通压力和绿色环保具有很大的社会价值 3 项建议。在亚布力中国企业家论坛第 16 届年会上刘强东就经济形势、电商趋势和传统企业电商转型发表演讲。京东副总裁马健荣出席以“反腐败助力可持续发展”为主题的 2016 年二十国集团工商界活动（B20）反腐败论坛并作主题演讲。

京东于 2014 年 5 月在美国纳斯达克证券交易所挂牌上市，是中国第一个成功赴美上市的大型综合型电商平台，跻身全球前十大互联网公司排行榜。京东业务涉及电商、金融和物流三大领域。主营的电商业务京东商城已成长为中国最大的自营式电商企业，保持着行业平均增速的近 2 倍增长。京东商城致力于打造一站式综合购物平台，设有 3C 事业部、家电事业部、消费品事业部、服饰家居事业部、生鲜事业部和新通路事业部六大部门。京东金融集团于2013年独立运营，已建立九大业务板块，分别是供应链金融、消费金融、众筹、财富管理、支付、保险、证券、金融科技和农村金融。“京东到家”提供各类到家服务，如超市到家、外卖到家、品质生活、上门服务、健康到家等。京东拥有中国电商领域规模最大的物流基础设施，覆盖中小件、大件和冷藏冷冻仓配一体化系统。京东为中国线上线下最大的手机、数码、电脑家电零售商。2014年，京东公益基金会正式成立。2015年7月，京东凭借高成长性入选纳斯达克100指数和纳斯达克100平均加权指数。

（侯娟）

京东集团

董事局主席兼首席执行官 刘强东

中金数据系统有限公司

2016年，中金数据系统有限公司（简称中金数据）参与发起成立北京亦庄国际产业互联网研究院股份公司。中金数据投资建设的武汉超算暨云计算（数据）中心落成揭牌，成为国家网络人才安全与创新基地的先导项目和首个建成项目。中金数据“一站式”版权服务平台——版全网（http://www.crsall.com）全新上线。中金数据、上海联影医疗科技公司、深圳华大基因科技公司与贵州省政府就“云上贵州·健康云”项目签署战略合作框架协议。中金数据、华为软件技术有限公司与武汉市政府就武汉市智慧城市建设与运营战略签署合作协议。与中国电子商会、浪潮集团有限公司三方就烟台市智慧城市建设与信息产业发展签署战略合作协议，烟台大数据产业园正式揭牌落户中金烟台数据中心。中金数据任中国绿色建材产业发展联盟副理事长单位，成为京津冀大数据联盟首批成员单位，全资子公司中金花桥数据系统有限公司成为江苏省金融服务外包联盟副理事长单位。中金数据董事长杨洁为中国健康促进基金会“互联网+”健康保险发展专项基金管理委员会主任委员。中金数据“语音大数据分析云”案例获“2016优秀大数据应用案例”“2016年度产品创新奖”。

中金数据成立于2005年，注册资本2.48亿元，是国家高新技术企业，总部位于北京，在山东省、湖北省、江苏省设有子公司。十余年来，中金数据以数据中心为基础，以符合国际和国家规范标准的运行管理体系和专业的服务团队为支撑，面向行业提供整体解决方案，在大健康、文化产业、金融行业、出版发行、公共安全和产业互联网领域，以云计算、大数据、移动互联网的应用为增值服务，发展成为业界领先的数据中心外包服务和IT应用综合提供商，客户覆盖政府部门、金融企业、中央企业、跨国公司等领域。中金数据北京数据中心是北京市规模最大的高等级数据中心服务园区，是国内最大的第三方数据中心服务商、全国最具规模的社会化服务金融后台，机房IT设备区总面积2.2万平方米，可容纳机架9000个。北京数据中心通过ISO 20000信息服务管理、ISO 27001信息安全管理和ISO 9001质量管理的认证，并获得国家版权局颁发的17个计算机软件著作权登记证书。公司先后获得国家信息安全测评信息安全服务资质（灾难恢复类二级）证书，被认定为“北京市互联网金融实验室”，获2011中关村高成长企业TOP100、纳税信用A级企业等称号。

（李晨）

中金数据系统有限公司
董事长 杨浩
总裁 张利

国富瑞数据系统有限公司

2016年，国富瑞数据系统有限公司（简称国富瑞数据）营业收入1.7亿元。有员工134人，其中贵阳项目1人、福建分公司28人。享有国务院特殊津贴专家2人，公司80%以上的管理者和技术人员获得CCIE、H3CNE、OCP、BCFP、ITIL、MBCI等专业认证证书。年内，国富瑞数据成为京津冀大数据联盟理事单位；获得由中国电子信息行业联合会颁发的信息系统集成及服务三级资质认证，同时连续六年获得数据中心优秀运营服务单位称号；北京通州三号数据中心被评为数据中心绿色节能示范项目（四星级）。公司参展2016贵阳国际大数据产业博览会、2016中国大数据云计算产业高峰论坛暨2016中国数据中心用户服务峰会、2016中国国际“互联网+”时代博览会、乌兰察布大数据产业推介会。国富瑞数据参加第三届世界互联网大会暨新华网亿连“城市大脑”发布会，公司总裁张念录作题为“智慧的‘城市大脑’需要智慧的大数据中心”主题演讲；公司高级副总裁刘军任出任数据中心总经理俱乐部技术委员会常务委员。

国富瑞数据是商务部直属中国国际电子商务中心（公司）旗下控股子公司，成立于2008年，注册资本1.98亿元，是专注于数据中心外包和云计算服务的专业化公司；2015年转为纯内资企业，为政府、金融、民航、电力、石化、跨国公司等客户提供专业化外包服务。公司在北京、广州、上海、苏州、福建等地运营管理11个高等级数据中心，占地面积10万平方米以上。国富瑞数据是唯一同时获得ISO 9001质量管理体系认证、ISO 20000 IT服务管理体系认证、ISO 27001信息安全管理体系认证、ISO 22301业务连续性管理体系认证四大国际认证的国有机构，并取得信息安全服务（灾难恢复类一级）、IDC/ISP经营许可证等资质。公司通过可信云服务认证，被选为国家绿色数据中心试点单位，连续多年获数据中心优秀运营服务单位等称号。公司投身于国家各项重点课题的制定与重大项目的实施、运营等工作，参与完成多项课题和标准的研究与编写，及国家“金关”工程主干网——外经贸专用网的建设与运营。

（申娜）

国富瑞数据系统有限公司
董事长 付诚
总裁 张念录

北京国富安电子商务安全认证有限公司

2016年，北京国富安电子商务安全认证有限公司（简称国富安）逐步完善形成认证、电子签名和电子证据保全云三方面的技术和服务能力，并对行业开展无纸化物流、安全招投标等业务提供针对性解决方案和技术产品；提出“精准营销”市场策略，重点在电力、教育、电商与物流、石油石化等行业开展业务；服务外包新项目partslink24上线运营。

年内，国富安产品“基于第三方认证的无纸化物流配送安全支撑平台”被列入第五批北京市新技术新产品（服务）名单；电子证书安全认证系统和 SignPass 数字签名服务器系统获公安部销售许可证；《国富安在线支付及发票管理系统 1.0》《国富安企业号选题评选系统 V1.0》《国富安移动信息发布系统 V1.0》取得软件著作权。公司为中国电商联盟成员、中关村企业信用促进会会员、中国密码学会会员；通过 ISO 9001 质量管理体系再认证；获 2016 年度北京诚信系统集成企业、开发区“科技工作者之家”、北京软件协会“诚信系统集成企业”等称号。

国富安成立丁 1998 年 12 月，是中国国际电子商务有限公司全资子公司，是中国权威电子认证与信息安全服务提供商，是国家部委首家获得工业和信息化部颁发电子认证服务许可资质的第三方电子认证服务机构，是具有国家涉密信息系统集成资质、安全工程类信息安全服务资质和 ISO 质量管理体系认证资质的高新技术企业。国富安拥有超过 13 年的安全稳定运营经验，具有国际一流的三地容灾备份体系和电子认证服务基础运营环境，在全国 100 个城市设有技术服务支持机构，37 个证书受理点。公司设立云计算研究中心，全部产品和核心技术均具有自主知识产权，形成包括安全认证类、网络安全类、移动安全类在内的完善产品体系，并为用户提供专业的电子政务和电子商务信息安全整体解决方案。国富安业务以实名身份认证服务、安全可信无纸化、可信电子证据保全服务、移动应用安全服务、网络安全防护为主，拥有一支具备完整硬件接口、底层驱动、通信协议、安全中间件、应用软件等研发能力队伍，拥有 PKI/CA 密码技术、交叉认证技术、指纹认证技术、虚拟化技术、嵌入式安全操作系统、数据库查询与存储技术等关键技术储备。公司先后参与制定国家、行业标准与技术规范等 30 余项，承接 56 个国际、国内重大课题，成功申报“十二五”国家密码发展基金密码理论课题，研究在云计算虚拟化技术中应用商密算法并制定标准规范。公司承担国家“九五”计划科技攻关项目“商业电子信息安全认证系统”，是中国第一个自主开发、具有自主版权的 CA 安全认证系统。公司先后获北京市科学技术奖、2011 年度中国信息安全技术创新奖、科技创新企业优秀奖、2014 年电子商务集成创新奖、新区“小巨人”重点培育企业、北京市诚信创建企业、第二届在线供应链金融优秀案例奖、工业和信息化部电子商务集成创新奖、2015 年度北京市第二批新技术新产品（服务）认定等称号。

（田丹）

北京国富安电子商务安全认证有限公司
总经理 唐清文

北京天地互连信息技术有限公司

2016 年，北京天地互连信息技术有限公司（简称天地互连）销售收入近 7000 万元，员工 120 人。年内，天地互连独立开发的 SDN 控制器测试工具面世；发起的 IPv6 过渡平台“6Plat”正式上线，并推出苹果 APP IPv6-only 预测试业务。公司组织全球 SDNFV Fest 测试活动、GNTC 全球网络技术大会等会议。

经全国博士后管委会批准，在天地互连设立博士后科研工作站。公司董事长刘东出任 IEEE 标准协会董事会，推进中国的标准化进程。

天地互连成立于 1999 年，是专注于互联网域名系统（DNS）、下一代互联网（IPv6）、软件定义网络（SDN）等领域的互联网基础技术公共服务平台。天地互连依托下属下一代互联网国家工程中心，建成 IPv6 根服务器验证平台，面向全球开展实验运营项目。IPv4/IPv6 网站迁移方案、IPv4/IPv6 过渡与互通方案在电信运营商规模部署；基于 IPv6 和物联网的行业应用解决方案在石化、农业、建筑等重点行业部署应用；承建下一代互联网 IPv6 认证测试服务北京市工程实验室，建成全球最大 IPv6 测试中心，测试业务量占全球的 45%，作为核心成员承担建设中国下一代互联网（CNGI）评测体系。天地互连承建全球 SDN 测试认证中心，成为全球第一家国际 OpenFlow 认证实验室，同时面向全球开展 SDN/NFV 测试认证服务。由天地互连和开放网络基金会（ONF）联合主办的 PlugFest 测试活动已连续举办多届，成为 SDN 产业最具影响力的测试活动。天地互连主导的 ISO/IEC/IEEE 18880 标准是首个由中国发起并获国际认可的绿色 ICT 标准，成为全球“能源互联网”领域首个国际标准。公司被科技部、中科院、北京市政府联合评为首批“创新试点型企业”，获信息产业部科学技术奖一等奖、科技奥运先进集体等 10 多项国家级和省部级奖励；下一代互联网工程中心获批升级为国家级工程中心；牵头制定 IPv6、能源互联网等 17 项国际、国家和行业标准，并拥有核心发明专利近百项。

（周悦）

北京天地互连信息技术有限公司

董事长兼总经理 刘 东

北京数字冰雹信息技术有限公司

2016 年，北京数字冰雹信息技术有限公司（简称数字冰雹）销售收入近 6000 万元，员工 110 人。年内，北京公交集团·智慧公交运行监控平台、中国电科院·智慧电力运行监控系统、G20 峰会·志愿者轨迹监控综合管理平台、长征五号可视化项目、“墨子号”卫星科学实验运行监控平台、国家互联网应急中心·网络态势可视化平台等多个项目落地，并成为国家 242 信息安全专项合作单位。数字冰雹陆续推出全球航天态势可视化分析平台、全球百年地震数据可视化系统、智慧城市大数据可视化决策平台、可视化情报分析平台、航天战场视景仿真系统等技术成果。公司获 2015 创富中国最受媒体关注企业、2016 中国大数据企业 50 强、《中国大数据企业排行榜》数据可视化榜首、年度技术创新企业称号，中国大数据创新企业 TOP100 奖项，智慧城市运行监控中心可视化决策系统入选中国大数据应用最佳实践案例（TOP 50）。

数字冰雹成立于 2006 年，注册资本 500 万元，位于开发区科创十四街 99 号。公司致力于提供大数据可视化产品和服务并提供集设计、程序开发、硬件集成为一体的一站式系统解决方案。系统兼备顶级视觉效果与高性能可交互操控，广泛应用于航空航天、国防军工、网络安全、智慧城市、商业智能、工业监控等领域；提供大数据可视化分析决策系统的规划、设计、开发、集成、实施等服务。公司是国家双软认证企业、高新技术企业，并通过ISO质量体系认证，取得软件著作权30余项，发明专利1项，并承担1项国家火炬计划项目。在人机交互开发领域曾被比尔·盖茨授予“创新英雄”奖。

（丁冬）

北京数字冰雹信息技术有限公司

董事长兼总经理 邓潇

酒仙网电子商务股份有限公司

酒仙网北京总部外观 赵大维 摄

2016年，酒仙网电子商务股份有限公司（简称酒仙网）成立酒仙联合供应链管理（北京）有限公司。年内，酒仙网主办第二届中国互联网十大“民酒”评选活动，召开第四届中国酒类电商领袖论坛等行业活动，召开B2C、B2B开放平台上线发布会；打造炫酷品牌日特卖专场、“9·9”酒水狂欢节等酒类专属销售活动，聘用柳岩为公司首席品酒师。

酒仙网原为北京酒仙电子商务有限公司，成立于2010年5月17日，是中国领先的酒类电子商务综合服务公司。2013年9月，正式更名为酒仙网电子商务股份有限公司。主要从事国际国内知名品牌、地方畅销品牌，以及进口优秀品牌等酒类商品线上零售，为酒类企业提供电子商务综合服务，经营范围包括白酒、葡萄酒、洋酒、保健酒、啤酒等。公司总部位于北京市，在上海、广州、天津、武汉、成都等地拥有子公司和运营中心。酒仙网与国内500多家酒类企业建立深度合作关系，并与天猫、京东、苏宁易购等十余家国内知名电商平台实现合作。截至2015年7月29日，酒仙网相继获得国开金融、广东粤强、红杉资本、东方富海、沃衍资本、单仁资讯、民享财富等机构和部分个人投资者7轮共计14.3亿元的投资，并于2015年10月28日正式在新三板挂牌（股票代码：833919）。

（赵大维）

酒仙网电子商务股份有限公司

董事长 郝鸿峰

北京云基地企业管理有限公司

云基地外观 陈硕 摄

2016年，北京云基地企业管理有限公司（简称云基地）总资产3129万元，营业收入969万元，员工近30人。年内，云基地启动人工智能“云脑”建设计划；云基地旗下两家直投企业——北京天润融通科技股份有限公司、北京云端时代科技有限公司挂牌新三板，成为中国新三板市场桌面云和 SaaS 云呼叫中心领域的第一股；云基地旗下企业——北京云开信安科技有限公司成为公安部 eID 项目运营商；云基地直接投资和孵化企业——北京凌云智能科技有限公司制造的凌云智能两轮电动汽车、凌云推背概念车与凌云推背迷你概念车首次亮相 2016 第 14 届北京国际汽车展览会；云基地旗下凌云智能两轮电动车参加“2016 全国大众创业万众创新周”活动，副总理汪洋和刘延东亲临展台指导并给予肯定；云基地首席科学家、博士姚宏宇参加中央网络安全和信息化工作座谈会；云基地获得工信部认证的“国家小型微型企业创业创新示范基地”资质。

云基地成立于 2010 年 8 月 17 日，是一家服务型企业，注册资本 1000 万元，坐落在开发区北工大软件园内，办公面积 9300 平方米，其中孵化企业所占面积超过 70%。公司主要负责云基地孵化器运营管理，为入驻在孵企业提供人力资源、投融资与财务、行政物业、政府和公共关系、企业形象宣传与品牌公关、市场宣传活动、法律等咨询服务，以及信息化等各类综合保障工作。2010 年，云基地获北京祥云工程基地称号；2012 年，云基地获中国智慧城市论坛云产业创新单位、开发区新区科技企业孵化器、中国云产业联盟理事单位、中国电子学会云计算专委会理事单位称号；2014 年，云基地获国家级中小企业创业创新公共服务示范平台、北京市小企业创业基地、北京市科学技术协会院士专家工作站等资质称号。

（赵心莹）

北京云基地企业管理有限公司
总经理 何 苯

北京惠买在线网络科技有限公司

惠买在线公司外观　　杨洪星 摄

2016 年，北京惠买在线网络科技有限公司（简称惠买在线）总资产 15 亿元，净资产 7 亿元，营业收入 80 亿元，纳税额 2 亿元。员工 800 余人，其中本科以上学历占 65%。截至年底，公司布局完成电视、网络、手机、电话、型录等多个营销渠道，通过创意视频、场景化销售不断提升内容营销水平；同时借助各平台数据，实现数据整合营销。公司响应国家京津冀一体化发展战略，将客服中心、网销仓储中心分别设在河北省石家庄市和廊坊市。

惠买在线成立于 2010 年 4 月，注册资本 1 亿元。2012 年 11 月入驻开发区，园区占地面积 6.67 万平方米。惠买在线定位为视频购物行业服务运营商，是一家文化创意和科技创新相结合的多品牌、多渠道创新型企业。公司先后获 2012 年度开发区纳税 50 强企业、2013 年中国电子商务百强企业纳税信用 A 级企业、2014 年北京市重点总部企业、2015 年北京品牌

100强等荣誉。

（杨洪星）

北京惠买在线网络科技有限公司

董事长兼总裁 杜瑞勇

中金云金融（北京）大数据科技股份有限公司

2016年，中金云金融（北京）大数据科技股份有限公司（简称中金云金融）自主研发金管通品牌下相关产品和服务，为互联网金融行业提供平台一体化解决方案，面向政府和互联网金融企业提供支持与帮助。金管通以信息披露和风险监控为原则，分功能设计并运营，借助现场监管和非现场监管两种形式产品，实现面向互联网金融全面风险管理平台，打造互联网金融全息智能可视化监管平台。产品包括监管沙箱、金融黑匣子、“一企一档”互联网金融风险电子档案、互联网金融风险排查系统和手机APP等。监管沙箱基于金融科技（FIN-TECH）发展理念，依托云计算、大数据、区块链等技术，凭借现场和非现场两种监管形式，为互联网金融行业提供安全、可信的监控服务平台。金融黑匣子通过对电子数据进行存储、整理和服务，用电子数据及其校验值妥善保存的方法，对电子交易中的数据固化，确保电子数据防篡改、可追溯、不可逆，是互联网金融行业金融电子数据长期保存的系统平台。监管沙箱和金融黑匣子两大系列产品，搭建从业机构与监管部门间的桥梁，服务于多个省市政府部门，客户遍布华北、华中、西部、东北等地区。

中金云金融成立于2015年7月，是中金数据系统有限公司的子公司，其控股公司中金盛世投资有限公司，注册资本5555.55万元，位于开发区博兴八路1号2幢，是国内领先的金融科技、监管科技服务企业。主要为政府、互联网金融机构客户提供综合化金融科技解决方案。金融云管理平台可提供完整的软件研发和部署服务，包括应用设计、应用开发、应用测试和应用托管，解决关键技术，支持多种基础设施，支持容器编排；可以实现对容器管理，对原有的虚拟化资源池进行升级改造。中金云金融大数据风控平台，利用大数据技术，融合内外部多维度信息，可有效帮助互联网金融企业解决多维度风控数据采集和处理，构建全面的风控数据平台；通过机器学习和数据挖掘算法，对海量客户信用数据进行分析，建立完善的互联网金融企业行业风控模型；高效风控数据流水线为客户提供快速、安全、个性化的服务。公司获信息系统安全等级保护三级认证、跨地区增值电信业务经营许可证、“基于区块链的数据保全方法及系统”获专利授权。

（杨锐）

中金云金融（北京）大数据科技股份有限公司

董事长 杨 洁

总经理 康潭云

文化创意

中杂公司总监获国际马戏节特殊贡献奖

1月10日—26日，曾获第37届蒙特卡洛国际马戏艺术节“金小丑”奖的经典杂技节目《俏花旦——集体空竹》与《圣斗——地圈》作为获奖节目代表，赴摩纳哥参加蒙特卡洛国际马戏艺术节四十周年纪念演出活动。国家一级演员、中国杂技团有限公司创意总监孙力力获蒙特卡洛国际马戏节特殊贡献奖。

（匡娜）

大地影院资产证券化产品上市

2月1日，大地影院集团以旗下80家影院未来部分票房收入作为质押发行的资产证券化产品，在深圳证券交易所挂牌，融资总额11.3亿元，用于发展其影院建设相关业务。该资产证券化业务的开展，是大地影院多元化融资的一次尝试。

（郝美丽）

中杂公司原创励志剧在日演出53场

中杂公司原创励志剧《熊猫当家》首演　　徐有成 摄

2月29日至4月28日，中国杂技团有限公司原创励志剧《熊猫当家》剧组一行54人，应日本民主音乐协会邀请赴日演出。3月4日，该剧在日本京都完成首演，并在日本27个城市巡演53场。日本主流媒体争先报道，国际创价学会会长、日本创价学会名誉会长、日本民主音乐协会创办人池田大作特别寄语中杂公司。《熊猫当家》选取备受中外人民喜爱的熊猫作为主人公形象，以中华美食文化为背景，以诙谐生动的情节讲述励志成长故事，展示勤劳顽强的中华精神和博大精深的中华智慧。该合作是中杂公司继2007年、2010年与日本民主音乐协会合作后，第三次应邀赴日演出，是该协会邀请最多的演出团体。

（匡娜）

全国大学生移动应用创新大赛举行

高校创意总部承办全国大学生移动应用创新大赛全国总决赛　　企业提供

3月31日，2015第二届全国大学生移动应用创新大赛全国总决赛和颁奖典礼在中国教育电视台高校创意总部大型演播室举行。“Feeling”“闪客”“OMGVRer”等8个团队获一、二、三等奖，大量参赛项目获投资机构投资意向。教育部、工业和信息化部相关领导，知名互联网企业家，投资大咖和高校师生参加。12月19日，第三届全国大学生移动应用创新大赛总决赛在江苏省宿迁市宿豫大剧院举行。5000余个项目报名、参赛涉及全国400余所高校，30余个项目获天使投资。经过海选评比，来自全国的16支创业团队进入决赛，最终中山大学“幻记SlideNote”项目获第一名、上海交通大学“MatchU Smart Suit”项目获第二名、重庆邮电大学的“以餐具集中消毒服务为引擎的餐饮全品类供应平台”项目获第三名。

（丁孟良）

北京市领导到中杂公司和杂技学校调研

4月7日，北京市副市长王宁到中国杂技团有限公司和北京市杂技学校调研。王宁参观中杂公司和杂技学校设备设施，了解演员和学员训练学习情况，听取北京演艺集团、中杂公司和杂技学校发展情况汇报并给予指导。北京市国有文化资产监督管理办副主任龙晓雯，北京演艺集团董事长康伟、总经理吴然、总经理助理孙彦朝等参加调研活动。

（匡娜）

百老汇托尼奖·中国落户北京亦庄

4月17日，北京君立天地文化产业有限公司在开发区亦城国际中心举办“美国百老汇进入中国 托尼奖落户北京亦庄”启动签约仪式暨新闻发布会，代表着国际戏剧最高成就——百老汇托尼奖正式落户北京亦庄。这是中国首次引进落地的世界顶级演艺品牌，也是这一国际顶级奖项70年来首次对大中华地区进行官方授权。中国成为全球范围内继英国、日本、韩国之后第四个引入这一顶级文化品牌的国家，为中国演艺产业学习国际优秀艺术生产机制、商业化运作模式和艺术创新提供机遇。当日，北京君立天地与北京演艺集团、乐视集团、首旅集团北京展览馆剧场、北京开心麻花娱乐文化传媒股份有限公司、北京亦庄国际投资发展有限公司5家机构签署一系列战略合作协议。各方将携手通过借助国际顶尖演艺品牌的世界影响力、借鉴其成熟发达的商业模式，加快北京演艺市场发展。6月12日，在北京君立天地促成下，美国百老汇托尼奖委员会与开发区管委会在美国纽约曼哈顿召开招商发布会，宣布双方正式合作，为北京亦庄文创产业的发展提供新动力。

（夏枫荻）

中杂公司最大海外演出项目在美落幕

5月3日，中国杂技团有限公司的《集体空竹》《地圈》《车技》《爬杆》等优秀节目随美国玲玲马戏团传奇剧组，完成在美国为期两年半的巡回演出。巡演自2013年11月至2016年5月，在美国81个城市和地区演出895场，观众人数超百万。该合作项目首次一改玲玲马戏团不从中国挑选节目的做法，将中杂公司自主知识产权节目推向国际市场，将中国文化推向世界。

（匡娜）

大地影院资本牵手阿里影业

5月9日，大地影院（香港）有限公司向阿里影业全资附属公司SAC Finance Company Limited发行总金额为10亿元的可换股债券，认购资金用于影院经营、投资和并购，也可用于银行借款的偿还。资本联姻有助于推动双方在电影发行、影片营销、联合会员经营和大数据建设等方面深入合作，推动行业整体发展。

（郝美丽）

北京亦庄文化创意产业联盟成立

5月10日，北京亦庄文化创意产业联盟成立仪式在开发区博纳星辉剧院举行。市委宣传部副部长余俊生、国务院发展研究中心中国发展出版社社长包月阳、北京市文化创意产业促进中心主任梅松，开发区领导绳立成、赵雅娟出席仪式。文创产业联盟的成立，标志着北京亦庄以企业为主体、市场为导向、产学研相结合的文化产业创新体系正在形成。在启动仪式现场，中国杂技团与四达时代集团、约翰·休斯和好莱坞视觉团队与电科院艺术设计学院、艺术家刘键与博纳星辉、爱的分贝公益组织与文创联盟、中国杂技团与博纳星辉分别签约。文化创意产业已成为北京亦庄发展最快的新型产业，营业收入连续四年保持年均 20% 以上的增速。该联盟是开发区首家获得国家政府部门认可的文化产业社会团体，有会员单位 39 家。

（查云帆）

四达时代获 2016 年最佳商业实践奖

四达时代获 2016 年最佳商业实践奖　　企业提供

6 月 4 日，欧洲质量研究协会（European Society for Quality Research）2016 年年会在比利时布鲁塞尔举行，四达时代集团获得该协会颁发的 2016 年最佳商业实践奖。年会吸引包括亚洲、欧洲、北美洲、南美洲、非洲，及大洋洲等在内的 60 多个国家的近 200 名商业精英、机构组织领导参加；加拿大航空、美国航空、日本钢铁集团等国际知名公司出席。

（兰简瑶）

辰星科技成为 LIPA 领导层成员

6 月 7 日，数码辰星科技发展（北京）有限公司受邀参加 LIPA（Laser Illuminated Projector Association） 全球激光放映协会领导层级别激光技术发展研讨会，并被授予成为 LIPA 领导层成员之一。LIPA 领导层成员均来自全球激光放映相关领域的顶尖企业，该会议企业代表包括 Sony、Christie、Barco、Nescle、Casio、NEC、Compound Photonics、Dolby、Texa Instruments、Speckle WG Chair 等，辰星科技是 LIPA 领导层中唯一中国企业。

（鲁明）

托尼奖颁奖典礼国内首播

6 月 13 日 20 时，在北京君立天地文化产业有限公司运作下，第 70 届美国托尼奖颁奖典礼首次在大中华地区进行转播。首播由央视网、乐视视频、华数 TV、芒果 TV、爱奇艺等 8 家网络媒体平台合作完成，首次打破获得转播权的国家和地区只通过一个媒体平台转播颁奖典礼的传统。托尼奖作为戏剧界的奥斯卡奖项进入中国观众视野，百老汇的品牌和资源随之进入中国，为中国演艺产业学习国外优秀的艺术生产机制和商业运作模式提供机遇和平台。

（夏枫荻）

中杂公司杂技剧《北京》首演

6 月 15 日，国家艺术基金 2015 年度资助项目——中国杂技团有限公司杂技剧《北京》首演，并首次尝试现场手机直播，单场演出观众 16 万人次。8 月 16 日至 9 月 2 日，该剧参与由开发区工委宣传部主办，北京亦庄文创联盟、中杂公司、博纳星辉剧院联合承办的“京”典亦庄 创“艺”为民大型惠民演出活动，在博纳星辉剧院为开发区内职工和居民演出30场，并特别举办“来京建设者”“环卫工人”“社区群众”“企业家”等专场演出，两万余名开发区内观众观看演出。活动丰富了开发区的文化生活，使开发区职工和居民在家门口看到世界顶级的杂技节目。

（匡娜）

四达时代主办非洲数字电视发展论坛

四达时代主办第六届非洲数字电视发展论坛　　企业提供

6月23日，四达时代集团主办的以“普及数字电视，畅享智慧生活”为主题的第六届非洲数字电视发展论坛在开发区举行。中宣部副部长、国务院新闻办公室主任蒋建国在论坛致辞。来自39个国家广播电视部门，及中国政界、企业界300多名代表参会，探讨未来非洲各国数字电视发展，为非洲各国政府制定数字化发展规划和产业政策提供决策参考。

（兰简瑶）

中杂公司首次尝试海外演出经纪

7月8日至9月20日，中国杂技团有限公司组织周口市杂技马戏团和南充市杂技团等30人赴沙特阿拉伯参加杂技魔术综合晚会。凭借中杂公司品牌影响力、前期专业训练和节目包装，及现场专业的管理和高效沟通，完成130场演出，并与演出商确定未来两年合作意向。这是中杂公司首次以经纪形式向海外推广杂技节目。

（匡娜）

四达时代承办联合国艾滋病规划署座谈会

7月27日，“携手迈向零艾滋：联合国艾滋病规划署与中非民间商会座谈”在四达时代集团北京总部举行。四达时代总裁庞新星接待联合国副秘书长、联合国艾滋病规划署执行主任米歇尔·西迪贝一行。西迪贝在会上肯定中非民间商会、四达时代等机构和企业在社会公益上做出的努力，表示在非洲地区防艾抗艾知识的普及和宣传上，四达时代拥有独特优势，联合国艾滋病规划署愿加强同四达时代的合作，期待四达时代做出更大的贡献。

（兰简瑶）

首届中国国际创业创新博览会举办

高校创意总部主办首届中国国际创业创新博览会　企业提供

8月4日—7日，高校创意总部和中国国际展览中心集团公司联合主办的首届中国国际创新创业博览会在中国国际展览中心举办。博览会吸引创业者、投资人、产业园区、新闻媒体、高校师生、相关行业人士和普通观众数万人次参观洽谈，打造一个围绕创新创业体验、交流、合作的大舞台，得到参展机构和观众嘉宾好评。

（丁孟良）

四达时代承办北京影视剧非洲展播季

9月22日，由北京市新闻出版广电局主办、四达时代集团承办的“2016北京影视剧非洲展播季”活动在尼日利亚首都阿布贾举行。尼日利亚信息与文化部常务秘书代表Peter Dama、中国驻尼日利亚大使馆文化参赞严向东、北京市新闻出版广电局副局长杨培丽、四达时代副总裁郭子琪等出席启动仪式。当地热衷中国影视剧的群众与当地媒体全程报道并参加启动仪式，观看展播剧目《大猫追爱记》第一集。9月27日，作为2016北京影视剧非洲展播季的亮点活动，首届“四达杯中国影视剧配音大赛”颁奖典礼在坦桑尼亚首都达累斯萨拉姆海雅特酒店举行。四达时代与配音大赛获胜选手签署为期一年的合同。

（兰简瑶）

中企动力与创筹网络达成合作协议

10月13日，中企动力科技股份有限公司和内蒙古创筹网络科技有限公司在内蒙古国际会展中心签署合作协议。中企动力将为内蒙古中小企业、创新创业公司和组织提供优质产品和服务，并帮助内蒙古传统企业借助“互联网+”平台提升企业营销、服务能力和经营收入。创筹网络借助中企动力提供平台和产品，结合当地中小企业和创新创业企业特点，实现有针对性的、本地化服务。

（李明明）

高校创意总部举行校园创业节目启动仪式

10月，在教育部指导下，由中国教育电视台协办，教育部高教司和中国教育电视台高校创意总部、清华大学等高校承办的教育部中国“互联网+”大学生创新创业大赛工作会议在北京清华大学召开，并举行《点亮青春 创业公开课》启动仪式。节目旨在展现中国“互联网+”大赛的成果，展现团队幕后英雄，推进高校学生创新创业训练和实践，提高创新创业人才培养水平。中国教育电视台高校创意总部相关领导致辞并介绍双创工作，表示中国教育电视台将整合多方资源发挥电视台媒体和技术优势，结合演说、纪实、真人秀等特点，融知识性、专业性、观赏性、互动性、娱乐性为一体，将节目打造成为中国教育电视台双创产业链名牌。

（李坡）

高校创意总部协办智慧城市暨智慧家庭展

11月4日，由工业和信息化部、科技部、知识产权局、中科院、中国国际贸易促进委员会、湖北省人民政府主办，中国教育电视台高校创意总部协办的第四届中国（国际）智慧城市暨智慧家庭展在武汉举行。展会汇聚智慧城市和智慧家庭领域知名企业、行业精英、专家学者，云集最前沿技术和产品。展会同时举办第三届全国大学生移动应用创新大赛（简称CMAIT 2016）第四赛区决赛，评比项目以VR游戏、院外医疗、手机安全、聋哑人交流等社会热点领域项目为主，最终“私人心医”项目、“脉象”项目分别获得创意组和创业组一等奖。

（丁孟良）

中杂公司改制十周年完成演出 12743 场

11 月 17 日，北京演艺集团组织召开推进文化体制改革暨中国杂技团改制十周年座谈会，中央宣传部改革办副主任高书生、文化部政策法规司司长饶权、市委宣传部副部长余俊生、市文资办副巡视员杨永安出席座谈会。公司总经理张红介绍中国杂技团有限公司十年来的改革和发展状况；听取各级领导对文化企业改革发展的要求与建议。中杂公司改制十年，实现总收入 4.89 亿元，总资产 1.74 亿元，所有者权益 1.45 亿元；组织完成各类演出 12743 场，覆盖观众 1483.98 万人次。职工收入较改制之初提升 84.57%，演员保险从“五险一金”完善为“八险一金”。

（匡娜）

全国创新创业与产业升级高峰论坛举办

高校创意总部首届创新创业与产业升级高峰论坛举办　　企业提供

11 月 26 日，由长春市人民政府、吉林大学、中国教育电视台高校创意总部等联合主办的第三届全国大学生移动应用创新大赛第一赛区总决赛暨“产学研创用联动，助力长春老工业基地振兴”首届全国创新创业与产业升级高峰论坛在长春吉林大学举办。论坛探讨“东北老区产业升级与二次创业中的策略”“产业园区云服务平台如何助力产业升级发展”“新形态 IT 驱动的中国智造”等话题，分享“双创云”“园区云服务”“职业云”平台建设成功经验和最新发展趋势，研讨“双创”驱动，畅谈大学生创业梦想和现实，从互联网和区域经济融合发展角度，给大学生创业提供建议。

（丁孟良）

大地影院与中企通信签订战略合作协议

12 月 1 日，大地影院集团与中企网络通信技术有限公司在北京签署合作协议。双方通过实行信息化改造，从网络架构、网络安全、数据中心到高速网络接入等方面全面优化升级。该合作将重新规划大地影院系统、网络、安全、业务保障的基础架构，并建立标准化作业流程和管理机制，方便统一管理及运维，保障业务连续性。

（郝美丽）

首届苍穹数码土地信息系统技能大赛收官

12 月 12 日，苍穹数码技术股份有限公司主办的首届苍穹数码杯土地信息系统技能大赛决赛和颁奖会在华中农业大学举行。华中农业大学学生利用校保卫处提供的真实数据，对校园各类用地案件发生概率、案件类型和比例、案件发生时段、蛇虫防治、新建岗亭选址、巡逻路线等进行地图可视化处理和呈现，最终 9 组选手入围决赛，分获一、二、三等奖。技能大赛的举办引领高校专业建设和教学模式改革，加强“双师型”教师队伍建设和实训基地建设。

（雅平）

中国教育电视台教育云服务平台试运营

12 月 15 日，中国教育电视台教育云服务平台在高校创意总部通过初审验收，进入试运营阶段。平台由高校创意总部联合乐视云等机构，依托国家教育数字化新媒体平台优势，整合国家相关部委、移动互联网行业、电信运营商等资源，汇集国内外优质移动互联网教育类课程和应用，通过大数据库分析系统、推广分发与流量计费管理系统，将运营商、分发商、开发者、广告主与用户有机整合，形成应用推广、流量导入、数据分析、技术支持与服务、广告植入等多元化线上收益模式。云平台以教育类课程和应用为核心，通过受众人群细分，为各年龄阶段目标人群提供全方位、全类别、立体化互动式教育服务，为开发者提供更广阔的市场空间和更多元化的盈利，实现教育类移动互联网全行业的资源整合，开展综合性服务。

（丁孟良）

四达时代推动中非体育产业合作发展交流

四达时代与加纳足球协会签署战略合作协议　　企业提供

年内，四达时代集团推动中非在体育产业合作的发展。6 月 23 日，四达时代与体奥动力（北京）体育传播有限公司、中超战略合作伙伴 IMG（International Management Group，国际管理集团）共同签署中国足球协会超级联赛落地非洲协议，该协议规定四达时代拥有 2016—2017 年中超赛事在撒哈拉以南非洲地区的全媒体权利（全媒体权利包括英语、法语、葡语和非洲本地语等语言权利，及有线电视、地面电视、卫星电视、IPTV、VOD、OTT、移动和互联网等平台权利）。11 月 22 日，四达时代与加纳足球协会在北京签署战略合作协议，公司将拥有 2016—2026 年加纳足球超级联赛、加纳足球甲级联赛、加纳足总杯、加纳女子足球联赛、加纳足协杯和加纳青年足球联赛 6 项赛事在电视、电台、网络等平台的独家制作权利和全媒体权利。

（兰简瑶）

大地影院“电影 +”战略落地

大地影院集团旗下茶饮品牌十步　　韩冰 摄

年内，大地影院集团“电影 +”战略全面落地。餐饮方面，以“轻、亲、新”概念革新餐饮体验和具有生机力的中国味，引领国人新饮食文化。旗下茶饮品牌“十步”，打破传统中西茶艺框架，糅合中国、法国、美国和南美饮食文化，带来全新的休闲品茶轻食体验。互联网方面，通过与阿里、百度、微票和猫眼等互联网企业合作，打通线上、线下消费通道，满足电影文化族群购票、周边等基本需求，提供完整、便捷全流程电影服务。

（郝美丽）

文化创意企业（部分）

中企动力科技股份有限公司

2016 年，中企动力科技股份有限公司（简称中企动力）员工 8000 余人。年内，中企动力推出网络营销产品“大把推”2.0 版，“大把推”获 2016 年度中国行业信息化最佳产品奖、2016 最佳企业级应用互联网产品奖。中企动力成为中国电子商务创新推进联盟理事单位；获 2015—2016 年度“最佳网络营销服务商”、2016 中国 IT 用户满意品牌、Google“十年伙伴奖”荣誉。公司参加 2015 年北京市“互联网 +”成果展示会、2016 年中国国际电子商务博览会、第 14 届中国国际软件和信息服务交易会、2016 年中国互联网大会、第三届世界互联网大会、2016 年第三届全国电子商务创新推进大会等重要会议。

中企动力创建于 1999 年，是中国数码集团（0250.HK）的全资子公司，致力于帮助每个企业实现数字化智能经营。公司在全国设有 80 家分公司，服务包括制造、服务、IT 互联网、建筑与房地产、外贸、物流、零售等 14 个主流行业近百个细分行业 120 万家企业客户。公司产品连续多年被评为“中小企业网站建设推荐示范平台”；“New Z+ 企业网站云平台”为中小企业提供一对一定制企业官网建设解决方案；“Ztouch S 全网营销型网站”为企业提供可自动适配各终端的网站建设服务；“VONE 企业移动营销平台”帮助企业实现“互联网 + 传统企业”；“Zshop S 企业级全网零售平台”帮助企业实现多平台多渠道营销；“大把推”企业互联网整合营销平台是 2014 年 11 月 1 日发布的针对中小企业的全网络整合营销服务，超过 3000 家客户使用并获得 85% 的客户认可。中企动力是首批 CNNIC 认证域名注册服务机构，是百度云加速战略合作伙伴；是 Google 在华首家正式授权服务商，也是拥有 Google 在华业务中客户服务体量最大的服务提供商。公司多次获评“企业信用评价 AAA 级信用企业”“诚信经营企业”；曾获“中国年度最佳雇主”“中国互联网百强”“五星级注册服务机构”“最具社会责任奖”“责任品牌奖”等荣誉。

（李明明）

中企动力科技股份有限公司

董事长 陈　丹

总经理 陈鸣飞

苍穹数码技术股份有限公司

2016 年 2 月 24 日，原北京苍穹数码测绘有限公司更名为苍穹数码技术股份有限公司（简称苍穹数码），拥有各类专业人才 2200 余人。截至年底，苍穹数码在全国范围内承担不动产登记信息化建设项目 450 余项，有 300 多个项目实现上线运行和登记发证。年内，公司携地理空间软硬件参展马来西亚皇家测绘师协会大会暨第 18 届国际测绘师论坛。公司研发产品不动产统一登记平台建设项目获地理信息科技进步奖。公司获评 2016 年北京市诚信系统集成企业、2016 中国地理信息产业百强企业等称号；获 2016 地理信息科技进步奖、2016 中国地理信息产业优秀工程奖、2016 年中国质量评价协会科技创新奖等奖项。公司下属武汉苍穹电子仪器有限公司通过 CMMI 三级认证。公司在北京中关村、开发区、大兴区、怀柔区、通州区等地设有办公区，并在全国设立分支机构，在北京、武汉、济南、合肥、石家庄、沈阳等地设有技术中心。公司自成立以来拥有自主知识产权的软硬件产品近 200 项，申报发明专利 6 项。

苍穹数码于 2001 年 5 月在开发区注册成立，经过十余年发展，已经发展成为 3S（GIS 地理信息系统、GNSS 全球定位系统、RS 遥感）领域集软硬件研发、测绘服务于一体的高新技术民营企业，是北京市企业技术中心，具有高新技术企业、甲级测绘资质、双软认证、计算机系统集成、质量管理（ISO 9001）、信息安全管理（ISO 27001）、CMMI 5级认证等十余种资质。公司致力于遥感、地理信息、卫星导航等核心技术和产品的研发，业务范围涉及数据采集与加工、GIS 平台研发、遥感平台研发、卫星导航软硬件产品研制与生产、政企与国防信息化解决方案、大众应用与服务等。公司拥有自己的一大批核心技术，开发出具有自主知识产权的苍穹桌面 GIS 平台、苍穹服务 GIS 平台、苍穹移动 GIS 平台、苍穹三维 GIS 平台、基于多源遥感数据一体化处理系统、高精度多频多星 RTK 等多款基础软硬件平台产品，并以此为基础，开发集门户、工作流、企业服务总线、统筹 GIS 服务、数据交换于一体的业务协同平台，形成以空间信息为基础，涵盖数据采集、数据处理、数据管理、专业应用等近百种全面成熟的空间信息化解决方案，并广泛应用于政府、企业、大众服务等领域。公司主持和参与多项联合国开发计划署、发改委、科技部、国土资源部、总参测绘局、北京市等重大科研项目，承担大量全国、全省性的涉及国土、林业、水利、农业、数字城市、测绘、环保、电力等领域大型项目，获得省部级科技进步、优秀工程等各类表彰超过 50 项。

（李欣）

苍穹数码技术股份有限公司

董事长兼总经理 徐文中

中国杂技团有限公司

中杂公司金奖照　　徐有成 摄

2016 年，中国杂技团有限公司（简称中杂公司）演出 1706 场，观众 253.27 万人。员工 239 人，其中拥有专业职称人员占 30.13%、大专以上学历人员占 45.19%。拥有 6 家涉及魔术、艺术培训、舞美工程、文化地产、多元演艺经营等领域的控参股企业。

年内，嘉禾佰艺（北京）文化有限公司同北京金螃蟹文化传播有限公司签署蟹岛马戏合作项目框架协议。中杂公司作为北京亦庄文化创意产业联盟首批会员单位，与四达时代集团和博纳星辉剧院分别签署战略合作协议。中杂公司创作改编剧目 2 台，新创复排节目 9 个，完成国家艺术基金资助项目《北京》的创作和杂技艺术人才培养项目，以全 A 成绩完成市科委“设计之都”计划项目——“杂技下肢肌腱量化训练装置”课题结题答辩。公司《做杂技我们是认真的》《熊猫当家》项目获北京文化艺术基金112万元支持。中杂公司参加国务院举办的中央新春团拜会、G20峰会联络人欢迎晚宴、G20科技部长会议、亚投行开幕演出、世界旅游大会、第39届国际标准化组织大会、世界机器人大会、第三届中国杂技艺术节、一带一路知识产权高级别会议等多场重大国事演出活动；参加摩纳哥蒙特卡洛国际马戏艺术节四十周年纪念演出、美国洛杉矶“欢乐春节·魅力北京”演出、泰国第18届曼谷国际舞蹈音乐艺术节、保加利亚中国－中东欧“16+1”首都市长论坛演出，及赴海外慰问华人华侨演出；出访18个国家。公司原创“人机共舞”主题节目《吸引》亮相2016世界机器人大会。中杂公司高级工程师王建民被评为开发区首届亦庄“新创工程·亦麒麟”人才；公司总经理张红当选中国文学艺术界联合会第十次中国文代会全国委员会委员。

中杂公司前身系成立于1950年的中华杂技团，1953年更名为中国杂技团，是中华人民共和国成立后，由中央政府组建的第一个国家级杂技艺术表演团体。2006年转企，改制为中杂公司。2009年，北京演艺集团成立，中杂公司成为北京演艺集团旗下龙头企业。2014年，成为全资国有控股企业。中国杂技团历经65年发展，汇聚一大批优秀的杂技演员、教练和国内一流节目编导、道具研发、舞美设计等创作人才。与北京市杂技学校形成“团校一体”发展格局，使中杂公司形成可持续发展的机制。中国杂技团先后在国内外主要赛场上斩获60枚金奖和8枚荣誉金奖，创作出数十部享有美誉的剧目，足迹遍及全国各地并出访七大洲125个国家和地区。

（匡娜）

中国杂技团有限公司

董事长 康伟

总经理 张红

四达时代集团

2016年，四达时代集团（简称四达时代）拥有员工5000余人，其中外籍员工占75%。截至年底，在尼日利亚、肯尼亚、坦桑尼亚、乌干达、卢旺达、莫桑比克、几内亚、刚果（金）、南非等30多个非洲国家注册成立公司并开展数字电视运营业务，发展用户近千万。公司致力于推动非洲各国的广播电视数字化，普及数字电视。年内，公司主办第六届非洲数字电视发展论坛；承办联合国艾滋病规划署与中非民间商会座谈会；承办“2016北京影视剧非洲展播季”并在尼日利亚举行开幕式，在坦桑尼亚达累斯萨拉姆举行首届“四达杯中国影视剧斯瓦希里语配音大赛”。中国国务院副总理汪洋、几内亚共和国总统孔戴到公司考察。中国国际商会为表彰四达时代在促进中国与非洲葡语国家经济贸易和人文交流上所做出的贡献，聘任总裁庞新星为该商会中国与葡语国家企业家联合会中国委员会副主席。公司获得欧洲质量研究协会颁发的2016年最佳商业实践奖。

四达时代创立于1988年，是中国广播电视行业最具影响力的系统集成商、技术提供商、网络运营商和内容提供商。2002年，四达时代开启与非洲各国共同推动社会数字化、信息化事业，成为非洲大陆发展最快、影响最大的数字电视运营商。

（兰简瑶）

四达时代集团

董事长兼总裁 庞新星

大地影院集团

2016年，大地影院集团（简称大地影院）观影人数达7325万人次，票房收入22.37亿元，位居全国影院投资管理公司第二位，已开业影院350家，影厅1911个，覆盖28个省164个城市。3月，大地影院旗下自由人影城获中国商业地产联盟颁发的“中国最具成长性创新品牌”奖。4月，大地影院获赢商网颁发的“金坐标——革新动力·品牌”奖；总经理于欣获“中国连锁商业风云人物”大奖。8月，在观点地产新媒体主办的博鳌房地产论坛上，大地影院获“2016中国地产风尚大奖·中国最具发展力影院品牌”奖。

大地影院成立于2006年，负责经营与管理旗下的直营影院。在业内首次提出“电影+”概念，深度经营电影文化族群，打造“电影+创意互联网”“电影+创意零售”“电影+创意餐饮”“电影+创意文化”等多业态体验式影院生态圈。采用世界顶级水准放映工艺，全面实施数字化服务，旗下自有激光巨幕品牌“star-max”整体放映设备和观影体验。

（郝美丽）

大地影院集团

董事长 刘荣

总经理 于欣

高校创意总部

2016年，高校创意总部（UCP）通过发挥中国教育电视台教育资源大力发展线下产业。总部3万平方米建成集创新创业孵化、节目策划制作、早期教育、艺术培训为一体的综合性产业基地。年内，中国教育电视台早教频道示范园爱乐恩幼儿园开始运营，在园幼儿超过150名。高校创意总部举办2015第二届全国大学生移动应用创新大赛总决赛、第三届全国大学生移动应用创新大赛。高校创意总部在北京主办全球创新创业博览会，在武汉联合举办第四届中国（国际）智慧城市暨智慧家庭展，在长春主办“产学研创用联动 助力长春老工业基地振兴”首届全国创新创业与产业升级高峰论坛。

高校创意总部是中国教育电视台所属大型文化教育领域产业基地，主要包括大学生创业教育实习基地、早期教育基地、中国教育电视台演播大厅等，是中国教育电视台新媒体发展战略重要组成部分，旨在深入贯彻教育部关于大力推进高等学校创新创业教育和大学生自主创业工作的意见。高校创意总部依托中国教育电视台等平台资源，创建开放、平等、共享的创意产业平台，通过有效协同机制，促进高校创意产、学、研相结合，形成高校创意产业成果转化和品牌集聚，服务于北京市文化创意产业发展，服务全国高校创意成果转化和大学生实习、见习与就业创业。2010年，教育部依托高校创意总部建立全国大学生创业教育实习基地。2014年年底，高校创意总部结合自身优势和电视台资源，探索出一条集早教产业、移动互联网和大学生活动并行发展道路。爱乐恩幼儿园是由北京爱乐恩教育咨询有限公司与中国教育电视台合作的中国教育电视台早教示范园，以“关爱、快乐、感恩”为理念，自主研发国际领先的课程体系，开辟学前养成教育新模式，已在北京、上海、广东、江苏等地开办数十家国际化园所。

（丁孟良）

高校创意总部

主任 周 宁

史善峰

数码辰星科技发展（北京）有限公司

2016年，数码辰星科技发展（北京）有限公司（简称辰星科技）营业收入2亿元，员工270人。辰星科技建设超过3000块数字银幕，参与设备建设3500个影厅，覆盖全国30个省、自治区和直辖市。年内，辰星科技自主研发的数字电影放映服务器产品获北京市科学技术二等奖，自主研发的Cinelab激光巨幕系统、云票务系统、TMS一体化的电影服务器、影院广告运营平台、影院无人放映系统五项产品和服务获“北京市新技术新产品（服务）”称号。辰星科技被LIPA（全球激光放映协会）授领导层成员之一，是该协会领导层成员中唯一一家企业单位；公司获中国数字视听网授予的“十大用户推荐系统集成商品牌”称号；公司董事长孙晓斌获“2015—2016年北京市优秀创业企业家”称号。

辰星科技成立于2009年，是大地时代文化传播集团旗下子公司，是国内少数具有电影票务系统技术牌照单位之一，是国家数字节目中心和国家电影资金办合作单位，合作项目包括国家2K管理平台，国家票房统计辅助平台等。辰星科技拥有发明专利16个，其中研发国内首台通过DCI认证的数字电影服务器，是国内唯一一家2KMB板卡和4K-IMB电影放映服务器的厂家。

（鲁明）

数码辰星科技发展（北京）有限公司

董事长 孙晓斌

总经理 刘铁男

北京君立天地文化产业有限公司

君立天地前台　　企业提供

2016年，北京君立天地文化产业有限公司（简称北京君立天地）落户开发区，位于开发区亦城国际中心A座8层。年内，北京君立天地与北京演艺集团、乐视集团、首旅集团北京展览馆剧场、北京开心麻花娱乐文化传媒股份有限公司、北京亦庄国际投资发展有限公司5家机构签署战略合作协议，打造以音乐剧、舞台剧、戏剧为龙头的中国北京国际文化演艺交流平台。北京君立天地促成百老汇托尼奖委员会与开发区管委会在美国纽约曼哈顿召开招商发布会，宣布双方开启合作模式。在北京君立天地运作下，第70届托尼奖颁奖典礼首次在大中华地区转播。北京君立天地连续第五次承办中国北京国际文化创意产业博览会动漫游戏产业发展国际论坛。

北京君立天地是百老汇托尼奖在大中华地区唯一官方运营平台。托尼奖设立于1947年，是百老汇联盟和美国戏剧委员会共同设立的国际戏剧行业最高奖项，与电影奥斯卡奖、音乐格莱美奖、电视艾美奖并称美国和世界艺术界四大顶级奖项。托尼奖的意义不止于世界戏剧界的顶级文化IP，更在于背后先进成熟的文化产业引擎，一个以经典舞台演艺IP为龙头衍生出的百老汇式全业态文化演艺街区。该平台致力于将美国百老汇一百多年来成熟的立体商业模式引入中国，形成以本土原创优质音乐剧、舞台剧、戏剧IP，以演艺培训、演艺装备、主题剧场、酒店博物馆、演艺文化交流、影视综艺、动漫游戏VR体验园和相关商业聚集等为衍生的文化演艺街区。托尼奖·中国借鉴西方顶级商业模式和文化品牌，孵化和输出中华民族原创优秀演艺作品，打造资源丰厚又独具智慧和魅力的中国文化演艺产业基地。

（夏枫获）

北京君立天地文化产业有限公司

董事长 陈 操

支撑产业

综述

2016年，开发区规模以上服务业实现收入4305.1亿元，比2015年增长23.7%。开发区批发和零售业实现商品销售额3655.2亿元，比2015年增长10.2%。开发区实现社会消费品零售额379.7亿元，比2015年增长7.1%。

葆婴有限公司新工厂竣工投产，新工厂总投资超过3亿元、建筑面积3万平方米。北京盛通印刷股份有限公司出版服务云平台投入运行。加多宝（中国）饮料有限公司旗下的昆仑山矿泉水工厂被中国饮料工业协会授予首批水教育示范基地，昆仑山雪山矿泉水成为世界斯诺克高端赛事官方合作伙伴，北京百花蜂业科技发展股份公司在2016年全国蜂业大会暨蜂产品行业转型升级高峰论坛中“百花牌1.75kg荆花蜂蜜”获银奖。百花蜂业“百花牌”获中国蜂产品协会授予的“2016中国蜂产品电子商务十佳品牌”。亿滋食品北京有限公司启动Rising Sun项目，为日本消费者生产饼干。北京亦庄国际生物试剂物流中心有限公司的生物试剂出入境一站式公共服务平台在美国旧金山昭衍园区设立第一个海外服务窗口，每周五开通旧金山到北京亦庄生物医药园的“中美生物试剂快速运输班线”。中铁十九局集团有限公司参建的铁路瓦赫达特—亚旺铁路隧道与桥梁勘察设计施工项目竣工，项目全长48.65千米。

（张辰）

都市工业

资生堂丽源举办欧珀莱品牌新生发布会

1月12日，资生堂丽源化妆品有限公司在北京希尔顿酒店举办“启程·新美主义”2016欧珀莱品牌新生发布会，总经理堀利理发布欧珀莱全新品牌理念“美，从素颜开始”。新欧珀莱视觉形象颠覆原有设计，独有的专属粉色，搭配纯黑LOGO；柜台色调清新，格局开放，扩大了自由试用的面积，导入了四季肌肤综合测试仪，帮助顾客了解肌肤的黄金循环状况，提升肌肤咨询体验。发布会上，代言人孙俪分享自己的健康素颜养成心得。

（邢迪）

新华印刷采购C140骑马钉联动设备

2月17日，北京新华印刷有限公司举行马天尼霹雳马C140骑马钉联动设备采购合同签约仪式。三方代表新华印刷总经理兰本立、马天尼（香港）有限公司华北区域总经理陈震、进口代理中国出版对外贸易总公司总经理张羚参加签约仪式。马天尼霹雳马C140骑马钉联动线由瑞士马天尼机械有限公司制造生产，全部设备为整机进口。该机设计时速为14000本次/小时，具备集帖链条自动调整、纸张歪斜自动检测、三面裁刀自动喂入、自动尺寸和厚度调整、远程遥控等多种先进功能。该设备投产使用，能有效减少装订程序存在的“破头”现象，节省人工成本，提高装订产品质量。新华印刷投入3000万元用于设备升级换代。

（王冬温）

盛通股份出版服务云平台投入运行

2月，北京盛通印刷股份有限公司携手企业信息化整体解决方案专业咨询公司——上海埃林哲软件系统有限公司，共同搭建出版服务云平台。盛通股份子公司——北京盛通商印快线网络科技有限公司负责平台搭建、运作。出版服务云平台利用移动互联、工业信息化技术，聚合需求、优化产能，延伸出版综合服务链条，提升出版综合服务能力。该平台的建设将提高出版产业链相关企业运营效率。6月，盛通股份出版服务云平台投入运行。

（佟芳）

新华印刷印装全国两会期间重要文件

3月16日，北京新华印刷有限公司第44年受全国人大、政协委托，完成全国两会期间重要文件印装工作。新华印刷成立专门文件印制工作组，从生产时的文件接收、制作、出版、印刷、配送，以及期间的保密工作、人员配备等都做到专人、专机部署。170人的工作团队全部进行保密培训、签署保密协议，采用保密电话保障通信畅通，点对点光纤宽带和涉密计算机全部安装防泄密软件进行保密文件传输，配合一系列防泄密措施，确保相关的废纸、废页、废书、余书、批样、顺序样、废版、下机版等物品及时回收、清点、管理、分类、登记，并保存在安全、保密地点，履行严格的销毁程序。设立涉密库房、涉密残次品库房、手机保管箱、密码箱等。印刷、装订车间配备4名专职安保人员24小时盯守，做到不让一张废页流出厂区。对彩轮设备进行检修、保养，印刷过程中，严格核对、检查批样内容。负责文件运送的物流小组，对车辆进行全面检查维护，保证运输安全，按时将文件交到两会会场。

（王冬温）

大宝化妆品公司开启京绣保护项目

大宝化妆品公司开启燕京八绝之京绣保护项目　企业提供

4 月，北京大宝化妆品有限公司在北京钓鱼台国宾馆举办“冲击 25 亿，再创新辉煌”活动，携手“稀捍行动”，首次跨界开启燕京八绝之京绣保护项目，关注濒临失传的中国传统手工艺。10 月，大宝化妆品公司推出花草茶面膜系列，与知名插画师廉鑫合作，推出与京绣合作的春节京绣限量瓶，探索新的印刷工艺和包装标签，为保护非物质文化遗产尽一份责任。

（贾超）

金罐加多宝走进联合国推广凉茶文化

5 月 20 日，加多宝（中国）饮料有限公司受中国互联网新闻中心邀请，代表中国品牌走进联合国，参加“中国品牌文化与全球商业发展”论坛。联合国副秘书长 Edmond Mulet、美联邦和平组织（USFMEP）主席 Sally Kader，以及联合国各级官员、各国驻联合国大使、美国工商界领袖出席活动。活动当日，加多宝登陆纽约时代广场纳斯达克大屏，向全世界发出“正宗凉茶，世界共享”的邀约。

（高芳）

昆仑山成为世界斯诺克官方合作伙伴

5 月 31 日，加多宝（中国）饮料有限公司旗下的昆仑山雪山矿泉水与世界斯诺克战略合作新闻发布会在北京召开。作为中国高端矿泉水领导品牌，昆仑山雪山矿泉水成为世界斯诺克高端赛事官方唯一饮用水，开创中国水品牌首次进军国际高端赛事的篇章。双方投入优势资源，着力加强在品牌经营、赛事推广和运动普及等方面的合作。

（高芳）

金罐加多宝赞助 G20 杭州峰会

9 月 28 日，杭州市委、市政府召开“全市 G20 杭州峰会总结表彰大会”，对峰会期间提供产品和服务的优秀赞助商进行表彰。加多宝（中国）饮料有限公司因积极参与 G20 峰会的饮品保障工作，被国际峰会杭州市筹备工作领导小组授予“G20 杭州峰会赞助商”称号，金罐加多宝凉茶被授予“G20 杭州峰会选用产品”。

（高芳）

资生堂丽源取消纸质说明书

9 月，资生堂丽源化妆品有限公司“欧珀莱（AUPRES）”品牌取消在产品包装内的纸质说明书。说明书以便捷环保的电子形式呈现，顾客可以直接扫描产品包装上的二维码，即可看到电子说明书，查询产品相关内容，也可将电子说明书保存在手机中方便随时查询。取消纸质说明书节约大量纸张，减少印刷油墨对环境的污染。按欧珀莱现有销售规模，该举措的实施每年能保护森林 1940 平方米、减少二氧化氮排放 35.7 吨。欧珀莱通过公益组织发起“稀捍行动”项目，2016 年度取消纸质说明书节省的费用用于云南傣纸工艺的保护。

（邢迪）

百花蜂业产品获优秀蜂蜜品评大赛银奖

百花蜂业产品获优秀蜂蜜品评大赛银奖　　企业提供

10 月 21 日—23 日，2016 年全国蜂业大会暨蜂产品行业转型升级高峰论坛在湖南省郴州市桂阳县召开。大会举办全国首届优秀蜂蜜品评大赛，北京百花蜂业科技发展股份公司选送的“百花牌 1.75kg 荆花蜂蜜”获得银奖。百花蜂业“百花牌”获中国蜂产品协会授予的“2016 中国蜂产品电子商务十佳品牌”。

（钟一鸣）

资生堂丽源参与公益活动

10 月 24 日，资生堂丽源化妆品有限公司第四年与榆垡镇政府、团委合作，举行捐赠仪式，开展捐书助学活动。在以往单项捐助榆垡镇第一中心小学图书角的基础上，为生活困难家庭青少年捐赠学习物资。12 月 5 日，资生堂丽源副总经理侯政红和对外联络部等人到延庆区王木营村“花之友”希望小学，为学生们捐赠价值 5000 元的校服。“花之友”希望小学始建于 1950 年，前身是延庆区井家庄中心小学的一所分校。2007 年，资生堂丽源通过北京市青少年发展基金会捐赠 20 万元翻修扩大校舍，援建成王木营“花之友”希望小学。学校现有学生 26 人，在岗教职工 13 人。12 月 12 日—15 日，在中国香料香精化妆品工业协会的带领下，在贵州省荔波县举行“走进贵州——香化行业爱心书包公益活动”捐赠仪式，资生堂丽源为荔波县 2176 名学生捐赠价值 24.01 万元的学习物资。其中，公司捐赠价值 2.25 万元的爱心校服，总部和 22 家分公司的 2000 多名员工自愿捐款，订制价值 21.76 万元的爱心书包。

（邢迪）

百花蜂业产品被评生态原产地保护产品

10 月，由北京百花蜂业科技发展股份公司领办并作为百花蜂业原料供应基地的北京奥金达蜂产品专业合作社旗下的“花彤”牌荆花蜂蜜，被质检总局评定为“生态原产地保护产品”，并于 10 月 17 日在密云高岭奥金达蜂产品专业合作社举行揭牌仪式，成为京津冀地区食品行业首个获此殊荣的企业。“花彤”牌荆花蜂蜜在生产经营中，严格实行“七统一”经营管理方式，即统一对蜂农进行技术培训，统一引进蜂王新品种，统一生产资料供应，统一蜂产品质量标准，统一蜂产品原料收购，统一蜂产品检测指标，统一蜂产品品牌经营。公司从意大利引进国内首条成熟蜂蜜生产线，在北京地区率先生产高端成熟蜂蜜。建立全产业链追溯系统，从蜂种、养殖、摇蜜、运输、加工、储存、销售全产业链进行全程追溯。

（殷客卿）

葆婴公司新工厂竣工投产

11 月，位于开发区景园街 9 号的葆婴有限公司新工厂竣工投产，新工厂总投资超过 3 亿元，建筑面积达 3 万多平方米，采用 10 万级洁净生产车间，历时 3 年建成，生产设备采用国际一线品牌，具有高速、高自动化、低污染特性。年总产能超过 100 亿元。

（狄宇）

亿滋北京启动 Rising Sun 项目

年内，亿滋食品（北京）有限公司启动 Rising Sun 项目，为日本消费者生产饼干。Rising Sun 项目源自于亿滋国际全球化生产整合计划，在考虑整个亚太地区综合情况的前提下决定由其他生产厂向日本市场供货，以取代原有的日本合资供应商。为满足日本市场需求，公司在亿滋国际安排下与意大利、印尼等其他工厂竞争，获得 Rising Sun 项目，促成公司出口业务的大幅度增长。

（任育枝）

新华印刷建成自动化防爆纸屑回收系统

年内，北京新华印刷有限公司建成国内首个印刷行业自动化防爆纸屑回收系统。印刷企业在生产中产生的纸屑、纸毛通过管道排放收集到除尘设备里，管道内一旦出现堵塞、升温，易发生粉尘爆炸，国内没有印刷行业粉尘防爆标准，公司参考造纸、木材等行业粉尘防爆标准和经验，经专家反复论证，摸索出一种可行方案。在除尘间，将 3 个箱体独立放置，生产线设置纸毛、纸屑统一回收通道，以负压吸附为动力，吸附生产线上的纸毛、纸屑，内部加装板式分离系统，利用吸附作用将纸毛与纸屑分离后，排放进不同的箱体。在通道中设置止回阀，避免纸毛、纸粉溢出污染环境。基础设施搭建后，在纸毛、纸屑箱体内加装温度、压力传感器，通过控制柜上的显示屏，就可看到每个箱体的实时温度、压力值。经过测算得出温度、压力极限值并设定在预警系统，并与自动灭火装置进行串联，一旦温度接近设定的极限值，自动启动灭火装置。该套系统从 2016 年 3 月开始搭建，共投入 100 多万元。经过近一个月的试运行，达到环保、防爆作用，系统与生产线兼容性良好，不会出现生产线停止运作，纸毛纸屑回排现象。

（王冬温）

都市工业企业（部分）

加多宝（中国）饮料有限公司

2016 年，加多宝（中国）饮料有限公司（简称加多宝）代表中国品牌走进联合国，参加“中国品牌文化与全球商业发展”论坛。加多宝响应国家“一带一路”号召，在泰国投资建厂。参与 G20 峰会的饮品保障工作，被国际峰会杭州市筹备工作领导小组授予“G20 杭州峰会赞助商”称号，金罐加多宝凉茶被授予“G20 杭州峰会选用产品”称号。公司获“中国扶贫公益事业勋章奖”“中国社会责任金钻奖”“年度扶贫明星奖”“CCTV 慈善之夜公益合作伙伴”等大奖，成为公益 3.0 时代的标杆。

公司获“北京市三八红旗集体”“北京市经济技术开发区构建和谐劳动关系先进单位”称号。

加多宝成立于1995年，是一家集原材料种植、饮料生产和销售于一体的大型企业。1996年，首创并推出第一罐灌装凉茶。1998年，加多宝在广东省东莞市长安镇建立首个生产基地。旗下产品包括灌装、瓶装、盒装“加多宝凉茶”和“昆仑山雪山矿泉水”。2006年，凉茶进入首批国家级非物质文化遗产名录。2010年，获“全球食品工业奖”，成为中国首家获此殊荣的凉茶饮料民族品牌。2008年和2011年，加多宝两次获民政部颁发的“中华慈善奖”。2012年，正式启用“加多宝”品牌；昆仑山雪山矿泉水以完美品质代表中国高端水问鼎“伯克利世界品水大赛好水金奖”。2015年，加多宝推出金罐凉茶，开启凉茶黄金时代。

（高芳）

加多宝（中国）饮料有限公司

董事长 陈鸿道

和路雪（中国）有限公司

2016年，和路雪（中国）有限公司（简称和路雪）罗盘生产线新增自动插棍设备，提高生产运行稳定性；添加自动抓取机器人两台，实现产品的自动抓取、摆放、合流，提升自动化程度；将梦龙生产线使用的热转印打号机更换为激光打号机，增强产品打号的可靠性。

和路雪于1993年6月入驻开发区。1994年6月1日第一支冰淇淋下线上市，随后陆续在上海、武汉、广州等地建立分公司，并在江苏省太仓市建立与北京同等规模的第二家冰淇淋生产工厂，2002年首次实现联合利华公司内部赢利，2003年实现中国冰淇淋首次出口欧洲的历史性突破。和路雪的冰淇淋品牌有可爱多、梦龙、奇彩旋、奶昔杯等，销售范围遍及中国大陆、香港地区，以及澳大利亚、南非、泰国、荷兰、法国等国家。

（李博洋）

和路雪（中国）有限公司

厂长 张家磊

宝健（中国）有限公司

2016年，宝健（中国）有限公司（简称宝健）营业收入21亿元，纳税额5亿元，员工近500人。年内，公司在上海梅赛德斯－奔驰文化中心举行宝健20周年公益感恩大会暨第100所宝健希望小学捐赠仪式，中国青少年发展基金会、北京京企惠师助教基金会、3万名宝健代理商和新闻媒体记者参会。从2004—2016年，宝健由3个1%（公司每年至少捐出收益的1%、员工和代理商自愿捐出个人收入的1%）构成的宝健自主基金，在全国捐建并资助100所宝健希望小学和农民工子弟学校，在10万名1%爱心志愿者的共同努力下，帮助12万名贫困孩子获得公平受教育的机会。

宝健于1996年开始运营，2008年在开发区建成亚太区营运总部，面积近5万平方米，2014年更名为宝健（中国）有限公司，是国家高新技术企业、北京第一家直销企业、北京市著名商标，是专业从事健康理念传播和健康产品研发、生产、销售的大型港资高科技健康企业。宝健作为“自主健康”理念的倡导者，通过提供多元化的产品与服务为国民提供全方位的健康呵护，满足国人对健康的全面需求。宝健拥有营养保健、美容护肤、日用护理、健康家居四大系列近百种产品。

（林京姬）

宝健（中国）有限公司
董事长 邱沛宁
总 裁 李 道

北京可口可乐饮料有限公司

2016 年，北京可口可乐饮料有限公司（简称北京可口可乐）有员工 1204 人。年内，北京可口可乐引进无菌线，推出 Monster Energy 能量型维生素运动饮料；公司获首届可口可乐技术胜利杯奖。

北京可口可乐是可口可乐在北京地区唯一授权装瓶厂，也是中粮可口可乐饮料有限公司旗下装瓶厂之一，产品销售范围为北京市行政区域。公司股东是中粮可口可乐饮料有限公司、北京北粮国际经贸有限公司。1998 年，北京可口可乐在开发区建成新厂，投资总额 4300 万美元，注册资本 1950 万美元，占地面积 7 万余平方米，拥有易拉罐、塑胶瓶、BIB 生产、无菌线等 6 条生产线，具有国际先进饮料生产能力。公司主要产品包括可口可乐、零度可口可乐、健怡可口可乐、雪碧、芬达、醒目、怡泉系列汽水、Monster、美汁源果汁系列、果粒奶优、酷儿、水动乐、乔雅咖啡、冰露、纯悦等。公司汽水饮料在北京市场份额超过 60%，果汁饮料市场占有率为第二位。公司在生产和管理中，采用可口可乐在全球推行的全面质量管理系统。公司连续多次获可口可乐中国质量金奖、中国食品最佳工厂管理奖，连续六年被中国饮料行业协会评选为节水先进单位、连续四年被评为节能先进单位。曾获 2013 年度“北京市青年文明号”、2013 年度北京市工商行政管理局消费争议快速解决绿色通道示范单位、2013 年度国家安全人民防线建设工作先进集体、2015 年全国文明单位等荣誉和称号 。

（张进红）

北京可口可乐饮料有限公司
总经理 展在中

北京华联印刷有限公司

华联印刷厂区“拥抱世界”雕塑 张楠 摄

2016 年，北京华联印刷有限公司（简称华联印刷）总资产 3.88 亿元，净资产 3.21 亿元，营业收入 3.25 亿元，纳税额 1244.48 万元。员工 719 人，其中博士研究生 1 名、硕士研究生 8 人、大专以上学历人员占 16%。年内，华联印刷获商务部、宣传部、财政部和文化部、新闻出版广电总局颁发的国家文化出口重点企业称号，获中国印刷协会颁发的绿色印刷特别贡献单位奖、中国外研教学与研究出版社

2015年度最佳质量奖、北京印刷质量协会颁发的“2015年度印刷出版物优质品银奖”，被评为“2015年度北京印刷知名品牌企业”，公司承印的《中国国家地理2015.05》获“2015年度北京印刷质量大奖（期刊）”，华联印刷连续10年获北京印刷质量协会奖项。华联印刷工会生产制作部分会获中华全国总工会颁发的“全国模范职工小家”称号。公司11名员工被开发区评为“爱企业的好经理和爱企业的好员工”，5名高级技师、1名技师等17名员工获“第五届全国印刷行业职业技能大赛北京赛区竞赛”奖项。华联印刷获得由国家保密局颁发的国家秘密载体印制资质证书甲级资质证书，通过高新技术企业复审。

华联印刷于2001年4月注册成立，注册资本3000万美元，2002年8月16日开业，是中华商务联合印刷（香港）有限公司的全资子公司。公司位于开发区东环北路3号，总建筑面积3.36万平方米，厂区占地面积2.59万平方米，是中国加入世界贸易组织（WTO）后政府批准设立的大型印刷企业，主要从事图书、报纸、期刊、包装装潢、安全防伪、数码印刷，以及其他商业印件的设计、制作和印刷等。华联印刷先后通过ISO 9001、ISO 14001、ISO 27001、OHSAS18001管理体系认证、首批绿色印刷中国环保标志认证。

（张娟）

北京华联印刷有限公司

董事总经理 朱敏

北京新华印刷有限公司

2016年，北京新华印刷有限公司（简称新华印刷）有员工598人。年内，新华印刷完成人大、政协两会文件和“十三五”规划纲要的印制工作，两会之后同时配发的政治印件也在最短时间内交货。公司先后完成《“两学一做”学习教育问答》《“两学一做”学习教育辅导》《中国共产党章程》《中国共产党廉洁自律准则》《中国共产党纪律处分条例》《习近平总书记系列重要讲话读本》《朱镕基讲话实录》《关于新形势下党内政治生活的若干准则》《中国共产党党内监督条例》辅导读本等众多政治印品；完成《胡锦涛文选》印制和《毛泽东选集》《邓小平文选》加印工作。截至年底，公司印制的主要政治印件共计2496万册，纸令7.85万令。公司印制的中小学教科书、教材教辅和青少年读物全部实现绿色印刷。

新华印刷通过国家保密局审核，将国家秘密载体印制资质由乙级升级为甲级，可在全国范围承担秘密级、机密级和绝密级国家秘密载体印制业务。被北京质量协会印刷分会授予“2015年度印刷出版物优质品金奖”；获北京印刷质量协会颁发的“2015年度北京印刷知名品牌企业”称号；被华北、东北八省市区印刷协会授予“第六届精密达杯印后装订明星企业”称号；获“国家印刷示范企业”“推进绿色印刷标兵企业”称号。公司印制的《孙中山全集》1~16卷获“2015年度质量大奖”；609种印品被评为“2015年度北京出版物印制优质产品”。公司组织员工参与北京市第十七届印刷行业职业技能大赛，获得优秀组织奖。

新华印刷前身是原正中书局北平印刷

厂，1949 年 4 月 24 日成立，是中国出版集团公司与中国文化产业发展集团公司（原中国印刷集团公司）联合出资兴建的国有大型综合性印刷企业，在整合原北京新华印刷厂、人民美术印刷厂、北京百花彩印有限公司、北京新华二厂、北京新华彩印厂 5 家印刷企业的基础上组建而成。2007 年 5 月，新华印刷注册成立，注册资本 2 亿元，固定资产 5 亿元，位于开发区凉水河一街 8 号，厂房占地面积 3 万平方米，厂房建筑面积 5.4 万平方米。2008 年 10 月 8 日，新华印刷在开发区奠基，2009 年 6 月 15 日竣工，2010 年正式投产运营。企业经营范围包括经典书籍、精美画册、期刊、商业广告、包装、证件的制版、印刷、装订；产品涉及书刊印刷、期刊印刷、商业印刷、包装印刷、数码印刷等。年生产规模可达彩色印刷 800 万色令、单色印刷 80 万令、装订 200 万令，是国家级印刷基地。新华印刷通过 ISO 9001 质量管理体系、ISO 14001 环境管理体系、OHSAS 18001 职业健康安全管理体系认证，是全国首批 60 家绿色印刷认证企业之一。

新华印刷绿色节能新设备　　田艳军 摄

（王冬温）

北京新华印刷有限公司
党委副书记兼总经理　兰本立

北京东港安全印刷有限公司

2016 年，北京东港安全印刷有限公司（简称北京东港）销售收入 4.08 亿元，工业总产值 1.35 亿元，纳税 2422.27 万元，员工 203 人。年内，北京东港以“互联网+”思想为基础，提出“票据+”指导思路，加强推进公司的产业升级，推动各子公司的发展。公司“票 e 送”项目发送票数 120385 票，创历史新高。公司中标人力资源社会保障部宣传材料项目和北京舞蹈学院舞蹈考级等级证书项目。公司组织印刷企业联合体参与国家税务总局的增值税普通发票印制项目招标，并在北京和广东分包中中标，合同额分别达 4500 万元和 850 万元。

北京东港由东港股份有限公司和欣泉有限公司共同投资，于 2004 年 8 月 25 日注册成立，位于开发区经海四路 139 号，项目总投资 3 亿元，建筑面积 3.5 万平方米。公司主要从事商业防伪票据印刷、数字印刷、数据处理和邮发封装等业务，专注于高新技术的研发与推广。是国家印刷示范企业、国家高新技术企业、中关村高新技术企业，通过 ISO 9001 质量管理体系、ISO 14001 环境管理体系、GB/T 28001 职业健康安全管理体系、ISO 27001 信息安全管理体系的认证、绿色印刷中国环境标志产品认证，是同行业首批拥有 4 项认证的企业之一。公司获“国家秘密载体复制许可”、绿色印刷企业、绿色印刷推动大奖、北京市保密工作系统先进集体、北京市厂务公开民主管理先进单位、北京市安全生产标准化企业、北京市印刷行业诚信企业、北京市品牌企业、北京市信用企业、北京印刷质量先进企业、积极推动绿色印刷工程印刷企业、十佳特种印刷企业、十佳标签印刷企业、新闻出版工作先进集体、北京市纳税信用A级企业、质量管理先进企业、首批中国印刷行业AAA级信用企业等资质荣誉。“北京东港防伪票证”被评为北京市自主创新产品，“票证防伪新技术”获全国印刷行业百佳科技创新成果奖。

（李明）

北京东港安全印刷有限公司
董事长 刘　宏（5月任）
史建中（5月免）
总经理 李　翔

北京金辰西维科安全印务有限公司

2016年，北京金辰西维科安全印务有限公司（简称金西公司）有员工300人，2/3员工拥有印刷等相关专业执业资格。生产能力达2000万本本式防伪证件和1亿张卡式防伪证件。年内，金西公司获得蓝盾杯安全防伪技术应用成果奖、“凌云杯”第五届凹版印刷作品大奖赛综合类一等奖。在第十七届北京市印刷行业职业技能大赛暨第五届全国印刷行业职业技能大赛北京赛区竞赛上，公司员工获“平版印刷工金奖”“平版印刷工优胜奖”“优秀裁判员奖”，金西公司获“优秀组织奖”。

金西公司成立于1995年12月，注册资本6640万元，位于开发区荣昌东街甲一号，占地面积1万平方米。金西公司是专门从事国内外出入境证件、IC卡、票据、证券、防伪商标等防伪产品设计和印制的国家级高安全防伪证卡印制企业，是中央国家机关印刷政府采购定点单位，具有国家秘密载体印制（涉密防伪票据证书/涉密文件资料）甲级资质、北京市市级政府采购印刷定点单位、全国诚信印刷企业、印刷行业诚信企业、北京市重质量守信用企业、中华名特优产品指定供货单位等资质和荣誉。通过ISO 9001质量管理体系、ISO 14001环境管理体系、GB/T28001职业健康安全管理体系、ISO 27001信息安全管理体系和中国环境标志产品认证。金西公司拥有世界先进的防伪印刷技术和设备，并引进国际先进的安全生产和制版系统、防伪设计系统。

（程砚春）

北京金辰西维科安全印务有限公司
总经理 王永捷

北京大宝化妆品有限公司

大宝化妆品公司推出全新男士护肤系列　企业提供

2016年，北京大宝化妆品有限公司（简称大宝化妆品公司）生产产值6.2亿元，销售总额6.6亿元，纳税总额7626.14万元，员工近500人。年内，大宝化妆品公司推出全新男士护肤系列，共计7个男士护肤单品，签约林更新担任全新推出的男士系列代言人。公司完成节能减排新锅炉安装调试和注册，新锅炉热效率提高，氮氧化物排放削减。公司进行生产线升级换代，美容洗面奶生产线实现自动化，SOD

蜜生产线新增自动装箱机器人。

大宝化妆品公司成立于1999年，是北京市三露厂进行股份制改造的结果（北京三露厂始建于1985年），位于开发区荣华中路12号，占地面积2.51万平方米，建筑面积4.49万平方米，2001年正式投入生产。2008年7月30日，强生（中国）投资有限公司完成收购大宝化妆品公司。公司主要产品包括大宝SOD蜜、美容日霜晚霜和SOD蛋白蜜等。公司先后通过环境健康安全管理体系、国家清洁生产审核，获开发区纳税50强企业、市安全文化建设示范企业等荣誉。其大宝SOD蜜新上市全新包装获得“2014中国可持续发展包装榜样大奖”，BrandZTM名列2015年最具价值中国品牌100强、个人护肤品牌首位。

（贾超）

北京大宝化妆品有限公司

厂长 杨京宜

北京百花蜂业科技发展股份公司

2016年，北京百花蜂业科技发展股份公司（简称百花蜂业）销售收入1.8亿元，实现利润1000万元。年内，百花蜂业廊坊生产基地完成主体工程建设。作为京津冀协同发展战略的落地项目，基地建设面积4.2万平方米，包括生产加工中心、蜜蜂文化体验中心、电子商务示范中心、蜂产品研发中心和检测中心。百花蜂业原料供应基地北京奥金达蜂产品专业合作社旗下的“花彤”牌荆花蜂蜜被质检总局评定为“生态原产地保护产品”；百花蜂业的“百花牌1.75kg荆花蜂蜜”获得全国蜂业大会银奖，并被中国蜂产品协会评为2016中国蜂产品电子商务十佳品牌；百花蜂业高端品牌“巢本”旗下的“百花的蜜”系列产品获得2016年度中华老字号产品包装时尚创意银奖，百花牌“老北京”系列罐装蜂蜜获得铜奖；公司获得中华老字号优秀企业称号；由百花蜂业担任主任单位的蜂蜜专委会连续获得中国蜂产品协会优秀专委会称号。

百花蜂业原名北京百花蜂产品科技发展有限公司，创建于1919年；2004年7月，公司总部迁入开发区，建成符合国家标准的GMP保健品生产车间；2011年整体改制为北京百花蜂业科技发展股份公司。百花蜂业是一家具有90多年历史的中华老字号企业，集科研、生产、经营于一体的蜂产品高新技术企业。公司经营范围包括蜂蜜、蜂花粉、蜂王浆、蜂胶、日化、蜂产品制品六大类140多个品种，其中蜂蜜类产品销往全国27个省市；销售渠道包括商超、专卖店和电子商务、原料销售。公司作为中国蜂产品协会副会长单位、蜂蜜专业委员会的主任单位，先后参与蜂蜜、蜂王浆、蜂胶、蜂花粉国家标准的制定工作，公司领导兼任中国蜂产品协会副会长，中国蜂协蜂蜜专业委员会主任。

“百花”品牌先后获1988年首届中国食品博览会银奖，1989年商业部优质产品奖，1990年第32届国际养蜂会议金奖；获评1992年度国家级新产品，1996年全国供销合作总社名牌产品；2006年被商务部评为“中华老字号”，并连续两年被评为“中国零售业十大优秀特许品牌”；2008年获评“中国驰名商标”，并成为北京奥运会、残奥会餐饮原料供应商；获

“2014中国蜂产品电子商务十佳品牌”“都市工业旅游商品类优秀奖”“首都文明单位”等荣誉。2015年百花蜂业连锁事业部获“全国青年文明号”等荣誉。“一种蜂蜜膏的配方及制备方法（老年蜂蜜膏）”“融蜜机”“破晶机”3项发明获国家专利。公司先后通过ISO 9001质量管理体系认证、ISO 22000食品安全体系认证和有机食品认证。蜂蜜、蜂王浆、蜂胶3类产品通过国家中医药管理局审批，2007年通过蜂产品QS市场准入认证。

（王悦）

北京百花蜂业科技发展股份公司

总经理 郭利军

资生堂丽源化妆品有限公司

2016年，资生堂丽源化妆品有限公司（简称资生堂丽源，英文简称SLC）工业总产值22.9亿元，主营业务收入18亿元，上缴税金3.2亿元。公司拥有22家分公司，员工4228人。年内，资生堂丽源在北京希尔顿酒店举行“启程·新美主义”2016欧珀莱品牌新生发布会；取消在产品包装内的纸质说明书，以便捷环保的电子形式呈现。资生堂集团开启了第九年“甘肃省兰州市资生堂集团罗汉山环保生态林建设项目”植树活动，累积造林53.4万平方米，栽植树木10.8万株，树苗存活率达到95%。

公司通过ISO 14001环境管理体系、ISO 9001质量管理体系认证。入选2016年度中国轻工业协会百强企业评选专项能力榜单，获中国轻工业研发能力百强企业称号；获中国香料香精化妆品工业协会颁发的2014—2015年度“企业社会责任奖”“绿色环保奖”“管理创新奖”三项大奖；被开发区评为“开发区集体合同工资集体协商先进单位”。“欧珀莱（AUPRES）”品牌获第六届北京知名品牌称号和COSMO美丽盛典2016年度专柜体验奖（COSMO美丽盛典是美妆领域最具权威性的奖项之一）；“关爱孤残患儿公益志愿服务项目”被首都文明办、首都综治办、市委社工委、市民政局、团市委、市志愿服务联合会评选为首都学雷锋志愿服务示范岗金牌项目，是开发区3个金牌项目之一。工会被开发区总工会评为2016年星级职工之家；支部党员王倩、马祥军被评为开发区优秀党员，贾佳被评为优秀党务工作者，党支部被评为大兴区优秀党支部 。

资生堂丽源成立于1991年12月9日，是第一家入驻开发区的企业。1993年建成投产，开始在日本资生堂研究所的协助下生产“欧珀莱（AUPRES）”系列化妆产品。作为日本资生堂与北京丽源有限公司的合资企业，公司旨在引进日本资生堂的先进技术和科学的经营管理方法，生产经营高知名度、高品质的化妆品，以适应中国市场和国际市场的需求。公司是一家集生产和销售为一体的大型化妆品企业。公司生产销售的“欧珀莱（AUPRES）”品牌化妆品在全国各地的1100多家中高端百货店设有柜台，通过美容顾问一对一的定制咨询，将基于“素颜美”的新美容理念开发的化妆品提供给顾客。公司在天猫、京东等电商渠道设立“欧珀莱（AUPRES）”官方旗舰店，在大型购物中心设立直营店，满足多元化的消费需求。“欧珀莱”为中国驰名商标、北京知名品牌、北京市著名商标，曾获 COSMO 美容大奖。公司曾获“全国轻工业卓越绩效先进企业”“中国轻工业化妆品行业十强企业”称号。

（邢迪 刘潇）

资生堂丽源化妆品有限公司

副总经理 侯政红

乐天（中国）食品有限公司

2016年，乐天（中国）食品有限公司（简称乐天食品）产值 1.1 亿元，实际销售收入 1.4 亿元，上缴税收 837 万元，有员工近 210 人。

乐天食品是乐天集团在华独资企业，1994 年建厂，1995 年投产，注册资本 9206 万美元，占地面积 7.61 万平方米，是最早入驻开发区企业之一，也是乐天集团在中国投资建立的第一家工厂。乐天集团是韩国第五大财团，在食品饮料、石油化工、酒店娱乐、商业流通等诸多领域处于韩国领先地位。乐天食品生产派、小熊饼干、巧克力棒等系列休闲食品，除在大陆销售外，还销往中国香港、澳门地区和韩国、中东、东南亚、澳洲、俄罗斯、巴西、欧盟地区。

（屈洪博）

乐天（中国）食品有限公司

董事长 金龙洙

总经理 赵正勋（2017 年 1 月任）

朴起弘（12 月免）

北京中纺化工股份有限公司

2016 年，北京中纺化工股份有限公司（简称中纺化工）拥有员工 178 人，实现销售收入 1.53 亿元，利润 817 万元。年内，中纺化工承担的中国纺织科学研究院项目“丙烯酸酯无氟防水剂的开发及应用技术研究”完成结题；承担的中央本级重大增减支项目“中草药天然染料的开发与应用”完成验收，获资助资金 30 万元；自主合成开发的丙烯酸酯类无氟防水剂，实现产品销售 100 吨，销售额 550 万元；与绍兴中纺院江南分院有限公司联合申报的“新型纳米 TiO2 环境净化整理剂的制备及其功能纺织品开发关键技术”项目，通过浙江省技术促进会鉴定。中纺化工申报中国纺织工业联合会科技指导性项目 1 项、科技部“十三五”重大科技专项项目 1 项、市科协金桥工程种子资金项目 1 项；环保型功能复合助剂 EF 申报了北京市第五批新产品、新技术。公司获得发明专利授权 2 项，即“一种复合功能面料及其制备方法”（授权号 ZL 201410599275.1）、“一种涤纶含浆织物一浴法退浆染色方法及其专用助剂”（授权号 ZL 201410393321.2）。

中纺化工成立于 2000 年 8 月 1 日，注册资金 5300 万元，是中国纺织科学研究院控股高新技术企业，专业从事纺织化学品和生物酶制剂研发、生产和销售，同时进行特种纺织品研发并提供技术服务。中纺化工科研队伍由纺织、印染、高分子化学、精细化工、生物化工等专业科技人员和专家组成，建有一流的化工合成、化学分析、生物工程、纺织染整等专业实验室。公司先后在北京、绍兴、东莞建立起生产基地，并建立覆盖全国的市场营销网络。中纺化工依托中国纺织科学研究院在技术、人才、信息和地域等方面的独特优势，承担科技部“汽车用新型纺织品及相关专用化学品合作研究”、中国纺织科学研究院“高取代度天然改性糊料及其应用技术的研究”

等多项国家级重点科研项目，获多项国家科学技术进步奖、省部级科技进步奖和国家重点科技攻关项目优秀科技成果奖。公司获批北京市专利保险试点单位、北京市专利示范单位。

（周毓）

北京中纺化工股份有限公司

董事长 庄小雄（12月任）

李庆峰（12月免）

总经理 朱清峰

葆婴有限公司

葆婴公司国际厂房外观　　田艳军 摄

2016年，葆婴有限公司（简称葆婴公司）销售额31.93亿元，纳税额7.7亿元，员工495人。年内，葆婴公司新工厂竣工投产。葆婴公司真正健康基金为"天使之心"项目募集善款362万元，公司获得中国扶贫基金会颁发的"2016善行者爱心合作伙伴"称号。截至年底，公司直销区域涉及北京、天津2个直辖市，陕西、江苏、山西、辽宁、山东、广东、四川7个省。

葆婴公司成立于1999年1月，总部设在北京，是一家专业从事健康理念传播，健康产品研发、生产、销售和服务，专门为孕妇、婴幼儿和家庭健康提供营养健康食品和全面系统健康资讯的外商独资企业。公司注册资本3000万美元，总投资9000万美元，建有符合GMP规范、总建筑面积超过3万平方米的生产基地，在全国设立27家分支机构。经营范围为设计、开发、生产围产期胎儿和婴幼儿保育产品，销售自产产品，从事上述同类产品的零售、批发、进出口、佣金代理；提供技术咨询、技术服务、技术培训。

2009年，葆婴公司获得商务部颁发的直销经营许可证，所有保健食品都在食品药品监管总局注册登记并获得批准证书，原料纯净、安全，符合中国国家标准和GMP规范。公司连续多年获得国家各部委，以及地方级别的"食品安全示范单位""消费者放心品牌""质量管理示范企业""中国保健品公信力产品""质量信得过好产品"等近百项荣誉。公司旗下品牌葆苾康连续9年成为国际女子网球联盟（WTA）官方营养品指定唯一提供商，连续5年成为中国网球公开赛白金赞助商、珠海WTA超级精英赛黄金赞助商和新疆男篮官方唯一营养品提供商。

（狄宇）

葆婴有限公司

总裁 聂怀禹

章光101控股集团有限公司

2016年，章光101控股集团有限公司（简称章光101集团）下属的北京章光101科技股份有限公司（简称章光101公司）营业收入5634万元，利润总额-172万元，纳税总额947万元。

年内，公司推出两款研发新品，章光

101馥盛育发液和章光101发元素营养精华液；在第四届京交会中医药服务主题日启动仪式暨海外华侨华人中医药大会上，与美国、德国、澳大利亚、葡萄牙等国家企业签署合作协议；在贵州黔东南丹寨县启动“种植万亩红豆杉助力贵州消灭荒漠化”工程;携手中国儿童艺术基金会发起“教师节101多一点关爱大型感恩公益活动”。公司董事长赵章光应邀出席中国—瑞典老年病防治论坛，就相关学科科研与临床展开交流；署名文章《乡土杉林让您健康睡眠》在人民网发表，阐释紫杉树帮助健康睡眠的研究成果。公司当选中国香料香精化妆品工业协会第八届理事会常务理事单位，通过生产许可证换证验收，获第二届北京质量奖、“诚信长城杯企业”称号，章光101获评“北京市著名商标”。

章光101集团成立于1987年，以赵章光发明的章光101生发、护肤系列产品为主导，以医药业为龙头，多元化发展，涉及制药、房地产、园林工程等多种行业，是一家拥有10多亿元固定资产，1.4万余名员工，2000多家101生发专业连锁咨询服务机构的外向型经济实体。公司产品包括生发、养发、防脱发和护肤4个系列20多个品种，除“章光101”系列之外，开发养发为主子品牌，满足不同层次、不同类型头发亚健康人士需求。“章光101”被认定为中国驰名商标，拥有北京、乐清、郑州3个生产基地，产品行销世界65个国家和地区，在海外设有16个分支机构。章光101集团被评为中国节能环保优势推动力企业、北京市信用企业和北京诚信经营承诺企业，是信用AAA级企业、国家安全生产标准化二级企业，先后获中医药服务突出贡献奖、中国绿效企业绿色责任奖、科技创新企业优秀奖。

（章芳 郑伟涛）

章光101控股集团有限公司

董事长 赵章光

总　裁 赵旭良

北京盛通印刷股份有限公司

盛通印刷外观　　佟芳 摄

2016年，北京盛通印刷股份有限公司（简称盛通股份）总资产为13.93亿元，销售收入10.1亿元，利润总额4053.9万元，纳税额4380万元，员工近1000人，拥有6家全资子公司。年内，盛通股份出版服务云平台投入运行。公司对外公告盛通印刷发行股份和支付现金购买北京乐博乐博教育科技有限公司100%股权，并募集配套资金事宜。公司发行股份购买资产并募集配套资金事项通过证监会上市公司并购重组审核委员会审核，标志着“盛通股份成功并购中国儿童机器人教育领军企业——乐博乐博”。公司同天津宝坻经济开发区签订“盛通教育出版综合服务产业园项目”。公司获“绿色印刷工程优秀印刷单位”称号；公司副董事长、总经理栗延秋获“北京市新闻出版广电行业领军人才”称号。

盛通公司成立于2000年11月，注

册资本 3.24 亿元，是一家以出版物印刷、儿童教育为主要业务的上市公司（证券简称：盛通股份，证券代码：002599）。公司拥有印前技术团队、工艺研发团队，产品线有党政读物、教辅教材、儿童读物、精装图书、期刊等。2012 年 9 月，公司被新闻出版广电总局评为全国首批 25 家“国家印刷复制示范企业”之一。是首批获得全国绿色印刷企业认证资质企业，是北京市绿色印刷工程标兵示范单位，2011—2016 年连续六年被商务部、文化部、中宣部、新闻出版广电总局评为“国家文化出口重点企业”。2013 年、2016 年公司获北京市高新技术企业认定。连续四届蝉联“中国出版政府奖之印刷复制奖”。

（佟芳）

北京盛通印刷股份有限公司

总经理 栗延秋

亿滋食品北京有限公司

亿滋北京食品生产线　　任育枝 摄

2016 年，亿滋食品北京有限公司（简称亿滋北京）有员工约 300 人，启动 Rising Sun 项目，为日本消费者生产饼干。年内，公司通过六西格玛第一阶段考核。

亿滋北京是亿滋食品企业管理（上海）有限公司（简称亿滋中国）全资的外商投资企业，其前身为纳贝斯克，最早建立于 1985 年，被亿滋中国收购后于 2007 年搬迁至开发区经海三路 148 号，注册资本 3800 万美元，厂区总占地面积 5.6 万平方米，建筑面积约为 4.1 万平方米，年生产能力 12 万吨，拥有 6 条生产线，总投资约 6.4 亿美元，主要生产各类饼干等食品，并出口至日本等亚洲国家。

亿滋中国（原卡夫食品中国）于 1984 年进入中国市场，总部设在上海，是零食业务市场引领者。公司有 5000 多名员工，在华东、华南、华北有生产基地，主要生产和销售饼干、口香糖与糖果、巧克力和饮料等品类，核心品牌有奥利奥、趣多多、露怡、焙朗、闲趣、太平、优冠、王子、妙卡、炫迈、清至、荷氏、怡口莲和菓珍。2013 年 7 月 1 日起，卡夫食品中国正式更名为亿滋中国。

亿滋中国是亿滋国际的子公司，亿滋国际是全球零食行业的引领者之一，2016 年，公司净收入约 260 亿美元，有 9 万余名员工，为全球约 165 个国家的消费者生产和提供美味的食品和饮料。亿滋国际在饼干、巧克力、口香糖和糖果、固体饮料等众多零食品类中具有全球领先地位。饼干和糖果品类排名全球第一，巧克力和口香糖排名全球第二。公司约 85% 的年收入来源于核心零食品类，近 75% 收入来自北美以外市场。

（任育枝）

亿滋食品北京有限公司

厂长 刘杰

都市服务业

中铁十九局参编两项行业标准

3月，中铁十九局集团有限公司参编的行业标准《无黏结预应力混凝土技术规程》发布，标准号为 JGJ92-2016，自9月1日起实施。5月，中铁十九局参编的河南省地方标准《城市轨道交通路基工程施工质量验收规范》发布，标准号为 DBJ41/T-2016，自8月1日起实施。

（张莹）

嘉康利中国助力全民健身万里行

3月，嘉康利（中国）日用品有限公司与国家体育总局人力资源中心签署 2016—2020 年全民健身万里行公益活动合作协议，支持国家全民健身计划与国家体育总局人力资源开发中心共同举办“嘉康利全民健身万里行”大型公益活动，分别在北京、哈尔滨、南宁、青岛、太原、厦门举办主题站活动，奥运冠军杨凌、王丽萍、邓琳琳、肖钦、程菲 、李坚柔、张娟娟、李婷、张会、奚爱华、魏秋月、杨伊琳等现场助阵。

（曾媛）

中铁十九局成为三特、三甲企业

4月7日，中铁十九局集团有限公司在铁路工程施工总承包特级、铁道行业设计甲（二）级的基础上，实现增项建筑工程总承包特级、建筑行业设计甲级资质；12月14日，实现增项公路工程施工总承包特级、公路行业设计甲级资质。中铁十九局成为全国第 11 家拥有“三特、三甲”（即建筑工程施工总承包特级暨设计甲级、公路工程施工总承包特级暨设计甲级、市政公用工程施工总承包特级暨设计甲级）资质企业，同时新增市政工程施工总承包特级资质。12月22日，通过住建部公示。

（张莹）

嘉捷集团承办肿瘤治疗技术应用学术大会

5月6日，由国家肿瘤微创治疗产业技术创新战略联盟主办，北京嘉捷源技术开发有限公司控股子公司南昌平安普德医疗技术公司承办的“中美肿瘤精准治疗前沿技术临床应用学术大会暨北京医师协会介入专科医师分会肿瘤学组成立大会”在开发区召开，与会专家就肿瘤的早期诊断，以及微创消融治疗、免疫治疗、3D 立体模型等进行深入探讨。来自美国国家癌症研究所的多名专家、国内肿瘤专家和相关人员共计 200 余人参会。

（赵京慧）

生物试剂出入境服务平台开通海外窗口

5月，北京亦庄国际生物试剂物流中心有限公司的生物试剂出入境一站式公共服务平台在美国旧金山昭衍园区设立第一个海外服务窗口，每周五开通旧金山到北京亦庄生物医药园的“中美生物试剂快速运输班线”。开发区管委会副主任绳立成为窗口挂牌。生物试剂出入境公共服务平台于 2014 年 1 月在北京亦庄生物医药园开始运行，成为全国首条生物试剂进出口绿色通道。该平台创新生物试剂的监管模式，改善监管条件，提升有效监管能力，提高生物安全监管水平，缩短生物试剂进出口周期，系统解决生物试剂出入境的瓶颈问题。

（李艳平 王洪平）

华北高速京津塘高速公路渡过最强降雨

7 月 19 日，华北高速公路股份有限公司京津塘高速公路顺利度过北京最强降雨，京津冀区域出现持续强降雨。北京市将暴雨黄色预警升级为暴雨橙色预警，强降雨持续 53 小时，北京市平均降雨量达 211 毫米，在时长和降雨量方面均超过 2012 年“7·21”。根据顶进桥泵站的观测结果，降雨量达 285 毫米。华北高速 260 名收费人员、270 名养护人员坚守岗位，动用车辆 70 台次、水泵 11 台次、发电机 6 台次、通道抽水 10 座，清扫路肩积水 5000 平方米，中央隔离带苗木扶直 360 株，修补坑槽 15 处，累计抽水 75545 立方米。其间，京津塘高速未出现因路面严重积水而封路的情况，成为强降雨期间京津冀地区始终保持畅通的高速公路之一。

（翟欣）

中铁十九局参建的瓦亚铁路项目竣工

8 月 24 日，中铁十九局集团有限公司参建的塔吉克斯坦铁路瓦赫达特—亚旺铁路隧道与桥梁勘察设计施工项目举行通车典礼。中铁十九局董事长王学忠等受邀出席。项目全长 48.65 千米，总投资 7200 万美元，合同工期为 28 个月，于 2015 年 5 月 15 日开工。该项目是丝绸之路经济带框架内首个开工并建成的铁路项目，具有标志性意义。该项目通车，使塔吉克斯坦铁路中段与南段实现联网，瓦亚铁路成为联接中国—塔吉克斯坦—阿富汗—伊朗国际铁路交通的枢纽，促进“一带一路”建设，加快中国与中亚地区的互联互通。

（张莹）

锋创京津冀人才基地成立

9 月 7 日，锋创科技发展（北京）有限公司在开发区锋创科技园举行锋创京津冀人才基地成立仪式。其宗旨是打造以市场力量为核心，用人、供人企业互通共享的跨界众创基地，打造开发区、京津冀企业人才别有特色的人才跨界众创平台。平台聚集政府、企业、培训机构、学校四方资源，服务企业和学校，填补产业园区的人才短板。东北大学锋创科技园实习基地、中国人力资源联合会京津冀分会、人力葵花同学会京津冀分会和东软睿道北京培训基地联合形成锋创人才培养基地。

（张夺）

华北高速旗下光伏电站全部进入国补目录

9 月 23 日，财政部、发展改革委、能源局联合下发《关于公布可再生能源电价附加资金补助目录（第六批）的通知》，华北高速公路股份有限公司参与申报的 8 个光伏项目共计 270 兆瓦全部进入国家第六批可再生能源电价附加资金补助目录，正式获得国家补贴资格。项目分布在三省五市（内蒙古的通辽市，宁夏的石嘴山市，新疆的哈密市、吐鲁番市和伊犁市）。公司旗下 9 个光伏电站共计 293 兆瓦已全部进入国补目录，资产质量得到提升。

（翟欣）

嘉捷集团旗下平安普德融资 3 亿元

10 月，北京嘉捷源技术开发有限公

司旗下平安普德融资 3 亿元，在北京、南昌和美国建设实验室和研发中心。聘请美国国立卫生研究院癌症研究所新生血管中心实验室研究员、美国国家医学院癌症研究所新生血管中心实验室博士研究员方昌阁，以及国家肿瘤微创治疗产业技术创新战略联盟理事长、首都医科大学附属北京佑安医院肿瘤介入治疗中心主任医师郑加生作为公司核心技术科学家。平安普德由国内外著名肿瘤治疗技术研究和临床医学人才为核心团队组建，由美国国家癌症研究所和国家肿瘤微创治疗产业技术创新战略联盟两大国际医疗权威机构支持，提供癌症精准化诊疗整体解决方案。平安普德在北京和南昌分别建有实验基地，旗下控股子公司包括平安爱普德（北京）生物技术有限公司和平安微创（北京）医药科技有限公司。南昌基地位于赣江新区临空经济区，规划建筑面积 1.2 万平方米，包括药物检测实验室、基因检测实验室和科研中心等。

（赵京慧）

嘉捷集团南昌北京产业园奠基

11 月 9 日，北京嘉捷源技术开发有限公司南昌北京产业园奠基暨嘉捷鑫源开业典礼在江西省南昌临空经济区举行。北京产业园项目作为承接北京非首都功能区产业转移示范园区，由北京嘉捷集团投资建设，项目落户于南昌临空经济区，第一期占地面积 500 亩（约 33.33 万平方米），总投资约 90 亿元。截至年底，已入驻园区的项目有嘉捷无线充电总部基地项目、平安微创肿瘤精准化项目、惠买在线区域总部项目、宏鹭升循环经济项目、魔眼科技项目，投资约 70 亿元。南昌北京产业园将凭借嘉捷集团在京津冀地区 11 年园区开发建设和运营管理经验，以嘉捷鑫源公司为切入点，搭建完整产业生态链，以此辐射长江中段地区的经济发展，推进赣江新区成为对接国家战略的重大平台和引领全省发展升级。

（李军辉）

大族环球两个代表项目签约企业 172 家

截至年底，大族企业湾签约进驻企业 101 家，出租率达 94%，其中智能制造与机器人企业占 60%，园区累计签约面积 17.6 万平方米。以机器人、智能制造、汽车等行业企业及其上下游企业为主，包括戴姆勒卡客车（中国）有限公司、哈工大机器人集团、北京京东世纪贸易有限公司等多家世界 500 强和国际知名企业。大族广场签约企业 71 家，出租率达 20.9%，签约面积 3.93 万平方米，包括北京智能车联产业创新中心有限公司、国信世纪人才服务（北京）有限公司、潍坊宏源防水工程有限公司北京分公司、北京北华中清环境工程技术有限公司等。

（张羽）

欧必翼管理成立产融创新研修学院

年内，北京欧必翼企业管理有限公司和北京智慧云创服务平台携手成立亦庄产融创新研修学院，亦庄产融创新研修学院是集资本、智力、资源于一体的创业服务平台。该学院集合国内首屈一指的企业大咖、投融资专家、金融服务机构等资源，为学员提供“产、学、研、融、创”全方位服务。通过学院提供的咨询、培训、路演服务，将中关村上市公司成功企业家、创业企业、创投机构、创业园区有机联系起来，实现协同互动、资源共享。

（胡子琼）

瑞云档案建成 RFID 智能保密档案库房

瑞云档案建成 RFID 智能保密档案库房　　企业提供

年内，北京瑞云档案管理有限公司研发 RFID 系统集成软件，建设完成 RFID 智能保密档案库房。温湿度控制采用特灵中央空调；地坪采用瑞士西卡环氧树脂，具有抗化学性、防潮、防尘、防菌、阻燃耐火（耐火等级 B1 级）、地面无毒等特点；档案存具具有较强耐水能力，档案装满后自重 14 公斤。耐水渗透 10 分钟左右，档案箱通过科学的结构设计，配合高强的材质避免长期存放而导致的档案存具变形情况的发生。

（韩静）

都市服务业企业（部分）

阿尔特汽车技术股份有限公司

2016 年，阿尔特汽车技术股份有限公司（简称阿尔特汽车）营业收入 3.87 亿元。员工 1261 人，其中日韩和欧美专家百余人，50% 设计员工拥有 8 年以上的汽车行业从业经验。年内，阿尔特汽车挂牌新三板，定向增发 1.85 亿元，募资 2.5 亿元，全年共融资 4.35 亿元；成立子公司广州阿尔特、重庆阿尔特；研发试制的“卡尔曼”亮相 2016 北京国际车展；与主机厂合作定制款改装车——北汽绅宝 X25 下线；由阿尔特汽车承担的新能源汽车整车控制系统技术北京市工程实验室创新能力建设项目通过验收。公司申请专利 66 项，其中发明专利 19 项、实用新型 47 项。通过 ISO 9001:2015 质量管理体系认证，获信用五星级瞪羚企业称号、一汽大众“凝进助力团队”和“CCC 开拓创优团队”奖、一汽轿车优秀供应商奖、江铃汽车 2016 年度优质服务奖、璞玉杯新三板漂亮 50 最具投资价值企业暨新三板最佳伯乐奖等多项荣誉。

阿尔特汽车原名为阿尔特（中国）汽车技术有限公司，成立于 2002 年 9 月，先后在长春、上海、成都、宁波、武汉、宜兴、柳州、江西、广州、重庆等地开设分（子）公司，在海外开办阿尔特日本（有限会社 IAT）、北美技术中心和欧洲办事处，逐渐形成以北京为总部，跨越国内外重要汽车产业聚集区的设计、研发和销售中心，发展成为全方位汽车设计开发与工程服务公司。主要经营范围包括汽车产品策划、造型设计、整车 / 发动机 / 变速器 / 零部件工程设计、CAE 分析、NVH 优化、新能源汽车开发、电控技术开发、样车试制、同步工程分析、模 / 夹具设计制造、展车制作、整车及部件试验评价与咨询等，覆盖汽车设计的整个过程。阿尔特汽车获得国家高新技术企业、北京市企业技术中心、北京市科技研究开发机构、北京市设计创新中心、信用双百企业、信用AAA级企业、中关村新锐企业十强、北汽优秀供应商、一汽大众优秀供应商、一汽轿车优秀供应商、中关村优秀留学人员企业、“德勤—中国高科技、高成长50强企业”、未来之星——21家最具成长性的新兴企业等30多项资质和荣誉。

（杨博）

阿尔特汽车技术股份有限公司

董事长 宣奇武

总经理 张立强

中外运－敦豪国际航空快件有限公司

2016年，中外运－敦豪国际航空快件有限公司（简称中外运敦豪）与北京师范大学教育基金会成立“DHL教育发展基金”，首批基金100万元。中外运敦豪连续第八年举办“DHL全球志愿者日”项目。中外运敦豪升级为DHL在全球的第六个独立运营区域。中外运敦豪北京北部服务中心通过TAPA（科技资产保护协会）认证，成为DHL快递在中国第22家获TAPA的A等级认证的服务中心，也是DHL快递亚太网络中第100家获TAPA“运输安全要求”认证的服务中心。中外运敦豪连续获得由怡安翰威特、杰出雇主调研机构、卓越职场研究所、智联招聘4家国内外知名人力资源专业机构评选的“最佳雇主”称号。

中外运敦豪创建于1986年，由德国邮政敦豪（DPDHL）和中国对外贸易运输集团总公司各注资50%成立，专注发展国际限时快递服务、全球范围的文件和包裹快递。中外运敦豪是中国最大的国际快递供应商；中国是DHL快递全球重要的市场之一。中外运敦豪建立中国最大的国际快递服务网络，遍及中国80%的人口聚集区和经济中心城市，拥有超过8000名精通国际快递业务、熟悉本地情况的员工。公司的服务覆盖全国400个城市，有超过100家分公司和近200处办公设施。国际快递服务可直达其中159个主要城市，每周使用超过500架次商业航班和专机。中外运敦豪拥有10个大中型口岸，分布在国内重要城市和港口，全国口岸日均吞吐量6万票，进出口货物550吨。2008年，公司携手中国儿童少年基金会，发起为期三年的“小书包，大未来·DHL爱心背包行动”公益助学项目。2015年，中外运敦豪享受与欧盟28个成员国海关通关的高速和高效，在2015年全国报关单位进出口报关单量排名中，中外运敦豪在所有海关关区的报关量均排名第一。中外运敦豪是中国首家获得海关AEO（经认证的经营者）高级认证国际快递企业，拥有业内首个获得AEO高级认证的保税仓库。中外运敦豪支持集团公司GoGreen项目发展，实施基础设施改造、生产线和运输服务优化等节能举措，并与比亚迪携手开发绿色物流解决方案。中外运敦豪携手扶贫基金会的“加油计划”项目，使雅安、鲁甸地区超过3000名儿童受益。

（国微 孙森 王瑞青）

中外运－敦豪国际航空快件有限公司

董事总经理 吴东明

汇龙森国际企业孵化（北京）有限公司

2016年，汇龙森国际企业孵化（北京）有限公司（简称汇龙森）营业收入3985.33万元，利润总额407.32万元，纳税额402万元。截至年底，园区内有中组部“千人计划”15名，北京市“海聚工程”31 名，中关村“高聚工程”31 名，开发区“亦麒麟”新创工程领军人才认定 83 名。年内，天津宝坻区汇龙森科技园宝坻分园揭牌仪式在天津宝坻区口东工业区举行。汇龙森控股子公司——中孵高科产业孵化（北京）有限公司与北京博电新力电气股份有限公司就托管博电能源互联网创新园项目签约。汇龙森被首届中国众创大会授予“中国创新创业 100 强”单位；被中关村管委会评定为“中关村科技型企业创业孵化集聚区”；被开发区科技局评定为“北京经济技术开发区创业期科技型企业集中办公区”；被北京创业孵育协会、北京众创空间联盟评选为“2016 年度孵化器品牌荣耀 TOP10”；在“中关村国家自主创新示范区科技型企业创业孵化集聚区”评选活动中，汇龙森及其控资子公司汇龙森欧洲科技（北京）有限公司共同被认定为“2016 年中关村科技型企业创业孵化集聚区”；汇龙森控股子公司——中孵高科产业孵化（北京）有限公司通过“国家高新技术企业”认证。

汇龙森成立于 2002 年 4 月 26 日，注册资本 6000 万元，是一家专业从事科技园区建设与管理、科技企业服务和科技投资业务的集团公司。汇龙森已建成 3 个园区，建筑面积近 30 万平方米，在园企业达 600 多家。公司拥有一批专业化园区规划与运营咨询服务人才，通过剖析产业结构，研析产业资源细分领域，制定科技园区专业定位，为科技园的可持续发展提供保障。汇龙森是开发区内国家级科技孵化器、北京高新技术产业专业孵化基地、北京留学人员创业园、北京市战略性新兴产业孵育基地、北京市中小企业公共服务平台和市小企业创业基地、首都文明单位。

（刘小幸）

汇龙森国际企业孵化（北京）有限公司

董事长 刘 泳

华北高速公路股份有限公司

华北高速外观　　张立昕 摄

2016 年，华北高速公路股份有限公司（简称华北高速）总资产 59.4 亿元，归属上市公司股东净资产 46.49 亿元，实现营业收入 10.21 亿元，归属上市公司股东净利润 3 亿元，每股收益 0.275 元，经营活动产生的现金流净额 5.35 亿元，加权平均净资产收益率 6.58%。年内，华北高速 8 个光伏项目共计 270 兆瓦进入国家第六批可再生能源电价附加资金补助目录；公司获北京市交通路政行业第四届“路政杯”车辆通行费用收费员职业技能竞赛优秀组织奖。

华北高速于 1999 年 7 月 20 日经交通部、经贸委批准成立，是以京津塘高速公路为主营资产的股份制上市公司，注册资本 10.9 亿元，股票于 1999 年 9 月在深圳证券交易所挂牌交易（股票代码：000916）。公司主营业务为投资开发、建设、经营收费公路和光伏电站。公司收费公路主营资产为京津塘高速公路；公司光伏发电业务为在江苏、内蒙古、新疆、宁夏等地投资运营的 9 个光伏电站共计 293.8 兆瓦，全部进入国家第六批可再生能源电价附加资金补助目录。公司先后获北京市“十一五”期间公路养护管理工作基础管理先进单位、天津市“十一五”全国干线公路养护管理工作检查先进单位等称号，连续多年获纳税信用 A 级企业、位列开发区纳税 50 强企业。

（翟欣）

华北高速公路股份有限公司

董事长 姜岩飞（1 月任）

郑海军（2015 年 12 月 31 日免）

总经理 李会强（1 月任）

杨利军（2015 年 10 月免）

中铁十九局集团有限公司

2016 年，中铁十九局集团有限公司（简称中铁十九局）全集团新签合同 185 项、总额 602.87 亿元，其中集团母公司新签合同 80 项、总额 488 亿元；营业总收入 367 亿元，其中集团母公司 251 亿元；利润 4.4 亿元，其中集团母公司 2.8 亿元。年内，中铁十九局再次实现水利行业 AAA 等级认证。工程质量分项工程一次检查合格率 100%，单位工程合格率 100%。员工 17720 人。

中铁十九局前身系中国人民解放军铁道兵第九师，1984 年 1 月 1 日集体转业并入铁道部，改编为铁道部第十九工程局；1999 年 12 月改称中铁第十九工程局；2000 年 9 月划归中央企业工委管理；2001 年 12 月企业改制改称中铁十九局集团有限公司，归属国资委管理，是中国铁建旗下全资子公司。2009 年 7 月，集团总部机关从辽宁省辽阳市搬迁至开发区荣华南路 19 号。企业为建筑行业大型施工企业，拥有铁路、公路、建筑工程施工总承包 3 个特级资质、3 个甲级设计资质和总承包资质 33 项、专业承包资质 38 项，涉及铁路、公路、轨道交通、矿山、房建、桥梁、隧道、市政、水利水电、机场、港口码头等诸多施工领域，同时拥有境外工程承包资质和对外经营权。中铁十九局下辖第一、二、三、五、六、七工程有限公司、电务工程有限公司、轨道交通工程有限公司、矿业投资有限公司、房地产开发有限公司、国际建设分公司、物资总公司、计量测试中心、职工中心医院、辽阳基地，东北、西北、东南、西南、华南、华东、华北、北京、新疆、中原 10 个区域指挥部，施工领域分布全国 32 个省市自治区和北非、中东、中亚、东南亚国家。

中铁十九局是国家高新技术企业，被中国施工企业管理协会评为“科技创新优秀企业”，技术中心是北京市专利示范单位，有承装（修、试）电力设施许可和爆破作业单位许可证（营业性）A 级，同时拥有境外工程承包资质和对外经营权。中铁十九局所建工程获国际桥梁奖 1 项，中国建筑工程鲁班奖 13 项、中国土木工程詹天佑奖 14 项、国家优质工程金奖 9 项、国家优质工程银奖 27 项、省部级优质工程 185 项。获国家级科技进步奖 2 项，省部级科技进步奖 52 项；参与编制国家级工法 9 项，省部级工法 145 项；授权专利 400 件，其中发明 47 件。先后被授予“全国优秀施工企业”“全国先进建筑企业”“全国质量管理先进单位”“全国工程建设管理先进单位”“全国守合同重信用企业”“全国建设施工企业设备管理优秀单位”“全国工程建设质量管理优秀企业”“全国科技创新优秀企业”“全国思想政治工作优秀企业”“全国精神文明建设工作先进单位”“全国企业文化建设优秀单位”“全国文明单位”“全国模范职工之家”等称号。

（张莹）

中铁十九局集团有限公司

董事长　王学忠

党委书记　赵国旗

总经理　宫建岗

金鹰国际货运代理有限公司

2016 年，金鹰国际货运代理有限公司（简称金鹰国际）华北区正式员工 420 人。拥有具备高标准的医药仓储条件和符合安全质量标准的冷链运输系统，运营站点 6 个，仓储面积 18 万平方米。11 月 15 日，公司志愿者赴广西壮族自治区柳州市忻城县北更乡中心小学走访并捐赠校服和文具，一帮一捐助 10 名同学。

金鹰国际 1996 年 9 月成立，隶属于 DHL 品牌，为德国邮政集团的全资子公司。2002 年，金鹰国际作为第三物流服务和解决方案企业入驻开发区，并陆续与涵盖高科技、快消品、汽车、零售、生命科学与医疗行业等多家知名企业签约，提供全方位仓储、运输和保税物流服务。公司关注社会环境和公益事业的发展及保护，每年举办志愿者活动，围绕绿色环保、支教和帮助的主题开展系列社会公益活动。

（蔺仿如）

金鹰国际货运代理有限公司

总经理　邹胤

北京嘉捷源技术开发有限公司

2016 年，北京嘉捷源技术开发有限公司（简称嘉捷集团）总收入 12 亿元，总资产 32.5 亿元，纳税额 5760.8 万元，利润总额 1.22 亿元。在保持业务稳健增长的同时，实现深圳、江西、河北、广西、福建等多地的产业拓展和布局。年内，集团旗下平安普德公司核心技术团队成员参与的“一种早期筛查实体瘤或癌症的酶联免疫检测试剂盒及应用”获专利授权。

嘉捷集团是一家民营企业，成立于 1998 年，1999 年入驻开发区。从一家以电力电子为核心业务的高科技企业，成长为军工电源、消费电子、科技地产、医疗健康四大业务板块的集团企业。嘉捷集团在电力电子领域，主要从事电信、电力、军工、航空航天、风力发电、太阳能发电、电动汽车等行业，提供电池管理维护、军用电源等先进技术和产品，拥有发明专利 30 余项，其中军用电源产品已进入中国国防士战武器系统，成为火箭军、空军、海军、陆军的列装产品，是进入中国解放军火箭军部队主战武器配套体系的唯一一家民营企业。

嘉捷集团在智能充电和节能照明领域主要从事节能照明、智能家居、节能充电等系列产品的研发、生产和销售，产品销往世界各地，为全球第五大充电器制造商，是美国宝洁、通用、金霸王，日本三洋、松下、索尼，瑞典宜家家居，荷兰飞利浦，德国博世和中国南孚电池等跨国企业的核心供应商。拥有 59 项专利和多项专有技术，包括 LED 照明的关键部件——驱动电源的无电解电容设计方案专利和高光效发光均匀 LED 灯管发明专利，位列中国 LED 行业专利数量第一。

嘉捷集团在产业园开发运营领域，联

合多家企业发起成立区域合作协会和区域合作投资公司；联合山西美锦能源集团有限公司共同进入产业园区的开发建设和运营管理领域，以企业服务为中心布局京津冀，投资建设系列园区达百万平方米，受托招商运营的园区约500万平方米。嘉捷集团与江西省南昌市政府合作创建南昌赣江新区临空经济区北京产业园，对接江西省与京津冀地区的产业资源，实现两地经济共同发展。

嘉捷集团在医疗健康领域投资成立专注于肿瘤微创与精准治疗的技术研究和市场推广的科技类平台企业，从美国国家癌症研究所引进多名海外高技术人才。公司投资建设临床检验实验室，主要开展肿瘤早期预警筛查、化疗药物敏感性检测、免疫治疗等，是临床治疗领域创新与转化医学科研成果的第一个高端平台。嘉捷集团旗下人力资源综合服务平台“嘉捷学堂”，举办公益课堂、主题沙龙、定制内训、人力咨询、峰会论坛等活动百余次，服务开发区企业720余家，覆盖企业人群过万人。“嘉捷学堂”被开发区工委组织部认定为开发区党员教育培训基地首批“先锋部落”5家单位之一。

（刘远征）

北京嘉捷源技术开发有限公司

董事长 李佰龙

总经理 任 彤

奥码拓（北京）科技有限公司

2016年，奥码拓（北京）科技有限公司（简称奥码拓）设备销售额超1000万元，实现了从小规模纳税人到一般纳税人转变，并与多所国家重点大学、实验室合作开展科研。多次组织公司员工到国外进行培训学习。

奥码拓成立于2010年5月，注册资本100万元，资产总额超500万元。奥码拓是一家集研发、生产、销售、技术服务、技术咨询于一体的专业从事材料检测设备的高新技术企业，主要产品有各类摩擦形式的摩擦磨损试验机、万能手指磨耗仪等。奥码拓研发中心服务于高等院校、科研院所、企业技术中心，为其提供材料学、摩擦磨损学等前沿技术和一站式解决方案，业务涉及航空航天、汽车、润滑油、材料、纸张、文物保护等行业。技术咨询团队主要来自于德国Innowep公司、德国Fraunhofer研究所、欧洲中央银行、德国亚琛工业大学、英国Plint公司等。奥码拓多次参与国家实验室的多项研究，并提供相关技术支持，被评为北京科技研究开发机构。2013年，获得科技型中小企业技术创新基金——基于光机电一体化技术的材料及表面涂层耐磨性及膜厚测量系统项目立项证书。

（张一）

奥码拓（北京）科技有限公司

董事长 Wolfgang P . Weinhold

首席执行官 王 杨

北京亦庄国际生物试剂物流中心有限公司

2016年，北京亦庄国际生物试剂物流中心有限公司（简称中关村国际生物试剂物流中心）服务企业306家，服务收入460万元。拥有北京出入境检验检疫局指定的生物材料和制品监管库，专业服务人员19人。生物试剂出入境公共服务平台通关的生物试剂共有1941批次，进出口额5.9亿元。在美国旧金山昭衍园区设立第一个海外服务窗口，每周五开通旧金山到北京亦庄生物医药园的“中美生物试剂快速运输班线”。

中关村国际生物试剂物流中心于2012年7月在亦庄生物医药园成立，是行业联盟、监管部门和政府多方合作共建的第三方公共服务平台。2014年，中关村管委会正式将该平台命名为“中关村国际生物试剂物流中心”。经营范围包括货物、技术进出口、代理和仓储服务，货物运输代理，销售化学和生物试剂、化工产品，以及技术咨询、技术服务等。为企业提供生物试剂快速通关“一站式”服务，包括生物试剂进出口许可审批、报关报检、检疫检验、物流仓储等。生物试剂出入境公共服务平台获北京市新技术新产品（服务）证书。

（李艳平 王洪平）

北京亦庄国际生物试剂物流中心有限公司

董事长 兰宝石

总经理 龚 翔

美德创新（北京）科技有限公司

2016年，美德创新（北京）科技有限公司（简称美德创新）销售额144.25万元，利润总额是-59.98万元，员工10人。年内，美德创新自行设计出美德宝空气净化器。公司为布克（北京）文化传播有限公司设计布克插线板；为北京卓杰亿品科技有限公司设计防盗腕表；为中科创达软件股份有限公司设计VTF01网络摄像机；为北京宏远星河科技发展有限公司设计太阳能发电产品；为北京四海华辰科技有限公司设计四海华辰人体成分分析仪。

美德创新成立于2010年10月18日，致力于与国际型企业合作，为用户提供全球领先的工业设计、结构设计、机械电气设计到样机制作、产品供应一站式服务。美德创新团队由来自中国、美国、丹麦、墨西哥、波兰等国家的设计师组成，提供基于中国本土市场的国际化设计服务。公司获得两项奥斯卡红点奖。

（于文婕）

美德创新（北京）科技有限公司

总经理 张敬雷

北京蓝新特科技股份公司

2016年，北京蓝新特科技股份公司（简称蓝新特）资产总额4427万元，营业收入560万元，纳税总额40万元，员工40人。年内，蓝新特获得1项发明专利授权，新申请两项实用新型专利。开发出世界上唯一一款不需要专用夹具就能加工异形零件的机床——万能夹具机床，将专用夹具的制作时间从1～2个月缩短到几分钟。

蓝新特成立于2002年7月18日，注册资本4360万元，位于开发区双羊路7号，是专业从事工装夹具技术研究生产的高新技术企业、北京市科技研究开发机构；拥有发明专利、实用新型专利8项，成功孵化2项专利。为空军装备部研发的柔性航电试验台获2008年军队科技进步二等奖。夹具技术入选人力资源劳动保障部的“国家653科技人才继续教育工程”项目、国防科技工业局的“先进制造工艺新技术”推广项目、教育部的“培养未来社会紧缺技术人才工程”的校企合作项目；与清华大学合编的高等教育出版社出版的《组合夹具训练教程》被教育部评为创新示范教材。蓝系组合夹具被全国数控技能大赛、全国职工数控技能大赛、全国职业教育数控技能大赛指定为唯一夹具比赛器材。

（王小平）

北京蓝新特科技股份公司

董事长 王　军

总经理 张勇毅

北京华测北方检测技术有限公司

2016年，北京华测北方检测技术有限公司（简称北京华测）营业收入1.09亿元，利润总额1592万元，上缴税金650万元。截至年底，北京华测总资产9249万元，仪器设备1507台；员工367人，其中本科及以上学历占73.7%。累计拥有发明专利3项，实用新型专利7项，软件著作权8项。

北京华测成立于2007年5月，注册资本3000万元，属于上市企业华测检测认证集团股份有限公司全资子公司。致力于为社会提供工业品、消费品、贸易保障、检验认证等专业的第三方检验检测服务，是国内最大的民营第三方检测认证机构，获得CMA（美国注册管理会计师）、CNAS（中国合格评定国家认可委员会）和职业卫生安全等专业资质。公司是中国环境修复网首批推荐的两家污染场地调查评估修复从业单位之一，首都科技条件平台检测与认证领域中心优秀成员单位；是首批被市商务委认定的北京市外贸公共服务平台，获北京市水利建设市场主体信用评价AAA级检测单位称号、开发区“安全生产标准化岗位达标”企业称号、2015年度职业卫生技术服务机构评估优秀荣誉证书。公司获评国家高新技术企业、中关村高成长TOP100企业和德勤—亦庄高科技、高成长20强企业。被开发区认定为公共服务平台、公共检测技术服务平台。

（郑川立）

北京华测北方检测技术有限公司

总经理 吕小兵

北京金蓝人力资源服务有限公司

2016年，北京金蓝人力资源服务有限公司(简称金蓝人力)营业收入1.3亿元，员工145人。年内，金蓝人力继续推进“互联网+”战略。旗下北京金色华勤数据服务有限公司主体经营的移动互联网人事服务平台“亲亲小保”于10月通过新三板启动第一次定向增发，向4家机构、2名自然人定向增发，共募集资金1500万元。该定增有助于“亲亲小保”提高产品研发能力和品牌推广能力。“亲亲我家”项目明确“农村包围城市”发展策略，于8月在福建省龙岩市上杭县设立第一家异地在线客服中心，在品牌推广的同时与当地政府合作，实现就业扶助、技能提升、发展脱贫三部曲，达到双赢。

金蓝人力成立于2000年，是一家服务范围覆盖全国主要省市的人力资源服务机构，旗下直属分公司遍布全国十多个省份100多个主要城市，为1.56万家企业提供人力资源服务。公司主要业务包括劳务派遣、人事代理、业务外包、企业培训、技能培训、求职推荐、短工服务、招聘服务和家政服务等。2015年7月，金蓝人力旗下子公司西藏达而成人力资源服务有限公司和旗下金色华勤数据服务有限公司进行股份制改造，成立西藏华勤互联人力资源股份有限公司（股票代码：834067），并于2015年11月19日正式挂牌新三板。金蓝人力北京、西藏等分支机构多次获评为优秀劳务派遣单位、先进职业介绍单位等。

（薛向东）

北京金蓝人力资源服务有限公司

总经理 兰 珍

北京爱生科技发展有限公司

2016年，北京爱生科技发展有限公司（简称爱生科技）合同销售额达1600万元，营业收入1200万元，市场占有率继续在模式生物斑马鱼研究领域保持领先。年内，北京爱生科技园一期工程竣工投入使用，占地面积1.63万平方米。爱生科技协办北京师范大学"校友讲堂"名称和LOGO设计大赛。首都企业家俱乐部部长徐涛、主任陈元东和魏新志等一行到爱生科技考察工作，公司与首都企业家俱乐部等北京市八大行业协会开展交流合作。爱生科技获北京市2016年度"诚信长城杯企业""北京市诚信创建企业"称号；爱生科技董事长张琼获2015—2016年北京市优秀创业企业家称号。

爱生科技成立于1998年，占地面积1300平方米，资产规模2100万元，是集研发、设计、生产、销售、安装为一体的大型管道直饮水系统、实验超纯水系统和斑马鱼和水生模式生物实验系统等专业设备的国家级高新技术企业。公司通过ISO 9001和ISO 14001认证，是首家获得市卫生计生委涉水产品卫生许可、唯一获得大型直饮水设备卫生批件的企业、是全国科技创新型企业、市信用企业、市专利试点单位和市科学技术研发机构，市机电行业协会、中国城镇供水协会、市给水协会和市健康饮用水协会会员，行业标准《饮用净水水质标准》《管道直饮水系统技术规程》主编单位。董事长张琼被评为2012年度北京市优秀女企业家、首批"北京市女企业家助推女大学生就业创业讲师团客座讲师"。

（周菁楠）

北京爱生科技发展有限公司

董事长兼总经理 张 琼

嘉康利（中国）日用品有限公司

2016年，嘉康利（中国）日用品有限公司（简称嘉康利中国）营业额9.05亿元，上缴国家利税1.78亿元，拥有员工437人。年内，嘉康利中国在开发区新建了第二个工厂——嘉康利食品工厂，整个厂房为10万级空气洁净等级，且有一条产能为1200万瓶/年的高科技现代化液体生产线投入生产。嘉康利中国获ISO 22000国际食品安全管理体系认证、HACCP管理体系认证、犹太洁食认证。

嘉康利中国是2005年11月在开发区注册成立的外商独资企业，注册资本8000万元，投资总额逾1.6亿元，经营期限50年。2007年3月19日，嘉康利中国获中华人民共和国直销经营许可证；2008年3月12日，完成商务部对企业服务网点的核查备案；2009年3月，正式启动中国市场销售；2014年，成为中国外商投资企业协会直销委员会理事单位。公司致力于保健品等研发、生产和销售，主要产品包括：基础营养、晋级营养、特定营养产品；高科技抗衰老产品；体重控制产品；护肤化妆品；个人护理用品；生物可降解清洁系列产品；净水装置等高效安全产品。嘉康利中国曾获“全国质量和服务诚信承诺优秀示范企业”风云 2013 亚太地区最具竞争力直销企业、“2014 年最佳绿色典范”“最佳创业平台”、希望工程 2015 年杰出贡献奖等荣誉。

（曾媛）

嘉康利（中国）日用品有限公司

董事长 欧哲涛

大族环球科技股份有限公司

大族环球外观　　张羽 摄

2016 年，大族环球科技股份有限公司（简称大族环球）资金投入 3.25 亿元，资产总额 28.94 亿元，员工 86 人。年内，大族广场“洪泰大族创新空间”项目启动；大族广场 CGV 影院开业运营；大族广场获“全联房地产商会写字楼分会”颁发的“2016 年度中国优秀商办地产自媒体”奖项，获中国写字楼网颁发的“2016 年度写字楼行业推动力奖——最具影响力城市综合体”。大族企业湾获得开发区“机器人与智能制造众创空间”资质；开发区工商分局授牌大族企业湾“工商登记注册指导站”资质；开发区企业协会大族工作站在大族企业湾挂牌成立；大族企业湾“机器人与智能制造孵化器”创新平台举办“携手亦庄，预见未来”主题路演活动。

大族环球隶属于大族控股集团，于 2007 年 12 月 17 日成立，注册资本 4 亿元。大族控股集团是一家以房地产开发、经营和金融运作为主的综合性企业，业务涉及商品住宅和商用物业开发、酒店经营、高尔夫、旅游度假、运动休闲和养老地产等产业，产业遍布北京、上海、南京、太原、沈阳、厦门、东莞、海南、深圳等省（市），总开发面积 350 万平方米，项目投资 60 多亿元。房地产项目主要有位于开发区内的大族企业湾（产业园区）、大族广场（城市一站式综合体）。大族企业湾位于凉水河二街 8 号，占地面积 10.8 万平方米，建筑面积 22 万平方米，由 18 栋 5 ~ 6 层独栋写字楼和 2 栋 10 层配套公寓组成。大族广场位于开发区荣华南路 2 号，占地面积 6.7 万平方米，建筑面积 31.7 万平方米，由 6 栋 22 ~ 26 层成舰队造型的甲级写字楼和 8 万平方米的主题商业中心组成。大族企业湾被开发区特色产业园发展联盟认定为“工业 4.0 创新园”，承接北京亦庄机器人产业创新基地的运营工作。其中，主题商业中心是由 2 万平方米中央广场、1 万平方米街区公园、5000 平方米主题运动街区、5000 平方米 CGV 国际影院、5000 平方米超级生鲜市场、1000 平方米中央剧场等共同构成的超级第三空间。大族广场被开发区特色产业园发展联盟认定为“互联网 + 创新园”，并授予牌匾。

（张羽）

大族环球科技股份有限公司

董事长 高云峰

北京兴联顺达商业管理有限公司

北京华联力宝购物中心外观　常勤学 摄

2016年，北京兴联顺达商业管理有限公司（简称兴联顺达）配合开发区不断优化市政和基建设施，完成了荣华路沿线室外亮化、公共自行车站点设置等项目改造。

兴联顺达成立于2011年7月，是北京华联商厦股份有限公司的控股子公司，主要从事该商业项目的租赁管理和广告经营；主营业务为商业零售相关的商业地产投资、开发、租售，及购物中心的运营和管理。兴联顺达在开发区内运营项目是BHG MALL北京华联力宝购物中心，购物中心建筑面积8万平方米，涵盖生活超市、影院、餐饮、儿童、快时尚消费品和生活服务业态。累计策划开展各类文娱市场活动近300场。

（常勤学）

北京兴联顺达商业管理有限公司

总经理　关筱玉

锋创科技发展（北京）有限公司

2016年，锋创科技发展（北京）有限公司（简称锋创科技）成立锋创京津冀人才基地；以锋创科技为发起单位的北京亦智文化创意产业联盟落户锋创科技园；锋创科技园工商指导站成立。锋创科技园通过科技部第三批众创空间审核备案，被开发区管委会授牌集中办公区。锋创科技园占地面积7万平方米，建筑面积近17万平方米，入驻企业300余家。北京电视台举办为贫困山区捐书活动，锋创科技园作为第二个捐助点儿，组织入园企业为山区捐助800余本儿童书籍。锋创科技园曾获“2015中国品质园区项目”称号、北京市园林绿化工程精品工程奖，获批电子商务创新园区。

（张夺）

锋创科技发展（北京）有限公司

董事长兼总经理　张寒燕

北京瑞云档案管理有限公司

瑞云档案建设完成RFID智能保密档案库房　企业提供

2016年，北京瑞云档案管理有限公司（简称瑞云档案）营业收入4021.50万元，员工人数189人。公司研发RFID系统集成软件，建设完成RFID智能保密档案库房。公司先后获得3项软件著作权、3项实用新型专利和2项商标著作权。

瑞云档案2015年由北京东港嘉华安全信息技术有限公司出资设立，注册资本2000万元，位于开发区经海四路，占地面积 8600 平方米。依托现有国家等保三级的标准机房，建立大数据存储中心和中央管理控制系统，同时在上海建立大数据备份中心和备用中央管理控制系统。公司主要从事档案存储、软件研发、数字化加工、数据处理和金融外包等服务，具有全国性档案综合服务外包企业。在上海、广州、山东、河南、甘肃、新疆、成都、重庆、河北、天津、辽宁等地设立分公司，并在各地设立 30 家联络处，服务网络覆盖全国。为金融、保险、财政、税务、邮电、交通、民政等行业和跨国企业的数千个网点提供票据档案分配、档案信息数字化、保密档案存储、信息处理、系统集成、物流运输、后台中心运营和业务流程定制等服务。公司先后通过 ISO 9001 质量管理、ISO 14001 环境管理、GB/T 28001 职业健康安全管理和 ISO 27001 信息安全管理四项管理体系认证，并获得中关村高新技术企业认证，中国档案学会颁发的“档案数字化加工服务类定点生产企业”“档案寄存托管类定点企业”等资质证书。

（韩静）

北京瑞云档案管理有限公司

董事长 刘　宏

总经理 李奎涛

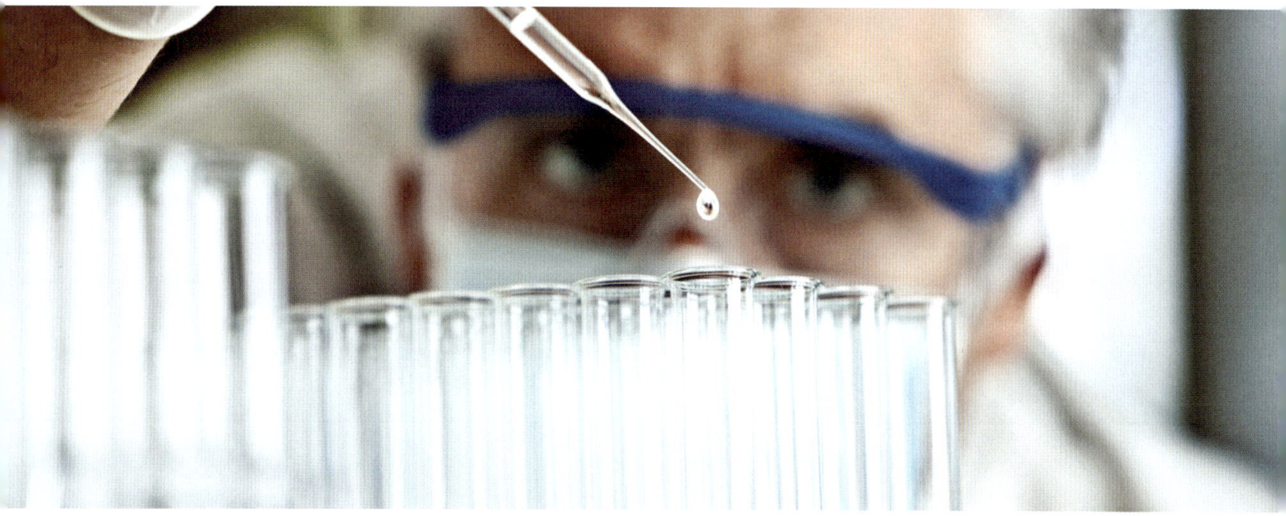

科技

北京经济技术开发区年鉴 2017

BEIJING ECONOMIC-TECHNOLOGICAL DEVELOPMENT AREA YEARBOOK

综 述

2016年，开发区以助推产业发展为目标，打造以企业为主体，具有全球影响力的集成电路、新型显示、生物医药、产业互联网、智能制造五大产业技术创新中心；成立开发区产业技术创新联盟促进会，建立开发区产业资源三大链接，建立产业资源网络式、枢纽型服务体系，推动产业转型升级发展。成立北京市首家科技创新企业商会——开发区科技创新企业商会，建设资源服务对接、企业交流平台。

年内，开发区内国家高新技术企业新增70家，总数555家；市级知识产权示范企业23家、试点企业285家。开发区培育北京市专利试点企业310家；新增10家北京市专利示范企业，累计达到23家，新增北京市专利试点培育单位25家。组织企业申报北京市专利资助金，117家企事业单位获得资助。支持企业掌握核心技术，企业获北京市发明专利奖3项。企业申请专利5896件，专利授权3199件。专利转化率达到90%以上（可使用专利总量超过4万件），万人实用发明专利拥有量251件，位居全市和全国国家级开发区前列。

开发区引导、支持产业联盟和龙头企业创建科技创新公共平台，支持北京泰德制药股份有限公司、北京加科思新药研发有限公司、北京金风科创风电设备有限公司等企业设立市级工程实验室，支持北汽匠心电池研究中心、京东方国家工程实验室建设。企业累计承担国家重大科技专项及“863”计划30余项，各类企业研发机构超过300家，其中国家级、市级研发机构160家，国家级重点实验室10家。

开发区建设创新服务体系，结合正式上线的互联京津冀线上服务平台建立高新技术企业线上服务平台，累计为企业解决高新认定、复审各类问题1000余家次；建立国家高新技术企业认定工作预警机制，对申请认定和重新认定的企业分批次开展调查问卷，针对企业存在的问题组织培训8场，培训企业累计1300家次。发挥京津冀科技创新公共服务平台作用，入驻机构达到46家。开展路演活动46场。

推进“大众创业、万众创新”，优化“双创”服务环境。认定“众创空间”11家，举办iCAN国际大学生创新创业大赛、创新创业活动周、京津冀生物医药产业大会等活动。签约落地“高精尖”项目20项。

（张祺）

综合管理

智能汽车与智慧交通产业创新示范区成立

智能汽车与智慧交通应用示范合作框架协议签约会　　郑云 摄

1 月 18 日，智能汽车与智慧交通产业创新示范区成立发布会在开发区举行。工业和信息化部、北京市政府、河北省政府共同签署《基丁宽带移动互联网的智能汽车与智慧交通应用示范》部省合作框架协议，涉及加快建设应用示范产业创新中心、产业基金、产业联盟与示范区 4 个主要工作内容，旨在打造北京在智能汽车与智慧交通产业领先地位。根据协议内容，组织成立企业法人形式的北京智能车联产业创新中心有限公司；发起成立中国智能汽车与智慧交通产业联盟；完成封闭试验场选址和智慧交通示范路网选址工作。北京亦庄国际投资发展有限公司、北京千方科技集团有限公司等 15 家企事业单位发起设立智能汽车与智慧交通产业联合创新中心，4 家企业发起设立北京未来车联网创新基金，基金一期规模 10 亿元。三方合作框架协议的签订，将创新中心在开发区应用建设，突破和沉淀一批智能汽车与智慧交通关键与核心技术，带动汽车制造、移动通信、互联网等相关产业的技术与商业模式创新，推动新产品与新技术的实验验证与成果转化，形成拥有一批有核心技术与行业影响力的龙头企业加创新企业的产业生态。

（王煜阳 张云蕊 张祺）

北汽新能源科技创新中心入驻星网工业园

1 月 27 日，北汽集团与开发区管委会签署产业合作框架协议，建设世界级新能源汽车科技创新中心、国内首座数字化智能工厂、国内高端电芯产业化验证与示范工厂、新能源汽车生态圈云平台，明确北汽新能源科技创新中心入驻星网工业园。北汽集团董事长徐和谊，两区领导梁胜、高言杰、王合生、绳立成、袁立洪、沈永刚、谢冠超、张凤民等出席座谈会。新能源汽车科技创新中心由研发创新中心、全球营销中心、品牌体验中心、管理本部、联合创新中心五大模块组成，建成从用户研究、概念设计、前瞻技术、研发试制到全球资源整合全覆盖的全球化新能源汽车创业创新示范基地。其中研发创新中心涵盖整车中心、电池工程中心、电驱动工程中心和大数据中心等在内的 9 个核心研发中心，推进新能源汽车研发技术向“高精尖”发展，而品牌体验中心实现新能源汽车产品、技术、文化和试驾集多功能为一体。7 月，北汽新能源与开发区总公司签署租赁协议（租赁期一年，而后以资产入股形式进行转让）。截至年底，北汽新能源开始星网工业园整体装饰装修改造工作。

（王煜阳 张祺）

开发区科协获金桥工程组织奖一等奖

3月10日，开发区科协获北京市科协金桥工程组织奖一等奖；开发区科协秘书长孙鹏获2015年度金桥工程优秀个人奖。该评选根据《北京市科协金桥工程管理办法》的有关规定，在市学会、协会，区县科协、基层组织等单位申报的基础上，北京市科协金桥工程办公室组织专家评审，评出2015年度金桥工程考核表彰项目奖、组织奖和个人奖。

（张祺）

开发区开展知识产权专题培训

4月13日，开发区举办第16个世界知识产权日宣传活动，邀请清华大学法学院教授刘国伟，就如何建立健全企业内部知识产权管理、专利申请阶段管理等内容进行专题培训。北京京东方光电科技有限公司、舒泰神（北京）生物制药股份有限公司等近百家企业代表参加培训。在世界知识产权宣传周期间，开发区知识产权局陆续开展知识产权纠纷、侵权产品鉴别、维权援助等系列活动，帮助企业梳理、搭建知识产权体系，解答知识产权方面难题，助力企业科学发展。4月27日，开发区世界知识产权日主题活动走进北京电子科技职业学院，结合“数字创意重塑文化”世界知识产权保护日主题，开展以“尊重知识产权 崇尚创新 诚信守法”为主题的专场知识讲座，150人参加讲座。

（张祺）

5家企业获批北京市工程实验室

4月，北京泰德制药股份有限公司、北京凯因科技股份有限公司、北京金风科创风电设备有限公司、安诺优达基因科技（北京）有限公司、北京华兴长泰物联网技术研究院有限责任公司5家企业获批北京市工程实验室。通过建设市级工程实验室，推进和完善技术创新、成果转化的产学研合作机制，加快产业关键技术的研发步伐，促进科研成果向现实生产力转化。

（李楠）

京东方创新在半导体领域排名第二

京东方7.8英寸柔性AMOLED显示屏　　企业提供

5月11日，汤森路透公司2016年度创新报告显示，京东方科技集团股份有限公司已成为半导体领域全球第二大创新公司。年内，京东方在显示与传感器件、智慧系统和健康服务三大领域取得较好成绩，智能手机液晶显示屏、平板电脑显示屏、笔记本电脑显示屏市场占有率均位列全球第一，显示器、显示屏市场占有率升至全球第二，液晶电视显示屏市场占有率保持全球第三，并推出BOE画屏、多款柔性显示产品、全球最薄8K等创新产品，不断刷新技术创新纪录。京东方新增专利申请量达7570件，全球业内第一，其中发明专利超80%，累计可使用专利超5万件。

（张楠）

第二届创新创业大赛举办

6月2日，中国·北京创新创业大赛季——北京亦庄第二届创新创业大赛在开发区全球路演中心启动。该大赛参赛项目679个，涵盖电子信息、互联网与移动互联网、生物医药、文化创意、先进制造、新材料和节能环保七大战略性新兴领域。晋级复赛项目 296 个，其中企业组参赛 231 个、团队组参赛 65 个。晋级决赛项目 92 个，其中企业组晋级 74 个、团队组晋级 18 个。12 个项目获得大赛奖金并落地开发区。北京亦庄创新创业大赛系列活动，是开发区在打造科技创新生态系统中，以产业集群开放式创新和协同创新为基础，支持创业者技术创新、产品创新、模式创新。

（张祺）

第六届大学生集成电路大赛开幕

8 月 26 日，第六届大学生集成电路设计大赛总决赛暨 2016 集成电路创业创新高峰论坛在北京亦庄创投汇开幕。60 余所高校、300 多支队伍、千余人报名参赛。决赛期间，集成电路创业创新高峰论坛和集成电路高校人才对接活动同期举行。来自全国集成电路工业界、学术界、投资界和行业主管部门的专家、企业家围绕新形势下集成电路行业创业创新这一主题，共同为中国的集成电路创新发展献计献策。

（张祺）

物联网与人工智能技术论坛举行

9 月 19 日，由北京市科学技术协会和开发区管委会共同主办的 2016 年物联网与人工智能技术高峰论坛在开发区举行。论坛邀请全国物联网和人工智能相关领域 8 位专家，以“提升、创新、共融”为主题，交流研究物联网与人工智能技术在智慧京津冀建设中的现状和未来发展。

（张祺）

开发区 4 组创新簇企业示范站挂牌

9 月 19 日，第 19 届北京科技交流学术月开幕式暨中国制造 2025 报告会在开发区举行。中国工程院院士吴澄、德国先进工业科技研究院总裁托马斯出席并作主题报告；北京市科协党组书记、常务副主席马林，开发区管委会副主任绳立成致辞，并分别为汇龙森国际企业孵化（北京）有限公司和北京硅酸盐学会、北京京东方显示技术有限公司和北京电子学会、安诺优达基因科技（北京）有限公司和中关村人才协会、北京华德液压工业集团有限责任公司和北京机械工程学会 4 组北京市科协“创新簇”示范站授牌。“创新簇”开发区企业示范站将为企业在创新决策、研发投入、科研组织、成果转化等方面做好服务。

（张祺）

开发区科技创新企业商会成立

嘉捷集团发起成立开发区科技创新企业商会　　苏腾 摄

9 月 20 日，北京嘉捷源技术开发有限公司联合开发区内 17 家企业共同发起成立开发区科技创新企业商会（简称科技商会）。科技商会遵循“政府引导、商会主导、企业主体、市场机制、合作共赢”原则，在充分发挥开发区产业、技术、人才、资本、政策等资源优势的基础上，构建科技企业与政府、科技企业与服务机构、科技企业与科技企业之间跨界融合的生态系统，成为推动开发区产业协同创新发展的重要社会力量。

（姚金文）

京津冀科技期刊发展联盟成立

9月21日，由北京市科协、开发区管委会共同主办，北京科学技术期刊学会、天津市科技期刊学会、河北省科技期刊编辑学会共同承办的京津冀科技期刊协作发展联盟成立大会暨京津冀科技期刊创新发展论坛在开发区举办。来自京津冀科技工作者、科技期刊工作者、信息和知识产权界专家学者200人参加。京津冀科技期刊协作发展联盟的成立，建立了京津冀科技期刊间协作关系，共同促进京津冀科技期刊协同发展，为京津冀知识、技术、科技创新提供服务。

（张祺）

双创周北京会场推出五类26场活动

10月12日，以"发展新经济 培育新动能"为主题的2016年全国大众创业、万众创新活动周北京会场拉开序幕。开发区作为北京双创周活动重要分会场，推出国际交流、创业大赛、双创培训、主题论坛、路演投资五大类别26场活动，3000人参加。

（张祺）

全球创新港落户开发区

11月30日，以"全球创新协同 振兴实体经济"为主题的第12届中外跨国公司国际年会全球创新港揭牌仪式在开发区举行。"全球创新港——中国产融结合示范区"方案为构建区域创新生态系统提供顶层设计，为产业发展与转型升级提供全球顶尖资源与服务。是中国产融结合示范区首个样板工程落户开发区。

（张祺）

技术研发

长城测控公司五轴飞行模拟转台通过验收

1月10日，北京瑞赛长城航空测控技术有限公司设计生产的五轴飞行模拟转台在武汉高德红外股份有限公司通过现场验收测试，验收测试内容包括技术指标测试和电磁兼容性测试，各项测试项目均满足技术协议要求。此次通过现场验收测试标志着长城测控公司最大转台研制成功，为后续转台电磁兼容性测试提供技术保障。

（王荣梅）

经纬纺织多个项目通过科技成果鉴定

1月，经纬纺织机械股份有限公司自主研发的JWF1213型梳棉机单元组通过科技成果鉴定。JWF1213型梳棉机单元组梳理区面积增大，产量提高，确保优质高产；全新研发盖板清洁及传动系统、前环检测及匀整系统、滤尘系统、棉箱喂入及控制系统，并可选配棉结在线检测装置。产品在实际使用中，运行稳定、可靠、安全、高效，是世界上唯一拥有1.0米、1.28米、1.5米不同幅宽的系列梳棉机产品，可满足用户不同纺纱品种的要求。该项目拥有发明专利3项，实用新型专利15项，具有自主知识产权。5月10日—12日，经纬纺机的"数字化棉纺成套设备"项目通过科技成果鉴定。数字化棉纺成套设备是经纬纺机在"十二五"期间研发并推向市场的装备，在无锡进行技术鉴定的装备和系统是经纬纺机在棉纺装备方面的主要成果。

（瞿家明）

京东物流实验室开展无人机送货实验

1月，京东集团研发体系物流实验室开展一系列无人机送货实验，对无人机送货的流程、飞行调动系统、设备需求、人员分工等方面进行测试并测试成功。测试主要集中在完成从配送站到乡村推广员的商品传递，解决农村电商“最后一公里”的配送需求。该测试的成功意味着京东正在对传统配送方式进行颠覆性的创新，寻求将物流配送行业从劳动力密集型向科技导向型转变的可行性突破。在完成测试后，京东将分阶段、有计划地进行无人机的研发和生产，建立无人机配送调度中心，完善京东无人机送货体系的建设，力争早日实现无人机送货。

（侯娟）

安川首钢焊接装置及方法获发明专利授权

1月，安川首钢机器人有限公司的“一种工件焊接装置及焊接方法”获国家发明专利授权（CN 201410141922.4）。该发明使敞口工件上、下两条与管状工件需要焊接位置间隙保持一致，起到更好的定位作用，提高焊接的一致性和成品率。

（樊雅薇）

博大网信获得2项产品研发新成果

3月8日，北京博大网信科技发展有限公司研发的“博大网信智能运维系统软件 V1.0”，获国家版权局颁发的计算机软件著作权登记证书。4月11日，博大网信与北京博大光通国际半导体技术有限公司共同研发的“市政物联网平台”，获国家版权局颁发的计算机软件著作权登记证书。

（范洪波）

舒泰神3项成果获发明专利授权

3月16日，舒泰神（北京）生物制药股份有限公司“用于通便和清肠的药物组合”获知识产权局发明专利授权（ZL 201210228179.7）。6月1日，舒泰神“神经生长因子活性定量测定方法”获知识产权局发明专利授权（ZL 201210125986.6）。8月17日，舒泰神“一种重组慢病毒载体制剂”获知识产权局发明专利授权（ZL 201210078289.X）。

（段秋菊）

长城测控公司监控系统完成电磁兼容试验

3月31日，北京瑞赛长城航空测控技术有限公司安全监控系统在中国计量科学研究院进行电磁兼容摸底试验，主要进行射频电磁场辐射抗扰度试验。通过分析总结监控系统的矿用隔爆兼本安型交换机、安全监控分站、转换器、氧气传感器、风速传感器、温度传感器和断电器的二级、三级电磁场辐射试验数据，提出改进方案，为煤矿安全监控系统的全面升级改造奠定基础。

（龚水朋）

安川首钢设计定位机器人喷涂系统

3月，安川首钢机器人有限公司为客户设计双目视觉高精度定位机器人喷涂系统。该系统采用双目视觉技术对吊具上的汽车进行三维定位，将汽车定位信息发送给机器人，机器人根据定位信息对喷涂路径进行自动调整，保证喷涂质量。

（张洪涛）

航天工程公司研发项目通过立项评审会

3 月，航天长征化学工程股份有限公司“日处理煤量 3000 吨级航天粉煤加压气化炉的研制”项目通过中国航天科技集团公司（简称集团公司）立项评审会，并给予航天工程公司 240 万元科研资金支持。“日处理煤量 3000 吨级航天粉煤加压气化炉的研制”项目自 2014 年 10 月正式启动，预计在 2018 年 9 月完成全部研发工作。

（冷琎）

安川首钢承接项目首创涂胶视觉跟随装置

3 月，安川首钢机器人有限公司承接客户的铝发动机盖的自动点焊涂胶生产线项目。该项目在多个方面实现突破，第一次设计制造多工位伺服切换台、无磁钢夹具、涂胶视觉跟随装置，其中涂胶视觉跟随装置为国内首创。针对铝材的特殊性质选用加拿大森德莱品牌点焊钳，焊接质量稳定。该项目提高安川首钢主机厂的自主集成能力。

（张洪涛）

长城测控公司卧式五轴转台设计通过评审

4 月 13 日，北京瑞赛长城航空测控技术有限公司通过卧式五轴转台详细设计评审，卧式五轴转台详细设计内容全面，图纸、资料齐全，满足用户指标要求，可转入生产阶段。该五轴转台用于飞行器的半实物仿真，具有加速度快、精度高、频响高等特点。

（吕玉江）

长城测控公司电液伺服加载系统联调测试

4 月 24 日，北京瑞赛长城航空测控技术有限公司到某型飞机项目现场，拆封检验控制柜，完成对现场各通道线缆的走线、连接、测试工作。长城测控公司为沈阳飞机设计研究所（601 所）研制的 PXJV13 电液伺服加载系统主要应用于某型飞机铁鸟试验。

（靳庆华）

凌云智能推出两轮电动车

云基地旗下企业推出凌云推背概念车　　企业提供

5 月，北京云基地企业管理有限公司直接投资和孵化企业——北京凌云智能科技有限公司（简称凌云智能）作为智能两轮电动汽车的开创者，在 2016 第 14 届北京国际汽车展览会首次推出凌云推背概念车和凌云推背迷你概念车，展示汽车领域的前瞻科技与大胆创想。两轮汽车产品具有分组式热切换电池组系统，彻底摆脱纯电动汽车对充电桩的依赖；共享模式下，轻型化、小型化、高通过性、方便换电等特征使两轮电动汽车成为分时租赁的最佳载体；舒适性好，转弯时无侧倾感，胎噪风噪小。

（赵心莹）

航天粉煤加压气化技术通过验收

6 月，航天长征化学工程股份有限

公司具有自主知识产权的“大型航天粉煤加压气化技术”通过中关村管委会“十百千”国家配套项目验收。该项目技术指标达到国际先进水平，气化炉效能达到碳转化率大于99%、气化燃烧温度1400~1800℃、气化压力4.1兆帕、冷煤气效率80%~83%、比氧耗330~360立方米/立方米、日处理煤量达1600吨、合成气（$CO+H_2$）产量200万N立方米/天的技术指标。该项目研发成功，实现了中国在大型煤气化技术研制方面新的突破，满足国家政策和市场发展的要求，在关键设备生产、工程项目建设一次性投资等方面，具有明显优势。

（冷琎）

亚宝生物2项发明专利获授权

9月，北京亚宝生物药业有限公司2项自主研发发明专利获授权，分别是“一种治疗心血管疾病的缓释片及制备方法”（ZL 201210570914.2）、“一种治疗心血管疾病的缓释片及其制备方法”（ZL 201210570915.7）。该发明公开阿司匹林双嘧达莫缓释片和其制备方法，在双嘧达莫和阿司匹林两层之间有隔离层，能够阻止两者相互接触导致阿司匹林降解产物水杨酸的产生；同时在制备阿司匹林总混时采用干混方法制备，避免阿司匹林与水直接接触引起水杨酸生成；该发明阿司匹林层外有保护层，能有效阻止阿司匹林与外界的水分发生相互作用，降低阿司匹林降解速度；该发明的制备方法压片过程只需一台包衣芯片设备，其他均为常规设备即可实现，阿司匹林双嘧达莫缓释片成本未增加，却能保证阿司匹林稳定。

（薛红 郝美平）

嘉捷集团5项专利获授权

年内，北京嘉捷源技术开发有限公司旗下北京嘉捷恒信能源技术有限公司5项专利获授权，其中实用新型专利3项、发明专利2项。3项实用新型专利分别是“一种螺栓式蓄电池温度探头”（ZL 201520932206.8）；“一种用于无线充电的异物识别装置”（ZL 201620694952.2）；“一种低功耗的无线充电装置”（201620567807.8）。两项发明专利分别是“一种电池放电装置及方法”（ZL 201610519213.4）；“一种低功耗的无线充电装置及方法”（201610419748.4）。

（刘远征）

安川首钢开发移动悬挂箱体喷涂系统软件

年内，安川首钢机器人有限公司针对工件种类多、批量小，在进行机器人喷涂作业时，采用常规示教再现方式工作效率降低降低的情况，开发移动悬挂箱体喷涂系统的离线编程软件。客户通过软件界面设定喷涂参数，自动生成机器人作业程序，系统按程序自动完成喷涂作业，有效提高作业效率。

（张昆）

和利时多个项目通过验收

年内，和利时集团承担多个项目通过验收。包括：工业和信息化部电子发展基金专项“流程工业能源预测调度软件研发及产业化”项目；与北京市轨道交通建设管理有限公司共同承担的2012年智能制造装备发展专项“城市轨道交通大型综合智能测控系统研发及应用”项目；2012年信息安全专项“面向工业控制应用的多端口防火墙产业化”项目；与北京全路通信信号研究设计院集团有限公司联合承担的2015年北京科技计划专题“京津冀城际铁路信号系统预先研究及技术验证”项目；与中国石油宁夏石化公司共同承担的2012年智能制造装备发展专项“年产45万吨合成氨、80万吨尿素大化肥项目”。

（张蔚青）

赤那思电气获得1项实用新型专利授权

年内，北京赤那思电气技术有限公司自主研发的“容性交流电压调节装置及容性调压供电设备”获得实用新型专利授权（CN 201620045525.1）。容性交流电压调节装置包括第一电容器组件和第二电容器组件。第一电容器组件的一端与交流电源的第一输出端电连接，其另一端与第二电容器组件电连接；第二电容器组件的一端与第一电容器组件电连接，其另一端与交流电源的第二输出端连接；在第一电容器组件与第二电容器组件的电连接端和交流电源的第二输出端之间电连接负载，使得该负载与第二电容器组件并联，其中第一电容器组件包括多个子电容器，以及分别对应于多个子电容器的多个开关，通过开关来控制子电容器的投入和切断，从而改变第一电容器组件的电容量。该装置能够通过容性电路变压，同时减少系统的无功需求。

（于春影）

星网宇达4项专利获授权

年内，北京星网宇达科技股份有限公司获4项专利授权，其中发明专利、实用新型专利各2项。发明专利为“基于虚拟传感器的区域判断方法”（201210492220.1），“一种低成本组合型陀螺仪”（201210081463.6）；实用新型专利为“一种用于智能驾考的车载集成终端”（201521130238.2），“一种卫星接收天线”（201620578124.2）。

（姚珍珍）

嘉纳尔科技研发成功滤材（滤芯）产品

年内，嘉纳尔科技（北京）有限公司自主研发成功一种工艺成熟、成本低廉的聚乙烯醇缩甲醛（PVFM）精密高分子滤材（滤芯）产品。该产品是用聚乙烯醇、甲醛等为基本化工原料，并以特殊微粒产品为致孔剂，通过高分子合成反应和挤压制成具有微孔结构的高分子滤芯产品（阻挡2.5~5微米颗粒，达到98%以上），具有过滤精度高、机械强度好、无组织脱落、过滤面积大、适用性强等优点。该项目获北京市中小企业创新基金支持40万元，并于6月正式结题。

（王春时）

智飞绿竹生物3项发明专利获授权

年内，北京智飞绿竹生物制药有限公司3项发明专利获知识产权局授权，分别为“b型流感嗜血杆菌结合疫苗的制备方法”（ZL 201410413100.7）；“肿瘤抗原性多肽及其作为肿瘤疫苗的用途”（ZL 201310320965.4）；“志贺氏菌多价结合疫苗”（ZL 201410176080.6）。

（李楠楠）

协和建昊3项发明专利获授权

年内，北京协和建昊医药技术开发有限责任公司3项发明专利获知识产权局授权，分别为“大鼠局部给药染毒保定带”（ZL 201310248336.5）；“家兔局部给药/染毒保定带”（ZL 2013102483337.X）；“小型猪局部给药/染毒保定带”（ZL 201310248280.3）。

（靳洪涛）

利德曼7项专利获授权

年内，北京利德曼生化股份有限公司7项专利获知识产权局授权。其中，发明专利6项、实用新型专利1项。实用新型专利为“试剂仓副盖”（CN 201520091104.8）。发明专利为“试剂仓副盖”（CN 201510067818.X）；“抗Lp（a）单克隆抗体及Lp（a）胶乳增强免疫比浊检测试剂盒”（CN 201310611398.8）；“复合光源”（CN 201310520749.4）；“全自动化学发光仪试剂瓶防蒸发组装结构”（CN 201310521889.3）；“一种制备胱抑素C配对单克隆抗体的方法”（CN 201110254775.8）；“Cyr61/CCN1蛋白抗原表位多肽及其抑制剂和单抗及其应用”（ZL 201410152740.7）。

（王朋飞）

泰德制药2项发明专利获授权

年内，北京泰德制药股份有限公司2项发明专利获知识产权局授权。其中，“一种稳定的PGE1冻干乳及其制备方法”（CN 201310603102.8），通过在处方中加入维生素E和精制蔗糖或葡萄糖或二者按照一定比例组成的混合物，提高PGE1理化稳定性，使其在冷冻干燥过程中能够承受条件的剧烈变化，制得的冻干产品外观饱满，为白色疏松块状物或粉末、复溶性好、质量可控、重现性好、报废率低；同时也因为辅料用量的减少而降低产品的生产成本，克服了因冻干制剂辅料加入过多而带来的副作用，患者使用更安全，产品的有效期延长，降低对生产、运输、贮存条件的要求。“一种考来维仑的干混悬剂及其制备方法”（CN 201210406499.7），干混悬剂口感好，可与温水、凉水、果汁、饮料一同服用，用水冲服后稳定性好，可稳定放置48小时以上，也可冷藏保存；在获得相同治疗效果的同时降低了给药剂量，制剂剂型适应人群更广，适用于成人患者，儿童、老年人和吞咽困难患者。制备工艺简单，成本低。

（贾琳）

OBE太赫兹研发太赫兹技术产品

年内，欧必翼门控科技（北京）有限公司投资成立欧必翼太赫兹科技（北京）有限公司（简称OBE太赫兹），注册地址为开发区科创七街29号2号楼4层，注册资本1100万元，员工近30人，其中博士、硕士及高级工程师10人。OBE太赫兹与首都师范大学物理研究室联合创立“OBE太赫兹技术研发中心”，打造由国内外资深专家组成的研发团队，将专家团队数十年的太赫兹研发成果应用于安全、医疗、无损检测等领域，自主研发包括太赫兹、毫米波人体成像安检设备系列产品，并结合潜在情绪智能分析系统，着力于为海关、机场、边检、轨道交通、商业楼宇等领域提供智能安检解决方案。

（胡子琼）

博大建设公司15项成果获专利授权

年内，北京博大经开建设有限公司的1项发明专利、14项实用新型专利获知识产权局颁发的专利证书，2项成果获国家版权局颁发的版权登记证书。其中，博大建设公司自主研发的“一种外用电梯自动落锁安全防护门”获知识产权局发明专利授权。该防护门避免了常规防护门手动上锁的安全隐患，同时具有快速拆装、简洁方便的特点，循环使用率高，不易损坏，与建筑物之间连接牢固。

（刘欢）

成果转化

京东研发的“竖亥”项目投入使用

1月，京东集团与英特尔联合实验室研发的“竖亥”商品物流属性采集设备开始量产，并部署在京东的库房中。京东首次对外展示“竖亥 2.0”项目，该项目可以瞬间测量堆叠组合商品的体积，给物流运输、仓储等应用提供精准的数据，提升仓储物流运作效率，成本比市场类似效果设备低 95% 以上，间接节约 80% 人工成本。

（侯娟）

京东推出智能家居解决方案

3月10日，京东智能正式发布京东微联“智慧家”战略，并联手东易日盛推出首个落地C端的智能家居解决方案。京东微联“智慧家”将通过京东微联开放的智能生态，为家装、地产、集成商等带来语音控制、互联互通、场景化模式、远程控制、第三方服务等多种可扩展的智能家居解决方案。通过与家装、地产、集成商合作，为消费者提供一站式、便捷式的智能家居落地体验。

（侯娟）

凯因科技索磷布韦片药物获临床批件

3月11日，北京凯因科技股份有限公司获索磷布韦片药物临床试验批件，成为国内首家获批该产品临床试验的企业。索磷布韦是世界首个针对丙肝Ⅱ型患者的口服药物，安全、治愈率高。

（刘紫馨）

天地互连 SDN 控制器测试工具面世

3月，由北京天地互连信息技术有限公司—全球 SDN 测试认证中心开发的 SDN 控制器测试工具 OFsuite_Performance，填补 SDN 控制器系统性能测试市场空白，并在年内陆续对外发布《RYU 控制器性能测试报告》《OpenDaylight 控制器性能测试报告》和《ONOS 控制器性能测试报告》，对主流开源控制器 RYU、OpenDaylight、ONOS 多项性能指标进行测试并在报告中对测试结果进行可视化呈现。全球 SDN 测试认证中心正式面向全球范围开展 SDN 控制器测试业务，为 SDN 控制器用户提供更多的性能分析方法、工具，以及数据支持，为网络用户选择高性能 SDN 控制器提供依据。

（周悦）

凯因科技 KW-136 及胶囊获临床批件

4月18日，北京凯因科技股份有限公司具有自主知识产权的丙肝一类新药——KW-136 及胶囊，被纳入药品审评中心 HCV 药物注册申请优先审评程序。4月21日，KW-136 原料药及胶囊获得临床试验批件。KW-136 胶囊与索磷布韦片联合使用将成为国内首个全口服、全基因型的丙肝根治方案。

（刘紫馨）

舒泰神新药苏肽生®获临床批件

4月19日，舒泰神（北京）生物制药股份有限公司研发的国家Ⅰ类新生物制品——注射用鼠神经生长因子（苏肽生®）获食品药品监管总局颁发的药物临床试验批件。注射用鼠神经生长因子能够促进创面愈合，改善血液供应，修复损伤神经，该临床试验主要针对新增适应征——难愈性糖尿病足溃疡。9月27日，注射用鼠神经生长因子（苏肽生®）再获药物临床试验批件。注射用鼠神经生长因子能够促进修复损伤神经，促进患者感觉和运动功能的恢复，该临床试验主要针对新增适应征——创伤性周围神经损伤。

（段秋菊）

安达维森产品获知识产权公司代理运营

4月，北京安达维森机电设备技术有限公司以自主研发的iHouse智能门禁控制系统技术成果为对象，交由北京厚文知识产权顾问有限公司代理，申报多达45项实用新型与发明专利，构成专利池。并以该专利池为基础开展知识产权融资运营。该技术利用网络型门禁控制系统，接受来自手机微信的控制指令，实现无卡出入。改善了刷卡门禁用户经常没有携带卡片的不便。同时利用使用者需要打开手机微信进行门禁操作的机会，在手机页面中增加广告植入，从而扩大了盈利能力。该系统已在新世界（天津）地产投入测试运行。

（蒋健勇）

北生研bOPV投放市场

4月，北京北生研生物制品有限公司的口服Ⅰ型、Ⅲ型脊髓灰质炎减毒活疫苗（bOPV）投放市场。bOPV具有生产工艺先进、产品质量稳定、小月龄婴儿服用方便、产品为无菌制剂等优点。年内，世界卫生组织（WHO）实施全球消除脊灰病毒行动计划，bOPV替代原“口服Ⅰ型、Ⅱ型、Ⅲ型脊髓灰质炎减毒活疫苗糖丸”，配合WHO完成脊灰疫苗免疫政策调整，为中国EPI计划的实施提供了产品支持。截至年底，累计入库超过1亿剂次。

（肖詹蓉）

中冶京诚设计服务的4200毫米厚板热试

5月22日，中冶京诚工程技术有限公司承担设计和综合技术服务的宝钢湛江4200毫米厚板工程热负荷成功试车。3月19日，其2#加热炉点火烘炉，该项目是国内首个4200毫米厚板生产线整体搬迁工程，中冶京诚主要承担该工程的工厂设计，提供全线设备拆卸、整修、板加和冷区设备安装、调试等综合技术服务工作。

（程芳）

京东方首发全球最薄8K超高清显示屏

5月24日，京东方科技集团股份有限公司参展在美国旧金山举行的2016年美国显示周，展会上首发全球最薄8K超高清显示屏。该产品搭载康宁第三代iris玻璃导光板，采用全贴合背光工艺、无边框一体化设计，实现机身的极致纤薄，最薄处仅为3.8毫米，分辨率可达7680×4320，是4K的4倍。京东方还展示柔性显示屏、AR/VR（增强现实/虚拟现实）显示屏、异形车载显示屏、UHD裸眼3D显示屏、曲面显示屏、字母显示屏等多款全球首发创新产品。

（沈佳子）

大地影院自有激光巨幕首发

大地影院自有激光巨幕“star-max”首发　韩冰 摄

5月27日，大地影院集团自有激光巨幕“star-max”在杭州下沙银泰城影院首发。大地影院携手杜比实验室（Dolby Laboratories）、索尼（SONY）、杰士音响（klipsch）、清华建筑学院声学所等国内外顶级设备供应商和研究机构在视觉、听觉效果和安全标准等方面，为观众打造高品质的观影体验。索尼4K SXRD双机放映系统以RGB激光作为光源，提高图像质量，超越行业DCI标准值，在每个电影院中都能营造逼真的感官体验。star-max采用杜比全景声和杰士影院环绕音箱系统。杜比全景声能够让声音在三维空间内任何位置准确地出现和移动。清华建声设计与同轴线阵技术，使star-max拥有行业最高等级的声学环境。

（郝美丽）

中交兴路“车旺智运”平台上线

5月31日，北京中交兴路车联网科技有限公司自主研发的“车旺智运”平台正式上线。“车旺智运”是基于海量货运车源的业务应用系统，全面覆盖智能管车、运力管理、时效管理等业务范围。基于车源全覆盖优势，进行行业对比，以定向开发、数据开放等方式，为用户提供全面权威的行业解决方案，帮助企业优化产业链，节约成本，实现货运行业“互联网+”新模式。

（张云蕊）

天地互连IPv6过渡平台“6Plat”上线

5月，由北京天地互连信息技术有限公司一下一代互联网国家工程中心发起的实验性IPv6过渡平台——IPv6应用实验平台（简称“6Plat”，6Plat.org）正式上线。“6Plat”建设旨在推动中国IPv6应用落地、充实IPv6资源、加快IPv6技术过渡步伐，并为需要进行IPv6测试的企业和个人用户提供一个优质和开放的测试环境。“6Plat”使用开源软件搭建，代码透明，完全面向公众开放并供免费使用，为广大企业和个人用户提供IPv6网站过渡和IPv6接入技术服务，并通过用户反馈和参与开发，促进平台IPv6过渡技术的进步。

（周悦）

京运通开拓风力发电领域

5月，北京京运通科技股份有限公司新能源发电事业部开拓风力发电领域，在内蒙古包头市固阳县开工建设风力发电站，装机容量99兆瓦，并于12月底前陆续并网。7月，京运通新能源发电事业部斥资3180万元，与华为技术有限公司合作，在北京建设融集多厂商、多平台、多功能的光伏发电与风力发电新能源发电智能营维云中心，并于9月完成阶段性验收工作。

（王琪）

梅赛德斯－奔驰长轴距E级车下线

6月16日，北京奔驰汽车有限公司全新梅赛德斯－奔驰长轴距E级车下线。车身尺寸长宽高分别为5065毫米×1860毫米×1467毫米，轴距为3079毫米。该车型拥有前沿科技配置和革新设计理念，集德国尖端工业精髓与中国工匠精神于一身，是北京奔驰新十年产品。

（张乐）

哈工大机器人集团玉石生产线亮相南博会

哈工大机器人集团玉石自动化生产线　谢维 摄

6月，哈尔滨工大特种机器人有限公司与云南梦工厂联合研发的玉石自动化生产线在中国—南亚博览会暨第24届中国昆明进出口商品交易会（简称南博会）的“梦工厂”展区展出。该玉石自动化生产线是中国首条自主研发设计、实践工业4.0概念的面向玉石行业的自动化柔性生产线。该生产线根据玉石加工流程进行设计制作，由出库、雕刻、抛光、入库和物流五大模块组成，总体面积1000平方米，包括50台雕刻机器人、500个震桶抛光单元、1个毛坯出库单元、一套容量6000的成品件仓库和一个中心控制室，另外配备3台AGV物运移动机器人。该生产线将玉石生产模式从“集中式中央控制”转向“增强式分散控制”，使玉石加工实现个性化规模定制，缩短产品上市时间，动态调整产线布局，互联网监控各生产环节。可通过替换部分模块、单元和设备组件，应用于建筑、装饰、3C制造、手机生产装配、精密零部件生产等加工领域。

（黄雅薇）

华夏芯64位高性能处理器发布

8月22日，华夏芯（北京）通用处理器技术有限公司在2016全球异构计算HSA峰会上发布一款达到业界先进水平的64位高性能处理器。处理器基于全自主核心技术，支持HSA国际标准，面向移动通信、机器视觉、人工智能、智能终端、消费电子和物联网等多个领域。华夏芯作为全球领先的异构处理器设计公司，基于自主知识产权的指令集、微架构和工具链，提供CPU+DSP+IVP（图像及视频处理）三合一“Unity”处理器的IP核产品（包括深度定制）和SoC芯片集成设计服务，可显著提升性能、降低功耗，降低下游厂商的开发时间和成本。

（马宁）

蓝星北化机生物质能源设备投产

8月，蓝星（北京）化工机械有限公司生物质能源成套设备示范装置在河北省唐山市投产。国家林业系统策划在西北五省建立循环经济示范项目，并对后续产品进行推广应用，与国内某公司洽谈50台（套）的供货合同，合同额超过10亿元。

（李云翰）

蓝星北化机熔盐储能系统投入运营

8月，蓝星（北京）化工机械有限公司自主设计的熔盐储能系统为国内首创，首套装置在蓝星北化机青海分公司投入运营，蓝星北化机成为该技术国内唯一具有工程实践的供应商。催化热裂解技术完成中试工作。

（李云翰）

中金数据“一站式”版权服务平台上线

8月，中金数据系统有限公司“一站式”版权服务平台——版全网（http://www.crsall.com）全新上线。版全网主要为影视、动漫、出版、文学、游戏、音乐等文化企业提供集版权资产管理系统、数字作品版权登记、侵权监测、版权发布、版权交易为一体的“一站式”版权服务，致力于为文化企业解决版权资产管理混乱、权属不清，作品无保护、网络侵权泛滥、侵权行为发现难、取证难、维权难，版权资产沉睡、产品变现渠道单一、信息流通不畅等问题。

（李晨）

京东发布国内首辆无人配送车

9月1日，京东集团对外宣布，由其自主研发的中国首辆无人配送车已经进入道路测试阶段，10月份开始试运营。京东无人配送车可实现针对城市环境下办公楼、小区便利店等订单集中场所进行批量送货，灵活性和便捷的使用流程将提升京东的配送效率。

（侯娟）

北京泰豪空气净化系统入选新产品名单

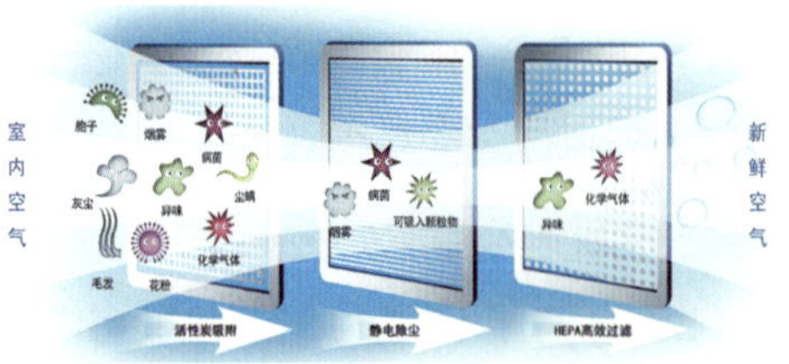

北京泰豪“城市氧吧”智慧空气净化管理系统　企业提供

9月7日，北京泰豪智能科技有限公司“城市氧吧”智慧空气净化管理系统入选市科委第四批北京市新技术新产品（服务）名单。北京泰豪“城市氧吧”智慧空气净化管理系统，是北京泰豪针对环境污染问题和公共环境需求而设计的一套整体解决方案。通过具有高智能化、高稳定性、全方位的楼宇环境空气质量监测和控制系统，达到智慧净化、绿色管理的目的。

（毛东颖）

安诺优达发布非小细胞肺癌项目

9月22日，安诺优达基因科技（北京）有限公司在第19届全国临床肿瘤学大会暨2016年CSCO学术年会上发布“中国非小细胞肺癌液体活检全程管理研究项目”。该项目由国家癌症中心、中国医学科学院肿瘤医院与安诺优达共同发起，面向全国多个研究中心招募中晚期（IIIB/IV期）NSCLC患者。通过安诺优达无创液体活检技术，对入组患者在疾病进展时期进行ctDNA检测。该项目以患者为中心，在两年的研究时间内，动态监测患者治疗疾病进展时期ctDNA变化情况，评估不同治疗方案疗效，及时辅助临床医生选择最佳治疗策略，实现对NSCLC患者贯穿诊疗全程的个体化治疗。

（肖飞　苗苗）

安诺优达发布ctDNA检测新技术

9月22日，安诺优达基因科技（北京）有限公司发布自主研发的GSP（Gene-Specific-Primer）技术即单端锚定技术。该技术已利用美国CAP实验室认证的Horizon cfDNA标准品进行准确度验证，是一项超高灵敏度的ctDNA检测新技术，并可为低质量临床样本提供检测解决方案。GSP技术检测ctDNA的灵敏度可高达万分之五，在保证超高的低频变异检出率的同时，样本范围更广，检测更灵活。

（肖飞 苗苗）

安诺优达发布辅助治疗 NSCLC 监控项目

9 月 22 日，安诺优达基因科技（北京）有限公司发布 AZD9291 辅助治疗 NSCLC 无创动态监控项目，该项目由中国医学科学院肿瘤医院院士赫捷主持、中国医学科学院肿瘤医院教授王洁牵头，联合全球知名药企阿斯利康和基因检测技术提供方安诺优达共同开展。该项目基于安诺优达 ctDNA 测序技术，对病人进行多时间点连续的动态监控和耐药追踪，结合病人临床诊断和生存信息，评定 AZD9291 作为 NSCLC 术后辅助治疗的应用价值。从而实现提高手术患者治愈率，最大限度地克服原发或继发性耐药，延长晚期肺癌患者的总生存期的目的。

（肖飞 苗苗）

经纬纺机提花剑杆织机推向国外市场

9 月，经纬纺织机械股份有限公司自主研发的 JWG1728A-30 型提花剑杆织机成功销往国外市场。该机采用模块化设计理念，结构简单，操作方便，适用于以棉、毛、麻、丝，及混纺、合纤为原料的织物织造，广泛应用于服装面料、装饰用布和工业用布等各种织造领域。

（程家明）

锤子数码发布新品 Smartisan M1/M1L

10 月 18 日，北京锤子数码科技有限公司在上海梅赛德斯—奔驰文化中心发布年度产品——Smartisan M1/M1L 两款手机。共发布 M1（4G+32G 全网通版）、M1L（4G+32G 全网通版）、M1L（6G+64G 全网通版）3 个配置版本，包含咖啡金 · 真皮、白 · 哑光铝合金、白 · 镜面不锈钢 3 种配色。全新的 Smartisan OS 3.1 开始推送，本次升级新增与优化功能共计 200 余项，推出“一步（One Step）”和“大爆炸（Big Bang）”两大全新功能。

（马银鹏）

京东智能云语音服务开放平台上线

10 月 24 日，京东智能云语音服务开放平台暨叮咚新品发布会在京东总部召开，叮咚系列的全新产品叮咚（DingDong）灵动版 A3，及京东智能音频联盟合作伙伴的众多新品：JBL Horizon Smart、CREATIVE iMuVo、漫步者音乐保鲜盒等首次公开亮相发布会。在发布会上，京东智能云语音服务开放平台正式上线，宣告叮咚作为家庭入口真正完成从交互、内容到服务的全面布局。12 月，京东通过叮咚智能音箱全面实现语音购物功能，并搭载叮咚 A1 旗舰版正式上线公测。用户只需对着叮咚智能音箱动动嘴，就可以询问在京东商城的订单情况、优惠信息，及完成购物下单。这在国内电商领域尚属首例，也成为京东又一购物入口。

（侯娟）

苍穹数码完成市级不动产登记平台建设

10 月，苍穹数码技术股份有限公司定制研发的潍坊市级不动产登记信息上报系统建设完成，实现与国家信息平台和各下属县级不动产登记系统的对接。截至年底，山东省潍坊市 9 区 8 市（县）完成全业务类型报文校验，全面进行不动产登记数据实时上报国家信息平台，实现国家、市、县不动产登记数据实时共享应用。苍穹数码市级不动产登记信息上报系统助力潍坊市率先完成全市统一接入国家不动产登记信息管理平台的工作任务，对全国其他市级不动产部门接入工作具有带动示范意义，促进县级不动产登记系统建设规范化。市级系统建设考虑不动产后续工作需要，建立市级不动产登记数据库，为开展统计监管做好数据准备。

（朱姗姗）

安达维森空巢关怀养老产品与系统投用

10月，北京安达维森机电设备技术有限公司的软硬件全线产品大规模投入工程项目应用，该项目是中国重汽集团房地产公司位于山东济南的一个拥有近800套智能适老化住宅项目。项目全面采用公司“空巢老人生活规律异常监测系统”硬件技术，作为空巢老人户内的前端设备；社区中心采用公司“居家养老社会化街镇服务平台”系统，作为运营服务管理软件。这两项技术均获得“北京市新技术新产品（服务）证书”。该技术是公司技术团队历经十余年开发成功的一套将居家养老与社区养老相融合的“居家养老社会化”技术支撑平台。该平台利用一套安装在住宅中，空巢老人身边的物联网活动感知系统，通过将检测到的老人日常活动数据，并发送到位于社区服务中心的“居家养老社会化街镇服务平台”，以实现与平台中所记忆的老人生活规律条件进行比对，借此发现“空巢老人生活规律异常”的存在。无须老人操作的“被动感知”技术模式，彻底解决养老实践中，老人在危急时刻，可能无法实现主动告警求助，这一长期以来困扰技术养老产业的问题。实现空巢老人危急情况的被动报警与街镇养老服务中心的主动服务相融合的先进技术模式。

（蒋健勇）

太时芯光红外LED芯片量产

10月，北京太时芯光科技有限公司自主研制的红外LED芯片工艺全面导入量产，产品有850纳米和940纳米两种可选波长，其外延片均采用自主气相外延技术生长，在20毫安电流下，单颗芯片输出功率达到8兆瓦以上，样品已通过客户试用。截至年底，太时芯光加工完成红外LED芯片6000余万粒。

（廖伟）

瑞达公司电力环网项目实现微网运行

10月，北京京诚瑞达电气工程技术有限公司沧州中铁电力环网项目，首次实现发、供、配电技术与系统控制技术相结合的突破，是国内钢铁行业企业第一个真正意义上的电力环网工程。该工程涉及发电调节、供电调度、配电策略、仪表控制、自动化控制等多技术领域。项目包括98个变电站电网诊断、12个总降及区域站、22个发电站、50个10千伏站、孤网运行系统仿真系统、机网协调系统、稳控系统，最终实现微网运行。

（侯东昊）

中冶京诚首条高速粉末彩涂板生产线热试

11月2日，中冶京诚工程技术有限公司自主研发的国内第一条高速粉末连续喷涂彩涂板卷生产线在山东科瑞钢板有限公司热试成功。粉末彩涂与传统的溶剂型彩涂相比，具有高环保（生产及使用过程有害气体零排放）、高品质（加工性、装饰性和耐候性高）、高能效（单位成本优于传统溶剂型彩涂）等特点，粉末彩涂正成为替代溶剂彩涂板生产的更新换代技术。自2010年开始，中冶京诚致力于研发环保型彩涂技术——粉末喷涂彩涂板生产技术，研发团队历时5年创建了中冶京诚粉末彩涂生产技术品牌——CERIPOWDER®。该粉末喷涂机组产品规格为1250毫米，连续生产速度可达80米/分钟，远超欧美发达国家同类粉末涂层机组30米/分钟的生产速度，达到世界领先水平。

（程芳）

东霖科技室内智能空气质量监测产品上市

11月28日，北京东霖科技有限公司出品的室内智能空气质量监测硬件——东霖小清新上市，其使用需配合东霖空气盒子的手机客户端使用。东霖小清新采用Wi-Fi通信技术，无须搭配主机，可独立使用，通过手机、电脑、平板电脑等移动终端，远程实时查看家中空气的CO、$PM_{2.5}$、甲醛、甲烷、光照和温度、湿度值，一旦CO、$PM_{2.5}$、甲醛、甲烷超标，将分别显示警示灯和报警模式。将预、报警信息远程发送到用户移动终端上，从而智能的感知室内环境的变化。

（付苓霞）

东霖科技有害气体检测仪面世

11月28日，北京东霖消防科技有限公司自主研发生产的有害气体检测仪正式面世。该产品可以一机多用，功能性强，同步实时监测CO、甲醛、可燃气体（天然气）、$PM_{2.5}$、空气湿度、空气温度、室内光照情况；检测精度高，采用高精度激光传感器，准确分辨病毒级颗粒物，可在任何复杂空气中检测，检测结果更加稳定，灵敏可靠；智能Wi-Fi，一键手机配置小清新，可使小清新探测器快速联网，即使断电重启，小清新也会根据网络情况自动连接，无须人工重新连接配备；手机APP功能，通过手机APP可查看监测的环境情况，并对监测的数据进行统计和分析；可查询历史一个月的监测数据，即使远行出差，也可查看家里的空气情况，再也不用担心家人的健康。截至年底，该产品产生营业收入2000万元，毛利润占45%~50%，净利润占20%~25%。

（付苓霞）

航天火箭公司高码率传输设备实现应用

11月，新一代大型运载火箭长征五号完成首发发射飞行任务，航天长征火箭技术有限公司研制的多型测量传感器和高码率传输设备完成飞行测控任务，为"新技术试验卫星"配套的固态存储器完成搭载任务。"双点频高码率测量技术"作为新一代大型运载火箭重大关键技术之一，历时近10年完成方案论证、关键技术攻关、地面试验验证、产品研制等工作，突破多项关键技术。长征五号火箭配套的高码率遥测传输设备主要包括20余台重要产品。

（吴希瑶）

嘉捷集团智能连接系统投入使用

11月，北京嘉捷源技术开发有限公司旗下北京嘉信高节能科技发展有限公司，通过自主研发的智能连接系统，实现与美国亚马逊云平台、美国iPhone手机的Homekit平台、谷歌公司Google home、中国京东微联、腾讯微信、阿里小智的互联互通。公司研发的智能连接系统应用于智能照明和智能家居，利用先进的计算机技术、网络通信技术、融合个性需求，将与家居生活有关的各个子系统如安防、灯光控制、窗帘控制、信息家电、场景联动等有机地结合在一起，通过网络化综合智能控制和管理，实现“以人为本”全新家居生活体验。

（王俊蓉）

国药中生研究院肠道病毒疫苗获新药证书

12 月 13 日，国药中生生物技术研究院有限公司研发的国家一类新药肠道病毒 71 型灭活疫苗（Vero 胞）获得新药证书。该疫苗采用先进的微载体生物反应器培养病毒，经过多步纯化工艺生产制备形成高纯度疫苗。疫苗接种后可产生高水平的保护性抗体，对 EV71 所致手足口病的保护率达 90%以上，对重症病例的保护率达 100%。该疫苗研发项目历时 9 年，是国药中生研究院与相关单位通过“产学研检用管”密切合作取得的重要成果，获得“十一五”“十二五”、国家科技支撑计划、“863”计划、“重大新药创制”等国家和市科委专项资助；具有自主知识产权，先后获得两项国家发明专利授权。通过技术成果转让至国药中生武汉生物制品研究所有限责任公司生产，并获得生产文号。

（祖立航 王振权）

京东方超高清显示屏亮相北京医院

12 月 14 日，京东方科技集团股份有限公司研制的 55 英寸 3D 4K 医疗用超高清显示屏首次亮相北京医院，展示 3D 超高清显示屏在医疗领域的应用价值。作为全球超高清技术的引领者，京东方专注打造各个细分领域的显示产品和系统，并将显示技术、信息技术与医学、生命科技跨界结合，发展信息医学，提供物联网智慧健康产品和服务。

（沈佳子）

智飞绿竹生物冻干 Hib 疫苗获临床批件

12 月 26 日，北京智飞绿竹生物制药有限公司“冻干 b 型流感嗜血杆菌结合疫苗”获得食品药品监管总局颁发的临床试验批件。该产品于 2015 年 5 月提交临床试验申请并获受理，稳定性好、有效期长、保存运输方便，是公司“b 型流感嗜血杆菌结合疫苗”的更新换代产品。该产品用于预防 b 型流感嗜血杆菌引起侵袭性感染，如脑膜炎、肺炎、败血症、蜂窝组织炎、关节炎、会厌炎等，在降低 b 型流感嗜血杆菌引起的传染病发病率，改善婴幼儿健康状况方面具有重要意义和良好应用前景。

（李楠楠）

北生研吸附无细胞百白破联合疫苗获批

12 月 26 日，北京北生研生物制品有限公司研制的吸附无细胞百（三组分）白破联合疫苗通过 CFDA 审批，在国内首家获得《药物临床试验批件》，具有中国自主知识产权。该疫苗的先进性是采用规模化的生物反应器培养百日咳菌，从培养上清和菌体中分别用一步柱层析工艺大量纯化纯度达 95% 以上的百日咳毒素、丝状血凝素和百日咳黏着素，具有工艺简便、过程易于控制、适合规模化生产等特点；生产工艺和质量标准达到国际同类疫苗先进水平；作为 DTaP 升级换代产品用于计划免疫，预防百白破，保证了产品的安全性和有效性。

（肖詹蓉）

北生研 H7N9 流感病毒系列疫苗获批

12 月 29 日，北京北生研生物制品有限公司研制的 H7N9 流感病毒系列疫苗通过 CFDA 审批，获得《药物临床试验批件》。H7N9 流感病毒疫苗属一类新药。北生研参考季节性流感疫苗的生产工艺，建立了 H7N9 流感病毒疫苗的生产工艺和质量标准。公司为评价不同剂型 H7N9 流感病毒疫苗的人群保护效果，研制了 H7N9 全病毒疫苗、H7N9 流感病毒裂解疫苗（15 微克 / 剂）、H7N9 流感病毒裂解疫苗（30 微克 / 剂）和 H7N9 流感病毒裂解疫苗（含佐剂）4 种剂型或规格的疫苗，并同时获得了 4 种疫苗的药物临床试验批件。

（肖詹蓉）

中交兴路中交好运力调度系统上线

中交兴路中交好运力调度系统上线　　企业提供

12 月，北京中交兴路信源科技有限公司研发的中交好运力调度系统上线。系统运输体系基于移动互联网、智能交通、云计算、大数据、地理位置信息服务等技术，通过集约化、效率化、标准化、规模化的甩挂运输，使车辆利用率、运输速度，及物流成本都得到极大改善。公司已在北京、广州、上海建立三大调度中心，服务团队遍布全国各大主流城市，运输线路覆盖全国。

（张云蕊）

京运通全自动检测机械手上线运行

12 月，北京京运通科技股份有限公司高端装备事业部和新材料事业部——北京天能运通晶体技术有限公司与无锡荣能半导体材料有限公司合作研发的全自动多晶硅检测机械手，在无锡荣能生产线上试运行后通过验收，该设备的应用降低劳动强度，同时避免人为磕碰等损失。

（王琪）

京运通 G7 金刚线开方机完成机电联调

12 月，北京京运通科技股份有限公司高端装备事业部研制出具有自主知识产权的 G7 金刚线开方机，并完成机电联调。通过金刚线代替原有的砂浆切割，可提高工作效率，降低切割成本，且设备运行环保无污染。

（王琪）

嘉捷集团研发蓝牙低功耗拓朴自组网技术

12 月，北京嘉捷源技术开发有限公司旗下北京嘉信高科技发展有限公司研发出蓝牙低功耗拓朴自组网，该技术采用拓朴形态组网，蓝牙发射端直接连接最近的设备，通过发射端与其他设备形成拓朴网络，确保不会因为任何设备故障而影响整个网络的正常工作。嘉信高采用新的技术方案，消除网关盒子、减少消费者硬件成本，同时还在普通 LED 照明基础上，进一步降低使用费用。该技术可以在智能照明和整个智能家居领域广泛应用，已应用于照明、安防领域。

（王俊蓉）

艾德摩建立精准医疗平台

年内，北京艾德摩生物技术有限公司利用人源性肿瘤组织异种移植模型建立精准医疗平台，平台使用患者来源的肿瘤异种移植 PDX 模型作为肿瘤患者的替身，为患者同时进行多种药物和多种药物组合的用药方案评价，从而确定最准确最适当的个性化用药方案，为医生提供精确的临床用药指导，进而为患者提供具有针对性和高效性的个体化治疗方案。

（肖雅娟 潘雯娜）

艾德摩建立肿瘤免疫评价平台

年内，北京艾德摩生物技术有限公司自主研发的肿瘤免疫评价平台 Ideal-Immune，通过利用肿瘤免疫人源化小鼠模型实现 CAR-T 和肿瘤免疫抗体药物的临床前评价。将造血干细胞（Hematopoietic stem cells，HSCs）移植到免疫缺陷小鼠体内，构建出肿瘤免疫人源化小鼠模型，从而在小鼠体内实现重塑免疫系统，在此基础上移植人源肿瘤组织，获得肿瘤免疫双人源化小鼠模型，不仅能够帮助药企提高药物临床试验的通过率，帮助患者找到最合适的治疗方案，也为人免疫系统和细胞免疫治疗的临床前评估提供有力工具。

（肖雅娟 潘雯娜）

中车赛德研发出自主化高速受电弓

年内，北京中车赛德铁道电气科技有限公司承担中国铁路总公司科技研究开发计划课题《高速动车组受电弓关键技术研究——高速受电弓研制》。中车赛德自主研发设计出满足中国标准动车组（简称中国标动，复兴号）高速运营要求的自主化高速受电弓。自主化高速受电弓从一条或多条接触线集取电流的装置。由底架、升降系统、框架和弓头组成，它的几何形状是可以改变的。在“工作”位置上，装置的部分或全部处在带电状态。在车辆车顶上，受电弓仅在安装接口处是电气绝缘的。受电弓保证电流从架空线传送到车辆电气系统。受电弓为主动控制受电弓，其主动控制单元能够在动车组运行过程中根据车辆运行速度、行驶方向等参数对受电弓接触力进行自动调整。当受电弓滑板磨耗到限或受异物击打导致自动降弓装置（ADD）气道漏风时，能快速降弓，达到保护弓网和受电弓的目的。环境温度 −40℃ /+40℃，存放温度 −40℃ /+85℃，额定电压 25 千伏，额定电流 1000 安，额定速度 380 千米 / 小时，最大运行速度 420 千米 / 小时。中国标动是中国实现高速动车组技术全面自主化、标准化的重大创新项目。7 月 15 日，中车赛德受电弓安装在中国标动 CRH-0503 车上，CRH-0503 在郑徐高铁上完成 420 千米时速交会试验；8 月 15 日，CRH-0503 在沈大高铁上完成 60 万千米考核。

（陈晓光）

北方微电子大产能高性能刻蚀机发布

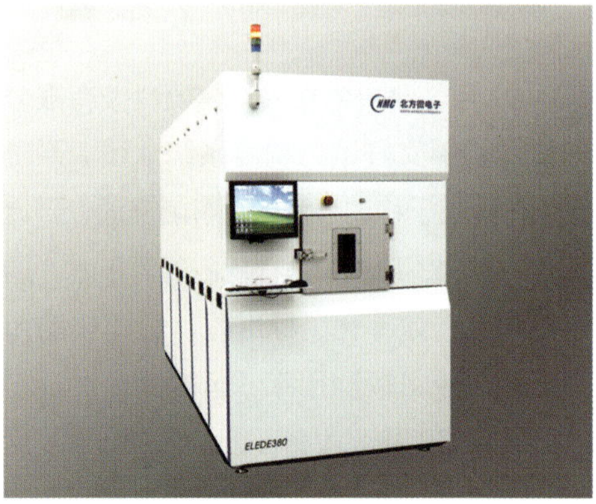

北方微电子 ELEDE 380 系列等离子刻蚀机　　企业提供

年内，北京北方微电子基地工艺设备研究中心有限责任公司自主研发应用于 LED 领域图形化衬底（PSS）制程的新型大产能高性能 ICP 刻蚀设备 ELEDE

380E 发布，该设备基于成熟的 ELEDE 380 平台构架，通过采用最新的高解离率高密度等离子技术、超高选择比技术，具备刻蚀选择比高，PSS 图形刻蚀高度高形貌好；降低对光胶厚度要求，提升黄光产能和良率；更大的载片容量和更短的维护时间 3 项优势，显著提升性能和增大产能，能有效降低客户的生产成本，为面临成本压力的 PSS 衬底制造领域提供解决方案。北方微电子作为国内 LED 领域高端设备和工艺解决方案提供商，从 2010 年就开始深入技术研发，先后推出四代 ELEDE 系列 LED PSS 刻蚀机。截至年底，LED PSS 产品累计市场占有率超过 40%。

（杨帆）

北方微电子磁控溅射系统发布

年内，北京北方微电子基地设备工艺研究中心有限责任公司自主研发的 200 毫米新型高性能多功能磁控溅射系统 Polaris G620 发布，Polaris G620 系列通用型溅射系统兼容性强，工艺种类多样，可广泛应用在集成电路、半导体照明、功率半导体、微机电系统、先进封装等领域，为 200 毫米半导体各领域提供高性价比的设备和工艺解决方案。该设备基于北方微电子成熟的 Cluster Tool 平台构架，搭载全自动化装卸载系统，能满足先进封装、微机电系统等多领域制程的发展需求。具备优异的机台性能，可满足不同溅射工艺制备的需求：高温 PVD 工艺，可满足最高 400℃基片温度的溅射工艺需求；薄片工艺，特殊的传输系统和工艺组件设计，可进行最低 100 微米厚度 Wafer 和 Taiko wafer 的传输和工艺；填孔能力，可满足最高深宽比 12：1 孔隙填充；灵活的腔室配置，各腔室完全独立工作，可根据工艺需求对各腔室进行配置优化，并辅助开发独特的软件调度算法，提高了产能。凭借优异的机台性能和量产稳定性，设备一经发布便获得客户高度认可。

（杨帆）

美德创新自行设计出美德宝空气净化器

年内，美德创新（北京）科技有限公司自行设计出美德宝空气净化器。该净化器采用德国进口风机、进口 3M 滤芯；噪音最低可到 30 分贝，婴儿睡眠无压力；净化面积 55~90 平方米，可以净化 $PM_{2.5}$、甲醛、二手烟、螨虫等。截至年底，生产的 150 台净化器全部售完，销售额 75 万元，利润是销售额的 20% 左右。

（于文婕）

永瀚星港研发出新肿瘤标志物

年内，北京永瀚星港生物科技股份有限公司研发部负责人、教授范振符通过分支生物学方法，在全球率先制备出的肿瘤特异性适配体血清标志物 Ma153-A。肿瘤适配体 Ma153-A 是一种直接识别肿瘤特异性物质的配体，范振符以癌细胞株 MCF-7 提取物 Ma153 为靶向，经 SELEX（指数富集的配体系统进化技术）制备而成，是一次超微量分析技术的创新。Ma153-A 覆盖食管癌、贲门癌、宫颈癌，已成为中国澳洲健康旅游项目澳洲认可项目。

（李婧）

长城测控公司罐车物料监测仪通过验收

年内，北京瑞赛长城航空测控技术有限公司开发的罐车物料监测仪通过验收。罐车物料监测仪是用于化工物料品质控制与运输安全的在途监控设备，可监测物料的温度液位等参数，根据设置的周期进行参数存储或通过无线信号实时发送，可扩展提供列车的运行参数。该仪表根据列车长时在途运输的特点，实现低功耗与电池供电技术，安装一节5号电池连续运行数月时间；根据铁道车辆的振动要求，按照GB/T 21563-2008《轨道交通：机车车辆设备冲击和振动试验》进行列车振动级考核，适应危险化学品的安全要求达到本质安全防爆等级。该产品是长城测控公司首次开发用于铁道运输车辆上的设备，为后续开展铁道车辆用设备制造有关业务进行探索。截至年底，完成12辆丙烯酸丁酯罐车的设备安装，运行状况良好。

（李秀学）

嘉纳尔科技飞机导管专用清洗剂投产

年内，嘉纳尔科技（北京）有限公司自主研发的飞机导管专用清洗剂批量投产，该产品是专门用于浸泡聚氨酯漆、环氧面漆、磁漆、锌黄底漆、氟碳漆等各型飞机的钢质和铝合金材料（飞机导管）和附件的大修脱漆。该产品已正式供应航空维修工厂和生产车间的使用。

（王春时）

泰德制药丁酸氯维地平获临床批件

年内，北京泰德制药股份有限公司研发的国家三类新化学药品“丁酸氯维地平原料药及脂肪乳注射液”获食品药品监管总局颁发的药物临床试验批件。丁酸氯维地平是二氢砒啶类L型钙离子拮抗剂，主要通过阻断心肌和血管平滑肌细胞膜上的钙离子通道，抑制细胞外钙离子内流，使细胞内钙离子水平降低而引起心血管等组织器官功能改变的药物。“丁酸氯维地平原料药及脂肪乳注射液”适用于不宜口服或口服无效的高血压和外科手术前后急性血压升高。

（贾琳）

泰德制药维格列汀片获临床批件

年内，北京泰德制药股份有限公司研发的原化学药品第六类“维格列汀片”获食品药品监管总局颁发的药物临床试验批件。维格列汀是一种具有选择性、竞争性、可逆的DPP-4抑制剂。“维格列汀片”适用于Ⅱ型糖尿病。在临床应用方面，维格列汀是同类药物中唯一可与其他口服降糖药联合使用的品种，且服药方便，餐时非餐时服用均可，为新型口服降糖药。

（贾琳）

泰德制药依托考昔片获临床批件

年内，北京泰德制药股份有限公司研发的原化学药品第六类“依托考昔片”获食品药品监管总局颁发的药物临床试验批件。依托考昔是一种非甾体抗炎药，在动物模型中具有抗炎，镇痛和解热作用。“依托考昔片”适用于骨关节炎急性期和慢性期的症状和体征急性痛风性关节炎，该产品为选择性非甾体抗炎药。

（贾琳）

永瀚星港一类医疗器械产品投产

年内，北京永瀚星港生物科技股份有限公司一类医疗器械产品蛋白纯化和提取试剂通过市食品药品监管局产品备案，已联系厂家代工生产。该产品用于血液内特定肿瘤相关物质的提取，可作为医院、体检中心肿瘤检测初筛使用。

（李婧）

表彰奖励

悦康集团获国家科学技术进步奖

1月9日，2016年度国家科学技术奖励大会在北京人民大会堂举行。悦康药业集团有限公司参与申报的“化学药物晶型关键技术体系的建立与应用”项目获国家科学技术进步二等奖，是继2015年获国家科学技术进步奖后再次获此奖项，集团董事长于伟仕出席大会领奖。2016年度国家科学技术奖共授奖279个项目、7名科技专家和1个国际组织。其中，国家最高科学技术奖2人、国家自然科学奖42项、国家技术发明奖66项、国家科学技术进步奖171项，授予5名外籍科技专家和1个国际组织中华人民共和国国际科学技术合作奖。

（何铖）

京东方获2015中国教育公益事业勋章

1月29日，京东方科技集团股份有限公司凭“照亮成长路”公益项目获首届中国企业公益勋章峰会“2015中国教育公益事业勋章”。在第五届中国公益节上，京东方凭借在教育、环保等领域的多个公益项目和参与志愿活动，获“2015中国公益奖”。

（沈佳子）

云狐时代云狐手机获多个奖项

1月20日，北京云狐时代科技有限公司研发的A11（云狐极地POLAR手机）获飞象网2015最佳户外手机奖。1月28日，云狐时代旗下的云狐A7手机获环球科技2015年度金刚不破奖。该手机采用全新三重防水技术，在整体机身密闭防水的基础上，新增主板纳米防水技术和元器件防水技术。2月1日，云狐A10（Anote）手机获通信世界全媒体“2016中国通信业龙虎榜”最佳智能产品性能奖。11月1日，云狐小金刚A12手机获2016中国手机产业创新大会暨第五届云博会主题论坛年度最佳安全手机奖。12月27日，云狐小金刚A12获中国通信产业大会暨第11届中国通信技术年会中国通信产业年度金紫竹奖。12月29日，云狐小金刚A12获2016年度ICT行业龙虎榜——最佳户外安全手机奖。

（戈青）

中企动力ZtouchS获优秀软件产品奖

1月20日，北京软件和信息服务业协会公布2015年度优秀软件产品名单，中企动力科技股份有限公司全网营销产品ZtouchS入选。ZtouchS是提供电脑版企业官网和智能手机等多种移动终端访问的企业官网，帮助中小企业在电脑和智能移动终端展示企业形象、发布企业信息、推送企业消息，管理访问互动、管理运营网站。ZtouchS全网营销企业官网有跨终端平台的访问能力，使企业官网覆盖目标上网人群；包括宣传推广、谈判交易、口碑传播的完整营销链条，帮助企业开发新客户、维系老客户；全网数据统一管理帮助企业实现精准营销。

（李明明）

京东方连续九年入选消费电子品牌10强

1月，在美国国际数据集团IDG主办的“2015—2016年度中国消费电子领先品牌10强”评选颁奖典礼上，京东方科技集团股份有限公司入选“2015—2016年度中国消费电子领先品牌10强”，并凭借82英寸10K超高清显示产品获“年度显示技术创新大奖”。京东方连续九年入选“中国消费电子领先品牌10强”。

（沈佳子）

云狐时代点点运动APP获多个奖项

2月1日，北京云狐时代科技有限公司点点运动APP获通信世界全媒体平台主办的“2015通信及行业信息化优秀解决方案”评选活动专家推荐奖。3月14日，以“工具＋内容＋服务”为特色的运动健身软件——点点运动获由赛迪网主办的国家产业服务平台“创新赢未来”2015年终评选“最具人气APP”奖。8月23日，获GIEC2016全球互联网经济大会暨ECECHINA2016第七届中国电子商务博览会“2015—2016年度互联网经济大奖”最具潜力户外运动APP平台称号。9月4日，获“2016上半年度中国APP分类排行”运动类APP前十强。9月13日，获由中国电子商务协会主办的“2016世界移动互联网大会”移动互联网行业最具突出贡献奖。11月1日，获由工业和信息化部指导，中国电子信息产业发展研究院、广东省经信委和惠州市人民政府联合主办的2016中国手机创新周暨第四届中国手机设计与应用创新大赛年度最具模式创新手机应用（APP）奖。11月30日，获“赢＋来了”——《北京晨报》第八届最具影响力科技企业评选最快黑马APP奖。

（戈青）

北方微电子产品获中国半导体创新产品奖

2月18日，北京北方微电子基地工艺设备研究中心有限责任公司自主研发的exiTin H430 TiN（金属硬掩膜物理气相沉积系统）获“第十届（2015年度）中国半导体创新产品和技术项目”奖。该评选活动由中国半导体行业协会、中国电子材料行业协会、中国电子专用设备工业协会和中国电子报社共同举办。exiTin H430 TiN（金属硬掩膜物理气相沉积系统）是面向28~14纳米大马士革工艺中硬掩膜层沉积工艺所使用的物理气相沉积设备。设备采用新型溅射源和全新的辅助磁场发生装置设计，具有成膜均匀性好、应力低、操作简单、占地面积小、运行成本低和产能高等特点，其靶材利用率、厚度和电阻均匀性获得客户认可。设备凭借其工艺性能、量产能力和CoO，被大陆领军集成电路芯片制造企业指定为28纳米制程Baseline机台，并获得海外客户的订单，进入国际供应链体系，推动国产高端装备的市场化进程。

（杨帆）

10家企业获北京市科学技术奖

2月19日，北京市科学技术奖励大会召开，京东方科技集团股份有限公司、北京同仁堂股份有限公司、易美芯光（北京）科技有限公司等10家企业的9项成果获奖，其中京东方的“基于自主技术平台的大尺寸平板显示核心技术研发应用”项目、云电英纳的“饱和铁心型超导限流器的关键技术研究”项目和同仁堂的“中药抗抑郁的物质基础与神经生物学机制研究”项目获得一等奖。“基于自主技术平台的大尺寸平板显示核心技术研发应用”项目以京东方独有的ADSDS技术为平台，开发包括超大尺寸、超高分辨率、绿色低功耗和高画质等一系列国际最前沿显示技术，并应用于高端产品中，创造了可观的经济效益。“2、3、4 英寸高品质砷化镓单晶片研发及生产产业化项目” 是中科晶电为满足细分市场对高质量砷化镓衬底产品需求而启动的战略项目，项目核心技术为中科晶电市级研发中心自主创新，优化砷化镓衬底产品各项性能参数、产成品率等指标。该项目于 2011 年开始产业化应用，累计实现量产 2、3、4 英寸高品质砷化镓单晶片 1510 万片，获中关村半导体照明产业技术联盟“优秀创新产品金奖”，并获中关村国家自主创新示范区新技术新产品认证。

（张祺 沈佳子 张元璋）

北京中电科公司多项产品获奖

3 月，北京中电科电子装备有限公司 8 英寸全自动划片机和 8 英寸晶圆减薄机，获由中国半导体行业协会、中国电子专用设备工业协会、中国电子材料协会、中国电子报社颁发的第十届（2015 年度）中国半导体创新产品和技术项目奖。9 月，Octopus-1000 倒装机、WG-823 晶圆减薄机、HP-803AD 双轴精密自动划片机、HP-802 自动切割机 4 项产品，获北京市“新技术新产品（服务）”奖项；专利“一种偏置漂移主叫纠正系统、方法及引线键合机”获市知识产权局颁发的北京市发明专利奖三等奖。10 月，集成电路封装关键装备、部件、核心技术研发与产业化项目，获北京市科学技术二等奖。11 月，面向 IC 先进封装的高密度倒装设备，获中国电子科技集团公司颁发的科技进步一等奖；Octopus-1300 倒装芯片建键合机，获中国国际半导体博览会暨高峰论坛 2016 年优秀产品奖。

（戴豪）

富思特获 500 强地产企业首选供应商品牌

3 月，中国房地产业协会与中国房地产测评中心联合发布《2016 中国房地产开发企业 500 强测评研究报告》《2016 中国房地产开发企业 500 强首选供应商服务商品牌测评研究报告》，及 2016 中国房地产开发企业 500 强、500 强房企首选供应商服务商品牌两大主榜单。富思特新材料科技发展股份有限公司获 2016 年中国房地产开发企业 500 强首选供应商品牌称号，涂料类品牌首选率位居前五，富思特连续 6 年获该项荣誉。

（朱凯源）

天诚同创获 SNEC 十大亮点吉瓦级金奖

5 月 26 日，北京天诚同创电气有限公司凭借并网最友好的标准光伏逆变器，及在控制并网风险方面取得的出色成绩，获 SNEC 第十届国际太阳能产业及光伏工程（上海）展览会暨论坛十大亮点“吉瓦级金奖”、SNEC 第十届“光伏产业技术领军企业奖”。天诚同创光伏逆变器在可靠、高效发电的同时可实现动态无功遥调，发挥和 SVC/SVG 相同的功能。应用在振发能源集团江苏高邮振兴、金湖振合两个 10 万千瓦光伏电站，参与江苏省无功电压调相运行取得成功。

（李晔）

京东方获 2015 金蜜蜂领袖型企业奖

6 月 7 日，京东方科技集团股份有限公司凭借出色的绿色生态构建方案，在第 11 届中国企业社会责任国际论坛暨“2015 金蜜蜂企业社会责任 · 中国榜”颁奖典礼上，从近 600 家国内外企业中脱颖而出，首次入围中国最具影响力的 CSR 榜单，获评领袖型企业奖，参选的绿色制造案例入选《2015 金蜜蜂责任竞争力案例集》。

（沈佳子）

天诚同创被评为北京市专利示范单位

6 月 14 日，北京天诚同创电气有限公司获“北京市专利示范单位”称号，享受对国内外专利申请费用给予资助、对专利数据库项目给予资助、优先推荐参加市级各类专项资金的申报等政策。截至 6 月 30 日，天诚同创累计申请专利 340 项，其中发明专利 174 项、实用新型专利 154 项、外观设计专利 12 项，获授权专利 210 项，其中发明专利 54 项。

（李晔）

天诚同创获中国智能电网推广应用奖

6 月 29 日，北京天诚同创电气有限公司亮相国家会议中心 CIGEE 第六届中国国际智能电网建设技术与设备展览会。作为智慧能效系统解决方案提供商，天诚同创携手智慧能放系统解决方案和智能微电网相关产品亮相，并获 CIGEE 2016 中国智能电网“推广应用”奖。

（李晔）

富思特获两项中国涂料华彩奖

7 月 7 日，2016 年中国涂料品牌盛会暨“华彩奖”（第十届）影响力品牌评选颁奖盛典在北京举行。富思特新材料科技发展股份有限公司获华彩奖“2015 年度工程建筑涂料影响力品牌”和“荣耀中国钻石品牌”两项殊荣。

（朱凯塬）

数字冰雹入选 2016 中国大数据企业 50 强

8 月 2 日，“2016 中国大数据产业生态大会”在北京召开，北京数字冰雹信息技术有限公司入选“2016 中国大数据企业 50 强”。经过企业规模、研发投入、创新能力、应用案例、产品和方案成熟度、投资和发展潜力等多维度考量，全国 188 家候选企业共有 50 家优秀大数据企业入选。

（丁冬）

中冶京诚获 14 项优秀工程设计与管理奖

8 月 24 日，全国冶金行业优秀工程设计奖和总承包项目管理成果奖评选揭晓，中冶京诚工程技术有限公司 10 项工程设计项目获全国冶金建设行业优秀工程设计奖。其中，“福建三钢闽光股份有限公司 80 万吨优质圆棒轧钢工程设计”和“福欣特殊钢厂新建工程设计”获一等奖；“江苏联峰能源装备有限公司 80 万吨大棒项均热炉工程设计”等 5 个项目获二等奖；“唐山天物众强高科精密管业有限公司冷轧窄带钢双体隧道式退火炉项目工程设计”等 3 个项目获三等奖。中冶京诚“凌钢公辅站所无人值守系统”软件项目获 2016 年度全国冶金建设行业优秀工程软件一等奖。中冶京诚获 3 项全国冶金行业优秀工程总承包项目管理成果奖，该奖项共评选出 26 个总承包项目成果获奖，其中“福建三钢闽光股份有限公司 80 万吨优质圆棒轧钢工程”和“韩国浦项光阳 1 号高炉干法布袋除尘系统项目工程”分别获优秀工程总承包项目一等奖；“日照钢铁控股集团有限公司宽厚板生产线建设改造工程（营钢宽厚板二期工程）”获二等奖。

（程芳）

中企动力“大把推”获多个奖项

8月25日，中企动力科技股份有限公司网络营销产品“大把推”获第八届中国行业信息化奖项评选活动颁奖典礼暨2016中国行业信息化发展高峰论坛评选的“2016年度中国行业信息化最佳产品奖”。12月16日，该产品获2016中国互联网经济论坛颁发的“2016最佳企业级应用互联网产品奖”，这是2016年度互联网行业的重要奖项金“I”系列奖项之一。“大把推”产品是一款企业互联网整合营销产品，通过营销模式的创新，打破客户营销障碍、摒除高额竞价费用，中企动力于2月推出“大把推”2.0版。

（朱磊）

京东方显示屏获IFA产品技术创新大奖

9月2日，全球消费电子产业发展趋势风向标——2016德国柏林国际电子消费品展览会（IFA）开幕，京东方科技集团股份有限公司推出的首款全球最薄65英寸8K超高清显示屏获“IFA产品技术创新大奖”。

（沈佳子）

京东方获首届全国质量创新大赛一等奖

9月6日，由全国质量协会承办的首届全国质量创新大赛在北京举行，京东方科技集团股份有限公司从参赛的80多家公司中脱颖而出，选送的绿色产品管理系统（GPM-Green Product Management）和质量问题正反向关闭系统（QPI-Quality Performance Index）两个项目，均获得一等奖。绿色产品管理系统由京东方自主开发，已申请国家发明专利，致力于更有效、全面地管理产品的绿色环保特性。该系统已于6月在京东方半导体显示生产线上线，实现供应商线上有害物质申报、环保调查、法规公告、测试数据分析、供应商评级等产品环保管控相关功能。质量问题正反向关闭系统通过建立过程质量绩效指标系统，及时了解公司内部核心产品生产良品率状况；通过波动原因调查同型号差异对比分析，及时发现关注问题点及品质改善方向；各生产线共享信息并对异常原因进行分析预警，实现统一化管理。

（沈佳子）

中交兴路“车旺大卡”平台获科技进步奖

9月，北京中交兴路信息科技有限公司参加第五届中国卫星导航与位置服务年会暨展览会，参选项目“车旺大卡平台及其关键技术”获年度卫星导航定位科技进步奖二等奖。“车旺大卡”是以货运行业垂直人群、产业社交为底层框架的移动互联网产品，是中国公路货运行业首个以产业社交及交易为核心的平台。

（张云蕊）

天诚同创产品被评为北京市新技术新产品

9月，北京天诚同创电气有限公司的光伏电池板清洁机器人、风电场能耗监测系统、基于分布式新能源的智能微电网产品及整套解决方案技术服务3项产品获由市科委、市发展改革委等部门联合组织评审的“北京市新技术新产品（服务）”称号。天诚同创自主研发的“光伏板清洁机器人”是一种用于清洁光伏板阵列表面浮灰、树叶、积雪等非黏结性污垢的可灵活安装、拆除或固定于光伏板阵列上使用的自动化装置。可实现自动清扫，故障报警，远程监控，热斑探测等功能，具有成本低、性能稳定可靠、便于维护等优点，可广泛应用于高温、低温、雨天、雪天与沙尘等多种现场环境。“风电场能耗监测系统”可以实现风电场运行监测、风机和各部件性能测评、风电场发电量和场用电量分析、场站建筑水电气热计量、重点设备能效分析等功能，帮助风电场提高规模化能源管理的可视化水平、可追溯能力、决策支持能力。通过动态监测、分析诊断、综合统计，从而合理计划和管理，提高风电场运行效率，降低综合场用电耗，提高经济效益。“基于分布式新能源的智能微电网产品及整套解决方案技术服务”可提供基于技术、产品、软件和服务的整套解决方案。根据风能、太阳能等可再生能源评估、负荷分析及预测，对电源侧、负荷侧、储能进行配比研究、控制策略和能量管理平台建设，进行定制化微电网系统整套设计、建设、运维服务及培训。项目参与3项国际标准的制定，在北京金风智能微网、宁夏嘉泽智能微网、江苏大丰智能微网中成功运行。

（李晔）

悦康集团获2016国家技术创新示范企业

10月28日，工业和信息化部、财政部联合评审，公布了2016年国家技术创新示范企业名单，悦康药业集团有限公司被认定为“2016年国家技术创新示范企业”，是2016年北京市唯一获此殊荣的医药企业。

（何铖）

苍穹数码获地理信息奖3项

11月1日，2016中国地理信息产业大会在湖南长沙召开，苍穹数码技术股份有限公司获评2016中国地理信息产业百强企业，获2016地理信息科技进步奖、2016中国地理信息产业优秀工程奖金奖，其中苍穹数码的不动产统一登记平台建设项目获2016年地理信息科技进步奖。苍穹数码参与不动产登记相关各项标准、规范研究，为不动产登记相关标准、规范的制定提供意见和建议，为国家高层决策提供科学的参考依据；并为不动产登记工作的推进提供技术保障。

（李欣）

北京奔驰获“最佳大规模制造厂商”奖

北京奔驰获“最佳大规模制造厂商”奖　　企业提供

11月17日，北京奔驰汽车有限公司获“2016年度全球卓越运营最佳工厂——最佳大规模制造厂商”奖，成为中国首家获此奖项的整车制造企业。该奖项由全球知名商业周刊 ***Produktion*** 和科尔尼管理咨询公司（A.T. Kearney）于1992年联合创立，旨在通过严苛的行业测试标准评选年度全球制造业杰出运营标杆企业，素有制造业“奥斯卡”之称。

（张乐）

经纬纺机全自动粗纱机系统获科技进步奖

11月，在中国纺织工业联合会召开的“纺织之光”2016年度中国纺织工业联合科技教育奖励大会上，经纬纺织机械股份有限公司旗下的“数字化粗细联合机全自动粗纱机系统”项目获2016年中国纺织工业联合会科技进步二等奖。粗细联合智能全自动粗纱机系统采取了高度的标准化、模块化的设计理念满足客户个性化的定制需求，采用先进的柔性控制技术和信息技术，实现粗纱生产和输送的智能化、连续化、绿色（节能）化、信息化，最大程度满足客户关于提高产品品质、节省人工、节能降耗的需求。

（翟家明）

中金数据“语音大数据分析云”案例获奖

12月28日，中金数据系统有限公司的“语音大数据分析云”案例被中国大数据应用联盟授予“2016优秀大数据应用案例”奖项；同时获由中国电子金融产业联盟与中国互联网协会互联网金融工作委员会共同组织评选的“2016年度中国金融科技创新榜”“2016年度产品创新奖”。9月9日，中国大数据应用联盟开展关于组织2016年度大数据技术应用案例的评选活动，旨在遴选2016年在大数据各实际应用领域的最佳应用案例。经过3个多月的专家评审，评选出18个行业年度优秀案例。“2016年度中国金融科技创新榜”是金融行业信息化建设领域的最高奖项，包含2016年度创新人物奖、2016年度优秀品牌奖，及2016年度产品创新奖3种奖项，旨在评选在2016年度中，为金融行业信息化建设与金融科技发展做出卓越贡献并具有先锋精神的领军人物、企业与应用案例。

（李晨）

华联印刷获绿色印刷特别贡献单位称号

12月，北京华联印刷有限公司获得由中国印刷协会颁发的绿色印刷特别贡献单位称号。年内，公司在治理VOC方面投入200万元，为北京的环保事业做出贡献。

（张娟）

拜耳医药保健获G20领军企业证书

年内，市科委会同有关部门制定《北京生物医药产业跨越发展工程（G20工程）三期实施方案》，旨在推动“十三五”时期北京生物医药产业创新发展。拜耳医药保健有限公司获由市科委、市发展改革委、市经济信息化委、市卫生计生委、市食品药品监管局、中关村管委会、市投资促进局联合颁发的第一批北京生物医药产业跨越发展工程（G20工程）行业领军企业证书。

（程晓芳）

和利时获多项业内重大奖项

年内，和利时集团获中国自动化产业年会2015中国自动化领域十人年度企业奖；获中国两化融合服务联盟2016年度两化融合创新实践奖；获中国工业软件产业发展联盟颁发的2016年度中国工业软件十大领军企业称号；获北京中关村高新技术企业协会颁发的2016中关村高成长企业TOP100奖；获香港铁路有限公司授予的2016香港工程承建商质量金奖；获浙江省物联网产业协会颁发的产品创新奖、科技创新奖、装备创新奖，入围2015年浙江省技术创新能力百强企业名单；获机工传媒·电气时代杂志社颁发的第17届中国电气工业100强奖；获杭州经济技术开发区首届人才科技创新大会卓越创新企业奖。公司负责实施的神华福能鸿山电厂2×1000兆瓦超超临界燃煤发电全厂现场总线DCS项目获中国自动化产业年会

2015 十大年度最具影响力工程项目奖。公司 MACS-K 分布式控制系统、HAMS 智能仪表设备管理系统两项产品获中国仪器仪表学会颁发的 2016 中国好仪表奖。公司旗下 CONCORD 马来西亚分公司 Tanjong Bin 4-1×1000 兆瓦燃煤电厂电气安装项目获 Alstom Services Sdn Bhd（项目总承包商）颁发的 800 万人时零事故安全奖。

（张蔚青）

中铁十九局获多项国家级及省部级奖

新河高速公路获国家优质工程金奖和土木工程最高奖　　企业提供

年内，中铁十九局集团有限公司获国家级优质工程奖 3 项，省部级优质工程奖 12 项。获全国工程建设优秀 QC 小组 6 个，获铁路行业优秀 QC 小组 1 个，电力行业优秀 QC 小组 1 个，辽宁省优秀 QC 小组 20 个，江苏省优秀 QC 小组 3 个，上海市优秀 QC 小组 3 个。获专利授权 87 件，其中发明专利 25 件，实用新型专利 62 件。获省部级科技进步二等奖 6 项。中铁十九局所属第二工程有限公司和电务工程有限公司获“全国优秀施工企业”称号；第三工程有限公司获“辽宁省优秀建筑业企业”称号；矿业投资有限公司获“全国矿山建设十强企业”称号。

（张莹）

重点工程

京东智能项目获批国家级重大专项

1 月，京东集团“智能硬件底层软硬件技术基础服务平台建设”项目获批国家级重大专项，并获得国家财政资金批复。该项目是 2015 年工业转型升级强基工程，旨在建设智能硬件底层软硬件基础服务平台，为智能硬件行业和物联网行业的进一步发展提供优质的基础性条件。项目建成后，将支持实现 50 家以上智能硬件企业的推广应用，1000 个以上智能硬件产品的连接，实现智能硬件底层软硬件技术基础服务平台的直接经济效益 100 亿元，间接经济效益 300 亿元。

（侯娟）

金风科创获批北京市工程实验室

3 月 2 日，北京金风科创风电设备有限公司申报的“智慧风电设计运营互联网服务技术北京市工程实验室”获市发展改革委批准认定。该实验室建设基于国家《“互联网 +”行动指导意见》战略内容，面向《〈中国制造 2025〉北京行动纲要》创新发展需求，以推动互联网与风电产业融合为目标，从风电大数据入手，利用物联网、云计算、大数据等信息技术，整合风电产业全生命周期数据，建设风电大数据资源池和分析处理平台，实现基于互联网思维的智慧风电创新示范应用，并形成开放式的公共服务体系。实验室将开展基于互联网的宏观（微观）选址、机组选型、资源评估、发电功率控制、故障预警、质量诊断、远程维护、远程过程优化等应用服务关键技术和模型构建。

（陈戈）

中冶京诚入围国家工程实验室

6月，中冶京诚工程技术有限公司与清华大学联合申报的“烟气多污染物控制技术与装备国家工程实验室”排在发展改革委公示的2016年度环境保护和社会治安防控领域国家工程实验室拟确定名单第14位，名列环保领域的国家工程实验室名单之首。该国家工程实验室由清华大学联合中冶京诚等国内各行业环保龙头企业共同建设，并将在北京和江苏盐城分别建设研究中心和工程化验证创新平台。实验室由郝吉明、岳光溪、贺克斌等院士领衔，长江学者、教授李俊华担任实验室主任，中冶京诚技术带头人周向等12名创新团队主要成员在列。实验室下设指导委员会和学术委员会、基础研发创新平台、覆盖不同行业的多个烟气多污染控制技术工程化研究创新平台、技术集成优化设计平台和分析检测平台，重点推进大气环保领域核心技术的攻关和重大装备样机的研制；制定国家标准或行业标准，针对烟气多污染物治理存在的问题，承担国家重大应用型研究、高新技术研究和高水平人才培养工作，打造国际一流的烟气多污染物控制技术与装备国家工程实验室。

（程芳）

富思特净霾自洁涂层列入国家火炬计划

9月5日，富思特新材料科技发展股份有限公司自主研发的高科技专利产品——净霾自洁涂层助力获国家火炬计划产业化示范项目证书，标志着富思特净霾自洁涂层产业化项目正式列入国家火炬计划。建筑用净化大气自洁涂料既净霾自洁涂层采用国际上先进的光催化自洁原理和纳米技术，将该产品涂覆于建筑外墙表面，可分解墙面上的油性污染物和部分无机物，同时外墙上的灰尘、粉尘等污染物更易被雨水冲刷掉，最终可以达到漆膜抗污、洁净的功效，并且具有净化空气、抑菌、净醛、防霉、保色等功能。

（朱凯源）

悦康集团头孢药物晶型研究实验室升级

年内，悦康药业集团有限公司头孢药物晶型研究实验室升级为“头孢药物晶型技术研究国家地方联合工程实验室”。主要围绕生物医药产业发展中的头孢药物晶型发现技术、制备技术、评价技术、检测技术、质控技术、产业化等技术问题，建设头孢药物的晶型研究关键技术研究和品种开发平台、工艺放大和优化中试平台、晶型质量评价和标准研究平台，开展头孢药物的晶型技术、品种开发、主流企业头孢药品的晶型质量评价和头孢药物的晶型质量标准等研究，突破头孢药物晶型研究中具有代表性、普适性、应用性的6种关键技术。头孢药物晶型研究实验室于2014年针对制约中国头孢药物晶型研究与产业化等技术问题的迫切需求建立，2015年获批为北京市工程实验室。

（何铖）

资质认证

亚宝生物通过GMP认证

3月14日—17日，北京亚宝生物药业有限公司接受食品药品监管总局五年一次的GMP复认证检查，该检查包括现场检查和资料审核，检查内容涵盖设备与设施系统、物料系统、生产系统、实验室系统和包装与标签系统等六大系统。检查通过，并于5月获得GMP证书，是继2011年公司通过CFDA首次检查后的又一次检查。

（薛红 郝美平）

北方微电子通过知识产权管理标准化认证

4月22日，北京北方微电子基地工艺设备研究中心有限责任公司通过市知识产权局知识产权管理规范标准化认证。知识产权局专利管理司司长雷筱云、认监委认可监管部副主任葛红梅、市知识产权局副局长周砚等领导出席北京企业知识产权管理标准化认证推进会，为15家企业颁发《企业知识产权管理规范》国家标准认证证书。北方微电子知识产权部部长宋巧丽作为首批企业知识产权管理标准认证单位代表发言，就如何开展知识产权贯标工作，系统提升企业知识产权管理水平做详细讲解。雷筱云指出，贯标不是终点，作为首批贯标企业，北方微电子将按照标准的要求，通过PDCA（戴明循环）的管理模式不断进行改进，实现企业知识产权管理体系的优化和完善，强化知识产权国际化竞争战略的运用，在国际市场竞争中不断取得战略主动。

（杨帆）

宏达日新通过欧盟CE认证

8月，北京宏达日新电机有限公司145千伏小型化GIS完成低电压试验与EMC电磁兼容试验，取得欧盟机构认可的电气产品CE认证证书，标志着该产品可直接进入欧盟市场。

（许裕）

东霖科技灭火剂获国家强制性产品认证

11月23日，北京东霖消防科技有限公司自主研发的水系灭火剂产品获中国国家强制性产品认证证书，认证单元是S-100-A-DL，产品的标准是GB1735-2008。该产品具有绿色环保、节能、操作方便等特点，直接破碎灭火、不复燃、无毒无害等优点。应用范围包括营业场所、公共场所、起居场所、娱乐场所、交通工具、工厂等。使用方法分为简单直接投掷灭火法和用水稀释液体泼洒灭火法，简单直接投掷灭火法是在安全距离外将灭火瓶直接投向起火点，灭掉初起火源打开逃生通道。投掷型水系灭火逃生瓶A、B、C、E、F类起火都能使用，尤其是A、B类固体、燃油起火；pH值为中性，对人体无刺激，灭火后对周围环境污染小；零下35℃不结冰；保质期5年，保质期内无须年检。用水稀释液体泼洒灭火法是药剂1份、水20份，将药液稀释后用长柄勺等泼向火源。对临近蔓延区域，具有更好的灭火效果。

（付苓霞）

四达时代中标巴基斯坦卫星电视运营牌照

11月24日，四达时代集团中标巴基

斯坦首张卫星电视运营牌照，这是四达时代获得的首张亚洲国家卫星电视运营牌照。四达时代自 2003 年开始拓展巴基斯坦市场，凭借自身技术实力和运营能力，及帮助非洲多国成功实施广播电视数字化整转的丰富经验，最终获得巴基斯坦政府颁发的首张卫星电视牌照。该牌照的取得意味着四达时代在亚洲市场取得突破，具有里程碑意义。

（兰简瑶）

京东方旗下北京明德医院通过 JCI 认证

12 月 9 日，京东方科技集团股份有限公司旗下北京明德医院，通过 JCI（国际医疗卫生机构认证联合委员会）国际评审认证，获得 JCI 资格证书，标志其医疗质量与患者安全达到国际“金标准”。JCI 国际认证是美国医疗机构评审联合委员会国际部为专门协助世界各国最优秀的医院融入国际质量评审和保险系统而设计的认证体系。北京明德医院自 2012 年 3 月按 JCI 医疗标准建成，至 2016 年获得认证，用时不到 5 年。作为京东方旗下首家医院，北京明德医院拥有高超专业技术水平和来自中国、美国、英国、日本、法国等国家的先进医疗团队，是京东方布局健康服务事业的重要一步。

（沈佳子）

新华印刷获国家秘密载体印制资质

12 月 16 日，北京新华印刷有限公司获国家保密局颁发的国家保密资质（甲级）证书，成为具有国家甲级涉密文件资料印制资质的企业。资质的有效期为 3 年。国家保密资质是涉密文件印制市场准入的“通行证”，是衡量印刷企业整体实力的重要指标。具有甲级国家保密资质的印刷企业可在全国范围内承接秘密级、机密级和绝密级国家秘密载体印制业务。新华印刷于 2014 年 12 月 9 日参加国家保密局关于保密资质申请的专题培训会。从公司保密流程的编写到一系列保密规章制度的建立；从保密管理委员会的成立到各涉密区域软硬件设施的逐步完善；从保密团队分工协作各项保密任务到历经七次保密整改工作的完善和材料提交。

（王冬温）

北京泰豪获涉密信息系统集成双甲资质

12 月 19 日，北京泰豪智能科技有限公司获国家保密局颁发的涉密信息系统集成资质证书，业务覆盖范围为系统集成甲级和安防监控甲级，标志着北京泰豪具备从事涉密信息业务所需要的综合能力。可在全国范围内从事对应业务种类的秘密级、机密级和绝密级信息系统集成和安防监控业务，公司业务范围拓宽。

（毛东颖）

通力盛达铁路专用电源通过 CRCC 认证

年内，北京通力盛达节能设备股份有限公司自主研制的铁路专用电源系列产品，通过中国铁路总公司中铁检验中心（CRCC）产品认证，产品覆盖兰渝线，哈牡线，齐北线等重点高铁线路。配合中国铁路跨越式发展和城市轨道交通建设，促进资源优化配置。

（杨春阳）

和利时通过多项资质认证

年内，和利时集团子公司——北京和利时系统工程有限公司被工业和信息化部、软件服务司遴选为信息化和工业化融合管理体系贯标咨询服务机构。和利时“以行车指挥为核心的轨道交通综合自动化系统（MACS-SCADA 4）”获由市科委、市发展改革委、市经济信息化委、市住房城乡建设委、市质监局、中关村管委会 6 部门联合下发的北京市新技术新产品（服务）认证证书。和利时获浙江省经济和信息化委员会颁发的“高端装备工程服务类骨干企业”“推进信息经济发展（两化融合）重点企业”两项认定。和利时与神华集团共同完成的《大型燃煤电站数字化、一体化控制系统关键技术的研究及工程应用科技成果》通过中国电机工程学会技术鉴定。

（张蔚青）

同仁堂科技公司生产线通过 GMP 认证

同仁堂科技公司提取物生产线　　齐雨辰 摄

年内，北京同仁堂科技发展股份有限公司旗下生产愈风宁心品种的片剂生产线和提取物生产线通过欧盟 GMP 认证，是同仁堂系内首家获得欧洲药监部门认可的单位。片剂生产线将前道工序运送过来的膏粉进行混合、制粒干燥、整粒混合、压片、薄膜包衣，直至形成成药。由于采用国内先进的工装设备，可对压片的压力、片重等实现自动控制，对不合格的产品能自动检测、自动剔除。提取物生产线完全采用封闭式操作，立体化提取流程，并且投料、出渣部分与主体车间分离，工艺、检测、信息都采用现代化管理。

（刘欣 刘慧）

苍穹仪器通过 CMMI 三级认证

年内，苍穹数码技术股份有限公司下属武汉苍穹电子仪器有限公司（简称苍穹仪器）通过 CMMI 三级认证，标志着苍穹仪器的软件能力成熟度和项目管理水平与国际主流模式接轨，公司软件研发管理创新水平再上新台阶。CMMI （Capability Maturity Model Integration），即软件能力成熟度模型集成，由美国国防部与卡内基－梅隆大学和美国国防工业协会共同开发与研制，通过软件过程控制，保证软件产品质量，帮助软件企业对软件工程过程进行管理和改进，增强开发与改进能力，开发出高质量的软件。 CMMI 认证已成为国际上衡量软件企业工程开发能力的重要标志。该认证是对公司在项目需求调研、设计开发、项目管理、提供高质量产品和服务方面的综合保障实力的认可。

（张婷婷）

中外运敦豪通过 TAPA 认证

年内，中外运－敦豪国际航空快件有限公司北京北部服务中心通过 TAPA 认证，成为 DHL 快递在中国第 22 家获 TAPAA 等级认证的服务中心，也是 DHL 快递亚太网络中第 100 家获 TAPA “运输安全要求”认证的服务中心，成为亚太地区拥有最多“运输安全要求（FSR）”认证服务中心的企业。DHL 快递在全球有 270 多个经 TAPA 认证的作业设施。

（国徽 孙淼 王瑞青）

综合经济管理

综述

2016年，开发区按照“稳中求快进，创新大发展”的工作思路，推进供给侧结构性改革，抓落实、建机制、强督查，经济社会发展稳中有进，实体经济持续发展，深化改革持续推进。

开发区全年实现地区生产总值1172.6亿元，按不变价计算，比2015年增长8.1%；规模以上工业总产值完成2842.5亿元，比2015年增长11.2%；工业增加值完成718亿元，比2015年增长9.1%；全社会固定资产投资完成386.7亿元，比2015年下降2.8%，其中产业投资231.2亿元、比2015年增长1.4%、占比59.8%；完成进出口总额157.2亿美元，比2015年增长7.2%，其中出口总额49.5亿美元、进口总额107.7亿美元。年内，开发区万元GDP能耗0.149吨标准煤，比2015年下降1.2%。

开发区严格落实市委、市政府“去、治、进”的工作要求，紧扣经济社会发展工作主线，转方式、调结构、填空白、补短板，抓产业结构调整。制定实施《北京经济技术开发区新增产业的禁止和限制目录（2016年版）》，加速退出消费类电子产品组装、印刷机械、冶金机械以及化工等没有比较优势、劳动密集型行业企业，明确负面清单，引导产业发展方向。

开展经济运行调度，坚持问题导向，及时发现企业经营过程中遇到的难点，主动服务，狠抓精准调度，支持企业发展。把有限的资源用在帮助企业解决资金、技术、市场、人才、基础设施等方面实际需求上，支持企业发展。

在全市率先出台企业出口增量、存量奖励配套政策，调动企业出口积极性，出口降幅比上半年收窄21.7个百分点；在全市率先创建新型显示产品出口质量安全示范区，实现京津检验、通关一体化，减少通关时间，减免检验检疫费用。推进商事制度改革，取消工商登记前置审批事项153项，推进“五证合一”登记制度，全程一站式服务大厅投入运行。

（蔡星月）

综合调控

实施绿色低碳循环发展行动计划

开发区绿色低碳循环发展行动计划启动　　郑云 摄

2月29日，市发展改革委与市财政局、开发区管委会联合举办北京经济技术开发区绿色低碳发展行政计划启动会。行动计划推出，开发区将利用3年时间（重点围绕能源、大气、固体废物、水、环境、管理等领域），提升经济发展、低碳节能、循环利用、环境友好、生态宜居5个方面18项指标。建设完成53个项目，总投资约22.3亿元，开工项目28个，总投资约16亿元。在京东方、北京奔驰等厂区建设一批分布式光伏电站；新增公共租赁自行车3000辆、充电桩573支，自行车租赁网点200个以上。土地产出率、能源消耗强度、二氧化碳排放强度、万元GDP用水量等目标指标达到国际同类园区先进水平。

（姚芳）

亦庄镇五环绿化带非住宅腾退

3月底，开发区启动拆除亦庄镇五环绿化带非住宅腾退项目工作，5月完成全部腾退，9月底完成补偿，腾退补偿1.98亿元。该项目共腾退占地面积约3.33万平方米、建筑面积50万平方米，总投资约1.8亿元；腾退建材、仓储、机加工、物流等小、散、底、劣商户441家，疏解流动人口2000余人，为区域产业转型升级拓展发展空间，消除治安、消防等安全隐患。

（牛帅）

4个项目专项资金使用验收

5月6日，开发区发改局组织验收下一代互联网关键技术和评测北京市工程研究中心有限公司北京市工程研究中心创新能力建设项目。6月29日，组织验收下一代互联网关键技术和评测北京市工程研究中心有限公司IPV6根服务器实验验证公共服务平台建设项目。7月26日，组织验收北京精益泰翔技术发展有限公司抗体工程北京市工程实验室创新能力建设项目。10月，组织验收开发区总公司位于路东区D6地块电子信息产业园项目。以上项目经开发区发改局组织行业专家验收，已完成全部建设内容，专项资金使用符合相关要求。

（李楠）

南海子二期核心区建设启动

7月，开发区管委会召开会议明确北京亦庄国际开发建设有限公司为南海子二期建设主体，工程建设于9月全面复工。开发区基建办抽调23名业务骨干与北京南海子投资管理有限公司组成项目部，梳理原有合同123份，完成阶段性结算25项。

南海子二期核心区占地面积 181 公顷，完成投资 14.4 亿元。

（牛帅）

完成旧宫镇、瀛海镇煤改气减碳工程

11 月 15 日，开发区完成大兴区旧宫镇、瀛海镇所属 18 个小区共 35 台、330 蒸吨、供热面积 170 万平方米燃煤锅炉房改造工程运行调试，正式供暖。旧宫镇区域内自发改气、改电企业 20 多家，确保综合配套协作区实现无煤化。

（牛帅）

经济运行调度工作

年内，开发区发改局联合开发区投促局、财政局、企业发展服务局、科技局、统计局、国税局、地税分局、工商分局等多部门建立联动经济运行调度机制，实现信息共享和数据共享，加强经济形势分析，查找经济运行中的问题。把经济指标、项目建设与政府股权投资，产业、科技、人才政策支持，土地利用，水电气热保障等服务内容统一纳入经济运行调度，促进企业加快发展。建立 100 家重点企业台账，解决企业生产经营中的问题。分类施策，主动服务，兑现已承诺的产业扶持政策，在国网北京市电力公司的支持下，降低用电大户费用支出，降低企业生产经营成本。

（蔡星月）

制定实施新增产业禁止和限制目录

年内，开发区发改局、投促局、企业发展服务局、科技局、房地局、规划分局、社会发展局、环保局、市政局、建发局、工商分局、市食药监管局开发区分局等单位为深化“放管服”改革，加快构建“高精尖”经济结构，贯彻落实《京津冀协同发展规划纲要》，有序疏解非首都功能，根据开发区发展定位和实际情况，依照《北京市新增产业的禁止和限制目录（2015 年版）》，联合制定《北京经济技术开发区新增产业的禁止和限制目录（2016 年版）》，明确负面清单，引导产业发展方向。年内，开发区工商分局落实《北京经济技术开发区新增产业的禁止和限制目录》，全年不予登记禁限名称 156 户次，不予办理增项等变更登记 121 户次，涉及注册资本 2.25 亿元。

（蔡星月 郭敬睿 杨晶晶）

实施外贸稳增长政策

年内，开发区作为北京市第一个出台外贸稳增长政策的区县，推动支柱产业和外贸重点企业开拓国际市场，扩大产能，提高区域竞争力。受益企业 130 余家，占开发区外贸企业总数的 30%、出口总额的 98%，政策实现重点出口企业全覆盖。

（刘夏阳）

每月召开出口企业服务调度会

年内，开发区发改局与投促局、国税局、海关、检验检疫局等部门对出口企业加大宣传辅导，每月召开出口企业服务调度会，准确释放国家、北京市、开发区促进外资外贸工作信号，细化与市级奖励政策的对接，协助解决企业报关、通关、退税、仓储等方面困难。全年完成出口 344 亿元，基本与 2015 年持平。

（刘夏阳）

建成北京新型显示产品质量安全示范区

年内，开发区与市出入境检验检疫局

合作，建成北京新型显示产品质量安全示范区。北京京东方显示技术有限公司、冠捷显示科技（中国）有限公司等上下游企业享受进口零部件免检、成套设备在企业内实现与检验检疫局共同检验、法检费减半等优惠政策，验放速度提高50%。示范区完成生态原产地产品保护范围界定并签署合作备忘录，有助于打破国际贸易中的“环境壁垒”，扩大品牌效益，培育外贸竞争新优势。

（刘夏阳）

处理物价举报投诉100件

年内，开发区发改局接收并处理举报投诉100件，涉及停车场收费、水电气热价格、商超商品标价、网购价格欺诈等多种类型，其中电商举报投诉数量增加明显。

（刘夏阳）

受理政府采购项目12项

年内，开发区政府采购中心受理政府采购项目12项，其中货物2项、服务7项（含定点采购类4项）、工程类1项。项目预算总金额6491万余元，全年完成预算金额6491万元，平均节约率为9.03%。

（仲婉青）

能源消费总量175万吨标准煤

年内，开发区能源消费总量175万吨标准煤，单位万元GDP能耗0.149吨标准煤，能源效率继续在北京市保持领先水平，在国际同类型园区中属于先进水平。

（姚芳）

与北京电力公司深化战略合作

年内，开发区深化与国网北京市电力公司亦庄供电公司战略合作，双方就电力基础设施建设、合作平台建设、电力设施安全、新能源建设等方面达成共识，签订《关于“十三五”期间开发区电网建设战略合作协议》。北京奔驰汽车有限公司瑞合110千伏变电站顺利发电。

（姚芳）

鼓励社会资本参与基础设施建设

年内，开发区鼓励社会资本参与基础设施建设，采取PPP模式投资建设和运营有轨电车T1线，项目总投资估算为27.72亿元，市发展改革委给予项目工程投资30%的资金补助。开发区发挥财政资金杠杆作用，通过政府引导基金、合作设立产业基金、租赁担保、股权投资等方式，实现重点项目在开发区内落地，支持战略性新兴产业发展。统筹财政和国企资金使用，降低开发建设成本。

（姚翊）

完成全社会固定资产投资386.7亿元

年内，开发区完成全社会固定资产投资386.7亿元。比2015年下降2.8%。其中，产业项目投资231.1亿元，比2015年增长1.4%；开发区总公司项目投资66.6亿元；住宅项目投资69.9亿元；政府投资项目19亿元，包括开发区管委会15.5亿元、市级投资3.5亿元。

（姚翊）

6条区内主干道路提升改造

年内，开发区完成荣华路、经海一路、荣京东街、科创五街、西环北路、文化园东路改造项目，优化提升开发区主干道路交通通行能力。启动亦庄新城有轨电车T1线项目，促进区域交通出行结构优化、提升城市空间优化水平。完成公租自行车三期升级改造项目。完成东方医院南院区改造，完善居民医疗卫生配套功能。

（姚翊）

南海子公园产业用地投资 11 亿元

年内，开发区发改局推动南海子公园产业用地投资，全年完成投资 11 亿元。南海子公园 B、C、I 三个片区（B 片区位于南海子公园东北部，C 片区位于南海子公园西南部，I 片区位于南海子公园东部）前期手续于 2012 年启动，其中 B、I 片区 2016 年 6 月签订征地协议。南海子公园产业用地总占地面积 218 公顷，其中建设用地 29 公顷、建筑面积 53 公顷。

（牛帅）

工商行政管理

概况

2016 年，北京市工商行政管理局经济技术开发区分局（简称开发区工商分局）负责开发区各类市场主体的登记注册服务、日常监管、消费者权益保护和案件办理等工作。设有办公室、登记科、管理科、消保科 4 个科室，有干部 35 人。其中，党员干部 33 人，平均年龄 38 岁。年内，开发区工商分局在科技园区和金融机构设立工商登记注册指导站，培训登记注册专员，延伸登记前端服务；更换大厅办公地址，增加服务窗口；强化个转企的引导工作，推动区域市场主体发展。对北人集团等老工业厂房“腾笼换鸟”，协助智能机器人创新园设立机器人科技企业 50 余家。对智能车联产业创新中心进行跟踪服务。

（郭敬睿 杨晶晶）

完成投诉调解 60467 件

3 月 14 日—16 日，开发区工商分局接收“12315”系统投诉 1032 件，举报 78 件；接收央视“3 · 15”晚会系统投诉 708 件，举报 47 件。年内，电商促销高峰时段，如国庆节、“双十一”“双十二”期间，开发区工商分局落实《互联网广告管理暂行办法》，提前约见辖区各电商企业负责人，给予其行政提示。实地走访电商企业，通过企业内部数据统计系统了解促销带来的实际订单增长和售后处理情况变化。开发区工商分局接到投诉 60467 件，其中广告宣传问题 41538 件、消费合同问题 10588 件、产品质量问题 6155 件、售后服务问题 2186 件。全部完成投诉调解，为消费者挽回经济损失 2756.06 万元。

（马志杨 杨晶晶）

排查 22 户无证无照餐饮单位

3 月，开发区工商分局针对“3 · 15”晚会曝光“饿了吗”外卖网站问题和市局对治理无证无照餐饮整治的工作要求，牵头联合市食药监管局开发区分局、环保局和办事处等部门开展无证无照专项整治。共排查 22 户无证无照餐饮单位，其中 3 户移转、9 户立案、10 户取缔。

（姚成双）

6 个部门协同清理市场主体 876 户

4 月 25 日，开发区工商分局与开发区财政局、国税局、地税分局召开联席会议，与开发区国税局、地税分局数据比对，为“营改增”工作的稳步推进提供准确的数据支撑。联合开发区国税局、地税分局惩戒企业违法经营，将问题企业锁入黑名单，共同打造信用监管体系；联合开发区国税局、地税分局加快清理经济户口“虚数”，全年清理市场主体876户。协同开发区投促局、企业发展服务局调整区域产业结构；依托工商登记大数据，为政府决策部署提供参考；协同开发区管委会出台特色产业园管理意见，核定16家特色产业园。

（姚成双 杨晶晶）

规范和整治辖区内公寓经营情况

8月，开发区工商分局检查和整治辖区内公寓经营情况。联合开发区公安分局、消防支队检查兴业街无证无照的海友公寓，现场暂扣租赁合同、票据、电脑等物品，责令停业，立案处理。对人员密集企业附近的公寓进行摸排，调查核实经营范围、住宿资质。核实辖区公寓在“去哪儿网”“携程网”“大众点评网”等发布的广告内容是否与其经营范围一致。对不具备经营资质的公寓进行规范和整治，维护辖区市场主体公平竞争。

（姚成双）

颁发首张“五证合一”营业执照

开发区工商分局颁发首张“五证合一”营业执照　杨晶晶 摄

9月27日，开发区工商分局向北京航天万源科技有限公司颁发首张“五证合一”营业执照，标志着开发区“五证合一”登记制度改革正式实施，实现“一窗受理、一套材料、一站办结、一网共享”的登记模式。

（杨晶晶）

首家金融机构工商登记注册指导站成立

农行开发区支行工商登记注册指导站挂牌　杨晶晶 摄

10月9日，开发区首家金融机构工商登记注册指导站在中国农业银行股份有限公司北京经济技术开发区支行挂牌成立，并为两位登记注册专员颁发登记注册专员证。实现工商登记注册业务与银行金融服务对接，为开发区企业带来便利。

（郭敬睿 杨晶晶）

专项服务智能机器人创新园

10月21日—25日，开发区举办2016世界机器人大会。开发区工商分局走访调研大会实施单位——北京北人印刷设备有限公司，办理2016世界机器人大会的餐饮、销售食品等工商登记事项，解决与会人员和观众的用餐问题；设立智能机器人创新园工商登记注册指导站并培训专员1名，帮助园区设立机器人科技企业50余家；对重点区域的高风险单位进行检查和提示，约谈户外广告经营单位，共查处无照经营主体8个、解决群体投诉问题1件、发放户外广告提示书1份。

（姚成双 杨晶晶）

企业登记全程电子化

开发区工商分局颁发首张电子营业执照 杨晶晶 摄

12月15日，开发区工商分局在工商注册服务大厅为汉唐网源技术（北京）有限公司颁发首张电子营业执照。该执照申请过程由办事人员在移动通信终端操作，开发区工商分局在后台完成审核，简化办理流程。电子营业执照的颁发，标志着开发区企业登记全程电子化工作正式实施。

（郭敬睿 杨晶晶）

成立8家工商登记注册指导站

年内，开发区工商分局在科技园区、众创空间和金融机构成立工商登记注册指导站，生物医药园、朝林广场、移动硅谷、亦创智能机器人创新园、农行开发区支行等8家工商登记注册指导站挂牌，培训登记注册专员30人。工商登记注册指导站免费为企业提供登记注册咨询、办理登记注册事务、宣传登记政策，企业2个工作日即可领取营业执照。

（郭敬睿）

实行地址核查制度

年内，开发区工商分局全面实行地址核查制度，杜绝虚假注册和重复注册问题，减少失联企业；与房屋产权方沟通，依托社会力量，防控日常风险。全年完成地址确认6866户，核驳1175户，核驳率17.11%；完成352户主体的抽查工作。动态监管区域内融资租赁、理财销售等行业的经营主体，不定期上门检查，整顿媒体广告，检查印刷广告品、户外广告，关注群众投诉举报此类问题，防范非法集资行为。2015年度开发区个体户年报率为96.28%，内资主体年报率94.57%，外资主体年报率96.96%；办理异常名录列入1653户，移出556户。

（姚成双 杨晶晶）

办理行政处罚案件325件

年内，开发区工商分局建立与电商企业管理层会谈机制，每季度开展专题交流培训，共约谈京东集团、优品惠等电商60余次，督促电商企业完善内部管理。通过“行政＋市场＋技术”的管理手段和方式，建立信用激励与约束机制，指导电商建立上线前审核和售后处理审核，将消费维权工作从事后处置转向事前防控。8月以后，投诉举报数量呈现下降趋势；下半年比上半年投诉降低60.33%，举报降低33.9%。全年立案2834件，行政处罚325件，罚没款407万元。

（马志杨）

开发区实有企业16488户

年内，开发区实有企业16488户，其中内资企业15041户、外资企业880户、个体工商户567户。新设主体3429户，其中内资企业3360户、外资企业68户、个体工商户1户。

（郭敬睿 杨晶晶）

统 计

概况

2016 年，北京经济技术开发区统计局（简称开发区统计局）围绕北京市统计工作部署和开发区管委会折子工程，拓展服务空间，在经济运行监测、服务区域特色经济等方面取得新进展。全年完成 1350 家单位涉及工业、商业、服务业、固定资产投资、劳动工资、能源、科技、中关村统计等 5 万余张年定报报表的数据收审、评估、上报工作。承担市统计局课题《“五大发展理念”下开发区发展进程研究》；完成统计分析报告 30 余篇，其中得到开发区工委、管委会领导批示 5 篇。编印统计年鉴、数据摘要、统计公报、实用手册、发展月报 5 种统计资料，对外提供数据 6.66 万笔。

（吕华斌）

统计督导检查 20 家企业

1 月至 6 月，开发区统计局以执法组牵头、各专业组全程参与方式，对诚信度低、配合度低、错误率高的 20 家企业开展统计督导检查。对 4 家迟报企业送发催报文书，4 家企业的统计负责人和统计人员均到开发区统计局进行陈述申辩，并配合完成补报工作。

（吕华斌）

召开企业统计人员年定报培训会 8 场

年内，开发区统计局从年定报工作培训入手，进行制度讲解、加强审核评估，及时总结工作中出现的问题，规范年定报流程，撰写年报工作报告，做好年报备忘录工作，提高工作质量。全年召开企业统计人员年定报培训会 8 场，参训人员 2000 余人。

（吕华斌）

提高统计数据精准度

年内，开发区统计局完成 24 个产业园区和 9 个社区统计站点建设，并开展准规模查找和基本单位情况调查查出达规模（限额）单位 115 家，发现入统与纳税属地不一致单位 17 家，为税源清理工作奠定基础。同时，开发建成统计数据抽取系统，实现原始数据到各类汇总数据、历史数据的快速处理和生成。

（吕华斌）

月度监测 165 家重点企业

年内，开发区统计局建立重点工业企业预测制度，开展创新驱动发展监测评价工作，建立开发区创新驱动发展评价指标体系，发布创新能力监测数据和创新能力评价报告，反映开发区创新能力和特征。全年月度监测 165 家重点企业的生产经营状况。

（吕华斌）

多部门联合会商经济运行情况

年内，开发区统计局围绕地区生产总值、工业总产值、固定资产投资、企业效益等主要经济指标逐项分解、逐月比对，对发现的异动指标异动情况联合开发区发改局、财政局、国税局、地税分局开展经济运行联合会商，邀请企业座谈，持续深入跟踪了解重点行业、重点企业的生产经营状况，挖掘经济运行问题的深层原因，保障开发区经济运行。

（吕华斌）

开发区综合发展水平评价

年内，开发区统计局全程参与国家级开发区综合发展水平评价方案设计、指标确定、数据评审等工作，在完成2016年综合发展水平评价各项资料报送工作的基础上，配合完成材料审核后续工作，为优化开发区综合发展水平评价工作奠定基础。评估结果显示，开发区综合发展水平在全国国家级开发区中位列第七位。

（吕华斌）

海 关

概况

2016年，中华人民共和国北京经济技术开发区海关（简称开发区海关）管辖范围包括开发区、大兴区、通州区，主要业务包括加工贸易监管、企业管理、减免税审批、稽核查、亦庄保税物流中心监管等海关监管工作。开发区海关设有5个科室56人。3月，ET保税直购中心在保税物流中心正式开业；7月，保税展示交易系统正式上线，标志着保税展示交易功能全面实施。年内，开发区海关做好自贸区11项监管制度复制推广，协调运营方，推动开展保税展示交易业务。

（庄璐宁 王磊）

取消加工贸易业务审批

9月1日，开发区海关执行商务部、海关总署联合发布的《关于取消加工贸易业务审批的公告》[2016]第45号文件，取消加工贸易业务审批和6项批准证件，修订开发区海关业务流程和工作规范，细化重点审核内容。

（庄璐宁 王磊）

海关关税征收

年内，开发区海关征收税款23.95亿元，比2015年增长15.3%；审批报关单36759票，比2015年增长5.26%；加工贸易手册备案金额9.55亿美元，比2015年下降55.29%；备案合同316份，比2015年下降1.86%；审批减免税证明6264票，比2015年下降20.58%；审批减免税总货值3.59亿美元，比2015年下降17.19%；减免税款5.16亿元，比2015年增长13.13%。

（庄璐宁 王磊）

亦庄保税物流中心征收税款12.3亿元

年内，亦庄保税物流中心征收税款12.3亿元，比2015年增长63.29%；审批报关单17845票，比2015年增长5.89%；监管货值34.97亿美元，比2015年增长37.75%；货运量7.94万吨，比2015年增长9.41%。

（庄璐宁 王磊）

海关办理企业注册登记

年内，开发区海关办理企业注册登记704家，企业变更1255家，企业注销79家，企业巡查116家。截至年底，辖区有效注册企业5204家，比2015年增长12.69%。包括高级认证企业24家、一般认证企业91家，内资企业4679家、外资企业525家。办理企业认证业务7起。

（庄璐宁 王磊）

稽查26家企业

年内，开发区海关开展企业稽查26家，其中常规稽查6家、专项稽查20家，补税355.30万元。开展基础作业14家，办结13家，补税2715.59万元。开展核查作业153次。

（庄璐宁 王磊）

全国通关一体化改革

年内，开发区海关以北京亦庄保税物流中心为依托，实现中心申报、全国一体化放行的通关模式。全年从天津海运口岸进口、中心申报的报关单442票。首批在“非京津冀”进境的货物于11月10日从横琴口岸进境，与其他海关特殊监管区域间保税货物流转形成常态化，全年保税间货物结转的报关单152票。

（庄璐宁 王磊）

通关无纸化比例达98.34%

年内，开发区海关扩大无纸化通关作业和无纸化报关单集中代存的范围，节约企业通关成本，提升通关效率。截至年底，无纸化报关单比例达98.34%。

（庄璐宁 王磊）

边角料内销征税102.93万元

年内，开发区海关采用期权与现货处理相结合的模式，完成住化华北电子材料科技（北京）有限公司、乐金化学显示器材料（北京）有限公司和SMC（中国）有限公司的边角料拍卖工作，累计拍卖边角料内销征税总货值84.30万美元，征收税款102.93万元。

（庄璐宁 王磊）

推进电子账册应用

年内，开发区海关根据企业需求逐步扩大电子账册使用范围，推动企业电子口岸系统升级，方便企业单耗版本号核对。跟踪辅导威讯联合半导体（北京）有限公司完成E账册切换，支持安迅（北京）金融设备系统有限公司开发使用电子账册企业监管系统，支持航卫通用电气医疗系统有限公司、北京通用电气华伦医疗设备有限公司改进单耗版本申报。截至年底，E账册备案本数11本。

（庄璐宁 王磊）

建设保税仓库

年内，开发区海关支持天诚保税仓库提升竞争力，鼓励其关注跨境电商等新业务。支持尚品百姿电子商务有限公司和泓明供应链管理有限公司申请设立公用型保税仓库。做好星网保税仓库的数据核对和注销工作。

（庄璐宁 王磊）

特许权和商标使用费补税2201.76万元

年内，开发区海关对辖区内的敏感行业、敏感企业、敏感商品开展风险分析，建立高风险企业名单，对特许权使用费和商标使用费补税2201.76万元 。

（庄璐宁 王磊）

移交缉私部门案件13起

年内，开发区海关对辖区企业涉及的重点领域、重点商品加强正面监管，打击走私违规行为。全年移交缉私部门案件13起，案值约288.24万元。

（庄璐宁 王磊）

支持亦庄保税物流中心招商引资

年内，188家企业在北京亦庄保税物流中心开展业务，中心核心“一日游”业务的操作流程日趋成熟。全国第一家保税仓储皮草项目落户中心。北京亦庄保税物流中心成为北京地区单一红酒保税仓储的最大集中地。7 家中心内企业租赁使用仓库面积 1.66 万平方米，使用率达到 40%。

（庄璐宁 王磊）

加强亦庄保税物流中心监管的科技保障

年内，开发区海关加强北京亦庄保税物流中心辅助平台系统的运维管理，与博大世通国际物流（北京）有限公司和软件开发方东方口岸公司建立联系配合机制。全年完成系统升级 4 次，提出系统修改需求 28 项，保税展示交易模块投入使用。

（庄璐宁 王磊）

检验检疫

概况

2016 年，中华人民共和国北京经济技术开发区出入境检验检疫局（简称开发区检验检疫局）完成检验检疫出入境货物 2.33 万批次，比 2015 年增长 12.38%；货值 28.79 亿美元，比 2015 年增长 64.23%。其中，检验检疫进口货物 1.96 万批次，比 2015 年增长 13.75 %，货值 27.08 亿美元，比 2015 年增长 68.51%；检验检疫出口货物 3677 批次，比 2015 年增长 5.60%，货值 1.71 亿美元，比 2015 年增长 17.12%。亦庄（B 型）保税物流中心受理报检 1.38 万批，货值 32.42 亿美元。其中，法检货物 2127 批，货值 18.95 亿美元。

（张颖）

开展进口皮毛保税仓储业务

年初，开发区检验检疫局指导北京经开新运物流有限公司对其在北京亦庄保税物流中心（B 型）租赁的仓库进行改造，帮助企业完成申报材料，进行现场初步审核。6 月，北京检验检疫局批准开发区检验检疫局作为首个试点分支机构，在北京亦庄保税物流中心（B 型）以集报核销模式开展进口皮毛保税仓储业务。7 月，保税仓储库投入使用。截至年底，共办理境外进区业务 9 批，共计 25 万多张水貂皮；办理出区进口业务 19 批，共计 22 万多张水貂皮。

（张颖）

进口消费品质量安全监管

6 月 21 日，开发区检验检疫局在进口服装芒果（MANGO）品牌中检出两种含有可分解致癌芳香胺染料的禁用物质。开发区检验检疫局对不合格产品实施监督销毁，根据本次检验结果，该公司在全球范围内将 5585 件同批次在售产品实施下架召回。年内，开发区检验检疫局在大众汽车（中国）销售有限公司进口的润滑油中发现开口闪点低于标准值要求的不合格情况，大众公司认可检测结果并申请销毁不合格油品。开发区检验检疫局约谈大众公司，将情况上报北京检验检疫局、质检总局，并报请质检总局就本次事件发布警示通报。

（张颖）

获批出口新型显示产品质量安全示范区

年内，开发区检验检疫局推进省级出

口新型显示产品质量安全示范区建设。协调开发区发改局和京东方科技集团股份有限公司制定工作实施方案、推进计划等基础文件。4月13日，示范区建设启动会召开，北京检验检疫局副局长徐福华和开发区管委会副主任王合生出席，会议通报了示范区创建工作计划和相关要求。5月，开发区检验检疫局与发改局和京东方科技集团股份有限公司签署工作备忘录，配合行业专家完成对示范区建设工作的指导和对相关企业质量体系运行情况的诊断，组织专家开展初审工作，结合初审情况召开阶段性总结会议，向北京检验检疫局申报。11月22日，省级出口新型显示产品质量安全示范区获批。全面构建地方政府主导、企业主体负责、检验检疫监管、行业协会参与的北京出口新型显示产品质量安全示范区、服务区域经济发展先进区和检验检疫体制创新实验区。

（张颖）

推动辖区企业实施“三通”模式

年内，开发区检验检疫局在辖区企业宣传、推广“三通”（通报、通检、通放）模式。截至年底，实施“三通”模式企业增至8家，受理“三通”报检1.03万批。调整规范航卫通用电气医疗系统有限公司等3家公司的“三通”模式操作流程。同时，应用远程视频监控监管模式，助推“三通”提速增效。12月，完成《R-CAM视频技术在进出口货物检验监管中的可行性研究》（北京检验检疫局）科研课题验收。辖区企业逐步上线R-CAM视频监控系统，将传统的现场查验转变为人机现场与远程查验相结合，提高检验检疫效率。

（张颖）

出口食品分类检验监管

年内，开发区检验检疫局对辖区内出口食品备案企业和产品风险进行梳理和评估分析。根据企业管理体系运行实际情况，结合企业出口食品种类、批次情况、历年来检验检疫过程中出现的产品质量问题和企业承担产品质量安全主体责任的能力等关键要素，分类管理辖区内23家出口食品生产企业。

（张颖）

进出口产品质量追溯监管

年内，开发区检验检疫局协助推动北京地区进出口产品质量安全追溯体系建设。推动辖区40家企业3533种产品在“进出口产品质量追溯监管平台”注册。12月，国家质检总局2016年度科研课题《进出口产品质量追溯体系研究》结题。通过课题的研究，加快落实副市长程红的批示，进出口产品质量安全追溯系统在北京地区全面推广，进一步健全出口产品质量安全追溯体系。

（张颖）

预评估工作引入进出口产品质量追溯监管

年内，开发区检验检疫局在预评估工作中引入“进出口产品质量追溯监管平台”，实现第三方检测报告和到货报检批之间货号的关联，采用信息系统自动比对，完善预评估工作。通过实施“预评估、预检验、预申报”，进口消费品通关时间由原来的两个星期缩短到24小时。全年完成进口服装检验2650批，其中预评估批次2602批，进口服装预评估比例达98.19%；完成进口仿真首饰检验213批，其中预评估48批，进口仿真首饰预评估比例达到22.54%。

（张颖）

特殊物品全流程监管平台启用移动端

年内，开发区检验检疫局启用特殊物品远程查验系统手机端（APP）。该系统依托“出入境特殊物品全流程一体化监管信息平台”，涵盖预警、监管、追溯、反馈等功能，通过手机对货物进行远程查验并反馈查验信息，缩短入境特殊物品通关时间。手机端全年完成入境特殊物品查验1268批。

（张颖）

专项检查危险化学品货物和包装安全

年内，开发区检验检疫局现场检查辖区内重点企业和问题企业，重点对化学品货物和包装安全进行专项检查。检查进口企业13家，出口企业1家。通过走访和调查问卷，了解天津港爆炸事件后辖区企业进出口变化情况和需求。严格出口危险货物包装检验监管，不合格检出率大幅提升，出口危包使用鉴定检出不合格60批次，比2015年增长71.43%。8月，专项检查工作通过北京检验检疫局督查组的检查。

（张颖）

医疗器械质量安全专项督查

年内，开发区检验检疫局召开企业宣贯会，动员部署医疗器械质量安全专项督查，50余家企业100多名代表参会。登记、摸排196批进口医疗器械报检单；对中日友好医院、安贞医院等4家医疗机构开展后续监管工作；发现3起以旧顶新案件，对2起案件完成行政处罚。通过专项行动的开展，开发区检验检疫局医疗器械不合格检出率提高至1.05%。

（张颖）

试点上线e-CIQ主干系统

年内，开发区检验检疫局从测试、数据初始化、培训教材编写、业务模式梳理、培训、演练等多方面对中国电子检验检疫（e-CIQ）主干系统设计全程参与，并在上线前对辖区内157家企业进行专项培训。作为全国首批上线试点机构，开发区检验检疫局接受e-CIQ主干系统入境、出境和包装首单报检，出具e-CIQ主干系统上线后首份《入境货物通关单》。随着e-CIQ主干系统运行，辖区全面实行出口直放，共受理出口直放业务3677批，进口报检2654批，集装箱3.62万个标箱。

（张颖）

帮助亿滋食品提升进出口效率

年内，开发区检验检疫局率先对亿滋食品有限公司实施出口分类管理、出口直放、进口主要原料可可粉的流程再造，帮助亿滋食品解决了按照以往模式通关周期长、产品货架期长的难题，通关时间由流程再造前的平均一周缩短为平均一天，为其顺利占领日本市场赢得良好开端。

（张颖）

落实“同线、同标、同质”工作

年内，开发区检验检疫局推广落实国家质检总局“同线、同标、同质”工作，召开出口食品企业研讨会、座谈会、宣贯会共5次。推动企业出口、内销产品在同一生产线、按相同的标准生产，使内外销产品达到同样的质量水准。北京丰收葡萄酒厂和北京美丹食品有限公司在国家认证认可监督管理委员会“同线、同标、同质”

网站成功上线，北京丰收葡萄酒有限公司因取得2019年国际篮协世界杯的独家葡萄酒赞助商资质，开发区检验检疫局帮助该公司办理出口食品生产企业备案手续和出口检验。

（张颖）

食品药品监督

概况

2016年，北京市食品药品监督管理局经济技术开发区分局（简称市食药监管局开发区分局）完成案件办理、日常监管、专项整治、食药抽验、行政受理审批等任务。全年组织开展药品、餐饮食品、保健食品、化妆品、医疗器械“四品一械”专项整治工作40余次，累计派出执法人员千余人次。检查食品生产企业45家次、药品生产企业92家次、医疗器械生产企业88家次、保健食品生产现场19家次、化妆品生产企业35家次，检查覆盖率100%。完成世界机器人大会、首都大学生运动会、中国半导体市场年会、开发区文化艺术节等十余次重大活动保障任务。

（黄文佳）

开展春节前食品抽检工作

1月18日，开发区食品药品安全委员会联合市食药监管局开发区分局，对辖区流通环节重点食品开展抽验工作。抽样检测重点为肉和肉制品、水产品、食用油、糕点、禽蛋制品、乳制品、婴幼儿食品等食品七大类22个样品，样品涉及北京市、河北省、湖南省、内蒙古自治区、浙江省、天津市等地区。监测项目包括亚硝酸盐、苯甲酸、山梨酸、铅、镉、砷、酸价、过氧化值、霉菌、黄曲霉毒素B1/M1、三聚氰胺、水分、硝基呋喃类代谢物4项、氯霉素、乙烯雌酚、孔雀石绿等，检查结果均合格。

（李彤）

开展罂粟壳完成分专项检查

1月28日—29日，市食药监管局开发区分局按照市食品药品监管局印发的《关于严查火锅底料、调料、炸鸡粉、烤鱼料等调料包添加罂粟壳成分的通知》要求，在辖区内开展专项检查。此次检查共涉及辖区内商场超市5家、早市1家，出动执法人员18人次，未发现不合格产品及违法行为。

（杨晶）

开展节前年夜饭专项检查

2月初，市食药监管局开发区分局对辖区内提供年夜饭的大、中型餐饮单位开展专项检查，对开发区年夜饭预订情况进行备案登记。辖区14家餐饮单位共预定年夜饭320桌，执法人员要求各餐饮单位负责人提交《承诺书》，严格落实食品烧熟煮透、生熟分开等制度，加强食品进货查验和索证索票管理，做好餐用具的消毒和相关记录。执法人员对4家餐饮单位的8件食品原料进行快速检测，检查结果均合格。

（刘施）

市食药局局长到开发区调研

2月17日，市食品药品监管局局长丛骆骆带队到开发区调研，开发区管委会主任梁胜等领导参加。双方共同分析研究开发区药品、医疗器械生产企业的发展规划，探讨拜耳医药保健有限公司第三期用地、第一三共制药（北京）有限公司生产工艺改造、生物医药研究机构的落地政策等问题，并就促进生物医药行业发展、加强食品药品监管达成一致意见。

（刘云杰）

联合检查校园食品安全

2月18日—19日，市食药监管局开发区分局联合开发区社会发展局对11所学校和幼儿园的食品安全进行联合检查。联合检查组要求各学校、幼儿园人员签署《学校食堂食品安全承诺书》，并将承诺书张贴于本校（园）用餐场所醒目处。检查组重点查看库存食品原材料有效期、保存条件、设备设施运转情况和消毒清洁等情况，提出整改意见和5个方面的要求：要求各学校食堂在寒、暑假期之前控制食品原材料采购量，避免食品原材料在假期期间积存；对于假期中保存的食品原材料应按照储存条件进行储存，新学期使用前应检查食品的性状；新学期前应对食品处理区环境和用具进行彻底消毒清洗；对用于餐用具、环境的消毒剂和紫外线消毒灯要求定期检查；对从事食品处理工作人员的健康证明进行核查，未取得健康证明人员不得从事食品处理工作。8月22日—23日，市食药监管局开发区分局与开发区社发局、公安分局、交通大队、消防支队、街道办事处组成联合检查组，对开发区内12所学校和托幼园所的食品安全开展联合检查，检查结果均合格。

（刘施）

约谈互联网食品经营企业

3月2日，市食药监管局开发区分局召开互联网食品经营企业约谈会，辖区内大型互联网食品经营企业、第三方网络销售平台企业相关负责人参加。会上，市食药监管局开发区分局负责人分析辖区食品安全形势，提出存在问题和改进措施，并要求参会企业严格落实食品安全主体责任，按照《中华人民共和国食品安全法》等相关法律法规，贯彻执行食品安全标准，为广大消费者提供安全可靠的食品；强调第三方网络销售平台要完善主体监督机制，加强内部管理，为两会营造良好的食品安全经营环境。

（杨晶）

食品药品安全宣传

3月10日，市食药监管局开发区分局宣传员联合荣华街道办事处在“3·15”消费者权益日开展食品药品安全宣传，通过展板展示、现场试剂盒快速检测、讲解食药安全知识、发放宣传读本及宣传品等活动。活动共发放宣传品2000余件、宣传画册1000余本。4月26日，市食药监管局开发区分局宣传员走进亦庄天华园一里社区，发放《预防食物中毒小常识》《食品安全小常识》等宣传小册200余册、食品安全知识纸牌、围裙和环保袋共200余套；6月16日，在博大公园向广大群众讲解食品安全的基本概念、预防食物中毒的主要措施等内容，发放1800余套《祝您健康——安全用药手册》《食品安全基本常识》《食物中毒预防知识手册》，以及腰围尺、围裙、环保袋、纸牌等宣传用品。10月中旬，市食药监管局开发区分局通过北京亦庄微信公共平台开展“药品安全知识竞赛”活动，参与人数超过百人，对前十名优胜者予以奖励。

（黄文佳 杨天一）

三部委领导到悦康集团调研

三部委领导到悦康集团调研　　田艳军 摄

3月10日，国家药典委员会秘书长张伟、卫生计生委药政司司长郑宏、工业和信息化部消费品司副司长吴海东到北京悦康药业集团有限公司调研，解决该公司生产的鱼精蛋白注射液修订检验标准、定点生产和药品价格等问题。市食品药品监管局局长丛骆骆等陪同。三部委领导要求企业在保证药品质量安全的前提下制订应对措施，勇于承担起社会责任，保障产品的市场供应。同时也表示将立足惠及民生，扶持短缺药品生产企业的发展，加快修订检验标准，保障人民群众有药可用和用药安全。

（刘伟毅）

专项整治无证无照餐饮单位

3月22日—23日，市食药监管局开发区分局与荣华街道办事处、开发区工商分局联合开展查处无证无照餐饮单位专项行动。被查处的餐饮单位中，有8家因房屋土地性质无法办理相关证照，3家因新开办而未能及时办理相关证件，1家为改变后厨布局而不符合食品安全标准。市食药监管局开发区分局针对不同情况进行约谈并逐一进行处理。4月14日，市食药监管局开发区分局联合开发区工商分局、公安分局、荣华街道办事处，对兴业街的无照无证餐饮单位开展专项整治行动。完成对7家无证经营餐饮单位的调查取证、填写执法文书、查封扣押物品、贴警示牌等工作。

（陈斌）

医疗器械生产监督管理工作会召开

3月24日，市食药监管局开发区分局召开2016年开发区医疗器械生产监督管理工作会，辖区73家医疗器械生产企业负责人、质量负责人、生产负责人共200人参加。会议总结开发区2015年医疗器械生产监督管理工作，部署2016年工作；学习食品药品监管总局及市食品药品监管局下发的文件，汇总分析2015年日常监督检查中发现的问题；市医疗器械检验所专家报告近年来监督抽验中发现的问题和原因分析。

（朱珠）

治理无照无证餐饮单位工作部署

3月25日，开发区食品药品安全委员会组织召开治理无照无证餐饮单位工作部署会暨2016年第一次全体会议，食药安委16个成员单位负责人和开发区管委会副主任、食药安委会主任沈永刚参加。会上宣读《关于调整北京经济技术开发区食品药品安全委员会及其办公室成员单位名单的通知》，部署治理无照无证餐饮单位工作方案。市食药监管局开发区分局、开发区工商分局、荣华街道和博兴街道办事处共4个成员单位代表就治理无照无证餐饮单位工作情况发言。

（李彤）

保障首都高校学生运动会食品安全

5月12日—15日，首都高等院校第54届学生田径运动会在开发区举办。4月20日，市食药监管局开发区分局对首都高校学生运动会承办单位北京电子科技职业学院后勤处负责人和食品安全管理人员进行食品安全知识强化培训。对承办单位食品安全主管领导进行安全和责任约谈，了解接待任务的具体安排、时间、餐次、就餐人数和用餐方式。对运动会期间食品原料采购、进货验收、食品留样、餐具清洗消毒等提出具体工作要求，对运动员菜谱进行备案，运动会期间未发生食品安全事件。

（刘施）

医疗器械质量管理规范企业交流培训

5月24日，市食药监管局开发区分局召开2016年医疗器械质量管理规范企业交流培训会，开发区内80家医疗器械生产企业400余人参加。会议邀请华润万东医疗装备有限公司和北京利德曼生化股份有限公司企业相关负责人员就实施医疗器械生产质量管理规范过程中实操方面的问题展开培训和交流。8月26日，市食药监管局开发区分局召开2016年医疗器械质量管理规范第二次企业交流培训会，开发区内80家医疗器械生产企业200余人参加。会议邀请北京通用电气华伦医疗设备有限公司和北京蒙太因医疗器械有限公司相关专业人员就风险管理及验证确认专题分别进行讲解。9月28日，市食药监管局开发区分局召开2016年开发区医疗器械质量管理规范第三场企业交流培训会，开发区内80家医疗器械生产企业共300余人参加。会议邀请华润万东医疗装备有限公司相关负责人员就本企业在实施医疗器械生产质量管理规范过程中实操方面的问题展开培训和交流。针对《医疗器械生产质量管理规范》推进过程中企业面临的问题开展讨论，收到良好效果。

（朱珠）

召开药品不良反应培训会

5月27日，市食药监管局开发区分局组织召开药品不良反应培训会，辖区21家药品生产企业、6家药品批发企业、26家药品零售企业、22家医疗机构和诊所参会。北京市药品不良反应监测中心的专家分别对药品不良反应监测的基础知识，药品不良反应的信息收集，药品不良反应报告的质量要求、反馈数据的分析与利用，重点监测技术指导原则对不良反应监测工作等5个方面内容进行讲解和培训。

（刘伟毅）

抽验8家医疗器械企业20个批次产品

6月2日，市食药监管局开发区分局根据食品药品监管总局办公厅发布的《关于开展2016年国家医疗器械抽验工作的通知》和市食品药品监管局的有关要求，开展医疗器械生产环节国抽工作。完成8家企业20个批次产品的抽样工作，3家企业提交了不能提供样品的说明。其中，2批次不合格产品由市食品药品监管局稽查处统一处理。

（李学达）

定制式义齿使用专项检查

6月上旬，市食药监管局开发区分局组织开展定制式义齿使用专项监督检查工作。重点对辖区内取得医疗机构执业许可证且诊疗科目中包含“口腔科”的10家医疗机构开展检查，检查内容主要包括产品是否具有医疗器械注册证书、产品的结构形式和原材料是否与注册证书核准内容一致等6项。经查未发现违法违规行为。

（朱珠）

开展端午节食品安全专项检查

6月14日，市食药监管局开发区分局组织开展端午节食品安全专项检查，出动执法人员12人次，检查食品经营单位6家。执法人员要求经营企业要核查各类食品的供货商资质、生产日期、保质期等，按照规定的温度标准储存、销售。同时，对20件端午节节庆食品进行快速检测，主要检测重金属、甜蜜素等指标。检验结果均合格。

（杨晶）

餐饮服务单位食品安全培训

6月23日，市食药监管局开发区分局召开餐饮服务单位食品安全培训和明厨亮灶建设工作推进会，开发区200余家餐饮单位负责人或厨师长参加。通过培训增强餐饮单位负责人食品安全法律意识，储备行业管理的知识。该项工作遵循“政府引导、企业自律、社会监督”的原则推进，加强企业对明厨亮灶工作的认识，加强对开展明厨亮灶餐饮单位的现场指导，保障工作顺利开展。

（刘施）

约谈餐饮单位

7月6日，市食药监管局开发区分局联合开发区城管分局、工商分局、荣华街道办事处相关部门负责人，集体约谈汉阳广场、上海沙龙、永康公寓商圈的6家餐饮经营单位。6家单位存在店外经营露天烧烤、油烟噪音扰民、污染周边环境等问题，通过约谈，向企业法定代表人或店主讲解相关法律法规，提出合理化建议，并要求限时整改，合规经营。

（刘施）

检查含麻黄碱类复方制剂药品生产企业

7月19日，根据市食品药品监管局发布的《关于对含特殊药品复方制剂等生产经营企业开展专项检查的通知》要求，市食药监管局开发区分局对辖区内1家含麻黄碱类复方制剂的药品生产企业开展专项检查。执法人员特别对原料药的使用情况、企业的票据流、物流和资金流进行抽查，未发现违法违规行为。

（刘伟毅）

开展双随机抽查工作

7月，市食药监管局开发区分局根据卫生计生委下发《关于推广随机抽查规范事中事后监管的实施方案（试行）》和《关于推广随机抽查规范事中事后监管的实施意见（试行）》的文件精神，创新管理方式，开展双随机检查工作，检查食品经营、餐饮、医疗器械生产经营、保健食品经营、化妆品经营等企业6家（次），派出执法人员 12 人次，未发现违法违规的情况。

（杨天一）

食品快速检测实验室成立

8 月 31 日，市食药监管局开发区分局食品快速检测实验室投入使用，标志着开发区食品安全监管工作新增一项技术手段，对提高开发区食品安全监管水平，保障辖区居民食品安全起到积极作用。

（李彤）

专项整治疫苗和中药饮片使用环节

11 月 1 日—11 日，市食药监管局开发区分局开展疫苗和中药饮片使用环节专项整治工作，对辖区 1 家使用疫苗的营利性医疗机构和 7 家使用中药饮片的营利性医疗机构进行例行检查。重点检查疫苗使用单位的进货渠道和资质、冷链管理状况、疫苗购进和使用记录情况；中药饮片使用单位的供应商资质，抽查现有库存饮片的外包装、检验报告和相关票据，以及中药饮片购进、养护、装斗复核记录。其中，1 家中医诊所存在管理人员缺失、药品管理混乱、贮藏条件不达标等情况，责令其停业整顿并限期整改。

（刘惠媛）

药品生产企业分级分类

12 月上旬，市食药监管局开发区分局对辖区 26 家药品生产企业实施分级分类的动态监管。根据《北京市药品生产企业量化分级管理规范（试行）》的要求，结合辖区药品生产企业质量管理的实际情况、药品不良反应监测结果、企业产品投诉等因素，针对 2016 年度监督检查结果，最终确定 A 级（低风险生产企业）4 家、B 级（较低风险企业）12 家、C 级（较高风险企业）7 家、D 级（高风险企业）3 家。根据量化分级结果制定 2017 年度的监督检查方案，针对不同级别的药品生产企业采取不同形式，不同频次的监管措施，强化辖区企业动态管理，提高药品生产企业监督管理科学化水平，提高监管效能。

（刘伟毅）

保障 2016 世界机器人大会食品安全

市食药监管局开发区分局保障世界机器人大会食品安全　　于晓玲 摄

12 月 20 日—25 日，2016 世界机器人大会暨国际机器人在亦创智能机器人创新园举行。市食药监管局开发区分局负责展会的 VIP 餐厅、2 家集体用餐配送单位和 4 个食品经营摊位的食品安全保障工作。市食药监管局开发区分局，制定完善的保障方案和食品安全事故应急预案，按照《中华人民共和国食品安全法》和《重大活动餐饮服务食品安全保障管理规范》等要求开展食品安全监督检查。机器人大会前期，市食药监管局开发区分局执法人员协助会议承办方核验供餐单位资质；指导承办方和餐饮接待单位自查自纠；培训食品从业人员；与接待单位签订《重大活动餐饮服务食品安全承诺书》；审定供餐单位菜单，剔除高风险食品；快速检验食品、餐饮具 95 件，监督留样餐品 290 个批次，检测结果均合格。大会期间未发生食品安全不良事件。

（郑月明）

质量监管

概况

2016 年，北京市质量技术监督局北京经济技术开发区分局（简称开发区质监分局）作为北京市大兴区质量技术监督局在开发区的办事机构，主要负责开发区产品质量监管、特种设备安全监察、计量、食品相关、实验室、标准化管理等质监工作。年内，开发区质监分局开展执法检查 613 户次，出动 1012 人次；办理质量证明 36 件；接待来电来访 1789 次（电话 1424 次、来访 365 次）；处理投诉举报 202 起；办理案件 13 起，罚没款总额 45.96 万元；组织机构代码窗口共受理组织机构代码业务 251 件，办理 110 件，发放组织机构代码证书正副本 35 套，于 4 月 1 日前完成组织机构代码的收尾工作。

（王红军 陈莉莉）

供暖锅炉应急安全保障

1 月 20 日，气象台发布极寒天气预报，开发区质监分局对开发区内三羊供热厂和“12 平方公里”小区供暖锅炉开展应急安全保障工作。听取供暖单位汇报保障措施，重点对供暖单位的锅炉安全管理制度、作业人员持证上岗、故障应急预案、运行记录和水质情况进行检查，确保供暖期间锅炉安全正常运行。

（苏智啟 周水平）

安全生产工作会召开

3 月 3 日，开发区质监分局联合开发区安监局、交通大队、消防支队召开安全生产工作会议，对开发区内 400 多家生产企业安全生产工作进行部署。开发区内企业安全管理人员、具体质量负责人参加会议。部署特种设备安全、产品质量、标准和计量职能监管范围内业务并作安全提示，强调企业要强化主体责任意识，严格遵守各项法规政策，按要求配备相应的管理人员，加强管理人员和操作人员的培训，提高自身管理能力和技术水平。

（陈莉莉 王红军）

危险化学品行业安全检查

3 月 3 日—4 日，开发区质监分局加强涉及危险化学品的使用、储存、加工、管道输送的安全管理工作，会同开发区安监局、市政局、交通大队对普莱克斯（北京）半导体有限公司、法美高新气体（北京）有限公司和联华林德（北京）气体有限公司 3 家危化品重点单位开展安全管理检查，重点检查单位特种设备的使用情况、注册登记情况、依法检验情况和操作人员持证情况；检查企业动火、登高等危险作业的审批手续，承包商安全管理协议，气体管道停气、施工、恢复供气作业工作标准，管道巡检记录等。3 个单位设备运行良好，未发现安全隐患。在执法检查过程中，检查组特别要求企业做好隐患排查、领导 24 小时在岗值班，确保企业的生产安全，为开发区内安全生产形势持续稳定做好安全保障。

（苏智啟 周水平 蒋立涛）

电梯安全检查

3 月 25 日，开发区质监分局邀请北京市特检中心专家对一品亦庄、听涛雅苑的 2 个小区 6 部电梯开展电梯安全抽查和问题会诊。经检查，电梯钢丝绳、限速器、急停开关、报警装置部件均存在安全隐患问题。专家提出整改意见，要求使用单位加强日常维保巡视，确保电梯安全运行。5 月 6 日，开发区质监分局联合博兴街道办事处在博客雅苑小区开展电梯安全知识进社区专题宣传活动。执法人员讲解如何正确安全乘坐电梯，如何应对乘梯紧急情况等问题，现场演练电梯困人应急救援。发放宣传资料 300 余份。解答群众提问 11 件。9 月 27 日，开发区质监分局贯彻市委、市政府做好国庆节期间安全生产保障工作通知要求，安全监督检查北京华联力宝购物中心、地铁亦庄线等人员密集场所 30 部电梯。重点检查电梯的使用、检验、应急处置和电梯操作人员持证上岗等情况。经检查，30 部电梯运行良好，未发现安全隐患。

（苏智啟 周水平）

组织计量器具制造企业专题学习

4 月 13 日，开发区质监分局召开开发区计量器具制造企业专题宣贯会，开发区内 23 家制造企业质量管理负责人参加。会议宣贯计量器具制造相关法律法规，通报 2015 年计量器具产品质量监督抽查情况，对 2016 年监督抽查和企业日常生产和管理提出要求，并就开发区内计量器具制造企业生产管理的规范化水平进行指导。

（王红军 陈莉莉）

“五一”劳动节节前综合检查

4 月 25 日—26 日，开发区质监分局开展“五一”劳动节节前综合检查。执法人员对北京华联力宝购物中心广场、华联超市、同仁医院、首航超市等人员密集场所进行特种设备安全检查，现场确认设备运行状况、安全性能、安全管理制度和操作人员持证情况。随机抽查电梯维保单位日常维保记录，并要求各电梯使用单位落实安全管理制度，提高安全防范意识，确保节日期间特种设备安全使用。逐一核实华联超市使用的 41 台电子计价秤的检验情况，经查，全部在检验有效期内。

（曾高 周水平）

检验 26 辆燃气公交车

4 月 27 日，开发区质监分局协调北京市特检中心到北京博域通客运有限公司现场检验 26 辆燃气公交车，解决燃气公交车跨区域检验问题，确保所有新能源车辆正常运行，减少企业运营成本，节省时间，确保安全。经检验 26 辆燃气车的 LNG 气瓶均符合要求。

（周水平 苏智啟）

12 家汽车维修企业车用 3C 产品通过抽检

5 月 11 日，开发区质监分局组织开发区内 28 家汽车维修企业召开车用 3C 产品（强制性认证产品）专项检查部署会。重点讲解车用 3C 产品须取得强制认证，认证证书须在有效期内、无暂停、注销、撤销行为。向与会企业代表发放车用3C产品目录28份，要求开发区内各汽车维修企业在企业内部开展自查与整改。5月至8月，开发区质监分局共对12家汽车维修企业进行抽检，未发现违法违规行为。

（王凯 张国利）

“双随机”抽查综合执法工作启动

开发区质监分局在超市“双随机”检查　郝晴 摄

7月，开发区质监分局根据卫生计生委下发《关于推广随机抽查规范事中事后监管的实施方案（试行）》和《关于推广随机抽查规范事中事后监管的实施意见（试行）》的文件精神，启动“双随机”抽查综合执法工作。在“双随机”检查中，一次完成多个专业领域的监管任务，减少对企业生产经营活动的干扰，提高监管效能。开发区质监分局通过市质监局“双随机”监管信息平台，随机抽取企业信息和执法人员名录，出动执法人员28人次，执法检查14家企业，抽查范围涵盖产品质量、计量、认证、标准化监督检查和特种设备安全监察。通过“双随机”抽查，现场对2家企业进行处罚，开具特种设备安全监察指令书5份。

（王红军 陈莉莉）

特种设备专项检查

8月1日，开发区质监分局对中冀斯巴鲁大厦8部电梯进行专项检查，要求大厦负责人按期检测大厦内电梯，开展相关法律法规宣传，提高乘梯人员安全意识。8月23日，检查北人印刷机械股份有限公司和北京金风科创风电设备有限公司2家单位的5台起重机械，经检查未发现安全隐患。11月20日至12月20日，开展为期一个月的年底特种设备专项安全检查工作。重点对危险化学品企业、开发区内供热单位、人员密集场所、学校、医院和地铁站等进行专项隐患治理。共排查3家危险化学品单位、9家供热站的40台锅炉和在用压力管道、8个地铁站48台在用电梯、2家购物中心、1家医院等。对压力管道、压力容器安全状况、电梯安全运行、检验周期、作业人员持证情况和应急预案演练等情况进行检查。通过检查，未发现安全隐患。同时开展特种设备进社区、进企业活动3次，发放宣传资料500余份。

（周水平 苏智啟）

世界机器人大会特种设备保障

10月21日—25日，开发区质监分局承担在北京亦创国际会展中心举办的2016世界机器人大会特种设备保障工作，先后4次排查会场、酒店和地铁站内的电梯、压力容器等特种设备。大会举办期间每天派专人对会场内的特种设备进行防控，保障大会顺利进行。

（周水平 苏智啟）

安全生产

概况

2016年，北京经济技术开发区安全生产监督管理局（简称开发区安监局）共检查生产经营单位495家（次），出动执法人员590人次，发现并查处各类隐患310项，下达执法文书196份，整改率100%，立案16起，行政处罚10.5万元。全年开发区无安全生产重大事故。

（张涛）

保障节日期间加油站安全

1月4日，开发区安监局加强加油站安全保障，出动执法人员20人次，检查加油站28家（次）。春节前召开加油站安全保障工作部署会，强调节日期间安全生产注意事项，落实领导在岗值班制。加大春节期间专项安全生产执法检查力度和频次，重点检查值班人员到岗情况，油品购买信息，周边杂草、枯叶清理情况，禁止燃放烟花爆竹提示张贴等。开展节日期间安全检查，突击抽查加油站安全生产工作落实情况，发现隐患及时纠正。春节、初五和元宵节等重点时段，开发区管委会向每个加油站派驻4名巡防人员定点监督，确保周边和站内安全。

（刘国建）

检查春节前安全生产情况

1月21日，由开发区管委会副主任沈永刚带队，开发区安监局局长吴伯军、执法队队长肖怡宁等6人组成检查组，检查开发区内重点企业春节前的安全生产工作情况。先后检查北京京东方光电科技有限公司、中芯国际集成电路制造（北京）有限公司、夏晖物流（北京）有限公司、普莱克斯（北京）半导体气体有限公司、法美高新气体（北京）有限公司、北京东进世美肯科技有限公司6家企业，听取企业安全管理工作和隐患排查工作的情况汇报，查看企业作业现场，检查企业相关工作。检查组强调企业要落实安全生产主体责任，排查各类安全隐患，特别是在春节期间，加强安全管理，执行应急值守和领导带班制度，杜绝出现安全事故，确保开发区春节期间安全生产形势稳定向好。

（林晓伟）

危化事故应急预案修订讨论会召开

1月27日，开发区安监局召开危险化学品事故应急预案修订全局讨论会。会议聘请中国安科院重大危险源研究所所长关磊等专家进行专业指导和技术把关，参会人员就预案修订的整体思路与专家交换意见，结合开发区内现有危险化学品的实际情况，梳理预案的一些细节问题，为预案发布与实施奠定基础。

（薛小敏）

行政处罚自由裁量权业务培训

2月22日，开发区安监局对局内24名安全监管工作人员进行《北京市安全生产行政处罚自由裁量基准》（简称《裁量基准》）的业务培训。培训从《裁量基准》的制定依据、适用范围、裁量划分原则和档位、裁量幅度等方面入手进行讲解，讲解《裁量基准》的典型条款在制订过程中的争议点和制定的原因，加深执法人员对

《裁量基准》条文的认识，规范案卷制作格式，明确统一的制式行文语言。通过业务培训，使执法人员对新颁布实施的《裁量基准》有了更深刻的认识与理解，使案件内容制作到流程制作更加规范和严谨。

（张涛）

危化品统一配送试点园区供应商座谈

2月29日，开发区安监局召开2016年危险化学品统一配送试点园区供应商座谈会，13个试点园区危化品统一配送牵头负责人和8家中标供应商企业参加。会议讨论危化品统一配送试点工作开展以来存在的困难和问题，听取供应商企业关于向全区推广此项工作的需求和建议。

（薛小敏）

安全生产综合监管服务平台上线

3月1日，开发区安全生产综合监管服务平台系统上线，安委会成员单位联合检查、开发区安监局审批管理、企业申报管理等工作全部实现无纸化办公，告别上传下达靠打电话、跑腿取送文件的传统方式。安全监管工作更流畅，同时优化各部门联合检查等各项工作的流程。7月7日，开发区安监局对新入区的北京亿马先锋汽车科技有限公司、天纳克埃贝赫（大连）排气系统有限公司、萨玛汽车内饰（北京）有限公司、北京海纳川汽车部件股份有限公司、中都星辉物流有限公司、北京智德创辉网络科技有限公司、北京淳中科技股份有限公司、北京鸿福瑞科技股份有限公司、东方晶源微电子科技（北京）有限公司9家企业18人开展安全生产综合监管服务平台培训。讲解基础信息、行政许可、职业卫生、隐患自查自报、应急救援、人员培训、标准化等模块的基本操作和应用。通过使用安全生产综合监管服务平台，开发区内企业实现无纸化对接开发区安监局工作，缩短办理时间，工作流程公开明确，提升工作效率。

（林晓伟 孙鹏）

危险气体生产单位专项执法检查

3月3日—16日，开发区安监局对开发区内55家危险气体生产企业展开专项执法检查。重点检查危化品储存间和隐患排查制度、隐患排查标准等内容。检查中发现问题企业30家，开具限期整改指令书30份、现场处理决定书1份。要求企业重视两会期间安全生产工作，加强领导带班和应急值守，开展企业隐患排查治理工作；严格执行动火、登高和其他危险作业工作票等审批手续，做好巡检记录等，保障两会期间的安全生产管理工作有序进行。

（赵贵根）

召开安全生产隐患排查培训会

3月11日，开发区安监局召开开发区安全生产事故隐患排查“一企一标准、一岗一清单”编制培训会，数家中介服务机构和100家试点企业参加。培训会上对试点企业进行《北京市生产安全隐患排查治理办法》的宣贯和清单编制工作实施的指导。会后通过系统调研、编制标准和清单、培训与回访等举措推动编制工作的落实。

（夏振文）

7家企业参加“双百工程”对话谈心活动

4月7日，开发区安监局开展2016年“双百工程”对话谈心活动。北京奔驰汽车有限公司等7家企业主要负责人参加活动。开发区安监局向参会企业发放新《中华人民共和国安全生产法》《开发区工业企业安全生产管理经验交流专题片》等宣传材料，观看《以生命的名义Ⅱ》安全生产教育宣传片，介绍新《中华人民共和国安全生产法》实施情况、习近平总书记关于安全生产的讲话精神、市安监局2016年重点工作任务。7家企业主要负责人分别作企业简要介绍，谈对企业安全生产的认识、体会，并对开发区的安全监管工作提出意见建议。

（张润婕）

危化品重点企业与应急演练实地研讨

4月25日，开发区安监局开展2016年危险化学品重点企业与周边应急联动和演练实地研讨工作。开发区安监局副局长肖怡宁带队到京东方八代线特气库、危险化学品库房现场摸底，就构成重大危险源的危险化学品品种、可能存在的风险隐患，与中国安全生产科学研究院、企业进行讨论，就应急联动工作内容、时间进度进行说明，结合应急联动形成的预案进行演练、提出初步想法。

（薛小敏）

危化重点企业工作会召开

5月10日，开发区安监局组织北京奔驰汽车有限公司、北京京东方光电科技有限公司、中芯国际集成电路制造（北京）有限公司等危化生产、重大危险源和加油站等13家重点企业召开工作会，通报江苏靖江“4·22”事故，传达国家安监总局4月23日视频会议精神。会议要求各企业吸取事故教训，落实主体责任，排查重点区域、重点部位、重点环节和重点人员。开发区安监局根据工作计划，聘请第三方机构对各企业开展安全评估，对发现的问题要求企业整改，对整改落实不利的企业依法处罚。

（刘国建）

市人大常委会执法检查组到开发区指导

5月31日，市人大财经委主任王琪率市人大常委会安全生产法和安全生产条例执法检查组到开发区督查指导工作，市安监局局长张树森、副局长唐明明和开发区领导梁胜、沈永刚等陪同。开发区安监局局长吴伯军汇报新《中华人民共和国安全生产法》颁布实施以来开发区工业企业安全生产监管工作情况，工业园区危化品统一配送试点和经验推广情况；中芯国际集成电路制造（北京）有限公司安全负责人介绍企业落实主体责任的总体情况。检查组成员就《中华人民共和国安全生产法》《北京市安全生产条例》在基层贯彻执行过程中存在的问题进行意见征询。检查组分别到北京亦庄生物医药园和中芯国际集成电路制造（北京）有限公司进行现场督查指导，检查危化品配送和使用企业依法落实相关安全生产法律法规的情况，生产经营单位落实主体责任情况。

（张涛）

组织有限空间作业防护专项培训

6月2日，开发区安监局组织有限空间作业防护专项培训，邀请北京市劳动保护研究所专家进行授课，开发区内57家企业110人参加。培训讲解有限空间作业专业知识、播放视频教程，向学员展示有限空间作业装备和个人防护用品，讲解装备的使用和穿戴方法，并现场进行体验互动。通过培训，促进企业掌握应急预案内容，提高应急处置能力。

（张润婕）

“安全生产月”宣传咨询日活动举办

6月16日，开发区安监局、总工会、人劳局、发改局等各职能部门和专业机构，以“消除安全隐患，促进企业发展”为主题，在博大公园举行2016年“安全生产月”宣传咨询日活动。博大公园广场现场设职能部门宣传区，灭火体验区，有限空间救援演练示范区，展板宣教区4个区域。开发区安监局、总工会、人劳局等15家单位和水、电、气、热等公司组成21家单位的职能部门宣传团队，向企业一线员工和社会群众宣传安全生产方针政策、法律法规、安全知识和自救互救方法等内容，发放各种宣传品2万余份。开发区质监分局执法人员现场讲解如何安全乘坐电梯和特种设备相关安全注意事项，发放宣传资料400余份。宣传展板以文字结合图片、漫画的形式展现员工常见易发危险行为、一线预防职业危害、工厂车间机械事故预防等众多主题。活动吸引2000余名企业职工和社会群众参与。

（李浩 周水平 苏智啟）

职业病危害因素抽检工作启动会召开

6月23日，开发区职业病危害因素抽检工作启动会召开。开发区安监局对开发区内职业病危害风险等级严重、曾发生过职业病、日常检查发现作业现场环境恶劣的3种类型、15家企业开展职业病危害因素抽检，并聘请第三方机构负责职业病危害因素现场抽查检测工作，第三方服务机构将评价结果上报开发区安监局。根据检测报告，开发区安监局对企业制定职业卫生管理措施。

（刘国建）

“双百双千”城乡共建村安全常识宣传

6月27日，开发区安监局局长吴伯军带领8名工作人员到大兴区黄村镇邢各庄村开展“双百双千”城乡共建活动，对村民进行安全常识宣传，内容涉及自然灾害应对、安全用电、交通安全、居民日常生活安全常识，配安全宣传挂图480张。开发区安监局领导与村支部负责人进行交流，确定共建的基本方向，商讨包含安全专家下企业、宣传培训安全知识等安全宣教活动的共建基本内容。

（李浩）

开展注册安全师继续教育培训

7月14日—15日，开发区安监局组织开展2016年度注册安全工程师继续教育培训。培训邀请国家和北京市安全生产专家、北京市急救中心资深专家授课，内容包括事故警示、电气安全、应急救援、预防和开展突发疾病的应急与自救、保护企业员工的生命权和健康权等。开发区内企业130余名注册安全工程师参加培训。

（张润婕）

推进安责险制度试点工作

8月9日，开发区安委会办公室组织召开安责险制度试点工作分解、推进会议，开发区安监局、发改局、建发局、社会发展局、企业发展服务局、科技局、投促局、荣华街道办事处、博兴街道办事处和中国人保北京分公司亦庄支公司参加。安责险制度是以安责险为载体的事故预防机制，利用市场机制和社会力量加强安全生产综合治理的一项重要举措。会上，传达了市安委办视频会议和 8 月 4 日开发区交通安全委员会、防火安全委员会、食品与药品安全委员会、安全生产委员会召开关于推进安责险制度试点联席会议工作精神，细化分解了各相关单位的任务指标，要求各相关单位严格落实市、区两级会议精神，加大安责险推动和宣传力度，确实保障年底前安责险投保任务目标完成。

（刘国建）

科研、研发企业安全生产工作会召开

8 月 26 日，开发区召开科研、研发企业安全生产工作会，开发区内科研、研发企业 133 家 150 余人参会。会上，开发区安监局分析企业的安全生产形势，部署安责险推进工作和 2017 年危化品存储专项治理工作，对开发区内科研、研发企业使用储存危化品的安全提出 12 条要求。开发区环保局、消防支队通报了近期事故情况。中国科学院化学研究所专家针对科研研发类型企业进行实验室危化品安全管理培训。

（林晓伟）

G20 峰会期间危险化学品安保工作会召开

8 月 29 日，开发区安监局组织召开 G20 峰会期间危险化学品安全保障工作会，开发区内危化生产、重大危险源企业和加油站等 10 家企业的 10 名安全负责人参加。会上，开发区安监局负责人传达市安监局《关于做好 G20 峰会期间危险化学品和烟花爆竹安全保障工作的通知》，要求各重点企业要提高认识，加强管理，落实人防、物防、技防等安全防范措施，落实领导带班制度和应急值守，加强日常巡检，发现安全隐患及时整改。在此期间，开发区安监局加大对各重点企业的执法检查力度和检查频次，确保开发区 G20 峰会期间的安全稳定。

（刘国建）

印刷行业粉尘（纸毛间）管理现场会召开

9 月 28 日，开发区安监局组织开发区内 15 家企业 28 人在北京金佰利个人卫生用品有限公司召开纸毛间粉尘管理现场工作会。市安监局执法总队支队长张帮锋以“落实主体责任，确保生产安全”为主题，通过案例和图片，分析印刷企业粉尘的主要危害，要求企业依据法规要求落实主体责任。金佰利安全管理人员分享粉尘管理经验，并解答问题。15 家企业的参会人员参观了金佰利生产车间和粉尘处理车间，实地学习金佰利的设备设施与现场管理。

（冯丽颖）

“双创周”亦庄会场安全检查

10 月 12 日—18 日，开发区安监局负责“双创周”活动现场临时建筑物搭建、现场临时用电等方面的安全保障工作。开发区安监局在国庆节前与活动承办方对接现场的临时建筑物搭设方案；国庆假期后，组织第三方评价机构和执法队监察队员检查施工现场，找出现场临建搭设的安全隐患，第三方中介机构对现场临建设施进行安全评价，确保活动的安全进行。

（褚巍）

世界机器人大会临时搭建物安全检查

10 月 20 日—25 日，2016 世界机器人大会在开发区亦创国际会展中心召开。开发区安监局作为重点保障部门主要负责大会临时搭建物在搭建过程中的安全检查，确保临时搭建物在展览期间的安全使用。大会展览面积超过 7 万平方米，入场布展的装修公司超过 100 家。开发区安监局与会议相关方进行工作对接，要求第三方机构对会议搭建方提出现场搭建要求，提前收集搭建方的相关资质、布展示意图等材料。10 月 14 日起，每天安排 3 班、每班 2 组执法队员对现场搭建情况进行检查，对检查过程中所发现的问题，要求第三方机构及时进行审查，出具安全评价报告，确保临时搭建物在展览期间的使用安全，完成大会的安全保障工作。

（褚巍）

重点企业安全检查

10 月 28 日，开发区安监局对开发区内 4 家加油站、4 家危化生产企业的反恐防范措施的落实、应急值守、存储区警示标志、消防器材的配备等设施制度进行全面专项执法检查。针对检查中发现的问题，要求企业整改。要求各单位要高度重视，切实加强会议期间安全生产工作；落实企业主体责任，加强日常巡查、应急值守和领导带班等制度；做好应急演练、应急物资储备等工作，以便及时有效地应对和处置突发事件，确保十八届六中全会期间开发区危化单位的安全平稳。

（刘国建）

专职安全员建筑工程专题培训

11 月 8 日，开发区安监局与建发局组织开发区 100 名专职安全员在建筑安全工程体验基地进行建筑工程专题培训。专职安全员观看安全视频教育片，对施工安全中的防护用品、应急救援、用电和消防、施工现场安全隐患模拟等进行体验，掌握安全操作规程和紧急情况的安全对策，增强专职安全员工作中的安全意识和工作职责，达到提升职业技能，提高安全意识的目的。

开发区安监局与建发局组织建筑工程专题培训　谢雷鸣 摄

（孙鹏）

排查重点粉尘企业

12 月 3 日，市安监局监管一处邀请东北大学粉尘防爆专家、中国安科院博士等组成专家团队，排查会诊开发区内施乐辉外科植入物（北京）有限公司、SMC（中国）有限公司两家重点金属粉尘企业。专家组重点调研企业打磨、喷砂等工序的集尘、除尘装置，针对企业现场存在的设备密封不严、集尘装置使用不当、设备设施除静电措施未按要求设置等问题，提出整改建议。

（冯丽颖）

举行危化企业应急联动演练

12 月 13 日，开发区安监局组织北京京东方显示技术有限公司和周边企业进行现场联动应急演练。演练模拟北京京东方显示技术有限公司生产线氯气泄漏事故，在氯气库房发出的警报，中控室接到氯气库房应急报警后，按照应急联动预案一级响应标准展开各项应急处置工作，整个过程用时不足 11 分钟。专家和各方代表召开总结会，对存在的问题和应急联动工作提出合理建议。

（张润婕）

开展安全生产大检查综合督查工作

市督查组到开发区检查安全生产　　单位提供

12 月 14 日，北京市安全生产大检查第三综合督查组一行到开发区，进行安全生产大检查。实地督查和路雪（中国）有限公司、北京燕宝汽车服务有限公司、北京怡斯宝特面包工业有限公司等单位的安全防护、疏散设施配备情况和应急预案制定情况；检查开发区有关部门责任落实情况、安全生产大检查贯彻落实情况、生产经营单位主体责任落实情况、事故查处结案和行政处罚落实情况。督查组要求要充分认识安全生产工作的重要性和紧迫性，督促企业落实主体责任，提升事故应急能力，将各项安全工作落到实处；保障全区的安全稳定，确保安全发展落到实处。

（张月）

规划·建设·管理

综 述

2016年，开发区以国家级生态工业园区建设为统领，以推进区域环境质量持续改善为目标，区域单位土地投资、产出强度，主要经济指标，稳居全国开发区前列，VOC排放提前一年完成任务。

强化规划引领，建立产业用地规划、审批、利用台账，定量分析土地经济效益产出，提升土地规划利用能力。编制实施开发区及综合配套服务区再生水管网规划，完成亦庄水厂规划及征地拆迁工作。统筹规划有轨电车T1线、亦庄地铁线、S6线和后续有轨电车线路，实现公共交通网络一体化。编制完成起步区规划建设方案，推动区域转型升级。

建成数字亦庄地理空间平台、能源管控信息平台，为城市数字化管理奠定基础。年内，开发区供应工业用地8宗、公用设施用地3宗，完成开发区第一宗X84地块自住型商品房上市。升级改造23条市政道路，增扩45千米机动车道、36千米慢行车道，增设导流岛、安全岛等便利设施。鼓励社会资本投资，建设公共充电桩300个，新增15辆纯电动公交车，开通电动公交线路2条，新增公租自行车3000辆。

发布《北京经济技术开发区宽带无线城市2016—2018年行动计划》《北京经济技术开发区宽带无线城市建设及服务规范V1.0》，布局智慧灯杆网点，创建集公共Wi-Fi基站、智能照明、视频监控、环境监测为一体的多功能数据应用系统。

发布《北京市大兴区和北京经济技术开发区“十三五”时期环境保护与生态建设发展规划》。推动绿色低碳循环发展行动计划，完成京东方显示1.5兆瓦光伏发电、北京奔驰汽车有限公司雨水收集再利用等项目。

完成亦庄镇五环绿化带非住宅腾退，支付腾退补偿款1.98亿元。实施集贤、南海子四片区等7个土地项目一级开发。启动南海子二期核心区建设，完成阶段性项目25项，投资14.4亿元。完成旧宫中学改扩建。亦庄镇东工业区等5条道路建成通车及完成管线敷设。完成综合配套服务区旧宫镇、瀛海镇272蒸吨锅炉煤改气工程，基本实现开发区与三镇一园集中供热无煤化。综合配套服务区与开发区一体化水平进一步提升。

（马圆圆 魏建环 姚静）

规 划

概况

2016年，北京市规划委员会经济技术开发区分局（简称开发区规划分局）主要负责开发区规划编制、规划实施（管理）、监督执法等工作，下设北京经济技术开发区城市规划和环境设计研究中心（简称规划设计中心）1个事业单位。全年完成审批事项572项，其中“两地一书”313项、规划验收52项、建筑物名称核准及地名命名3项、服务类事项204项。

（马林涛 马圆圆 江敏）

开发区有轨电车T1线优化方案获批

4月26日，开发区有轨电车T1线优化方案获得市规划国土委的批复。该方案由开发区规划分局组织市政院、规划设计中心共同完成。T1线定位为亦庄地区内部公共交通骨干线，将与地铁亦庄线和规划中的区域快轨S6线实现换乘。线路南起博兴南路南端，向北过南六环后，进入河西区，沿博兴路向北敷设，过凉水河后，进入核心区，沿荣昌西街、荣昌东街敷设，下穿京沪高速后进入路东区，沿科创街敷设，终点位于科创街与潞西路交口。线路规划总长约13.1千米、15座车站，南端设置车辆段和停车线各一处。年内，为引导开发区实现绿色、低碳出行，开发区规划分局组织市规划院完成亦庄新城有轨电车线网规划的编制工作。通过对开发区交通设施和交通现状调查分析，结合开发区转型升级和未来的公共交通出行需求，提出开发区有轨电车线网的分布方案，构建以4条有轨电车线路组成的公共交通骨干网络，覆盖亦庄新城主要功能区，并与轨道交通线路实现接驳换乘，在提高公共交通服务水平的同时引导沿线土地的开发建设，引导开发区绿色、低碳出行。亦庄新城有轨电车线网规划推荐方案由4条线组成，总里程为78.5千米。其中，T1线从博兴南路南段至亦庄火车站，为近期实施线路，全长16.9千米，设置车站20座（一期修建开发区内线路，实施长度为13.25千米，车站15座）；T1支1线由T1线泰河路站南至瀛海南侧，全长9.7千米，设置车站9座；T1支2线由T1线荣昌东街站至地铁亦庄线亦庄文化园站，全长4.1千米，设置车站8座。T2线从光机电区的地铁17号线北神树站至Ⅶ-2街区，全长17.3千米，设置车站27座。T3线从亦庄国际企业文化园至Ⅶ-2街区南端，全长13.5千米，设置车站18座。T4线从站前区亦庄火车站北侧至T1支1线起点，全长17千米，设置车站20座。

（马文睿 王金燕）

数字亦庄地理空间平台建成

12月，开发区建设完成数字亦庄地理空间平台。平台包含1个空间数据库，1个地理信息公众平台，及综合管线管理应用系统、规划用地综合决策系统、电子地图领导移动服务系统、核心区三维精细化管理系统、安全生产综合监管服务平台、电子地图公共服务系统6个典型应用系统。该平台的建成为实现城市精细化管理、提高应急处理能力、创新社会管理模式和推动“智慧亦庄”建设奠定基础。

（王婧 侯洁 张颖帅）

优化轨道S6线开发区站点周边用地

年内，开发区规划分局结合北京市城际铁路联络线（轨道S6线）在开发区范围内线位和站点，组织规划设计中心开展轨道S6线站点周边用地优化策略研究工作。S6线北起密云区，向南经过怀柔区至顺义区，沿顺义中轴线向南下穿主城区后，接入徐辛庄站，与城际铁路联络线换乘；之后线路继续向南下穿通州核心区，后转向与京津城际并行接入亦庄火车站；出站后线路转向西，经过开发区、大兴区，终至房山区良乡站。线路串联密云、怀柔、顺义、通州、亦庄、大兴、房山等东南部新城。全线长约132.8千米，共设车站20座，平均站间距6.98千米。工作结合轨道运营的生态环境影响和站点交通接驳需求，明确周边用地的功能定位，优化用地空间布局，提出建筑和公共空间的建设引导。该工作为后续控规调整和开发建设提供科学性、前瞻性的依据和参考。

（葛瑶华）

沿河沿路绿地梳理和实施建议

年内，开发区规划分局为全面掌握新城街区外城市绿地的规划和现状情况，指导重要河道和快速路两侧绿地的建设、改造、环境整治等相关实施工作，组织规划设计中心开展开发区凉水河、新凤河、六环路和京沪高速沿线绿地梳理研究工作。研究内容包括梳理研究范围内绿地和地下管线的规划情况，调研绿地和地下管线的现状建设和管理情况，提出绿地实施建议。

（葛瑶华 赵晨池）

调研工业用地更新案例

年内，开发区规划分局根据《北京城市总体规划（2004—2020年）》修编提出“以人口资源环境承载能力为底线，要求在现状建设用地的基础上‘瘦身减量’，严控增量，挖潜存量”，破解开发区新增工业用地日益减少，存量工业用地更新尚无清晰实施路径可寻的难题。发挥国家级开发区“先行先试”的优势，推动转型发展，组织规划设计中心完成了城市工业用地更新案例调研工作。开发区规划分局通过赴上海、深圳两地调研，总结两地经验，结合开发区实际情况，分别对功能改变和拆除重建两种工业用地更新类型提出操作层面实施建议。

（孙雨）

研究工业用地更新办法

年内，开发区规划分局以推动产业转型升级，促进产城融合，作为提升开发区区域竞争力的重要途径；以工业用地更新作为开发区转变经济发展方式的重要抓手，以完善城市功能、实现公共利益、促进经济社会生态全面发展的关键举措为前提，组织规划设计中心完成“开发区工业用地更新办法研究”专项课题，以工业用地更新探索开发区转型升级新路径，通过系统研究其他城市更新政策，针对开发区实际情况，提出开发区工业用地更新的要点建议，完成新时期所赋予开发区的新使命提供了参考。

（孙雨）

建立产业用地台账

年内，开发区规划分局组织规划设计中心完成建立产业用地规划、审批、利用统计台账工作，为推动产业用地实时评估和二次利用奠定了数据基础。产业用地台账工作历时 9 个月，通过现状调研和查阅档案，梳理开发区产业用地的规划情况、审批情况、土地实际利用情况，并与其他职能局协作，整合产业用地对应的经济产出、环保能耗等相关数据。产业用地台账以规划空间数据为基础，综合叠加开发区房地局、统计局、科技局等部门的核心数据，分析总结产业用地特征，梳理低效用地，提出转型升级项目名录，针对产业用地的提质增效提出实施建议。

（孙雨）

开发区规划实施评估列为年度常规工作

年内， 开发区规划分局组织规划设计中心完成开发区 2015 年度规划实施评估工作。评估专题包括工作回顾、实施梳理、工作反思和工作展望 4 个方面内容。开展规划年度实施评估是重要节点工作的历史留痕，是北京市总体规划修改工作正式启动后，对未来城乡发展提出的从“增量扩张”到“减量提质”、从“技术规划”到“实施政策”的转变要求。开发区规划分局根据新形势需求将年度规划实施评估工作列为年度常规工作之一。

（孙雨）

研究开发区对外交通联络通道规划

年内，开发区规划分局组织市规划院、规划设计中心共同完成开发区对外交通联络通道规划的研究工作。工作基于分析现状对外交通系统运行状态的基础上，综合考虑京津冀区域和北京市发展对亦庄的影响，预判对外交通发展方向，提出对外联络通道和交通基础设施的调整优化方案。适应京津冀一体化和开发区转型升级的发展要求，加强与通州行政副中心和新机场的便捷联络，为开发区产业转型升级提供交通保障。

（马文睿 王金燕）

京沪高速（四环—六环段）改造方案

年内，开发区规划分局组织规划设计中心开展京沪高速（四环—六环段）改造方案整合分析研究工作。通过对开发区重要通道和节点分析发现，开发区北部出行比例相对较大，北部通道实现率低；京沪高速通道拥堵严重，流量集中度高。为此，有针对性地将之前编制的京沪高速拓宽方案、大羊坊桥改造方案、荣昌康定组合立交方案等进行整合梳理，提出整体改造方案和建设时序。方案包括四环—六环拓宽车道至三上三下，提高京津发展轴通道的通行能力，缓解路段拥堵；改造高速公路开发区现状出口，新建路东区免费入口，完善与中心城的联系；新建荣昌康定立交，解决开发区与廊坊市、天津市方向的快速沟通问题；打通荣昌路和康定路，增加组团间连接通道。

（马文睿 王金燕）

梳理统计开发区停车场建设情况

年内，开发区规划分局按照市规划国土委（原市规划委）的统一工作安排，组织规划设计中心对开发区“十二五”期间停车场建设情况进行梳理统计。开发区“十二五”期间，居住区和公共建筑配建停车场总停车位 10.87 万个，其中地上停车位数量为 3.51 万个、地下停车位数量为 7.36 万个；已建公共停车场 8 处，总停车位数量为 1393 个（均为地上）。开发区停车存在的问题为配建停车位数量不能满足停车需求、公共停车设施匮乏，停车秩序混乱、停车政策和管理措施滞后于开发区的发展和停车需求等。提出优先启动热点、难点区域公共停车场建设，其他地块结合建设用地的建设统筹考虑解决等建议和解决方案。该工作为开发区下一步停车场的建设工作提供参考。

（马文睿 王金燕）

研究亦庄镇东工业小区道路和用地对策

年内，开发区规划分局组织规划设计中心开展亦庄镇东工业小区道路、用地情况梳理和对策研究工作。亦庄镇东工业小区位于路东区北部，2016 年折子工程涉及东工业小区内部道路的改造工程，由于道路等级和红线关系不明确，开展道路改造方案工作遇到问题。经研究，2005 普测 1891 版道路红线与既有用地拨地情况矛盾较少，为保证道路按照规划实施，建议该区域内科创二街（经海一路至经海路段）、科创三街（经海一路至双羊路段）以 2005 普测 1891 版道路红线为准，其余道路沿用 2001 版道路定线成果作为控制道路红线、路口抹角、路口渠化和后续拨地的依据。各道路改造方案有条件的均按照规划道路断面实施，涉及现状建筑占压道路红线拆迁困难的，可近远期结合实施。

（马文睿 王金燕）

提出三羊居住区组团交通优化方案

年内，开发区规划分局组织艾威爱交通咨询公司、规划设计中心共同完成三羊居住区组团交通优化方案研究工作。通过现状调研和对外交通出行需求分析，提出增加路东区与核心区连接通道，改善五环路进出口节点，优化布局公共停车场等方案，以缓解三羊居住区组团交通问题。具体方案包括优化大羊坊北桥、增加科创一街跨京沪高速桥和利用现状绿地补充停车位等。

（马文睿 王金燕）

编制荣华路交通组织优化改造方案

年内，开发区规划分局组织首都咨询公司、规划设计中心共同开展并完成了荣华路（荣昌东街—南五环路）交通组织优化改造方案的研究工作。通过调查梳理荣华路当前交通存在的主要问题、运行情况和交通组织特点，分析交通拥堵原因，提出交通拥堵解决方案和道路工程的改造方案。改造思路为通过优化荣华路与沿线道路相交路口的进、出口渠化方案，增加荣华路进出口道路通行能力，减少车辆汇入主路车道处的冲突点，改善辅路车辆直行和右转条件，从而实现提高荣华路通行能力的目的。具体改造方案为荣华路沿线相交灯控路口均设置路口渠化，进路口方向主路保持现状不变，划分 1 条左转车道和 3 条直行车道，左转车道宽度为 3 米，直行车道宽度为 3×3.5 米。辅路进路口方向将现状 5 米主辅路分隔带压缩为 2 米，将现状 1 条直行带右转车道调整为 1 条 3.25 米宽直行车道和 1 条 3.5 米宽右转车道。同步对相交道路路口进行渠化拓宽改造。

（马文睿 王金燕）

编制开发区起步区交通专项规划

年内，开发区规划分局组织市规划院、规划设计中心共同完成开发区起步区交通专项规划的编制工作。在梳理起步区原有交通体系特征和外部环境的基础上，结合更新后起步区的交通需求进行适应性交通规划，重塑起步区既有交通系统，引导土地利用与城市交通的协调发展，为起步区转型升级的后续开发建设提供交通基础设施支撑。

（马文睿 王金燕）

编制开发区公共停车场规划图则

年内，开发区规划分局组织规划设计中心开展开发区公共停车场规划图则的编制工作。规划图则由文本说明和图则两部分组成，文本说明主要将公共停车场分类统计与表述，图则涵盖停车场所在街区、详细位置、尺寸、出入口设置等详细信息标注。

（王金燕）

编制开发区慢行系统规划

开发区"三带五核"的绿道空间布局　　单位提供

年内，开发区规划分局组织规划设计中心完成开发区慢行系统规划编制工作。本次规划着眼于慢行系统的长远发展，在明确慢行系统的布局基础上，结合开发区对慢行的需求，提出慢行的发展战略和目标，明确绿廊绿道、步行、自行车系统方案，指导后续规划编制和建设。

（高琳 王金燕）

开展2016年开发区交通流量调查工作

年内，开发区规划分局组织规划设计中心开展2016年开发区交通流量的调查和分析工作。通过对开发区各个方向的重要通道交通量调查数据的分析，开发区外部通道交通量有以下特点：早高峰时间为7：45—8：45，晚高峰时间为17：00—18：00；外部通道四个方向中北部通道交通量占比最大，中心城方向仍为主要出行方向；北部通道中，京沪高速四环至五环段、五环至开发区出口段拥堵情况严重；南部通道中永昌南路、104国道、经海路拥堵情况严重；东部通道中，五环路、通马路、潞西路、六环路辅路拥堵情况严重；西部通道中五环路和六环辅路拥堵情况严重；除五环路、六环路外，大部分对外通道早晚高峰时段具有明显的潮汐性。开发区内部组团各联络通道交通量的特点为：早高峰期间，进区方向交通量中由河西区进入核心区的交通量最大，其次是路东区进入核心区；早高峰期间，出区方向交通量中由核心区去往河西区的交通量最大，其次是核心区去往路东区；晚高峰期间，进区方向交通量中由河西区进入核心区的交通量最大，其次是路东区进入核心区；晚高峰期间，出区方向交通量中由核心区去往河西区的交通量最大，其次是核心区去往路东区。由此可见，核心区与河西区、路东区的交通联系紧密。通过以上统计分析，提出2017年应推进京沪高速拓宽和出入口改造工作；同时打通并改善开发区与德贤路的通道，分流部分京沪交通量；加强与东部通州副中心的高效衔接，打通与通马路的连接；并应对核心区与路东区的交换车流做适当引导，将车流分流至西环南路桥，并推动荣昌康定桥的建设；核心区与河西区早晚高峰潮汐现象严重，交通拥堵，应进一步研究跨凉水河连接通道的通行能力；同时要推进三羊居住区与核心区的通道建设，改善三羊居住区与核心区的交通状况。

（张建利 王金燕）

编制起步区综合管廊规划方案

年内，开发区规划分局组织规划设计中心完成起步区综合管廊规划方案和实施对策研究工作。起步区位于五环路与京沪高速交叉口的西侧，北起北环东路至文化园东路、南至荣京东街、西至荣华中路、东至东环北路，规划用地面积约245.4公顷。综合规划方案以起步区转型升级规划研究为依据，结合其市政能源管网运行现状而编制。起步区综合管廊的建设可提高起步区市政承载能力，为起步区转型升级提供安全可靠的能源供给保障，节约地下空间，提高城市管理效率。

（郭光伟）

开发区市政管线规划梳理和图册编辑

年内，开发区规划分局组织规划设计中心完成开发区市政管线规划梳理和图册编制工作。本项工作根据历年市政规划和调整变更成果、管线综合图等资料，对开发区市政专项规划进行梳理，并统一编辑制作成册。开发区市政规划梳理图册的完成，确保了开发区市政规划资料的准确性、延续性和完整性，形成系统、完整的规划资料库。该项工作成果与“数字亦庄”地理信息平台相结合，有利于建立完善与便捷的开发区市政规划数据平台。

（付胜菊）

开展开发区供热系统规划评估

年内，开发区规划分局完成开发区供热系统规划实施评估和发展策略研究。开发区现有供热系统规划实施情况良好，热源厂、供热管网能满足已入驻用户的实际供热需求，但存在西部工业区用热不足、起步区转型升级、路东区热负荷变化等问题。针对以上问题，制定核心区热源优化方案、起步区供热保障方案和路东区供热厂布局调整方案，以优化开发区供热管网和供热厂布局。

（付胜菊）

开展开发区燃气规划实施评估工作

年内，开发区规划分局组织规划设计中心完成开发区燃气系统规划实施评估和发展策略研究工作。该项目通过评估开发区燃气系统规划实施情况，开发区燃气系统存在燃气供给管理体系多元化、现状管网承载力基本饱和、重点项目和重点区域发展燃气需求增大等问题，有针对性地提出燃气保障规划方案，指导未来燃气设施建设。

（郭光伟）

开展开发区电力系统规划实施评估工作

年内，开发区规划分局组织规划设计中心完成开发区电力系统规划实施评估和发展策略研究工作。该项目通过评估开发开发区电力系统规划实施情况，明确开发区电力系统供应水平；针对开发区区域角色新定位、产业发展新方向、转型升级新任务、创新发展新阶段的引导方向，重点区域和重点项目用电需求，及开发区各产业用电特点对配电网发展建设的影响，制定建设方案，使配电网的建设能够适度超前于区域用电负荷的需求，保障开发区经济、社会发展。

（郭光伟）

研究论证开发区高档酒店选址

年内，开发区规划分局组织规划设计中心开展开发区高档酒店选址论证研究工作。研究过程中通过现场调研、问卷调查等工作方式，梳理开发区各类酒店数量、档次、规模、配套设施情况，对已有9家高档酒店分析入区产业对于高档酒店的需求类型，提出适应开发区产业发展的近远期选址方案。

（苏莉萍 侯洁）

编制《开发区规划建设用地项目进展手册》

年内，开发区规划分局组织规划设计中心编制《开发区规划建设用地项目进展手册》。手册对开发区内6万平方米范围内各类建设用地进展情况、道路建设状态、路南区一级开发情况和未出让用地情况进行梳理统计。手册按年度更新。

（刘佳）

开展规划审批统计分析工作

年内，开发区规划分局借鉴市规划国土委工作经验，开展规划审批统计分析工作。据统计全年受理行政审批许可及其他服务事项共计572件，核定总用地面积约206公顷，核定建筑规模约1265.5万平方米，道路管线长度约14.8万延米。行政审批许可共计368件，核定总用地面积约206公顷，核定建筑规模约796.3万平方米，道路管线长度约14.8万延米，其中两证一书共计313件，受理面积约206公顷，建筑规模约567.9万平方米，线性规模约14.8万延米；其他服务共计204件，受理建筑规模约469.2万平方米。

（刘佳 徐海涛）

编制开发区2016版项目分布图

年内，开发区规划分局组织规划设计中心开展了开发区项目分布图（2016）版的编制、制作和发放工作。本次图纸内容对开发区和周边范围内规划布局、重大基础设施、项目信息等方面进行更新，并在版式上新增双面折叠“便携版”，便于会议和出行携带。开发区规划分局项目分布图工作按年度编制并发放。

（徐海涛 刘佳）

中华商务研发生产基地项目方案获批

年内，开发区路东区C13F2地块研发生产基地项目设计方案获得开发区管委会批复。项目总用地面积约2.5万平方米，用地性质为F3（F3为其他多功能用地的代码）。项目设计总建筑面积约7.8万平方米（其中地上5万平方米），项目容积率2.0，包括生产楼4栋、中试检测楼1栋、宿舍楼1栋。

（周千钧）

二中亦庄学校扩建工程项目方案获批

年内，开发区核心区8#街区8R1、8R2、8R3地块北京市第二中学亦庄学校扩建工程项目设计方案获开发区管委会批复。项目总用地面积约8.9万平方米，用地性质A33（A33为基础教育用地的代码）。项目设计总规模10万平方米（其中地上8.5万平方米），项目容积率0.96，其中扩建新增面积 4.6 万平方米（其中地上 3.1 万平方米），包括高中部教学楼（含实验楼）1 栋、九年制教学楼 1 栋、风雨操场（含食堂和运动场地）、室外运动场地和主席台。

（周千钧）

京东研发制造中心项目方案获批

年内，开发区路东区 C10M1 地块京东研发制造中心项目设计方案获开发区管委会批复。项目用地面积约 4.4 万平方米，用地性质为 M1 类（M1 为工业用地的代码）。项目总规模 13 万平方米（其中地上 6.6 万平方米），项目容积率 1.5，包括研发制造中心 1 栋。

（周千钧）

联合监督执法

年内，开发区规划分局联合城管分局、街道等相关部门巡查违法建设现场 200 余次，拆除过期临建约 8000 平方米。通过巡查和群众举报共发现并处理违法建设 155 起；根据开发区管委会要求对开发区内低密度住宅小区违法建设情况进行摸排，发现各类违法建设 2404 起。全年规劝督促违法建设相对人自拆违法建设 42 项。

（鹿剑光）

社区服务中心方案获批

年内，亦庄镇鹿海园 X30 地块社区服务中心和开发区社区服务中心设计方案获开发区管委会批复。项目用地面积分别约 0.53 万平方米和 0.3 万平方米，用地性质为 A8（A8 为社区综合服务设施用地的代码）。项目总规模分别为 1.55 万平方米（其中地上 0.91 万平方米）和 0.53 万平方米（其中地上 0.3 万平方米），项目容积率分别为 1.7 和 1.0，功能包括阅览室、活动室、棋牌室、托老所和社区居民委员会等。

（周千钧）

小米互联网电子产业园项目方案获批

年内，开发区路东区 E6M-1 地块北京小米互联网电子产业园项目设计方案获开发区管委会批复。项目总用地面积约 10.7 万平方米，用地性质为一类工业用地 M1（M1 为一类工业用地的代码）。项目设计总建筑面积约 18.9 万平方米（其中地上约 15.4 万平方米），计容面积约 21 万平方米，项目容积率 2.0，包括研发试制检测平台 1#~4# 楼、高维试验楼、云计算平台、研发试制 1#~2# 楼、地下车库和门卫室等项，主要包括生产和研发功能。

（王婧）

奔驰发动机二厂区建设项目方案获批

年内，开发区路南区 N13M1 地块北京奔驰汽车有限公司发动机二厂区建设项目方案设计已获开发区管委会批复。项目总用地面积约 23.3 万平方米，用地性质为 M1（M1 为一类工业用地的代码）。项目设计总建筑面积约 14.5 万平方米（地上建筑面积约 14.3 万平方米），计容面积 26.1 万平方米，项目容积率 1.12，包括发动机联合厂房（包括主车间、北附房和能源中心）、污水处理站、油泵房、门卫室、热测试间、S&D 扩建、发动机联合厂房扩建等项，主要为生产功能。

（王婧）

京东方 TPC 模组生产基地方案获批

年内，开发区路东区 C7M3 地块北京京东方显示技术有限公司 TPC 模组生产基地项目（二期）方案设计获开发区管委会批复。项目总用地面积约 6.6 万平方米，用地性质为 M1（M1 为一类工业用地的代码）。项目设计总建筑面积约 12 万平方米（地上建筑面积约 10.5 万平方米），项目容积率 1.59，包括整机大楼门卫室、新建配套楼、水泵房等项，主要为生产、宿舍配套功能。

（王婧）

建 设

征地拆迁

概况

2016 年，北京经济技术开发区征地拆迁办公室（简称开发区征地拆迁办）启动“12 平方公里”项目中的通州区马驹桥镇的 3.3 平方千米一级开发项目、推动奔驰二期项目征地工作。

（靳冠英）

启动 330 公顷一级开发项目

5 月，为服务北京市行政副中心建设，通州区和开发区启动“12 平方公里”范围内的通州区马驹桥镇 330 公顷一级开发项目。该项目整体规划面积 330 公顷，其中涉及通州 71.53 公顷，大兴土地 325.13 公顷。截至年底，完成 22 户非住宅和地上物签约。基本完成拆迁腾退工作，并建成一条连接两区的临时道路，缓解马驹桥镇区交通压力。

（靳冠英）

完成奔驰二期项目征地

年内，开发区征地拆迁办完成奔驰二期项目征地范围内北京市平原造林 47.27 公顷的移栽工作和涉及 3 个村委会土地协议签订工作。奔驰二期项目征地涉及的农民、村集体利益保障问题全部解决。奔驰二期项目位于“12 平方公里”规划区的南侧青云店镇内，属于单独选址重大产业项目。该项目征地面积 94.6 公顷，其中占用青云店约 53.33 公顷，涉及耕地指标 76.4 公顷，平原造林 47 公顷。

（靳冠英）

政府投资建设项目

概况

2016 年，北京经济技术开发区建设发展局（简称开发区建发局）承担开发区管委会固定资产投资任务 42 项，总投资 15.23 亿元。完成荣华路、文化园路、荣京西街、西环北路、东环南路、经海一路北段、科创五街、永昌路、景园街、同济路、荣昌东街 11 条道路改造工程。新增单向机动车道 45 千米，新增慢行系统里程 36 千米。结合凉水河景观绿道建设使开发区城市慢性系统连网成片。优化渠化路口 49 处，增设导流岛、安全岛路口 13 处。同时采用新型金色隔离护栏 15 千米，新型弧形路缘石和平立组合式雨水收集系统。完成亦庄新城滨河公园调整段审批工作，启动凉水河景观绿道工程。完成经海路派出所、巡防大队驻地项目。完成综合配套服务区旧宫镇、瀛海镇 33 台共 272 蒸吨锅炉煤改气工程。

（魏建环）

荣华路改造

10月8日，开发区荣华路改造工程竣工。起点为五环路，终点为南环岛，道路全长4.5千米，改造面积17.36万平方米，投资1.29亿元，针对荣华路现状交通情况，研究制定出一套优化方案，通过压缩现状道路路口进口方向主辅分隔带，将辅路1条直行带右转车道渠化为1条直行车道和1条右转车道，同时对荣华路沿线相交路进行路口渠化改造。本次改造几乎全部保留机非隔离带树木，改造完成后同时进行道路两侧绿化的整体提升。建设单位为开发区基建办公室，设计单位为北京市市政工程设计研究总院，监理单位为北京首建工程咨询监理有限公司，施工单位为北京城建道桥建设集团有限公司、北京市市政二建设工程有限责任公司。工程于7月15日开工。

（魏建环）

文化园路改造

10月8日，开发区文化园路道路改造工程竣工。起点为荣华路，终点为东环路，道路全长1.12千米，改造面积3.81万平方米，投资5900万元，本次文化园东路改造标准横断面为三幅路形式，中央主路机动车道宽20米，布置3上2下5条机动车道，两侧主辅分隔带各宽2米，两侧辅路机非混行车道各宽6.5米，每侧辅路布置一条机动车道和外侧非机动车道，外侧人行道各宽4米。建设单位为开发区基建办公室，设计单位为北京市市政工程设计研究总院，监理单位为北京首建工程咨询监理有限公司，施工单位为中海外建工集团有限公司。工程于7月15日开工。

（魏建环）

永昌路、景园街、宏达路、荣昌东街改造

10月10日，开发区永昌路、景园街、宏达路、荣昌东街4条道路改造工程竣工。永昌路起点为荣昌东街，终点为景园街；景园街起点为宏达路，终点为永昌路；宏达路起点为荣昌东街，终点为景园街；荣昌东街起点为南环岛，终点为永昌路，道路全长2.2千米，投资4800万元。道路改造面积6.2万平方米。建设单位为开发区基建办公室，设计单位为北京市市政工程设计研究总院，监理单位为北京中城建建设监理有限公司，施工单位为北京市市政六建设工程有限公司、北京华厦恒建设集团有限公司、北京城建道桥建设集团有限公司。工程于8月15日开工。

（魏建环）

荣京西街道路改造

道路改造后的荣京西街　　钱鹏 摄

10月15日，开发区荣京西街道路改造工程竣工。起点为荣华路，终点为西环路，道路全长1.69千米，改造横断面调整为五幅路形式，具体为现况道路中央机动车道和两侧分隔带保持不变，现况5米宽非机动车道改造为辅路，现况人行道处改造为2.5米宽非机动车道，外侧8米宽绿化带结合现况树木设置2米宽人行道。投资9100万元。道路改造面积7.78万平方

米。建设单位为开发区基建办公室，设计单位为北京市市政工程设计研究总院，监理单位为北京正宏监理咨询有限公司，施工单位为中铁十九局集团有限公司、北京城乡建设集团有限责任公司。工程于6月26日开工。

（魏建环）

综配区旧宫镇、瀛海镇锅炉煤改气工程

11月10日，开发区综合配套服务区旧宫镇、瀛海镇锅炉煤改气工程竣工。共33台272蒸吨燃煤锅炉改造为燃气锅炉，涉及旧宫镇11座燃煤锅炉房、瀛海镇2座燃煤锅炉房改造，总投资1.6亿元。建设单位为开发区基建办公室，设计单位为中国航空规划设计研究总院有限公司，监理单位为北京中城建建设监理有限公司、北京磐石建设监理有限责任公司，施工单位为北京天恒建设工程有限公司、北京博大经开建设有限公司。工程于6月30日开工。

（魏建环）

东环南路道路改造

12月10日，开发区东环南路道路改造工程竣工。起点为荣京东街，终点为西环南路，道路全长3.7千米，改造横断面采用一幅路形式，混行车道宽度31米，设置3上3下6条机动车道，机动车道和非机动车道之间用隔离栏隔开，沿道路两侧分别布置4.5米宽人行步道，步道内侧布置行道树。改造面积11.7万平方米，投资1.5亿元。建设单位为开发区基建办公室，设计单位为北京市市政工程设计研究总院，监理单位为北京首建工程咨询监理有限公司，施工单位为北京市市政六建设工程有限公司、北京城建道桥建设集团有限公司、北京市常青市政工程有限公司、北京城建五市政工程有限公司。工程于6月15日开工。

（魏建环）

科创五街道路改造工程

12月15日，科创五街道路改造竣工。起点为经海一路，终点为经海路，道路全长1.1千米，中央分隔带保持6米不变，将原机动车道和非机动车道的隔离带拆除，两侧机非混行车道各宽18.5米，布置4上4下双向8条机动车道和双向非机动车道，非机动车道外侧布置3米宽无障碍人行道，道路最外侧绿化带各宽8米，与现状道路保持不变。道路改造面积5.05万平方米，投资5800万元。建设单位为开发区基建办公室，设计单位为北京市市政工程设计研究总院，监理单位为北京方正建设工程管理有限公司，施工单位为北京鑫旺路桥建设有限公司、北京城建一建设发展有限公司。工程于5月1日开工。

（魏建环）

西环北路道路改造工程

12月15日，西环北路道路改造工程竣工。起点为荣京西街，终点为北环西路，全长2.1千米，改造为中央机动车道宽30米，设置双向8车道，其中外侧机动车道作为集散车道使用。两侧机非分隔带宽1.5米，用于设置隔音设施。非机动车道宽3米，最外侧人行道宽3米。拆除西环北路现状罗锅桥，将西环北路与贵园中路路口改造为平交灯控路口，在贵园中路北侧新建人行过街天桥。投资1.5亿元。道路改造面积8.73万平方米。建设单位为开发区基建

办公室，设计单位为北京市市政工程设计研究总院，监理单位为北京正宏监理咨询有限公司，施工单位为北京天恒建设工程有限公司、北京城建七建设工程有限公司、北京博大经开建设有限公司。工程于 6 月 26 日开工。

（魏建环）

经海一路北段道路改造

12 月 15 日，经海一路北段道路改造工程竣工。起点为五环路，终点为科创六街，道路全长 2.7 千米，设置 6 米宽中央隔离带，单向路面拓宽至 18 米，设置 4 条机动车道和非机动车道，机动车道和非机动车道之间用隔离栏隔开，道路两侧分别设置 4 米宽人行步道，步道沿道路内侧布置行道树。改造面积 8.2 万平方米，投资 1.2 亿元。建设单位为开发区基建办公室，设计单位为北京市市政工程设计研究总院，监理单位为北京方正建设工程管理有限公司，施工单位为北京建工路桥工程建设有限责任公司、北京市政路桥股份有限公司、中铁三局集团有限公司。工程于 6 月 20 日开工。

（魏建环）

经海路派出所、巡防大队驻地项目建设

12 月 20 日，经海路派出所、巡防大队驻地项目竣工。项目位于开发区路东区 E1 地块，主要满足路东区区域治安和维护开发区整体治安环境而建设。项目总建筑规模 1.74 万平方米，投资 1.03 亿元。其中，经海路派出所建筑面积 4800 平方米，巡防大队建筑面积 1.25 万平方米。建设单位为开发区基建办公室，设计单位为圣帝国际建筑工程设计有限公司，监理单位为北京中环工程建设监理有限责任公司，施工单位为中煤建设集团工程有限公司、北京建华公路工程有限公司、北京城建远东建设投资集团有限公司。工程于 3 月 20 日开工建设。

（魏建环）

园林绿化

概况

2016 年，开发区市政局负责开发区市政绿地、企业文化园、博大公园、凉水河景观绿地约 746 万平方米的绿化养护管理工作，办理行政审批及政务公开事项 93 件，办理荣华路、荣京西街等 7 条道路改造工程的绿化移改工作，有 4 家企业认建认养开发区约 6.3 万平方米的市政绿地。荣华路两侧杨柳树雌株在洒水、修剪等传统治理措施的基础上注射“抑花一号”药剂，抑制次年飞絮产生。

（蔡雳）

园林绿化废弃物收集处理项目完成

9 月 7 日，由北京南海子投资管理有限公司负责实施的开发区园林绿化废弃物收集处理项目在开发区完成项目备案，备案号：京技管（备）［2016］14 号，此项目采用（动态）好氧发酵工艺处理园林绿化废弃物。项目实施后可使园林绿化废弃物得到无害化处理和资源的循环利用，有效控制二次污染。

（仝晓青）

4 家企业认建认养市政绿地

年内，有 4 家企业认建认养 6.3 万平方米的市政绿地。其中，北京奔驰汽车有限公司认建认养其主门口 2214 平方米市政绿地，并完成绿地升级改造；北京方兴

葛洲坝房地产开发有限公司出资认建河西区 X87、X91 绿地；开发区总公司出资改造并认养荣华中路 28 号绿地；大族环球科技股份有限公司出资认建认养荣华中路 36 号绿地。

（蔡雳）

荣华路沿线建筑景观提升工程

年内，开发区市政局实施荣华路行道树树池美化工程 2391.7 平方米、北环岛摆花工程 3052.6 平方米，亦庄创意广场北侧 1.15 万平方米草坪更换和美化工程。

（蔡雳）

林木有害生物防控

年内，开发区市政局对辖区内林木，包含驻区企、事业单位、居住小区、学校等地绿色植物，进行美国白蛾打药防控 5 次；开展林木有害生物监测工作，并定期向北京市林保站报告；完成林业有害生物普查工作。全年未发生林木病虫害疫情，未接到有关林木有害生物的投诉。

（蔡雳）

信息化建设

概况

2016 年，北京经济技术开发区管理委员会信息化工作办公室（简称开发区信息办）推进开发区信息基础设施建设与完善升级，启动为期 2 年、计划覆盖全区的无线城市建设，推进信息网络技术运用，提升城市管理、产业发展、社会服务与生态建设的信息化水平，推进“互联网 + 政府治理”，提高信息化服务保障能力。完成开发区信息化项目管理系统升级改造项目，优化信息化项目管理流程，规范项目执行程序，提高项目实施效率。

（陈晨 张澎涛）

开发区宽带无线城市专项规划发布

9 月，开发区管委会发布《北京经济技术开发区宽带无线城市 2016—2018 年行动计划》《北京经济技术开发区宽带无线城市建设及服务规范 V1.0》，加快完善全区 Wi-Fi 覆盖，提供重点公共场所 Wi-Fi 免费接入服务，拓展宽带无线城市对企对民服务与创新应用。北京博大网信科技发展有限公司成为开发区公共 Wi-Fi 覆盖项目的投资、建设、运营主体单位，计划通过两年的建设和运营，将开发区建成覆盖和速率双领先的精品 Wi-Fi 示范区，形成完整的无线城市应用生态圈，成为京津冀区域宽带无线城市的引领者。规划到 2017 年，在开发区内主要道路、商务楼宇、公共场所建成无线网络访问节点（Wi-Fi AP）数量超过 5000 个，主要区域 Wi-Fi 覆盖率达到 90% 以上，重点公共场所覆盖率达到 100%，平均下载速率超过 4Mbps，重点公共场所提供免费 Wi-Fi 接入服务。截至年底，开发区建成 Wi-Fi 热点 3000 个，基本覆盖开发区政府办公大厅和主要公共区域。

（高卿 陈晨 王娜）

开发区通信基站专项规划修编完成

10 月，开发区信息办修编原《北京经济技术开发区通信基站专项规划（2015—2017 年）》。新规划面向 2020 年和未来的发展，结合开发区路政灯杆基站规划，探讨市政道路智慧灯杆及配套基础设施建设。打造搭载智慧照明、无线城市、平安城市、环境监测、智慧充电桩等多业务的智能化平台，彰显亦庄智慧化园区的核心理念。新规划基于 5G 技术，确定 2020 年前拟建设的 2085 处通信基站规划选址，为未来 4 年内基站规划、建设、协调、废止工作提供政策依据。

（高卿）

通信基站布局优化

年内，开发区信息办引导、协调北京移动、北京联通、北京电信和铁塔公司，分 3 批次，开展基站建设协调工作和基站供电、传输协调工作，完成世界机器人大会永久会址、宏达北路等 15 处基站共 25 项新建任务，提高无线通信服务水平。截至年底，开发区共建成室外 4G 通信基站 299 处，实现 4G 通信信号全覆盖。

（高卿）

智慧灯杆建设试点工作启动

年内，开发区信息办配合开发区市政道路改造工作，与中国信息通信研究院、北京市政规划研究总院、铁塔公司等单位共同研究并确定开发区智慧灯杆选型。智慧灯杆具有公共 Wi-Fi、移动基站、智能照明、视频监控、城市体征监测、充电桩、广告道旗等功能。结合开发区市政道路改造工作，启动智慧灯杆建设试点，在开发区荣华路、北环路及世界机器人大会永久会址周边 4 条道路等 6 条市政道路安装 140 根智慧灯杆。智慧照明、无线 Wi-Fi、移动微基站和 LED 电子屏 4 项功能上线，为下一步开发区智慧灯杆建设设定了标准与标杆。

（高卿）

搭建开发区移动物联公共服务平台

年内，开发区信息办搭建开发区移动物联公共服务平台，实现对移动接入终端、传感器等设备的统一安全认证和管理维护。整合分析重点企业能耗、排污数据，为掌握区域经济运行和节能减排情况提供辅助支撑。

（张澎涛）

建设城市运行管理智慧感知体系

年内，开发区信息办推动节能减排绿色低碳信息化体系建设。建设覆盖园区、重点企业、大型公共建筑主要场所的能源监测网络，开展循环经济综合服务平台、环保在线监测平台建设，实现对重点企业能耗情况、排污情况进行实时监测。

（张澎涛）

完善开发区视频监控系统

年内，开发区信息办遵循“统筹规划、统一建设、集中管理、共享使用”的原则，完善开发区视频监控点位，新增监控点位 330 余处，实现开发区重点区域的动态化、科学化、常态化管理。启动覆盖，“12 平方公里”区域的公共安全与城市综合管理监控体系的 3 年规划、建设方案的编制。完善重点区域监控建设，推进 300 家重点社会单位监控接入工作。

（张澎涛）

管　理

土地与房屋管理

概况

2016 年，北京经济技术开发区房屋

和土地管理局（北京市国土资源局经济技术开发区分局，简称开发区房地局）启动工业用地供给侧改革试点工作，提高土地集约利用水平，维护房地产市场良好秩序，完成土地管理、房屋管理和物业管理各项工作任务。全年供应工业用地 8 宗、53.45 公顷，公共设施用地 3 宗、2.58 公顷，完成开发区内第一宗自住型商品房项目用地上市工作，启动工业用地二次利用工作。

（赵慧静）

房屋土地权属登记事务中心更名

1 月 7 日，开发区房屋土地权属登记事务中心更名为北京经济技术开发区不动产登记中心。8 月 25 日，不动产登记中心列入参照公务员法管理范围。

（郭蓓蓓）

办理房产测绘备案 96 件

3 月 1 日，北京市住建委将房产实测备案工作下放至区县办理。开发区房地局全年办理测绘备案业务 96 件，实地查看 44 次，备案楼宇 471 幢，审核建筑面积 563 万平方米，备案面积约 292 万平方米。

（赵慧静）

实施产业用地更新

年内，开发区采用收储、回购、升级嫁接、疏解等方式，加快释放停产、半停产企业占用的土地资源，提高土地使用效率。综合运用市场机制、经济手段、法制办法，加大政策引导力度。回购原诺基亚厂区土地和厂房，收回土地面积 11 万多平方米、建筑面积 13.5 万平方米，引入北汽集团建设新能源汽车科技创新中心，7 月签约。

（蔡星月）

完成工业用地专项调研

年内，开发区房地局完成《北京经济技术开发区工业用地供给侧结构性改革专项研究调研报告》。将开发区内工业项目用地按照建设情况和使用方式进行分类，并分别提出管理措施和建议，为工业用地供给侧改革奠定基础。

（赵慧静）

工业用地二次利用工作启动

年内，开发区房地局根据项目用地的不同情况，采用不同方式盘活低效用地，涉及土地面积 71.3 公顷，其中完成二次利用的土地面积 55.9 公顷、在谈项目土地面积 15.4 公顷。开发区房地局综合运用法律、市场、行政手段，以回购方式，收回原诺基亚厂区土地和厂房，引入北汽集团建设新能源汽车研发中心；住友化学部分未利用土地由开发区土地整理储备分中心直接收储，重新出让，引入华卓项目入区；盘活北人集团区内项目，在原址改造建设世界机器人大会永久会址；通过限期使用的方式盘活康宁项目未利用土地。

（赵慧静）

保障 8 宗产业用地供应

年内，开发区房地局推进 8 宗工业用地入市，包括京唯科技（北京）有限公司、阿尔特置业（北京）有限公司、北京奔驰汽车有限公司、惠买控股集团有限公司、东方雨虹民用建材有限责任公司、北京市机动车排放管理中心、中国机动车辆安全鉴定检测中心、北京屹唐集成电路科技有限公司用地，建设用地面积 53.45 公顷。

（赵慧静）

X84 地块自住型商品房项目上市

年内，开发区房地局集中建设自住型商品房项目的 X84 地块完成上市并签订土地出让合同，可提供 1000 余套自住型商品房，为开发区以人为本、职住平衡的城市建设管理提供中端居住保障。

（赵慧静）

配租 2030 套单身白领公寓

年内，根据分层次开展住房保障工作的思路，开发区房地局将 2030 套人才公租房转为白领公寓，并已全部配租。白领公寓作为公租房组成部分，解决开发区企业单身员工的居住困难，成为开发区住房保障工作的重要补充，进一步实现开发区职住平衡。由北京博大新元房地产开发有限公司试点推出白领单身公寓产品，位于路东区经海路 100 号的亦城科创家园和河西区鹿海园五里的公租房社区。白领单身公寓产品是介于蓝领单身宿舍和以家庭为单位的成套公租房之间的一种保障房产品。住户享有独立卧室并共用套房内的客厅、厨房、卫生间等设施，屋内在原有精装修基础上增加了家具、家电，真正实现拎包入住。第一批筹集的 1000 多套房源于年底完成配租。

（赵慧静 谷守宇 刘丹青）

签订 1100 套公租房续租合同

年内，开发区作为北京市第一个配租入住公租房的区（县），第一批集中配租公租房合同于 7 月到期，涉及房源 1100 套。为保证续租工作顺利开展，开发区房地局于 4 月成立公租房续租工作小组，制定续租工作方案，安排专人于 6 月启动续租工作，用时 1 个月完成 1100 套公租房续租合同签订工作。

（赵慧静）

办理房地产抵押融资 636.11 亿元

年内，开发区房地局共办理土地抵押登记 163 件，比 2015 年增加 5%；实际贷款金额 636.11 亿元，比 2015 年增长 100%。房地产抵押融资已成为开发区内企业融资的主要手段，是将各方资金投入开发区建设的重要渠道。

（赵慧静）

保障房屋市场平稳

年内，根据市政府“9 · 30”楼市新政中提出的加强对房地产开发企业和经纪机构的管理并严查市场违法违规行为的要求，结合市住建委 10 月 1 日开展的房地产开发项目大巡查情况，开发区房地局加大对开发区内房地产开发企业和经纪机构门店检查力度和房屋市场监测，保障开发区内房屋市场平稳。

（赵慧静）

不动产登记大厅新址建设启动

年内，根据 2015 年底市国土局发布的不动产登记大厅建设规范的要求，开发区房地局选定创新大厦作为新址建设不动产登记大厅。新址建筑面积约 1428 平方米，已基本完成装修。

（赵慧静）

完成不动产登记业务 3.58 万件

年内，开发区房地局不动产登记中心共办理各类业务 3.58 万件，比 2015 年增长 63%，发放证书 12703 件，咨询 9928 次，完成权籍调查 41 件。其中，初始登记（房屋）58 个，初始登记（土地）7 个，转移登记 8845 件，变更登记 295 件，抵押登记4071件，抵押注销登记2979件，补证换证登记134件，异议登记3件，更正登记17件，办理限制登记970件；办理房源核验4515件，办理存量房网签4579件，购房资格审核4896件，存量房补录690件，注销合同1145件。档案查询数量总计2093件；办理经纪机构（注册在开发区）备案48个，金融机构和开发商备案192个。

（赵慧静）

监管物业服务企业动态

年内，开发区房地局物业办完成物业管理项目合同备案24个、合同变更27个、合同注销9个，物业管理项目合同备案总数159个。完成开发区物业管理企业资质变更8个；申请三级资质1个；申请三级（暂定）资质4个。

（赵慧静）

处理信访电话投诉407件

年内，开发区房地局处理信访投诉电话453件。其中，有效投诉116件，占总投诉25%，主要集中在共同设备和设施（如电梯等）和《物业服务合同》执行情况等方面，有效投诉处理率100%；非物业服务投诉的无效投诉337件，占总投诉75%。对于无效投诉，开发区房地局通过政策解答、细致沟通等面对面交流方式引导信访人选取有效的解决问题方式。

（赵慧静）

物业项目安全检查率100%

年内，开发区房地局对开发区内物业管理项目和普通地下室进行专项安全检查，项目检查率100%。接待办理普通地下室备案的现场咨询和来电政策咨询等740次；办理并完成普通地下室备案申请59件。完成物业项目检查108个、普通地下室检查54处，防汛项目检查69个。

（赵慧静）

建设市场管理

办理施工许可80项

年内，开发区办理施工许可80项，为2015年的123.08%，合同价款共计80.13亿元。其中，房屋建设工程37项，为2015年的68.52%，总规模163.32万平方米，合同价款62.73亿元；市政基础设施工程27项，为2015年的450%，合同价款8.4亿元；装饰改造工程16项，为2015年的320%，总规模为28.87万平方米，合同价款9亿元。

（郭艳菊）

建筑业企业管理

年内，开发区建发局管理房地产开发企业43家，其中一级3家、二级6家、三级5家、四级20家、暂定资质9家。管理建筑业企业182家，包括有施工总承包资质的企业38家，有专业承包资质的企业134家，有劳务分包资质的企业10家。其中，具有特级资质的企业1家，一级资质的企业25家，具有二级资质的企业29家，具有三级资质的企业117家，其他10家。完成二级建造师注册报送并发证611人。“三类人员”（建筑施工企业主要负责人、项目负责人和专职安全生产管理人员）安全生产考核证书续期410人。

（孙颖）

征收专项资金1682.96万元

年内，开发区建发局完成城市公用事

业附加和新型墙体材料 2 项专项资金收缴，共计 1682.96 万元。其中，新型墙体材料专项资金征收 41 笔，1571.61 万元，总建筑面积 157.2 万平方米；散装水泥专项资金征收 47 笔，111.34 万元。

（马林聪）

完成 78 个建筑节能备案项目

年内，开发区建发局完成 78 个建筑节能备案项目。其中，民用建筑节能设计审查备案项目 24 个，涉及建筑节能单体 88 个，公共建筑面积 70.97 万平方米，居住建筑面积 12.59 万平方米，总建筑面积 83.56 万平方米；民用建筑节能专项验收备案项目 54 个，涉及建筑节能单体 162 个，公共建筑 133.63 万平方米，居住建筑面积 66.54 万平方米，总建筑面积 200.17 万平方米。

（马林聪）

办理 145 个投资项目招标

年内，开发区招标投标管理办公室办理施工、监理招标入场项目 155 个，预计投资额 92.8 亿元。完成施工、监理合同备案项目 145 项。其中，施工招标项目 85 项，监理招标项目 60 项；建筑面积 183.8 万平方米，比 2015 年下降 40.90%；施工合同额 83.41 亿元，比 2015 年下降 8.7%；监理合同额 1.57 亿元。

（刘梅）

施工现场质量安全管理

概况

2016 年，开发区建发局负责安全在监项目 65 个，其中续建工程 28 个、新开工程 37 个。施工质量安全科现场执法 1320 次，发现问题 5918 项，下发停工整改通知书 5 次，约谈单位 328 家，责令改正 24 次，简易处罚 208 次，立案 5 次，罚款总金额 23.8 万元。负责安全在建房屋建筑工程 65 个，停工工地 20 家，完工待验收工地 56 家。在施工程中续建工程 27 个，新开工程 39 个，其中房建 25 家、装修 14 家。总建筑面积 835 万平方米，总造价约 317 亿元。完成竣工验收备案 76 项。其中，房屋建筑工程 74 项，总建筑面积 388 万平方米；质量方面下发责令改正 14 次，立案 4 起，罚款总金额 64.98 万元，简易处罚 28 次，罚款金额 0.92 万元。处理投诉事件 22 起。

全年组织安全知识培训与集中宣传 14 次，亦庄时讯和亦庄新闻报道 12 次，发放建筑安全基本知识、999 急救、预防食物中毒等各类宣传资料 6500 余份，送安全教育电影进工地 5 场，共有 1800 多名从业人员入场观看；发送各类预警应急短信 125 次；与开发区环保局、市食药监管局开发区分局、消防支队、城管分局等部门联合执法 14 次。成立项目工会 45 个，挂牌 22 家。给建筑行业工会联合会会员办京卡 5699 张，超额完成办卡 5000 张的任务。举办各类宣传和服务活动 10 余次。安全科受理举报投诉 15 件，均顺利解决。

开发区 18 个项目（101.70 万平方米）获得长城杯殊荣。2 个项目参评国家级奖项，实现零的突破。亦庄云计算中心项目获得鲁班奖、京东方运营与研发中心获国优工程奖两项国家级最高工程奖项。

（徐存柱 门京春）

安全培训体验基地举办培训 672 场

年内，安全培训体验基地举办培训 672 场，534 家单位的 3.01 万人次参加培训。其中，开发区内 2.02 万人次，开发区外 9858 人次。7 月，开发区建发局建立以开发区建筑工程安全培训体验基地为依托，成立先锋部落，组织党员培训 12 次，培训党员 200 余名。开发区有 4 个项目通过北京市样板工地初评，6 个项目通过北京市绿色安全工地考评。

（门京春）

在施项目质量检测

年内，开发区建设工程安全质量技术中心全面引入工程质量第三方专业检测机构，对 37 个在施工程的施工质量进行抽查检测。检测内容主要涉及混凝土强度、钢筋保护层厚度，以及钢筋、门窗、防水材料等。

（徐存柱）

施工机械监测

年内，开发区建发局把起重机械的安全使用作为重点工作管理，定期检查、抽查，同时委托国家建筑城建机械质量监督检验中心的专业检测人员对起重机械进行检测，对发现的问题全部及时督促整改。全年检测施工机械设备 84 台，发现存在安全隐患的起重设备 28 台，简易处罚起重机械租赁单位 12 家，立案处罚 2 家。检测塔吊 84 台（开发区所属共 78 台），18 台不合格，不合格率 21.4%；检测施工升降机 30 台（开发区所属 26 台），8 台不合格，不合格率 26.7%；检测物料提升机 6 台（开发区所属 2 台），2 台不合格，不合格率 33.3%。开发区建发局对设备所属责任单位进行相应处理。

（徐存柱 赵振广）

劳务检查 106 次

年内，开发区建发局对开发区建设工地进行劳务检查 106 次，约谈相关责任单位 58 家；受理各类纠纷 19 起。其中，工程款及劳务费纠纷 1 起，用工劳资纠纷 16 起，滋事事件 1 起，索要材料款、供货款事件 1 起，涉及人数 658 人。全年办理预留账户 94 项，存入金额 7392 万元；办理银行账户托管 34 项，托管金额 2754 万元。

（李国庆）

民防工作

概况

2016 年，开发区建发局（民防局）备案开发区人防工程 199 处，面积 119.7 万平方米。其中，专业队工程面积 1.9 万平方米，人员掩蔽工程面积 26.2 万平方米，配套工程面积 91.6 万平方米。全年共完成 3 项人防工程建设方案咨询、4 项人防工程设计审核批准，办理人防工程竣工验收备案 18 项，受理各类人防工程行政审批 29 项，全部依法依规办结。接收公用人防工程 7 处，共计 4.3 万平方米。

（邢亚）

印发推进人民防空改革实施方案

8 月 5 日，开发区管委会印发《北京经济技术开发区关于深入推进人民防空改革发展的实施方案》。根据方案，开发区民防局将在 2017—2018 年开展人民防空战备资产普查和评估，加强平时使用管理，推动人防工程公益化利用。

（邢亚）

编制区域人防规划

年内，开发区建发局（民防局）与大兴区民防局联合编制《新区“十三五”时期民防事业发展规划》，并对《北京经济技术开发区人民防空工程规划》进行修订。同时会同相关部门开展编制人民防空工程与城市地下空间相结合开发建设和综合利用规划的前期调研工作。

（邢亚）

健全人防工程管理台账

年内，开发区建发局（民防局）坚持人民防空“长期准备、重点建设、平战结合”的方针，提升城市整体防护能力。开展重点人防工程调查摸底、隐患排查、建档工作，健全人防工程管理台账。推进科技创安，对具备条件的人防工程实施远程视频、音频监控，完成力宝广场、富兴国际、大族广场、中航技广场、荣京道、荣华国际、城乡世纪广场、林肯公园 A 区 /B 区 /C 区、林肯公寓、君安国际、好景国际、数码科技园、锋创科技园、旁沃数控、嘉捷企业汇等工程的视频接入工作。

（邢亚）

开展民防宣传“五进入”

年内，开发区建发局（民防局）推进民防宣传的“五进入”（进机关、进学校、进社区、进企业、进农村）工作。在“3 · 1”国际民防日、“5 · 12”防灾减灾日、安全生产月，以广场宣传、知识讲座、演练观摩等形式在博大公园、林肯公园 B 区、南海家园社区、亦城茗苑社区开展民防宣传活动 4 次，约 200 人参加，发放宣传资料和纪念品近千份。联合北京市民防局平安生活讲师团在君安国际、国锐广场、大族广场、京东商城、力宝华联商场、北京电子职业教育学院等人防工程的建设单位、使用管理单位为社区居民、志愿者、物业工作人员、建筑工地安全人员、企业职员、商户、学生等不同群体讲授民防知识和法律法规，传授防灾救护、应急避险和自救互救技能，受教千余人。

（邢亚）

市容环境秩序整治

概况

2016 年，北京市城市管理综合行政执法局开发区分局（简称开发区城管分局）落实“明确服务理念、加强宣传引导、注重源头监管、善用执法手段”的工作理念，重点围绕开发区 2016 年折子工程和市城管局《2016 年北京市城管执法意见》的工作部署，受理群众热线举报 1228 件，立案处罚 254 件，罚款 136.06 万元，比 2015 年增长 60%，暂扣和罚没机动车和非机动车 136 辆。

（杨静）

开展两会期间安全专项执法检查

3 月，开发区城管分局在全国两会期间开展安全专项执法检查。核查、登记辖区内施工工地、餐饮企业安装使用的燃气设备信息。检查更新现有台账，不定期、不定时抽查重点餐饮单位，常态监控大型餐饮场所，发现问题及时立案查处。联合企业、底商所属物业公司，协同物业的专业维护人员，联合检查餐饮企业，督促各餐饮场所自查自改燃气使用隐患。宣传燃气管理条例等相关法律法规，在餐饮企业用气区域张贴安全用气提示，发放宣传材料400余份，警示和教育用气单位，引导提醒广大市民监督、举报。

（杨静）

应对空气重污染红色预警

12月16日，北京市启动空气重污染红色预警。开发区城管分局接到北京市空气重污染应急指挥部指令，第一时间召开紧急会议，动员部署应对空气重污染红色预警，做好中央环保督察组迎检工作。开发区城管分局领导到工程一线指挥督察，值班人员24小时在岗，执法人员开展大气污染防治专项行动，重点关注渣土车、砂石车和建筑垃圾等重型车辆，督促项目方对施工工地、裸露地面、物料堆放场所采取防尘措施，加大餐饮服务企业煤炉查处力度。开展宣传引导，通过现场走访告知、发放宣传折页等方式加强工作指导；快速处置空气重污染类群众举报，及时上报处理结果；开展督导检查，现场督办整改发现的问题，并适时通报，确保空气重污染红色预警应急措施落实到位。

（杨静）

开展“抓三清”净化视觉环境工作

年内，开发区城管分局针对非法小广告、违规户外广告、违规牌匾标识问题，开展“抓三清”净化视觉环境行动，按照“摸底宣传、督促自改、综合治理、巩固提升”4个工作步骤，各辖区分队充分调研、分片包干落实责任人，主管业务副局长组织召开工作推进会。通过亦庄生活网发布通告书、发动物业张贴海报、逐户发放告知信和户外广告牌匾标识管理规定宣传材料，明确户外广告牌匾标识设置标准、动员督促业主自查自拆；联合开发区内新闻媒体以现场报道、专栏专题等形式树立自拆典型，反映群众对治理行动的支持和参与热情。由开发区城管分局牵头，开发区规划分局和市政局作为责任单位，街道办、物业办作为协办单位，形成合力；由开发区市政局统一标准，整理广告审批台账；开发区工商分局审核牌匾广告内容，协助对商户检查管理，物业办督促物业部门落实责任；街道办入户宣传动员，综合协调；公安维护现场稳定局面，保障拆除工作顺利进行。共查处非法小广告312件，罚款2.06万元，拆除违规室外广告牌191块，清理违规牌匾标识、断亮霓虹灯137处。

（杨静）

“降三尘”大气污染专项执法

年内，开发区城管分局为应对大气污染，落实属地责任，严管施工扬尘、严控渣土运输，加大减排降尘力度，执行责任连带，零缝隙监督。建设施工单位配备运输车辆监督员，运输车辆必须清理干净方准离开现场。如果车辆不洁，造成道路遗撒，由建设施工单位和运输单位共同承担连带责任。督促建设施工单位根据季节变化完善施工计划，制定多项预案，根据天气状态做必要、及时地调整；合理分段作业，实现尽可能缩短存在施工扬尘隐患的施工周期。在施工工地内部采取清理、覆盖、洒水降尘等措施，对于施工场地外部临时占地破坏绿化植被的现象，要求及时恢复；推动施工单位与园林、环保部门协作，种植速生草种或其他合适的植物，以补救施工活动中植被遭人为破坏造成的土壤侵蚀。

全年查处施工扬尘相关违法行为 147 件、道路扬尘相关违法行为 202 件，查处露天烧烤行为 221 件、露天焚烧行为 27 件。

（杨静）

环境秩序保障

年内，开发区城管分局为确保“全国防灾减灾日”中航技宣传会场周边良好环境秩序，部署、落实责任，切实做好保障工作。整治街面环境秩序，查处露天烧烤、无照经营和非法运营违法行为，对商业区、生活区和地铁沿线重点点位进行盯守，延长巡查时间。治理施工扬尘，会同开发区建发局部门，建立联合执法工作机制，利用视频监控系统，实时监管施工现场。排查安全隐患，检查企业、工地、商户和便民餐车的消防安全、燃气安全和临建用电安全，督促相关负责人做好安全宣传工作。配合公安做好治安秩序防控工作，发现治安秩序问题，第一时间通知公安部门，形成联勤联动机制，确保社会秩序稳定。开发区城管分局在开发区东环路、科创五街市政道路施工改造过程中，多措并举，保障施工道路周边良好环境秩序。施工前期，沟通开发区交通大队、市政局等对市政道路具有管理权限的相关部门，协调施工方合理安排施工进度，遏制野蛮违规施工；同时加强夜间值班组巡查频次，督促做好安全标识设置。约谈项目建设单位、施工单位，要求其做好洒水覆盖、使用新型渣土车防尘降尘措施；履行文明施工自律承诺，严禁施工扰民；责令整改项目施工过程中存在的未设置警示标志情况，逾期未整改立案处理。安排专车专人加强施工现场监管，要求大风、雾霾天气停止土方作业；以群众利益为前提，沟通施工方，通行高峰分段施工、大型机械晚间施工作业远离企业园区，打通服务群众“最后一公里”距离。开发区城管分局中考期间维护环境秩序。开展商户自律承诺活动，对辖区内影响考生休息的夜间施工扰民和露天烧烤的违法行为，组织辖区商户签订“商户自律承诺书”，提高商户社会责任意识，同时发挥城管志愿者监督作用，引导商户规范经营。加强执法力度，于中考时期安排一线执法力量，加大校园周边环境秩序巡查和执法力度。利用开发区城管分局便民服务热线，发动辖区群众监督举报，对出现的非法露天烧烤和大排档，严格依法处理，没收其经营工具并高限处罚。

（杨静）

专项治理小广告

年内，开发区城管分局疏堵结合专项治理非法小广告。全面梳理非法小广告乱点，在商业聚集区域和公交地铁沿线等群众热线举报高发点位，设立提示牌和信息岛，引导小广告定点张贴、定期清理；对高发点位开展集中整治，对违法企业实施高限处罚，同时将处罚结果录入企业信用信息系统，通报相关主管部门。将小广告清理“服务外包”，依据非法小广告喷涂张贴情况调度安排保洁作业力量；落实企业商户小广告清扫保洁责任；以志愿服务为主力，发挥城管志愿者作用。明确任务指标，强化重点点位“定人、定车、定责”，对辖区小广告整治工作考核验收，对整治行动中的做法机制做好总结、固化和推广。

（杨静）

严格管控渣土运输车辆

年内，开发区城管分局针对工地赶工，

渣土运输车辆增多的情况，从源头着手，严格管控渣土运输车辆，严查施工现场。约谈市政道路施工项目负责人，落实监督责任，要求渣土车辆密闭运输，工地规范使用清洗设备，安排监督员检查车辆冲洗情况，避免车辆带泥行驶；督促运输单位备案渣土车运输路线，严禁途经荣华路等重点道路。针对夜间运输车辆问题多发情况，安排值班组在违法行为多发点位重点管控，对运输车辆无准运证运输、泄漏遗撒、苫盖不严、随意倾倒垃圾渣土等违法行为依法高限处罚。建立责任倒查制度，对违规车辆逐车倒查施工源头，依法追溯建设、施工、运输单位责任。同时，依靠并发动城管志愿者、新闻媒体等力量，通过社会监督、综合治理，有效遏制运输车辆违法行为。

（杨静）

做好大型活动保障工作

年内，为确保“2016 北京微电子国际研讨会暨中国新能源汽车电子高峰”活动开展，开发区城管分局持续开展专项治理工作。维护商业聚集区域周边环境秩序，引导物业管理单位树立自律自管意识，督促商户做好餐厨垃圾收集消纳；加强人员密集区域机动车停车场管理，治理交通枢纽周边黑车占道经营行为，保持道路畅通；督促“门前三包”单位落实责任，对未按规定管护牌匾广告、店外经营等违法行为，加大治理力度。对餐饮商户燃气安全开展拉网式排查，填写现场检查登记表，提高餐饮从业人员安全防范意识；严查私搭乱建，坚决遏制违规住人、安全疏散通道堵塞封闭现象，避免违法建设乱堆物料造成火灾隐患。严格属地责任，强化指挥调度，突出执法风纪规范；盯守点位覆盖会场周边商业聚集区域和人员密集区域，高度关注视频监控、热线受理，加强研判分析，做好应急处置。制定《2016 世界机器人大会环境秩序保障工作方案》，全员上岗，机关科室力量支援分队巡查盯守。执法力量分为巡查组、盯守组、机动车组，巡查组全天候保障活动路线，盯守组采取人盯车巡的方式在会场周边、26 号地、荣昌东街严盯死守。全体人员早中晚三班倒，保障场馆和沿线环境秩序；全员周末停休，在北京亦庄国际会展中心备勤，做好现场秩序维护和危机应对。执法人员按时到岗到位，携带执法证件、使用法言法语，严格文明执法，对违法行为采取边制止劝离边报告分局指挥中心的形式，切实完成保障任务，确保不出现媒体聚焦的负面事件、不出现因环境问题引发影响现场秩序的事件。保障期间，会场周边环境秩序良好，未发生影响现场环境秩序的事件。

（杨静）

治理非正规垃圾填埋场

年内，开发区市政局配合大兴区市政市容委，对开发区境内宏农庄、瑞合二村屈庄西等 4 处垃圾坑进行治理，并由北京亦庄国际开发建设有限公司负责 4 处完成整治地块的看护工作。

（蔡霁）

清理拟出让土地

年内，开发区市政局对开发区内 X1-1M2、X24C1 等 18 块拟出让地块内堆放的渣土、垃圾和树木等予以清理，并协助完成地下文物勘探工作。全年完成其中 17 块地块的堆土清理工作，5 块完成地下文物勘探并验收合格移交至看护单位。

（蔡雳）

对6处空闲区域进行环境综合治理

年内，开发区市政局对路东区G4-2地块、博兴路桥下西侧地块、北京金风科创风电设备有限公司北门三角地等6处空闲区域进行环境综合治理，包括荒草剪割、垃圾清运、场地平整等工程，并已全部纳入开发区空闲地块管理范围。

（蔡雳）

环境保护

概况

2016年，北京经济技术开发区环境保护局（简称开发区环保局）完成开发区2015年度和“十二五”时期污染减排任务，完成《北京市“十二五”主要污染物总量削减目标责任书》中的减排项目任务。化学需氧量、氨氮、二氧化硫、氮氧化物4项主要污染物零增长，实现挥发性有机物减排970吨。促成3家单位分别与北京京东方显示科技有限公司进行氮氧化物交易，交易金额73万余元。通过环保部污染减排核查工作。年内，开发区环保局行政服务窗口接收来件来函467件，处理企业咨询700余件。行政服务工作零投诉，被开发区行政服务中心评选为年度“红旗窗口”。

（王君丽 梁超 姚静）

实施清洁空气行动计划

3月23日，《北京经济技术开发区2016年清洁空气行动计划》印发实施，包括压减燃煤、控车减油、治污减排、清洁降尘、综合保障5个方面31项39条具体措施。年内，开发区空气质量中细颗粒物（$PM_{2.5}$）年均浓度为81微克/立方米，比2015年下降13.8%。北京市各区县空气质量同比变化情况，开发区排名第三。

（王猛 姚静）

颁布执行水污染防治工作方案

4月6日，《北京经济技术开发区水污染防治工作方案》正式实施。方案明确14项具体水环境质量的改善任务。年内，根据方案安排，开发区环保局组织开展城镇污水处理厂、加油站埋地油罐防渗漏改造工作、重金属和科研单位实验室等专项执法检查，共查处水环境违法行为2起，罚款64.25万元。

（赵荦荦 姚静）

开展环保宣传工作

4月至6月，开发区环保局开展主题为“向污染宣战，从生活开始”的系列宣传活动。活动依托基层志愿服务，开发区内、外媒体资源，开展随手拍、环保知识竞赛、环保微网站、环保主题演讲、健步走等互动活动，做好环保宣传教育。利用亦庄环保微信公众号开展的环保知识竞答和“生态亦庄，美不可言”环保随手拍活动，上万人次参与。6月3日，举办健步走活动，开发区内20家单位近500人参与。

（姚静）

发布区域五年环境质量报告

6月5日，《2015年北京经济技术开发区环境状况公报》正式发布。同时完成《北京经济技术开发区2011—2015年环境质量报告书》（简称《报告书》）。《报告书》总结和分析开发区五年的环境质量情况，对区域内的水、气、噪声、土壤等环境要素进行全面系统的评价，并分析辖区内的环境质量现状和变化趋势、规律。

（杜洁 姚静）

促成氮氧化物排污交易70余万元

7月22日、9月14日，开发区环保局促成开发区内3家企业分别与北京京东方显示技术有限公司进行氮氧化物交易，累计交易金额73万余元。使得排污交易的相关工作在开发区有序开展。

（宋陈超 姚静）

优化行政许可事项审批流程

9月1日，开发区环保局按照新修订的《中华人民共和国环境影响评价法》要求，进一步完善和梳理了开发区建设项目环境影响评价审批程序。对《建设项目环境影响评价分类管理名录》规定中为环境影响登记表的建设项目实施备案制，严格执行《北京经济技术开发区新增产业的禁止和限制目录（2016年）》，进一步从源头开展区域的环境保护工作。

（梁超 姚静）

设立促进污染物减排环保专项资金

9月6日，《2016年度新区环境保护资金项目申报指南》发布实施。本年度开发区环保局共收到申报项目100项，其中开发区49项、大兴区51项。发放扶持奖励资金1.21亿元，其中开发区3400万元、大兴区8700万元，带动企业环保治理投入资金6.23亿元。

（王君丽 姚静）

制定区域环境事件和辐射事故应急预案

11月2日，《北京经济技术开发区环境保护局突发环境事件应急预案》《北京经济技术开发区环境保护局辐射事故应急预案》印发实施。通过预案制定实施进一步规范了区域环境和辐射应急事件的处置和管理。

（赵苹苹 姚静）

“十三五”时期创新发展规划通过环评

11月9日，开发区环保局召开《北京经济技术开发区“十三五”时期创新发展规划环境影响篇章》（简称《篇章》）专家咨询会，就《篇章》进行讨论和审议。与会专家认为《篇章》资料数据翔实、评价内容全面，重点突出，采用的技术路线与评价方法适当；提出的规划优化调整建议和减缓不良环境影响的对策措施总体可行，评价结论总体可信。

（梁超 姚静）

“十三五”环境保护与生态建设规划发布

11月21日，《北京市大兴区和北京经济技术开发区“十三五”时期环境保护与生态建设发展规划》（简称《规划》）印发实施。《规划》在总结“十二五”时期两区环境保护与生态建设的主要成就的基础上，提出两区“十三五”时期的环境保护与生态发展的理念，从环境质量、污染物减排、环境安全和生态文明4个方面明确约束性发展指标。

（梁超 姚静）

编制10家重点企业排污许可证申报材料

11月30日，开发区环保局经过培训、调研、现场踏勘、企业编报等环节，完成北京奔驰汽车制造有限公司等10家重点企业排污许可证申报材料的编制工作，形成《开发区排污许可审核结题报告》。

（黄建琨 姚静）

建设项目审批

年内，开发区环保局完成一般类审批项目291项，其中报告书项目3项、报告表项目149项、登记表项目139项。办结登记表备案项目119项、受理项目38件、办结验收项目139项。办结辐射审批项目15件，辐射项目备案12件，辐射验收4件，辐射安全许可证18件。办结项目变更批复22件。组织召开项目专家评审6次，参加项目入区专题会议20次。

（梁超　姚静）

环境监察执法

年内，开发区环保局共出动执法人员2227人次，检查污染企业2171家次。查处各类环境违法行为51起，处罚51家企业、罚没274.3万元，查封7家企业。排污申报登记企业409家，收费218家，征收排污费4356.3万元。受理信访368件。参加应急演练2次，处理突发环境事件1次。

（赵苹苹　姚静）

超额完成挥发性有机物减排任务

年内，开发区环保局重点督促安姆科软包装（北京）有限公司、北京奔驰汽车有限公司实施挥发性有机物治理，共实现挥发性有机物减排970吨，完成全年372吨减排任务。

（王猛　姚静）

启动空气重污染应急预警17次

年内，开发区启动空气重污染应急预警17次，按照《开发区空气重污染应急预案》，开发区环保局与各部门配合，落实土方工地停工、部分企业限产等各项应对措施，完成空气重污染应急保障工作。

（王猛　姚静）

区属国有资产经营

综述

2016年，开发区总公司围绕“服务保障新机场建设、开发区创新发展、加快推进健康城镇化”三件大事，发挥集团化、专业化优势，参与北京新航城控股有限公司、“12平方公里”、综合配套服务区建设改造等重点项目，围绕两区产业结构调整，推动开发区加速转型升级。分类推进国有企业股权多元化改革，调整北京亦庄国际人力资源有限责任公司、北京博大网信科技发展有限公司、北京博大水务有限公司股权分配，盘活国有资本。

推进区域产业转型升级，搭建中国智库创新科学园、全球创新港和北京文化创新工场亦庄基地等创新型产业平台。推进京津冀科技创新公共服务平台建设，初步建成北京亦庄生物医药园全链条公共技术服务平台，构建线上线下一体化的园区综合管理和服务体系。完善北京亦庄生物医药园“项目—平台—导师—投资”的园区孵化体系，全链条公共技术服务平台初步建成。

加快提升产业和人居环境，推进奔驰前驱车二期、旧宫集贤项目和亦庄镇南工业区土地一级开发，启动南海子公园二期建设，“12平方公里”项目启动亦柏路以东开发工作，签约拆迁面积77万平方米，完成征地158公顷。完成路南区3条市政道路建设，推进亦庄镇南工业区部分道路清腾工作。

北京亦庄国际投资发展有限公司以产业投资为核心，融资服务、产业载体为两翼，为国内外战略性先导产业项目落地提供全方位服务。完成投资59.6亿元，引导落地投资150亿元，实现资本引导放大1.5倍。累计投资项目118个，累计投资额261亿元。完善基金投资体系，形成引导基金、母基金和跟投基金三大业务组合。参与设立产业基金48只，基金总规模2260亿元。创立北京创投联盟平台，统筹利用专业资源服务区域产业创新创业。

新航城服务保障新机场建设，按期完成机场核心区拆迁任务，推进回迁安置房项目建设。完成永兴河改造和周边生态体系规划建设方案，编制临空经济区起步区一级开发、噪声区控规和综合保税区可研方案。

（孙辉 张小燕）

北京经济技术投资开发总公司

概况

2016年，开发区总公司按照市委、市政府“把总公司打造成特色鲜明、管理卓越、高效运行、跨越发展，具有国际视野、一流水准的现代化、集团化、专业化产业新城运营商”的目标要求，以及“一体发展排头兵、国有企业领头羊、新区发展助力器”的定位，参与“两区五园”（两区指开发区和临空经济区；五园指生物医药产业园、新媒体产业园、新能源汽车产业园、军民结合产业园、“中关村大兴”现代服务业产业园）建设、参与科技创新主阵地建设、推进区域协同发展；围绕全面深化国资国企改革、推进集团化发展、推进发展战略转型，进一步打造升级版总公司。全年营业收入57.85亿元，利润4.48亿元，完成固定资产投资54亿元，总资产规模692亿元，净资产218亿元，国有资产保值增值率101.55%，实现了国有资产保值增值。开发区总公司系统取得国家专利15项，著作权2项，新申报国家专利23项，获国家、北京市、两区各类奖励、表彰和荣誉近50项。

年内，开发区总公司配合开发区管委会推进北京亦庄·永清高新区规划建设。按照打造区域标志性建筑方案，推进亦庄保华国际教育学校项目工程、亦城时代广场、南海子公园体育休闲项目等重点项目建设与规划。开发区总公司相关部门研究、跟踪开发区现有土地资源情况，完成“营改增”政策过渡；拓展直接融资渠道，形成多品种、多渠道、短期与长期融资相结合的直接融资体系。围绕开发区总公司发展面临的新要求，全面优化升级现有薪酬激励约束机制；升级转换资金集中管理系统；拓展直接融资渠道，融入资金40亿元；实现所属企业负责人经济责任审计全覆盖；形成安全生产责任制标准化管理模式。开发区总公司将提质增效工作开展情况纳入其总部各部门、二级单位年度综合考评。通过降杠杆、降成本，开发区总公司资产负债结构持续优化，财务费用比2015年同期减少26%。

年内，开发区总公司创新成果《集团资金集中管理建设项目》和《供热企业燃料成本管控项目》获全国国有企业财务管理创新成果一等奖。开发区总公司协助人民法院处理“12平方公里”项目强制执行案件13件、结案历史诉讼案件3件，新增诉讼案件9件。截至年底，开发区总公司内设办公室（党委办公室）、经营管理部、计划财务部、投融资部、项目管理部、人力资源部、前期策划部、工程管理部、审计事务部、招商部、法律事务部11个部门，有员工128人；有全资子公司16家，系统内员工2834人；有控股公司6家。

（孙辉 宋健 霍晓蕊）

开发区总公司召开2016年工作会

1月25日，开发区总公司召开2016年工作会，开发区总公司党委书记、总经理白文作2016年工作报告，副经理罗伯明主持会议，开发区管委会领导梁胜、高言杰、王合生，总公司领导韩洪英、芦永忠、郭广庆、卢自锋出席会议。开发区总公司各部门、各单位副经理以上人员参加会议。

开发区总公司召开2016年工作会　　潘清泉 摄

（孙辉 张小燕）

与两家公司签署战略合作协议

2月2日，北京经济技术投资开发总公司、北京泰豪智能科技有限公司和北京新航城控股有限公司共同签署战略合作协议，三方决定以开发区总公司的全资子公司——北京博大网信科技发展有限公司为载体，以国企改革为契机，以智能化建设、智慧城市建设与运营等为主营业务方向，建立三方战略合作关系。

（毛东颖）

营改增政策落实

3月，开发区总公司下发《总公司执行营改增政策实施工作安排的通知》，通过制度建设、科目设置、发票管理、税务申报、组织培训、部门协调等方式完成营改增过渡工作。围绕重点业务，对开发区总公司资产租赁业务采取由受托单位在“总公司分账套”中核算委托经营资产，根据签署的租赁协议收取客户租金至开发区总公司资产经营专户，开具开发区总公司发票，实现四流统一，并根据租金收款和合同执行情况在“总公司分账套”中进行会计核算。由开发区总公司计划财务部负责审核、检查和合并“分账套”数据，综合开发区总公司各个分账套财务指标情况，整体计算增值税，进行统一的申报和缴纳。对资产经营分账套业务，开发区总公司计划财务部从财务管理、资金管理、印鉴管理、税务管理和会计核算方面入手准备，制定《资产经营分账套财务管理办法（试行）》《资产经营分账套会计核算办法（试行）》、资产经营分账套会计分录一览表，并组织基层调研5次，“营改增”政策培训、总公司系统财务经理业务素质提高式培训、增值税发票相关知识培训、总公司信息化系统操作培训和部门内训等培训12次1000多人次，实现“受托单位账套”向“总公司分账套”的全面过渡和无缝对接。资产经营分账套的推行，实现开发区总公司后营改增时代的一次财务管理模式的创新，使资产租赁业务形成四位一体的系统业务板块，即开发区总公司的合同、会计分账套、资金专户、发票系统管控下的开票分机。

（宋健）

中芯国际厂房项目通过“美丽工地”验收

4月15日，中芯国际集成电路制造（北京）有限公司B3集成电路生产厂房项目“美丽工地”启动会召开。作为开发区总公司推广实施的第四个“美丽工地”，项目将“工匠精神”与“美丽工地”理念创新融合，推动精细化管理；采用“一图一现场、一标准一落实、一过程一显示、一新一中芯”的方式管理。11月2日，开发区总公司会同中芯国际集成电路（北京）有限公司、北京博大经开建设有限公司、项目监理方组成验收小组检查项目现场“美丽工地”量化指标，顺利通过验收。

（李婧）

升级财务信息化系统

5月，开发区总公司资金集中管理系统升级转换工作完成，并投入使用。升级后的资金管理系统进一步降低业务风险，从账户管理、单位管理、业务单元管理等方面扩展资金管理的覆盖范围，实现全覆盖的管理要求，增强开发区总公司系统资金整体管控能力。7月，开发区总公司计划财务部组织上海浦发银行开发区支行和浪潮集团山东通用软件有限公司召开开发区总公司资金集中管理系统升级项目验收会，并邀请开发区内宝健（中国）有限公司、北京亦庄国际投资发展有限公司等资金管理系统在施单位27人参加。会议交流了资金集中管理系统实施和升级的经验。9月，组织实施开发区总公司增值税发票管理系统项目，将开发区总公司现有的开票分机纳入，于9月底正式上线运行。11月，新财务预算集中管理系统正式上线，开发区总公司系统各单位完成2016年预算数据录入工作，启动2017年预算编制工作。

（宋健）

多项工程项目取得进展

8月初，开发区总公司亦城财富中心32层精装修工程开工，9月底工程竣工。8月11日，开发区总公司项目管理部实施博大大厦健身房、朝林大厦健身房和多功能厅改造项目；10月26日，该项目通过开发区管委办和北京亦庄置业有限公司验收。亦庄保华国际教育学校项目室内精装修完成整体工程量的50%；幕墙工程完成整体工程量的80%；园区正式围墙工程完成整体工程量的40%；室外园区道路和停车位施工；室外园林绿化施工，面积4万平方米；完成机电工程冬季供暖调试。

（王翠）

推进重点项目建设

年内，开发区总公司按照打造区域标志性建筑方案，推进亦城时代广场（A18）项目建设，绿建三星和LEED金级认证取得阶段性进展。与北京市国有资产管理公司合作，推进南海子公园体育休闲项目规划。研究瀛海镇3个半村产业定位、河西区商业综合体项目和凉水河滨水商业项目。跟进瀛海镇集体建设用地上市试点工作。对接特色小镇建设，参与大兴生物医药产业基地升级换代计划。确认荣华中路地标性建筑亦城财富中心项目的导视系统方案，对32层精装修方案进行调整优化。

（孙辉 张小燕 蒙乐）

土地收储和盘活

年内，开发区总公司完成北京星网工业园有限公司股权收购工作，以北京星网工业园有限公司为主体，先后收回微软移动（中国）投资有限公司和三洋能源（北京）有限公司两家企业的土地和厂房，占地面积约17万平方米，建筑面积约19万平方米。11月与北汽新能源公司签订为期1年的星网工业园租赁合同，12月正式入驻。推进航卫通用电气医疗系统有限公司和达涅利冶金设备（北京）有限公司腾退项目的谈判工作，加速土地收储和盘活。

（孙辉 佟俐颖 霍晓蕊）

开发区政策保障房总量达 10960 套

年内，开发区政策保障房总量达10960套。其中，人才公租房 8986 套，本年度新增 887 套；白领公寓 1974 套，本年度新增 1974 套，多层次保障房供应体系逐步完善。青年公寓、永康公寓、万源公寓服务水平不断提升，有效地满足了开发区内 240 多家企业和机构 2.6 万余人的入住需求。

（孙辉 张小燕）

国有企业改革推进

年内，开发区总公司为落实市委、市政府深化国企改革的相关要求，在对子公司分类研究的基础上，推进子公司国企改革。年初，市委、市政府研究通过了开发区总公司改制方案，二级公司的改革按照成熟一个推进一个的原则，3 月完成子公司北京博大网信科技发展有限公司股权多元化改制工作，引入北京泰豪智能工程有限公司、北京新航城投资控股有限公司两家战略投资者；推进北京博大水务有限公司、北京博大万泰国际投资咨询有限公司改制的资产划转和对价谈判工作，研究北京博大数文广告有限公司和北京博大经开建设有限公司的改革思路和框架方案。截至年底，各项改制筹备工作基本就绪。

（孙辉 张小燕 宋晓梅）

探索品牌扩张和管理输出

年内，开发区总公司探索品牌扩张和管理输出。5 月 4 日，柳州市委副书记、柳东新区党工委书记刘传林一行带队到开发区调研，深入学习开发区的产业发展思路与城市建设管理经验，并探讨建立两区长期合作的交流机制。北京经开投资开发股份有限公司与广西柳东新区签署战略合作协议，开展电商、园区开发、智慧云服务管理体系输出、电动汽车租赁等项目。博大世通国际物流（北京）有限公司创新推出保税直购中心模式，得到市商务委、海关等部门的大力支持，北京电视台等多家媒体对 ET 保税亦庄示范店、燕莎店进行重点报道。此外，二级公司探索在海南、天津、河北等区域，在现代农业、大健康产业、旅游产业和地产等方向开展业务。

（孙辉 张小燕 孙玲）

落实“京津冀”协同发展

年内，开发区总公司配合开发区管委会推进北京亦庄·永清高新区规划建设。加快天津滨海新区国际企业大道项目建设和招商工作。利用武清天和城项目一级土地开发优势，北京博大坤元房地产开发有限公司在天津市武清区下朱庄取得了一批优质土地资源，通过组织、对接有关产业，初步形成产城融合发展局面。北京亦庄博润置业有限公司与属地河北省永清县企业合作，参与河北廊坊永清县旧城改造项目。北京联港置业有限公司组织完成《关于打造京津冀赛车娱乐产业的策划报告》。

（孙辉 张小燕）

办理企业产权登记事项 26 件

年内，70 家企业纳入开发区总公司产权登记范围，开发区总公司经营管理部办理企业产权登记事项 26 件，办理北京星网工业园有限公司股权收购和微软移动（中国）投资有限公司 M110-1 地块房屋建筑物和土地使用权收购资产评估项目、北京金源经开污水处理有限责任公司 28.44% 股权无偿划转等 5 项评估、划转项目备案事项。

（佟俐颖）

固定资产投资 69 亿元

年内，开发区总公司提高固定资产投资计划系统化、精细化管理水平，统筹调度并完成了位于路东区 E18R1 和 E18R2 的开发区产业配套人才公租房项目、位于 X8X9 的亦庄镇南工业区拆迁腾退项目、南水北调调节池搬迁腾退项目等重点项目，完成固定资产投资 69 亿元。

（刘彬）

安全生产责任制标准化管理模式形成

年内，开发区总公司系统全年无安全生产责任事故。具有开发区总公司特色的“一书、一表、一标准”安全生产责任管理体系建设进一步加强，形成履行安全责任有任务书，落实责任有标准，责任考核有验收表的安全生产责任制标准化管理模式。实现履责有标准、有规范、有检查、有考核的安全责任全过程管理。开发区总公司系统北京经开投资开发股份有限公司通过北京市安全文化建设示范企业复评，生物医药园获得安全生产标准化三级企业认证，北京博大开拓热力有限公司、北京博大水务有限公司获开发区 2016 年有限空间大比武三等奖；北京博大经开建设有限公司获 14 项国家安全实用新型专利证书，《施工安全教育片》《建筑施工事故隐患治理手册》获得著作版权。

（伏社宏）

直接融资新增 40 亿元

年内，开发区总公司拓展直接融资渠道，形成多品种、多渠道、短期与长期融资相结合的直接融资体系。融入资金 40 亿元，平均票面利率 3.17%，与同期银行贷款相比每年节省融资成本 5065 万元。6 月 29 日，发行 10 亿元超短期融资券，期限 270 天。7 月 29 日，发行 10 亿元中期票据，期限 3 年。8 月 31 日，首次发行 10 亿元公司债券，期限 2 年。12 月 9 日，发行 10 亿元超短期融资券，期限 270 天。

（宋晓梅）

推进亦庄保华国际教育学校项目工程

年内，开发区总公司前期策划部完成保华教育园项目的到期保函更换工作，配合开发区总公司项目管理部、计划财务部，督促项目方严格执行合同条款。

（蒙乐）

企业负责人经济责任审计实现全覆盖

年内，开发区总公司审计事务部持续推进经济责任审计工作，对 5 家所属企业负责人进行任中经济责任审计。历经 3 年时间，开发区总公司通过任中审计与离任审计相结合，对所属企业负责人的经济责任审计工作基本实现全覆盖，建立了对企业领导人员守法、守纪、守规、尽责情况实施常态化、滚动轮审的长效审计监督机制。

（张扬）

风险管理专项检查 18 家企业

年内，开发区总公司审计事务部深入推进企业全面风险管理专项检查评价工作，涉及 18 家所属企业，检查内部控制标准 1414 项，提出制度完善修订意见 157 条，风险内控管理手册修订意见 37 条。

（张扬）

干部档案专项审核

年内，开发区总公司加入开发区档案专项审核小组，历时 1 年半，完成开发区干部档案专项审核工作，共审核档案733卷。完成开发区总公司84卷员工档案专项审核和452份档案缺失材料的收集、甄别、分类、编目、归档等工作。

（方嘉鸿）

北京经济技术投资开发总公司

书记兼总经理　白　文

全资（控股）子公司

博大网信实现股权多元化

博大网信增资战略合作签约　　潘清泉　摄

2月2日，北京博大网信科技发展有限公司新一届股东单位确定，北京经济技术投资开发总公司（持股比例49%）、北京泰豪智能工程有限公司（持股比例40%）、北京新航城控股有限公司（持股比例11%），正式签署博大网信增资战略合作协议。博大网信成为开发区首家完成国资国企股权多元化改革的高科技公司，公司体制机制改革进入全面实施阶段。

（王娜）

开发区首家ET保税品牌示范店对外营业

3月30日，北京亦庄保税直购中心首家“ET保税”品牌示范店对外营业。品牌示范店建筑面积1000平方米，营业面积550平方米，所售商品涵盖德国、法国、加拿大等近50个国家和地区的5000多种优质商品。截至年底，累计销售流水近1200万元，总客流量突破14万人次，回头客约50%。12月16日，“ET保税”被中国贸易协会专家委员会评为“2016服务贸易品牌型企业”。ET保税拥有线上线下一体化经营模式，商品通过完税、保税展示交易、分送集报、跨境体验等模式进行销售，销售模式完备，为下一步品牌发展奠定基础。另外，公司围绕“品质、责任、健康”的文化理念，开展多伦多公益行、保税格桑花节、文化季等系列品牌文化活动，组建ET徒步俱乐部，与中国摄影家协会在全国范围内共同举办世界风光主题摄影展，吸引消费者和商家关注和认可。

“ET保税”品牌示范店　　潘清泉　摄

（王矗　赵慧娟）

亦庄置业对外投资成立创新工场公司

4月6日，为贯彻开发区文创战略规划，进一步落实文化产业建设工作，北京亦庄置业有限公司与北京文化创意工场投资管理有限公司合资成立北京文化创新工场亦庄文化发展有限公司（简称创新工场公司）。创新工场公司注册资本300万元，亦庄置业公司与北京市文化创新工场投资管理有限公司各出资150万元，持股比例各占50%。

（黄秀敏）

北京经开获“十佳电子商务园区”称号

4月11日，中国国际电子商务博览会在浙江省义乌市召开。北京经开·数字工场的电子商务产业发展基础、电子商务企业集聚发展模式、电子商务园区招商运营和服务体系获“十佳电子商务园区”称号。来自国内外1185家企业参展，吸引了27个国家和地区196个组团近12万人次参观。

（孙玲）

举办园区空间生产力论坛

5月5日，北京经开·智汇园举办“创世代园区空间生产力”主题论坛。本次论坛集合“匠心智造”创始人赵伟等200余智识精英参会。会上，北京经开投资开发股份有限公司总裁周世义介绍未来智慧园区的创新模式，并围绕空间生产力的话题与大家共同探讨。与会嘉宾围绕新一代产业园区的发展，从城市公共服务设计、城市文化营造、未来办公、北京DRC工业设计创意产业基地案例、数字建造等多个角度切入，探讨在通州城市副中心的新定位下，如何实现产城融合，为创新产业发展提供优质的生态环境，促进区域经济发展。

（姜昧茗）

亦庄国际人力举办培训2次

5月13日，北京亦庄国际人力资源有限责任公司联手开发区劳动仲裁委员会共同举办创建和谐劳动关系培训班。开发区内企业的人力资源相关人士200余人参加。培训围绕政策解读、实操经验分享、典型案例剖析、互动问答等方面，从多个层面、多种角度为参会人员解析劳动关系管理关键点，提高劳动管理的基本观念和实操能力。12月13日，亦庄国际人力和北京市人才交流中心共同举办人力资源行业骨干培训班，各区县人才交流中心和人力资源服务行业60余名领军人员参加。培训共同探讨了人力资源服务行业的现状、发展机遇，并指出人力资源工作人员要抓住时机，开拓创新，不断提高专业能力和服务水平，为助力国家的经济转型和人才供给做出贡献。

（王巍）

E7创享家获评创业孵化示范平台

6月18日，由中国中小商业企业协会主办、北京经开投资开发股份有限公司协办的第四届中国中小企业产业园区建设与投资年会在北京人民大会堂举行。“北京经开·E7创享家”凭借园区资产、创孵服务、园区运营和服务体系被授予“中国中小企业创业孵化示范平台”称号。E7创享家是北京经开推出的创业生态服务品牌，拥有E7·创业鹰巢、E7·创芯中心、E7·创业公社（合作）3个创孵空间，总建筑面积近1万平方米，入驻企业97家。11月，“北京经开·E7创享家”被市人力社保局评为第二批北京市创业孵化示范基地。年内，北京经开·E7创享家新引入亦管家人力资源、快创商学院、大众创业平台等多家专业服务机构，修订完成《北京经开E7创享家标准化管理手册》等基础制度标准，并组织开展包括行业专场路演会、北京四板及HR讲座、亦庄第二届创业大赛、CED联盟等在内的各类活动9场次，品牌知名度和影响力稳步提升。

（孙玲 姜昧茗）

北京经开成立智控能源管理公司

7月1日，北京经开投资开发股份有限公司旗下以售电零售、电能服务为主要业务的北京经开智控能源管理股份有限公司举行揭牌仪式。该公司由北京经开投资开发股份有限公司、北京中诚盛源技术发展有限公司和科融联合（北京）能源技术有限公司共同出资成立。公司的成立标志着北京经开以国家深化电力体制改革的战略为契机，向“互联网 + 电能服务”模式转化。

北京经开智控能源管理股份有限公司揭牌　　姜昧茗 摄

（姜昧茗）

联港置业启动汛期防汛应急救预案

7 月 20 日，北京地区遭受特大暴雨，北京联港置业有限公司联港嘉园项目内住宅和公建楼地下室大面积受灾，其中高压配电室、电梯机房、立体车库、风机房、水泵房、消防中控室等重要区域分别出现房屋漏水、屋内积水、雨水倒灌等问题。公司立即启动《联港嘉园项目汛期防汛应急救预案》，林校路街道办、辖区供电局、物业公司等相关单位调派 150 人赶赴现场。经过 72 小时应急处置，保证联港嘉园小区正常供电，居民出行道路畅通，未造成财产损失和人员伤亡。

（田国强 何谊）

博大万泰组建开发区创新创业导师团

7 月，北京博大万泰国际投资咨询有限公司（北京经济技术开发区中小企业服务中心）在开发区科技局指导下，开展开发区创新创业导师团组建工作。导师团由开发区各产业园区和孵化器聘任的导师、开发区科技创新型企业中的优秀企业家和工程师、各服务机构和投融资机构的专家等各类热衷于创新创业公益服务并拥有创新创业扶持能力、资源和指导经验的专业人士组成，首批 30 人，下设创新创业委员会，委员由开发区管委会从导师团成员中选聘。创新创业委员会按照专业领域分设多个专业辅导组，向专业园区、企业和创新创业团队提供创新创业辅导、企业诊断、规划咨询、投融资、项目落地等服务。10 月双创周期间，开发区创新创业导师团正式成立，开发区管委会领导为首批 30 名导师团成员颁发聘书。

（马苏墨）

生物医药园举办脊髓性肌萎缩症大会

8 月 6 日—7 日，北京亦庄生物医药园举办国内首届脊髓性肌萎缩症（SMA）会议，来自美国、中国台湾、中国香港和大陆从事 SMA 临床、遗传、基因筛查、产前诊断、康复治疗、药物研究等领域的权威专家和全国 31 个省市自治区近 200 名 SMA 患儿与家属代表、社会人士、媒体工作者参加。会上，美国专家与两岸三地的资深专家分享 SMA 的研究进展与最新发现，推动国内 SMA 的医学研究、疾病诊疗、药物研发、患者护理、社会公众认知等方面的发展。8 月 8 日，中国 SMA 大会的卫星会议在中国香港举行，将学术研究在国际与国内两岸三地间同步交流，对推动国内 SMA 工作具有开创性意义。

（杨秋超）

联港置业联港嘉园项目配套邮政所移交

8 月，北京联港置业有限公司联港嘉园项目配套邮政所向大兴区邮政局移交工作完成。移交面积 233.09 平方米，签约金额 83.91 万元。2015 年 12 月，联港置业公司取得北京市邮政局同意以成本价接收联港嘉园项目配套邮政所的函件，成本价格 3600 元 / 平方米。

（何谊 李庄）

北京国际设计周设计之旅学术板块落地

9 月 28 日，由北京经开投资开发股份有限公司和城市复兴 2050 联合主办的“创新聚变，遇见未来”主题论坛暨 W.E Plus 之城 @ 北京经开·智汇园”展览开幕。世界设计周网络国际执委、北京国际设计周副主任孙群，新媒体艺术家、交互设计师、清华大学美术学院信息艺术系讲师陈丹青，清华大学建筑学院教授、博导、数字建筑设计专业委员会主要发起人徐卫国，中国台湾资策会副所长黄宛华，北京经开总裁周世义等参会。此次展览和论坛标志北京国际设计周设计之旅学术板块在北京经开·智汇园落地，并且连线威尼斯双年展，成为第 15 届威尼斯建筑双年展“共享 · 再生”平行展在中国的分展之一。

（孙玲）

壹中心项目获二星级绿色建筑证书

10 月 14 日，北京经开 · 壹中心一期办公建筑获由北京市规划委员会颁发的二星级绿色建筑设计标识证书。北京经开 · 壹中心一期工程用地面积 5.49 万平方米，为公建混合住宅用地，其中办公建筑 8.39 万平方米。项目从节地、节能、节水、节材和室内环境 5 个方面进行绿色环保设计。项目外立面部分采用玻璃幕墙，反射率不超过 0.3；绿化采用乔、灌木、地被相结合的多层绿化形式；室外透水地面占整个室外透水面积比的 64.54 %；建筑围护结构满足公共建筑节能设计标准要求；雨水利用采取间接利用和直接利用相结合的方式；采用 Ecotect 软件进行室内采光模拟，室内主要功能空间 95.5% 的面积达到采光系数 3% 以上。

（孙玲）

亦庄生物医药园举办医药项目融资路演会

10 月 26 日，由开发区管委会、开发区中小企业服务中心主办，北京亦庄生物医药园承办的 E-TOWN BIO 医药项目融资路演会暨北京亦庄全球路演会大健康专场活动在京津冀全球路演中心举办。北京亦庄国际投资发展有限公司、北京国投明安资本、招商银行等 30 余家投融资机构和投行参与，双特异性纳米抗体药物（nanoBiTE）的研制、抗肝癌抗体药物的研发、基于量子级联激光器的无创血糖检测技术原型机、醋酸奥曲肽缓释微球及多肽缓释微球、可体内降解的“速凝棉”纤维项目、RegeSi 再生医学新材料创新制备与应用 6 个融资项目参与路演，本次路演会为企业和金融机构提供分享合作的平台。

（边蕾）

北京经开推动未来物联网研究与应用

10 月 30 日，北京经开投资开发股份有限公司携手中国科学院物联网研究发展中心、工业和信息化部软件与集成电路促进中心、中兴通讯股份有限公司、浪潮集团有限公司、中国嵌入式系统产业联盟等5家单位在无锡国家传感网创新示范区部级会议上签署《未来物联网研究和应用战略合作框架协议》。本协议的签订对推动具有自主知识产权的“未来物联网”架构和标准的研究，推动计算机软硬件系统和信息技术发展具有重要意义。

（姜昧茗）

京津冀科技创新公共服务联盟成立

10月，由北京博大万泰国际投资咨询有限公司牵头设立京津冀科技创新公共服务联盟。截至年底，京津冀科技创新公共服务联盟已有正式会员机构35家，其他各类战略合作服务机构百余家。京津冀科技创新公共服务联盟是在开发区科技局的指导监督下，由京津冀各行业服务机构、窗口平台等自愿组成，立足北京亦庄，面向京津冀各行业、产业的企业及相关组织机构提供专业化服务的公益性、服务型、开放式的非营利性社会团体。联盟以打造创新创业服务体系，改善区域服务软环境为目标，聚合服务机构，整合服务资源，提升服务水平，创新服务模式，培育孵化新的服务载体，集约、高效、深入服务于京津冀三地科技创新、企业发展及产业协同。业务范围包括聚合平台内外各类服务机构；规范管理各类服务机构；宣传、贯彻党和国家的方针、政策，促进企业发展；组织各类信息培训研讨活动，搭建会员企业交流合作平台；收集汇总服务资源，协同开展展示推广活动，创新服务模式及服务载体；承接政府委托项目。

（马苏墨）

全国工业物业服务标准化示范项目获批

11月15日，北京亦庄置业有限公司生物医药园项目获国家标准化管理委员会批准，成为全国首个“工业物业服务标准化示范项目”。该项目2013年启动，依据标准化规范GB/T2441文件要求，制定包括服务通用基础、服务保障、服务提供、岗位工作规范四大子体系在内的77项企业管理服务标准，并开展“标准化精品展示基地”“标准化实践验证基地”“标准化创新研究基地”“标准化宣传培训基地”建设。

（黄秀敏）

亦庄盛元起步区转型升级示范项目获批复

11月，北京亦庄盛元投资开发有限公司起步区转型升级示范项目（13C3）获得开发区管委会明确批复，继续履行1997年签订的土地出让合同，确定了开发区总公司对土地的使用权，将地上建筑物资产一并划转至开发区总公司。同月，《示范项目城市设计规划研究》和《地块控制性详细规划》方案完成公示。通过亦庄城市客厅概念的引入，将其打造成“亦庄科技创新综合服务中心”。该示范项目为开发区管委会2016年折子工程，北至燃气集团公司第四分公司，南至开发区地税分局，西至亦城国际中心，东至宏达工业园，共计7.97万平方米，总建筑规模16.76万平方米。

（徐雪）

新元公司公租房租赁服务中心投入使用

11月，北京博大新元房地产开发有限公司公租房租赁服务中心投入使用。中心位于开发区泰和一街博客雅苑底商，开展开发区公租房租户申请、缴费、入住、续签和退租等相关业务。年内，新元公司制定公租房服务窗口的建设方案；完成资产管理系统的软硬件建设并正式上线运行，资产管理系统具备合同签订、租金生成、到期提示、报表生成等功能，实现资产信息实时更新、监控。

（谷守宇 刘丹青）

亦庄置业获批基层党建创新项目孵化工程

11 月，北京亦庄置业有限公司“亦家园”永康党群工作站依据《开发区基层党建创新项目孵化工程实施方案》，获批成为开发区工委组织部基层党建创新项目孵化工程推广型项目。亦庄置业党支部在开发区总公司党委的指导下，以物业服务为依托，统筹党建资源，探索“党建+”新模式，创建了“永康公寓 梦想家园”党建工作品牌，建立“亦家园”永康党群工作站。

（黄秀敏）

为世界机器人大会提供保障

年内，开发区多家区属企业为世界机器人大会提供保障。北京博大数文广告有限公司根据两区关于 2016 年世界机器人大会各项活动的要求，在南环岛、荣昌东街、宏达南路、景园街、亦创国际会展中心、荣京街、北环路等主要干道和路口安装智慧灯杆屏幕 35 块，累计面积 41 平方米，单块显示屏尺寸为 768 毫米 ×1536 毫米，规格为 P4 点间距。10 月 18 日，按照预定计划顺利点亮。为配合此次大会的宣传和导视工作，博大数文投放世界机器人大会公益广告 1492.97 平方米，大小广告牌 135 块；在开发区主要干道设立行车和人流导视牌 100 余块，主要用于荣华路、东环路、荣京路、永昌路等主要干道的车流人流疏导。北京博大网信科技发展有限公司协同旗下子公司北京博大网通科技发展有限公司，用时一个月，完成 210 根智慧信息一体杆杆体的建设并交付使用，确保在世界机器人大会举办期间，开发区内干道和路口杆立、屏亮、链路通。10 月 20 日，北京亦庄置业有限公司承接世界机器人大会临时停车场管理工作。为保障临时停车场秩序，亦庄置业将停车管理人员分为疏导、指引、巡视 3 个小组，分别负责疏导车辆、指引参观路线和停车场安全卫生巡视，保障车辆安全有序停放和环境的整洁，平均每日承接流动车辆约 2800 辆。

（靳洋 黄秀敏 王娜）

博大数文扩大户外媒体发布面积

年内，北京博大数文广告有限公司完成多项户外广告灯箱项目，扩大户外媒体发布面积。完成荣京东街与荣华路至东环路全路段 30 个广告灯箱改造项目。灯箱全部采用节能环保的太阳能发电。10 月，开发区博大公园西侧小广场内 LED 显示屏投放使用，显示屏总高 9 米，距地面 3.5 米，观看面积 36 平方米；信息发布控制采用发送卡和接收卡方式，通过无线网桥进行信号传输，桌面控制软件实现异地控制位，信息内容涵盖北京精神、便民指南等多种惠民、优民政策。

（靳洋）

博大数文承办 5 个大型活动

年内，北京博大数文广告有限公司承办北京亦庄生物医药园医药产业论坛、“亦庄党员 · 旗帜力量”暨“亦庄 E 党建”线上平台发布会、中国智库创新科学园开园仪式、国研智库论坛·2016 年会、第 12 届中外跨国公司国际年会（MNCF）暨全球创新港揭牌仪式等大型活动。

（靳洋）

博大数文运营“北京亦庄”政务微信

年内，北京博大数文广告有限公司承接“北京亦庄”“文明亦庄”微信公众平台的运营和维护。“北京亦庄”微信公众平台粉丝数量 7.96 万人，较承接前增长 2 万余人。数次进入北京政务微信排行榜前三名，入选京津冀区域影响力微信号前二十名。“文明亦庄”微信公众平台粉丝数量为 1.25 万人，与承接前相比增长近两倍。

（靳洋）

亦庄置业公司开展智能化配电室改造

年内，北京亦庄置业有限公司以亦城国际中心、亦城科技中心、生物医药园、经海产业园 4 个项目为试点，开展智能化配电室改造。改造工作由北京海天安捷电力技术有限公司负责，以网络技术、监控平台软件技术和互联网云计算为基础，通过在配电设备上安装传感器、搭建智能化配电远程监控平台，实现配电室远程、集中监控和无人值守。通过分析能源数据、合理配备电力资源，达到节能降耗目的。

（黄秀敏）

博大建设公司承建工程多次获奖

年内，北京博大经开建设有限公司承建的中芯北方工程、新机场安置房 9 标段工程、瑞合西一路工程、西环北路改造工程获“北京市绿色施工文明安全工地”称号，其中，中芯北方工程、新机场安置房 9 标段工程获“北京市绿色安全样板工地”称号。北京亦庄保华国际教育园工程获 2016 年“北京市结构长城杯金质奖”称号。

（刘欢）

博大网信投资建设智慧信息一体杆

博大网信投资建设智慧信息一体杆　　单位提供

年内，北京博大网信科技发展有限公司在开发区荣华路等 11 条主要道路投资建设 310 根智慧信息一体杆。杆体贯彻共享经济运营理念，具备智慧照明、多媒体广告屏、移动基站、平安城市（视频监控）和无线 Wi-Fi 5 项功能。

（王娜）

博大网信参与智慧航城规划建设

年内，北京博大网信科技发展有限公司协助北京新航城控股有限公司完成智慧航城顶层设计和智慧工地、智慧交通、智慧能源等智慧城市各分项的规划设计，搭建协同管控、智慧工地、综合信息一体化三大平台；对安置房区域智慧基础设施、三网融合、地下管孔和一体化灯杆进行规划设计和运营模式研究。博大网信成为新航城临空经济区智慧城市投资、建设、运营一体化平台公司，为参与新航城智慧临空经济区工程建设和投资运营打下良好基础。

（王娜）

开发建设公司一级开发项目取得征地批复

年内，北京亦庄国际开发建设有限公司的奔驰前驱车项目二期用地取得征地批复，并具备土地上市条件；南海子郊野公园土地一级开发项目B片区取得征地批复，C、I片区正在办理瀛海镇前期征地手续；旧宫集贤项目A地块取得征地批复，A、C地块取得拆迁许可证；亦庄镇南工业区完成凉水河二街、博兴九路道路工程的清理腾退，并与丰收葡萄酒厂和北京杰西卡制衣有限公司2家企业签订腾退补偿协议。

（巨德慧 朱晓明）

开发建设公司推进“12平方公里”项目

年内，北京亦庄国际开发建设有限公司的“12平方公里”项目按计划开展。启动亦柏路以东开发建设项目，完成征地55公顷，拆迁签约率80%；医疗中心项目、中学项目完成项目竣工备案、移交，取得亦驰街等3条道路立项批复、规划许可证等前期手续；完成瑞合西一路等3条市政道路、博兴十路等7条道路交通工程和新凤河道路绿化工程建设，开工建设融兴南三街等3条（段）市政道路和奔驰周边公共绿化工程，新凤河路等8条市政道路建设工程竣工并通过验收。

（巨德慧 朱晓明）

亦庄生物医药园举行生物医药人才对接会

年内，北京亦庄生物医药园举行E-TOWN BIO生物医药专场人才对接会2次。对接会包括企业宣讲、面对面交流、企业参观、私密对接等，岗位涉及生物制药、原料药、制药设备、医药流通、生物技术等。北京理工大学、北京工业大学、南开大学等30余所高等院校参加，北京赛升药业股份有限公司、珐博进（中国）医药技术开发有限公司、北京百奥赛图基因生物技术有限公司等210余家单位参会。对接会提供超过600多个岗位，求职人员1500余人，推出“一对一高端人才对接服务”，并开通E-TOWN BIO医药专业人才对接平台微信公众号。

（边蕾）

亦庄生物医药园品牌宣传

年内，北京亦庄生物医药园先后在《中国企业报》发表《亦庄生物医药园打造品牌“三步走”》《健康中国系列报道》，获“2016中国产业园区创新力百强”；携北京博奥医学检验所有限公司、安诺优达基因科技（北京）有限公司、北京康宝利华生物科技有限公司、北京索真医学检验所有限公司、北京思瑞德医疗器械有限公司5家企业参加“第十九届中国北京国际科技产业博览会”，生物医药园获“优秀组织奖”；参加开发区特色产业园联盟各类活动十余次，提供新闻素材5篇；承办“北京亦庄第二届创新创业大赛一大健康分赛”，生物医药园区1个项目进入决赛，获“优秀奖”。

（边蕾）

生物医药管理公司参与基金投资

年内，北京亦庄国际生物医药投资管理有限公司参与成立北京亦庄生物医药并购基金和北京屹唐加科思创业孵化基金，并购基金投资北京天广实生物技术股份有限公司项目；孵化基金完成对北京加科思新药研发有限公司用于肝癌治疗的FGFR-4抑制剂项目的投资决策工作。

（边蕾）

举办生物医药产业创新与发展论坛活动

年内，北京亦庄生物医药产业创新与发展论坛举办活动6次，邀请演讲嘉宾89位，698家企业和科研院所参加，参会1800余人，成为南部新区乃至京津冀地区的生物医药品牌活动。论坛延续往年的主题聚焦模式，根据行业热点和企业关注的焦点，陆续开展了生物医药政策法规、新药研发、罕见病、项目投融资、科技服务、精准医疗等多个主题活动。

（杨秋超）

博大兴青年公寓基础设施改造

年内，北京博大兴投资开发有限公司投资1950万元，用于青年公寓基础设施改造二期工程建设，更换园区给水、雨水、污水、中水、消防管线，拆除原有路面、更换路缘石和部分步道砖，铺设沥青路面，改善公寓硬件环境。

（周会丽）

博大兴青年公寓建三级管理模式

年内，北京博大兴投资开发有限公司创新青年公寓经营管理模式，在部分公建和公寓资源做试点，与专业资产经营和管理公司共同组建管理公司，建立产权方、资产管理运营平台、经营方三级管理运营模式，提高资产运营质量和效益。

（周会丽）

博大万泰举办“北京·亦庄全球路演会”

年内，北京博大万泰国际投资咨询有限公司（北京经济技术开发区中小企业服务中心）在开发区科技局指导下，协同19家分会场单位共同举办“北京·亦庄全球路演会”。全年完成路演活动54场，参与企业2600余家次，3500余人次参与，累计吸引投资机构近250家次，路演项目338个，项目融资需求总额超过20亿元，参与路演的企业与投资人达成意向投资项目22个，意向投资额2.34亿元。开展政策、财税、人力资源、融资贷款、法务、管理咨询、知识产权、高新申报、企业上市等配套服务。全年共举办活动90场，约5300余家次、7200人次参加。

（马苏墨）

京津冀创新创业服务大厦入住机构21家

年内，开发区管委会批准京津冀创新创业服务大厦入住机构21家。截至年底，累计三批次批准入住机构共52家，实际入住服务机构49家。12月，开发区中小企业服务中心开展对符合条件的入住服务机构评价考核工作。其中，9月洪泰创新空间（北京）创业投资有限公司入住服务大厦，标志着洪泰亦城创新空间正式启动。京津冀创新创业服务大厦位于北京亦城国际中心A座，是京津冀科技创新公共服务平台的线下载体，集政府政务服务与社会公共服务于一体，分为行政服务区、公共服务区、机构聚集区和众创孵化区。政府行政职能部门与通过征集，引进入住的一流、优秀社会组织资源整合、优势互补，便捷、集成、协同开展企业服务、产业促进，形成示范引领效应。服务大厦内设各种规格会议室11个，能够满足路演、展示、座谈研讨及各类商务洽谈、辅导培训活动，为服务创新创业和产业合作对接提供充足空间保障。

（马苏墨）

新元公司取得自住商品房土地使用权

年内，北京博大新元房地产开发有限

公司通过市场公开竞价，取得 X84R3 自住型商品房项目国有建设用地使用权。X84R3 是开发区首个自住型商品房地块，位于开发区 II–6 街区 X84R3 地块，项目建设用地面积 5.07 万平方米，地上建筑面积 10.13 万平方米，容积率为 2.0。

（谷守宇 刘丹青）

新元公司 E8 和 E18 公租房项目竣工

亦城文园（E8）外观　　单位提供

年内，北京博大新元房地产开发有限公司亦城文园（E8）和亦城景园（E18）公租房项目完成竣工备案。亦城文园（E8）和亦城景园（E18）项目为新元公司在路东区建设的人才公租房项目，提供人才公租房 2746 套。亦城文园（E8）、亦城景园（E18）项目均获 2015 年度北京市建筑（结构）长城杯称号，其中亦城文园（E8）项目 8# 住宅楼获结构长城杯金质奖。

（谷守宇 刘丹青）

新元公司完成部分商品房配建公租房回购

年内，北京博大新元房地产开发有限公司成为开发区内商品房项目配建公租房的回购主体。截至年底，完成 X88 金茂悦项目配建公租房的回购工作，回购公租房屋 733 套，建筑面积 4.3 万平方米。在保障房房源筹集上，采取建设、收购、接管等多种模式，提升产品供应数量和规模，实现资源有效利用。同时建立一整套移交接管模式，对收购、接管的保障房从质量验收、物业交接、维修保障等方面进行规范管理，确保项目平稳移交。

（谷守宇 刘丹青）

博大万泰亦庄信用工作平台新入企业 40 家

年内，北京博大万泰国际投资咨询有限公司（开发区中小企业服务中心）与中关村企业信用促进会设立亦庄信用工作平台，受理新入会企业 40 家，受理企业年审 114 家。截至年底，累计入会企业 154 家。通过对企业开展政策培训，协助企业和服务机构进行资金申报工作。中关村企业信用促进会成立于 2003 年 7 月，由中关村国家自主创新示范区内的高新技术企业、金融机构、担保机构、信用中介机构、信用保险机构和其他企事业单位、社会团体等共同组成的，企业信用自律性社团组织（社团法人）。是中关村国家自主创新示范区信用体系建设的重要支撑平台。

（马苏墨）

博大万泰协助开展高新技术企业认定工作

年内，北京博大万泰国际投资咨询有限公司（开发区中小企业服务中心）受托开展高新技术企业服务平台工作。在科技局指导下，开设“高新技术企业服务”信息系统专栏，举办高新技术企业政策宣传和培训活动，开展高新技术企业认定和资格复审工作。截至年底，开发区有国家高新企业681家，其中新认定企业124家，比2015年增长22.7%；认定中关村高新企业900余家，比2015年增长12.5%。

（马苏墨）

博大数文新增户外广告媒体面积

年内，北京博大数文广告有限公司新增户外广告媒体面积1417.1平方米，其中涵盖有东区十七街单立柱3个3面翻、1个2面翻，电梯广告框架320个，智慧灯杆35根，整改荣京东街户外广告灯箱30个，广告媒体总面积达1.22万平方米。

（靳洋）

博大数文楼宇媒体项目启动

年内，北京博大数文广告有限公司楼宇电子显示屏幕、电梯等候区楼宇电视、电梯内部框架广告等多种形式的楼宇媒体项目启动。全年完成电梯框架广告安装326个，覆盖开发区9个园区、41栋楼、123部电梯。

（靳洋）

所属企业

北京经开投资开发股份有限公司

2016年，北京经开投资开发股份有限公司（简称北京经开）开展园区开发、资产管理、园区综合服务运营等业务，实现收入18亿元。北京经开“十园一场”（永昌工业园、宏达工业园、隆盛工业园、中和科技园、北工大软件园、国际企业大道I–II、国际企业大道III、数字工场、壹中心、智汇园、亦庄创意生活广场）占开发区综合园区的1/4，入驻企业1000余家。北京经开旗下园区全部进入开发区十强榜单。在园区服务转型方面，北京经开初步形成包括融资租赁、网络金融、经彩租车、经彩管家等业务板块，并通过市场化方式组建北京经开智控能源公司，获得售电牌照。服务业务逐步推进轻资产模式的输出，实现与广西壮族自治区柳州市柳东新区的战略合作和业务的初步对接。在招商创新方面，北京经开突破传统营销模式，开展以W.E Plus之城创意设计竞赛为核心的系列活动，获近60万人的行业关注，在通州区树立“北京经开·智汇园”的品牌，取得良好社会反响。年内，北京经开被授牌为CED（北京电子商务中心区）电商产业联盟理事单位。北京经开获中国企业家协会评选的“2015年度中国成长力企业百强”称号；在第八届中国产业地产发展论坛暨2016中国产业地产展示交易会上，获“2016年度中国产业地产10强”称号；北京经开·国际企业大道Ⅲ和北京经开·智汇园分别获得“2015年度写字楼行业推动力奖”“最具区域影响力产业园区”称号。北京经开曾获“全国安全文化建设示范企业”“北京市安全文化建设示范企业”“产学研合作促进奖”等称号。

（姜昧茗 孙玲）

北京经开投资开发股份有限公司

董事长 郭广庆

总经理 周世义

北京亦庄置业有限公司

2016年，北京亦庄置业有限公司（简称亦庄置业）实现经营收入2.94亿元，回款率94%；代管资产经营收入3.95亿元，回款率99%。完成配电室运行保养、消防维保、秩序维护服务、绿化养护服务、垃圾清运、中控室运行、电梯维护保养等11类专业服务外包业务的招标和合同续签工作。12 月 22 日，亦庄置业完成首次集体劳动合同的签署工作。118 名女职工与企业签订《女职工权益保护协议》，226 名员工与企业签订《工资专项集体劳动合同》《集体劳动合同》《职业安全卫生协议》。年内，亦庄置业完成培训 361 次，其中公司级培训 52 次，部门级培训 76 次，项目级培训 233 次，共 6230 人次参加。年度培训计划完成率 100%。亦庄置业亦城财富中心项目保障中国智库创新科学园等 3 次大型会议活动，分别是 10 月 15 日举办的中国智库创新科学园开园仪式暨“国研智库大讲堂”首场讲座；11 月 6 日举办国研智库论坛 · 2016 年年会暨中国智库创新科学园企业入园签约仪式；11 月 30 日举办的“2016 第十二届中外跨国公司国际年会（MNCF）暨全球创新港揭牌仪式”。亦庄置业获得“北京市构建和谐劳动关系先进单位”称号；隆盛大厦和博大大厦项目获开发区防火委员会颁发的“优秀微型消防站”“消防工作先进单位”称号，亦城科技中心项目获开发区工委颁发的“青年文明号”称号。

亦庄置业的前身是北京博大经开置业有限公司（简称博大置业），于 2015 年 10 月 9 日经市工商局核准更名。

（黄秀敏）

北京亦庄置业有限公司

董事长　郭广庆

总经理　张志祥

北京博大经开建设有限公司

2016 年，北京博大经开建设有限公司（简称博大建设公司）完成营业收入 14.2 亿元，实现利润 3413 万元，国有资产保值增值率 104.11%。在建工程 15 项，其中房建项目 12 个，开复工总面积 130 万平方米；市政项目 3 个，全长 3800 米；竣工工程 9 项，新开工程 3 项。在施中芯北方工程、新机场安置房 9 标段工程主体结构封顶；A18 商务综合体工程施工至地上结构 6 层；E2F1 地块综合楼工程完成了地下一层顶板施工；西环北路道路改造工程完成道路底层油铺设。承建的路东区污水处理厂三期和四期工程和张家湾一期工程 5 月竣工移交、北京陆道培医院（亦庄）装修工程和 A1 住宅楼数码科技园工程 6 月竣工移交、路东区 E18 产业配套工程和锅炉房煤改气 2 标段工程 11 月竣工移交。年内，公司获“全国工程建设安全生产先进单位”“全国质量信得过单位”“北京市 2015 年专利试点单位”“总公司 2016 年安全生产先进单位”称号。项目经理李寿海获“全国优秀市政项目经理”称号，安全部经理徐国凯获“北京市安全生产先进个人”称号，项目经理李铁涛获“北京市优秀项目经理”称号，项目经理高金祥获“北京市优秀建造师”称号。

博大建设公司成立于 2005 年 12 月 20 日，注册资本 1.6 亿元，是由北京经济技术投资开发总公司全资控股的建筑企业。截至 2015 年，公司有 11 项工程获得北京市长城杯金奖，6 项工程获得北京市长城杯银奖；20 项工程获得“北京市文明安全工地”称号，7 项工程获得“北京市文明安全样板工地”称号；3 项工程获得北京钢结构金奖；1 项工程获得北京市市政基础设施竣工长城杯金奖，3 项工程获得北京市市政基础设施竣工长城杯银奖；2 项工程获得北京市竣工长城杯金奖；1项工程获得“全国质量管理双优工程”称号；1项工程获得全国建筑业优质金奖，1项工程获得“全国建筑业优秀样板”称号。公司曾获得“全国安全生产先进单位”“北京市优秀施工企业”“北京市市政行业诚信企业”“北京市安全生产月优秀组织奖”称号，2项工程获得“国家贯彻实施建筑工程安全标准示范单位”称号。

博大建设公司具有国家“建筑工程施工总承包壹级”和“市政公用工程施工总承包壹级”资质；北京市“防水防腐保温工程专业承包贰级”“电子与智能化工程专业承包贰级”“钢结构工程专业承包贰级”“建筑装饰装修工程设计与施工贰级”“机电施工总承包叁级”资质。

（刘欢）

北京博大经开建设有限公司

执行董事 芦永忠

北京博大数文广告有限公司

2016年，北京博大数文广告有限公司（简称博大数文）净资产3824万元，营业收入4212万元，利润总额550万元，营业利润率9.64%；净资产收益率11.1%；资本保值增值率111.4%，完成开发区总公司年初下达的各项经营指标。有员工51人，其中13人拥有相关专业技术资格证书。

（靳洋）

北京博大数文广告有限公司

执行董事兼总经理 罗伯明

北京博大坤元房地产开发有限公司

2016年，北京博大坤元房地产开发有限公司（简称博大坤元）主要业务是开发区博客雅居底商销售和天津天和城区域二级项目开发，总收入6709万元。下属全资子公司博大东方（天津）房地产投资发展有限公司开发的汇景园项目（C3地块）一期10栋住宅楼共售出房屋226套，销售面积3.96万平方米，销售总收入2.7亿元；独栋酒店项目（D2地块）17栋外墙面刷新完成；云海产业园项目（D3地块）一期29栋楼的车库、电力施工结束，二期修详规手续完成；德国城项目（D4地块）引进魔幻屋、易捷超市项目；林溪大厦项目进入销售阶段，销售面积1.31万平方米，销售总额预计1.5亿元。天和城项目加大宣传力度，举办天津市武清区2016年大型青年公益集体婚礼和2016天津卓扬湖岸音乐节，提高知名度。

博大坤元成立于2005年，注册资本2928.5万元，是开发总公司旗下专业从事房地产开发业务的国有控股公司，以中小户型住宅开发为核心业务。公司主营房地产开发及销售、商业用房出租、物业管理、提供公共停车场服务等项目。

（贾坤 匡汉 杨晶）

北京博大坤元房地产开发有限公司

董事长 卢自锋

总经理 张洪东

北京博大科技投资开发有限公司

2016年，北京博大科技投资开发有限公司（简称博大科技）总资产1.12亿元，完成营业收入371.24万元，实现投资收益762.14万元，上缴国家利润867.04万元。公司仓库占地面积7494平方米，其中仓储面积4140平方米；另有楼房2栋，建筑面积3067.26平方米，仓库与写字楼全部出租。年内，投入房产修缮、安全管理45万元，未发生任何安全生产事故。

博大科技于2000年8月29日成立，注册资本1.4亿元，隶属于开发区总公司，主要业务是对外投资管理及公共保税库仓储服务。

（宋萌）

北京博大科技投资开发有限公司

董事长兼总经理 郭广庆

北京博大兴投资开发有限公司

2016年，北京博大兴投资开发有限公司（简称博大兴）经营收入5708万元，利润-752万元。年内，博大兴投资1950万元，完成青年公寓基础设施改造二期工程，改善青年公寓硬件环境，创新公寓经营管理模式，深挖公寓经营潜力。

（周会丽）

北京博大兴投资开发有限公司

董事长 卢自锋

总经理 黄　强

北京博大酒店管理有限公司

2016年，北京博大酒店管理有限公司（简称博大酒店）实现营业收入2775万元。博大酒店利用互联网开展微博营销，扩大网络宣传和订房中心数量，新签订订房中心6家，在报纸、杂志和店内闭路电视等传统媒介上发布2次广告，进一步提高知名度。年内，博大酒店组织3次降低营业成本研讨会，对成本控制提出严格要求并制定奖惩制度。采购部对各部门填报的采购单进行细化分类，集中采购并每月到市场进行价格调研，成本费用比2015年下降20%。

博大酒店成立于2008年，由酒店管理公司、博大永康商务酒店、博大万源公寓组成，酒店管理公司管理博大永康商务酒店、博大万源公寓两个项目。设有9个职能部门。

（张玉力）

北京博大酒店管理有限公司

总经理 常万龙

北京博大水务有限公司

2016年，北京博大水务有限公司（简称博大水务）控股、参股和运行的水务项目包括经开再生水厂、东区再生水厂、东区污水处理厂、金源经开污水处理厂、核心区和东区再生水管网，以及新建的路南区污水处理厂和扩建的东区污水厂三四期。拥有17万吨/日的污水处理能力，6万吨/日的再生水生产能力和10万吨的输配能力。全年实现营业收入1.02亿元，利润总额3038万元，回款率99%。有员工175人，生产专业技术岗位人员占65%。

博大水务由开发区总公司独立设立，专注于再生水生产、城市污水处理等环保领域投资及运行管理。对开发区区域内污水处理、再生水生产、再生水推广和利用、源水输送等业务进行重组，实现水务产业一体化的经营模式。

（张洲栋）

北京博大水务有限公司

董事长 蒋玉明

北京博大网信科技发展有限公司

2016年，北京博大网信科技发展有限公司（简称博大网信）营业收入1.07亿元、利润总额1116万元；净资产6583万元，国有资产保值增值率123%。公司体制机制改革进入全面实施阶段，围绕公司战略目标：“集顶层规划设计、解决方案提供和投资建设为一体的智慧城市综合运营服务商”，从供给侧改革入手，在助力打造升级版总公司、参与开发区无线城市建设和全力保障智慧航城开发建设中，进一步夯实公司做强、做大、做优的发展基础。5 月 18 日，博大网信调整组织架构，新增智慧楼宇部、智慧航城部、运营规划部、商务部和研发部 5 个部门。6 月 15 日，博大网信取得由北京市住房和城乡建筑委员会颁发的电子与智能化工程专业承包壹级资质证书。年内，博大网信的“市政通信管井物联网监控平台”项目获“北京通信信息协会 2015 年智慧城市创新奖”。公司被评为“2015 年全国智能建筑行业 80 强企业”，获“2015 年北京市诚信创建企业奖”，连续 4 年获评“德勤—亦庄高科技、高成长 20 强企业”。

博大网信 2016 年实现股权多元化改革，由北京经济技术投资开发总公司、北京泰豪职能工程有限公司和北京新航城控股有限公司共同出资成立，注册资本 4081.63 万元。主营业务为通信基础设施的建设、管理和运营；智慧建筑的设计与施工；智慧通信与信息化；智慧城市投资建设与运营管理；由旗下博大数通、博大网通所经营的以“三网融合”为代表的综合电信增值业务，成为以运营服务为主导，集智慧城市顶层规划设计投资建设、解决方案提供为一体的知名智慧开发区领域的综合运营服务商。博大网信为中国建筑业协会智能建筑分会的“理事单位”、北京市通信行业协会的“副理事长单位”，取得“北京市工业制造业安全生产标准化二级企业”“ISO 9001:2008 质量管理体系”的认证，连续 4 年获评“德勤—亦庄高科技高成长 20 强企业”。

（范洪波 王娜）

北京博大网信科技发展有限公司

董事长 罗伯明

党支部书记兼副董事长 栾志海

总经理 尤 欣

北京亦庄国际人力资源有限责任公司

2016 年，北京亦庄国际人力资源有限责任公司（简称亦庄国际人力）经营收入 4440 万元，净利润 667 万元。7 月，亦庄国际人力入驻京津冀创新创业服务平台。年内，安置北京市户籍就业人员 1500 余人，大兴籍就业人员 600 余人。

亦庄国际人力成立于 2000 年，注册资本 1000 万元，2008 年划归开发区总公司管理，成为旗下子公司。2010 年注册资本增至 1000 万元。公司服务客户横跨汽车、电子、通信、物流、制药、印刷、消费品等众多行业。

（王巍）

北京亦庄国际人力资源有限责任公司

总经理 郑 洁

北京亦庄国际生物医药投资管理有限公司

2016 年，北京亦庄国际生物医药投资管理有限公司（简称生物医药管理公司）实际完成营业收入 1871 万元，比 2015 年增长 25.24%；代收租金收入 7900 万元。公司以园区管理与输出、投资孵化与服务、技术服务与创新“三驾马车”为核心业务，持续打造升级版医药园。年内，园区新增入驻企业 38 家，企业总数 170 余家，集聚药物研发、诊断试剂、医疗器械、临床诊断和技术服务五大特色产业，形成产业集群化发展态势，被国家工业和信息化部认定为第二批国家小型微型企业创业创新示范基地。全资子公司北京亦庄国际生物医药科技有限公司（简称生物医药科技公司）获“中关村高新技术企业”认定，细胞表达工艺平台获开发区科技局“2016年度新区公共技术服务平台”认定。

生物医药管理公司成立于2010年6月18日，注册资本8600万元，2011年10月18日正式开园。园区主要由商务中心楼、孵化中心楼、中试中心楼、6栋中型企业楼和地下室组成。生物医药管理公司主要负责北京亦庄生物医药园的整体管理与运营工作，主营业务包括开展房屋租赁、政策咨询、投融资、专业咨询与培训等专业技术性服务。生物医药科技公司成立于2013年7月17日，主要负责园区仪器测试、工艺开发、中试生产和小动物寄养等技术服务平台的运营管理，定位于专业技术服务，与生物医药管理公司在业务上各有侧重又紧密互补。

（边蕾）

北京亦庄国际生物医药投资管理有限公司

董事长兼总经理 郭广庆

北京亦庄国际开发建设有限公司

2016年，北京亦庄国际开发建设有限公司（简称开发建设公司）完成土地开发管理费（受托任务）4.83亿元，营业收入1.75亿元，利润总额1.41亿元，固定资产投资完成41.10亿元。年内，公司总体保持安全稳定，实现安全管控指标；完善公司制度体系，新增子公司管控、审计等制度13项，修订人力资源、安全生产等制度5项；组织开展专项检查，全年梳理制度执行情况检查点277个，合同结算93项、科学决策会议纪要81份，开展X77地块安置房项目基建程序履行情况内部审计。

（巨德慧 朱晓明）

北京亦庄国际开发建设有限公司

董事长 芦永忠

总经理 王晓军

北京博大万泰国际投资咨询有限公司

2016年，北京博大万泰国际投资咨询有限公司（简称博大万泰）重点围绕京津冀科技创新公共服务平台（简称京津冀平台）开展工作，同步实施市场调查、专项研究、工程咨询和项目评审、项目手续代理等业务。推进实施公司改制工作，明确改制工作时序。9月，公司加入北京经济技术开发区科技创新企业商会，成为常务副会长单位；10月，公司加入北京经济技术开发区产业技术创新联盟促进会，成为常务理事单位；12月，公司加入北京市大兴区工商业联合会，成为会员单位。年内，京津冀平台全面启动进入正式运营期，开展服务机构遴选入住、路演、相关配套服务和活动、服务平台宣传推广、服务体系的研究探索等工作。博大万泰参与支持开发区管委会各类社会组织服务工作，结合京津冀平台运营工作需要，与相关社会组织共谋发展。

（马苏墨）

北京博大万泰国际投资咨询有限公司

董事长 罗伯明

总经理 龚秋平

博大世通国际物流（北京）有限公司

2016年，博大世通国际物流（北京）有限公司（简称博大世通）作为北京亦庄保税物流中心运营管理单位，继续与开发区海关、国检等部门沟通协调，与其他海关特殊监管区域形成联动，不断优化 7×24 小时现场通关服务，提升中心通关效率和服务水平。全年服务企业 330 家，包括北京京东方现代显示技术有限公司、冠捷显示科技（中国）有限公司、康宁显示科技（中国）有限公司、世化普力特光电科技（北京）有限公司、拜耳医药有限公司、瓦里安医疗设备（中国）有限公司、北方微电子设备研发有限公司、安讯（北京）金融设备系统有限公司等企业，涵盖电子信息、生物医药、装备制造等开发区主导产业。亦庄保税物流中心全年征缴关税约 12.3 亿元，位居全国近 40 家同类保税物流中心第三名；非正常工作时间业务车辆占总数的 33%。年内，亦庄保税物流中心实现了监管业务单一化转型多元化，监管方式包括保税间货物、暂时进出口货物、修理物品、租赁贸易、捐赠物资等 23 种。同时推进保税供应链服务、保税直购、跨境电商等业务，保税供应链服务操作业务货物总值超过 3 亿元，比 2015 年增长 1000%，是北京红酒最大集散地；北京亦庄保税直购中心 ET 保税品牌示范店开业一年，销售收入近 1200 万元，总客流量突破 14 万人，回头客在 50% 以上。12 月 21 日，第一家 ET 保税城市中心店落户燕莎金源店；保税电商初步完成搭建。

博大世通成立于 2010 年 11 月 23 日，注册资本 5000 万元，2011 年公司注册资本增至 2 亿元。博大世通公司主营业务范围包括仓储服务、物品包装、货运代理、分批包装、专业承包、房地产开发、物业管理、劳务服务、货物进出口、技术进出口、代理进出口等，具体负责北京亦庄保税物流中心项目的前期调研、开发建设以及后期运营管理工作。先后获 2012—2014 年度首都精神文明创建工作先进单位、2013 年跨境电商供应链示范企业、2014 年中国物流社会责任贡献奖、2015 年中国物流与采购信息化优秀案例、全国交通运输行业重点联系物流园区（企业）等荣誉和称号，是北京服务贸易协会常务理事单位。

（王矗 赵慧娟）

博大世通国际物流（北京）有限公司

董事长 黄建华

北京博大新元房地产开发有限公司

2016 年，北京博大新元房地产开发有限公司（简称新元公司）资产总额 70.97 亿元，营业收入 1.11 亿元。员工 81 人。建立包括人才公租房、白领单身公寓、自住型商品房在内的多层次保障性住房供应体系，已建设和运营的公租房项目有 10 个，房屋总建筑面积约 111.8 万平方米。年内，新元公司通过市场公开竞价，取得 X84R3 地块自住型商品房项目国有建设用地使用权，成为开发区首个自住型商品房项目建设单位。亦城文园（E8）、亦城景园（E18）项目获 2015 年度北京市建筑（结构）长城杯称号，其中亦城文园（E8）项目 8# 住宅楼获结构长城杯金质奖。

新元公司成立于 2008 年 1 月，注册资本 1.1 亿元，为开发区国资办直接出资的国有全资公司，专业从事公共租赁住房开发及经营管理。

（谷守宇 刘丹青）

北京博大新元房地产开发有限公司

董事长兼总经理 卢自锋

北京亦庄盛元投资开发有限公司

2016年，北京亦庄盛元投资开发有限公司（简称亦庄盛元）总资产22.35亿元，净资产20亿元。员工41人（含兼职和借调），平均年龄32岁，其中本科及以上学历35人、占总人数的85%，拥有中高级职称15人、占总人数的37%。年内，亦庄盛元围绕亦城时代广场高端商业综合体开发建设、起步区转型升级示范项目、开发区低效闲置土地盘活与储备3项重点业务开展工作。

亦庄盛元成立于2014年4月，注册资本20亿元，是开发区总公司下属全资子公司，承担开发区盘活低效闲置土地、打造高端产业平台、助推亦庄产业升级、服务区域经济发展。

（徐雪）

北京亦庄盛元投资开发有限公司

执行董事 卢自锋

副总经理 高四龙

北京联港置业有限公司

2016年，北京联港置业有限公司（简称联港置业）营业收入1.32亿元，比2015年增长1629万元，实现利润总额5711万元，超额完成年初制定的各项经营指标。总资产8.85亿元，员工41人。年内，以联港嘉园项目为工作重心，实施项目精细化管理，强化风险内控，开展房屋销售交付、售后客服和前期物业管理、项目工程结算等工作。联港嘉园项目交房1.97万平方米，其中回迁房交房1.37万平方米、限价房交房2552.91平方米、商品房交房628.34平方米、商铺交房2846.11平方米。

联港置业成立于2010年12月27日，主要经营范围包括房地产开发、商品房销售、技术开发、咨询、服务，出租商业用房，投资管理。公司注册资本8.5亿元。其中，开发区总公司出资5.1亿元，占全部股权比例的60%，北京生物医药产业基地发展有限公司出资3.4亿元，占全部股权比例的40%。公司开发建设北臧村镇居住和配套用地项目（又称联港嘉园项目），包含住宅和配套，配建回迁房、限价房、商业、公共租赁住房等，位于大兴区罗奇营村，总占地面积30.79万平方米，总建筑面积46.55万平方米。该项目已全部竣工。

（何谊）

北京联港置业有限公司

董事长 田德祥

总经理 禹 洋

北京亦庄博润置业有限公司

2016年，北京亦庄博润置业有限公司（简称博润置业）深入落实京津冀协同发展的国家战略，实施总公司“走出去”的发展策略，经营收入2437.95万元，利润总额15.61万元。9月，公司和属地企业就河北省永清县“东塔巷村城中村改造”项目达成合作意向。年内，公司将“博大兴工业园”二期研发车间的园区定位创新调整为“博润转化医学创新园”，提升国有资产收益空间。

2015年12月，北京博大兴房地产开发有限公司更名为北京亦庄博润置业有限公司。原北京博大兴房地产开发有限公司成立于2002年12月，具备二级开发资质，主要业务板块为房地产开发和资产运营。

公司由北京博大兴投资开发有限公司与开发区总公司分别持股 51% 和 49%，公司注册资本 3922 万元。

（闫葆廷）

北京亦庄博润置业有限公司

执行董事 卢自锋

总经理 黄 强

北京南海子投资管理有限公司

2016 年，北京南海子投资管理有限公司（简称南投公司）总资产为 73.74 亿元，拥有员工 132 人。南投公司主要负责南海子公园二期建设和德茂地区土地一级开发工作。同时，受大兴区南海子公园管理处委托，负责南海子公园一期、念坛公园和清源公园的日常管护工作。7 月，南海子公园二期续建工程正式开工建设。8 月底，开发区管委会授权南投公司为南海子公园建设的实施主体。10 月，公司进一步健全 “一制度八台账”，通过市、区两级对 3 个精品公园和绿地等级的评定考核。截至年底，公园二期核心区绿化工程一、二、三级路路基完成 80%，路侧行道树种植完成 50%，完成所有硬景结构南北大门结构，各能源管线建设有序推进。南投公司负责管护的 3 个公园共接待游客 420 万人次。

南投公司成立于 2010 年 6 月，由大兴区国资委出资 2000 万元组建，并于 2014 年整建制划归北京经济技术投资开发总公司。南投公司下设子公司北京南海子物业管理有限公司。公司位于北京市大兴区瀛海镇姜场村，经营范围包括土地一级开发、房地产开发、园林工程施工等。

（仝晓青）

北京南海子投资管理有限公司

总经理 杜保卫

北京亦庄国际投资发展有限公司

概况

2016 年，北京亦庄国际投资发展有限公司（简称亦庄国投）围绕“变革发展”的总体思路，搭平台、引资本、促落地、防风险，各项工作取得新的进展。全年完成投资 59.6 亿元，引导落地投资 150 亿元，实现资本引导放大 1.5 倍。截至年底，累计投资项目 118 个，累计投资额 260 亿元。其中，基金实缴出资 112.2 亿元，直接股权投资（含统筹）106.9 亿元，控股公司投资 41 亿元。累计投资引导落地项目 85 个，落地投资额 310 亿元，有力支持两区“高精尖”产业和园区建设发展。公司资产总额 328.09 亿元，资产负债率 26.36%，营业收入 7.69 亿元，投资收益 11.16 亿元，净利润 5.81 亿元，旗下控股公司 8 家，公司实现平稳健康发展。8 月 28 日，获“首届北京市文化创意创新创业大赛最佳组织奖”。

（杨莹）

获“2015 年中国最佳有限合伙人”称号

1 月 14 日，融资中国 2016 年资本年会暨颁奖盛典在北京嘉里大酒店举办，融资中国根据量化数据和媒体评价进行评选并发布系列奖项，北京亦庄国际投资发展有限公司获“2015 年中国最佳有限合伙人”称号。

（杨莹）

入选北京“高精尖”产业发展基金

1月14日，由市经济信息化委、市财政局主办，市经委经济技术市场发展中心承办、北京国际工程咨询公司协办的北京“高精尖”产业发展基金发布会，在中关村国家自主创新示范区展示中心举行，多家品牌商业银行、知名投资机构、行业重点企业数十家参加。北京“高精尖”产业发展基金由市政府于2015年批准成立，计划总规模200亿元，采取母子基金方式，以参股形式和社会合作机构共同设立并购投资子基金，按照“政府引导、市场运作、科学决策”的原则投资运作，经面向社会公开征集和甄选基金合作机构，确定11只首批合作基金，合作基金计划总规模55亿元，其中亦庄国投联合开发区内企业北京赛升药业股份有限公司、北京亦庄生物医药园共同发起设立的北京亦庄生物医药产业并购基金入选。

（杨莹 张心月）

合资设立智能车联产业创新中心

1月18日，智能汽车与智慧交通产业创新示范区成立发布会在开发区举办，工业和信息化部、北京市政府、河北省政府签署基于宽带移动互联网的智能汽车与智慧交通应用示范合作框架协议，旨在建立以4G/4.5G/5G宽带无线通信为基础，构建以“安全、绿色、高效、便捷”的快乐汽车生活为最终目标的智能汽车与智慧交通产业创新应用示范，15家企事业单位发起设立智能汽车与智慧交通产业联合创新中心，4家企业发起设立北京未来车联网创新基金。工业和信息化部副部长怀进鹏出席并讲话，北京市副市长隋振江、河北省副省长张杰辉等领导出席，北京亦庄国际投资发展有限公司总经理王晓波出席并签署合作框架协议。10月，亦庄国投联合北京千方科技股份有限公司、法乐第（北京）网络科技有限公司、北京新能源汽车股份有限公司等9家公司在开发区共同出资设立北京智能车联产业创新中心有限公司，注册资本为6000万元，其中亦庄国投出资1600万元，占股26.7%，以推动智能汽车与智慧交通产业先进技术的工程化、商业化及跨界融合应用。

（杨莹）

完成4个项目退出

3月11日，北京亦庄国际投资发展有限公司以减资方式退出北京亦庄国际蛋白药物技术有限公司（简称蛋白公司），收回减资款453.34万元；5月20日，以减资方式退出北京亦庄国际诊断试剂技术有限公司（简称试剂公司），收回减资款816.88万元。蛋白公司和试剂公司为中关村现代服务业综合试点领导小组2013年批复的北京（亦庄）生物医药创新公共服务中试服务体系项目。亦庄国投于2014年通过代持市科委中关村现代服务业股权投资项目，向蛋白公司和试剂公司分别投资810万元、450万元，占股分别为20.25%、28.13%。经过两年发展，蛋白公司和试剂公司均完成市科委要求的中试项目平台建设任务，通过市科委验收结题，投入运营并实现预期目标，统筹资金顺利完成扶持使命。9月，与富思特新材料科技发展股份有限公司（简称富思特）股东沟通，亦庄国投将所持股权在北京产权交易所挂牌转让，安全收回交易价款5130万元，在顺利释放国有股权流动性、实现国有资金保值增值同时，助力富思特不断壮大，带动两区有关产业发展。富思特成立于 2011 年 2 月，是集建筑涂料、保温、地坪、保温装饰板的研发、生产、销售和施工为一体的大型现代化企业，2014 年 2 月，亦庄国投认购富思特新增注册资本 1000 万股，占股 10%，并在投资期间为其在市场开拓、金融服务等多方面积极对接资源，有效提供增值服务，使其品牌价值持续提升，实现在北京、成都、太原等五地的生产布局，位居行业前列。12 月，亦庄国投将所持中青信用管理有限公司（中青信用公司）股权在北京产权交易所挂牌转让，收回交易价款 1085 万元。依托共青团中央，亦庄国投于 2015 年 6 月在开发区成立中青信用公司，注册资本 1 亿元，于 2015 年 7 月实缴出资 1000 万元，投资期间，亦庄国投推进制定青年信用体系规划，开展青年大数据信用管理，推进青年信用体系平台建设。

（杨莹）

合资成立信中利医疗健康产业基金

3 月 28 日，北京亦庄国际投资发展有限公司与北京信中利投资股份有限公司（简称信中利）联合其他出资人共同出资设立亦庄国投—信中利医疗健康产业基金。该基金规模为 15 亿元，主要投资于医疗健康全产业链上下游细分行业的龙头企业，由信中利新设的基金管理公司担任基金普通合伙人与基金管理人，重点关注区内优秀医疗健康企业，致力于扶持国内外医疗健康产业细分市场龙头企业落户开发区，进一步促进开发区医疗健康产业集群的产业聚集效应，优化亦庄国投母基金在生物医药、医疗健康方面的投资组合。

（张心月）

完成 2 个项目代持统筹资金减资

3 月，北京亦庄国际投资发展有限公司为保证国有资产安全，根据北京市统筹联席会和开发区管委会有关批示，经与泰克飞石通讯设备（北京）有限公司协商，减少以统筹资金方式认缴出资额 12948.34 万元（含 5000 万元实缴出资额退出及 7948.34 万元尚未实际出资额），总认缴额由 2 亿元减至 7051.66 万元（7051.66 万元为实缴出资额），股权由 40% 减至 28%。9 月，亦庄国投以减资方式退出北京耐威时代科技有限公司（简称耐威时代），收回减资额 1125.74 万元。耐威时代于 2006 年 4 月在开发区成立，是专业从事惯性导航、组合导航系统及产品的研发、生产与销售的高新技术企业，2014 年 10 月，亦庄国投通过代持统筹资金，向耐威时代投资 1000 万元，占股 3%，耐威时代控股股东北京耐威科技股份有限公司于 2015 年 5 月在深圳证券交易所创业板挂牌上市，统筹资金完成扶持使命。

（杨莹）

参加北京市知识产权局主题微访谈

4 月 14 日，北京市知识产权局联合北京市政府新闻办举办“知识产权运营，助力创新创业”主题微访谈，北京亦庄国际投资发展有限公司总经理王晓波与北京市知识产权局副局长朱建红等领导和专家，围绕知识产权运营政策、北京市重点产业知识产权运营基金等话题接受广大网友在线提问。北京市重点产业知识产权运营基金是中国首只由中央、地方财政共同出资发起设立，计划规模 10 亿元，其中首期 4 亿元，按市场化模式运作，旨在利用资本市场激活知识产权，推进北京市创新发展。

（杨莹）

市银监局领导到开发区调研

4月27日，市银监局副局长曾颖带队到北京亦庄国际投资发展有限公司调研，与亦庄国投总经理王晓波、工商银行北京分行投行部总经理等领导开展座谈，重点围绕中国企业海外并购的运作模式、操作流程、具体案例等内容进行沟通交流。曾颖提出，亦庄国投和工商银行北京分行在前期成功运作海外并购项目基础上，要进一步加强交流沟通，银企携手合作，探索经验，在海外并购等领域取得新的成果。

（杨莹）

成为北京股权投资基金协会副会长单位

4月，北京亦庄国际投资发展有限公司成为北京股权投资基金协会（简称BPEA协会）副会长单位。BPEA协会是由股权投资行业人士自愿联合发起成立，经北京市社会建设工作办公室、市民政局核准设立的非营利性社会团体法人机构。亦庄国投自2014年加入BPEA协会，与BPEA协会建立良好合作关系，通过BPEA协会平台推广品牌、获取投资业务资源，基于亦庄国投在投资领域的实力和影响力，BPEA协会将亦庄国投升级为BPEA协会副会长单位。

（张心月）

北京亦庄移动硅谷创新中心开园

5月10日，北京亦庄移动硅谷有限公司（简称移动硅谷）创新中心项目开园仪式举行，开发区管委会副主任绳立成、亦庄国投总经理王晓波、中国建筑科学研究院建筑设计院院长马立东共同升起创新中心项目LOGO，移动硅谷董事长兼总经理张建勋与北京集创北方科技有限公司、上海灏谷集成电路技术有限公司、北京芯诣世纪科技有限公司、中欧联盟4家企业代表进行入园及合作签约。创新中心项目占地面积约12.68万平方米，总建筑面积约53万平方米，借鉴国内外先进园区规划设计理念，集产业服务、绿色办公、生活休憩、会议培训等多位一体，旨在打造为北京、中国乃至全球新一代电子信息产业的绿色创新基地。

（周磊）

收购美国半导体设备厂Mattson

5月11日，北京亦庄国际投资发展有限公司旗下北京屹唐盛龙半导体产业投资中心，以每股3.8美元、总计约3亿美元，收购美国硅谷的半导体加工设备供应商Mattson Technology，成为中国半导体装备产业国际收购首例。Mattson Technology是全球半导体晶圆加工关键设备主要供应商，在刻蚀、快速热处理、光刻胶剥离、清洗等技术领域处于全球领先地位。

（杨莹）

上榜中国有限合伙人评选榜单

6月1日，中国有限合伙人联盟（CLPA）2016年年会“新兴中国首席投资官峰会”在北京金融街洲际酒店举行。年会颁发CLPA 2015—2016年度第九届中国有限合伙人评选榜单，北京亦庄国际投资发展有限公司获“CLPA 2015—2016年度中国市场股权投资母基金第五名”和“CLPA 2015—2016年度政府引导基金投资类第五名”。

（杨莹 张心月）

市融资担保业协会领导到开发区调研

6 月 3 日，市融资担保业协会秘书长高雷带队到北京亦庄国际融资担保有限公司调研，与亦庄担保董事长刘峰、总经理杨洋等领导开展座谈，重点围绕推动担保业持续健康发展、协会与会员单位深化合作等事宜进行沟通交流，并向亦庄担保颁发理事单位荣誉证书。市融资担保业协会秘书长高雷认为，亦庄担保在扶持小微企业发展方面效果显著，发挥财政资金杠杆放大作用。

（杨莹）

亦庄创投汇获众创空间授牌

亦庄创投汇获北京市众创空间授牌　　于宗艳 摄

6 月 8 日，北京市众创空间授牌仪式在北京市科委举行，亦庄创投汇成为北京市“北京众创空间联盟”单位，并获北京市第三批“众创空间”授牌。科技部火炬中心副主任盛延林、北京市科委主任闫傲霜等领导参加。亦庄创投汇是 2015 年由北京亦庄国际投资发展有限公司与其子公司北京亦庄移动硅谷有限公司打造的创新创业服务品牌，以服务初创项目和创业团队为主，是一个集创业社区、创业学院、创业服务、创业投资为一体的创业空间，投入运营面积 1.8 万平方米。10 月 10 日，亦庄创投汇被授予科技部火炬中心第三批国家级众创空间。

（杨莹 于宗艳）

受托管理基金获中国政府引导基金 20 强

6 月 16 日，由清科集团、投资界联合主办的第十届中国有限合伙人峰会在北京举行，会上发布清科集团 2015 年度中国政府引导基金榜单，北京亦庄国际投资发展有限公司受托管理的中关村现代服务业创业投资引导基金获“2015 年度中国政府引导基金 20 强”，国内知名母基金、上市公司、财富管理机构、政府引导基金等优质有限合伙人、国内一流风险投资和私募股权投资机构参会。

（杨莹 张心月）

参展中国（广州）国际金融交易博览会

6 月 24 日—26 日，开发区管委会首次携北京亦庄国际投资发展有限公司与中关村管委会、北京国有资产经营有限公司、北京国际信托公司、长城人寿保险、华夏银行 6 家机构组成的北京金融代表团，参展第五届中国（广州）国际金融交易博览会。北京金融代表团以科技金融创新和资本支持“高、精、尖”产业为展示主题，重点展示产融结合新实践、金融功能区打造新尝试、互联网金融新手段，宣传首都金融行业创新发展成果，加深京广两地金融服务合作交流。亦庄国投作为国有投融资平台，展现以金融资本为手段打通各产业链条，布局并支持国家战略性产业发展，构建符合北京亦庄产业发展的多元产业投资生态，培育新兴业态发展的多项举措，吸引多家投资机构和媒体的关注。

（杨莹）

举办首届北京市知识产权运营论坛

6月29日，由市知识产权局主办、北京亦庄国际投资发展有限公司承办的首届北京市知识产权运营论坛暨融知2016高峰论坛举办，以“知识产权金融化，创新在路上”为主题，市知识产权局巡视员王淑贤出席并致辞。连城资产评估有限公司、上海盛知华知识产权服务有限公司、汇桔网、北京小米科技有限责任公司等机构就知识产权与金融创新模式和方法发表主题演讲，金融投资、知识产权、产业领域150余名专家和企业代表参加。

（杨莹）

北京亦庄国际产业互联网研究院成立

6月30日，由开发区管委会主办，中金数据系统有限公司、开发区中小企业服务中心承办的北京亦庄国际产业互联网研究院股份公司正式成立并举办开业仪式，北京亦庄国际投资发展有限公司作为开发区科技股权投资基金的代持机构，于2015年参股出资500万元。该公司的成立标志着开发区国际产业互联网创新中心启动，将促进开发区产业内部产、学、研机构之间信息资源共享，推进产业体系与“互联网+”的有机结合，促进开发区在互联网时代下的产业生态系统发展。

（杨莹）

北京国投明珠互联网投资中心成立

6月，北京亦庄国际投资发展有限公司通过旗下母基金北京亦庄国际新兴产业投资中心（有限合伙）与明珠基金签署战略合作框架协议，共同成立北京国投明珠互联网投资中心（有限合伙）。该基金规模为10.1亿元，定向投资于中国互联网投资基金，推动两区互联网产业发展。

（张心月）

官方英文网站上线

7月1日，北京亦庄国际投资发展有限公司英文官方网站（www.en.etowncapital.com）正式上线，页面设计贴近海外读者阅读习惯，设有6大板块和20多个子版块，包括公司概况、新闻中心、投资介绍、金融服务、产业基地、投资案例等，侧重新闻性和公司金融服务介绍，向海外传播亦庄国投的经营理念，为海外人士提供精准的公司资讯。手机版英文网站同步上线。

（杨莹）

合资设立科益虹源公司

7月，北京亦庄国际投资发展有限公司联合中国科学院光电研究院、中国科学院国有资产经营管理有限公司和中国科学院微电子研究所，在开发区共同出资设立北京科益虹源光电技术有限公司（简称科益虹源公司），主要研发、生产、销售准分子激光器，为国产光刻机和晶圆制造厂提供配套支持，推进两区集成电路产业发展。科益虹源公司注册资本1.2亿元，其中亦庄国投出资3600万元，占股30%。

（杨莹）

获文化创意创新创业大赛最佳组织奖

7月至8月，北京亦庄国际投资发展有限公司承办“华夏银行杯”首届北京市文化创意创新创业大赛亦庄分赛区活动。活动以“科技创新与文化创新渗透驱动”为特色，以“科技创新与文化创新融合发展”

为主线，围绕开发区打造首都科技创新中心与“文化智谷”总目标，分别于7月7日、8月5日在亦城国际全球路演中心举办亦庄分赛区初赛及广告传媒行业复赛。8月28日，亦庄国投在总决赛暨颁奖仪式上获大赛组委会颁发的“最佳组织奖”。

（杨莹）

北京创投联盟第一届会员大会举办

8月4日，在市民政局指导下，经开发区认定，由北京亦庄国际投资发展有限公司发起成立的北京创业投资创新服务联盟（简称北京创投联盟）第一届会员大会在北京举行。大会表决通过北京创投联盟筹备工作报告、北京创投联盟章程（草案）、第一届理事会和监事会选举办法、会费收取管理办法等文件，选举出第一届理事会、监事会；选举北京信中利投资股份有限公司董事长汪潮涌任理事长。中国证券投资基金业协会秘书长贾红波、开发区管委会主任梁胜出席，北京信中利投资股份有限公司董事长汪潮涌当选理事长并讲话，亦庄国投董事长芦永忠出席并讲话。北京创投联盟通过整合国内外一流投资机构、孵化机构、服务机构，统筹利用专业资源服务开发区、会员单位和创新创业。截至年底，汇聚110余家会员单位。

（杨莹 张心月）

成立北京屹唐集成电路科技有限公司

8月23日，北京亦庄国际投资发展有限公司全资子公司北京屹唐集成电路科技有限公司在开发区成立，注册资本5亿元。承担开发区路东区12英寸集成电路标准厂房项目（简称集成电路标准厂房项目），月产能为20万片。项目全部完工后，将建成中国集成电路标杆性工业园，涵盖先进逻辑电路、存储器、图像传感器等产品，缩小与国际水平的差距，为国内外存储器、MEMS、电力电子、图像传感器等集成电路核心关键应用领域的优秀集成电路设计企业提供稳定持续的产能保障。9月27日，集成电路重点项目启动仪式在开发区路东区举办，开发区管委会主任梁胜、开发区总公司总经理白文、亦庄国投董事长芦永忠等出席。

（胡安）

2016年集成电路创业创新高峰论坛举办

8月26日，由市教委、北京电子学会主办，北京工业大学、北方工业大学、北方芯云科技和瑞同科技传媒、北京亦庄国际投资发展有限公司、移动硅谷IC-LINKED集成电路产业服务平台承办的第六届大学生集成电路设计大赛总决赛暨2016年集成电路创业创新高峰论坛在亦庄创投汇举办，超过6所高校300支队伍近千人报名参加，参赛作品超过150件，中科院微电子所副所长周玉梅出席并致辞，工业和信息化部电子信息司集成电路处处长任爱光出席并作主题演讲。

（杨莹）

向新航城公司增资5亿元

8月，北京亦庄国际投资发展有限公司向北京新航城控股有限公司增资5亿元，以促进新航城公司搭建多元化投融资合作体系，支持北京大兴国际机场和临空经济区开发建设。新航城公司于2012年10月由大兴区国有资产监督管理委员会和开发区总公司共同出资设立，2015年5月，亦庄国投向新航城公司出资5亿元，累计投资10亿元，占股33.45%。截至年底，新航城公司注册资本为29.89亿元。

（杨莹）

获准发行75亿元公司债券

8月，北京亦庄国际投资发展有限公司获得中国证监会批复，核准发行75亿元公司债券，成为2016年北京市国有以产业投资为核心主业的企业中，首个被核准公开发行公司债券的企业。亦庄国投主体评级和债项评级均为AA+级。发行公司债券是亦庄国投在投融资联动上的一大创新，也是在解决产业投资资金需求和拓宽公开市场融资渠道方面的有益尝试。

（杨莹）

与北京市首家科技创新企业商会合作发展

9月20日，开发区科技创新企业商会（简称亦庄·科技商会）成立大会暨第一次会员大会召开，北京市工商业联合会副主席郑勇男、会员部部长张高峰，两区领导绳立成、王杰群、沈洁等出席大会。亦庄·科技商会是北京市首家科技创新企业商会，旨在整合区域多家企业和多元服务，建设资源服务对接、企业畅通交流的平台。会上，发布亦庄·科技商会创新基金，基金规模达5亿元，该基金由北京亦庄国际投资发展有限公司和亦庄·科技商会联合发起，主要投资于智能制造、生物医药、TMT、文化创意等开发区五大创新中心。亦庄国投控股公司北京亦庄移动硅谷有限公司作为亦庄·科技商会常务副会长单位参会，移动硅谷董事长张建勋与芦米中欧国际技术合作产业联盟北欧工作站负责人Bjorn Lofgren共同签署《中欧国际项目推进合作平台合作框架协议》，共享科技创新资源，提升开发区科技企业整体竞争力。

（杨莹）

发布双创服务平台亦创地图

10月12日，开发区科技局联合北京亦庄国际投资发展有限公司、北京亦庄移动硅谷有限公司打造的“亦创地图”APP，在亦庄全球路演中心发布。通过一张地图诠释开发区产业创新生态，包括创·政策、创·服务、创·空间、创·人才、创·展示、创·技术、创·互动、创·活动八大产业板块，将政策、创新服务机构、载体空间、人才、展览展示项目、技术实验室平台、互动与活动资源进行梳理整合，对开发区创新要素通过数据化、图表化形式进行全新解读，为开发区创业者、投资者提供全面指南和服务。开发区科技局副局长周宵宇、移动硅谷董事长张建勋、北京创业投资创新服务联盟秘书长尹立志及创业者代表200余人参加。

（杨莹 周磊）

亦庄租赁公司向白内障复明公益基金捐款

10月15日，“海之光”白内障复明慈善演唱会暨“海之光”白内障复明公益基金募捐仪式在北京展览剧场举行，北京亦庄国际融资租赁有限公司向公益基金捐赠善款30万元，用于开展贫困人群白内障复明手术公益救助，及对医生进行白内障复明防治技术的培训和科研资助，可帮助约300名贫困白内障患者恢复光明。

（杨莹 安晓慧）

举办中芬生态创新园平台路演活动

10月18日，由开发区管委会、芬兰瓦萨市政府主办，北京亦庄国际投资发展有限公司、亦庄科技创新企业商会、北京亦庄移动硅谷有限公司、中欧产业合作联盟联合承办的“纯净亦庄、清洁发展”中芬生态创新园平台路演活动在开发区京津冀全球路演中心举行。活动以“发展新经济 培育新动能”为主题，芬兰瓦帕斯（Wapice）、安培能（Ampner）、海洋动能（Subsea-energy）等7家知名新能源高科技企业分别展示前沿绿色能源科技和解决方案，开发区管委会副主任绳立成、芬兰瓦萨市市长Tomas Hayry、穆斯塔萨里市市长Rurik Ahlberg出席并致辞，移动硅谷董事长张建勋介绍中芬生态创新园项目，北京泰豪智能工程有限公司与芬兰安培能（Ampner）、瓦帕斯（Wapice）签署战略合作框架协议。

（杨莹）

签署投资中国长征火箭有限公司合作协议

亦庄国投签署投资中国长征火箭有限公司合作框架协议　　郑玮 摄

10月19日，中国长征火箭有限公司在北京成立，公司将推出面向商业市场的，快响应、低成本、高可靠的空间发射服务，并提供从搭载发射到卫星组网的全套系统解决方案。中国运载火箭技术研究院、北京亦庄国际投资发展有限公司、航天投资控股有限公司共同签署《投资中国长征火箭有限公司合作框架协议》，中国运载火箭技术研究院党委书记郝照平、院长李洪，中国航天科技集团公司董事会秘书齐国生，开发区管委会常务副主任王合生，开发区总工会主席张凤民，亦庄国投董事长芦永忠、总经理王晓波，航天投资控股有限公司总经理张陶，中国运载火箭技术研究院院长李洪等领导出席仪式。

（杨莹）

中美产业与技术投资高峰论坛举办

10月23日，由华美半导体协会、国浩律师事务所、北京亦庄国际投资发展有限公司主办的“中美产业与技术投资高峰论坛暨华美半导体第25届年会”举办，北京创业投资创新服务联盟集成电路专业委员会在美国硅谷成立，中国驻旧金山总领馆副总领事邓繁华参加并致辞，华美半导体协会会长戚肖宁、国浩律师事务所创始合伙人李淳、亦庄国投总经理王晓波出席并作演讲，中美半导体行业投资机构、企业家等超过百人参加。

（张心月）

承办智能机器人产业与资本市场论坛

10月23日，中电新一代（北京）信息技术研究院与北京泰德基金管理集团联合主办，北京亦庄国际投资发展有限公司、中科泰德创业投资管理有限公司、北京创业投资创新服务联盟等承办的2016世界机器人大会智能机器人产业与资本市场论坛在北京亦庄亦创国际会展中心举办，300多位来自创业投资公司、基金管理公司、私募股权公司、机器人公司和科研机构的高管代表参会。论坛旨在鼓励社会资本特别是国内上市公司努力组建机器人产业股权与并购投资基金，促进中国机器人产业跨越式发展。中国科学院微电子研究所所长、国家零二专项总师叶甜春博导担任主持人，原国家开发银行总行副行长、国开证券公司董事长高坚作为论坛主席出席并致辞。

（杨莹 张心月）

第八届中国医药企业家年会举办

10 月 28 日，由中国医药企业管理协会主办，中国农工民主党中央、开发区管委会指导支持，北京亦庄国际投资发展有限公司协办的第八届中国医药企业家年会暨2016 医药产业创新论坛在开发区召开。年会聚焦中国医药健康产业创新，组织优秀医药创新项目路演，促进投资与合作，发布“第八届中国医药上市公司竞争力评选”情况，成立首届中国医疗健康产业投资 50 人论坛执委会并召开第一次会议，亦庄国投总经理王晓波作为首届执委会执委出席，全球医药行业的企业家、科学家、创业家和投资家等逾千人参加。

（杨莹）

亦庄国投内刊《国投亦事》创刊出版

10 月，北京亦庄国际投资发展有限公司内刊《国投亦事》创刊号出版，该期刊为双月刊，逢双月初出版，设有资讯纵览、特别报道、产业观察、投资风云、从业者说、研究学院、发现、图话、职场、读享、七问等栏目，旨在建立员工之间、管理层与员工之间的交流桥梁，倡导亦庄国投精神，让员工了解公司及开发区发展状况，增进部门、员工间认知与了解，调动员工能动性，加强企业凝聚力。本期内刊共收录亦庄国投及子公司投稿、外部投稿十余篇。

（杨莹）

获 2016 年中国政府引导基金第一名

11 月 6 日，由中国母基金联盟主办、领投会中国投资人中心承办的国家级私募基金行业盛会“2016 中国私募基金峰会”在北京国际会议中心举行。会上发布“2016 中国私募股权母基金和基金排行榜”，北京亦庄国际投资发展有限公司获 2016 年中国政府引导基金第一名、2016 年中国最具影响力母基金（TOP10）位列第七名、2016 年中国最活跃母基金（TOP10）位列第八名、2016 年中国市场化母基金（TOP20）位列第七名。全国工商联、科技部、中国证监会、中国母基金联盟等 30 多家单位，以及私募股权领域行业领袖等逾百位嘉宾参加。

（杨莹 张心月）

收购美国电源管理 IC 设计公司 iML

11 月 10 日，北京亦庄国际投资发展有限公司通过旗下母基金北京亦庄国际新兴产业投资中心（有限合伙）（简称战新基金）联合北京集创北方科技股份有限公司（简称集创北方）、北京永昌寰宇投资有限公司在开发区共同出资设立北京屹唐集创科技有限公司（简称屹唐集创），以约 1.5 亿美元收购美国 IC 设计厂商 Exar 旗下电源管理 IC 设计公司 iML，其中战新基金出资 5 亿元。iML 是全球领先的电源管理、色彩校准的平板显示和 LED 照明市场的解决方案供应商，本次收购后，亦庄国投将推动集创北方和 iML 入驻开发区，促进集创北方和 iML 在产品技术、供应链、市场拓展等方面整合，打造显示面板领域国际一流的集成电路设计企业。

（杨莹）

北京市重点产业知识产权运营基金揭牌

11月28日，北京市重点产业知识产权运营基金揭牌仪式在开发区举行。该基金由财政部、市财政局共同出资6000万元引导设立，北京亦庄国际投资发展有限公司受托作为代持机构，北京屹唐华睿投资管理有限公司为基金管理人，基金计划总规模10亿元，首期规模为4亿元，重点投向知识产权密集的产业，市知识产权局巡视员王淑贤、开发区管委会副主任绳立成出席并揭牌。

（杨莹 张心月）

被工商总局评为“守合同重信用”企业

11月30日，开发区工商分局副局长林树涛带队到北京亦庄国际投资发展有限公司调研指导，为亦庄国投颁发国家工商行政管理总局2014—2015年度“守合同重信用”企业公示资格证明，对亦庄国投诚信建设、规范合同执行、企业守法经营作出肯定。

（杨莹）

与中科院微电子所签订服务平台合作协议

移动硅谷与中科院微电子研究所签订合作协议　郑玮 摄

12月2日，由开发区管委会、中国科学院微电子研究所主办的2016年全球传感器与智能化发展高峰论坛在开发区丰大国际酒店举办，活动包括高峰论坛、展览展示、投资洽谈等内容。会上，北京亦庄移动硅谷有限公司与中国科学院微电子研究所签署战略合作协议，双方将在集成电路IP资源共享、集成电路设计、物联网产业融合、项目孵化引入及人才培训等多方面开展合作，推动合作项目在园区落地，促进区域产业发展升级，完善产业生态。国内外知名传感器、物联网应用厂商、系统整机企业、科研机构、投资机构等1300余家单位参会，开发区管委会主任梁胜出席并致辞。

（杨莹）

获得LP专委会会长单位证书

12月5日，北京股权投资基金协会召开LP专业委员会（简称LP专委会）筹备会，近30家LP机构参加。会议确定“北京股权投资基金协会LP专业委员会”为专委会正式用名，通过《LP专委会章程》，北京亦庄国际投资发展有限公司为会长单位，北京股权投资基金协会执行秘书长张雪峻为首任执行秘书长。12月10日，在由中国股权投资基金协会，北京市金融工作局、北京市海淀区人民政府、北京股权投资基金协会联合主办的“第八届全球PE北京论坛”上，举办LP专委会揭牌仪式，为亦庄国投颁发LP专委会会长单位证书。

（杨莹 张心月）

获中国私募股权投资机构LP 20强

12月6日—8日，由清科集团、投资界、联想创投集团联合主办的第十六届中国股权投资年度论坛在北京举行。论坛发布清科集团2016中国股权投资年度排名榜单，北京亦庄国际投资发展有限公司获清科集团“2016年中国私募股权投资机构LP 20强”。红杉资本中国基金创始及执行合伙人沈南鹏、IDG资本创始合伙人熊晓鸽、经纬中国创始管理合伙人张颖等多个股权投资界精英通过“六个影响力对话”“十二场圆桌讨论”“多场主题演讲与分享”等不同形式开展交流讨论，100多家上市公司、1000余名投资精英参会。

（杨莹 张心月）

获2016年中国母基金十强

12月10日，由中国股权投资基金协会、北京市金融工作局、北京市海淀区人民政府、北京股权投资基金协会主办以“转型期的股权投资：信心与机会”为主题的“第八届全球PE北京论坛”在北京举行，发布星云之夜——2016中国PE/VC行业评选结果，其中北京亦庄国际投资发展有限公司获“2016年中国母基金十强”“2016年中国并购基金十强”称号。

（杨莹）

北京亦庄国际投资发展有限公司

董事长 芦永忠

总经理 王晓波

亦庄国投所属控股公司

亦庄创投汇成中小企业创业孵化首批试点

1月，亦庄创投汇以“孵化基地+创业服务+基金投资”打造亦庄全过程创业生态系统项目，成为“中关村现代服务业中小企业创业孵化”首批试点。2015年，中关村为推进大众创业、万众创新，加快构建“高精尖”经济结构，特别设置该项试点扶持项目，目的是希望通过创业孵化机构为中小企业提供全链条创业服务。重点支持市场化、专业化、集成化、网络化的“众创空间”等新型创业服务平台。

（于宗艳）

亦庄产投创办行业内参《屹唐·刻》

8月，北京创业投资创新服务联盟指定刊物《屹唐·刻》（原名屹唐内参）正式创刊。《屹唐·刻》是北京亦庄国际产业投资管理有限公司屹唐研究院“屹唐观点”板块重要的产业研究刊物，内容包括屹唐动态、投资及产业资讯、产业研究三大部分，通过传递开发区产业动态、促进合作伙伴投资开发区，为创业者与投资人提供精准对接渠道。

（张心月）

亦庄创投汇获批科技型企业集中办公区

10月12日，2016年“双创周”系列活动启动仪式在开发区举办，北京亦庄移动硅谷有限公司旗下亦庄创投汇被开发区管委会授牌为开发区科技型企业集中办公区，亦庄创投汇将为创业项目提供更专业、更全面的孵化服务，为中小企业提供合法的工商登记住所。在亦庄创投汇，一张办公桌5平方米就能注册一家公司；集中办公区域共4000余平方米，可注册200家初创小微企业。集中办公区设专人担任行政事务专员，为入驻企业提供相关政府事务服务和管理服务；提供集中办公住所税务、财务、社保等代理服务及创业咨询、投融资、法律事务、知识产权等增值服务。

（杨莹 于宗艳）

亦庄担保新增业务总量35.26亿元

年内，北京亦庄国际融资担保有限公司新增业务总量35.26亿元，比2015年增长28.30%。新增项目277个，新增担保客户增长率17.37%。其中，融资性担保业务261个，金额27.56亿元；非融资性担保业务11个，金额4.61亿元，比2015年增长40%；新增委托贷款业务5个，金额3.08亿元。亦庄担保在保业务总量30.46亿元，比2015年增长22.03%，在保项目245个，户均规模1243万元。其中，融资担保业务236个，金额25.28亿元；非融资性担保项目6个，担保金额2.99亿元；委托贷款业务3个，金额2.18亿元。

（张赛）

亦庄担保提供纯信用贷款担保

年内，北京亦庄国际融资担保有限公司与银行合作创新中小企业金融创新产品，开发多元化业务品种。“网速贷”实现放款流程的线上化，提高放款效率；“小微普惠金融贷”为解决初创期高新技术企业融资难问题提供新的融资方法和途径；开展投贷联动的业务模式，对北京亦庄国际投资发展有限公司知识产权基金投资的企业同时配置一部分间接融资；与新闻出版总局合作，重点支持北京市传媒服务行业，对其数据库中的出版社，提供不超过300万元的纯信用贷款担保。

（张赛）

亦庄担保调整客户结构

年内，北京亦庄国际融资担保有限公司按照北京市新产业政策调整和新首都功能定位的需要，将高新技术和文化创意类行业作为重点支持对象，对2个行业29个项目提供融资担保金额3.8亿元，比2015年增长57%。同时，亦庄担保将业务分散在不同行业，使风险得到有效对冲。全年支持企业上市13家，间接融资贷款担保金额2.53亿元；支持准备上市的企业10家，间接融资贷款担保2.2亿元。

（张赛）

亦庄担保为中小企业提供融资

年内，北京亦庄国际融资担保有限公司加强对两区企业的融资支持，为两区提供融资类担保12.32亿元，占新增融资类担保总额的54%。其中，大兴区45户、累计金额5.29亿元，开发区21户、累计金额7.3亿元。重点支持阳阳快餐、兴顺达、悦康药业集团有限公司、四达时代集团、富思特新材料科技发展股份有限公司、亦庄文化创意广场等小企业项目，对两区企业实施低保费政策，为企业节约融资成本近1000万元。

（张赛）

亦庄担保评审项目286个

年内，北京亦庄国际融资担保有限公司转化评审思路，从项目单一评审模式向多方位评审模式转变，对公司担保项目进行分类评级，建立个体加标准化的多重评审模式，使项目评审更加精准。全年评审项目286个，单户平均评审时间为3~4个工作日。

（张赛）

亦庄担保新增银行授信额度51亿元

年内，北京亦庄国际融资担保有限公

司与各大银行保持良好的授信合作关系，合作银行从 2010 年的 14 家银行、总授信额度 39 亿元，增至 19 家银行 90 亿元总授信额度，基本覆盖北京市所有国有控股银行和地方城市银行、商业股份制银行，为公司业务发展提供充足的授信额度保证。

（张赛）

亦庄融资租赁公司获商业保理经营许可

年内，北京亦庄国际融资租赁有限公司正式获得开发区管委会批复商业保理经营许可。商业保理是为客户提供基于应收账款转让的融资服务，具有金额小、频率快、周期短的特点。商业保理经营许可的获得，将增强公司与客户之间依存度，提升公司竞争力。

（安晓慧）

亦庄融资租赁公司建立融资机制

年内，北京亦庄国际融资租赁有限公司拓展融资渠道，分别同 12 家银行建立沟通机制并完成相关基础工作，其中申请获得江苏银行 5000 万元、华夏银行 5000 万元、富邦华一银行 4000 万元、北京银行 1 亿元、杭州银行 2000 万元的授信额度。

（安晓慧）

亦庄融资租赁公司建立风险防控体系

年内，北京亦庄国际融资租赁有限公司建立全周期风险防控体系，从最初搭建系统性的业务拓展渠道着手，挑选优质项目资源；完善风险控制制度建设并严格遵守；通过培训及奖惩措施提高人员风险意识和风险识别控制能力；租后管理工作不断加强，对项目分门别类采取定期材料报送审核、定期组队实地检查，及时掌握承租人经营状况并采取相应措施；提高资产管理和处置能力工作，通过与制造厂商、二手设备公司合作，弥补资产处置能力的不足，从交易结构上防范风险。同时，运用信息化手段提高风险控制水平，通过项目信息管理系统的上线，为公司高效科学管理、风险控制提供有力的抓手。

（安晓慧）

所属企业

北京亦庄国际产业投资管理有限公司

2016 年，北京亦庄国际产业投资管理有限公司（简称亦庄产投）发挥自身优势调动社会机构对接产业资源，服务开发区产业优化升级。提出母基金“聚、评、配”核心方法论，实现战略层面的完善与创新；发起设立创投联盟，集聚行业资源。紧抓符合开发区产业转型升级的电子信息产业、生物医药产业、装备制造产业、高端服务业等项目落地。截至年底，累计实现落地项目 30 多个，总投资额约 200 亿元。亦庄国投母基金体系共参与设立基金 50 只，基金总规模超过 2200 亿元，亦庄国投母基金体系总认缴规模超过 260 亿元。亦庄产投优化基金资金结构，在品牌建设和投研结合两个方面实现突破；建立一整套内控制度、项目管理系统和 GP 评价系统，并获得母基金项目申报评级系统。

亦庄产投成立于 2013 年 2 月 20 日，注册资本 1 亿元，其中北京亦庄国际投资发展有限公司持股 99%，北京亦庄移动硅谷有限公司持股 1%。公司定位为开发区的综合投融资平台，是亦庄国投打造的战略性新兴产业综合性的基金投融资平台，也是亦庄国投金融服务体系中专业的产业投资基金管理公司。

（张心月）

北京亦庄国际产业投资管理有限公司
董事长 王晓波（4月免）
张建勋（4月任）
总经理 王晓波（4月免）
唐雪峰（4月任）

北京亦庄国际融资担保有限公司

2016年，北京亦庄国际融资担保有限公司（简称亦庄担保）批准业务总量326个，比2015年增长4.15%，批准金额41.45亿元，比2015年增长36.97%。截至年底，公司总担保收入6436万元。其中，中小企业融资性担保收入4133万元，非融资担保收入2303万元。年度利润总计5416万元，净利润4107万元。

亦庄担保成立于2010年2月5日，注册资本3亿元，由北京亦庄国际投资发展有限公司和开发区国资办分别出资2.94亿元和600万元设立。亦庄担保致力于为各类企业提供系统的金融解决方案，包括融资担保、履约担保及风险投资等，以改善企业生存发展环境，助推企业快速成长。2015年，批准业务总量313个，比2014年增长83.04%，批准金额30.26亿元，比2014年增长113.79%。公司总担保收入4030万元。其中，中小企业融资性担保收入4001万元，非融资担保收入29万元。年度利润总计5957万元，净利润4745万元。

（张赛）

北京亦庄国际融资担保有限公司
董事长 王晓波（3月免）
刘　峰（3月任）
总经理 刘　峰（3月免）
杨　洋（3月任）

北京亦庄国际融资租赁有限公司

2016年，北京亦庄国际融资租赁有限公司（简称亦庄融资租赁公司）通过评审项目73个，实现新增业务合同额8.2亿元，比2015年增长124%，实现净利润2906万元。开发区客户签约额4.89亿元。年内，新增业务按行业划分，医疗健康行业占比58.1%，装备制造行业占比33.9%，其他行业占比8%；按区域划分，京津冀占比48.7%。公司践行“区域”和“行业”两大定位，区域定位立足开发区，面向京津冀，服务开发区及京津冀区域产业升级和转移发展，对于区域企业不限行业；行业定位立足拓展高端装备制造、医疗健康、新能源和节能环保、电子信息等领域，对于行业企业不限区域。同时建立涵盖人员激励、项目渠道、项目评审、租后管理等全周期风险防控体系，在最短的时间内实现业务突破。

亦庄融资租赁公司2013年7月24日成立，注册资本4000万美元，其中北京亦庄国际投资发展有限公司持股75%、亦庄国际控股（香港）有限公司持股25%。公司是开发区首家京港合资融资租赁公司，主要从事生产设备、通信设备、科研设备、检验检测设备、销售医疗器械、工程机械、交通运输工具及其附带技术的融资租赁、租赁业务。2015年，项目评审通过34个，累计签约额3.66亿元，实现净利润1184万元。其中，开发区客户签约额2.65亿元，占总额比例72.4%。

（安晓慧）

北京亦庄国际融资租赁有限公司
董事长 王晓波（3月免）
邢国峰（3月任）

北京亦庄国际小额贷款有限公司

2016 年，北京亦庄国际小额贷款有限公司（简称亦庄小贷）完成大股东北京亦庄国际投资发展有限公司对 3 家民营股东 60% 股权的受让工作，各项税费合计 33.60 万元，投资收益 156.28 万元。

亦庄小贷是由北京亦庄国际投资发展有限公司于 2010 年 8 月发起成立，经市金融工作局批准的开发区内第一家小额贷款公司，注册资本 1 亿元。公司集基金、担保、小额贷款和上市服务四大功能于一体，主要面向大兴区和开发区内高新企业、科技型中小企业、办理各项小额贷款业务。

（付青）

北京亦庄国际小额贷款有限公司

董事长兼总经理 刘 峰

北京亦庄移动硅谷有限公司

2016 年，北京亦庄移动硅谷有限公司（简称移动硅谷）注册资本增资至 15 亿元。创新中心项目全年累计完成固定资产投资 5.9 亿元。其中，G9 一期精装修工程完成固定资产投资 0.93 亿元，完成基层施工、水电改造、墙地面石材瓷砖铺贴干挂、吊顶施工等施工内容。G9 二期工程完成固定资产投资 2.1 亿元，完成人防验收、防雷验收、幕墙施工、小市政施工、园林施工、机电设备安装工作等内容。G4-1 一二标段工程完成固定资产投资 2.9 亿元，完成土护降施工、基础处理、底板防水、地下室结构施工和地上部分结构施工。

移动硅谷 2011 年 7 月 6 日成立，注册资本 12.8 亿元，为北京亦庄国际投资发展有限公司全资子公司。业务包括对园区开展专业化的运营和管理，业务范围包括园区规划设计、投资开发、招商引资、平台建设和管理、园区后期运营管理与服务等。

（周磊）

北京亦庄移动硅谷有限公司

董事长兼总经理 王晓波（4 月免）

张建勋（4 月任）

亦庄国际控股（香港）有限公司

2016 年，亦庄国际控股（香港）有限公司（简称亦庄国投香港）注册资本 5221 万美元，总资产约 12.6 亿元。在管 UT 斯达康、北汽股份、华安基金（包钢股份）、亦庄融资租赁公司股权和乐视可转债等重大投资项目。年内，公司完成续牌手续，并更新商业登记证。

亦庄国投香港于 2010 年 8 月在香港成立，注册资本 2575 万美元，2015 年增至 5221 万美元。为亦庄国际的全资子公司。公司致力于打造开发区境外资本运作平台，建立开发区与境外企业、投资机构的交流与合作渠道。

（毕志超）

亦庄国际控股（香港）有限公司

董事长 芦永忠

北京屹唐集成电路科技有限公司

2016 年，北京屹唐集成电路科技有限公司（简称屹唐科技）集成电路标准厂房（一期）项目取得阶段性进展。10 月 24 日，竞得开发区路东区 B10M1 地块工业项目国有建设用地使用权。11 月 3 日，取得集成电路标准厂房（一期）项目的立项备案。11 月 21 日，签订国有建设用地使用权出让合同。

屹唐科技成立于 2016 年 8 月 23 日，全力推进集成电路标准厂房重点项目，该集成电路标准厂房项目总投资约 150 亿美元（约 1000 亿元），在路东区 B9、B10、B13、B14 地块各建设一座月产能 5 万片的 12 英寸集成电路标准厂房，最终将实现月产能 20 万片，年产值 400 亿元，年利润 100 亿元，年税收 20 亿元。其中，一期项目位于开发区路东区 B10M1 地块，总占地面积 10.38 万平方米，总投资 15.66 亿元，主要建设生产厂房、办公楼及其配备附属设施，旨在为北京市集成电路企业在图像传感器、先进存储器等领域的生产制造提供标准厂房，达产后，实现年产值 100 亿元，税收 5 亿元。

（胡安）

北京屹唐集成电路科技有限公司
董事长 张建勋
总经理 李瑞新

北京新航城控股有限公司

概况

2016 年，北京新航城控股有限公司（简称新航城公司）注册资本增至 29.89 亿元。有员工 96 人。其中，本科以上学历 89 人，占 93%；研究生以上学历 28 人，占 29%；拥有职称人数 45 人，其中中级以上职称 34 人，占 35%。新航城公司以开发建设、投资融资、资源整合和运营管理 4 个主体为职能定位，搭建创新发展、战略管理、资源调配、资本运作和招商引资五大平台。成立子公司 6 家；签约项目 8 个，在谈项目 50 余个，永兴河河道正式通水。截至年底，北京新机场安置房工程实现 90% 主体结构封顶。

（王菁）

新航城技术研究院揭牌

新航城技术研究院揭牌　　潘清泉 摄

5 月 20 日，北京新航城智慧生态技术研究院有限责任公司成立并举行揭牌仪式。开发区总公司副总经理、北京新航城控股有限公司董事长罗伯明与北京建工集团有限责任公司副总经理兰慧宾出席仪式并为技术研究院揭牌，建工集团党委书记、董事长戴彬彬参加。技术研究院由新航城公司和北京建工投资发展有限责任公司共同出资成立，是双方合作的首个高新技术企业。技术研究院的成立是贯彻落实“创新、协调、绿色、开发、共享”五大发展理念和中央城市工作会议精神的具体实践，为落实临空经济区城市发展综合指标体系、践行临空区顶层设计提供了重要组织保障和支撑平台。

（薛曼杰）

钢筋加工与配送发展研讨会召开

6 月 7 日，由北京新航城控股有限公

司、河钢集团有限公司、中国建筑科学研究院联合主办，北京天辰恒正工贸有限公司承办的推动钢筋工程产业化、主力建筑工业化发展——钢筋加工与配送发展研讨会在北京举行。住房城乡建设部标准定额司实施指导监督处、市住房城乡建设委、北京市大兴区住房和城乡建设委员会、北京市大兴区榆垡镇人民政府、北京市大兴区礼贤镇人民政府、北京市大兴区礼贤镇贺北村村民委员会，及新航城公司、智慧生态技术研究院相关领导等约 200 余人参加会议。会议分别就国内钢筋加工和配送、整体钢铁行业的生产、经营现况进行总结和归纳，分析展望当前国家促进绿色建筑标准化发展的形势，推动钢铁冶炼加工产业链、行业整体发展。会议认为，北京新机场安置房项目所采取的钢筋加工和配送方式将作为一种崭新的产业模式，为未来行业集群式发展提供借鉴和参考。通过本次研讨，为参与各方搭建交流合作平台，进一步明确和推动钢筋工程全产业链集群式合作，并建立以市场机制为主导的新的发展模式。

（宁玉凤）

中法临空经济可持续发展双边专家会召开

7 月 1 日，北京新航城控股有限公司举办 2016 年中法临空经济可持续发展双边专家会议。法国巴黎 Hubstart 联盟副总裁、瓦勒德瓦兹省副省长菲利普·叙厄尔、巴黎机场集团副总裁兼巴黎空港产业联盟秘书长伊丽莎白·勒马松、瓦勒德瓦兹省经济发展局总经理让弗朗索瓦·贝农等嘉宾出席会议，大兴区副区长、区机场办书记许玉增、商务部投资促进事务局、大兴区外办、大兴区机场办、北京市规划委员会大兴分局、新航城公司相关领导参加会议。会上，法方代表就如何在临空经济区形成国际贸易和航空经济集群、如何使机场区域可持续发展更具吸引力等方面展开交流，并与新航城公司签署备忘录。双方希望通过签署合作备忘录，共同促进中法临空经济区在经济、科技、文化、金融、教育等方面的合作。

（宁玉凤）

安全体验基地揭牌

新航城安全体验基地揭牌　　企业提供

7 月 14 日，北京新航城控股有限公司安全体验基地建立并揭牌。安全体验基地位于盛平街，由新航城公司投资建设，北京天恒建设工程有限公司负责运营。建筑面积约 1300 平方米，设建筑行业中常见安全隐患体验项目 22 项，配有一间可容纳 60 人的多媒体教室。安全体验基地将承担公司开发项目作业工人入场教育和违章作业工人的安全再教育。

（赵秋野）

与住宅产业化促进中心签署战略合作协议

10 月 13 日，北京新航城控股有限公司和住房城乡建设部科技与产业化发展中心签署战略合作协议。双方围绕临空经济区域城市建设发展，就城市规划、建设、管理等领域开展全面战略合作。

（宁玉凤）

永兴河新河道正式启用

10 月 18 日，北京新航城控股有限公司实施的永兴河（天堂河）改线（北京段）工程新河道正式启用通水。因永兴河老河道横穿新机场，为保障机场项目建设，2015 年 5 月启动永兴河改线工程。工程全长 11.39 千米，横穿北京市大兴区榆垡镇和礼贤镇，主要建设内容包括：新挖河道 11.39 千米（上口宽 80 ～ 90 米）、新建巡堤路 22.78 千米、新建下穿京九铁路箱涵 1 座、新建跨河桥及顺堤桥 7 座，新建节制闸 4 座及沿岸绿化防护工程。新航城公司在前期设计中，采用先进的 BIM 和 MIKE 建模技术，有利于进一步优化图纸、控制工程总体投资；在实施过程中，采用小断面作业配合全断面开挖护砌的工法，缩短了工期。在项目建设过程中，全线采用硬质围挡对现场进行封闭管理，对施工现场裸露土体进行全面覆盖，实现绿色施工。新河道的正式启用通水，标志着永兴河新老河道功能正式转换，为新机场工程顺利通航奠定了基础。

（高振辉 刘凯）

国际企业家顾问单位代表团考察

10 月 18 日，北京市贸易促进委员会副主任李露霞，贸促会国际联络部处长李小源带领北京市市长国际企业家顾问单位代表团成员一行 30 人，到北京新航城控股有限公司考察交流。北京 ABB 低压电器有限公司、香港贸易发展局、汇丰银行等多家企业在新机场和新航城的建设包括有轨电车、会展、能源等方面表达合作意向。

（陈烁阳）

亚特兰大机场空港联盟代表考察

11 月 14 日，全球唯一客流量过亿的美国亚特兰大机场空港联盟代表团到新航城公司进行实地考察。亚特兰大地区委员会和亚特兰大空港联盟航空城资深策划人 Jon Tuley、亚特兰大航空城社区改善区执行董事 Gerald McDowell、亚特兰大投资局规划专家和法规专员出席会议。通过会议，双方初步达成共识，建立机场地区友好城市关系，搭建国际交往平台。

（张超）

北京新航城开发建设有限公司成立

12 月 27 日，由北京新奥集团有限公司和北京新航城控股有限公司共同出资的北京新航城开发建设有限公司正式揭牌成立。公司主要负责北京新机场临空经济区范围内征地拆迁、土地一级开发和安置房项目建设、市政基础设施、北京新机场和空军南苑新机场噪声区治理、机场其他相关征地拆迁等项目建设工作。北京新奥集团党委书记、董事长李长利，总经理郭再斌，新航城公司董事长罗伯明，总经理曹辉等领导出席揭牌仪式。

（邓超）

北京新航城控股有限公司

董事长 罗伯明

总经理 曹 辉

所属企业

北京宝榆兴航置业有限公司

2016 年，北京宝榆兴航置业有限公司（简称宝榆兴航）有员工 11 人，作为榆垡工业区腾退的实施及融资主体，项目融资达 8.36 亿元，启动工作区企业的腾退工作，开启新航城服务新机场、服务临空经济区、疏解非首都功能腾退工作的新篇章。

公司成立于 2015 年 10 月 10 日，注册资本 1000 万元。公司以房地产开发经营为主营业务，实施土地一级开发规划实施及拆迁腾退工作。

（尤明）

北京宝榆兴航置业有限公司

董事长 沈永强

总经理 李德海

北京新航城智慧生态技术研究院有限责任公司

2016 年，北京新航城智慧生态技术研究院有限责任公司（简称新航城技术研究院）实现业务收入 500 万元。作为北京新机场临空经济区的“智库”及“技术服务平台”，由北京新机场临空经济区开发建设的核心平台——北京新航城控股有限公司、北京建工集团旗下唯一一家从事国内投资业务的全资子公司——北京建工投资发展有限责任公司，于 2016 年共同出资组建。有员工 14 人。公司成立于 2016 年 2 月 26 日，注册资本 1000 万元，公司以服务新机场临空经济区为主，围绕临空经济区的绿色生态、低碳智慧发展提供综合性的咨询服务。新航城技术研究院针对新机场临空经济区（北京部分）开展一系列专题研究，涉及低碳路线、绿色建筑、绿色交通、固废循环利用、能源综合利用、海绵城市、活力人文、产业环境、智慧城市等，并基于专题研究构建了国内第一套针对临空经济区的城市发展综合指标体系。

（薛曼杰）

北京新航城智慧生态研究院有限责任公司

董事长 张聪达

总经理 李庆华

北京新航城基金管理有限公司

2016 年，北京新航城基金管理有限公司（简称新航城基金公司）实现营业收入 222 万元，利润总额 131 万元，有员工 4 人。完成在中国证券基金业协会的登记和产品备案工作，成为大兴区范围内唯一一家完成私募股权投资基金登记及产品备案的国资背景基金管理公司，并为榆垡工业区项目增加融资 7735 万元。

公司成立于 2015 年 2 月 25 日，由北京新航城控股有限公司、北京亦庄国际投资发展有限公司和北京市大兴区国有资本投资运营有限公司共同出资成立，注册资本 1000 万元。作为大兴区范围内唯一一家完成私募股权投资基金登记及产品备案的国资背景基金管理公司，主要以新机场临空经济区为依托，组建设立各类基金，形成母子基金体系，实现以市场化方式促进外部资本与两区项目的高效对接，提升两区开发建设水平、产业层次水平及企业管理水平。

（苏红伟）

北京新航城基金管理有限公司

执行董事兼总经理 刘丁丁

北京新航城资本投资管理有限责任公司

2016 年，北京新航城资本投资管理有限责任公司（简称新航城资本公司）为新航城控股公司全资子公司，实现营业收入 1052 万元，投资收益 1123 万元，利润总额 353 万元。与北京新航城基金管理有限公司共同完成榆垡工业区项目 7735 万元基金放款相关工作。

公司成立于 2015 年 8 月 5 日，注册资本 1 亿元，主要发展方向统筹运用各种金融工具、投资方式参与新机场临空经济区产业投资，成为新航城控股公司的核心投资主体，与新航城基金公司共同成立各类基金，引入社会资本、资源及技术共同促进临空经济区产业发展，影响、掌控临空经济区发展脉络，实现临空经济区发展目标。

（苏红伟）

北京新航城资本投资管理有限公司

董事长兼总经理 刘丁丁

北京新航城开发建设有限公司

2016 年，北京新航城开发建设有限公司（简称开发建设公司）有员工 35 人。公司成立于 2016 年 12 月，由北京新奥集团有限公司和北京新航城控股有限公司共同出资成立，注册资本 1 亿元，主要负责北京新机场临空经济区范围内征地拆迁、土地一级开发和安置房项目建设、市政基础设施、北京新机场和空军南苑新机场噪声区治理、机场其他相关征地拆迁等项目建设工作。

（王菁）

北京新航城开发建设有限公司

董事长 梁为龙

总经理 闫玉波

北京星明湖国际会议中心

2016 年，北京星明湖国际会议中心（简称星明湖）有员工 210 人。9 月，成为北京新航城控股有限公司全资子公司，位于北京市大兴区半壁店森林公园内，是京南集住宿、餐饮、会议和康体娱乐于一体的涉外四星级会议酒店。作为临空经济区高端商务休闲标杆服务中心，提供高品质的酒店、商务、会议、休闲服务。

（宋寅娜）

北京星明湖国际会议中心

执行董事 刘丁丁

总经理 李满顺

财政·金融

综 述

2016年，开发区财政局围绕“引领新常态、构建‘高精尖’、服务京津冀”三大任务、把握“开发区创新发展、机场规划建设、推动健康城市化”三大抓手，严格预算、严格管理，强化绩效、强化监督，统筹财政收入来源、财政保障政策和财政资金存量，创新预算管理和资金投入机制，激发社会和市场活力，为开发区经济社会平稳较快发展提供财力保障。开发区全口径税收完成390.93亿元，一般公共预算收入完成169.3亿元，土地出让收入完成9.85亿元。

开发区围绕构建“高精尖”经济结构，全面统筹优化财政支出。一般公共预算支出完成163.2亿元。安排产业发展扶持资金11.54亿元，加大政策扶持力度，兑现税源入区政策，高效推进招商引资“四个一批”项目，积极培育开放型经济动力，支持企业拓展国际市场，一批重点项目得到有力支持；安排科技创新能力提升资金，鼓励企业提升自主创新能力，开展核心技术研发；安排高层次人才发展资金，提高政策制度对人才的吸引力和凝聚力；安排亦庄国投公司母基金发展资金，发挥财政资金引导作用，以资本引领高科技项目落地；安排教育、科技、文化、卫生方面资金，支持公共文化体育事业发展，支持完善公共卫生服务体系建设，支持社会保障和就业等方面工作。安排开发区、综合配套服务区及六园固定资产投资建设资金，优化完善基础设施，提升园区硬件质量；安排富华五金城搬迁和旧宫南街大院改造项目，有效疏解非核心功能产业；安排“12平方公里”项目资金，拓展区域发展空间；安排保障性住房建设资金，切实改善区内职工居住生活条件。开发区发挥基金引导落地效应，推动42只基金落地亦庄，总认缴规模超1724亿元，实缴规模约734亿元；推动20个基金管理公司落地亦庄，总注册资本约8.7亿元，实收资本2.7亿元；基金落地投资两区项目34个，投资额176亿元。

开发区金融机构本外币存款余额1105.3亿元，本外币贷款余额475.2亿元。

（张辰）

财 政

概况

2016年，北京经济技术开发区财政局（简称开发区财政局）在经济平稳运行基础上，全年预算执行情况总体符合预期。全年一般公共预算收入实现169.3亿元，比2015年增长25.5%；一般公共预算支出完成163.2亿元，比2015年增长12.3%，其中基本支出1.7亿元、项目支出145.45亿元、中央和市级转移支付支出1.09亿元、置换存量债务支出15亿元。政府性基金预算收入17.69亿元，比2015年下降79.39%，政府性基金预算支出17.69亿元，比2015年下降79.39%。在全面掌握结转结余资金规模的情况下，分类处理、分步实施，消化盘活存量资金28.57亿元，占年初总体存量的100%。组织开发区内60家单位开展单位内部控制基础性评价工作，对2015年度开发区管委会60家机构运行保障费用开展部门整体评价工作，形成部门绩效报告。年内，开发区财政局权力清单包含行政确认1项、行政检查20项、其他权力1项；责任清单为北京市政府部门行政职权运行通用责任清单。贯彻执行《北京市人民政府关于取消调整和承接一批行政审批事项的通知》，统计开发区财政局行政审批事项变动情况，调整4项职权。

（王艺秋）

开展会计监督检查14个项目

7月至9月，开发区财政局开展2016年度会计监督检查工作。检查14个项目，涉及13家单位，财政补贴资金924万元。重点检查扶持单位的财务管理、会计核算和财政资金的使用情况。检查中未发现虚假冒领、挤占挪用等重大违规事项。

（王艺秋）

盘活存量资金28.57亿元

1月至12月，开发区财政局贯彻落实中央和北京市盘活财政存量资金有关精神，在全面掌握结转结余资金规模的情况下，分类处理、分步实施，消化盘活存量资金28.57亿元，占年初总体存量的100%。

（王艺秋）

60家行政事业单位内部控制基础性评价

9月，开发区财政局组织开发区60家行政事业单位开展单位内部控制基础性评价。通过评价工作，各单位明确内部控制的基本要求和重点内容，围绕年度重点工作开展内部控制体系建设。对发现的内部控制基础不足和薄弱环节，开发区财政局通过“以评促建”的方式，推动和完善单位内部控制工作。

（王艺秋）

41家行政事业单位开展资产清查工作

年内，开发区财政局组织开展2016年开发区行政事业单位国有资产清查、事业单位和事业单位所办企业的产权登记。对41家行政事业单位进行资产清查，核查出固定资产盘亏等问题。针对本次资产清查工作中核查的问题进行整改，建立健全财务与资产管理制度，加强资产监管，确保国有资产安全完整。

（王艺秋）

拨付扶持和奖励资金 11.54 亿元

年内，开发区财政局按照两区产业政策，安排产业扶持资金。全年拨付企业管理专项资金 11.54 亿元，其中拨付产业扶持资金 9.38 亿元、中央财政战略性新兴产业发展资金 0.2 亿元、外贸稳增长资金 0.64 亿元、科技专项资金 0.27 亿元、海外高层次人才扶持与奖励资金 0.67 亿元、就业补助和职工培训岗位补贴资金 0.23 亿元。

（王艺秋）

完成 6 家区属国有企业财务绩效评价工作

年内，开发区选取北京经济技术投资开发总公司、北京亦庄国际投资发展有限公司、北京博大水务有限公司、北京博大网信科技发展有限公司、北京博大数文广告有限公司和北京博大开拓热力有限公司 6 家区内国有企业进行 2015 年度财务绩效评价工作，通过财务绩效评价对企业经营、资产管理、盈利能力等方面所进行的定量指标信息分析表明，企业经营良好 .

（王艺秋）

完成 6 家企业负责人经济责任评价工作

年内，开发区选取北京亦庄国际融资担保有限公司、北京博大数文广告有限公司、北京博大网信科技发展有限公司、北京博大经开建设有限公司、北京博大开拓热力有限公司和北京亦庄置业有限公司 6 家区内二、三级企业进行企业负责人 2012—2014 年度经济责任评价工作，通过对企业三年财务数据及企业管理情况的评价，发现企业经营管理状况和问题，要求企业提出整改方案，起到以评促改，加强监管、引导企业提高综合效益和发展质量的作用。

（王艺秋）

完成国有资产产权登记 39 笔

年内，开发区财政局完成国有资产产权登记 39 笔，其中占有登记 11 笔、变动登记 25 笔、注销登记 3 笔。做好开发区范围内国有企业资产和经营快报，全年合并资产总额 1087 亿元，负债总额 581 亿元，所有者权益总额 507 亿元。上缴国有资本收益 4.67 亿元，支出国有资本收益 3.1 亿元。

（王艺秋）

846 人办理会计证相关业务

年内，开发区财政局完成北京市会计从业资格和技术资格考试的组考工作。参加从业资格考试 1479 人，参加会计初级职称考试 1796 人；会计中级职称报考 1827 人。截至年底，办理会计证调入 160 人，调出 82 人，变更 42 人，补证 35 人，视同继续教育 29 人，发放会计证 527 人。全年有代理记账机构 29 家，新增代理记账机构 12 家。

（王艺秋）

审核各类财政性投资项目 147 项

年内，开发区财政局审核各类财政性投资项目 147 项，送审金额 11 亿元，审定金额 8.81 亿元，为政府节约项目建设资金 2.19 亿元。开展事前评审项目 14 项，涉及金额 2.37 亿元。

（王艺秋）

80 个政府采购项目完成

年内，开发区财政局累计批复政府采购项目 80 个，批复采购预算金额 7335.17 万元。其中，公开招标项目 11 个，涉及采购预算资金 2335.11 万元。对政府采购项目完成环保局采购污染源监测、财政局采购资产清查服务。

（王艺秋）

税　务

国家税务

概况

2016年，北京经济技术开发区国家税务局（简称开发区国税局）税收收入309.7亿元，比2015年增加43.6亿元，增长16.4%，税收收入总量居全市第六位。完成地方级收入101.1亿元，比2015年增加30亿元，增长42.2%。全口径和地方级税收分别跨越300亿元和100亿元两个历史性关口，两级收入增加额、增速均为近五年来最高。完成中央级税务收入208.6亿元，比2015年增加13.6亿元。增值税和所得税两税有税率明显提升，增值税有税率提高8个百分点，达到44.6%；所得税有税率提高7个百分点，达到40.7%。年内，开发区国税局办税服务厅获北京市国家税务局“国税梦·巾帼美”先进集体称号；中共北京经济技术开发区国家税务局党总支部被中共北京市大兴区委员会和中共北京市经济技术开发区工委授予“先进基层党组织”称号。开发区国税局，获北京市稽查业务考试第三名，获北京市业务大比武岗位大练兵第七名。

（薛新杰　王玮玮）

与廊坊市签署税收协同共建合作协议

3月25日，开发区国税局、地税分局与廊坊市国税局、地税局两地四局共同签署税收协同共建合作协议，合作共建的领域包括税收征管、税务稽查、纳税服务、行政管理、队伍建设、廉政文化建设等方面，服务外迁至永清工业园的开发区企业。

（薛新杰　王玮玮）

金税三期正式上线

3月，开发区国税局启动金税三期上线工作。8月8日，完成系统初始化、数据清理、数据核对与补录、全员培训和压力测试等工作。金税三期系统正式上线运行。金税三期是国家级电子政务工程，是保障税务机关提高征管水平和优化纳税服务的平台媒介，实现国税、地税税收征管与服务的统一规范。

（薛新杰　王玮玮）

1594户纳税人实现税制转换

5月1日起，按照财政部、国家税务总局下发的《关于全面推开营业税改征收增值税试点的通知》要求，在全国范围内全面推开营业税改征收增值税试点。是日，开发区国税局开出第一张增值税专用发票。6月1日，完成增值税网上和手工申报。1594户纳税人实现税制转换，确保营改增试点改革平稳落地。全年完成对营改增纳税人的政策培训辅导20余次，培训纳税人5000多户次。为配合营改增税制转换工作开展，印制并发放《致纳税人的一封信》3422封，《纳税人发票指引操作指南》《营改增政策导读》《营改增纳税人发票指引》等专项宣传材料1.8万余本，制作各式易拉宝、宣传折页16万余份。

（薛新杰　王玮玮）

审批办理出口退税额36.98亿元

6月21日，开发区国税局挑选开发区

内 24 户企业作为首批试点企业，启动出口退税无纸化申报试点运行工作。6 月 22 日，受理审核首户企业的无纸化申报。全年审批办理出口退税额 36.98 亿元。其中，生产企业 590 户次，退税额 29.18 亿元；外贸企业 929 户次，退税额 7.8 亿元。一类企业退税额 25.92 亿元，占 2016 年退税额的 70%。共审批免抵调库 10.04 亿元。

（薛新杰 王玮玮）

签订“银税互动”合作协议

年内，开发区国税局联合开发区地税分局，与开发区内中国银行、交通银行、农业银行、邮政储蓄银行 4 家金融机构签订“银税互动”战略合作协议。协议各方共享纳税信用评价结果和信贷融资信息，将企业的“纳税信用”与“贷款信用”相结合，破解小微企业融资难题。运用纳税信用评价结果，为 46 户中小企业发放贷款 13.7 亿元。促进小微企业依法诚信纳税，实现小微企业、金融、税务三方共赢。

（薛新杰 王玮玮）

1.09 万户次小微企业享税收优惠

年内，开发区国税局落实小微企业税收优惠政策，1.09 万户次小微企业享税收优惠。其中，8007 户次小微企业减免增值税 623.51 万元；2865 户小型微利企业减免所得税 656.75 万元。

（薛新杰 王玮玮）

企业补缴税款 813.5 万元

年内，开发区国税非居民收入 13.98 亿元，反避税收入 1.11 亿元，加收利息 1357.48 万元。开发区国税局与开发区地税分局建立每月信息交换制度，联合开展国际税收风险应对，督促企业补缴税款 813.5 万元，加收滞纳金 177.12 万元。与开发区商务委建立 2013—2015 年《开发区“走出去”企业信息清册》，涵盖 197 户次企业信息，动态掌握企业在外投资信息。办结全市首例受控外国企业税款金额最大的税收风险案件，组收 6143 万元。

（薛新杰 王玮玮）

构建局域风险防控体系

年内，开发区国税局构建局域风险防控体系，对风险纳税人全方位监控。开展风控应对 68 项，推送各类风险纳税人 5917 户次，发现问题企业 5210 户，查补税款 17.16 亿元。风险分析识别命中率 88.05%。

（薛新杰 王玮玮）

汇算清缴企业 7130 户

年内，开发区应参加汇算清缴企业户数 7130 户，实际参加汇算清缴企业户数 7130 户，汇算清缴率 100%，所得税汇算有税率提高 10 个百分点。实际应纳税所得税额 95.98 亿元，比 2015 年增长 27.63 亿元，增幅 40.41%。

（薛新杰 王玮玮）

出口退税企业分类评定

年内，开发区国税局落实国家税务总局《出口退（免）税企业分类管理办法》，对出口企业进行差异化管理，组织开展出口企业分类评定工作和复核工作。评定一类企业 27 户，二类企业 97 户，三类企业 378 户，四类企业 13 户。

（薛新杰 王玮玮）

检查税收立案 25 户次

年内，开发区国税局税收立案检查 25 户次，审结执行完毕 17 户。对 120 户次企业开展纳税风险排查，发现 16 户企业存在涉税问题，涉及税款 2793 万元。全年查补入库 4436 万元，为 2015 年稽查收入的 2.6 倍。

（薛新杰 王玮玮）

受理审结重大税务案件 2 件

年内，开发区国税局受理并审结重大税务案件 2 件，追缴税款 1537.58 万元，并将其中 1 件涉嫌犯罪的案件移交公安机关追究刑事责任。

（薛新杰 王玮玮）

税收执法督察

年内，开发区国税局以“三证合一、一照一码”登记制度改革相关配套文件执行、“大众创业、万众创新”税收优惠政策落实等 7 个方面的税收执法行为作为督察内容，重点对第一税务所、第二税务所、第三税务所、第四税务所、进出口税收管理科和稽查局 6 个部门进行税收执法督察。印制并发放调查问卷 100 份，由纳税人不记名填写。根据反馈结果，纳税人认为开发区国税局不存在选择执法、随意执法、情绪执法等行为。

（薛新杰 王玮玮）

税收工作调研

年内，开发区国税局围绕“营改增”、服务“走出去”企业等重要税收工作加强调研宣传，撰写的《“海底捞”营改增后税收情况》被《人民日报》《经济日报》等数十家媒体刊登；报送的税收经济工作报告获得北京市领导、北京国税局领导、开发区管委会领导批示 19 次，其中关于北京奔驰产销量持续高速增长的工作报告得到北京市领导批示；6 篇材料被中共中央办公厅、国务院办公厅信息刊物采用，《落实汪洋副总理调研北京外贸工作有关情况》被国务院办公厅采用。

（薛新杰 王玮玮）

清理失效废止的税收规范性文件 33 件

年内，开发区国税局对税收规范性文件进行全面清理，全文失效废止的税收规范性文件 33 件，部分条款废止的税收规范性文件 6 件。与北京天驰君泰律师事务所签署常年法律顾问合同，建立开发区国税法律顾问制度。

（薛新杰 王玮玮）

地方税务

概况

2016 年，北京市地方税务局开发区分局（简称开发区地税分局）设置 8 个内设机构、1 个稽查局、5 个派出机构，级别均为正科级。行政编制 99 名，处级领导职数 5 人，机关工勤编制 7 名，在编人数 95 人，处级领导干部 5 人，科级干部 28 名，新招录干部 6 人。开发区地税分局加强督查督办工作，督查信息管理系统上线并投入使用，全年督办督查事项 28 条，全部落实。8 月，开发区地税分局成立工作领导小组推进“五证合一”“一照一码”工作。

（李春澍）

推进电子税务管理

5 月 1 日，开发区地税分局营改增存量房交易和个人出租房委托代征增值税系统正式运行。8 月 8 日，金税三期系统实现单轨上线运行。10 月 31 日，亦城财富中心国地税联合服务大厅专用网络线路建设完成，经过网络测试、准入系统测试和多个应用系统测试通过后，正式开通运行。

（李春澍）

二手房交易入库税费 4.22 亿元

5 月 1 日起，由地税代征二手房和个人出租房屋增值税。截至年底，办理二手房交易申报 4474 套，入库各项税费 4.22 亿元，比 2015 年增加 2.17 亿元，增长 106.25%，其中 5 月至 12 月代征增值税 7410 万元。

（李春澍）

政务信息公开工作

年内，开发区地税分局做好政务信息公开工作，录入新条目 118 条。其中，法规文件类 43 条，业务动态类 75 条。收到开发区管委会办公室、财政局、投促局、工委组织部等多家单位关于征求意见、提供数据、开展协查等内容的来函 48 件。

（李春澍）

完成各项税费收入 150.93 亿元

年内，开发区地税分局完成各项税费收入 150.93 亿元，各项税费收入同口径增长 18.9%。剔除营业税完成 141.10 亿元，比 2015 年增收 22.46 亿元，增长 18.9%，收入规模位列全市第七位；完成地方公共财政预算收入 115.59 亿元，剔除营业税完成 105.74 亿元，比 2015 年增长 16.2%。从整体收入情况看，6 月后受“营改增”试点全面推开影响营业税大幅减收，企业所得税、城市维护建设税和附加费、残疾人就业保障金的增长弥补了“营改增”政策的减收影响，整体收入稳步增长。主体税种普遍增收，中央地方共享税种成增收主力。中央地方共享，税种企业所得税和个人所得税比 2015 年分别增加 7.70 亿元和 3.76 亿元，分别增长 106.22% 和 10.85%，从增幅来看企业所得税大幅增长，个人所得税增幅放缓。中央地方共享税种成增收主力，原纯地方税种营业税大幅减收，这两个因素造成各项税费收入口径（比 2015 年增长 10.02%）与地方公共财政预算收入口径（比 2015 年增长 5.5%）增幅差异较大。第二产业、第三产业增幅差距拉大，制造业和房地产业为支柱行业。第二产业在制造业、建筑业带动下增长 6.82%（不含营业税增幅 9.36%），总量占比 41.1%。第三产业在房地产业带动下增长 15.72%（不含营业税增幅 39.19%），总量占比 58.9%。房地产业入库 23.60 亿元，比 2015 年增长 37.34%，增收贡献率 51.3%。制造业入库 45.16 亿元，增幅较缓慢，比 2015 年增长 5.44%。

（李春澍）

开展税收规范性文件合法性审查

年内，开发区地税分局完成两年一次的税收规范性文件清理工作，清理截至 8 月 31 日前的全部税收规范性文件，清理全文失效或废止文件 25 件，部分废止文件 6 件，制发税收规范性文件 1 件。

（李春澍）

2493 户（次）小微企业享受税收优惠政策

年内，开发区地税分局落实小型微利企业税收优惠政策，2493 户（次）享受小型微利企业营业税优惠政策，累计减免营业税 270 万元；337 户企业享受小型微利企业所得税优惠政策，累计减免税款 371.42 万元。受“营改增”减收影响，6

月至12月营业税同比减收10.56亿元。

（李春澍）

参加汇算清缴企业所得税2327户

年内，2015年企业所得税应参加汇算清缴2327户，实际参加汇算清缴2327户，实际应纳税所得税额52.65亿元。与2014年同期相比，实际参加汇算清缴增加382户，同比增长19.64%，与2014年同期相比，实际应纳税所得税额增加22.13亿元，同比增长72.48%。其中，查账企业申报2327户，查账征收盈利企业966户，实现销售（营业）收入39.52亿元，纳税调整前所得61.70亿元，纳税调整后所得57.50亿元，实际应纳所得税额11.27亿元。与2014年同期相比查账企业申报增加382户，同比增长19.64%。其中，查账征收盈利企业增加97户，同比增长11.16%，实现销售（营业）收入增加120.96亿元，同比增长44.1%，纳税调整前所得增加29.45亿元，同比增长91.32%，纳税调整后所得增加24.29亿元，同比增长73.16%，实际应纳所得税额增加3.64亿元，同比增长47.64%；亏损企业1269户，同比增加197户，同比增长18.37%。亏损总额15.53亿元，同比亏损增加1.65亿元，同比增长11.85%。个人所得税12万元申报共计4.14万人；全年办理二手房2078套，入库各项税款2.03亿元（其中个人所得税5126万元、营业税4304万元、契税9364万元、土地增值税959万元）。代收工会经费2.35亿元、代收残保金1.05亿元。车船税在8月8日金税三期系统上线后，全市代征车船税退税工作全部由开发区地税分局进行受理审批，截至年底，完成退税审批325笔，退税9.11万元。

（李春澍）

开展“便民办税春风行动”

年内，开发区地税分局落实国家税务总局《纳税服务规范2.0》。开展“便民办税春风行动”，推动纳税服务向前台和网上转移，将纳税人依申请事项全部前移至办税服务厅统一受理。落实首问责任制、领导值班制、一次性告知等制度，落实规范着装、服务用语、导税服务、延时服务等内容。“税务登记”“申报纳税”等八大类88项涉税业务流程实现扫描二维码服务。推行网上报税，开展税收业务网上受理、网上审批和电子登记。推进国家税务总局《国地税合作工作规范》，实现“联合税务登记”“联合新户培训”“联合税法宣传”“联合税务稽查”“联合税收分析”五项联合，达到“1+1 > 2”的效果。截至年底，联合税务登记3660件，“一税两费”委托代征27.65亿元。

（李春澍）

大企业税款和滞纳金入库1318.54万元

年内，开发区地税分局利用大企业税收风险管理流程的风险特征库，分析工资薪金、劳务报酬、利息股息红利所得、外籍个人所得、内控制度等6个领域19个风险点，召开252户大企业的政策辅导会，对企业进行纳税辅导、风向提示，组织税款和滞纳金入库1318.54万元。

（李春澍）

外籍个人查补税款和滞纳金1569.46万元

年内，开发区地税分局国际税务管理科推出5项专业服务举措，设立“走出去”纳税服务热线专席，由专人负责“走出去”

政策咨询；畅通税企沟通渠道，建立“走出去”企业微信群，提供税企互动平台；开通中国税收居民身份证明绿色通道，为企业快速开具证明；建立“一对一”指导服务机制，设立“走出去”服务顾问，定期走访了解企业经营情况；成立分国别税收政策研究小组，定期向企业推送有针对性的政策宣传册。帮助企业化解境外投资经营税收风险。开展针对外籍个人享受8项补贴待遇和零申报专项核查工作，对25家企业查补税款和滞纳金1569.46万元。开展外籍企业常设机构个人所得税专项检查，通过三级约谈机制，督促纳税人补缴税款，共补缴个人所得税和滞纳金4200万元。

（李春澍）

税务稽查查补入库2468.61万元

年内，开发区地税分局税务稽查立案36户，举报中心受理举报案件31份，全部处理完成。查补入库2468.61万元。其中，查补税款2122.04万元，查补滞纳金78.21万元，查补罚款268.36万元，人均查补税款226.37万元。

（李春澍）

新增企业3660户增加税收5758万元

年内，开发区地税分局新增企业总户数3660户，其中外资企业88户、内资企业3521户。新增户（包括新登记企业和转入企业）带动2016年税收增收5758万元。截至年底，开发区有正常户14895户，非正常户1362户。其中，正常户中内资企业1.33万户、占比约89.6%，外资企业876户、占比约5.8%，个体经营户557户、占比约3.7%。

（李春澍）

承接市地方税务局绩效考评指标47项

年内，开发区地税分局依据北京市地方税务局绩效考评指标47项，制定开发区地税分局考评指标，其中机关考评指标50项、税务所考评指标34项；制定完善《北京市地方税务局开发区分局组织绩效管理实施细则》《北京市地方税务开发区分局个人绩效管理实施细则》《北京市地方税务局开发区分局绩效考评结果运用办法（试行）》《北京市地方税务局开发区分局2016年组织绩效考评规则及考评指标》等规章制度，并严格依照执行。开发区地税局在北京地税系统年度绩效考核中获直属分局第一名。

（李春澍）

规范预算资金使用

年内，开发区地税分局在财务管理工作中贯彻《中华人民共和国会计法》和实施细则，执行《中华人民共和国预算法》和市财政局下达的预算批复，预算资金在使用上更加规范合理，提高了资金使用效率，完成个人所得税手续费返还1.98亿元，“三公”经费比2015年下降80%。

（李春澍）

税务执法监督工作

年内，开发区地税分局受理并办结行政复议申请1件，妥善化解行政争议；办理各类征求意见工作，协助办理政府信息公开案件，参与税务案件审理工作。注重发挥法律顾问事前防范法律风险、事中处理法律事务、事后参与法律救济的积极作用；全年完成6个部门涉及设备采购、宣传服务、劳务派遣、工程咨询等方面的22件送审合同审查，提出修改完善意见建议

70余条。完成开发区地税分局税务行政执法岗位目录的编制、系统录入和岗位人员关联等工作；指导督促有关部门执行新的税务行政处罚裁量基准；解答执法人员在操作金税三期系统行政处罚模块时出现的各类问题；通过开展税务行政处罚执法督察工作，纠正执法中存在的应罚不罚、未按裁量基准处罚等问题；结合绩效考核，对地税分局前10个月税务行政处罚进行系统分析，制发文件督促相关执法部门提高认识、加强管理。

（李春澍）

执法督察发现执法问题332个

年内，开发区地税分局开展税务行政处罚等4项重点督察项目，督察发现执法问题332个，其中含房产税疑点核查问题316个，全部完成整改，补缴税款520.85万元、滞纳金160.55万元。对税收执法督察中发现的问题，根据《北京市地方税务局税收行政执法过错责任追究暂行规定》第十四条第一项规定，分别给予东区税务所、隆庆街税务所和第一税务所限期整改的处理。

（李春澍）

落实“一岗双责”

年内，开发区地税分局落实“一岗双责”，逐级签订《党风廉政建设责任书》和各部门内部签订《廉洁自律承诺书》。以常态化落实《纪检监察部门落实党风廉政建设监督责任实施意见》内容，每月由1名局领导带队进行作风建设督察，对税容仪表、考勤、纳税服务等项目抽查，发现问题下发整改通知书，将督察结果与地税分局绩效考核结合，责任到科、室、所，追究到人。全年开展督察10次，发现问题七类60人次，将督察结果在开发区地税分局范围内进行通报并发出限期整改通知书6份。

（李春澍）

税收工作宣传

年内，开发区地税分局共撰写并向外推送各类宣传材料45篇。向《经济日报》等6家主流报刊媒体和北京电视台《税收天地》供稿并被采用12篇；7篇通讯被人民网等中央级网站刊发。编发专报8期、专刊83期，上报市地税局信息101篇。其中，74篇被国务院办公厅、国家税务总局、市地税局、市委、市政府采用，1期被市长批示，国务院办公厅信息专刊采用1篇、市政府专刊采用信息8篇。通过税收收入专报、国税专报、地税专报3个平台向开发区管委会领导上报11次专题报告，报告涉及税收收入情况、营改增工作、金税三期开展情况和企业专题调研情况。年内，开发区国税局接受各媒体宣传采访32次，其中包括《人民日报》《经济日报》《北京日报》《北京晚报》、北京电视台等主流媒体的采访6次。

（李春澍 薛新杰 王玮玮）

银　行

中国工商银行开发区支行

概况

2016年，中国工商银行股份有限公

司北京经济技术开发区支行（简称工商银行开发区支行）本外币全部存款时点余额272亿元，比2015年增加53亿元；本外币各项贷款时点余额176亿元，比2015年增加32亿元；拨备前利润6.5亿元，净利润5.5亿元。通过“网点+自助”的区域布局，实现区内金融服务全覆盖。截至年底，工商银行开发区支行个人客户总量40余万户，对公客户4000余家；累计开设10个营业网点和2家自助银行；投放智能机具26台，智能化网点达80%。

（周旭晖 刘园园）

承销首只集成电路产业短期融资券

4月，工商银行开发区支行完成重点客户30亿元熊猫债业务承销工作。此只熊猫债券在中国银行间债券市场发行，期限365天，票面利率2.99%，创造银行间债券市场一年期熊猫债票面价格最低纪录，是中国债券市场上发行的首只集成电路产业短期融资券熊猫债，也是在纽约证券交易所和香港证券交易所同时上市的境外非金融企业发行的首只短期融资券。

（周旭晖 刘园园）

与开发区管委会签署战略合作协议

年内，工商银行开发区支行联合开发区发改局推动落实中国工商银行股份有限公司北京市分行与开发区管委会签署“十三五”时期战略合作协议。工商银行北京分行向开发区基础设施及配套设施建设、产业投资、产业转型升级、特色园区建设、北京大兴国际机场临空经济区建设、重点企业改革和业务发展等项目建设和推进京津冀协同发展等领域提供不少于3000亿元的融资投放总量，其中有1000亿元的“京津冀开发区产业发展基金”与工商银行总行进行签署。为“十三五”期间加深与开发区政府、企业的合作，拓展京津冀区域市场奠定基础。

（周旭晖 刘园园 张蕾）

智能化网点建设

年内，工商银行开发区支行完成金地格林小镇网点支行、光机电网点支行和宏达北路网点支行3家网点的装修改造工作。金地格林小镇支行是开发区内第一家智能化网点。宏达北路支行是开发区内最大的智能化网点，配备20台自助设备（7台存取款一体机、4台智能终端、3台网吧机、3台智能打印机、2台产品领取机、1台融e联体验机）；实现网点Wi-Fi全覆盖，为客户体验网上银行、工银e支付等提供便利。

（周旭晖 刘园园）

中国工商银行股份有限公司北京经济技术开发区支行

党委书记兼支行行长 方 园（10月任）

任小克（4月免）

中国银行开发区支行

概况

2016年，中国银行股份有限公司北京经济技术开发区支行（简称中国银行开发区支行）本外币存款余额103.38亿元；实现拨备前利润2.03亿元，比2015年增长7.88%；实现中间业务净收入0.786亿元，比2015年增长55%。中国银行开发区支行通过传统授信投融通业务、黄金租赁、信托计划、产业基金等融资渠道，全年融资支持达66亿元。4月，中国银行开发区支行辖属网点旧宫支行开业。

（崔牧）

中小企业金融服务特色支行成立

12月21日，中国银行开发区支行辖属宏达北路中小企业金融服务特色支行正式挂牌成立。为中小企业客户提供不同的授信方案。中国银行开发区支行全年为75个中小客户累计发放授信127笔、3.34亿元。

（崔牧）

扩展提高辖属网点业务和质量

年内，中国银行开发区支行增设自助设备2台，累计63台；全年组织技能培训10次，优化业务流程等一系列措施提高服务质量，提升客户满意度。开展金融知识普及、防范电信诈骗、防范非法集资等宣传活动共5次，发放宣传资料千余份，受众遍及亦庄。4月，中国银行开发区支行辖属网点旧宫支行开业。

（崔牧）

中国银行股份有限公司北京经济技术开发区支行

行长 杨青梅

中国农业银行开发区支行

概况

2016年，中国农业银行股份有限公司北京经济技术开发区支行（简称农行开发区支行）本外币存款时点余额189.7亿元，较年初增加20.3亿元；日均存款余额182.2亿元，较年初增加14.1亿元。其中，储蓄存款时点较年初增加7.37亿元，日均较年初增加8.5亿元。实现中间业务收入1.19亿元，考核利润4.08亿元，农行开发区支行加强成本控制，实现费用下降449万元，较年初下降20.3%。年末不良贷款余额838.48万元，较年初下降749.76万元。不良率为0.19%，较年初下降0.06个百分点，剔除信用卡不良考核，不良率为0.03%，位列中国农业银行北京市分行第三名。在24家支行中，综合考核排名第九名。其中，风险管理考核在中国农业银行北京市分行排名第三名，内部控制评价由一级一类B升至一级一类A，客户建设排名第五名。

（朱燕群 靳子畅）

中国农业银行股份有限公司北京经济技术开发区支行

行长 余萱

中国建设建行开发区支行

概况

2016年，中国建设银行股份有限公司北京经济技术开发区支行（简称建行开发区支行）本外币全口径存款日均余额231亿元，其中人民币企业存款日均余额166.7亿元，本外币个人存款日均64.4亿元。在职人员195人，下设6个部室，8个营业网点。年内，建行开发区支行为北京经济技术投资开发总公司办理6亿元保函；发放非首都功能疏解贷款25亿元。建行开发区支行在北京市金融工会2016年度两模一优评选中获“先进职工之家”称号；建行开发区支行营业部获中国银行业协会“千佳示范单位”称号。

（黄永雷）

建立速通卡免费安装一站式体系

9月，建行开发区支行营业部和北环西路支行建立速通卡（ETC）免费安装一站式体系。截至年底，累计签约并安装速通卡（ETC）1211 人次，为开发区内居民提供便民服务。

（黄永雷）

开设住房公积金服务窗口

11 月 21 日，建行开发区支行在经海路支行开设首个公积金服务窗口，设置 4 个公积金办理专柜，提供除企业单位开户外的所有公积金业务。截至年底，累计办理公积金业务 813 笔。

（黄永雷）

中国建设银行股份有限公司北京经济技术开发区支行

行长 王 堃

交通银行开发区支行

概况

2016 年，交通银行股份有限公司北京经济技术开发区支行（简称交行开发区支行）以支持实体经济为核心，实现存款、利润稳健增长，保持资产质量基本稳定。本外币日均存款 64.4 亿元；对公新开户 255 户，对私中端客户净增 1785 户，贷记卡新增 1703 户。3 月，交行开发区支行辖属普惠网点旧宫支行开业。截至年底，交行开发区支行辖属 2 家综合性网点、2 家普惠型网点，职工 92 人。交行开发区支行营业室被评为全国“千佳”示范优质服务网点。

（张敏）

小微贷款余额净增 7974 万元

年内，交行开发区支行通过建立小微客户需求反馈通道，配合 POS 移动商户提供特别贷款、税融通、沃易贷等产品，开展小微企业无贷户挖潜营销工作，小微客户存量、新增客户数、小微贷款发放显著提升。截至年底，交行开发区支行小微贷款余额净增 7974 万元，小微贷款客户 13 户。

（张敏）

交通银行股份有限公司北京经济技术开发区支行

行长 杨 宇

华夏银行亦庄支行

概况

2016 年，华夏银行股份有限公司北京亦庄支行（简称华夏银行亦庄支行）坚持以利润为中心，突出改革创新、结构调整两个重点，强化风险管控、提升服务、队伍建设三个保障，营造“简单、务实、创新、进取”的企业文化氛围。年内，华夏银行亦庄支行各项指标均完成全年计划，其中利润指标较 2015 年增长 3 倍。作为开发区首家“ETC 一站式”服务网点，华夏银行亦庄支行累计发放速通卡（ETC）43724 张，ETC 客户成为华夏银行亦庄支行个人业务的重要支撑。华夏银行亦庄支行推出纯信用、无抵押无担保贷款产品“菁英贷”，满足客户的个人和家庭日常消费需求；华夏银行亦庄支行中小企业信贷部为小企业客户提供年审制贷款产品和网络贷系列产品。

（李菲）

推出流动资金贷款缓解小企业“转贷难”

年内，华夏银行亦庄支行中小企业信贷部打造小企业融资新通道，华夏银行小企业年审制贷款产品创新推出不超过 3 个融资时段的流动资金贷款，通过年审的客户无须签订新的借款合同即自动进入下一融资时段，有效缓解小企业短期还款压力，实现资金轻松周转。华夏银行网络贷系列产品向特定平台内的小企业客户在线发放、可循环使用、随借随还的流动资金贷款业务，为各类小型企业、微型企业、个体经营户提供了更灵活的融资服务。

（李菲）

华夏银行股份有限公司北京亦庄支行

行长 刘　皓（1月任）

孙国威（1月免）

中国邮政储蓄银行开发区支行

概况

2016年，中国邮政储蓄银行股份有限公司北京经济技术开发区支行（简称邮储银行开发区支行）时点余额2.90亿元，个人账户8061户；对公余额1.42亿元，公司余额较年初增加1.02亿元，公司账户95户。邮储银行开发区支行秉承“进步与您同步”宗旨，紧跟北京分行转型发展的要求，坚持以客户为中心的服务理念。提升服务意识，创收创效，邮储银行开发区支行肩负代发社会养老金的职责，服务周边社区居民，搭建便民服务平台，提供日常金融服务，开展普惠金融进万家活动。

（王振）

开展普惠金融进万家活动

年内，为推进普惠金融发展，提高金融服务的覆盖率、可得性和满意度，增强所有市场主体和广大人民群众对金融服务的获得感，邮储银行开发区支行与亦庄安全局携手开展反恐融资宣传，提升社区居民的金融安全意识，开展金融服务进社区活动，发放宣传品1000多份。

（王振）

推出4项新业务

年内，邮储银行开发区支行针对中小企业融资特点，提供金融服务方案，为易华录集团总公司授信6亿元。深化与园区内企业的业务合作，推广中国邮政储蓄银行“税贷通”“卡贷通”“优享贷”“优薪贷”产品。其中，“税贷通”“卡贷通”“优享贷”产品专为公务员、优质国企、事业单位的正式员工5人团办，互不承担连带责任；“优薪贷”产品专为在本行代发工资的客户设计的产品，手续简便，利率优惠。

（王振）

中国邮政储蓄银行股份有限公司

北京经济技术开发区支行

行长 徐国建

北京银行开发区管辖行

概况

2016年，北京银行股份有限公司经济技术开发区管辖行（简称北京银行开发区管辖行）本外币时点存款56亿元，公司和个人贷款20亿元，客户数量大幅增加，其中公司贷款客户69户。北京银行开发区管辖行下辖2个网点，分别为开发区支行和亦庄支行。北京银行开发区管辖行开展小微业务的营销和宣传，针对小微企业的特色推出创意贷、成长贷、软件贷、智权贷、订单贷、小微贷、节能贷等系列产品，为小微企业搭建更为便捷、全面的资本对接服务平台，同时发展国际业务、境内外保函、信用证融资和券商债券投资等业务。年内，北京银行开发区管辖行发放总贷子用贷款4户，其中开发区内企业3户。

（王迪）

投贷联动业务落地

年内，北京银行开发区管辖行与开发区内1家企业签订框架式认股权贷款项目建议书，授信与股权绑定增加客户黏性，满足客户多层次需求，是北京银行业务模式的重大创新与突破，提升科技金融市场地位和品牌领导力，丰富综合金融服务的产品组合。投贷联动业务核心为贷款与股权投资的互相促进，以贷款为股权投资创造有利的入股价格和入股时机，股权投资以获取的超额收益反哺贷款，提高贷款的风险、收益匹配度，贷款和股权投资以资金投入和金融服务形式提升了企业运营质量，降低贷款不良率和投资风险，形成以贷带股，以股促贷，互相促进，良性互动的业务联动模式。

（王迪）

网速贷产品落地

年内，北京银行开发区管辖行发放网速贷2户，其中开发区内企业1户。网速贷即企（事）业法人或国家规定可以作为借款人的其他组织开立账户、开通企业网银功能并获批综合授信额度、完成合同签署等工作后，融资申请人即可自主在网银端发起网速贷融资申请，自主确定融资金额，从融资申请提出到融资款项入账、还款等全流程自动化处理，无需再次审核，无须人工处理，系统自动完成条件校验、放款、记账等操作。网速贷满足借款人日常生产经营周转的人民币贷款需求。

（王迪）

北京银行股份有限公司经济技术开发区管辖行

行长 贾 梅

北京农商银行开发区支行

概况

2016年，北京农村商业银行股份有限公司经济技术开发区支行（简称北京农商银行开发区支行）以“规模、结构、质量、效益”协调发展为目标，不断提升经营质效和风险抵御能力，推动各项业务发展。截至年底，存款余额115.45亿元，贷款余额43.09亿元，客观经济利润9310.59万元。7月18日，北京农商银行开发区支行迁至北京经济技术开发区荣华南路10号院2号楼。8月8日，北京农商银行开发区支行营业部迁至北京经济技术开发区荣华南路10号院3号楼并对外营业。10月28日，北京农商银行瀛祥路分理处开业。截至年底，北京农商银行开发区支行累计有8个综合化营业网点、2个储蓄网点和1家社区银行。

（王华伟）

支持开发区重点项目建设

年内，北京农商银行开发区支行加大对区内重点项目的资金支持力度。为北京汇瀛恒业有限公司提供20亿元授信额度，支持瀛海镇集体经营性建设用地入市项目；为北京亦庄盛元投资开发有限公司提供14.8亿元授信额度，支持开发区路东区

A18C-2 地块一期商务综合体项目开发建设，发放贷款 8706 万元；支持区内重点企业发展，为中铁十九局集团有限公司提供流动资金授信 8 亿元，发放贷款 4 亿元；以法人授信业务、个人经营贷款业务，支持区内中小企业发展，全年投放小微法人贷款 1000 万元、个人经营贷款 1705 万元。

（张琳）

代理机关事业养老保险业务

年内，北京农商银行竞标代理机关事业单位养老保险业务，成为机关事业单位养老保险业务的唯一结算银行。北京农商银行开发区支行秉承“社保业务无小事”的原则，责成专人对接开发区社保业务。截至年底，办理业务总金额达 1345 万元。

（张琳）

推进北京通—养老助残卡项目

年内，北京农商银行开发区支行通过提前确定行内各级对接责任人、与各街道做好前期沟通等措施，推进养老助残项目，为 65 岁以上老年人办理集养老服务补贴账户、金融借记卡账户、电子现金账户、市政交通一卡通应用等多种功能于一体的“北京通—养老助残卡”业务。截至年底，发放 65 岁以上养老助残卡 7547 张、80 岁以上养老助残卡 139 张。

（王昕）

开展“六进”活动 133 场

年内，北京农商银行开发区支行开展“六进”（进机关、进企业、进社区、进园区、进超市、进市场）活动 133 场。其中，打击非法集资专题宣传活动 12 场，反假币和防电信诈骗等金融知识宣传活动 29 场，储蓄存款、金色时光、理性理财等宣传活动 92 场。

（王昕）

建设运营贵宾理财中心

年内，北京农商银行开发区支行将太和分理处建设成支行第一家贵宾理财中心，搭建高端客户服务平台，提升高净值客户财富管理专业服务水平，举办政策咨询、理财沙龙、知识讲座等贵宾客户活动 12 次，其中沙龙活动 4 场、知识讲座 8 次。

（王昕）

推出“金色时光悠享系列”新产品

年内，北京农商银行开发区支行推出“金色时光悠享系列”创新产品，推广养老金融服务，搭建养老金融服务体系。“金色时光悠享系列”创新产品是为 50 岁以上的中老年客户提供的专属储蓄增值系列产品，满足中老年客户注重存款安全保值、收益稳定、资金使用灵活等金融需求。截至年底，北京农商银行开发区支行“金色时光”产品签约 1872 户，签约账户内储蓄余额 1.85 亿元。

（王昕）

推出“京津冀农银通卡”产品

年内，北京农商银行开发区支行与天津农商银行、河北省农村信用社和农信银资金清算中心推出京津冀农银通卡，实现三地个人客户资金的跨区域、无成本、便捷化流通。京津冀农银通卡，满足了京津冀三地居民跨地区的多层次金融需求，截至年底，北京农商银行开发区支行发行京津冀农银通卡 1425 张。

（王昕）

新增燃气 CPU 卡充值业务

年内，北京农商银行开发区支行正式

开通燃气CPU卡充值业务，成为北京地区除建设银行外，第二家代理燃气CPU卡充值业务的商业银行。客户可持北京市燃气集团的CPU卡到北京农商银行任意一家营业网点或任意一台自助终端办理充值、补气等相关业务。北京农商银行开发区支行有10家营业网点和一家社区银行，拓宽了用户购气渠道，为百姓生活增添更多便利。截至年底，北京农商银行开发区支行办理燃气卡充值金额达5万余元。

（王昕）

北京农村商业银行股份有限公司
经济技术开发区支行
行长 刘 勇

浦发银行开发区支行

概况

2016年，上海浦东发展银行股份有限公司北京经济技术开发区支行（简称浦发银行开发区支行）存款余额74亿元；贷款余额15亿元。办理“房抵快贷”金额5979万元。办理“精英贷”授信额度3亿元。

（李华）

办理外保内贷11笔

年内，浦发银行开发区支行拓展跨境资金池、自贸区账户、香港离岸账户等跨境业务，形成区域独具竞争优势的产品。跨境业务应用于开发区内大型目标客户的营销并取得成效，A客户在浦发香港分行开立账户，B客户在浦发总行开立离岸账户，带动离岸存款、内保外贷业务的开展，C客户离岸账户存款4600万美元、港币2.18亿元，C客户香港分行账户人民币存款2.14亿元，C客户上海自贸区账户5亿元理财；D客户离岸存款4.3亿港币、600万美元，办理外保内贷11笔5.06亿元。

（李华）

办理中国银联代付项目交易额699亿元

年内，浦发银行开发区支行作为中国大陆第一家中国银联清结算账户开户行，对接中国银联全渠道代理付款业务，交易金额699亿元，该项目推动存款沉淀吸收，日均存款3.3亿元。

（李华）

上海浦东发展银行股份有限公司
北京经济技术开发区支行
行长 王 宁

兴业银行开发区支行

概况

2016年，兴业银行股份有限公司北京经济技术开发区支行（简称兴业银行开发区支行）于对公存款余额145.6亿元；对公存款日均148.8亿元，同业财务公司存款余额14.79亿元，日均5.22亿元。储蓄存款余额13.61亿元，较年初增加0.25亿元，日均存款13.2亿元，较年初减少1.27亿元。财富类金融资产日均72.9亿元，较年初增加3.5亿元，个人贷款余额40万元，较年初增加24万元。贷款余额110亿元。开展2项重大项目建设，累计资金达到27.2亿元。自2015年5月兴业银行开发区支行开始管辖兴业银行北京开发区支行营业部、兴业银行北京大兴支行、兴业银行北京大兴瀛海支行、兴业银行北京房山支行。

（刘妮）

兴业银行股份有限公司北京经济技术开发区支行
行长 张春明

东亚银行开发区支行

概况

2016年，东亚银行（中国）有限公司北京经济技术开发区支行（简称东亚银行开发区支行）时点总存款金额12.67亿元，总贷款金额6.62亿元。有公私账户1336个，其中987个账户开通网银功能。公司账户57个，其中人民币账户51个、外币账户6个；有39个公司账户开通网银。截至年底，东亚银行开发区支行对公业务存款余额10.92亿元。公司业务贷款余额4.46亿元。有个人账户1285个，其中人民币账户1278个、外币账户7个、显卓账户61个；948个账户开通网银。个人存款余额1.75亿元，个人贷款余额2.16万元。推广“开心游”“留学通”“两地一本通”“移民通”“高端医疗”“个人车位按揭贷款”等金融产品。

（孟超）

东亚银行（中国）有限公司北京经济技术开发区支行
行长 纪志伟（8月任）
郑文鑫（8月免）

招商银行北京亦庄支行

概况

2016年，招商银行股份有限公司北京亦庄支行（简称招商银行北京亦庄支行）有员工56人，下辖亦庄文化园支行和旧宫东路支行2家零售专业网点。个人客户56271户，公司客户数累计3881家，管理客户资产90.41亿元，零售核心资产70.41亿元，储蓄存款15.89亿元，新开企业客户数1439个，使用对公产品13933个。年内，招商银行北京亦庄支行配合开展由大兴区金融办主办的“新区2016年金融安全巡展”活动。

（李靖宇）

推出中小微企业金融产品

年内，招商银行北京亦庄支行推出“银担通”“选择权”“股权直投”“千鹰展翼”等中小微企业融资产品，帮助区域内中小微企业融资，解决中小微企业融资难问题。为中小微企业提供优质的结算服务，降低企业结算和开户成本。截至年底，招商银行北京亦庄支行累计有对公户3881家，其中绝大部分为开发区内中小微企业。

（李靖宇）

为300余家企业提供代发薪资服务

年内，招商银行北京亦庄支行打造以个人理财服务、信用卡服务和特约商户优惠为主的“小招亦生活”个人金融服务品牌。面向开发区内的企业推出完全免费的“薪资代发”业务。截至年底，为300余家企业提供代发薪资服务，惠及客户1万余人，累计代发金额超过4亿元。

（李靖宇）

开展金融咨询服务

年内，招商银行北京亦庄支行与开发区发改局合作，由支行行长带领骨干客户经理参与由开发区发改局主办的走进北工大软件园、大族企业湾等开发区内各大科技园区，与园区内高新技术企业座谈，了解企业在融资方面的困难，并委派专人与企业现场对接，提供专业指导，帮助企业解决融资困难。截至年底，与辖区内 9 家小微企业建立合作关系，发放贷款 3800 万元。

（李靖宇）

招商银行股份有限公司北京亦庄支行

行长 文 涛

证 券

国泰君安证券北京亦庄营业部

概况

2016 年，国泰君安证券股份有限公司北京亦庄宏达北路证券营业部（简称国泰君安北京亦庄营业部）以专业服务促进客户向财富管理转型，通过首次公开募股辅导、新三板挂牌、债券发行、定向增发和股权质押等综合金融服务，助力开发区企业通过资本市场做强做大。4 月，国泰君安北京亦庄营业部助力新三板挂牌企业易康云（北京）健康科技股份有限公司完成 5000 万定向增发融资。7 月，国泰君安北京亦庄营业部承揽的北京亦庄国际投资发展有限公司 75 亿公司债顺利签约。年内，国泰君安北京亦庄营业部君弘财富俱乐部举办 50 余次投资者教育沙龙活动、1 次高端客户投资报告会，共 1500 人次参加。举办 2 次高端客户会员活动，提供投资理财之外的增值服务，300 人次参加。

（邢雷）

国泰君安证券股份有限公司

北京亦庄宏达北路证券营业部

总经理 张国伟

社会发展

综 述

2016年，开发区落实促进就业责任、做好社会保障服务，为加快转型创新、推动协同开放、深化改革攻坚、实现生态宜居提供人力资源支撑与保障。推进北京市各项社会保险政策的落地执行，推进机关事业单位养老保险制度并轨，全年5项社会保险基金征缴总额69.04亿元，支付总额11.12亿元，为全市贡献基金结余57.91亿元。

开发区聚焦企业、居民和高端人才需求，优化教育卫生资源供给。北京十一学校亦庄实验中学、耀中国际学校、爱乐恩幼儿园开学。扶持学校特色教育项目18个，拨付资金348.04万元；支持十一学校亦庄分校实施教改，实现教育资源利用最大化；支持电子科技职业学院建立校企人才供需平台，提供定制式应用人才培训，为“高精尖”企业、高层次人才提供服务。同仁医院二期工程开工建设，国家康复医院二期完成设计方案，东方医院南院区完成改造升级；完善医疗应急救援体系。坚持职住平衡发展，已建成包括蓝领公寓、白领公寓、人才公租房、自住型商品房和普通商品房5个层次的多种类住房保障体系，累计提供保障性住房2.6万套（间），面积160万平方米，解决8.6万人居住。健全全民健身公共服务体系，编制《开发区全民健身实施计划（2016—2020年）》；完成开发区体育中心升级改造工程。夯实群众文化工作基础，持续扶持13家文体基地、34支群众性文化团队开展活动。第九届文化艺术节举办系列活动百余场，20万余名职工居民参与。

年内，开发区实现吸纳大兴区劳动力4623人，其中榆垡户籍劳动力451人，礼贤户籍劳动力254人。全年举办各类招聘会116场。落实岗位补贴、劳务派遣补贴、班车补贴等就业专项资金2423万元；落实北京市稳定就业岗位补贴3797万元。大兴区继续发挥社会管理和公共服务优势，在教育、卫生和社会治理等方面为开发区提供保障。开发区加快构建与周边镇街一体化发展机制，在产业带动、劳动力就业等方面发挥辐射带动作用。人均劳产率38万元/人，是全市的2倍。

（王倩倩 熊筱湘 刘芳）

社会保障

社会保险

概况

2016年，北京经济技术开发区人事劳动和社会保障局（简称开发区人劳局）推进北京市各项社会保险政策的落地执行，不断提高管理服务水平，切实维护群众切身利益。在政策落实方面，推进机关事业单位养老保险制度并轨，拟定《开发区机关事业单位养老保险制度改革工作方案》，106名退休人员和586名机关事业单位人员全部进入养老保险数据库。7月，退休人员的退休费由养老保险基金发放，在职人员开始缴纳养老保险费。在经办服务方面，通过完善网上申报业务、推广银行缴费、业务下沉社保所等多种措施提高基金收支管理水平，落实各项社保待遇调整，做好养老保险待遇核准、保险补缴、工伤认定、劳动能力鉴定等专项工作。在基金安全方面，加大基金征缴稽核力度，开展社保基金和其他重大专项资金使用情况专项检查，确保各项基金应收尽收。截至年底，开发区有参保单位7111家、缴费单位6940家，比2015年分别增长21.83%和21.9%；参保人数39.18万人、缴费人数23.55万人，比2015年分别增长2.7%和10.93%。5项社会保险基金征缴总额69.04亿元、支付总额11.12亿元，比2015年分别增长16.21%和24.32%；为全市贡献基金结余57.91亿元，比2015年增长14.77%。年内，开发区社保中心为5738名退休人员调整养老保险待遇。调整后，开发区退休养老保险金人均上涨238元，全区人均养老金3660.25元。

（王倩倩 李甜 梅晓丹）

编制五险基金收支预算

年初，开发区社保中心多次召开专题研讨会，根据历年收支情况和开发区区域经济发展趋势，确定2016年五险收、支预算指标。其中，五险收入64.75亿元，比2015年增长8.99%；五险支付12.6亿元，比2015年增长40.86%。截至年底，开发区五险基金总收入69.04亿元，预算指标完成率106.91%，五险基金总支出

2016年社保基金收、支、余额一览表

单位：万元

险　种	收缴金额	同比增幅	支付金额	同比增幅	结余金额	同比增幅
养老保险	439224.93	15.75%	32684.93	18.48%	406540	15.54%
失业保险	16410.14	5.75%	7623.06	721.91%	8787.08	−39.78%
工伤保险	9420.84	0.08%	3265.33	3.40%	6155.51	−1.60%
生育保险	13955.75	18.96%	12780.85	6.63%	1174.9	−559.88%
医疗保险	211365.58	18.76%	54880.57	19.78%	156485.01	18.40%
合　计	690377.24	59.30%	111234.74	24.32%	579142.5	14.77%

11.12亿元，预算指标完成率88.22%。

（李甜）

多项社保费率下调

2月，开发区社保中心根据市社保中心下发的《关于调整北京市工商保险费率政策的通知》和《关于阶段性降低本市社会保险费率的通知》，开展各项社会保险费率下调工作，通过短线、网站、电话及QQ群多种途径发布通知，筛选出2000余家需要重新核定工伤保险费率的单位，完成新的工伤保险费率的核定工作。5月，养老、失业保险缴费费率下调完成，养老保险缴费比例由原来的28%调整为27%，单位缴费由原来的20%调整为19%，个人缴费不作调整；失业保险缴费比例由原来的1.2%调整为1%，单位缴费由原来的1%调整为0.8%，个人缴费不作调整。该调整涉及参保单位6000余家。7月，所有单位按照新的工伤费率标准进行缴费。同时，按照政策要求将单位于2015年10月至2016年6月期间多缴纳的工伤保险费用与之后月份应缴工伤保险费用进行抵充。

（李琳）

基本医疗手工报销费实现对个人支付

4月，开发区社保中心按照市社保中心、市医保中心开展“升级医疗系统个人账户资金发放及增扩药费报销功能工作”要求布置工作，安排工作进度；审核结算部在规定时间完成医保审核系统手工报销在途数据清理；审核系统新版本上线后迅速调试、熟悉，确保4月28日正常开展医保费用审核。5月，基本医疗保险手工报销费用正式统一由社保支付个人，不再由单位代支。截至年底，开发区社保中心基金累计支付个人588人次，涉及金额233.13万元。

（王莎莎）

落实生育保险政策调整工作

6月，开发区社保中心相关业务部门认真学习、研究北京市人力资源、北京市卫生和计划生育委员会联合颁发的《关于调整本市职工生育保险相关政策的通知》和北京市医疗保险事务管理中心《关于做好本市生育保险医疗费用报销有关问题的通知》等有关政策，通过窗口张贴材料样本、网上公布文件等途径及时将新政策告知辖区内参保单位，进行政策宣传。6月，开发区社保中心按新规接收生育保险医疗费用申报材料。对于审核结算部，该政策调整改动点主要是：定点医疗机构、参保单位申报生育医疗费用提供材料增加《北京市生育登记服务单》（复印件）、《北京市再生育确认服务单》（复印件）、《北京市流动人口生育登记服务单》（复印件）、《北京市流动人口再生育确认服务单》（复印件）等证明材料。截至年底，开发区社保中心累计支付生育手工报销医疗费用4371人次，涉及金额659.68万元。

（王莎莎）

开展特种病备案流程调整工作

10月，开发区社保中心审核结算部按照北京市医疗保险事务管理中心颁发的《关于调整北京市基本医疗保险特殊病种备案流程有关问题的通知》的要求，对辖区内定点医疗机构进行政策宣讲、业务培训。11月，开发区社保中心按新调整的备案流程开展特病审批工作。基本医疗保险特殊病种备案流程正式“由医疗保险经办机构审批调整为在选定的定点医疗机构进行备案”，实现群众办事环节和手续的合理简化，进一步优化社保中心服务水平。

（王莎莎）

社保中心更名

11月26日，开发区社保中心根据2015年9月8日开发区工委印发的《中共北京市委经济技术开发区工作委员会关于成立北京经济技术开发区社会保险事业管理中心的通知》（京开党〔2015〕28号）精神，完成北京经济技术开发区社会保险事业管理中心挂牌。该中心在整合北京经济技术开发区社会保险基金管理中心、北京经济技术开发区医疗保险实务管理中心职能的基础上设立，中心为开发区人劳局所属相当副处级财政补助事业单位，编制43人，主要职责是负责开发区社会保险基金管理工作，经办社会保险实务，为参保人员提供政策咨询、权益记录查询和其他社会保险服务；负责城市职工居民医疗保险、工伤保险、生育保险、离休统筹等不同险种人员医疗费用的审核管理工作，对定点医疗机构和零售药店进行协议管理。同时，撤销北京经济技术开发区社会保险基金管理中心、北京经济技术开发区医疗保险事务管理中心。

（李甜）

社保中心服务大厅改造

12月，开发区社保中心继续推广落实完善标准化工作。聘请专业广告公司，完成了对社保中心服务大厅形象墙和办公柜台的改造，实现服务环境的整体统一，强化视觉识别标准的效果，提升社保服务形象。

（李甜）

稽核受理案件208起

截至年底，开发区社保中心受理稽核案件208起，涉及员工4.95万人，补缴社会保险费540.37万元，其中日常稽核涉及员工4.21万人，完成市中心下达全年任务指标的102.5%；全年催缴欠费单位599家，未足额缴纳单位欠费金额530.05万元，累计收回社会保险欠费439.94万元。催欠到账率84%。

（李甜）

完成内控检查6.52万笔

截至年底，开发区社保中心完成12次日常内控检查和4次专项内控检查，检查业务数量6.52万笔，占检查项目当期业务发生量的60.13%；检查中发现问题364笔，发现问题率0.56%。

（李甜）

三险报销医疗费3605.2万元

截至年底，开发区社保中心完成基本医疗、工伤和生育累计报销医药费8.41万人次，比2015年增加2.68万人次，增幅46.86%；累计支付金额3605.2万元，比2015年增加709.3万元，增幅24.49%；全年先后9次集中对离退休人员、工伤人员、失业人员、生育人员和无保障老年居民的社会保险待遇进行调整，调整补支金额共计2351.94万元，已全部及时准确发放到待遇人员手中，无错支、漏支问题。

（李甜）

受理工伤认定案件525起

年内，开发区社保中心受理工伤案件525起，比2015年下降7.1%。其中，因工死亡案件18起，包括突发疾病死亡9

起、交通事故死亡8起、工作原因死亡1起。未发生行政复议和行政诉讼。工伤康复34人，完成市局工伤康复指标116%。2016年前新开工项目参加工伤保险率为100%，2016年后新开工项目参加工伤保险率为100%。

（许大川）

劳动就业

概况

2016年，开发区人劳局加强岗位采集和动态监测，掌握人力资源供求市场形势，挖掘新增就业岗位。为两区劳动力提供就业岗位5.1万个，开展日常招聘会85场，乡镇专场招聘会13场，其中包括新机场建设地区专场招聘会6场，吸纳大兴区劳动力4623人。支持机场建设，稳定就业岗位，持续提升两区劳动力就业便利。落实岗位补贴、劳务派遣补贴、班车补贴等就业专项资金2344万元；落实北京市稳定就业岗位补贴3798万元。鼓励企业开发就业岗位、劳务派遣单位招用劳动力、失业人员自谋职业、符合条件的镇街和企业开通就业班车，着力改善劳动力转移就业环境，直接稳定近2200名两区劳动力长期在开发区就业，支持8个镇街开通直达开发区的免费就业班车45辆。加强公共就业服务机构建设，规范人力资源市场秩序和职业中介行为，多渠道解决企业所需劳动力来源问题，通过公共就业服务机构帮助591名北京市其他区县劳动力，3861名外省市劳动力进入企业工作。为35家企业办理劳务派遣许可证，开发区内获得劳务派遣行政许可的企业总数达到94家。加强职业技能培训工作，提高企业员工技能水平。发挥职业技能培训补贴的政策导向作用，统筹政府、院校、企业的培训资源，加快提升开发区内从业人员职业技能水平，组织轮训已实现就业的两区劳动力，落实职业技能补贴277万元，带动组织各类职业技能培训122期，新增3199人取得国家职业资格证书。通过劳动用工备案工作及时掌握企业、行业的劳动合同签订情况、薪酬福利水平、岗位资源等信息，推进创建和谐劳动关系企业（园区）工作，组织开发区内400多家企业进行法规政策培训，帮助企业完成相关劳动制度的修改，规范企业用工行为。加大劳动保障维权执法力度，全力防控矛盾纠纷。开展针对工资支付、劳动合同的签订、社会保险缴纳等方面的执法检查活动，紧密跟踪兼并重组、调整转型、升级改造、搬迁改制及淘汰落后产业企业的职工分流进程，受理投诉举报案件281件，为劳动者追讨工资588万元。完善纠纷调处机制，按照“关口前移、重心下沉”原则引导企业内部建立协商调解机制，深入园区企业开展“流动庭审”，面向社会招录兼职仲裁员充实办案力量，受理各类劳动争议仲裁案件1436件，案件结案率达到90%以上，为两区实现各项经济社会发展目标营造了和谐稳定的劳动关系氛围。

（王倩倩）

年度首场招聘会求职人数破千

2月，开发区人劳局组织召开2016年首场招聘会。北京和利时电子科技有限公司、北京同仁物业管理有限公司等18家企业参加，现场提供各类就业岗位500

余个。从岗位层次看，包括专业技能人员、管理人员、服务员、作业员、文员、销售等；从产业结构看，500 余岗位中，从事服务业的岗位占到 60%。经统计，招聘会有 1094 人前来求职，其中北京市劳动力 220 人，占比 20%，初步达成就业意向 265 人。

（王倩倩）

“春风行动”专项活动

2 月 14 日至 3 月 28 日，开发区开展以“搭建供需平台、促进转移就业”为主题的“春风行动”就业专项活动。开发区人劳局、人才职介中心、劳动监察大队、工会帮扶中心等职能部门联合成立专项活动领导小组。活动期间，举办各类专场招聘会 7 场，为 141 人提供职业技能培训，发放春风卡、求职地图等 5200 份，提供免费职业介绍服务 8479 人次，达成初步就业意向 2257 人次，本地企业吸纳农村劳动者就业 480 人。较好地满足了春节后企业的用工需要和求职人员的就业需求。

（王艳艳）

获北京市稳岗补贴 3797 万元

5 月 4 日至 6 月 17 日，开发区人劳局受理开发区内 458 家单位申请“2015 年度稳定就业岗位补贴”。截至 10 月底，456 家单位通过市人力社保局审批成功申请稳岗补贴，涉及补贴资金达 3797 万元。比 2015 年新增成功享受补贴企业 147 家，审批资金总额增加 1335 万元。

（陈果）

劳动争议仲裁庭开进园区

5 月 17 日，开发区劳动争议仲裁委员会首次将仲裁庭开进园区，在嘉捷科技园开展了流动便民公开庭活动，园区内 100 多家不同企业的相关负责人、工会人员和职工约 500 人到场旁听。11 月 1 日，在锋创科技园开展流动便民公开庭活动，参加人数近百人。开发区劳动争议仲裁委员通过仲裁庭进园区的方式发挥仲裁教育导向作用，引导劳动者合法维权，帮助企业完善管理和提升抗风险能力，促进劳动关系和谐稳定发展。

（王雪）

吸纳大兴区劳动力 4623 名

年内，开发区人劳局多措并举，延续往年成功做法，宣传人劳局就业班车和岗位补贴政策；对接镇街组织劳动力到开发区参加日常招聘与定期组织区内优质企业到镇街招聘结合；配合大兴新机场建设工作重点，着力解决榆垡和礼贤两个机场拆迁镇劳动力转移安置难题，确保被征地农民就业与城乡一体化建设同步推进。全年组织 71 家企业携 1685 余个岗位赴镇街举办 12 场专场招聘会，吸纳大兴区劳动力 4623 人在开发区企业就业，超额完成年度指标。

（王宁）

组织校园招聘 19 场

年内，开发区人才职介中心组织企业参加市人才组织的公共人才职介机构进校园系列活动，率领开发区内 17 家次企业赴中国人民大学、北方工业大学等 5 所北京院校招聘，提供岗位 335 个，达成就业意向 74 人。优化陕西、天津、东北、北京 4 条招聘线路，组织校园招聘 19 场，参会企业 158 家次，提供职位近 6915 个，参会高校毕业生 7300 人次，达成意向 861

人次，为两区产业发展储备“高精尖”人才提供优质平台。

（王宁）

举办各类招聘会 116 场

年内，开发区人劳局完成春风行动、民营企业招聘月等就业专项活动20余项。全年举办各类招聘会 116 场，接待招聘企业 1836 家次，提供岗位 1.37 万个，推荐 3.42 万人次、8522 人成功就业，有效缓解开发区内企业对各层次人才的配置需求。

（王宁）

完成 1592 家单位和个人存档 2.94 万份

年内，开发区人才职介中心及时调整、发布人事档案管理相关业务办理规定和流程，重点解决人事档案疑难问题；采取分企到人、专人负责的管理模式，设置企业档案审核专场。截至年底，人才职介中心托管 1592 家企业和个人档案 2.94 万份，比 2015 年增长 2.5%，办理档案调入调出 5760 份，办理失业 58 人，代缴社会保险 462 人，用人单位新开设存档户近 190 家，单位增量是 2015 年的 1.4 倍。

（杨晓燕）

管理集体户口 1587 人

年内，开发区人才职介中心按照集体户口管理新政策相关要求，更新和调整出国留学人员、子女随迁、应届毕业生落户等业务规范和办事流程。针对落户人员大量增加的情况，采取落户预约机制，材料合格人员现场登记办理预约落户，确保落户工作有序开展。截至年底，管理集体户口 1587 人。

（宋雪妹）

提供免费就业培训服务

年内，开发区人劳局通过与北京电子科技职业院校和北京新媒体技术学院建立长期合作关系，为 1567 名大兴区劳动力提供免费的岗前职业技能、职业技能基础、职业技能取证等培训，涉及促进职业能力教育补贴经费 47 万元。

（陈果）

落实促进就业补贴资金 2423 万元

年内，开发区人劳局落实岗位补贴、劳务派遣补贴、班车补贴、培训补贴 4 项就业补贴 2423 万元。90 家企业享受岗位补贴 600 万元；6 家派遣企业享受派遣补贴 165 万元；投入班车补贴 1383 万元，支持大兴区 8 个镇开通到开发区的就业班车 45 辆，惠及 2250 名当地老百姓；20 家企业享受培训补贴 275 万元，培养技能人才 3121 人。

（陈果）

评选和谐劳动关系先进单位及先进个人

年内，开发区首次启动区域和谐劳动关系创建活动。经基层推荐，开发区协调劳动关系三方领导小组联席会议审议，授予北京奔驰汽车有限公司等 10 家单位“北京经济技术开发区构建和谐劳动关系先进单位”称号。授予中金数据系统有限公司王雨霞等 10 人“北京经济技术开发区构建和谐劳动关系先进个人”称号，并于 12 月 19 日进行表彰。

（孔繁秀）

制定劳动争议仲裁员行为规范

年内，开发区创新发展进入新常态，劳动关系主体及其利益诉求日益多元化，劳动争议仲裁案件多发。开发区人劳局结合劳动争议仲裁工作实际，参考法官行为规范和职业道德准则，在全市率先制定《劳动争议仲裁员行为规范与道德准则》（以下简称《规范》）。《规范》共 31 条，细化“公平正义、高效办案、勤政廉洁、严守纪律、加强修养、接受监督”等职业道德，规范劳动争议仲裁员的行为，同时，主动引入外部监督机制。全年劳动争议仲裁结案率为 91.01%，其中调解率为 46.1%。

（王倩倩）

推行工资集体协商制度

年内，开发区劳动监察大队会同开发区总工会逐步推进开发区内企业民主管理制度建设，实现工资集体协商和集体合同签订双破百。通过走访、座谈等多种形式，全年累计帮助 100 家较大规模的企业建立工资集体协商制度，签订集体合同，帮助新入驻企业完成相关劳动制度的修改，规范其用工行为，加强企业的依法用工意识。

（范晓萌）

受理投诉举报案件 281 件

年内，开发区劳动监察大队受理投诉、举报案件 281 件，全年受理案件数同比上升 32%。为劳动者追讨工资 189 万元，法定期限内结案率 100%；及时处理各种突发群体事件 14 起，涉及人数 297 人，涉及金额 399 万元；解决因企业合并、重组、关厂、转移等情况引发的 12 起劳资纠纷，涉及人数 1000 余人。

（范晓萌）

受理建筑工地欠薪投诉案件 22 件

年内，开发区全年开展两次重点区域、重点工程的工资支付情况联合执法检查，检查用人单位 50 家，涉及劳动者 4000 余人。摸排矛盾纠纷 10 起，现场成功调解 10 起，及时消除欠薪隐患，开展案后回访。受理建筑工地欠薪投诉案件 22 件，结案率达到 100%，为 50 人次追讨工资 99 余万元。处理 10 人以上群体性突发性讨薪 14 起，涉及工人 297 名，涉及金额 399 万元。建筑施工企业群体突发事件相比 2015 年同期下降 50%。

（范晓萌）

出证审查 101 家用人单位

年内，开发区劳动监察大队为 101 家用人单位完成上市、融资、评优或投标前的出证审查工作。将出证办理期限由文件规定的 10 个工作日，缩短到平均 5 个工作日，加快受理、审查、报批速度，为企业的发展提供优质、高效、便捷的服务。

（范晓萌）

受理劳动能力鉴定申请 367 人

年内，开发区劳动能力鉴定中心正式受理劳动能力鉴定申请 367 人，其中工伤鉴定申请 359 人、因病鉴定申请 8 人。工伤鉴定中 1~4 级 6 人、5~6 级 2 人、7~10 级 285 人，致残率为 84%。组织开展包括工伤评残、延长停工留薪期确认、配置辅助器具确认、因病提前退休劳动能力鉴定等多项劳动能力鉴定工作 43 场。工伤劳动能力鉴定按类型划分：工伤评残 349 人、配置辅助器具 8 人、延长停工留薪期 2 人。因病鉴定指导性指标执行情况为指导性指标人数 50 人，已鉴定 8 人，指标结余 42 人。截至年底，中心完成全市首个“劳动能力鉴定综合管理平台”系统的创建工作。

（高攀）

教 育

综合管理

概况

2016 年，北京经济技术开发区社会发展局（简称开发区社发局）以适度超前与科学合理并重为原则，加快教育基础设施布局，开展教育扶持与奖励项目，落实名校办分校，推动幼儿园及中小学的建设和发展。3 月 1 日，建设规模为 18 个班的北京中芯南海子幼儿园开园，新增学位 120 个。9 月 1 日，建设规模为 9 个班的北京市大兴区爱乐恩幼儿园开园，新增学位 145 个；建设规模 84 个班、占地规模 100 公顷的北京亦庄实验中学开学，新增学位 267 个。开发区管委会领导确定建设规模 81 个班的 X39 地块十二年建制学校和 X88 地块幼儿园的概念设计方案；初步确定建设规模 69 个班的 E13 地块学校的设计方案。扶持学校特色教育项目 18 个，拨付资金 348.04 万元，比 2015 年增长 24.61%。

（熊筱湘）

开展校园安全联合检查

1 月 8 日起，开发区社发局向辖区内的学校、幼儿园发放《北京经济技术开发区社会发展局关于印发社会发展局 2016 年元旦春节烟花爆竹安全管理工作方案的通知》，与各学校、幼儿园签署《重点地区烟花爆竹安全管理工作责任明确书》，要求各单位开展宣传教育、隐患排查、维护烟花燃放秩序、加强禁放区域的看护、加强消防应急处置等工作。2 月 18 日—19 日，8 月 22 日—23 日，开发区社会发展局与开发区消防支队、公安分局、交通大队、市食药监管局开发区分局、荣华街道办事处和博兴街道办事处组成联合检查组，对开发区内的学校、幼儿园进行校园安全联合检查，开展校园消防安全、交通安全和食品安全宣传工作，确保开发区内校园安全。

（熊筱湘）

联手国家安全局送安全知识进校园

4 月 12 日，开发区社发局和开发区国家安全局共同举办“国家安全”知识讲座，对辖区内 13 所大、中、小学和幼儿园进行讲解授课。在对《中华人民共和国国家安全法》《中华人民共和国反间谍法》的普及和宣传过程中，国家安全机关人员解释“内防”与“外强”含义，讲解习近平主席主导修改的新版《中华人民共和国国家安全法》及整体国家安全观的相关知识内容。就日常生活中涉及的反间防谍、情报预警、反恐协作、有组织犯罪调查和海外利益保护等层面，讲解国家安全在实际生活中的具体表现及应用。

（熊筱湘）

发布开发区 2016 年入学工作方案

4 月 28 日，开发区社发局与大兴教委联合发布《开发区 2016 年义务教育阶段入学方案》，确定招生范围，规范招生行为。与开发区人劳局、房地局、工商分局、公安分局等业务部门对接，在开发区社会发展局、荣华街道办事处和博兴街道办事处设立 3 个窗口，为非京籍适龄儿童入学“五证联审”工作提供“一站式”服务，简化操作流程。完成新学年招生工作。北京市第二中学亦庄学校一年级新生354人，初一年级新生152人；北京亦庄实验小学一年级新生358人。

（熊筱湘）

向二中亦庄学校发放中高考奖金60万元

7月，北京市第二中学亦庄学校2016届高三学生理科本科上线率100%，位居大兴区第一名。文科本科上线率94%。文理科最高分均创学校历史最好成绩。600分以上学生人数比前两届总和翻一番。一本上线率比2015年提升20个百分点。中考成绩由入学时的第十二名提升到第七名。开发区社发局奖励学校初三、高三毕业班教师，其中初中部奖励17万元、高中部奖励43万元，共计60万元。

（熊筱湘）

亦庄四幼接受开发区教育扶持项目评审

9月21日，北京市大兴区亦庄第四幼儿园接受2016年开发区教育发展扶持项目项目评审。亦庄四幼园长谭亚静向专家们介绍幼儿园基本情况和未来三年规划。3名教师分别向专家们阐述《幼儿在剪纸活动过程中个性化表达指导策略的实践研究》《早期教育基地建设》《在主题环境创设中帮助孩子提升经验的实践研究》3个申报课题项目情况。专家们对申报的3个课题给予充分肯定，并提出意见和建议。

（高阳）

发放教育扶持资金奖励10万元

9月，开发区社发局对区域内办学水平有明显提升的幼儿园发放一次性教育扶持资金奖励10万元。其中，北京市大兴区亦庄第四幼儿园通过市教委级类验收组专家验收，晋升为北京市一级一类幼儿园，获得奖励5万元；北京市大兴区春蕾幼儿园通过市教委级类验收组专家的验收，晋升为北京市一级二类幼儿园，获奖励5万元。

（熊筱湘）

教育扶持奖励项目评审和验收

9月至11月，开发区社发局组织评审组对亦庄地区的学校、幼儿园申报的教育扶持奖励项目进行审核，有5所学校、幼儿园的18个项目通过评审，拨付教育扶持资金348.04万元。对8所学校、幼儿园2012—2015年获批的32个项目进行验收。其中，9个项目通过中期验收，拨付跨年度项目的后续资金43.7万元；1个项目被终止，22个项目结题。

（熊筱湘）

调研2017年度入学需求

10月，开发区社发局启动2017年开发区入学需求调研。开展开发区适龄儿童入学需求网上调查，在开发区政府网站发布调查，家长登录网站注册填报信息，提高入学摸底信息的准确性和便捷性。调查结果显示适龄入学儿童约1000人，符合北京市第二中学亦庄学校义务教育条件的约600人。

（熊筱湘）

支持教育改革实验

11月，开发区社发局经与大兴区教委沟通，结合学校具体情况，落实北京市十一学校各分校开展教育改革实验的有关政策。追加北京亦庄实验中学专项预算885.5万元和北京亦庄实验小学专项预算655万元，解决学校薪酬补差、课程改革、基础运营等方面的困难。

（熊筱湘）

鼓励创新管理体制和教育教学方式

12 月，开发区社发局通过在经费、平台、教育培训等方面给予各学校持续支持，鼓励各学校开发校本课程、创新教育模式，推进学校进行综合教育改革实验。其中，拨付 50 万元，支持北京市第二中学亦庄学校借鉴国内名校的改革方式，引入第三方开展专业诊断服务，实现以多措并举的方式提升教师的专业水平和科研能力。拨付 88 万元，支持北京亦庄实验小学开发综合课程“树课”系列。拨付 20 万元，支持北京亦庄实验小学建设校内 OA 办公系统。

（熊筱湘）

3 个地块学校建设完成设计方案

年内，开发区管委会领导集体决策，确定建设规模 81 个班的 X39 地块十二年建制学校和 X88 地块幼儿园的概念设计方案，初步确定建设规模 69 个班的 E13 地块十二年建制学校的设计方案。开发区建发局外聘的可研单位对 X39 地块学校和 X88 地块幼儿园编制了可行性研究报告。

（熊筱湘）

中外运敦豪成立 DHL 教育发展基金

年内，中外运－敦豪国际航空快件有限公司与北京师范大学教育基金会成立“DHL 教育发展基金”，该基金首批 100 万元捐资将用于支持偏远地区青少年的教育事业及开展相关的学术研究。作为国际快递企业在中国设立的首个教育专项基金，“DHL 教育发展基金”将用于资助北京师范大学支教团队奔赴教育资源匮乏地区，助力教育的均衡发展；开展青少年阅读现状的调研和分析，推广高质量阅读习惯，提升当地青少年认知水平和智力发育。

（国徽 孙森 王瑞青）

学前教育

亦庄三幼开展幼儿发展水平测评

1 月 4 日，北京市大兴区亦庄第三幼儿园组织幼儿进行发展水平项目测试，各班级根据幼儿年龄特点的不同进行不同项目标准的考核，考核从对幼儿思维发展水平、沟通表达能力、运动协调能力等方面，对 203 名幼儿进行测评，检验幼儿均衡发展水平。根据对照评价表，幼儿整体发展水平为 90.3%，相较于之前几年测试结果为历史同期最高水平。12 月 22 日，亦庄三幼邀请思来氏幼儿发展水平评估机构对在园幼儿发展进行实效评估工作，测评通过认知、语言、社会情绪、艺术素养、运动能力等 5 个维度对幼儿的全面发展水平进行有效测试。结果表明幼儿发展良好，在语言、运动、社会情绪方面的发展已经领先于同龄幼儿，认知和艺术素养方面与同龄幼儿基本相当。幼儿园将测评结果作为参考，将幼儿发展数据进行横向纵向样本比较，在未来工作中科学指导幼儿园教育教学及各项工作，为幼儿提供更优质更富有针对性的教育环境。

（房帅）

中芯幼儿园成立南海子园

3 月 1 日，北京市大兴区中芯南海子幼儿园正式开园。办园性质为民办园。幼儿园位于开发区四海路 X82 号教育用地，用地面积为 6000.2 平方米，建筑面积为

5589.86平方米，18个班规模。该园保持北京中芯幼儿园办学内涵。首次招生规模为开设4个混龄班（双语班3个，普惠班1个），南海家园业主子女可选择就读普惠班。9月1日，南海子园根据中芯国际公司和社会需求，增加至9个混龄班，1个普惠班。南海子园沿用中芯幼儿园统一的管理体系，保持中芯园特色，创新自我发展。

（熊筱湘 庞露露）

中芯南海子幼儿园开展品德剧演出

3月2日，北京市大兴区中芯南海子幼儿园开展主题为“慷慨”的品德主题教育。教师们为幼儿上演了品德秀演出《石头汤》，这是幼儿园首次品德剧演出。班级根据每月不同的品德主题进行环境创设，幼儿品格绘本阅读，教师与幼儿一起围绕品德话题，开展丰富的品德活动，将品德教育渗透到幼儿每日学习生活当中。

（黄雯婷）

亦庄二幼开展幼儿自理能力比赛

4月7日—8日，大兴区亦庄镇第二中心幼儿园进行幼儿自理能力比赛。旨在鼓励幼儿自己的事情自己做，争做劳动小能手。中班大班组幼儿进行的是穿衣比赛和整理床铺比赛，小班组幼儿进行的是叠衣服比赛。活动还邀请家长志愿者担任评委。最终每班前5名幼儿获“劳动小能手”称号。

（赵新）

亦庄中心幼儿园开设幼小衔接课程

4月15日，北京市大兴区亦庄镇中心幼儿园为大班70名幼儿开设“幼小衔接”课程，各班同时开设关于小学生活的课程，不同班级开设不同内容，幼儿根据自己的需要自选进入不同的教室学习不同的内容。教师和教案是固定的，班级内的学生是流动的。课程包括如何使用课本、文具，怎样整理小书包，学习习惯培养和了解小学生的一日生活等内容。走班制教育让幼儿初步尝试了小学生活的自理、自立、自主。

（李媛媛）

亦庄二幼开展助残日体验活动

5月12日，北京市大兴区亦庄镇第二中心幼儿园开展助残日体验活动。活动中，幼儿严格按照要求操作，通过看不到、不能使用双手、不能使用双脚等方式，亲身体验残疾人士的不方便，让孩子学会感恩与知足。小班组幼儿、家长、教师135人参与活动。

（赵新）

中芯幼儿园举办庆“六一”慈善募捐活动

5月16日—18日，北京中芯幼儿园组织慈善募捐活动，倡导幼儿拿出自己的零用钱，献出自己的爱心。6月1日，幼儿园组织慈善义演义卖活动，邀请天津市儿童艺术剧团为幼儿和家长表演布袋木偶剧成语故事，同时在园所内设置义卖区募集善款，义卖品全部来自幼儿的手工作品。该系列活动共募得善款5.84万元，全数捐给爱心蓝天孤儿康复之家。

（庞露露）

大地双语幼儿园开展大班“独立日”活动

6月16日，大地幼儿园开展大班“独立日”成长体验——幼儿留宿活动。该活动以提高幼儿独立能力为出发点，通过幼儿在幼儿园留宿，学习独立刷牙、洗澡、洗袜子、整理衣服。第二天清晨幼儿自己穿衣、洗漱、整理书包，进行晨练。一起吃蛋糕，一起在操场上奔跑。结合远足和游戏，让幼儿在活动中感受独立、享受快乐。幼儿、教师共 70 名参加活动。

大地双语幼儿园开展大班“独立日”活动　　孙继东 摄

（孙继东）

中芯幼儿园举办户外毕业典礼

6 月 30 日，北京中芯幼儿园第十一届毕业典礼，首次尝试以户外活动的形式举行。参与学生 157 人，教师 94 人，家长 314 人，摄像、音像人员共 6 人。活动通过开场舞、集体舞、英文节目《靠着我》、男生节目《少年风采》、合唱《献给老师的歌》，表达幼儿对园所的热爱与惜别之情；通过颁发毕业证书和毕业诗朗诵等形式，激发幼儿对小学生活的向往之情。

（于宏颖）

大兴区爱乐恩幼儿园开园

9 月 1 日，位于开发区文化园西路的高校创意总部 C 区中国教育电视台早教频道示范园——大兴区爱乐恩幼儿园开园，开设 9 个教学班，新增学前教育学位 225 个。首次招生规模为 6 个班级，145 人。爱乐恩幼儿园室内建筑面积3300平方米，户外活动场地 2910 平方米，可同时容纳 200 余名幼儿。园内各类设施先进齐备，师资配备优良，高品质的园区环境能够保证幼儿在园内健康、安全的生活与学习。

（张鹏飞 熊筱湘）

中芯南海子幼儿园举办第一届亲子运动会

10 月 23 日，北京市大兴区中芯南海子园与北京中芯幼儿园共同举办 2016 亲子运动会，这是中芯南海子幼儿园的第一届亲子运动会。活动包括开幕仪式、团体操展现、亲子趣味游戏，颁奖等环节。游戏比赛项目皆由幼儿和父母共同完成。参与活动人员为 1400 余人。

中芯南海子幼儿园举办第一届亲子运动会　　于洋 摄

（黄雯婷）

中芯幼儿园上演品德秀

12 月 6 日，北京中芯幼儿园上演了品德主题为“诚实”的品德秀《诚实的小孩儿》。该品德秀从编剧到演出，全部由幼儿园爱心家委们完成。幼儿园的教师每月会以品德儿童剧的形式将一个品德主题展示给孩子，并在班级里面进行相关的品德环境创设和孩子共同讨论品德话题等活动，目的在于把品德教育渗透进儿童的日常生活当中。

（庞露露）

幼儿园（部分）

北京市大兴区亦庄镇中心幼儿园

2016 年，北京市大兴区亦庄镇中心幼儿园（简称亦庄中心幼儿园）为一级一类日托制公办幼儿园，占地面积 7600 平方米、建筑面积 5495 平方米，固定资产 349.48 万元。全年教育经费投入 973.47 万元，全部为国家拨款。拥有舞蹈室、美术室和多媒体室等专用教室 4 个，普通教室 12 个。教室内设有钢琴、电脑和一体机等教学设施。教职工 65 人。其中，教师 48 人，专科以上学历 48 人，中级以上职称 7 人；保健员 2 人，均为专科以上学历。开设 12 个教学班，其中小班 4 个、中班 5 个、大班 3 个。幼儿入园 121 人、离园 120 人、在园 386 人。

年内，亦庄中心幼儿园教师韩璐在《北京教育丛书》论文评比中获三等奖；教师王玲玲、申响在北京市“十二五”培训中获优秀课例奖，王玲玲获优秀论文奖。

（李潮）

北京市大兴区亦庄镇中心幼儿园

园长 李艳秋

北京市大兴区亦庄镇第二中心幼儿园

2016 年，北京市大兴区亦庄镇第二中心幼儿园（简称亦庄二幼）是一级一类全日制公办幼儿园，占地面积 7899 平方米、建筑面积 5663 平方米，固定资产 1253.26 万元。全年教育经费投入 878 万元，均为国家拨款。拥有 1 个多功能厅、1 个报告厅、1 个小会议室和 2 个专用教室，共配有 2 套多媒体设备和 3 套 LED 显示屏设备；普通教室 20 个，其中 9 个教室内配有 1 台电脑、1 台电视、1 架钢琴、1 台录音机、1 台 DVD、1 台照相机，1 台摄像机，1 台空气净化器等教学设施。教职工 52 人，小学高级 6 人，中学高级 1 人。其中，教师 27 人、保育员 9 人，均为专科以上学历；区级学科带头人 1 人，区级骨干教师 3 人；保健医 2 人，均为大专学历，有主治医生（中级职称）1 人。开设 9 个教学班，其中小班 3 个、中班 4 个、大班 2 个。幼儿入园 96 人、离园 49 人、在园 306 人。

（赵新）

北京市大兴区亦庄镇第二中心幼儿园

园长 王 丽

北京市大兴区亦庄第三幼儿园

2016 年，北京市大兴区亦庄第三幼儿园（简称亦庄三幼）为一级二类日托制公办幼儿园，占地面积 4196.31 平方米、建筑面积 3348.12 平方米。图书馆藏书 8000 余册。固定资产 326 万元。全年教育经费投入 655 万元。拥有多功能专用教室 1 个、普通教室 12 个。教室内设有电子触摸屏、投影仪和电脑等教学设施。教职工 44 人，其中教师 16 人、保育员 8 人、保健员 2 人；专科以上学历 30 人，中级以上职称 3 人。开设 8 个教学班，其中小班 3 个、中班 3 个、大班两个。幼儿入园 89 人、离园 67 人、在园 229 人。年内，幼儿园通过北京市一级一类园所验收工作。在 2015 年研用《北京教育丛书》优秀论文评比中，教师杨丽、杨洋、曹琳琳论文获三等奖。杨洋的论文《教育中，让爱先行》获北京市“十二五”时期幼儿教师培训优秀成果三等奖。杨丽的课例《拨弦曲》获北京市“十二五”时期幼儿教师培训优秀成果三等奖。

（房帅）

北京市大兴区亦庄第三幼儿园

园长 王洪靖

北京市大兴区亦庄第四幼儿园

2016 年，北京市大兴区亦庄第四幼儿园（简称亦庄四幼）是一级一类日托制幼儿园，占地面积 3162 平方米，校舍建筑面积 2157 平方米，固定资产 410.49 万元。全年教育经费投入 478.89 万元，均为国家拨款。拥有资料室、会议室和多功能厅等专用教室 3 个，普通教室 8 个。教室内设有多媒体和电脑等教学设施。教职工 41 人。其中，教师 22 人，专科以上学历 35 人，中级以上职称 1 人；保健员 1 人，为专科以上学历，中级以上职称。开设 8 个教学班，其中小班 2 个、中班 4 个、大班 2 个。幼儿入园 83 人、离园 52 人、在园 221 人。

年内，亦庄四幼获市级奖项 8 人次，其中北京市第五届“智慧教师”教育教学研究成果三等奖 4 人、二等奖 4 人；北京市“十三五”课题获得立项 2 项。被中国宋庆龄早期教育促进会和宋庆龄基金会文化艺术培训中心评为宋庆龄基金会视觉艺术教育示范园。

（李艳华）

北京市大兴亦庄第四幼儿园

园长 谭亚静

北京市大兴区亦庄第五幼儿园

2016 年，北京市大兴区亦庄第五幼儿园（简称亦庄五幼）为一级二类日托制公办幼儿园，占地面积 9067.69 平方米、校舍建筑面积 7229.61 平方米，固定资产 479 万元。全年教育经费投入 837 万元均为国家拨款。拥有美工坊、博弈室、绘本馆、舞蹈教室、多功能厅等专用教室 5 个，普通教室 24 个。教室内设有液晶电视、钢琴、空气净化器等教学设施。教职工 67 人，其中教师 43 人、专科以上学历 41 人、中级以上职称 2 人。保健员 3 人，均为专科以上学历。开设 13 个教学班，其中小班 4 个、中班 5 个、大班 4 个。幼儿入园 426 人、离园 51 人、在园 375 人。

（闫炎）

北京市大兴亦庄第五幼儿园

园长 何学清

北京市大兴区二十一世纪实验幼儿园

2016 年，北京市大兴区二十一世纪实验幼儿园（简称二十一世纪幼儿园）为日托制民办幼儿园，占地面积 2.5 万平方米，建筑面积 1.57 万平方米。固定资产 268 万元，自筹教育经费投入 100 万元。拥有风雨操场、艺术宫各 1 个，琴房 10 个，圆弧教室 9 个，普通教室 46 个。教室内设有电子琴、录音机和电脑等教学设施。教职工 194 人，其中教师 93 人、专科以上学历 76 人、中级以上职称 12 人；保健员 5 人，其中专科以上 4 人、中级以上职称 4 人。开设 44 个教学班，其中托班 3 个、小班 15 个、中班 16 个、大班 10 个。幼儿入园 340 人、离园 230 人、在园 890 人。

（王琳）

北京市大兴区二十一世纪实验幼儿园

园长 崔立新

北京市大兴区美格双语幼儿园开发区园

2016 年，北京市大兴区美格双语幼

儿园开发区园（简称美格幼儿园开发区园）为日托制民办幼儿园。固定资产272.02万元，自筹教育经费352.5万元。开设班级6个，其中托班1个、小班2个、中班2个、大班1个。教职工30名，其中教师24名、保健员1名。美格双语幼儿园始建于2002年8月，在北京市有5个园所。美格幼儿园坐落于亦庄开发区天华园。幼儿园倡导中西方教育理论和实践的融合，追求“开放式、发展式”教育模式，强调“玩中学、学中玩”的教学理念。在课程设置上，中英文课程各占50%的双语教育是美格品牌上的亮点。美格双语幼儿园把中文和英文作为幼儿在日常生活中的两种工具性语言，通过在主题活动中渗透音乐、美术、运动、认知、品德等元素，让幼儿在生活中获取成长需要的经验。

（叶立华）

北京市大兴区美格双语幼儿园开发区园

园长 陈 虹

北京市大兴区大地双语幼儿园

2016年，北京市大兴区大地双语幼儿园（简称大地幼儿园）为全日制民办幼儿园，固定资产80万元，自筹教育经费投入39万元。开设11个教学班，其中托班2个、小班3个、中班3个、大班3个。幼儿入园70人、离园60人、在园280人，拥有教职工60人。年内，新设立2个国际班，全园设有5个国际班。国际班发挥美国ABC mouse学习网站的平台优势，结合幼儿年龄特点，以中英文教师线上线下配合的教学模式，以直观形象、游戏操作、寓教于乐的方式在校园的日常教育活动中开展浸入式学习交流，引领幼儿从兴趣出发，循序渐进地自主学习。

（孙继东）

北京市大兴区大地双语幼儿园

园长 刘桂玲

北京市大兴区春蕾幼儿园

2016年，北京市大兴区春蕾幼儿园（简称春蕾幼儿园）是北京市春蕾集团的第八所直营园，拥有10个教学班的北京市一级二类幼儿园，占地面积4000平方米、建筑面积2900平方米，注册资本100万元，拥有多功能厅1个，专用教室9个，教职工46人。其中，教师18名，专科以上学历13人，高级职称2人；保健员2人，均为专科以上学历。开设9个教学班，其中托班1个、小班3个、中班3个、大班2个。春蕾幼儿园以语言为切入的《综合主题活动》为载体，丰富幼儿的视野，促进幼儿快乐健康成长。6月，建立“春蕾绘本馆”，为幼儿提供绘本6000余册。

（张婉君）

北京市大兴区春蕾幼儿园

园长 霍艳方

北京市大兴区慧才苑林肯公园社区实验幼儿园

2016年，北京市大兴区慧才苑林肯公园社区实验幼儿园（简称慧才苑幼儿园）为民办幼儿园。开设11个教学班，其中6个国际班、5个双语班。幼儿入园266人、离园40人、在园228人。教职工58人，其中主管园长1名，教学主任1名、后勤主任1名，英语教学主管1名，保健医2名，园内教师为学前教育专业的本科生与大专生。

（刘艳）

北京市大兴区慧才苑林肯公园社区实验幼儿园

园长 金明艳

北京中芯幼儿园

2016年，北京中芯幼儿园（简称中芯幼儿园）为日托制民办非企业幼儿园，占地面积5800平方米、建筑面积4479平方米，固定资产300.23万元。自筹经费1615.63万元。拥有美术和英语等专用教室3个，普通教室17个。教室内设有交互式电子白板、电脑和电钢琴等教学设施。幼儿园教职工92人，其中教师53人、均为专科以上学历，保育员17人、专科以上学历13人。开设17个教学班，其中13个混龄班、4个国际班。幼儿入园229人、离园182人、在园454人。

北京中芯幼儿园重视教科研工作，定期开展教研活动和聘请专家进园讲座，研究《蒙氏与主题教学的融合》《如何有效的观察孩子》《班级三位教师的有效合作》《蒙氏感官教具的延伸》等课题。同时派骨干教师外出培训，提升全园教师的整体业务水平。尊重幼儿发展的个体差异，创设安全、宽松、接纳、尊重的教育环境。

（庞露露）

北京中芯幼儿园

园长 白 桦

北京市大兴区中芯南海子幼儿园

2016年，北京市大兴区中芯南海子幼儿园（简称中芯南海子幼儿园）于3月开园，为日托制民办非企业幼儿园。占地面积6000.2平方米，建筑面积5589.86平方米，拥有英语、美术、音乐等专用教室5个，普通教室18个。幼儿园教职工45人，其中教师26人、均为大专以上学历，保育员9人、专科学历以上为8人。开设9个教学班，其中3月开设4个蒙氏双语班、9月增设4个双语混龄班和1个蒙氏普惠班。幼儿入园252人、离园9人、在园243人。

（黄雯婷）

北京市大兴区中芯南海子幼儿园

园长 王春利

基础教育

亦庄二小举行协同创新学校项目启动仪式

3月10日，北京市大兴区亦庄镇第二中心小学与北京教育学院举行协同创新学校项目启动仪式。北京教育学院信息远程与职业教育学院院长吴安民，项目负责人主任杨建伟、俞瑶，大兴区教师进修学校师训部主任阴希春参加会议。会上，吴安民解读协同创新学校计划“把培训课堂建到学校，让校长教师研修真正发生”的理念，并对信息技术在教育教学领域的应用给予充分肯定。北大数字化学习研究中心专家冯菲进行“翻转课堂”讲座，讲座包括何为翻转课堂、小学是否适合做翻转、翻转课如何准备和翻转课需要什么支持4个方面内容，引领教师对翻转课堂有了更新的认识。协同创新学校项目聚焦实践“翻转课堂”，通过与课题研究相结合，在不断实践、反思、改进中进行行动研究。

（张春红）

国务院参事到二中亦庄学校指导

3月10日，国务院参事、人大附中联合学校总校校长刘彭芝率领人大附中联合学校总校的全体班子成员和人大附中实验小学校领导17人到北京市第二中学亦庄学校指导工作，大兴区教委副主任韩宝刚陪同，并向刘彭芝介绍二中亦庄学校和两区教育发展情况。在二中亦庄学校全体教职工大会上，刘彭芝作“如何创造适合每一名学生发展的教育，创造适合每一名教职员工发展的教育”主题讲座。会后，刘彭芝一行与开发区管委会副主任沈永刚、开发区社发局局长常宸等就二中亦庄学校如何提升办学水平进行座谈。

（侯萱）

二中亦庄学校“百草园”实践活动获奖

3 月 25 日—27 日，北京市第二中学亦庄学校建立校园中草药“百草园”科技实践活动，在第 36 届北京青少年科技创新大赛中获得北京市十佳科技实践活动。8 月 22 日，教师陶景琳主持的“体验中草药种植，弘扬中医药文化”项目获第 31 届全国青少年科技创新大赛科技创新实践活动一等奖。该校“百草园”，始建于 2011 年，建筑面积为 533 平方米，种植 70 余种中草药植物。学校以“百草园”为实践活动基地，普及开展中医药文化教育的系列活动，出版《神奇的中草药》校本课程，近 300 名学生选修中草药校本课程。

（侯萱）

中芯学校举办慈善活动

中芯学校举办慈善义跑活动　　苗刚 摄

4 月 22 日，北京市中芯学校国际部举行慈善义跑活动，为爱心蓝天康复中心的孤儿们募款，共募集善款 1.7 万元，募集尿不湿 3567 片。学生、家长和教职工 300 余人参加。11 月，国际部发起为贵州黔南山区留守儿童捐书倡议，学生捐出自己的绘本、小说及儿童读物，希望为留守儿童打造一所爱的书屋，截至年底，已捐赠图书近 2500 册。12 月 31 日，学校举办第七届“感恩绽放 · 爱传四方”大型慈善义卖活动，共募集善款 15 万余元，所募款项全数捐赠给“奇妙爱之家”和爱心蓝天康复中心。

（杨旸）

二中亦庄学校与电科职院合作开设课程

5 月 20 日至 6 月 17 日，北京市第二中学亦庄学校与北京电子科技职业学院的生物工程学院合作开设综合实践课程。旨在通过每周的综合实践课激发学生对科学的热爱和探索，打造新中高考改革背景下的特色课程体系。北京电子科技职业学院的生物工程学院为初高中不同年级的学生开设适合他们年龄特点的生物系列课程，授课教师为清华大学博士后、生物工程学院的教授和讲师。课程包括走进微生物实验室、检测方便面中的油脂含量、皮肤细菌检测、植物组织培养、测定水中溶解氧、测定水质色度、制作果冻、果汁、水晶皂和山楂丸等课程。二中亦庄学校中学生 88 人参加学习。

（侯萱）

中芯学校学生第 19 届学生艺术节获奖

5 月 25 日，北京市中芯学校中文部 4 名学生在北京市第 19 届学生艺术节展演中获金、银奖。刘昀菲的软笔书法获得个人项目展演金奖；方琳清的舞蹈《非洲姑娘》、刘亚轩的京剧《珠帘寨：“昔日有个三大贤”》和孙鼎浩的钢琴曲目《莫扎特：C 大调进行曲》均获个人项目展演银奖。

中芯学校学生在第 19 届学生艺术节获奖　　苗刚 摄

（李丽明）

亦庄一小走进开发区法庭

5 月 27 日，北京市大兴区亦庄镇第一中心小学六年级学生走进大兴区人民法院开发区法庭。开发区法庭法官张晓娟给师生讲解相关知识；展示法徽、法袍、法锤等实物；介绍审判长、审判员、书记员等的不同职责；师生参观法庭的文化墙；观看法庭立案排队系统；法院工作人员为师生演示法庭的安检系统。通过亲身体验，师生了解了法院及法官的工作。

（陈晶）

亦庄实验中学综合教育改革实验获批

6 月 3 日，北京市大兴区教育委员会批复北京亦庄实验中学为综合教育改革实验学校。亦庄实验中学以 5 年为周期，开展综合教育改革实验。秉承十一学校教育理念，在组织结构、管理机制、课程体系、育人模式等方面进行一系列改革和探索。实施选课走班、“一制三化”的育人模式，构建适合每一名学生成长的课程体系，创造适合每一名学生发展的教育。学校按照批复要求，抓住改革契机，严格按照实验方案推进综合教育改革实验，确保实验稳步推进，进一步探索基础教育创新发展的新思路和新路径。

（杨婉若）

亦庄实验中学举办课程体验活动

7 月 10 日—12 日，北京亦庄实验中学组织为期 3 天的体验课程。体验课程包括中考选考的历史、地理、政治、物理、化学、生物 6 门课程。教师带领学生初步感受课程，学生通过对选考科目的初步体验，根据 3 天的体验感受，自主对中考科目做出选择。

（杨婉若）

二中亦庄学校获亚洲儿童运动会第五名

7 月 12 日，北京市第二中学亦庄学校学生王依在第六届亚洲儿童国际运动会跆拳道项目中获女子 55 千克第五名，学校跆拳道队 3 名队员入选中国国家少年跆拳道队并参加运动会。该运动会有来自俄罗斯的 27 个联邦主体和中国、印度、韩国等 38 个国家和地区的 4000 多名运动员参赛，中国代表团派出 86 人参加 6 个大项的比赛。

（侯萱）

二中亦庄学校完成暑期修缮改造工程

7 月 13 日至 8 月 25 日，北京市第二中学亦庄学校进行暑期修缮改造工程。学校全面改造教学楼教室窗户，改善教室通风效果；改造食堂和食堂水暖电、操作间，改造费用 250 万元，经费来自大兴区教委拨付的暑期修缮改造专项款。学校进行文化长廊建设和教学楼书廊建设，费用 83 万元，经费来自大兴区教委拨付的校园文化专项款。

（侯萱）

亦庄实验小学戏剧班多次比赛获奖

亦庄实验小学学生在王建新戏剧工作室上课　杨伟林 摄

7月31日，北京亦庄实验小学戏剧团38名学生表演的舞蹈《花儿》《BRK》《魔术钥匙》，获中国舞蹈家协会花儿朵朵全国舞蹈大赛3项一等奖。11月10日，戏剧团12名学生表演的歌舞剧《寻找快乐》，获北京市中小学生艺术节戏剧项目银奖。王建新戏剧工作室成立于2014年，主要研发小学戏剧课程和小学生戏剧演出作品。

（张尧）

二中亦庄学校高考理科本科上线率100%

7月，北京市第二中学亦庄学校2016年高考理科本科上线率100%，位居大兴区第一名。文科本科上线率94%。文理科最高分均创学校历史最好成绩。600分以上学生人数比前两届总和翻一番。一本上线率同比提升20个百分点。翔班一本上线率100%，平均分625.4分，600分以上人数占72%。理科一名学生首次进入大兴区理科前十名。学校各科平均分均列大兴区前三名。在大兴区39所初中校中，学校中考成绩排名升至大兴区第七名。翔班英语、物理、化学三科优秀率均为100%，位列大兴区第一名。

（侯萱）

亦庄实验中学揭牌

8月12日，北京亦庄实验中学建设项目举行揭牌仪式。移交专题会在学校11号楼一层会议室召开，标志着该项目完工，学校已经进入了开学前最后的准备阶段。70名教师进校，进行开学前的准备工作。9月1日，北京亦庄实验中学（北京十一中学分校）正式开学并举行揭牌仪式。开发区工委委员、宣传部部长赵雅娟为该校揭牌并致辞。该校为84个班规模，其中初中36个班、高中24个班、国际部24个班。首次招生初一年级267人。

（杨婉若 熊筱湘）

二中亦庄学校读书长廊藏书2.5万册

8月31日，北京市第二中学亦庄学校在教学楼二、三、四层的中厅建设书廊。学校校长王教凯为书廊命名，分别为“常遇见”“心悦读”“圆君梦”。书廊图书近2.5万册，其中京东方科技集团股份有限公司捐赠6500册图书、开发区社发局捐赠645册图书、学校新购置10000本图书、师生捐书7000余册。学校书廊的建设旨在给学生创建更方便、更丰富、更多彩的读书空间，践行“校园处处是课堂，校园处处会说话，校园处处会教育”的学校文化建设理念。

（侯萱）

北京八中亦庄分校尝试“课程大集”

9月7日，北京八中亦庄分校尝试“课程大集”选课形式。学生们在金鹏科技社团、物理模型社、美术社、足球社、武术社、书法社众多社团中寻找自己感兴趣的社团。“课程大集”提供科技、艺术、体育等十几种社团活动。开课的前两周为试听阶段，试听期间，学生可以根据实际上课感受再次对课外课程做出满意度评价，并调整自己的选择。学校每学年给学生一次整体重新选课机会。这种方式，体现出学校在课外课程上坚持以学生兴趣为前提并加以引导的教学理念，也让学生得以接触到更多的课外学科，掌握多个不同技能。“课程大集”现场展示的选课形式，实现了课外课程选择过程中的可视、可感化，让学生尤其是入学新生对各课外课程有了更加直观且全面的认知。

（张文芮）

亦庄实验中学开展国际交流活动

9 月 26 日，北京亦庄实验中学初一年级的师生与来自澳大利亚墨尔本知名私立学校——劳瑞斯顿女子学校（Lauriston Girls' School）开展首次国际交流活动。劳瑞斯顿女子学校的师生观摩亦庄实验中学课堂组织形式、学生的学习情况与各学生社团纳新活动，并与亦庄实验中学师生进行交流和座谈。

（杨婉若）

二中亦庄学校开展研究性学习

9 月，北京市第二中学亦庄学校在高一、高二年级开展研究性学习。二中亦庄学校课题研究延伸到社会和校园生活的多方面，涉及文化的传承与发展、交通出行、住房贷款、城市建筑、节能环保、中草药抑菌效果、苏轼生命历程研究、清代园寝等。12 月 1 日—2 日，学校举行研究性学习开题会，高一年级 13 个课题开题，高二年级 15 个课题开题。154 名学生参加研究性学习小组。

（侯萱）

二中亦庄学校召开第一届少代会

10 月 13 日至 11 月 14 日，中国少年先锋队北京市第二中学亦庄学校第一届代表大会召开，全校 94 名少先队员代表参加会议。学校校长致开幕词，大队委代表作少先队工作报告，少先队员代表宣读典型提案，大队委候选人进行竞选演讲，少先队员代表投票。少先队员代表提出 41 个提案，涉及校园建设、教学、德育管理、后勤服务等方面，学校相关领导和干部回复提案，并采取具体措施落实队员代表提出的问题。第一届少代会审议通过成立第一个红领巾志愿者协会和第一个雏鹰争章委员会的方案。二中亦庄学校成立首个红领巾志愿者协会。协会设红领巾志愿岗，包括书廊志愿维护岗、食堂卫生维护岗、中草药园志愿维护岗等；开展多项校内外志愿活动。

（侯萱）

亦庄实验中学开展首次游学周活动

亦庄实验中学开展首次游学周活动　　晁佩军 摄

11 月 7 日—11 日，北京亦庄实验中学开展首次游学周活动。由 268 名学生和 34 名教师组成的 7 支队伍，分别赴北京、南京和杭州三地开展游学活动。在游学期间，学生自主选择课题，独立进行研究，并在教师的指导下，形成课题研究报告268份。游学课程是该校多样化课程的重要组成部分，课程设置遵照了学生的认知规律和学校的培养目标，开阔了学生视野，关注学生个别化学习需求，增加了学生对自然和社会生活的体验。

（杨婉若）

亦庄实验中学举办“德国文化日”活动

亦庄实验中学举办首届“德国文化日”活动　陆洋 摄

11月25日，北京亦庄实验中学举办首届“德国文化日”主题活动，全校300余名师生参加。活动由2名学生校长助理主持，展示该校学生前期参与系列活动的场景。北京奔驰汽车有限公司的公司事务与法律部总经理高婷婷，北京市十一学校副校长兼国际部主任吴凤琴先后为活动致辞。活动由原创戏剧单元《奔驰一号》展演、德国汽车知多少、德国汽车品牌模拟汽车发布会等环节组成，围绕“德国汽车文化”主题展开，希望传承“驾驭生活，德行天下”的活动理念，为学生展示才华搭建舞台。

（杨婉若）

二中亦庄学校参加国际新科技大赛获奖

12月10日—11日，北京市第二中学亦庄学校三年级8名学生参加北京大学全球青少年素质教育国际化研讨会暨2016国际新科技大赛获奖。在3D打印单元比赛项目中获1个银奖、1个铜奖、2个十佳创意奖。

（侯萱）

二中亦庄学校举办名师工作室启动仪式

12月13日，“虎占智名师工作室”启动仪式在北京市第二中学亦庄学校举行。工作室导师虎占智是北京市数学特级教师、北京二中亦庄学校副校长；工作室指导教师为数学特级教师、北京二中亦庄学校副校长苏怀堂，数学特级教师、校长助理焦艳玲；工作室指导专家是首都师范大学首都基础教育研究院常务副院长、教育学院副院长、教授张景斌，首都师范大学教授刘晓玫；成员包括来自亦庄教育协作区各中学的15名青年教师。亦庄教育协作区成立名师工作室，旨在利用名师资源，帮助青年教师解决数学研究及教学中的难题，以实现校校共赢、师师共赢、学生受益的目的。亦庄教育协作区各中学校长、副校长和教师30人参加启动仪式。

二中亦庄学校举办名师工作室启动仪式　刘超 摄

（侯萱）

亦庄二小完成足球特色校项目工作验收

12 月 15 日，北京市亦庄镇第二中心小学接受大兴区教委足球特色项目检查验收。该验收旨在检查学校足球开展的计划性和时效性，为报批足球特色校做前期工作调研。副校长朱雪嘉作学校足球工作汇报。学校完成足球队的组建，队员 46 名，外聘教练 3 名。建有专门的足球室，并结合学校办学理念设计出球队的队徽、队旗、队服，校园足球文化建设完备。大兴区教委领导对学校足球特色工作的开展给予肯定，并最终确定学校为足球特色学校。

（张春红）

二中亦庄学校获评市艺术教育特色学校

12 月，北京市第二中学亦庄学校获评北京市中小学艺术教育特色学校。该校大力发展艺术教育，充分利用专家资源，组建艺术教师队伍，分别成立了合唱梯队、舞蹈队、民乐队、京剧社、书法绘画、艺术创想等 20 个艺术社团，均在大兴区艺术节舞蹈比赛、合唱比赛、戏曲比赛获得一等奖，其中行进打击乐获得市级金奖、合唱获得市级比赛银奖。该校每年举办校园艺术节等活动，300 余名学生在市区级艺术竞赛中获奖。合唱团、京剧社多次走进市级专业演出剧场和开发区文化艺术节的现场展示学校艺术成果。2016 年北京 16 个区的 235 所学校获评北京市中小学艺术教育特色学校，其中大兴区有 9 所学校。

（侯萱）

二中亦庄学校参加全国性比赛获奖

年内，北京市第二中学亦庄学校组织学生参加全国各类比赛。4 月 10 日，二中亦庄学校 6 名初中学生获第 26 届全国初中应用物理竞赛北京赛区（优才杯）决赛三等奖。7 月 17 日—20 日，学校学生在第十四届全国中小学信息技术创新与实践活动中分别获初中组应用数学二等奖和高中组应用数学三等奖。8 月 21 日—24 日，二中亦庄学校 6 名学生参加由国家体育总局、教育部等主办的第十七届“我爱祖国海疆”全国青少年航海模型教育竞赛活动总决赛。在制作赛、直航赛和创新赛三大类 11 个小项比赛中，获得 1 枚金牌、5 个一等奖、2 个二等奖、8 个三等奖、3 个优胜奖。11 月 12 日，二中亦庄学校高二年级 17 名学生表演的《打龙袍》和《坐功》两个节目获由北京市教育委员会主办，中国戏曲学院、北京学生活动管理中心承办的第七届“国戏杯”学生戏曲大赛决赛高中组三等奖。

（侯萱）

二中亦庄学校参加跆拳道比赛获 65 枚金牌

年内，北京市第二中学亦庄学校跆拳道队参加全国、市级 7 项跆拳道比赛获得 65 枚金牌，4 人获 2016 年北京市中小学生银帆奖。5 月 21 日—22 日，学校获由教育部中国中学生体育协会主办的 2016 年中国中学生跆拳道锦标赛华南分站赛高水平组竞技金牌 13 枚、银牌 3 枚、铜牌 8 枚；品势金牌 1 枚，品势银牌 2 枚、品势铜牌 1 枚；获初中男子品势团体亚军、女子团体品势季军、高中男子品势团体亚军、高中女子品势团体冠军；获高水平高中组团体冠军和高水平初中组团体冠军。8 月 11 日—13 日，学校获由教育部中国中学生体育协会主办的 2016 年中国中学生跆拳道联赛总决赛高水平组金牌 8 枚、银牌 10 枚、铜牌 7 枚，获得初中男子品势团体冠军和高中女子品势团体亚军，获高水平高中组第一名和高水平初中组第一名。8 月 18 日—19 日，学校获由国家体育总局拳击跆拳道运动管理中心、中国跆拳道协会、中国中学生体育协会主办的 2016 年全国青少年跆拳道乙组比赛金牌 2 枚、银牌 1 枚、铜牌 3 枚。学校跆拳道队的罗睿、贾一超、王依、汪天楚 4 名学生因夺得 2016 年中国中学生跆拳道联赛总决赛金牌而获 2016 年北京市中小学生银帆奖。

（侯萱）

中小学（部分）

北京市大兴区亦庄镇第一中心小学

2016 年，北京市大兴区亦庄镇第一中心小学（简称亦庄一小）学校占地面积 2.21 万平方米、建筑面积 1.52 万平方米，体育场（馆）面积 2560 平方米。图书馆（室）藏书 7.82 万册。固定资产总值 6825.07 万元。全年教育经费投入 7469 万元，其中国家拨款 7469 万元。学校信息化经费投入 130 万元，拥有计算机 334 台，多媒体教室座位 1260 个，校园网出口总带宽 20Mbps，数字资源量 20GB，“信息技术”课程 1 课时 / 周。普通教室 33 个、专用教室 18 个。教职工 116 人，其中高级职称 1 人、中级职称 65 人。专任教师 112 人，其中本科以上学历 107 人。开设教学班 42 个。毕业 208 人、招生 200 余人、在校生 1447 人。

年内，亦庄一小坚持创新、协调、绿色、开放、共享发展的理念，秉承、拓展“阳光教育”思想内涵，实施中心校区与三羊校区一体化管理，加强队伍建设，搭建教师成长平台，提高教师教育教学专业素质，初步建立起“阳光管理”“阳光教师”行为规范；依托课程设置调整工作，在完成国家课程、地方课程的基础上建设学校的特色校本课程，并结合“阳光教育活动”，强化 10% 学科实践活动，引导学生逐渐形成“阳光少年”行为规范。加大学校硬件建设力度，全力支持民乐、书法、合唱等学生社团的建设，全校 480 余名学生参与了社团活动。

（王欣 孙海粟）

北京市大兴区亦庄镇第一中心小学

校长 乔永斌

北京市大兴区亦庄镇第二中心小学

2016 年，北京市大兴区亦庄镇第二中心小学（简称亦庄二小）占地面积 1.63 万平方米、建筑面积 8760 平方米，体育场（馆）面积 5450 平方米。图书室藏书 6.1 万册，订阅杂志、报刊 15 种。固定资产总值 1184.8 万元。全年教育经费投入 1615.5 万元，全部为国家拨款。学校信息化经费投入 39.4 万元，拥有计算机 213 台，多媒体教室座位 860 个，校园网出口总带宽 100Mbps，数字资源 500GB，“信息技术”课程 7 课时 / 周。普通教室 24 个、专用教室 10 个。教职工 71 人，其中中级职称 44 人；专任教师 60 人，本科以上学历 50 人。开设教学班 23 个。毕业 100 人、招生 134 人、在校生 707 人。

（张春红）

北京市大兴区亦庄镇第二中心小学

校长 桂宗连

北京亦庄实验小学

2016 年，北京亦庄实验小学（简称亦庄实验小学）占地面积 3.73 万平方米、建筑面积 2.58 万平方米，体育馆面积 1800 平方米。图书馆藏书 5.28 万册。固定资产总值 3239.34 万元。全年教育经费投入 1913.97 万元，全部为国家拨款。拥有计算机 459 台，多媒体教室座位 1440 个。普通教室 48 个、专用教室 19 个。专任教师 92 人，其中高级职称 10 人、中级职称 17、特级教师 11 人，本科及以上学历 90 人，硕士及以上学历 66 人。开设教学班 39 个，毕业 91 人，招生 386 人，在校生 1172 人。7 月，戏剧团学生获中国舞蹈家协会花儿朵朵全国舞蹈大赛 3 项一等奖。

（张尧）

北京亦庄实验小学

校长 张之俊

北京市大兴区亦庄中学

2016 年，北京市大兴区亦庄中学（简称亦庄中学）占地面积 2.9 万平方米、建筑面积 1. 6 万平方米，体育场（馆）面积 1.33 万平方米。图书馆（室）藏书 3.9 万册，订阅杂志、报刊 49 种。固定资产总值 5311.9 万元。全年教育经费投入 3233.9 万元，全部为国家拨款。学校信息化经费投入 5 万元，拥有计算机 270 台，多媒体教室座位 32 个，校园网出口总宽带 100Mbps，数字资源量 100GB，信息技术课程 1 课时 / 周。普通教室 18 个、专用教室 17 个、实验室 6 个。教职工 90 人。其中高级职称 20 人、中级职称 35 人；专任教师 59 人，北京市骨干教师 1 人；本科以上学历 87 人。开设教学班 15 个。毕业 86 人、招生 175 人、在校生 470 人。

（王宁）

北京市大兴区亦庄中学

校长 王春彦

北京市中芯学校

2016 年，北京市中芯学校（简称中芯学校）是由中芯国际集成电路制造（北京）有限公司投资兴办的一所九年一贯制民办学校。学校占地面积 2.68 万平方米，建筑面积 2.01 万平方米，体育场（馆）面积 1.4 万平方米。图书馆（室）藏书 4.16 万册，订阅杂志、报刊 111 种。固定资产总值 1499.68 万元，全年教育经费投入 4377.53 万元。其中，国家拨款 101.71 万元，自筹经费 4275.82 万元。学校信息化经费投入 67.11 万元，拥有计算机 210 台，多媒体教室座位 1500 个，校园网出口总带宽 90 Mbps，数字资源量 5000 GB，信息技术课程 60 课时 / 周。普通教室 58 个、专用教室 20 个。教职工 195 人，其中高级职称 13 人、中级职称 20 人；专任教师 136 人，包括特级教师 1 人，本科以上学历 173 人。开设教学班 53 个，其中小学 44 个、中学 9 个。毕业生 111 人，其中小学 78 人、初中 33 人；招生 273 人，其中小学 210 人、初中 63 人；在校生 1310 人，其中小学 1152 人、初中 158 人。

（李雅荣）

北京市中芯学校

校长 郭悦沙

北京市第二中学亦庄学校

2016 年，北京市第二中学亦庄学校（简称二中亦庄学校）占地面积 9.03 万平方米，建筑面积 5.49 万平方米。体育场占地面积 1.28 万平方米。图书馆藏书 7.65 万册。固定资产总值 5281.40 万元。全年教育经费投入 6366.86 万元，全部由国家拨款。学校信息化经费投入 200 万元，拥有计算机 688 台，多媒体教室 108 个，信息化设备资产 1233.14 万元，网络信息点数 3600 个，校园网出口总带宽 20Mbps，数字资源量 1000GB，信息技术课程 42 课时 / 周。学校拥有普通教室 108 个、专用教室 19 个、实验室 12 个。教职工 370 人，其中副高级职称 34 人、中级职称 90 人；专任教师 299 人，其中特级教师 6 人、北京市骨干教师 1 人、大兴区学科带头人 2 人、大兴区骨干教师 22 人；教职工本科以上学历 278 人。学校开设教学班 96 个，其中小学班 56 个、初中班 19 个、高中班 10 个、国际高中班 11 个。毕业 419 人，其中小学 243 人、初中 110 人、高中 37 人、国际高中 29 人；招生 644 人，其中小学 354 人、初中 152 人、高中 52 人、国际高中 86 人；在校生 2908 人，其中小学 2044 人、初中 413 人、高中 228 人、国际高中 223 人，包括寄宿生 301 人。高中录取分数线 502 分，应届高考本科上线率 95%。

年内，二中亦庄学校小学部举办主题为“沐浴书香 爱润心灵”首届亲子诵读比赛和主题为“立德树人 · 关注未来”家长沙龙活动。学校首次获评“北京市中小学艺术教育特色学校”和“首批北京市中小学文明校园”。被评为“北京市优质学校”“北京市健康促进学校”“北京市基础教育科研先进学校”“北京市基础教育学生综合素质评价工作先进单位”“北京市中小学科技教育示范校”“中国青少年信息技术创新教育示范基地”。

（侯萱）

北京市第二中学亦庄学校

校长 王教凯（1 月任）

钮小桦（1 月免）

北京市第八中学亦庄分校

2016 年，北京市第八中学亦庄分校（简称北京八中亦庄分校）为公立全日制初级中学。学校成立于 2011 年 9 月，占地面积 2.35 万平方米、建筑面积 1.48 万平方米，绿化面积 9415 平方米，体育场面积 4890.9 平方米。图书馆藏书 19066 册，订阅杂志 35 种、报刊 11 种。固定资产总值 1471 万元。全年教育经费投入 1457 万元，全部为国家拨款。学校信息化经费投入 524.6 万元，拥有计算机 279 台，多媒体教室座位 300 个，校园网出口总宽带 400Mbps，数字资源量 300GB，“信息技术”课程 2 课时 / 周。有普通教室 28 个，音乐、美术、书法、史地、劳技、计算机、舞蹈形体、心育中心、图书室、卫生保健室和体育器材室专用教室 11 个，理化生实验室 7 个。教职工 76 人，其中大兴区编制 55 人，高级职称 6 人、中级职称 16 人；专任教师 59 人；研究生学历 23 人；本科以上学历 55 人；北京八中本部特聘教师 21 人，其中高级职称 15 人；专任教师 15 人，包括特级教师 3 人、北京市骨干教师 5 人。开设初中教学班 12 个，招生 67 人，在校生 189 人。

（冯玉）

北京市第八中学亦庄分校

校长 马一平

北京亦庄实验中学

2016 年，北京亦庄实验中学（简称

亦庄实验中学）是北京市十一学校与大兴区政府共同创办的一所完全中学，经北京市教育委员会批准为综合教育改革实验校，于 9 月 1 日正式开学。学校占地面积 10 万平方米，建筑面积 12 万平方米，体育馆面积 4359 平方米。图书馆藏书 2000 册，订阅杂志报纸 120 种。固定资产总值 3005 万元。全年教育经费投入 8617.53 万元，全部为国家拨款。学校信息化经费投入 1398 万元，拥有计算机 500 台，多媒体教室座位 100 个，校园网出口总带宽 10000Mbps，数字资源量 500GB，信息技术课程 26 课时 / 周。普通教室 151 个、专用教室 75 个。教职工 90 人，其中高级职称 12 人、中级职称 4 人。专任教师 69 人，包括特级教师 4 人；本科以上学历 78 人，硕士研究生学历 58 人，博士研究生学历 8 人。开设教学班 12 个，其中初中班 12 个；在校生 267 人，其中初中 267 人，包括寄宿生 129 人。学校秉承十一学校办学理念，创造“适合每一名学生发展的教育”，培养“志远意诚、思方行圆”的学生，引导学生立志成为某一行业的领军人物或杰出人才。全面嫁接十一学校的课程体系，实施分层、分类、综合、特需课程，以及个别化选择、走班选课组织形式。

（杨婉若）

北京亦庄实验中学

校长　李希贵

执行校长　李长青

职业教育

电科职院为企业举办专业培训

1 月至 6 月，北京电子科技职业学院为开发区企业开展各类业务培训。1 月 8 日，面向开发区企业举办“专利检索分析实务培训”。培训由图书馆、开发区资讯中心、开发区知识产权战略咨询中心联合主办，该校相关专业教师、开发区科技局及相关企业 30 余人参加培训。培训采取“集中授课 + 实战演练”模式，培训专家分别就行业领域专利分析及工作流程、行业领域专利分析报告的选题定位与框架设计、行业领域专利检索要点、行业领域专利分析要点、行业领域专利分析报告撰写要点等进行讲解，学员结合实际案例，运用在线分析工具进行专利检索与分析实战演练，并形成专利分析报告。6 月 13 日—24 日，电科职院为北京奔驰汽车有限公司举办 PLC 基础培训。培训班共 2 期，每期 5 天，42 名奔驰公司员工参加培训。6 月 25 日，该校承办 2016 年开发区高技能领军人才研修班，研修班由开发区人力资源社会保障局主办，来自北京奔驰汽车有限公司、北京航天万源科技有限公司、航天长征火箭技术有限公司、SMC（中国）有限公司等 15 家企业的 116 名特级技师、首席技师及高级技师参加研修。

（王琴）

电科职院为开发区提供社会文化服务

2 月至 11 月，北京电子科技职业学院为开发区提供多类文化服务。2 月，学校体育馆获批北京市中小学体育运动协会北京市击剑运动技能普及认证指定机构。5 月 5 日，开发区图书馆工作委员会第二次会议在学校召开。6 月 17 日，电科职院与开发区资讯中心举办校企合作研讨会。9 月，电科职院体育场正式获批“中国 · 亦庄文化体育活动基地”，对社区居民、开发区企事业单位提供开放服务。11 月 23 日，电科职院图书馆在北京金风科创风电设备有限公司举办金风科创公司分馆启动仪式。

（王琴）

电科职院参与开发区志愿服务活动

3 月 1 日，北京电子科技职业学院与开发区博兴街道办事处共同启动“七彩阳光”志愿服务季活动。60 余名学生志愿者走进博兴街道社区，参与社区环境维护、清除小广告、关爱老人等活动。该校被授予“七彩阳光”志愿者服务站。3 月 4 日，该校协助荣华街道办事处举办“传播志愿薪火，建设大美荣华”志愿文化宣传周，6 名学生志愿者承担宣传周讲解和礼仪工作，为约 2000 人次参观者提供服务，50 余名学生在荣华街道 8 个社区开展慰问孤寡老人、退休老兵和残障老人等志愿服务活动，该校“院社对接”志愿服务项目被评为优秀服务项目，1 名学生获“荣华街道志愿服务之星”称号。同日，该校图书馆 6 名工作人员在开发区党群活动服务中心参加开发区主办的“亦志愿 · 亦快乐”学雷锋志愿服务月启动仪式，现场提供服务咨询及免费办理读者卡服务。

（王琴）

电科职院学生参加多项活动获奖

3 月至 11 月，北京电子科技职业学院学生参加各类活动获奖。3 月 20 日，获第 12 届“高教社杯”高职高专英语口语大赛（北京赛区）非英语专业组二等奖。3 月 23 日，获“2015 年北京高校思想政治理论课学生社会实践优秀论文”评选一等奖 1 项，二等奖 1 项，并获优秀组织奖，是唯一获此奖项的高职院校。3 月 26 日，获首都高校大学生首届足球丙组联赛（高职组）亚军，并获“体育道德风尚奖”。4 月 24 日，获 2016 年“北斗杯”学生定向运动锦标赛高职男子组、女子组第一名，中职男子组、女子组第一名，高职男子团体第一名，中职男子、女子团体第一名。4 月 25 日，获第一届“京津冀”职业学校创新创业大赛特等奖 1 项，一等奖 1 项，二等奖 6 项，三等奖 1 项。该校 3 名教师获评“优秀指导教师”，该校获“优秀组织奖”。5 月 22 日，获北京高校学生第三届兵棋推演大赛决赛二等奖。8 月 14 日，在第二届“挑战杯——彩虹人生”全国职业学校创新创效创业大赛决赛中获高职组一等奖 1 项二等奖 2 项，中职组一等奖 1 项二等奖 1 项。10 月 16 日，学生团队获首都高等学校第八届秋季学生田径运动会男子团体第一名，女子团体第四名，并获丙组团体总分第一名。10 月 23 日，获北京高校“铸剑杯”定向越野公园普及赛高职男子组、女子组冠、亚、季军，并获得高职男子组团体第一名，高职女子组团体第一名。11 月 7 日，获纪念红军长征胜利 80 周年暨第三届中国野战运动冠军赛高校组冠军。11 月 17 日，获“治理拥堵，文明出行”大学生微视频作品大赛最佳创意奖，大赛由北京市公安局公安交通管理局主办。11 月 24 日，获北京高校“吟诵经典品味书香”中华经典诵读吟唱比赛最佳风采奖及朗诵三等奖。

（王琴）

电科职院学生团队参加专业技能比赛获奖

3 月至 12 月，北京电子科技职业学院学生团队参加各类专业技能比赛获奖。3 月 20 日，获“第七届蓝桥杯全国软件和信息技术专业人才大赛”C/C++ 程序设计大学 C 组省赛一等奖 3 项，二等奖 4 项，三等奖 2 项。4 月 27 日，获“第五届 POCIB 全国大学生外贸从业能力大赛”团体三等奖。5 月，在全国职业院校技能大赛中获一等奖 4 项、二等奖 5 项。6 月，获 2016 年北京市大学生电子设计竞赛一等奖 7 项，二等奖 8 项，三等奖 1 项，并获评“优秀组织学校”。7 月 9 日，获第十五届全国大学生机器人大赛 ROBOTAC 赛一等奖（季军）。9 月 12 日，获“2016 高教社杯全国大学生数学建模竞赛”二等奖 2 项，并获北京市一等奖 2 项，二等奖 2 项。11 月 26 日，承办并组织学生参加 2016 年高职高专学生数控技能竞赛，获一等奖 1 项，二等奖 1 项。11 月 27 日，获“2016 年全国高等职业院校学生智能微电网系统安装与调试技能竞赛”一等奖。12 月 17 日，获“2016 年全国大学生投资理财规划大赛”二等奖 1 项，三等奖 1 项。12 月 19 日，获第二届“登峰杯”全国中学生数学建模竞赛初赛全国一等奖 1 项，二等奖 1 项。

（王琴）

杂技学校开设口技培训班

4 月 1 日，北京市杂技学校开设国家级非物质文化遗产口技首届培训班。中国杂技团有限公司总经理、大兴区、朝阳区文委非遗办负责人到会祝贺。国家级非遗口技传承人牛玉亮和弟子展示了精彩的口技段子，并向学员们赠书。校长张红肯定培训班的重要意义，提出热爱口技、刻苦学习口技，她强调不仅要学习技艺，更要学习做人，钟爱艺术，传承文化。口技培训班的成立，贯彻和落实了国务院“保护为主、抢救第一、合理利用、传承发展”的方针，弘扬了中华民族传统文化，传承了口技技艺，为培养优秀的杂技人才奠定了基础。

（刘勇）

杂技学校入文化艺术职业教育教学指委会

4 月 6 日—8 日，第二届全国文化艺术职业教育教学指导委员会第一次全体会议在南京召开。文化部文化科技司司长、全国文化艺术职业教育教学指导委员会主任孙若风，江苏省文化厅党组副书记、副厅长马宁，第二届全国文化艺术行指委委员参加会议。会议再次决定将文化艺术行业指导委员会办公室设在北京市杂技学校，校长张红再次被聘为副秘书长兼办公室主任，副校长孙盛雅被聘为委员兼办公室副主任。

（孙盛雅）

中等职业学校课堂调研专家组调研

4 月 18 日，北京市中等职业学校课堂教学现状调研专家组到北京市杂技学校调研。专家组深入了解学校办学特色，分别深入专业课和文化课课堂，随堂听课 19 节。专家们从教学设计、教学实施、学习效果、特色创新等方面对课堂进行综合评价，并就课堂教学的重点与难点与教师们交流，提出中肯建议。课后，专家与学生们进行交流，并随机抽取部分学生就本节课的学习情况进行评课。听评课是对学校三年来“实践整体课堂管理模式”科研合作项目培训成果的检验，也是对各专业、各教研组教研成果的检验。

（朱筱杨）

电科职院签署校企合作协议

4月至6月，北京电子科技职业学院与两家企业签署校企合作协议。4月13日，该校与北京东方仿真软件技术有限公司签署《合作框架协议》。根据协议，双方将在仪器分析操作、样品分析虚拟仿真项目开发、技能大赛合作与推广等方面开展合作。北京东方仿真软件技术有限公司专门从事流程仿真OTS与培训软件开发，在化工、环境、材料、能源、制药等相关领域从事仿真软件开发和网络视频课程制作。6月13日，该校与曙光信息产业（北京）有限公司签署战略合作协议。根据协议，双方将在自主可控、嵌入式开发、培训基地等方面开展合作，共同开展人才培养、教师培训、实训基地建设、教学资源建设，共同培养首都“高精尖”产业发展所需的高端应用型技术技能人才。

（王琴）

电科职院承办开发区安全生产知识竞赛

4月至6月，北京电子科技职业学院承办“强化安全法制观念，提升员工安全素质”主题安全生产知识竞赛。开发区46家企业63个代表队189名选手参赛。该校于4月和5月组织初赛及复赛，选出6支企业代表队进入决赛。6月7日，在该校图书馆举行决赛。北京金风科创风电设备有限公司代表队获得第一名，中芯国际集成电路制造有限公司、第一三共制药（北京）有限公司代表队获得第二名。

（王琴）

电科职院承办首都高校学生田径运动会

电科职院承办首都高等学校第54届学生田径运动会　　陈思亦 摄

5月14日—15日，由市教委、市体育局主办，北京市大学生体育协会和北京电子科技职业学院承办的“首都高等学校第54届学生田径运动会”开幕式，在电科职院体育场举行。教育部、体育总局、市教委、市体育局等单位领导出席开幕式，70所参赛高等院校校领导、师生4000余人参加开幕式。来自北京70所院校1500多名运动员报名参赛。该校获“最佳承办奖”“体育道德风尚奖”，并获丙组男子团体第一名、女子团体第一名和男女团体总分第一名。

（王琴）

电科职院新增3个贯通培养项目

6月，北京电子科技职业学院在继续承担高端技术技能人才贯通培养项目基础上，新增北京学院贯通培养项目、“高精尖”创新人才培养试验项目和国际学院贯通培养项目。北京学院贯通培养项目按照“3+2+2”培养模式，前3年在该校接受基础文化课程教育及相应职业教育，后4年对接市属本科院校（北京工业大学、北京工商大学）及北京理工大学、中央财经大学2所中央高校与北京学院联合培养（其中本科教育通过专升本转段录取）。“高精尖”创新人才培养试验项目由该校与北京工业大学等 5 所市属本科高校和北京大学、清华大学等 12 所高校“高精尖”创新中心合作开展（其中本科教育通过专升本转段录取，获得市属本科高校学历证书），前 3 年在该校接受基础文化课程教育及相应职业教育，后 4 年由对接市属本科高校以及高校“高精尖”创新中心联合培养。国际学院贯通培养项目由该校与北京工业大学、北京信息科技大学、首都经济贸易大学 3 所市属本科高校和北京航空航天大学中法工程师学院、北京邮电大学国际学院、中国农业大学国际学院合作开展（其中本科教育通过专升本转段录取，获得市属本科高校学历证书），前 3 年在该校接受基础文化课程教育和相应职业教育，后 4 年由北京电子科技职业学院、对接市属本科高校（北京工业大学、北京信息科技大学、首都经济贸易大学）、北京航空航天大学中法工程师学院、北京邮电大学国际学院、中国农业大学国际学院联合培养。3 个项目计划招生人数合计 860 人。电科职院自 2015 年起，与北京市第 35 中学、北京工业大学等市属本科高校合作，开展高端技术技能人才贯通培养项目。

（王琴）

电科职院签署贯通培养试验项目合作协议

7 月 4 日，北京电子科技职业学院与北京第三十五中学签署《高端技术技能人才贯通培养试验项目合作协议》，并举行李大钊铜像落成揭幕仪式。李大钊嫡孙李建生，北京市教委职成处处长王东江，第三十五中学校长朱建民、电科职院党委书记张雅君等领导、相关部门负责人等参加。根据协议，双方将共同开展北京市教育综合改革高端技术技能人才贯通培养实验项目，发挥双方优质教育资源优势，加强贯通培养深度改革和融合，按示范校的标准引入教学计划、课程标准的完善和创新，打造优质师资队伍，创新北京教育综合改革模式，提升贯通培养的管理水平。

电科职院签署贯通培养试验项目合作协议　宫育津 摄

（王琴）

电科职院成为亦庄文化体验活动基地

9 月，北京电子科技职业学院体育场正式获批“中国·亦庄文化体育活动基地”，进一步对社区居民、开发区企事业单位提供开放服务。“中国·亦庄文化体育活动基地”评选活动由开发区工委宣传部、党群工作部、总工会、社发局 4 部门联合举办，旨在拓展亦庄企事业单位职工及社区居民的文体活动场所，进一步完善区域公共文化服务体系。

（王琴）

杂技学校全国第四届和谐杯说课大赛获奖

10 月 21 日—23 日，北京市杂技学校 5 位教师参加在天津举办的全国第四届和谐杯初高中“七说”说课大赛。郭海峰《第 14 课 从“师夷长技”到维新变法》、姜会营《第二章第二节海陆的变迁》、王博《Unit1 Lifestyle Lesson 4 City and Country》、毕小培《Unit 3 is this your

pencil?》均获一等奖，闫春丽《指数函数及其性质》获二等奖。学校获“优秀组织奖”。大赛有来自十几个省市的1000余位教师参加。

（李小燕）

电科职院成立EAL授权认证中心

10月，北京电子科技职业学院获英国机械制造工程领域的国家职业资格认证EAL（Excellence Achievement and Learning）审批，正式挂牌英国EAL授权认证中心。该标准属于NVQ（国际职业资格证书）机械工程职业考评标准，共5个级别，1级和2级由各职业院校取证中心进行基础技能考评，3级和4级结合企业实际工作考评，5级需要具备专业水准和经历的专业人员进行考评。引入英国EAL职业资格认证体系所需的课程体系、授课计划、考评标准、实训设备要求、理论及实际操作练习汇编、教学资料等全套教学支持材料均由英方提供。

（王一舒 王琴）

承办戴姆勒中国职业教育十周年活动

11月9日—10日，北京电子科技职业学院承办戴姆勒中国职业教育十周年系列活动。11月9日，该校进行戴姆勒中国职业教育合作院校生产班学生教学成果展示，戴姆勒生产班6所合作院校搭建展台，共同展示十年来教育教学合作成果。戴姆勒中国职业教育合作院校售后班学生自制电动车“2016星辉挑战赛”在高碑店兴隆卡丁车赛场进行，电科职院获最佳设计奖。11月10日，戴姆勒中国职业教育十周年主题会在电科职院图书馆报告厅举行，电科职院获得“十年合作奖”，该校3名教师获“十年服务奖”。

（王琴）

电科职院成立康明斯产品体验中心

11月17日，北京电子科技职业学院举行康明斯校企合作TEC项目——康明斯产品体验中心揭幕落成仪式。康明斯（中国）投资有限公司副总裁与来自TEC项目各行业合作伙伴的领导、电科职院相关领导共同出席康明斯产品体验中心揭牌仪式。该校康明斯产品体验中心包括柴油机实训室、软技能课程、工具实训室、工具在线学习室等。TEC项目将为学校提供设备、工具，及软技能、安全教育和专业技术课程，旨在提高康明斯所在地区技术人才技术技能水平，帮助学校提高技术人才培养质量。

（王琴）

杂技学校承办全国艺术职教教学公开课

11月30日，杂技学校参加在深圳艺术学校举办的全国艺术职业教育专业与文化教学公开课观摩活动。活动由全国文化艺术职业教育教学指导委员会与深圳市文体旅游局主办、北京市杂技学校等学校共同承办。主题为“中等艺术学校文化及专业课教学的改革与创新——‘高效课堂’及信息化教学公开课观摩与研讨”，来自全国40所职业艺术院校的领导、专家和教师参加。活动举办文化课教学座谈会，5所承办学校的教师逐一交流本校文化课教学改革的经验和思考，以借班上课为形式，展示语文、数学、英语、历史、地理、政治6个学科公开课。北京市杂技学校教师李晓燕展示了高二历史课《第14课从“师夷长技”到维新变法》，得到专家的好评与肯定。

（李晓燕）

电科职院开展专业教学资源库建设

11 月至 12 月，北京电子科技职业学院开展 2 项国家级职业教育专业教学资源库建设工作。11 月 18 日，学校“民族文化传承与创新子库——中国传统金属及泥塑工艺美术”资源库正式列入 2017 年度升级改进项目，是 2017 年度 5 个升级改进项目资源库之一，在 2 年内完成建设任务。12 月 22 日，学校“职业教育移动应用开发专业教学资源库”被确定为职业教育专业教学资源库立项建设项目。项目以移动应用开发领域学习者职业生涯发展及终身学习需求为依据，重点满足职业院校在校学生、企业员工、社会学习者三类对象不同层次学习需求，联合全国高水平院校以及企业，建设移动应用开发专业优质专业资源、课程资源、认证资源、竞赛资源、企业资源等内容，在“能学、辅教”基础上满足个性化学习者私人定制实际需要，依托资源库平台，实现学生学习效果评价，通过大数据为企业出具学生能力分析报告，指导企业招聘和学生就业。项目建设总预算投资 1300 万元。

（王琴）

电科职院获评创博会全国高职双创示范校

12 月 16 日，北京电子科技职业学院获 2016 国际创新创业博览会“全国高职院校创新创业示范校”称号，该校参加“展示高职魅力，助力双创腾飞”高职院校创新创业传播论坛并展出 2 项创新成果。这是国内首次举办国际性“双创”博览会，由中华全国总工会、共青团中央等单位指导，国家信息中心、中国工业经济联合会、中国青年报社、中国职工国际旅行社总社、北京大学校友会等联合主办。

（王琴）

电科职院首批定向培养士官入伍

电科职院首批定向培养士官入伍　　高强 摄

12 月 27 日，北京电子科技职业学院举办首批定向培养士官入伍欢送会暨出征仪式。该校首批 144 名士官生完成为期 2.5 年在校学习任务，进入火箭军某部进行为期半年的入伍实习。中国人民解放军火箭军某部、北京市人民政府征兵办公室、北京市教育委员会、北京市朝阳区武装部等单位领导出席。该校领导、相关部门和专业教师代表，2014 级全体士官生，2015 级及 2016 级士官生代表等 300 余人参加活动。

（王琴）

电科职院教师多项比赛获奖

年内，北京电子科技职业学院教师在多项比赛中获奖。1 月 16 日，1 名教师在首届北京市高校思想政治理论课微课比赛中获二等奖第一名。8 月 21 日，2 名教师获天马杯 2016 年“领秀名师”中国服装版师技能大赛优胜奖。9 月 17 日，1 名教师获 2011—2015 年“数学建模优秀指导教师”称号。11 月 28 日，8 名教师在 2016 年全国职业院校信息化教学大赛决赛中获奖，其中 5 人获一等奖、2 人获二等奖、1 人获三等奖。11 月 5 日，3 名教师在教育部职业院校艺术设计类专业教学指导委员会主办的“2016 年全国第十届职业院校艺术设计类专业院长 / 专业主任 / 教学骨干工作年会暨中国职业型与应用型大学设计教育高峰论坛”暨第七届青年教师“金教鞭奖”讲课竞赛中获奖，其中 2 人获“优秀指导教师奖”、1 人获“金教鞭奖”铜奖。12 月 29 日，5 名青年教师在北京市委教育工委 2016 年北京高校青年教师优秀社会调研成果评比中获奖，其中 1 人获一等奖、4 人获二等奖。

（王琴）

电科职院与企业共建人才培训基地

年内，北京电子科技职业学院与 5 家企业共建实训实践基地。1 月 26 日，电科职院与北京市珐琅厂有限责任公司举行“艺术设计学院校外人才培训基地”授牌仪式。通过合作成立人才培训基地，该校将借助珐琅厂优势资源和技术力量，促进产品设计专业在传统文化传承与创新工作中提高教育实效。4 月 21 日，该校与河北省廊坊市京锐釉料有限公司举行“校企合作”校外实训基地挂牌仪式，该校艺术设计学院相关领导、京锐景泰蓝技术顾问中国工艺美术大师戴嘉林、廊坊市大厂回族自治县领导等参加仪式。通过建立实训基地，双方在保护和传承景泰蓝工艺非物质文化遗产方面展开合作。3 月 24 日，该校与北京市大兴区第二职业学校、中持依迪亚（北京）环境检测分析股份有限公司共同签署“生物技术与环境监测技能工作室”共建协议，进行技术技能型人才培养、双师型教师培训等工作，期限 3 年。大兴区教育委员会领导、大兴二职校长、电科职院相关校领导、中持依迪亚总经理等出席签约仪式。9 月 14 日，“水质测试实验室”暨“哈希（中国）客户体验中心”揭牌仪式在电科职院举行。“水质测试实验室”暨“哈希（中国）客户体验中心”由该校与美国哈希（HACH）公司合作成立，为培养水质分析及应用高端技术技能人才、提高学校环境专业教师教学科研水平和社会服务能力等方面，提供条件保障。12 月 1 日，该校成立“百度互联网营销人才培养基地”，基地将引入百度企业内部业务模块，并转化为教学内容，建立互联网营销课程体系，通过联合授课、师资培训、就业推荐等途径，提高人才培养质量，优化学生职业生涯发展。

（王琴）

职业学校（部分）

北京电子科技职业学院

2016 年，北京电子科技职业学院（简称电科职院）占地面积 45.67 万平方米，产权校舍建筑面积 33.67 万平方米。全年教育经费投入 5.07 亿元，其中国家拨款 4.53 亿元、自筹经费 5375.13 万元。固定资产总值 21.22 亿元，其中教学、科研仪器设备总值 6.72 亿元。图书馆建筑面积 2.28 万平方米，藏有纸质图书 109.67 万册、电子图书 117 万册。拥有计算机 9599 台。多媒体教室座位 8040 个。学校信息化经费投入 868.89 万元，信息化设备资产 2.27 亿元，网络信息点 2.49 万个，校园网出口总带宽 1024Mbps，电子邮件系统用户 970 个，上网课程 150 门，数字资源量 65489GB，管理信息系统数据总量 295GB。设有 3 个校区，26 个系部，开设生物技术及应用、数控技术、计算机网络技术等 44 个专业。教职工 979 人。其中，专任教师 617 人，包括教授和教授级高级工程师 31 人，副教授和高级工程师 239 人；博士 51 人，硕士 179 人；“双师型”教师 378 人。聘请校外教师 102 人。毕业生 3332 人，其中高职生 2274 人、中职生 991 人，成人教育专科生 67 人。毕业生一次就业率 97.63%，一次签约率 86.28%。招生 2368 人，其中高职生 1305 人、中职生 1063 人。高考北京地区提档线文科 150 分、理科 150 分，单考单招 150 分。在校生 8186 人，其中高职生 5298 人、中职生 2858 人、成人教育专科生 30 人。

年内，电科职院新增北京学院贯通培养项目、中外国际学院贯通培养项目和“高精尖”创新人才培养试验项目，开发 43 门创新课程，组建了 17 创新团队。该校“中国传统金属及泥塑工艺美术”资源库列入教育部 2017 年度升级改进项目，“职业教育移动应用开发专业教学资源库”被教育部确立为国家级教学资源库，8 个教师团队代表北京市在教育部全国职业院校信息化教学大赛中获教学设计赛项一等奖 3 项、二等奖 1 项、三等奖 1 项，课堂教学赛项一等奖 2 项，实训教学赛项二等奖 1 项，获奖总数全国第一。该校获市教委批准成立“中德创新学习学院”，开展德国职业教育理念的本土化实践。学生创业社团获 2016 年全国大学生创业活动“百强社团”，学校被中国青年报社联合国际创新创业博览会评为全国“高职院校创新创业示范校”50 强，并获第四届“首都大学生思想政治教育工作实效奖”二等奖，首批士官生完成在校学习任务，进入火箭军某部开始为期半年的入伍实习。该校承办的首都高等学校第 54 届学生田径运动会历史上参赛院校最多、最具职业特色，体现学校的影响力和贡献力。

（王琴）

北京电子科技职业学院
党委书记 张雅君
院长 王海平（3 月免）

北京市杂技学校（北京市国际艺术学校）

2016 年，北京市杂技学校（简称杂技学校）又称北京市国际艺术学校，是北京市重点中等职业学校、中国艺术职业教育学会常务理事单位、北京市职业教育先进单位、全国教育科研先进单位及杂技紧缺人才培训基地、北京市非物质文化遗产传承教学基地、北京市“三八”红旗集体。杂技与魔术表演专业为北京市中等职业学校示范专业。学校占地面积 5.2 万平方米、建筑面积 5.1 万平方米，拥有现代化的教育教学设施。全年市财政教育经费投入 5621 万元。拥有在校生 776 人，其中包括来自俄罗斯、越南、缅甸、柬埔寨、韩国、日本、欧美等 30 多个国家的留学生。毕业生 160 人，新入学生 207 人，同时还有来自美国、英国、新西兰、法国、澳大利亚、孟加拉等 16 个国家的留学生 57 人。教职工 149 人，其中教师 101 人。学校设有杂技与魔术表演专业、美术绘画专业、戏剧表演专业、舞蹈表演专业、运动训练（武术）五大专业。杂技专业作为学校龙头骨干专业，在国际、国内杂技赛事中表现突出，独立获金奖 17 枚，与中国杂技团有限公司合作获金奖 12 枚。

年内，杂技学校完成 2 项国家级课题、

2 项北京市级课题、10 项校级课题的研究工作。完成“2016 年北京市中等职业学校课堂教学现状调研组”的调研工作。高考取得优异成绩，500 分以上 23 人，平均分 426 分，超出艺术类本科录取线 80 分。杂技学校创编杂技儿童剧《相信好梦来》《追梦》，群舞《腾格里·祭天》和武术剧目《棋心剑意》4 个新优秀剧目。其中，《追梦》斩获 2016 年全国职业院校技能大赛《中华优秀传统文化艺术表演赛》一等奖和优秀表演奖；《腾格里·祭天》获第四届“荷花少年”全国舞蹈展演专业组“星光少年”称号，学校获“优秀组织单位”称号。武术专业参加 12 项比赛，其中全国类大型比赛 5 项，获证书 283 个，其中个人项目第一名 94 个，第二名 79 个，第三名 86 个；集体项目优秀证书 10 个。13 人获国家二级运动员证书，1 人获国家一级运动员证书。

（刘晓霞）

北京市杂技学校

校长 张 红

卫 生

综合管理

概况

2016 年，开发区社发局构建区域医疗服务网络，优化区域医疗布局，完善医疗应急救援体系，提升公共卫生管理和服务质量，加强医疗卫生基础建设，推进同仁医院二期项目建设，促进东方医院南院区升级改造工作。

（李丰）

东方医院南院区进行升级改造

2 月 11 日，开发区社发局召开东方医院升级改造启动会。3 月，开发区建设局基建办对东方医院南院区升级改造项目进行立项。8 月 16 日，东方医院南院区升级改造工程正式动工。开发区总公司负责升级改造所需医疗和办公设备的采购工作，通过市发展改革委“北京市招投标公共服务平台”进行公开招标。

（李丰）

组织区域公共卫生培训

4 月，开发区社发局组织召开区域公共卫生培训。培训内容包括突发事件应对、传染病防控管理、卫生监督管理、医学知识讲座、义诊咨询等，促进企业规范卫生管理行为。开发区内百人以上企业公共卫生管理员 200 人参加培训。

（李丰）

开展职业健康调查

9 月至 10 月，开发区社发局应北京市疾病控制中心要求，在开发区内开展劳动密集型电子制造服务业从业人员职业健康状况调查。参与单位包括富智康精密电子（北京）有限公司、揖斐电电子（北京）有限公司、诺兰特移动通信配件（北京）有限公司、乐金化学显示器材料（北京）有限公司、中科晶电信息材料（北京）有限公司 5 家企业，收取调查问卷 1948 份。

（李丰）

组织无偿献血 2.26 万毫升

年内，开发区社发局分别在富智康精密电子（北京）有限公司、汇龙森科技园开展两次团体无偿献血活动。年度累计献血 2.26 万毫升。缓解夏季酷热天气对血液库存的影响和冬季街头采血量下降的问题。

（李丰）

完善医疗应急救援体系

年内，开发区社发局完善医疗应急救援体系。建立健全由开发区社发局统一调度指挥、120 急救中心东区分中心院前急救、同仁医院南院区院内救治，其他成员单位配合的各司其职、高效衔接的联动机制。为世界机器人大会、双创周、科技学术月等 30 余项大型活动提供医疗保障。

（李丰）

医疗工作

同仁医院南区院长当选 APAO 候任主席

3 月 1 日—5 日，首都医科大学附属北京同仁医院经济技术开发区院区院长王宁利在新加坡举行的世界最大的区域性学术组织亚太眼科学（APAO）第 32 届亚太眼科学术会议上当选 APAO 候任主席，成为 APAO 自成立以来第一位来自中国大陆的候任主席。APAO 成立于 1960 年，宗旨是推动和提高成员国的眼科发展水平，尤其是推动国际化的眼科教育。院长王宁利在 APAO 担任副主席、防盲常务委员会主席时，推动中国与亚太眼科的发展，曾经获多项亚太和国际奖项。王宁利当选 APAO 候选主席，标志着中国眼科学者的工作获得国际同行的肯定，成为国际眼科学术的领导人，扩大中国眼科学者在国际眼科学界的影响力。

（月梅兰）

振国特色医疗推广培训会举行

3 月 12 日—16 日，2016 振国特色医疗推广培训会在珠海振国肿瘤康复医院举行。振国集团董事长王振国、总经理王磊、宣传部部长陈绍学、生物中心主任王静明，以及广东、广西、湖南、江西、四川、云南、贵州、甘肃 8 省（自治区）24 个地区 40 位医生和专家参加。培训内容是中西医结合治疗肿瘤的新技术、新方法，40 名医生取得结业证书。

（张晓亮）

全国彩丝带先进志愿者表彰大会举行

2016 全国彩丝带先进志愿者表彰大会　单位提供

4 月 13 日，由新华网、中国妇女报社、北京抗癌乐园、振国医疗集团联合主办的“第六届全国彩丝带志愿者表彰暨防止肿瘤复发转移新成果报告会”在北京举行。全国各地的彩丝带志愿者、医护人员和媒体记者 300 人参加。大会表彰全国 120 名彩丝带先进志愿者，树立十大标兵。以北京为主会场，上海、广州、珠海、重庆、天津、沈阳、长春、成都等 26 个分会场，彩丝带志愿者爱心传递发起者王振国教授为全国 1000 名康复 5 年以上的肿瘤患者过“生日”，并启动“为 1000 名肿瘤患者家属免费预防肿瘤筛查”公益行动。

（陈绍学）

同仁医院南区京医通自助挂号正式上线

同仁医院南区京医通自助挂号系统上线　　单位提供

4月，首都医科大学附属北京同仁医院经济技术开发区院区京医通自助挂号系统正式上线。30台京医通自助机、京医通微信平台和医院现场窗口，共享未来一周预约号源和当日挂号源，取消手工加号条，规范医患双方预约行为，将复诊和转诊患者提前纳入预约系统。该系统通过调整预约号分配规则，优化建卡关联窗口，方便患者使用自助系统预约挂号。

（月梅兰）

同仁医院南区等7家医院成立医联体

4月，首都医科大学附属北京同仁医院经济技术开发区院区与大兴区人民医院、大兴区红星医院、旧宫医院、亦庄医院、青云店镇中心卫生院和瀛海镇中心卫生院6家医疗机构，建立医联体合作关系。大兴区卫计委在同仁医院南区组织召开医联体建设工作研讨会，合作医院与同仁医院南院临床医技科室主任沟通合作需求，初步制订合作模式和方案。

（月梅兰）

亦庄医院高血压预防专项工作启动

6月2日，亦庄医院召开“H型高血压强化干预与筛查”专项工作启动会。启动会由副院长郑津京主持，社区科科长杨莉解读《H型高血压强化干预及筛查工作方案》；H型高血压项目组博士王伟从项目实施要点、项目背景介绍、项目方案摘要、项目工作流程四大方面，详细介绍H型高血压项目的相关知识。主要科室负责人和临床医生70人参加。截至年底，亦庄医院共筛查500人，强化干预500人。筛查过程中，同时出现以下2种情况就称为H型高血压：确诊为高血压，收缩压≥140mmHg和/或舒张压≥90mmHg；血浆同型半胱氨酸水平(HCY)≥10umol/L。

（何霞）

亦庄社区卫生服务中心妇幼保健站检查

6月12日，亦庄社区卫生服务中心妇幼保健站接受由大兴区妇幼保健院妇保科、儿保科等相关科室组成的督导组督导检查。检查内容包括高危孕产妇管理及录入，高危新生儿智力筛查、叶酸免费发放、孕产妇健康教育开展等方面工作，检查通过现场查阅资料、随机抽取电话核实相结合的方式进行，检查考核组专家对妇幼保健站工作给予肯定，并对工作中存在的不足，提出进一步完善与改进的意见和建议。

（何霞）

国家康复医院通过医疗机构校验审核

12月13日，北京医学会受市卫生计生委委托，组织专家一行7人到国家康复辅具研究中心附属医院进行医疗机构校验现场审核。副院长吕泽平进行校验申请汇报。专家评审组实地检查医院门诊、病区、药房、手术室、检验科、影像中心、口腔科、供应室、医疗垃圾站等，并给医院提出建设性的意见。经评审，国家康复医院校验审核合格。

（王文佼）

国家康复医院为百姓普及健康知识

年内，国家康复辅具研究中心附属康复医院联合开发区荣华街道、博兴街道办事处为百姓普及健康知识。活动以讲座、义诊为载体，为辖区内 9 个社区居委会、1 个社区筹备组、3 个社区服务站的居民，开展健康知识普及教育系列活动。举办 29 场健康讲座、参加开发区 12 场免费健康咨询活动，为亦庄社区服务中心举办活动提供医疗保障 3 次，为经开企业大道园区举办活动提供医疗保障 2 次。

（王文佼）

卫生单位（部分）

首都医科大学附属北京同仁医院经济技术开发区院区

2016 年，首都医科大学附属北京同仁医院经济技术开发区院区（简称同仁医院南区）接待门急诊达到 75.27 万人次，其中门诊 57.78 万人次、急诊 17.49 万人次、急诊抢救 3903 人次，抢救成功率 95%，入院 2.78 万人次、出院 2.78 万人次。

（月梅兰）

首都医科大学附属北京同仁医院
经济技术开发区院区
院长　王宁利

国家康复辅具研究中心附属康复医院

2016 年，国家康复辅具研究中心附属康复医院（简称国家康复医院）接待门诊患者 2.39 万人次，比 2015 年增长 320%；住院患者 1972 人次，比 2015 年增长 14.5%；收治“福康工程”“明天计划”患者 924 人，累计患者近 3000 人。2 个公益项目执行 4 年，医护人员足迹踏遍西藏、新疆、青海、甘肃、贵州等 20 个省、自治区，筛查贫困残障人士近 1 万人。国家康复医院牵头申报“十三五”重点专项“增材制造与激光制造”中的“个性化植入假体增材制造关键技术”项目启动。年内，医院获“2016 人民好医生”优秀组织奖、名誉院长秦泗河获“2016 人民好医生”特别奖。矫形骨科完成第一例临床患者膝关节畸形的 3D 打印。

（王文佼）

国家康复辅具研究中心附属康复医院
院长　樊瑜波

北京振国中西结合肿瘤医院

2016 年，北京振国中西结合肿瘤医院（简称振国医院）全面推广特色治疗，几项主要治疗技术开展频次均创历史最好水平，介入治疗 1055 人次、超声聚焦刀治疗 1567 次、热疗 1255 次。各项临床技术的有效开展，住院患者缓解率提升 10%、部分缓解率提升 5%、完全缓解率提升 3%，总有效率达到 90%。患者平均满意度达到 98% 以上。12 月 17 日，振国医院举行捐款仪式，日本慈善家滝久雄捐款 1 亿日元，用于救助贫困肿瘤患者。著名肿瘤专家王振国与北京振国医院副院长孟宪功在《中国保健营养》2016 年 9 月第 22 期第 26 卷发表“白花蛇舌草注射液冲击治疗肝癌近期疗效研究”；在《医药卫生》2016 第 5 卷发表“中西医结合冲击疗法防治肿瘤复发转移疗效分析”；

在《医药卫生》2016年11月第3卷发表"复方天仙胶囊联合白花蛇舌草逆转胃癌前病变临床研究""中西医大综合冲击治疗晚期肺癌近期疗效研究"4篇学术论文，振国医院住院部医师张建在《医药卫生》发表"大剂量附子治疗脑瘤典型病例分析"一文。

（邓玉生 陈绍学）

北京振国中西结合肿瘤医院

院长 王振国

北京市大兴区亦庄医院

2016年，北京市大兴区亦庄医院（又名亦庄镇社区卫生服务中心）简称亦庄医院，分为南、北两个院区，建筑总面积1.13万平方米。固定资产3233.48万元，其中医疗设备350台、总价值2017万元。总资产1.02亿元，比2015年增长24%；业务收入1.03亿元，比2015年增长14%。拥有职工331人，其中正高级职称5人、副高级职称18人、中级职称57人、初级职称179人。硕士学历10人，全院本科以上学历占57%，大专学历占29%。另外，医院聘请来自及同仁医院、天坛医院、鼓楼中医院等多位中医科、神经内科专家到亦庄医院出诊。医院设有内科、外科、妇产科、五官科、中医科、口腔科、儿科、体检科、检验科、超声科、药剂等临床医技科室，有妇幼保健站、预防保健站、卫生监督站3个公共卫生服务科，下设贵园、三羊、天宝园和林肯4个社区卫生服务站。医院有内外妇3个病区，69张床位。配备有CT、DR、进口彩超、全自动生化分析仪、阴道镜、C形臂等大型医疗设备。8月，亦庄医院门诊药房自动化发药机正式运行。10月27日，获"全国百强社区卫生服务中心"称号。

（何霞）

北京市大兴区亦庄医院

院长 陈宝军

文 体

概况

2016年，开发区社发局以建设健康北京为总目标，健全全民健身公共服务体系，发挥政府公共服务职能，深化政府主导、部门协同、全社会共同参与的工作格局，推进区域群体工作发展，完成全年各项工作任务。根据北京市政府颁布的《北京市全民健身实施计划（2016—2020年）》，编制《北京经济技术开发区全民健身实施计划（2016—2020年）》，对"十三五"时期开发区全民健身事业发展进行了系统规划与部署，体现开发区全民健身事业发展的延续性、规范性、融合性和创新性，突出落实全民健身和健康中国两大国家战略，彰显开发区全民健身工作的特色和亮点，作为指导开发区新周期全民健身事业发展的总体规划和行动纲领。

（李哲晖 侯嘎）

"爱的分贝"演出

1月5日，大型演出"爱的分贝"在博纳星辉剧院演出。爱的分贝全称为爱心分贝听力障碍儿童救助计划。"爱的分贝"是由央视主持人鲁健，央视配音陈捷、王娟联合数10名主持人发起成立的一个关注听障儿童的爱心公益项目。项目通过人工耳蜗手术植入资助、听力语言康复资助、听障儿童家长培训、爱耳知识宣传等形式为听障儿童及家庭提供资助，让听障孩子们得以恢复听力。

“爱的分贝”公益合作启动仪式　　田艳军 摄

（张茹）

第六届拔河比赛举办

4 月 9 日，由北京市体育局、北京市总工会主办，北京市社会体育管理中心，开发区总工会、社发局承办的 2016 年全国拔河新星系列赛北京站暨北京市第六届拔河比赛亦庄分站——北京经济技术开发区职工第六届拔河比赛，在金风大学职工文化体育基地举行。来自 SMC（中国）有限公司、北京博大经开建设有限公司等 30 家企业的 38 支代表队，共计 500 余名一线职工参加。SMC 代表队、博大建设代表队、揖斐电代表队获男子组前三名，博大建设代表队、揖斐电代表队、SMC 代表队获混合组前三名。

（侯嘎）

第九届文化艺术节举办

4 月 27 日，以“劳动筑梦，创赢未来”为主题的开发区第九届文化艺术节开幕。开幕式由开发区企业家、海外学人和高技能人才担当主角，参演人数 500 余人，融汇亦庄“生活之魅”“企业之魂”“文化之韵”，彰显开发区“工程师文化”的演出。第九届文化艺术节围绕开发区内职工群众文化需求，推出高雅艺术演出季系列、红色经典系列、书香亦庄系列、群众文化系列、原创作品五大系列活动百余场活动。相声演出首次被搬上文化艺术节舞台，800 多名观众看演出。

（张茹 王天怡）

公园半程马拉松北京公开赛举办

4 月 30 日，第八届公园半程马拉松北京公开赛在亦庄国际企业文化园西园举办，北京市体育局副巡视员卢宏泽、开发区工委委员、管委会副主任沈永刚一同为比赛鸣枪开赛。500 余名跑者参赛。公园半程马拉松以“专业·跑、绿色·跑、纯净·跑、权威·跑”为运动理念，致力于打造人性化、小规模的精致赛事。9 月 29 日，第 13 届、第 14 届公园半程马拉松北京公开赛在国际企业文化园西园举办。1300 余名跑者参赛。赛事由北京市体育局、北京市体育总会、开发区管委会主办，北京市体育总会秘书处、北京市社会体育管理中心、开发区社会发展局、市政局承办。

（张茹）

第十届“和谐杯”乒乓球赛举办

开发区第十届“和谐杯”乒乓球赛举办　　田艳军 摄

5 月 27 日，开发区第十届“和谐杯”

乒乓球赛在北京金风大学体育馆举办。比赛分为企业组和街道组2个组别，吸引开发区内企业、事业、社区等68家单位，近600人次参加。王军、高德亮、仝鑫、邢立芝分获男子甲组、男子乙组、女子甲组、女子乙组冠军。

（侯嘎）

开展企业党组织联谊活动

6月1日—21日，开发区企业党委组织企业基层党组织16支篮球队参加“企业基层党组织篮球联谊赛”活动，北京四环生物制药有限公司党支部代表队、北京泰德制药有限公司党支部代表队获得前两名；资生堂丽源化妆品有限公司党支部代表队、北京华联印刷有限公司党委代表队等获得“最佳组织奖”和“精神文明奖”。10月28日，开发区企业党委组织企业基层党组织负责人、企业高管在企业文化园举办金秋健步行活动，富士康精密组件（北京）有限公司、北京华联印刷有限公司、拜耳医药保健有限公司等70余家企业党群组织负责人、行政领导干部350人参加。健步行活动为企业党委和企业党群组织负责人搭建沟通平台，增进企业对党建工作的理解与支持。

（任莹）

开展国家体育锻炼标准测试

6月21日—23日，开发区社会发展局组织开展国家体育锻炼标准首批测试活动，约320人参加。11月13日至12月23日，开发区社会发展局在汇龙森科技孵化园区、开发区消防支队、交通大队、北京和利时集团、中芯国际集成电路制造有限公司等企业组织开展首批测试活动的第二批次测试活动，约1200人参加，达标率为81%。

（刘芳）

举办国民体质监测和科学健身大讲堂

6月、11月和12月，由开发区社会发展局组织的“2016年度北京经济技术开发区国民体质监测活动”，先后在金风科技风电设备有限公司、汇龙森科技孵化园、开发区消防支队、和利时系统股份有限公司和博兴街道等单位开展国民体质监测活动，全年完成国民体质监测1000余人次。结合体质测试，开展“百姓健身大讲堂”60余次。

（李哲晖）

举办“七一”合唱展演活动

7月1日，由开发区机关党委与工委宣传部共同主办的“创新路上 党旗飘扬”合唱展演活动在博大大厦召开。开发区工委、管委和总公司领导与干部群众900多人，机关共22支合唱队上台演出。

（郭佳丽）

开发区职工第六届7人制足球赛举行

7月15日，“博大杯”开发区职工第六届7人制足球友谊赛在开发区体育中心举行，来自开发区内企、事业单位21支代表队参加。SMC代表队获得冠军，京东方获得亚军。

（李哲晖 侯嘎）

承办北京市体育公益活动社区行活动

8月6日，由北京市体育局、北京市体育总会主办，北京市体育基金会、北京市社会体育管理中心、开发区社会发展局承办的“2016北京市体育公益活动社区行暨北京经济技术开发区健身操舞大赛”在北京电子科技职业技术学院体育馆举行。

（刘芳）

民族交响音乐会《国乐盛典》上演

10 月 24 日，2016 北京亦庄民族交响音乐会《国乐盛典》在博纳兴辉剧院上演。《国乐盛典》由开发区社会发展局和中国广播艺术团联合主办。中国广播民族乐团演奏十几支经典曲目，包括：G20 峰会曲目《春江花月夜》，民族管弦乐《金蛇狂舞》，笛子演奏《牧民新歌》《夜深沉》《亚鲁》《瑶族舞曲》《花儿随想》等少数民族曲目。《国乐盛典》是历时三年打造的民族音乐品牌，本场大型民族交响音乐会是由中国广播民族乐团为开发区奉献的一场民乐盛宴，900 人参与。

（张茹）

培训开发区二、三级社会体育指导员

10 月底，由开发区社会发展局主办，荣华街道、博兴街道办事处协办，金风科创承办的“2016 年北京经济技术开发区二、三级社会体育指导员培训”在金风大学篮球馆举行。培训邀请国家级柔力球教练员、裁判员赵银龙，首都体育学院副教授、北京市健身操舞协会副会长、健美操委员会主任杨萍，国家级健身气功裁判员高延迎对近 200 名学员进行柔力球、健身操舞类、健身气功类的理论和技术指导。

（刘芳）

举办“博大杯”开发区职工篮球联赛

11 月 5 日，“博大杯”2016 年北京经济技术开发区职工篮球联赛在开发区电子科技职业学院体育馆落幕。联赛由开发区总工会、社会发展局主办，开发区篮球联盟协办，金风科技承办。该赛事从 9 月 14 日开哨，历时一个多月，共有来自开发区各企事业单位的 40 支代表队，600 名运动员、教练员，近 3000 名篮球爱好者参与。最终京东方八代线代表队获冠军，四环生物代表队获亚军。

（侯嘎）

北京 · 亦庄新年音乐会举办

12 月 28 日，2017 北京 · 亦庄新年合唱音乐会开幕。音乐会由北京合唱协会开发区工作委员会、开发区合唱协会联合主办。开发区工委副书记高言杰，工委委员、宣传部长赵雅娟出席。500 多名合唱艺术家和爱好者、10 个开发区内外合唱团登台演绎经典曲目。

（张茹）

开展游泳场馆高危险性经营许可证工作

年内，开发区社会发展局根据《经营高危险性体育项目许可管理办法》，完成开发区内北京朝林松源酒店管理有限公司、长新阳光（北京）国际健身俱乐部有限公司、北京博康君业体育休闲俱乐部有限公司 3 家游泳场馆审批，并颁发高危险性经营许可证。开发区获得高危险性经营许可证的经营单位达 13 家。

（刘芳）

承办 7 场企事业单位赛事

年内，开发区体育中心承办北京强度环境研究所、北京精密机电控制设备研究所、北京宇航系统工程研究所、北京可口可乐饮料有限公司、北京泰德制药有限公司、中冶京诚工程技术有限公司、北京和利时集团等规模上千人运动会共计 7 场，参赛人数 1.5 万余人。

（侯嘎）

完善开发区体育设施

年内，开发区完成开发区体育中心升级改造工程，新建1.2万平方米室外专项球场和1万平方米配套停车场建设，完成450平方米健身俱乐部和450平米培训教室升级工程。在林肯公园小区、X17、X31、天华路派出所、开发区消防支队、亦城文园、上海沙龙社区等更新维护或新建健身路径6套、专项球类场地5块。

（刘芳）

开展职工文体活动

年内，开发区总工会以“博大杯”为载体，组织篮球、乒乓球、毽球、拔河、健步走、足球等10项系列体育赛事，参与职工6万人次。以“亦仁乐活艺苑”为载体，组织“相声慰问专场演出”等139场文体活动，服务职工1.24万人次。职工艺术团组织“迎新春——北京经济技术开发区慰问职工演出”。小品《岗位》、二重唱《给家捎个话》、达人秀《我是达人》等自创自演的作品受到职工群众的欢迎。

（李怀亭 陈京生）

文体单位（部分）

开发区体育中心

2001年10月，北京经济技术开发区体育中心建成。体育中心占地面积5.81万平方米，建筑面积6082平方米。由开发区管委会投资建设，总投资3579万元。作为群众体育活动的主要场所，除了组织各类体育赛事外，每日免费为群众晨晚练开放时间达8小时以上，每天参加各类群众锻炼活动近千人次。

（王立珩）

社 区

完成社区办公和服务用房达标工作

6月，开发区工委组织部组织社区党委、荣华街道和博兴街道两个办事处，对社区内和社区周边可利用房屋进行摸排筛选，与开发区财政局、房地局、社发局等相关部门协商，形成解决社区办公服务用房不足问题的方案。开发区社区党委联合荣华街道、博兴街道办事处，针对天华园一里、天华园三里、卡尔百丽、金地格林小镇、大雄郁金香舍、林肯公园、瀛海庄园7个社区办公和服务用房面积不达标问题，开展调查研究，查摆问题根源，多方寻找房源。按照便于管理、居民自治、资源整合原则，确定租赁、购买、无偿使用3种解决方案。截至年底，所有社区办公和服务用房达到全市350平方米的标准。

（周琳 石磊）

荣华街道办事处

概况

2016年，北京市大兴区荣华街道办事处（简称荣华街道办事处）辖区面积约15.8平方千米，以亦庄镇东南部，凉水河以东地区为辖区范围。辖区四至：东、南至通州区与大兴区边界线，与开发区实际管理的通州区部分接壤；西至凉水河、西环路、天宝北街、科慧大道、北环西路、天华西路、文化园西路，与拟设博兴街道办事处和调整后的亦庄地区办事处（镇）接壤；北至五环路、科创一街，与朝阳区十八里店地区办事处（乡）及调整后的亦庄地区办事处（镇）接壤，办事处位于开发区地盛北街 1 号北工大软件园 8 号楼。有社区居委会 8 个。户籍人口 0.64 万人，社区常住人口约 6.49 万人，流动人口约 9 万人，社区党员人数 693 人。辖区内主管工业园区 20 家，入驻的非生产型、非研发型企业共 646 家，各类商户、门店 660 户。

2014 年 11 月 15 日，根据《北京市民政局关于调整大兴区清源地区和亦庄地区行政区划的批复》（京民划函［2014］50 号），荣华街道办事处成立。行政编制人员 20（现有 19）人，事业编制人员 40（现有 32）人，合同制工人 4（现有 1）人，专职安全员 21 人，网格员 28 人。

环境建设。向辖区企业推广“门前三包”责任制，街道辖区门前三包总数为 761 家。其中，企业 201 家，商户 504 户，做到辖区全覆盖。将街道辖区所划分的七大网格（包括 8 个社区小网格）全部纳入平台。完成大兴区网格化综合管理信息系统二级平台接入工作。

平安建设。对上海沙龙商业区停车、消防设施、治安、市政环境进行综合整治，规范商户经营行为。完成两会等重点节点期间的志愿巡逻工作，累计参与义务治安巡逻人次达 13436 人次。对“六小场所、工业园区物业、非生产研发型企业、规模以上场所”开展日常安全隐患排查 2282 家次，发现的各类安全隐患 1313 余处，通过责令立即整改和限期整改的方式消除隐患 1250 处，整改率达 95%。开展互联网金融企业风险摸底排查，打击非法集资，排查 P2P 网络借贷机构、第三方支付机构、股权众筹机构、互联网保险机构等企业 1797 家。

民生建设。7 月 28 日，荣华街道综合行政服务中心挂牌。截至年底，开展计生、老龄、保障性住房、教育、低保、残联六大类共计 16 项业务。办理计生业务 648 件，老龄业务 1336 件，保障性住房 32 件，低保业务 4 件，残联业务 47 件。完成老年证、老年卡办理 639 人次，养老助残卡、高龄津贴、高龄医疗补助金额 59.61 万元；慰问各社区因患重病、失独、空巢等引起的生活困难家庭 13 户，发放价值 6500 元的慰问品；完成“两节”“重阳节”“敬老月”慰问活动，惠及辖区老年人 1096 人次；完成区天华园一里社区日间养老照料中心项目建设，房屋面积为 335.82 平方米，设置床位 8 张，提供助餐、休闲娱乐、康复、助浴等服务。为社区提供技能培训、康复训练培训、文体活动、日间照料、心理咨询、辅具租赁和志愿服务的“温馨家园”揭牌，总面积 800 平方米。在嘉捷企业汇建立首个企业园区妇女之家。

社区建设。完成天华园一里、卡尔百丽、金地格林小镇和郁金香舍社区办公服务用房达标。完成温馨家园、林肯社区活动室、郁金香舍办公用房和天华园三里厕所的改造。完成天华园二里、郁金香社区儿童乐园改造项目、天华园三里老年人健康步道修建工程、卡尔百丽社区文化长廊项目。结合“一刻钟社区服务圈”和“智慧社区”建设，组织市、区 4 个社区（林肯社区、卡尔百丽社区、上海沙龙社区、大雄郁金香社区）申报示范点建设工作，完善公共服务。开展“一刻钟服务圈”群众需求调查，入户回收调查问卷12987份，完成比率达88.17%。在辖区内为1~3年级学生开办托管班，开课33场次，受惠小学生130人次，在“四点半课堂”开展六一特色活动2场，参与人数110余人。

基层党建和精神文明建设。成立大兴区委党校荣华分校；成立面向企业、社区的“荣华学堂”，推动区域化党建工作开展。按照季节开展街道、社区、企业共同参与的文化活动，打造“志愿季（春天以志愿活动为主）”“青春季（夏天以文娱活动为主）”“活力季（秋天以体育活动为主）”“音画季（冬天以展示交流活动为主）”活动品牌。建立“荣华之声合唱团”。构建“新媒体资源联盟”，在各类新闻媒体发表信息、报道526条。

（梁爽）

北京市大兴区荣华街道办事处

工委书记 刘文虎

博兴街道办事处

概况

2016年，北京市大兴区博兴街道办事处（简称博兴街道办事处），辖区总面积24平方千米，分为河西区和路东区（代管）。以亦庄镇西南部、瀛海镇东部，凉水河以西地区为辖区范围。辖区四至：东至凉水河和通大线，与拟设荣华街道办事处和开发区实际管理的通州区部分接壤；南至新凤河，与调整后的瀛海地区办事处（镇）接壤；西至博兴八路、泰和路、博兴十路、凉水河一街，与调整后的瀛海地区办事处（镇）和调整后的亦庄地区办事处（镇）接壤；北至三海子东路，与调整后的亦庄地区办事处（镇）接壤。其中河西区主要为历史上的鹿圈乡凉水河以西的鹿圈村、宝善村、头号、西五号、九号等地区和太和乡新凤河以北的四海庄、海宴庄、四合庄、烧饼庄等地区。办事处位于开发区博兴8路22号（临）办公楼。有社区居委会5个。户籍人口1280人，其中户籍育龄妇女288人，企业集体户籍200人。社区常住人口88人，社区党员人数41人。辖区内主管工业园区19家，入驻的非生产型、非研发型企业共119家，各类商户、门店187户。

2014年11月15日，根据《北京市民政局关于调整大兴区清源地区和亦庄地区行政区划的批复》（京民划函［2014］50号），博兴街道办事处成立。行政编制人员18人，事业编制人员35人，社工40人，合同制工人10人，专职安全员18人，网格员32人。

环境建设。开展露天烧烤专项整治工作，制止私家露天烧烤行为80起，发送空气重污染预警信息9次。采集437家企业信息。对16个工业园区339家企业进行信息采集，完善154家非生产、研发类企业台账信息，对辖区98家“五小六小”企业，更新20家注销、新增、变更企业信息。

平安建设。推进辖区36家餐饮企业办理安责险工作，开展安全宣传活动10余次，发放宣传品5万余份，烟花爆竹安全燃放横幅、禁放提示牌94块；完成安全员人均200家次执法任务，全年检查企业1002家，发现并消除隐患761处。开展“双百工程”共检查企业 101 家，发放宣传资料 303 份，查找安全隐患 314 处；推广办理安全生产责任险 36 家；做好安全生产条件普查管理工作，台账数据录入企业 327 家。开展联合执法 22 次，暂扣经营车辆 23 辆，没收宣传单 3000 张，非法广告牌 22 块，劝离路边烧烤人员 128 人。全年纠正处置交通违法行为 218 人；贴违法行为告知单 83 张；配合交通民警暂扣违章车辆 40 辆。

民生建设。在亦城名苑、中芯花园、数电园、悦庭、赢海庄园、博客雅苑 6 个社区组建计生专干 5 人，宣传员 142 人。在 4 个社区开展入户计生信息采集工作，共入户 4925 户，发放宣传折页 6000 册。落实“九养政策”，为社区老年人办理老年证 2 张，老年卡 117 张，信息采集 15 人，养老助残卡 6 张，发放养老补贴金 3900 元。开展 5 次 70 岁以上老年人修脚活动；为老年人申请办理 3 张老年食堂就餐卡；为 80 岁以上老年人发放两节服务卡 40 张；发放老年人理发券 60 余张。开展残疾人康复培训、手工制作、义诊等 16 次活动。为老人居家养老提供服务，在养老服务中心设立日间照料室设立 10 张床位。对困难群众、辖区部队开展慰问活动，慰问金额 8 万元，慰问 42 户困难家庭、53 名 80 岁以上老人和辖区消防支队。

社区建设。完成停车场改造，建立起南北长 150 米、东西长 30 米、硬化面积 4500 平方米，投入使用设有三排 216 个车位的停车场。储备防汛应急物资，有防汛沙袋 500 个、雨衣 80 件、雨鞋 80 双、铁球 20 把、水桶 20 个、抽水泵 8 台、发电机 2 台，其他物资根据需求及时补充。完成“7 · 20”大雨应急抢险救援工作，消除安全隐患 86 处，救助私家车 11 辆，并对赢海庄园社区开展应急消毒防疫工作。创建地震安全示范社区，组织社区人员参与地震安全知识培训 2 次，学习防震减灾相关知识；建设电动汽车充电桩 60 个。其中，街道办事处安装 28 个，调试完毕 4 个；中心花园社区安装 4 个，亦城茗苑社区安装 18 个。推动慢行交通系统建设，设立公租自行车网点 17 处，投入公租自行车 340 辆。开展计生政策、防灾减灾知识、适龄儿童入学、见义勇为、免费婚前检查等宣传活动，共 7 次，发放宣传材料 7000 份。组织观看防恐防暴、反间谍宣传片 8 部，受教育人数 2000 人，发放宣传折页 6000 份。张贴公益宣传海报 400 张、文明养犬宣传海报 200 份。实施 “科技提升家居品质生活”主题的美化阳台科技惠民服务活动，发放阳台种植设备设施 976 件套、基质肥料 1200 袋，举办科普讲座二期、组织科普参观 1 次。

基层党建和精神文明建设。组织机关各科室（中心）、各社区党支部、居委会、服务站层层签订《党风廉政建设责任书》63 份，中层以上党员干部签订《廉政承诺书》27 份，实现责任全覆盖。

开展月季主题科普摄影大赛和科普知识竞答活动，向社区科普爱好居民发放《生活科普 100 问》和《生活科普 100 问——旅游专刊》等书籍 100 余份。

（韩晓婷）

北京市大兴区博兴街道办事处

书记 孔祥森

公用事业

综述

2016年，开发区不断优化地区发展环境，形成产城融合、城业互促的良好局面。在全市率先探索工业再生水利用模式，中芯国际、京东方等高耗水企业，全部实现再生水替代自来水。用全市1%的工业用水支持了全市16%的工业总产值；万元GDP能耗0.149吨标准煤，是全市平均单位能耗的1/2。

完成《2016年开发区污水再生水监测方案》，开展2016年开发区管网普查工作，加强对污水处理厂、再生水厂的监管，摸清开发区内污水排放情况，掌握区外污水汇入情况，掌握开发区入境、出境即各区域河道断面水质情况。编制了开发区城市水文系统方案，协助北京市自来水集团亦庄水厂、南水北调办亦庄调蓄池的雨污水排除方案。开发区编制实施开发区和综合配套协作区再生水管网规划，完成亦庄水厂规划。完成旧宫镇、瀛海镇272蒸吨锅炉煤改气工程，基本实现开发区与三镇一园集中供热无煤化。完成110千伏京东方站、科创街站、博兴站、亦庄站智能化改造施工工程和康宁—庆羊110千伏联络线工程；建成配电电缆网实景展示示范区。

实施道路优化升级改造工程，统筹规划有轨电车T1线、亦庄地铁线、S6线和后续有轨电车线路，实现公共交通网络一体化。升级改造23条市政道路，增扩45千米机动车道、36千米慢行车道，增设导流岛、安全岛等便利设施。完成亦庄镇东工业区等5条道路建成通车和管线敷设。优化路口渠化，科学控制交通流量。鼓励社会资本投资，建设公共充电桩573个，新增15辆纯电动公交车，开通电动公交线路2条，新增公租自行车3000辆，其中1000辆为变速车、2000辆为普通车。累计公租自行车4676辆。首次划定共享单车电子围栏存放区1000处。缓解医院、密集小区周边停车难问题，在经海路京东商城总部、西环南路同仁医院周边道路增加停车位406个。

在开发区内主要区域建设3000个无线网络热点，逐步推进主要道路、公共场所免费Wi-Fi全覆盖。布局智慧灯杆网点，创建集公共Wi-Fi基站、智能照明、视频监控、环境监测为一体的多功能数据应用系统。

（张辰）

天然气

北京市燃气集团有限责任公司第四分公司

概况

2016年，北京市燃气集团有限责任公司第四分公司（简称燃气第四分公司）成立于2009年6月16日，设有14个职能部门和运行维护一所、运行维护二所、运行维护三所、运行维护四所、客户服务一所、客户服务二所、营业收费一所、营业收费二所、工程所、社区服务中心10个下属机构。有职工1064人。其中，具有中高级职称36人。管辖范围906平方千米，地跨石景山区、海淀区、丰台区、西城区、大兴区、房山区、东城区、朝阳区。自西二环阜成门桥延阜石路向西经航天桥、定慧寺桥、晋元桥至西六环，中从阜成门桥沿西二环向东南至永定门桥，延南中轴路向南经木樨园桥至南四环大红门桥向东至肖村桥，向南至五环亦庄桥向东至京沪高速。4月8日，燃气第四分公司社区服务中心北臧村综合管理站揭牌成立。4月13日，燃气第四分公司客户服务一所八一厂站获2016年度集团级“荣耀北燃——突击贡献班组”称号。截至年底，辖区内有天然气管线5304.92千米，调压站181座，调压箱4940座，闸井4924座，家庭用户172.35万户，公服用户7730户，采暖制冷用户2223户，生产用户181户。

（董凤荣）

“煤改气”工程完工

11月14日，大兴区魏善庄镇羊坊村村民住宅燃气采暖炉点火，标志着燃气第四分公司本年30个村的“煤改气”工程完工，辖区内1.5万余户村民用上清洁燃气。截至年底，各个村通气工作进入收尾阶段。

（董凤荣）

成立青云店和羊坊村综合管理站

12月5日，燃气第四分公司社区服务中心成立青云店综合管理站和羊坊村综合管理站，负责区域内液化天然气（LNG）供气站及其下游用户的管理。截至年底，开发区燃气第四分公司主营业务班站73个（含5S店）。

（董凤荣）

管辖范围调整

12月14日，燃气第四分公司调整管辖范围，将隶属通州区的管理职责调整至燃气第三分公司。管辖划界涉及开发区和通州区马驹桥镇等地区，由燃气第四分公司对开发区进行整体及统一管理。通州区内其他区域（马驹桥镇等地区）仍按行政区划分原则由燃气第三分公司进行统一管理。

（董凤荣）

北京市燃气集团有限责任公司第四分公司
总经理　宋景祥

北京华油联合燃气开发有限公司

概况

2016年，北京华油联合燃气开发有

限公司（简称华油联合）有员工366人，燃气管道里程超过526千米，承担着北京经济技术开发区的天然气供应，累计通气用户14万余户。

（魏嘉璇）

北京华油联合燃气开发有限公司
总经理 李 健（12月任）
房 伟（12月免）

北京北燃港华燃气有限公司

概况

2016年，北京北燃港华燃气有限公司（简称北燃港华）天然气销售4910万立方米，净利润1538万元，比2015年增长27.2%。公司延伸产业链，推进市场结构、业务结构的调整，推进分布式能源项目，主动参与客户前期能源应用规划，向客户推介燃气空调、三联供、直燃机、热泵、真空锅炉和“港华紫荆”家用厨房设备等燃气策略性产品。公司参加北京市城市管理委员会第一届有限空间作业大比武竞赛获三等奖。

（王英健）

“飞检”应急演练

6月27日，北燃港华开展“飞检”应急演练，此次演练无预演、无脚本、未事先告知。演练模拟燃气中压管道因施工破坏而造成燃气管线泄漏。此次演练时间选择在非工作期间和晚高峰时段，值班人员接警后10分钟到达现场确认险情，后续增援人员30分钟内就位，指挥部成员1小时内就位，协作单位在接到通知后20分钟就位。本次演练整体信息传达通畅，预设时间为30分钟，值班、抢修人员到达现场时间比预设时间早，现场处置迅速、果断，指挥抢险忙而不乱，整个应急演练紧张而有序，为公司面对突发事件的应急能力提升提供经验。

（王英健）

港华紫荆太阳能专用燃气热水器签约

12月2日，北燃港华与北京经开投资开发股份有限公司签署《北京经济技术开发区路东区汀溏（G1R1）项目港华紫荆太阳能专用燃气热水器合作协议》，北燃港华向G1R1项目提供430台港华紫荆太阳能专用燃气热水器。港华紫荆太阳能专用燃气热水器在利用太阳能再生绿色能源的同时，将天然气作为绿色环保能源补充，保证24小时不间断热水供应，提高居民客户使用舒适度和生活品质。本次签约，标志港华紫荆太阳能专用燃气热水器在G1R1项目上的应用前景，也是两家合作公司在未来开发区项目中探索合作共赢、互利互惠模式的开端。

（王英健）

北京北燃港华燃气有限公司
总经理 刘晓刚

电 力

概况

2016年，国网北京市电力公司亦庄供电公司（简称亦庄供电公司）负责开发区59.47平方千米范围内的电网规划建设、运行管理、电力销售和 83801 户的供电服务工作。亦庄供电公司负责管理 10 千伏电缆馈线 274 条，长度 1332.80 千米，10 千伏架空馈线 10 条，长度 89.59 千米。设置 10 个职能部门、两个业务机构、14 个班组。截至年底，公司有职工 95 人。其中，研究生及以上学历 14 人，本科学历 65 人，专科学历 13 人；高级技术职称 16 人，中级技术职称 30 人；技师及以上职业资格 19 人，高级工 41 人，中级工 16 人。全年完成售电量 48.82 亿千瓦时，比 2015 年增长 8.95%，较国网北京市电力公司平均增速高 2.23 个百分点。亦庄供电公司采取“一户一策”电费催缴措施，收缴欠费 552 万元。固定资产原值 18.03 亿元，除大检修调拨资产外，比 2015 年增长 3.29 亿元。内部利润总额 7.44 亿元，完成年度指标 103.97%，排名国网北京市电力公司第三位。城市供电可靠率 99.99%；地区线损率 1.45%，低于指标值 0.54 个百分点；同业对标获得业绩标杆和规划管理、配套保障两项专业标杆；实现全年安全生产无事故目标，累计安全生产长周期 4538 天。

年内，亦庄供电公司推进安装处税务清算、注销工作，完成集体企业改革改制；制定薪酬管理、绩效管理制度，套改集体企业薪酬。公司的 5 项研究课题获得奖励，《基于营配调贯通和配电自动化的“主动抢修”模式构建》获第三十一届北京市企业管理现代化创新成果一等奖，《运用排管检通微创 加快报装接电速度》获第二届青年创新创意大赛北京市电力公司铜奖，营配贯通工作小组《制作低压核相仪放置平台，提高工作效率》获北京市第六十八次质量管理小组成果发布会三等奖，服务之星 QC 小组《长距离可伸缩型抄表设备的研究和应用》获北京市电力公司 2016 年度 QC 小组活动一等奖，集思广益 QC 小组《降低 10 千伏电缆中间头故障率》获北京市电力公司 2016 年度 QC 小组活动三等奖。同时，公司获国网北京市电力公司先进集体、实现安全生产目标单位、优质服务先进单位、业绩考核工作功勋单位等多项荣誉。

（孙特 孙立东）

打造业务末端融合型班组

年内，亦庄供电公司作为国网北京市电力公司末端业务融合的两家综合试点单位之一，进行“三集五大”（即人力资源、财务、物资集约化管理；大规划、大建设、大运行、大检修、大营销体系）顶层设计，打造业务末端融合型班组，再造业务流程、提升服务效率。末端融合机构编制方案获国网北京市电力公司审核通过。配网运营指挥、配网运维、低压抢修三个一体化班组步入常态化运行，实现业务过程、组织机构、人力资源的融合。开展“管理下沉”专项工作，将 6 个部门的 19 名管理人员下沉到一线班组，占全部管理人员的 38%，调整后管理与生产人员的比例由 1:0.89 降至 1:2。完成 110 千伏变电站移交和接收输电通道运维工作。

（孙特 孙立东）

输变电设施纳入开发区规划

年内，亦庄供电公司主动争取电网建设优惠政策，将开发区辖区内的输变电设施规划纳入开发区“十三五”发展规划。实现保护性圈地约 4 万平方米。加快重点项目的储备推进，完成开发区西南 220 千伏变电站可行性研究编制和审核，完成亦庄文化园 110 千伏变电站的扩建工程可行性研究编制、审核、批复，完成瑞新 110 千伏的输变电工程可行性研究编制，完成标厂站新建项目的可行性研究编制。

（孙特 孙立东）

完成 110 千伏多项智能化改造

年内，亦庄供电公司完成康宁—庆羊 110 千伏联络线工程；完成 110 千伏京东方站、科创街站、博兴站、亦庄站智能化改造施工工程；建设开发区办公区应急指挥室和配网演示室，提升地区电网智能化水平。启动第四次市政通道移交工作，梳理已竣工决算待移交通道 87 千米，价值约 5.23 亿元。

（孙特 孙立东）

建成配电电缆网实景展示示范区

年内，亦庄供电公司管理夯实工程项目全过程，提升工程转资进度与工程结算质量，首批试点同期线损系统工作，累计梳理查找修改问题 358 项，线损合格线路增加 71 条，合格台区增加 112 个。建立完善增量和异动数据一体化管控机制，线损管理水平提升。普查电缆基础数据核查通道 270 千米，工作井 6122 个，电缆段 2702 段、长度 1400 千米，建成配电电缆网实景展示示范区。配电网建设改造工程现场核查验收 81 项，组织周、日调度会 32 次，拍摄站、杆、设备照片 1.17 万余张。梳理、整改验收 2011 年以来的审计问题。

（孙特 孙立东）

应对 876.19 兆瓦历史最大负荷考验

年内，亦庄供电公司应用移动作业 APP，实现现场安全管理标准化和规范化。查纠违章施工 53 项，比 2015 年下降 2.5 倍。加强安全管理，组织外包单位作业人员各类培训考试 600 余人次，准入审核 38 家施工企业。开展春秋检、安全月、“三查三强化”专项检查工作，消除隐患 132 项，消除率为 100%。强化风险预警和应急处置，应对 876.19 兆瓦历史最大负荷考验。

（孙特 孙立东）

编制开发区大面积停电预案

年内，亦庄供电公司编制开发区大面积停电预案，首次与开发区应急办联合组织 23 家单位开展大面积停电应急演练。全年启动应急响应 24 次，累计时长 278 小时。实现生产计划全覆盖和全方位管控，临时计划率为 0.4%。全年发生全口径百公里故障率 0.65，较国网北京市电力公司平均值低 69.48%，排名国网北京市电力公司第二位。未发生人身事故和安全责任事故。

（孙特 孙立东）

接电容量 60.3 万千伏安

年内，亦庄供电公司推进“五新”服务专项行动，梳理开发区重点工程、结存项目，接电容量 60.3 万千伏安，完成年度接电容量的 111.67%，比 2015 年增长 77.4%，签订 10 千伏用户工程契约 31 份。

（孙特 孙立东）

低压抢修实现 APP 接单

年内，建设“互联网＋电力营销服务”体系，“掌上电力”和电力微信注册用户 1.92 万户，指标完成率 105.58%；拓展“掌上电力”企业版线上报装服务，受理线上报装 112 户；9 月，低压抢修全部实现 APP 接单，共受理 1224 件，接单成功率超过 99%，提供应急送电服务 2323 次。

（孙特 孙立东）

新能源设施建设

年内，建设新能源设施，布点 33 个充电点设施，建设 515 台充电桩、290 户自用充电设施，完成 7 户光伏新能源并网点的送电工作。建设计量专业及抢修中心周转柜，上线率达 100%。

（孙特 孙立东）

国网北京市电力公司亦庄供电公司

经理 李继东

热 力

概况

2016 年，北京博大开拓热力有限公司（简称开拓热力）有员工 415 人。公司具有职称人数 46 人，其中高级工程师 4 人、注册安全工程师 3 人、中级职称 22 人。年营业收入 5.15 亿元。10 月，完成组织机构调整，将 8 个基层单位合并成 6 个分公司，对 10 个生产经营职能部门进行业务调整、变更名称。开拓热力下设 6 个专业分公司，所辖 5 个热源厂，6 个区域锅炉房。蒸汽供应能力为 935 吨 / 小时，高温热水安装容量为 640 兆瓦 / 小时。新增供热面积 40.73 万平方米；总供暖面积 1287.1 万平方米，新增企业用户 7 户；拥有企业用户 282 户；居民小区 30 个，面积 389.8 万平方米，居民 2.70 万户。公司区域热网 4 个，总管网长度 168.66 千米，其中管线总长度 96.9 千米、高温热水管线总长度 90 千米。换热站 33 个，井室 1951 座。

年内，开拓热力通过方圆标志认证集团有限公司的能源管理体系认证。公司获开发区有限空间作业大比武三等奖。获 2013—2015 年度北京市节能先进集体称号。被北京市志愿者联合会授予开拓热力“首都学雷锋志愿者服务站”称号。开拓热力供热企业燃料成本管控体系的构建与实施获全国国有企业财务管理创新成果（2016 年度）二级证书。

（王宁）

上缴碳排放配额 2006 万吨

5 月 16 日，开拓热力年度发放配额 22.22 万吨，剩余 2006 吨。并通过“北京市碳排放权注册登记簿”上缴剩余配额，完成履约。

（王宁）

防汛抢险工作

开拓热力防汛抢险现场　　张砚涛 摄

7 月 19 日—20 日，北京出现连续性强降雨，雨水大量流入市政蒸汽管网井室内，导致市政蒸汽管网井室发生泡管，影响安全稳定运行。开拓热力适时调整下达生产调度命令。投入柴油发电机连夜进行抽水作业。7 月 20 日—21 日，管网分公司共抽水75座井室，清理、疏通雨水篦子90多个；投入抢险人员46人、工程车9辆、柴油发电机13台、真空抽水泵4台、耐热污水泵22台、轴流风机3台、回转警示灯10台、沙袋200个，完成防汛抢险工作。

（王宁）

北京兴开泰能源科技有限公司成立

7月，开拓热力与北京泰豪科技有限公司共同投资设立北京兴开泰能源科技有限公司，注册资金1000万元。共同研发能源管控中心建设工作，对企业电、气、热、水等能源和耗能工质进行实时采集，并将收集到的能耗数据进行整理存储，为汇总分析和上报作数据支持。

（王宁）

4台35吨蒸汽锅炉氮氧化物减排改造

4台35吨蒸汽锅炉氮氧化物减排改造　　王宁　摄

7月至10月，开拓热力完成4台35吨蒸汽锅炉氮氧化物减排改造及技术验证工作。改造后，4台锅炉氮氧化物排放浓度均降至30毫克/立方米以下，达到新投用锅炉标准，远低于北京市在用锅炉标准80毫克/立方米。第四季度，4台锅炉排放氮氧化物5.6吨，减排量1.5吨，减排比2015年下降21%。

（王宁）

通过报修平台完成保修处理

年内，开拓热力在开通24小时热线服务电话和报修平台的同时，按照市政市容委要求，登陆“北京市供热服务管理平台”开展用户报修处理工作。截至年底，在管理平台处理用户报修122条，涉及29个小区。接到报修后，公司工作人员会在1小时内响应，72小时内予以解决。

（王宁）

锅炉烟气余热回收

年内，开拓热力完成万源分公司五号热源厂和青年公寓锅炉房烟气余热回收项目。余热回收系统总出力7~11兆瓦，回水温度提高10℃左右，锅炉烟道尾部排烟温度由原来的110℃～140℃降低到22℃～30℃，烟囱处观测的“消白”（烟囱基本看不到冒出白色烟气）效果明显。改造后平均节能率12.47%，2015—2016年采暖季节省天然气97.67万立方米，减少二氧化碳排放2111.61吨，减少氮氧化物排放1827.39千克。

（王宁）

北京博大开拓热力有限公司

董事长　卢自峰

总经理　李树栋

热　电

概况

2016年，华润协鑫（北京）热电有限公司（简称华润协鑫）有员工76人，具有初、中、高级职称的14人，注册安全工程师2人。完成年发电量7.52亿千瓦时，供蒸汽38.6万吨，供热水153.18万吨，供冷水3.08万吉焦。举办反事故演习4次，消防演练3次，建立微型消防站。截至年底，实现连续安全生产3845天。

（谭艳）

安全生产工作

年内，华润协鑫开展“安全生产月”“节能宣传周”等活动，对《职业健康管理制度》等6项制度进行修订，开展《中华人民共和国安全生产法》《中华人民共和国环境保护法》、事故案例警示、各类EHS（环境健康和安全）培训共339次，培训3140人次。组织开展季节性及专项EHS检查6次，检查项目涉及物资仓储、天然气系统防泄漏及防爆、起重机械、外包工程安全管理、安全保卫、安全设施、作业现场安全等。

（谭艳）

碳排放权转让5000吨

4月至5月，华润协鑫与华润置地旗下华润物业管理有限公司、华润置地（北京）物业管理有限责任公司在北京环境交易所完成碳排放权线下转让协议。华润协鑫按39.86元/吨的价格出售5000吨二氧化碳配额。交易余额19.93万元，交易标志着华润协鑫由传统的净排放企业成功转型为碳排放权输出企业。

（谭艳）

上缴碳排放配额30.76万吨

年内，华润协鑫开展碳市场交易与碳资产核查、配额清缴工作。完成2015年碳排放权履约工作，上缴碳配额30.76万吨。

（谭艳）

华润协鑫（北京）热电有限公司

总经理　孙昊明

水　务

概况

2016年，北京经济技术开发区市政管理局（简称开发区市政局）完成《2016年开发区污水再生水监测方案》，开展开发区管网普查工作，摸清开发区内污水排放情况，掌握区外污水汇入情况，掌握开发区入境、出境即各区域河道断面水质情况，监测各类数据3324个。编制开发区城市水文系统方案，协助制定北京市自来水集团亦庄水厂、南水北调办亦庄调蓄池的雨污水排除方案。截至年底，完成天通泰文化数码科技园项目等4项水土保持项目初步设计，京东方集团运营与研发中心项目等12个水土保持项目竣工并通过验收。

（蔡霈）

承办北京市水土保持技术交流会

8月，由北京水土保持学会主办，开发区市政局承办的北京市水土保持技术交流会召开，开发区作为水土保持典型示范区，代表区县做典型性发言，与会领导、专家对开发区水土保持工作取得的成绩给与高度评价。同时，市水务局以“北京城市水土保持新模式”为标题，在《北京日报》作了专题报道，海绵城市成为开发区新名片。

（蔡霈）

防汛抢险工作

7月至8月为北京汛期。汛前，开发区防汛指挥办公室重新修订防汛责任制和防汛预案，对2013—2014年安装、已到有效期的防坠网进行统一更换、对开发区内所有雨水管道进行全面疏通排查。“7·20”北京出现汛情，开发区市政局接到求助137起，非紧急求助10起，出动专业养护队伍1457人次，出动各类抢险车辆约150车次。处理和配合有关部门处理险情69起、处理步道塌陷或路面下沉情况90余处、处理井盖顶托300起、清理倒伏树木285棵。大雨期间，对积水路段采取随时清理雨水篦上方覆盖的杂物，设专人看守等方式以减少路面积水；为防止井盖因积水、倒灌而位移，对井盖加压防汛沙袋；对已经位移的井盖码放警示标志，及时补装；启动荣京东街泵站、博大路泵站应急预案，确保下凹立交桥下无积水，保障交通顺畅。汛后，全面巡查，对发现的问题及时标记、及时上报，并组织开展汛后的抢修工作，防止次生灾害发生。

（蔡雳）

自来水

概况

2016年，北京市自来水集团禹通市政工程有限公司亦庄管理所（简称自来水公司亦庄管理所）有职工48人，负责应对开发区范围内自来水管网突发事故和供水管网维修抢修，确保供水管网的安全稳定运行。全年接受入区企业用水咨询服务29户，代用户报装29户，完成安装38户；零活修理完成297处，更换DN100以下阀门276座，更换消火栓15座，保养维修消火栓423座，安排专人专车完成查找暗漏12处、修漏22处，更换井圈井盖2套、井盖29个，长砌井2座，处理无水水微、水质等用水问题232起；完成节假日供水保障任务，共出勤人员260人次、车辆208车次；完成维修业务1022处，出勤人员3066人次、车辆1022车次。参加北京市安全生产监督管理局举办的“2016年有限空间作业大比武”，获“优秀参赛队伍奖”称号，5名参赛职工被授予优秀技术能手奖。

（张然）

改造1.4千米管网消隐工程

年内，根据北京市政府折子工程，自来水公司亦庄管理所完成真武庙三条、真武庙路、太仆寺街、朝阳路、真武庙三里、鼓楼西大街6条道路、胡同，共计1.4千米大、小口径换管工程任务。

（张然）

配合完成“南水”用水工作

11月1日，光机电一体产业基地自备井置换工程开工。截至年底，一期工程完工，包括更换DN100闸门3座、更换DN150闸门3座、更换DN200闸门9座、更换消火栓14座、更换排气阀2座、更换测流阀2座、勾通DN200管线120处、勾通DN400管线30处。

（张然）

北京市自来水集团禹通市政工程有限公司
亦庄管理所 负责人 吕 超

污水处理和回用

为35家排污企业提供专业技术咨询服务

年内，北京博大水务有限公司推广一

体化污水处理设备，为松下电器（北京）有限公司、北京奔驰汽车有限公司等35家排污企业提供专业技术咨询、污水处理系统工况体检和故障诊断服务；开展“水医生”企业污水排放免费体检活动。提供环保急诊服务。实施企业排水污染改造和内部回用项目，承接松下电气机器（北京）有限公司和宝健（中国）有限公司2家大型生产企业内部污水处理设施的委托运行管理项目，完成北京科兴生物医药污水回用项目，配合北京亦庄国际建设公司完成德茂工业园区一体化污水处理设施的前期设计及污水处理站可研方案编制工作。

（张洲栋）

生产再生水1218万吨

年内，北京博大水务有限公司运营的两座再生水厂采用双膜法（微滤+反渗透）工艺，对污水进行深度处理，全年共产再生水1218万吨，比2015年增长2.8%。其中，经开再生水厂产水502.19万吨，日均产水1.38万吨；东区再生水厂产水716.07万吨，日均产水1.96万吨。全年再生水总用量占开发区总用水量的30%。

（张洲栋）

处理污水3832万吨

年内，由北京博大水务有限公司直接运营的东区污水处理厂，负责处理开发区东区的工业废水、生活污水和河西区部分污水，全年处理污水1868万吨。由博大水务参股运营的金源经开污水处理厂，负责处理核心区全部工业废水、生活污水和河西区部分污水，全年处理污水1964万吨。两座污水处理厂处理污水3832万吨，开发区污水处理率达到100%。

（张洲栋）

市政交通建设

概况

2016年，开发区市政局办理行政审批事项193件，非行政审批的事项68件。办理回复政风行风投诉、信访件、“12345”热线电话、“12319”热线电话、管委会值班室及开发区居民反映的投诉330件，主要投诉集中在水务、环卫、道路和交通等方面。妥善处理北京电视台、北京交通广播、《北京青年报》等媒体关注的5起开发区环境事件。

（蔡雳）

4处公交场站建设

年内，开工建设4处公交场站，分别为路东区A16地块停车场，占地面积2877平方米，停车位109个；核心区77号地块北侧停车场，占地面积3690平方米，停车位150个；核心区56S1地块停车场，占地面积1940平方米，停车位72个；路南区N11地块停车场占地面积5000平方米，大客车停车位60个。以上停车场均配套建设低压供电、照明、开设路口、临时用房。核心区77号地块北侧停车场、核心区56S1地块停车场已建成，于11月投入使用。

（蔡雳）

新建573个充电桩

年内，开发区市政局规划新建300

个充电桩，实际新建573个，主要分布在开发区河西区瑞海园一里至六里6个小区、亦庄城乡世纪广场、亦庄贵园地区公共停车场等区域，有效缓解新能源汽车充电难的情况。

（蔡雳）

开通公共交通线路

年内，开发区开通兴58路，为南海家园一里—中芯花园—地铁荣昌东街的接驳车，通过增加运力、增发车次、延长高峰时段运营时间，解决了上述地区居民出行问题。

（蔡雳）

完善公共自行车服务运营网络

年内，为倡导绿色出行，开发区完善公共自行车服务运行网络建设。公租自行车建设分三期进行，包含新建站点124个，新建车桩3000个；投入新车3000辆，其中1000辆为变速车，2000辆为普通车。截至年底，开发区累计有公租自行车4676辆，站点主要分布在地铁沿线、规模企业园区及各大商圈周边；首次划定共享单车电子围栏存放区1000处。

（蔡雳）

新增停车位406个

年内，为有效缓解停车难问题，开发区经海路京东商城总部、西环南路同仁医院周边道路增加停车位406个，超额完成106个。其中，科创十一街（经海四至经海六）增设车位151个，经海五路（科创十街至科创十二街）增设车位130个，西环南路（荣昌西街至建安街）增设车位125个。

（蔡雳）

通 信

邮 政

概况

2016年，中国邮政集团公司北京市经济技术开发区邮政支局（简称开发区邮政支局）实现收入2330万元，超额完成全年经营指标。开发区邮政支局有整编制投递部2个、166人，为开发区内企事业单位和居民提供全方位的邮政普遍服务。

（刘明明）

《丙申年》特种邮票销售达25万元

1月5日，《丙申年》特种邮票发售，开发区邮政支局为邮迷开展预订服务，两天时间实现销售收入15万元。《丙申年》特种邮票由画家黄永玉执笔创作，该套邮票1套2枚，图案内容分别为灵猴献瑞、福寿双至。全套邮票面值为2.4元。

（刘明明）

“双十一”小包进口量7.7万件

11月，“双十一购物狂欢节”为商家举办的大型促销活动。为有效应对包裹邮寄高峰，开发区邮政支局启动三级应急预案，增加三轮车20辆、抽调机车15辆和人力40人，内勤早晚班、晚报外包小时工、外勤增加投递频次，大件邮件集中投送，完成“双十一”小包投送工作。小包进口量7.7万件，增幅194%，创历史新高。

（刘明明）

通邮小区新增7个

年内，开发区邮政支局为开发区内符

合通邮条件的国锐、海梓府、紫金一号、鹿华路10号、金茂悦、白意街1号、宏达南路7个小区办理通邮手续，满足居民的普遍服务需求。

（刘明明）

免费安装邮政智能包裹柜20台

年内，开发区邮政支局免费为开发区内企事业单位和及社区安装邮政智能包裹柜20台。主要位置集中在各大写字楼和人口密集小区，其中博大置业8台、东区9台、亦园国际2台、地盛北街1台，使居民能更深的体会到“最后一公里”的便民服务。截至年底，累计安装邮政智能包裹柜台29台。

（刘明明）

中国邮政集团公司北京市经济技术开发区邮政支局

局长 刘东霞

电 信

概况

2016年，中国联合网络通信有限公司北京市分公司七区局亦庄营销服务中心（简称亦庄电话局）打破传统的固网电话、互联网络接入以及移动电话相结合的产品模式，为企业用户和个人用户提供云数据和物联网等泛通信类产品的全通信服务。截至年底，亦庄地区联通道路基站覆盖率98%，光节点覆盖率100%，光纤入公众客户98%，光纤入商企客户75%。开展“大、物、移、云、I”（大数据、物联网、移动互联网、云存储、系统集成）创新业务产品的整合工作。为中国高等法院、国家税务局、北京住房公积金管理中心等政府职能部门完成京津冀一体化云运营平台搭建。年内，亦庄电话局开设壹中心服务站点、一品亦庄服务站点，为个人客户办理基础业务。

（李迎）

光纤改造用户95843户

年内，亦庄电话局重点推进户户光纤工作。为超过60%的楼宇和园区上千家企业客户实现全光专网，共有95843用户接入光通信网络服务。

（黄文）

中国联合网络通信有限公司北京市分公司七区局

亦庄营销服务中心 局长 刘 杨

有线电视

概况

2016年，北京华开有线电视网有限公司（简称华开有线）负责开发区内建设、运营有线电视传输网络。建设HFC光纤铜轴混合网络有线电视传输网络，覆盖开发区40个居民小区、20多个工业园区，全网线缆铺设里程900千米、接收端口总数量超过11万个；为3万多户居民和100多家开发区企业提供有线电视节目信号，网络覆盖范围超过45平方千米。截至年底，华开有线为开发区居民户免费发放高清、标清机顶盒1000余台，累计向开发区居民、企业用户发放标清、高清数字电视机顶盒2.6万余台，在网传输100多套数字电视节目信号；传输26套高清电视节目，提供40套电视节目的时移互动服务。为开发区企业、政府部门、公务机构、学校、幼儿园等减免有线电视工程费、收视费用25万元。为开发区管委会、工委宣传部、公安分局、消防支队等单位免费义务播放机顶盒开机宣传广告，宣传内容推送覆盖全开发区，公益广告持续播出时间 5000 小时以上。

2016 年，北京歌华有线电视网络股份有限公司经济技术开发区分公司（简称歌华有线开发区分公司）负责推进开发区有线电视用户数字化、高清化。两区有线电视注册 1 万多户，覆盖 20 多个居民小区、5 个工业园区。为辖区内用户传输模拟电视节目 61 套、广播 1 套；平移网中：模拟节目 26 套，数字节目 194 套，广播 18 套，服务 6 套；高清交互数字节目 194 套，广播 18 套，服务 6 套。为政府和区域内的各企事业单位提供网络建设、系统集成等方面的信息化高质量服务。春节、两会等重大节日期间，启动安全传输保障机制，完成有线电视安全传输保障和用户服务工作。9 月 15 日，歌华有线开发区分公司开展全民观影月活动。11 月 15 日，用户可通过扫描歌华有线二维码获取电视院线观影码，在 200 多部精彩大片中挑选一部影片免费观看。

（席志斌 王超 李倩）

华开有线提供有线宽带业务

年内，华开有线继续在开发区的 11 个居民小区内开展 Cable 宽带上网业务，为居民提供 10M 和 30M 速率的宽带接入服务，维持、发展个人宽带上网用户约 2500 户。在开展有线宽带服务的 11 个居民小区的 Cable 方式上网接入率接近 20%。截至年底，累计用户约 5000 户。

（席志斌 王超）

华开有线开展“三网融合”工作

年内，华开有线、北京博大网信科技发展有限公司、北京博大网通科技发展有限公司、北京博大数通科技发展有限公司等单位合作，在开发区有线电视网络覆盖区域内，开展“电视信号经 OTT（Over the top）电视转换转换平台转码后，依托宽带运营商的专网传输承载 IP 化电视信号直播到户”的商用化播出，全年新发展 IP 网络电视用户 2000 余户。IP 电视收视用户累计达 5000 户。

（席志斌 王超）

华开有线发放高清交互机顶盒

年内，华开有线在开发区狮城百丽、博客雅居两个小区发放基于安卓系统的“DVB+OTT”高清交互机顶盒 2000 个，通过中信集团引入中国国际广播公司的 OTT 网络点播内容到 OTT 平台上，为小区居民免费提供 1 万多小时的影视点播资源。

（席志斌 王超）

北京华开有线电视网有限公司

董事长 罗伯明

总经理 蒋振伟

歌华有线开发区分公司启动网格化试点

年内，歌华有线开发区分公司对鹿海苑和亦庄服务站启动网格化试点工作，成立网格化推进工作试点领导小组，下设 3 个专项小组。服务站每位维护人员负责相应的网格，若干个网格组成一个片区，相互协助配合。通过网格化试点，在日常工作中逐步植入地理信息、用户信息等科技管理手段，规范维护工作，提高服务水平和用户感知。

（李倩）

北京歌华有线电视网络股份有限公司

经济技术开发区分公司

总经理 田 秋

党建党务

北京经济技术开发区年鉴 2017

BEIJING ECONOMIC-TECHNOLOGICAL DEVELOPMENT AREA YEARBOOK

综 述

2016年，开发区工委坚持稳中求快进、创新大发展，主动融入国家发展战略，推动全面深化改革，优化地区发展环境，推进全面从严治党，实现“十三五”良好开局。

突出开发区特色，聚焦非公党建，深化党群一体化工作机制，推进“两个覆盖”工作，抓好党组织覆盖和党的工作覆盖，覆盖率89%，完成机关党委和社区党委换届。落实区级领导“五个一”、在职党员进社区等机制，开展“双百双千”城乡共建，密切党群干群关系。

以“新创工程·亦麒麟”品牌为龙头，搭建京津冀一体化平台，完善集聚高端创新人才机制，推进高端产业领军人才发展示范区建设。设立亿元人才奖励基金，开展“博大贡献奖”“亦麒麟”评选表彰，累计吸引高端海外学人3300人，中央“千人计划”入选者63人，占全市总量1/4，北京市“海聚工程”入选者116人，占全市总量1/6。

加强宣传思想文化工作，统筹开发区内外媒体资源，加强平台载体建设，深化爱国主义教育，把握意识形态工作领导权主动权，宣传社会主义核心价值观。推进“文化智谷”建设，提升公共文化服务，举办“文化艺术节”等特色文化活动，推出《筑梦》《勇者无畏》等原创文艺作品，建设以大国工匠精神为核心的北京亦庄文化品牌。

加强党风廉政建设和反腐败工作，把反腐倡廉摆在突出位置，履行“两个责任”，实施主体责任全程记实等制度，加强责任制落实情况的日常管理和专项检查，执行考核结果通报制和末位约谈制。加强警示教育和廉政文化建设，组织观看《永远在路上》《打铁还需自身硬》等警示片，教育党员干部敬畏法纪、坚守底线，保持清正廉洁政治本色。加大“为官不为、为官乱为”专项治理，保持惩治腐败高压态势，营造良好政治生态。

（孙立峰）

综合事务

概况

2016年，中国共产党北京市委经济技术开发区工作委员会办公室（简称开发区工委办公室）负责工委公文处理、保密、信息、机要、服务工作，工委重要会议的组织、重要文件和领导讲话的起草和会议决定事项的督查工作。年内，开发区工委办公室组织工委会议20次，讨论议题90个，形成工委会议纪要20期。组织专题会28次，形成专题会议纪要6期。接收传达中发、中办发、中办通报、厅字（县团级）、京发、京办发、京办通报等机要文件2234份。牵头或参与筹备“两学一做”学习教育党课报告会、两区党风廉政建设大会、领导班子务虚会、开发区年度工作会、经济形势分析会、领导干部大会等重要会议20次。参与组织党和国家领导人参加首都义务植树活动、2016年世界月季洲际大会、2016世界机器人大会、2016首届亦庄“新创工程·亦麒麟”人才评选发布活动等十余次。开发区党政领导班子成员深入企业、社区，走访慰问37名困难党员、退休老干部和高层次人才。两区共同召开“两学一做”学习教育工作部署会。开发区企业党委和党群工作部联合召开“学党章党规、学系列讲话，做合格党员”学习教育动员部署会，200余人参会。

（温晋平 石磊 孙立峰）

1600人次参加政治理论学习系列大讲堂

3月30日起，开发区企业党委探索小型重点分散学、班子宣讲带动学、典型案例启发学、网络媒体引导学、党建课堂轮训学等学习教育方式，提升学习教育效果。邀请6名专家教授，分别到党群活动服务中心、京东贸易有限公司党委、中芯国际集成电路制造（北京）有限公司党总支等重点企业授课，参加授课的企业法人、党员和入党积极分子共计1600人次。

（任莹）

37名保密员参加保密培训

6月，10名保密员分三批参加市国家保密局举办的持证上岗培训。11月11日—12日，27名保密员参加了在大兴宾馆举办的两区保密干部培训。

（温晋平）

“亦庄E党建”微信公众号启用

7月8日，开发区“亦庄E党建”微信公众号启用。中组部和市委组织部领导参加启动仪式。公众号设置“亦起学”“亦动态”“亦党务”等资料存储栏目，收录常用党内规定汇编、开发区党建工作动态、“两学一做”学习教育专题信息、用户在线自测等内容，方便用户查询学习。将自主拍摄的电教宣传片上传到移动端，完善用户“点播”和学习记录模式，提高观看效率和覆盖率。建立在线党支部，支部成员实名注册，完善党员教育远程管理机制。

（石磊）

选举区人大代表17名

9月9日，北京市大兴区选举委员会开发区分会第一次会议召开，设立大兴区选举委员会开发区分会，谈绪祥任主任。下设办公室，王杰群任主任。开发区分会划分为8个选区，共提名推荐各行业各领域初步代表候选人38名。11月15日，为统一投票日。开发区分会登记选民38968人，参加投票选民38233人，投票率98.11%。一次性选举产生区人大代表17名。其中，政党团体推荐代表2名，妇女代表4名，少数民族代表2名，中共党员代表12名，基层一线代表7名，连任代表5名，非京籍代表1名。

北京市大兴区选举委员会开发区分会第一次会议召开　田艳军 摄

（陈伟）

机关事业单位工资改革

10月，依据北京市关于机关事业单位工资改革的相关政策精神，完成工作人员基本工资标准调整和部分津贴补贴纳入基本工资的改革工作。调资涉及干部500余人次，干部工资待遇水平均有不同幅度的增长。落实机关事业单位，养老保险制度改革。按照“老人老办法、新人新制度、中人逐步过渡”的原则，推进养老保险的改革工作，并完成开发区工委、管委会全体在岗在编工作人员和107名退休干部的人员信息、保险待遇核对和信息录入工作。

（郭蓓蓓）

组织领导调研活动48余次

年内，开发区工委办公室参与接待国务院、全国人大、全国政协、中宣部、市委、市政府、市人大、市政协和市相关部门，云南省昆明市、西藏自治区拉萨市等领导到北京奔驰汽车有限公司、中芯国际集成电路制造（北京）有限公司、京东方科技集团股份有限公司、京东集团等重点企业调研18次。牵头或配合组织两区领导到开发区总公司、工委和管委会有关部门、驻区职能局、专业公司、街道、企业、学校、社区等单位调研30余次，重点解决经济发展、社会建设、安全稳定、基层组织建设和人民群众密切关注的热点难点问题。

（孙立峰）

制发文稿61件

年内，开发区工委办公室规范文稿制发工作，编制各类文稿61件。其中，涉及重要工作安排、工委工作规则、表彰奖励、请示报告等内容，制发京开党文号文件11件、京开党函文号文件2件；涉及干部人事变动等内容制发京开干文号文件7件；涉及领导讲话、相关规定、任务部署、活动开展等内容制发京开党办发和京开党办通文号文件35件；涉及专项工作研究、部署、汇报等内容制发工委专题会议纪要6件。

（葛佳）

专项督查党群工作任务32项

年内，开发区工委办公室紧密围绕开发区重大决策部署和中心工作，加强督查促检，会同开发区管委会办公室共同制定并下发《关于进一步加强和改进督查工作的通知》，理顺督查工作机制，明确督查事项、要求。会同大兴区委办公室撰写督查简报 25 期、会同开发区管委办公室撰写督查快报 7 期，专项督查开发区工委各部门承担的年度党群工作任务 32 项，对年初制定的各项任务指标、各类会议决策事项、重点工作进展情况进行逐项督办，协调解决工作中出现的问题和困难，确保各项工作顺利推进。

（吕昊）

强化保密管理

开发区接受保密检查工作　　于晓玲 摄

年内，开发区保密工作领导小组办公室对北京亦庄门户网站、开发区办公自动化系统进行保密检查，填报机关、单位互联网信息汇总表，强化对机关门户网站和办公自动化系统的保密管理。为开发区工委、管委会、总公司领导干部及所有涉密人员和保密干部发放、订阅《红色往事：镌刻在党旗上的保密故事》《保密工作》等保密学习资料。开发区工委办公室与北京加乘阳科技有限公司共同制作《违规交叉使用 U 盘等移动存储介质》《违规在联网计算机存储处理涉密信息》《违规在门户网站发布涉密信息》保密动漫宣传短片，组织全体公务员观看。12 月，在开发区工委、管委会、总公司机关进行非涉密计算机保密检查，围绕组织机构和岗位责任制、宣传教育、信息公开、保密管理工作、信息系统设备保密管理等 6 个方面 37 项，组织开展保密自查自评工作，取得明显成效。

（温晋平）

组织人事

概况

2016 年，中国共产党北京市委经济技术开发区工作委员会组织部（简称开发区工委组织部）围绕新开发区中心工作、服务两区工作大局，推进干部人事管理体制创新，建设建立具有开发区特色的人事人才管理体制，推进高端产业领军人才发展示范区建设，促进开发区创新发展，加快开发区转型升级，为开发区科技创新中心、京津冀协同发展、转型升级绿色发展示范区和宜居宜业和谐新城提供组织保障。

（张学才 陈伟 郭蓓蓓）

市委任免开发区领导

1 月 13 日，北京市委免去贲勇中共北京市委经济技术开发区工作委员会委员职务，并办理退休手续。2 月 24 日，市委任谈绪祥为中共北京市委经济技术开发区工作委员会书记；李长友不再担任中共北京市委经济技术开发区工作委员会书记职务。4 月 1 日，市委任崔志成为中共北京市委经济技术开发区工作委员会副书记。

（张晓立）

干部培训

1月27日，举办2016年组织人事干部培训班，组织开发区工委、管委会、总公司160余名人事干部参加，提高政治素养和业务能力建设。3月3日，举办2016年女干部培训班，108名来自开发区工委、管委会、总公司的女干部参加，提升女性领导干部的综合素质。4月11日至5月20日，举办两区“处级领导干部学习贯彻十八届五中全会和习近平总书记系列重要讲话精神”专题研讨班，开发区工委、管委会处级干部和总公司中层管理人员152人参加。5月30日至6月3日，举办高端产业专题培训。开发区工委、管委会处级科干部，总公司中层干部，开发区高端人才及大兴区处级干部等50余人参加。8月15日—19日，举办园区经济专题培训班。开发区工委、管委会处级科干部，总公司中层干部，开发区党外知识分子联谊会部分理事及大兴区处级干部等42人参加。12月12日至2017年1月13日，举办两区处级领导干部“学习贯彻党的十八届六中全会精神”专题研讨班，开发区工委、管委会处级干部和总公司中层管理人员163人参加。

（张学才 陈伟 郭蓓蓓）

组织2016年年度考核工作

年初，开发区工委组织部对开发区机关和事业单位处级以下工作人员进行年度考核。参加考核人数664人，确定优秀等次131人、三等功奖励30人、嘉奖奖励93人。

（张晓立）

开发区党建联络员办公室更名

3月，开发区党群活动服务中心根据2015年9月8日开发区工委印发的《中共北京市委经济技术开发区工作委员会关于成立北京经济技术开发区党群活动中心的通知》（京开党〔2015〕25号）文件，完成北京经济技术开发区党建联络员办公室更名为北京经济技术开发区党群活动服务中心的工作，并加挂北京经济技术开发区党建联络员办公室牌子。中心主要职责是承办入区企业党员教育管理服务和党组织活动；承担指导和帮助园区非公有制企业开展党的组织建设、党员管理、制度建设等事务性工作；负责与入区企业工会、共青团、妇联等群众组织的沟通协调；负责党群活动服务中心的日常运行管理。

（杨国苹）

成立老干部工作领导小组

6月2日，开发区召开老干部工作座谈会。大兴区委书记、开发区工委书记谈绪祥出席并讲话，开发区工委副书记高言杰宣布成立开发区老干部工作领导小组，由开发区工委副书记担任组长，工委委员、组织部部长担任副组长，成员单位包括开发区工委组织部、工委办公室、工委宣传部、机关党委、总工会、管委会办公室、财政局、社发局、荣华街道办事处、博兴街道办事处10个部门，主要负责贯彻落实中央、市委老干部工作方针政策，研究制定老干部工作的具体实施办法，协调解决老干部工作中的主要问题。

（刘洋）

选派43名干部到区外挂职交流

8月2日，开发区工委组织部下发《关于进一步加强科级以下干部培养锻炼工作的意见》，旨在落实全面从严治党要求，深化干部人事制度改革，通过交流、轮岗、借调、挂职等方式强化干部培养锻炼，促进干部多方位全面发展。全年选派 43 名干部到区外挂职交流。其中，15 人到大兴区镇、街道挂职，11 人到大兴区信访部门挂职，5 人到门头沟区挂职任村第一书记，2 人到上海先进地区挂职，2 人到广东韶关挂职，2 人到河北挂职，4 人到西藏挂职，1 人到江苏挂职，1 人到新疆挂职。接收河北、西藏、湖北、广东、江苏、河南等地挂职干部 21 人。

（张晓立）

北京奔驰首席技师获“中华技能大奖”

12 月 8 日，全国第 13 届高技能人才表彰大会在北京举行，人力资源社会保障部对全国 30 名中华技能大奖获得者和 299 名全国技术能手予以表彰，北京奔驰汽车有限公司首席技师赵郁获“中华技能大奖”。“中华技能大奖”设立于 1995 年，是国内技能人才领域最高的政府奖项，获得者被称为“工人院士”。

（刘静之）

干部人事管理工作

年内，开发区工委组织部调整处级干部 6 批 34 人。其中，提拔任职 7 人，平级改任 2 人，平级交流 2 人，免职和免职退休 7 人，结束试用期正式任职 16 人。落实《开发区科级干部管理暂行办法（试行）》，加强科级干部队伍培养管理，为 3 个事业单位选配 4 名领导班子成员；做好机关事业单位科级和以下干部调配和日常人事管理工作，共调入干部 9 人，内部调整干部 9 人，公开招考、遴选公务员 17 人，调出干部 13 人，办理退休 3 人。

（张晓立 郭蓓蓓）

人才工作

概况

2016 年，开发区工委组织部、海外学人中心落实国家、北京市和开发区各项人才政策，吸引海外人才来开发区创业发展，为开发区人才、海外学人创业和从业提供各项服务。修订完善博大贡献奖评审方案，推动落实第七届博大贡献奖评选工作。指导重点企业根据自身现状和发展方向合理引才、用才，举办系列人才供需交流活动，通过人才引进、解决夫妻两地分居、北京市工作居住证、接收非京毕业生共为开发区内引进人才 4700 余人。加强人才培养平台建设，启动“新创工程高技能领军人才工作室”建设；鼓励和支持企业建立人才联合培养基地。持续优化人才服务环境。广泛开展各层次人才选拔、推荐、引进工作，推荐人才参与各级人才选拔项目，其中 2 人获得国家和北京市留学人员择优资助、7 人获得北京市优秀人才培养资助、3 人获得北京市百千万人才工程项目资助；13 人通过“职称评审直通车”获评教授级高级工程师。新增中央“千人计划”入选者 5 人，累计达到 63 人；新增北京市“海聚工程”9 人，累计达到 116 人；新增“新创工程 · 亦麒麟”入选者 156 人，累计达到 530 人。实现了海内外人才的加速聚集，人才引领区域发展的能力进一步提升。

（王倩倩 郝健强）

首届“新创工程 · 亦麒麟”人才评选发布

开发区举办 2016 首届“新创工程 · 亦麒麟”人才评选发布活　潘清泉 摄

2 月 2 日，开发区举办“创兴创亦 人才聚首”——2016 首届“新创工程 · 亦麒麟”人才评选发布活动。“亦麒麟”意为亦庄的麒麟之才，不仅赞誉获奖人才的德才兼备，更体现北京亦庄以博大的胸怀和海纳百川的姿态召唤各类人才到北京亦庄创新创业，坚持以人才为发展之本、立区之本，在北京亦庄人人皆可成才，人人尽展其才。创建“新创工程 · 亦麒麟”高端人才品牌，旨在通过表彰两区高端领军人才对产业发展的贡献，营造开发区良好的“引才、聚才、育才、用才”的人才发展环境。此次新选出的 126 名领军人才和自 2008 年以来认定的 9 批 247 名“海外高层次人才”共 373 人被评选为首届亦庄“新创工程 · 亦麒麟”人才。开发区领导李长友、梁胜、白文等参加并为获奖人颁奖。北京义翘神州生物技术有限公司总裁谢良志、中芯国际集成电路制造（北京）有限公司运营副总裁赵海军、北京爱思益普生物科技股份有限公司总经理闫励等 10 家两区企业（单位）的 16 名领军人才代表上台领奖。开发区落实第一批 7519 万元的人才政策专项资金，其中包括奖励资金 5980 万元、扶持资金 257 万元、培养资金 1282 万元。此次评选活动，除了奖励额度有所增加外，新的人才政策的奖励范围也更广泛，由原来的偏重海外高层次人才延扩到国内国际两种人才资源，并依据产业功能区人才结构特点将海外高层次人才、科技创新领军人才、经营管理领军人才、高技能领军人才、公共服务领域领军人才及其他经认定的人才统筹到领军人才范围。在政策支撑上，此次认定的领军人才可享受与市级人才（北京市“海聚工程”）同等政策待遇。此外，新的人才政策的地域范围也更宽广，辐射到两区。

（刘蕾 郭明宇）

2 人获留学人员科技活动项目择优资助

3 月，开发区人劳局组织开展了 2016 年度北京市留学人员科技活动择优资助申报工作，推荐 13 个新近留学归国人员承担的项目参加评选。6 月 6 日，经市人力社保局批准，北京诺赛基因组研究中心有限公司石太平、北京百奥赛图基因生物技术有限公司郭朝设 2 人获得北京市优秀类项目资助各 8 万元，并列为市级人选推荐至人力资源社会保障部。7 月 27 日，经人力资源社会保障部批准，给予石太平重点类项目资助 10 万元，给予郭朝设启动类项目资助 3 万元。

（杨琦）

开展职称推荐工作

3 月至 5 月，开发区人劳局组织开展 2016 年度中关村国家自主创新示范区高端领军人才专业技术资格评价工作，推荐 27 人参与“教授级高工直通车”评审，其中 10 人获得教授级高级工程师职称，占全市通过人员的 13%。12 月，开发区人劳局组织开展 2016 年度高端领军人才自然科学和社会科学研究系列研究员直通车评价工作，推荐7人参与“研究员直通车”评审，其中4人获得研究员职称，占全市通过人员的17.4%。年内，推荐5名同志破格参加高级工程师晋级，其中1人获得高级工程师职称。

（杨琦）

校企合作精准对接

4月25日—28日，开发区人劳局、开发区高层次人才服务中心组织开发区内11家重点企业和领军人才创办企业，赴东北大学、大连理工大学、大连海事大学开展实习生招聘活动，并举行校企深度合作研讨会。组织专业对口的企业进行现场宣讲和实习生招聘，11家企业共提供了近百个实习就业岗位。搭建院系与企业的产学研合作平台，组织企业与各院系的领导和科研负责人开展校企合作研讨会，双方针对博士后联合培养、实验室共建、科研项目对接等方面进行交流，并就校企合作模式、对接方式等进行探讨，进一步延展了人才就业工作思路。

（杨琦）

4名博士后获北京市科研活动经费资助

5月5日，经市人力社保局批准，百泰生物药业有限公司、富思特新材料科技发展股份有限公司、北京北方微电子基地设备工艺研究中心有限责任公司和北京利德曼生化股份有限公司4家设博士后科研工作站企业的4名博士后获得北京市博士后科研活动A类资助23万元，科研活动经费主要用于资助在站博士后开展科研活动。此次科研活动资助中，全市共有9人获得8万元以上资助，占全市获得资助人数的7%。其中，百泰生物药业有限公司博士后昝琰璐承担的“单抗药物JY025在体外和体内对于肿瘤的抑制作用”项目获得8万元资助，是历年来给予开发区工作站博士后的最高科研活动资助金额。

（杨琦）

开发区产业人才协会成立

京津冀国家级开发区产业人才协会成立　　田艳军 摄

5月6日，北京经济技术开发区产业人才协会正式成立。会员为历年评选出的亦麒麟领军人才。协会旨在汇集区域内最顶尖的智力资源，通过举办多种形式的论坛、沙龙、研讨会等，以活动促交流，以交流促合作，以合作促发展，加强高端产业领军人才之间、人才与政府之间、区内人才与区外人才之间的互动，构建人才交流生态圈和文化圈，为开发区产业转型升级出谋划策，贡献力量。

（郭明宇 谢东萍）

2人获北京市政府技师特殊津贴

6月，经市人力社保局批准，SMC（中国）有限公司的许建柱和北京中安特科技有限公司的王欣被评为“享受北京市政府技师特殊津贴人员”，每名入选人员获得北京市财政一次性特殊津贴3万元。

（陈果）

京津冀国家级开发区产业人才联盟成立

8月19日，开发区召开京津冀国家级开发区产业人才联盟启动大会。开发区管委会主任梁胜出席并致辞，管委会副主任绳立成为“千人智库——京津冀高端人才创新基地”揭牌。开发区组织部部长王杰群为北美海外人才联络处授牌，管委会副主任沈永刚签署京津冀国家级开发区产业人才战略合作框架协议，市发改委委员张艳林解读京津冀协同发展战略背景下非首都功能疏解与产业转移，北京市与河北省委组织部人才处负责人参加。人才联盟由京津冀16家国家级开发区、保税区发起成立，旨在促进三地人才流动、信息共享、产业转移、项目合作，为京津冀协同发展提供人才智力支持。前期成员主要为京津冀三省市国家级开发区和省（直辖市）级开发区、开发区内具有一定影响力和发展实力的创新产业人才，及具备专业服务能力、致力于京津冀人才协同合作的服务机构组成，并拟邀请国内外知名人才机构加盟。京津冀三地16个国家级开发区和保税区的组织人事部门负责人才联盟的日常联络工作。

（郭明宇 张清华）

7人获北京市优秀人才培养资助30万元

9月26日，经中共北京市委组织部批准，安泰吉（北京）生物技术有限公司曹洋、北京百奥赛图基因生物技术有限公司张美玲、北京航天万源科技公司林汝梁、北京智中能源互联网研究院有限公司付姣、国家康复辅具研究中心单新颖、北京泰德制药股份有限公司崔颖和佟淑文7人所承担的项目获得北京市优秀人才培养资助青年骨干个人项目资助，资助金额共计30万元。北京市优秀人才培养资助工作是市委、市政府支持优秀中青年人才的成长、推动人才工作、加强全市高层次人才队伍建设的一项重要措施，资助工作每年进行一次，截至年底，累计有52名优秀人才获得资助，资助金额总计超过300万元。

（杨琦）

《因你而亦》出版

9月，开发区启动《因你而亦》“亦麒麟”系列人才丛书编撰工作，由经济日报出版社出版，首批出版两册。该书选取38名围绕在亦庄创新创业的“亦麒麟”领军人才，讲述他们的故事，展示他们的风采。

（刘蕾）

举办第二期高端产业领军人才国情研修班

11月3日—8日，开发区举办第二期“领智·亦庄”高端产业领军人才国情研修班，45名高端产业人才参加培训。研修班综合学员需求，量身打造课程体系，邀请金融学专家曹凤岐、局势专家戴旭、致命企业掌舵人王东升与徐和谊、投资领域专家汪潮涌等授课。

（郭明宇）

3人获北京市百千万人才工程项目资助

11月8日，经市人力社保局批准，北京爱普益生物科技有限公司周骋、北京百奥川生物科技有限责任公司石太平、中冶赛迪电气技术有限公司干永革3人获得北京市百千万人才工程培养经费29.61万元，其中周骋获得年度最高资助12万元。

（杨琦）

徐烨烽入选百名科技领军人才培养工程

11月14日，北京星网宇达科技股份有限公司副总裁徐烨烽（原北京星网卫通科技开发有限公司总经理）入选北京市科学技术委员会2017年度“科技北京百名领军人才培养工程”，此次共有30人入选。徐烨烽创建星网卫通后，先后主持完成科技部、发展改革委、市科委等重大科技专项6项和公司重大工程项目10余项，获授权国家发明专利6项，获省部级科学技术奖3项。

（姚珍珍）

新增4家博士后工作站

12月5日，经市人力社保局批准，给予开发区博士后科研工作站5个招收资助名额，共计拨付招收资助15万元。12月8日，经全国博士后管理委员会办公室批准，在北京京东世纪贸易有限公司、北京悦康科创医药科技股份有限公司、北京天地互连信息技术有限公司、北京三盈联合石油技术有限公司4家企业设立博士后科研工作站分站。截至年底，开发区博士后科研工作站企业分站达到32家，累计培养博士后72人，新招收博士后13人。

（杨琦）

开发区人才资源测算报告发布

12月17日，在北京市人力资源研究中心的指导下，发布了《北京经济技术开发区人才资源测算报告》。

（郭明宇）

开发区高端人才达9000余人

截至年底，开发区高端人才达9000余人，两院院士20名，海外学人3300余人。入选中央“千人计划”63人（占北京市的约1/4），入选北京市“海聚工程”116人（占北京市的约1/6），认定“亦麒麟”领军人才374人，入选国家“新世纪百千万人才工程”国家级人选2人、市级人选6人，9人获得北京市留学人员创新创业特别贡献奖，20人享受国务院政府特殊津贴。

（郭明宇）

开发区北美海外人才联络处设立

年内，为广泛联络海外人才，打造京津冀在北美海外人才联系窗口及政策宣传窗口，北京经济技术开发区在加拿大温哥华设立专门服务京津冀的北美海外人才联络处。

（郭明宇）

建设“新创工程·亦麒麟”人才申报系统

年内，开发区海外学人中心协调开发区管委会信息办资源开展“新创工程·亦麒麟”人才申报系统建设工作。完成领军人才在线申报、审批、统计、汇总、分析等功能，试行期间开展第二批“新创工程·亦麒麟”人才申报工作，申报系统的建立，提升了开发区人才工作信息化服务水平。

（孙宁）

开展“新创工程·亦麒麟”人才评估工作

年内，开发区高层次人才服务中心对入选的374名新创工程领军人才发放调研问卷，出版《创新人才发展的“新区模式”——“新创工程”调研评估报告》，报告从新创工程政策特点、成效、模式等方面展开，分析人才和企业对两区产业发展所做出的贡献，对资金发挥作用做出绩效评估，提高政策资金的有效利用率起到了一定借鉴作用。

（刘蕾）

第二批“新创工程 · 亦麒麟”评定

年内，开发区开展第二批新创工程 · 亦麒麟评定工作。通过材料受理、初审、复审和两区联合审查单位资格审查、组织专家评审等一系列程序，认定第二批“新创工程 · 亦麒麟”人才156人，“新创工程 · 亦麒麟”人才创办企业23家。两区累计“新创工程 · 亦麒麟”人才530人，“新创工程 · 亦麒麟”人才创办企业70家。

（孙宁）

基层党建

概况

2016年，中国共产党北京经济技术开发区企业委员会（简称开发区企业党委）通过单独建、联合建、委托培养建等方式，建立党支部95个、流动党支部99个、流动联合党支部25个，非公企业党组织覆盖率达到89%，党员人数达到4868名。开发区企业党委的经验做法在中央电视台、北京电视台、《亦庄时讯》和《组工信息》上播放、刊登。

中国共产党北京经济技术开发区机关委员会（简称开发区机关党委）有党总支3个，党支部49个。党员总数757人。其中，女党员344人，占党员总数的45.4%；少数民族党员45人，占党员总数的5.9%；本科及以上学历党员663人，占党员总数的87.6%；35岁及以下党员323人，占党员总数的42.7%。年内，发展党员15人，申请入党75人。在建设学习型党组织活动中，组织党员网上专题学习和工委领导讲党课、各支部书记带头讲党课。机关700余名党员每人在线学习40小时，内容包括中共中央总书记习近平系列重要讲话、中央和市委最新精神、反腐倡廉教育、党的政策理论知识等，并定期检查各支部学习完成情况。通过开展新老党员入党宣誓和重温入党誓词活动、机关党员“亮明身份 佩戴党徽”活动、评优表彰活动、百姓宣讲活动、两区首届道德模范评选活动等系列主题教育活动，加强正面教育，提高党员党性修养。完成党委换届改选，全面排查所属党总支、党支部换届情况，严格执行基层党组织按期换届制度，规范发展党员程序，参加各支部党日活动，全面提升支部基层党建工作水平。开展“七一”合唱展演、扩大机关文体活动场地、组织百姓宣讲、打造书香机关、组织健康讲座等文体活动，提高机关精神文化素养。在春节和“七一”期间，慰问21名困难党员，发放慰问金5.2万元。在“共产党员献爱心”捐款活动中，764人捐款8.56万元。2月，走访慰问所属企业8名生活困难党员和8名退休党支部书记，对生活困难党员进行帮扶。6月，开发区企业党委与党群活动服务中心、社会发展局合作举办庆祝建党95周年电影周活动，送优秀电影进企业。播放电影28场，约1000名党员及积极分子参与。

（任莹 郭佳丽 杨国苹）

开展企业党支部代表交流活动

1月21日，开发区企业党委组织基层党员进企业参观、交流活动，20余家企业党支部代表参加活动。各企业党员代表到加多宝集团、北京东港安全印刷有限公司两家企业参观。通过交流活动为企业提供相互学习的机会，增进企业间的互动沟通。年内，开发区企业党委组织联合支部党员95名参观白乙化烈士纪念馆、97名党员参观庙上红色爱国主义教育基地，94名党员赴焦庄户地道战参观学习。

（任莹）

走访慰问社区困难党员

1月28日至2月3日，春节期间开发区社区党委走访慰问社区困难党员18名，发放慰问金4.3万元。6月22日至30日，七一期间社区党委走访慰问社区困难党员10人，发放慰问金3.2万元。

（樊新蕊）

13个项目入选企业党委创新孵化工程

2月14日，开发区企业党委下发《企业党委基层党建创新项目孵化工程实施方案的通知》，企业党委所属的各基层党组织从工作思路、组织形式、活动方式、管理理念、制度机制及舆论宣传等方面深挖创新举措，提出项目申报。13个基层党建创新项目入选“开发区企业党委创新孵化工程”，其中8个入选“开发区基层党建创新项目孵化工程”。企业党委推荐的“非公企业党建绩效考评机制的实践与探索”孵化项目，获得“北京市委组织部党建创新项目孵化工程（培育型）”。入选党建创新项目的8家企业申报创新项目。

（任莹）

企业党委党建创新项目孵化工程申报项目汇总表

序号	项目名称	项目类型	实施单位
1	非公企业党建工作绩效考评机制的实践与探索	培育型	党群工作部
2	非公企业“党员人才工程”“3+1”模式的实践探索	孵化型	中芯国际党总支
3	创新“党群之家”模式 破解非公党建难题	培育型	党群工作部
4	实施精细化管理 提高党员发展质量	培育型	中芯国际党总支
5	构建非公企业党群组织建设“融合工作法”	孵化型	航卫党总支
6	非公企业“党员廉洁自律”规律的探索	培育型	华联党委
7	“点子银行”助推非公企业健康发展	培育型	金伯利党支部
8	网络党建升起互联网天空的“党建红云”	孵化型	京东党委
9	佩戴党徽亮身份 彰显党员先进性	培育型	晟邦物业党支部
10	“六大体系” 体现政治引领	培育型	富士康党总支
11	智慧党建 幸福“微”联谊	孵化型	富士康党总支
12	开展“党员闪光”行动 发挥党组织“打塔”作用	培育型	企业党委
13	“互联网+”宣传阵地 助推企业健康发展	孵化型	揖斐电党总支

亦庄置业永康党群工作站建爱心联盟

2月，北京亦庄置业有限公司永康党群工作站关心困难群体，创建公益爱心联盟。截至年底，开展3次“亦家园·易闲置·一起捐”爱心跳骚市场活动，累计收到捐赠衣物800余件、书籍500本。向北京侨爱慈善基金会捐赠书籍500本、新疆阿克陶县乌尊拉村捐赠冬衣350件。

（黄秀敏）

企业党委开展党风廉政建设

4月9日，开发区企业党委与党委委员、企业基层党组织签署《党风廉政建设目标责任书》。3月24日、4月15日和4月22日，企业党委先后组织3期360余人前往北京市廉政教育基地和大兴区新农村——留民营村参观学习，强化党组织书记和党员的责任意识。7月30日，企业党委书记带头讲党课，基层党组织约220名党员听党课。11月，依据《党章》和《中国共产党纪律处分条例》等相关规定，完成对18名违纪违法党员的情况调查和处理工作。主要涉及受到过刑事责任追究的党员和因涉及“黄赌毒”等案件受到过行政处罚的党员。

（任莹）

开发区总公司召开党建交流促进工作会

4月13日，开发区总公司召开首次党建交流促进工作会。总公司党委书记、总经理白文主持，工委副书记高言杰，工委委员、组织部部长王杰群，市委组织部组织处副处长单传华出席会议。开发区总公司领导韩洪英、芦永忠、郭广庆、卢自锋参加，开发区总公司党委副书记、纪委书记韩洪英汇报开发区总公司党委党建工作情况。5个基层党组织代表汇报自身党建工作品牌。博大建设公司党总支书记王春玲汇报了党建品牌在“美丽工地”建设中所发挥的作用；亦庄置业公司党支部书记岳邦宪介绍了“永康公寓梦想家园”党建创新品牌；经开股份公司党总支委员、总工程师熊融围绕“园区党建”，汇报党总支在各园区利用多种方式服务企业发展和员工需求，实现“党建强、发展强”的新局面；博大世通公司党支部书记、董事长黄建华介绍了“党员提案制”工作；新航城公司党支部副书记、总经理曹辉汇报打造“敢于担当、勇于担当、善于担当”的党员队伍以及党风廉政建设工作。高言杰指出，开发区总公司正在进行改制，面临着重大发展任务，需要不断加强党建工作。要抓好党建主体责任的落实，防止出现发展与党建工作“两张皮”的现象，让党组织和党员成为推动企业发展的主力军。

（孙辉 张小燕）

组织入党积极分子培训

4月23日，开发区企业党委在开发区党群活动服务中心举办入党积极分子培训班，57家企业200名积极分子参加。培训通过原文自学、专题辅导、发言交流、知识测试四个板块，提高入党积极分子政治理论修养，加深对党的认识，端正入党动机，确保党员发展工作质量。截至年底，开发区企业党委共有515人递交入党申请书，350人被列为入党积极分子。9月，开发区机关党委举办为期3天的入党积极分子培训，开发区机关69名入党积极分子参加集中培训。培训形式包括集中授课、参观学习、互动交流和开卷测试。

（任莹 郭佳丽）

开发区总公司召开党群工作部署会

4月26日，开发区总公司召开2016年党群工作部署会。党委书记、总经理白文出席会议并讲话，党委副书记、纪委书记韩洪英主持会议。会上，韩洪英对2016年党建、纪检、工会、共青团工作重点作了安排和部署。白文在讲话中指出，高度重视并加强推进党群工作，是总公司党委的一贯传统。2015年，开发区总公司各基层党组织做到规定动作不含糊、创新动作有特色，探索了不少值得总结、推广的经验做法，有效推进了党群工作扎实有效开展。白文要求，2016年开发区总公司要围绕保障有力、和谐稳定、积极向上“三个目标”开展党群工作；要围绕“两学一做”教育、党工团换届、改革稳定“三个重点”推进党群工作；要围绕强化组织、人员、经费“三个保障”落实党群工作，为总公司全面参与两区建设，为总公司深化改革发展，提供强有力的保障和支持。各部门、各单位主要负责人，各单位纪检工作负责人、工会主席、共青团组织负责人、党群部门负责人参加了会议。

开发区总公司2016年党群工作部署会召开　　潘清泉 摄

（孙辉 张小燕）

开发区总公司开展“两学一做”学习教育

4月28日，开发区总公司领导班子成员和各党组织负责人参加两区“两学一做”学习教育工作动员部署大会。总公司党委制定了《关于在全体党员中开展“学党章党规、学系列讲话，做合格党员”学习教育的工作方案》。工作方案强调并重申了中央、市委、两区关于“两学一做”学习教育的总体要求、工作原则、学习教育内容、重点解决的问题、主要措施，并结合总公司实际提出了在学习内容上，将国有企业改革精神、《国有企业领导人员廉洁从业若干规定》等内容纳入学习范围等要求。5月11日，开发区总公司召开“两学一做”学习教育工作推进会，总公司党委有关领导及开发区工委第一巡回督导组成员出席会议。总公司党委副书记、纪委书记韩洪英对总公司“两学一做”学习教育工作进行说明和再部署，开发区工委第一巡回督导组组长作重要讲话，总公司党委书记、总经理白文对如何开展总公司“两学一做”学习教育工作提出了明确要求。总公司“两学一做”工作小组办公室主任蒋希云传达了《习近平同志在中央政治局常委会会议审议“两学一做”学习教育方案时的讲话（节选）》精神。各党（总）支部书记、各单位党群部门负责人参加会议。6月29日，开发区总公司在博大大厦报告厅召开庆祝建党95周年暨“两学一做”学习教育党委书记讲党课大会。工委“两学一做”第一督导组组长孙泰旭及总公司领导班子成员出席大会，韩洪英主持会议。开发区总公司“两学一做”宣讲团通过舞台剧的方式，带领与会全体共产党员重温了不同时期的入党誓词。总公司党委书记、总经理白文以“对照要求‘学’”“按照要求‘做’，在‘两学一做’中扎实推进总公司改革发展”为题，为全体党员讲课。年内，开发区总公司通过“一个微信公众账号、一个理论学习专栏、一系列专题测试、一个宣讲团”，建立起“两学一做”学习教育学习主阵地，开展各类党课活动 229 次。组织开展庆祝建党 95 周年系列庆祝活动，推进两区“双百双千”结对帮扶工作，开展“党员意识提升行动”、合格党支部建设规范和合格党员行为规范大讨论、党费收缴工作专项检查等活动。

开发区总公司召开“两学一做”学习教育党委书记讲党课大会　　潘清泉 摄

（孙辉 张小燕）

试点“党建项目经理”制度

5 月 6 日，开发区工委组织部下发《关于深化领导干部联系企业制度暨选派机关党员领导干部到企业担任“党建项目经理”的通知》，选派开发区发改局、产促局、科技局、建发局、人劳局、总公司 6 名处级副职和中层管理人员深入非公企业担任“党建项目经理”，帮助非公企业开展党建工作。

（石磊）

开展评优表彰活动

5 月，开发区机关党委开展两区评优表彰活动。机关党委坚持民主集中制原则，按照自下而上、上下结合的原则进行 3 轮推荐，两区优秀共产党员 10 名、优秀党务工作者 2 名，两区先进基层党组织 4 个，及开发区机关党委优秀党员 10 名受到表彰。7 月 1 日，纪念中国共产党成立 95 周年表彰大会召开，开发区机关企业事业单位的 51 名同志被授予“优秀共产党员”、10 名同志被授予“优秀党务工作者”，31 个基层党组织被授予“先进基层党组织”称号。

（郭佳丽 石磊）

开展纪念建党 95 周年系列活动

5 月起，开发区企业党委组织企业基层党组织和广大党员开展以“迎七一、话党建”为主题的纪念中国共产党成立 95 周年“十个一”系列活动，活动内容包括开展“先进基层党组织、优秀共产党员、优秀党务工作者”评选表彰活动；走访慰问困难党员；组织开展“新党员宣誓、老党员重温入党誓词，新老党员座谈会”活动；开展“企业党建系列大讲堂”活动；开展“两学一做”学习教育知识竞赛；组织企业党组织书记讲党课；组织开展“我为企业发展献计献策”活动；开展“优秀共产党员事迹宣讲”活动。6 月 30 日，对 10 个先进基层党组织、81 名优秀共产党员、19 名优秀党务工作者予以表彰。7 月，依据绩效考核办法，对 189 个企业基层党组织进行考核评定，对先进党组织给予经费奖励与支持，对 8 个后进党组织进行约谈帮助。开展“共产党员献爱心”活动，52 家企业 1374 名党员、30 名群众捐款 77198 元。

（任莹）

创设“先锋部落”党建教育培训基地

6 月 16 日，开发区创设“先锋部落”党建品牌，认定首批区级党员教育培训基地。坚持以区域化党建为载体，依托社会组织教育培训基地，引导社会培训资源合理利用。建筑工程安全培训体验基地、嘉捷学堂、金风大学、京东大学、北京电子科技职业学院5家单位被授予“先锋部落”称号，推动党员教育培训资源共享共建。其中“嘉捷学堂”立足服务园区中小企业，组建授课团队和师资库，采用市场化运营模式，拓展讲堂、沙龙、论坛、游学等形式，开展活动100余次，覆盖企业720余家，累计参学10000余人次。

（石磊）

组织“我为企业发展献计献策”活动

6月开始，开发区企业党委结合“两学一做”学习教育工作安排，为集中民智、汇集民意，营造全体党员参与企业发展的浓厚氛围，组织开展“我为企业发展献计献策”活动，经过申报、评审等程序，从75家参与企业300余条计策中，共评选出10家先进单位和20名优秀个人。

（任莹）

开发区社会组织党的工作覆盖率达90%

8月9日起，开发区社区党委对开发区的10家社会组织逐户进行排查登记，建账立册。为10家社会组织选派10名党建指导员联系服务、组建群团组织开展工作，成立“功能型”党组织，建立两个社会组织联合流动党支部开展党的工作。截至年底，实现开发区社会组织党的工作覆盖率达到90%。

（启艳春）

优秀基层党组织工作者培训

9月18日—25日，开发区企业党委组织35名优秀企业基层党组织书记，前往江西省赣州市瑞金干部学院学习。培训采取现场教学、实地参观、专家上辅导课和党员讨论学习等方式，提高非公企业基层党务工作者的素质，增强抓好党务工作的责任心和使命感。12月2日—3日，开发区企业党委举办新任党务工作者培训班，来自85家企业的新任党务工作者160余人参加。通过集中授课、分组讨论、模拟实操等方式，对企业基层党建工作中的日常党务工作流程、党支部换届选举工作程序、党建工作绩效管理考核等进行指导。

（任莹）

机关退休党支部党员大会召开

9月21日，开发区召开机关退休党支部党员大会。会上选举产生开发区机关退休党支部班子。开发区工委委员、组织部长王杰群出席会议并讲话。会后，组织老干部进行主题为“不忘初心，继续前进，认真学习贯彻‘七一’讲话精神”的集中学习。

（刘洋）

开发区机关委员会第五次党代会召开

开发区机关委员会第五次党员代表大会召开　单位提供

11月29日，中共北京经济技术开发区机关委员会第五次党员代表大会在开发区党群活动服务中心召开。选举产生中共北京经济技术开发区第五届机关委员会委员11名、选举产生5名机关纪律检查委员会委员。大会后，分别召开第五届机关委员会和机关纪律检查委员会第一次全体会议。会议选举产生中共北京经济技术开发区第五届机关委员会书记、副书记。同时研究讨论委员分工，选举产生机关纪律检查委员会书记。选举结果经中共北京经济技术开发区第五届机关委员会第一次全体会议审议通过。

（孙丽惠）

两个标准化园区党群工作站投入使用

截至年底，开发区永康公寓、生物医药园两个党群工作站投入使用，工作站建成后，形成“一室多用、设施共有、资源共享”的工作格局，实现“教育培训共抓、阵地设施共享、组织活动共搞、文体活动共办”。

（石磊）

基层党组织换届改选

截至年底，开发区机关党委对所属党总支、党支部换届情况进行全面排查，督促指导机关各支部按期、按程序完成支委会的改选、补选工作。机关党委从原有的 2 个党总支 39 个党支部，调整为 3 个党总支 49 个党支部。其中 37 个党组织按照直接差额选举，产生新一届支委班子。

（郭佳丽）

集中排查党员组织关系

年内，开发区企业党委对开发区内 1017 家重点企业进行了摸排工作，初步掌握开发区重点企业党群组织情况。查找出 433 名失联党员，完成复查和建档工作。

（任莹）

推进党委“1+N”党建品牌体系建设

年内，开发区总公司继续推进党委“1+N”党建品牌体系建设，总公司党委“奋斗者的足迹”和子公司“美丽工地建设有你”“共产党员提案制”等一系列党建品牌成为基层党建工作的重要载体。党委“固本强基——总公司基层党组织‘两型’阵地建设”入选北京市基层党建创新项目孵化工程。通过选派党建指导员、建立园区党组织等方式，推进总公司所属 16 个园区非公企业党的组织和工作覆盖，建立流动党支部 11 个，选派党建指导员 6 名。抓好典型选树，1 名员工获得首都劳动奖章，3 个党支部、7 名共产党员、1 名党务工作者受到了新区表彰，4 人入选“新区道德模范”候选人。

（孙辉 张小燕）

完成社区党委换届选举

年内，开发区第一届社区党委任期届满。社区党员代表大会换届选举筹备工作领导小组按照开发区工委要求，结合开发区社区实际制定工作方案，依法依规履行选举程序。12 月 27 日，中国共产党北京经济技术开发区社区第二次代表大会召开，大会应到代表 150 名，实到 141 名，会议采取无记名投票方式，差额选举产生 5 名新一届党委委员，完成社区党委换届选举工作。

（樊新蕊）

开设党员成长计划系列课程

年内，党群活动服务中心推出 3 期党员成长计划系列主题讲座，邀请国际关系学院心理教育研究中心讲师李胜强、北京市求实职业学校副校长蔡少惠等授课，300 余名党员和积极分子走进课堂，学习党员成长计划与企业党委的思想教育相结合相关理论。

（杨国苹）

宣传思想和精神文明建设

概况

2016年，中国共产党北京市委经济技术开发区工作委员会宣传部（简称开发区工委宣传部）推进宣传思想文化工作的领导力和服务力“双提升”。学习宣传习近平总书记系列重要讲话精神、党的十八届六中全会精神以及党中央治国理政新理念新思想新战略。加强宣传干部队伍建设，举办实战演练、下发舆情应对手册，把握舆论引导的领导权主导权，全年宣传思想文化工作取得良好成绩。年内，开发区工委宣传部下发《2016年理论中心组学习计划》《区级班子“两学一做”学习教育学习计划》，组织集中学习（研讨）19次，增强领导干部的道路自信、理论自信、制度自信和文化自信。开展庆祝中国共产党成立95周年、中国工农红军长征胜利80周年主题教育活动，举办机关合唱比赛、企业红色宣讲、社区群众歌会等特色活动。推出“北京·亦庄高雅艺术演出季”，与国家大剧院合作举办“迎三八”管弦交响音乐会、歌颂工匠精神的话剧《样式雷》展演、合唱团演出等多场活动，联合国家大剧院、北京京剧院等演出机构为开发区职工群众提供优惠票及免费票场次共计14场。

（成小红 黄自稳 王天怡）

“北京·亦庄”品牌建设

1月1日至3月1日，“北京·亦庄”品牌形象广告宣传片继续在全球6块大屏同时滚动播出，在美国纽约时报广场大屏每天播出132次，在美国旧金山机场、德国法兰克福机场、英国希思罗机场、法国戴高乐机场每天播出180次。3月1日至12月31日，“北京·亦庄”品牌形象广告宣传片在纽约时报广场大屏播放，频次增至每天312次。截至年底，“北京·亦庄”品牌形象广告宣传片共播出15.11万次，共计1259小时，提升了“北京·亦庄”品牌的国际知名度和影响力。全国两会期间，在《人民政协报》投放专版宣传，以图文并茂的形式展现开发区创新发展的成就。10月，利用世界机器人大会契机，高水平制作完成开发区新版宣传册、世界机器人大会专辑、媒体服务手册等系列外宣品。11月至12月，围绕转型升级和智能制造主题，以“北京·亦庄 中国制造2025示范区”为内容，重新设计“北京·亦庄”品牌形象宣传广告，并登录《福布斯》杂志最具影响力的刊次，包括：《福布斯》美国版发布金融科技50强特刊、欧洲版发布金融科技50强特刊、亚洲版福布斯美国400富豪榜特刊等。年内，完成亦庄品牌宣传片广告片制作单位入围项目政府采购工作，入围宣传片广告片制作单位1家。完成亦庄品牌微电影制作单位入围项目的政府采购工作，入围微电影制作单位3家。继续在北京首都机场T3航站楼国际出发通廊投放，全年有效覆盖旅客超过982.21

万人次。

（王涛 成小红）

与国家大剧院签订战略合作协议

开发区与国家大剧院签订战略合作协议　　齐美娟 摄

4月18日，开发区与国家大剧院战略合作签约仪式暨首场演出活动在博纳星辉剧院正式启动。开发区工委副书记高言杰，国家大剧院党委副书记、副院长王争鸣在启动仪式上致辞，开发区领导赵雅娟、沈永刚、张凤民、韩洪英出席。双方将在推动高雅艺术走向基层方面开展合作，一方面推动话剧、音乐会等走进开发区，另一方面为开发区广大职工在国家大剧院观演提供机会。

（王天怡）

组织新闻发言人队伍培训

开发区工委宣传部组织新闻发言人培训　　于晓玲 摄

7月和12月，开发区工委宣传部组织2场新闻发言人培训，参加培训146人。编制完成《北京经济技术开发区舆情应对指引手册》，供参训人员学习。培训采取“授课＋实战”的具体形式，邀请原公安部新闻发言人、人民网舆情监测室主任等专家学者对新闻发言人的工作、舆情形式的变化、突发事件的应对技巧等进行授课，以设计突发公共事件案例、设置情景模拟新闻发布会、模拟媒体采访等方式提升开发区新闻发言人队伍应对新闻发布的能力。

（隋国勇 毕诗豪）

扶持区内原创文化精品

音乐剧《墨·海》在开发区首演　　齐美娟 摄

10月17日—19日，开发区工委宣传部与开发区内文化企业联手打造的音乐剧《墨·海》在开发区博纳星辉剧院进行首演，开发区干部职工3000余人观看演出。该音乐剧是开发区搭建具有区域特色的文艺作品孵化平台，扶持开发区内文化企业打造原创文化精品的一次尝试。

（王天怡）

学习宣传贯彻十八届六中全会精神

年内，领导干部以班子会、中心组学习会等形式组织传达学习全会精神，邀请市委宣讲团成员、前线杂志社副总编辑汲传排作专题宣讲报告，局处两级领导干部220余人参加。下发《关于认真学习宣传党的十八届六中全会精神的通知》和开发区学习贯彻党的十八届六中全会精神宣讲方案，开展处级干部学习贯彻党的十八届六中全会精神轮训班，召开十八届六中全会精神学习宣传宣讲专题会，组建开发区工委学习贯彻党的十八届六中全会精神宣讲团，各党委、街道工委书记或分管领导干部担纲宣讲员，深入机关、企业、社区开展宣讲 8 场，880 余名党员干部参加。

（黄自稳）

开展领导干部宣讲 12 场

年内，开发区工委宣传部下发《2016 年开发区领导干部宣讲方案》，组织各职能部门处级干部深入企业园区宣讲开发区工委、管委会重大决策部署和各方面政策与服务，全年开展领导干部宣讲 12 场，800 多家企业、1500 多名企业负责人参加。

（黄自稳）

开展理论宣讲 55 场

年内，开发区工委宣传部开展“展望十三五 发展谱新篇”“理论家走基层”“企业党建大讲堂”等理论宣讲活动 55 场，构建“专家讲理论、干部讲政策、企业家讲创新”的“分层分众”理论宣讲体系，约 5000 人次参与。

（黄自稳）

落实意识形态工作责任制

年内，开发区工委宣传部制定《开发区落实意识形态工作责任制任务分解》，梳理出 12 类意识形态阵地，明确管理的主责单位和主要任务，保证阵地不落项、管理不缺位。召开星级商务酒店意识形态工作座谈会，建立星级商务酒店承办会议、论坛、报告会等审查报告机制，严防敌对意识形态势力渗透。筹备组建“亦庄宣传+”联盟，制定开发区宣传阵地管理办法，加大对开发区内新媒体阵地特别是企业官方微博微信等阵地的普查摸底。全年召开 2 次工委会专题研究意识形态工作，5 次专题听取情况汇报，召开意识形态工作专题座谈会 2 次，深入各基层党委、街道工委、重点文化企业专题调研 20 余次。

（黄自稳）

开展典型选树工作

年内，开发区工委宣传部组织开展北京亦庄首届道德模范评选活动。杨云春、马骉、王佩英、乔勇、赵斌、封宾、韩洪波、戚克学、王海英、王继康 10 人被评为北京亦庄首届道德模范。北京奔驰汽车有限公司首席技师赵郁获首都精神文明建设奖。施耐德（北京）中低压电器有限公司党支部、北京博大经开建设有限公司党总支书记王春玲分别被推荐为北京市第 13 届思想政治工作优秀单位、优秀思想政治工作者。

（黄自稳）

扶持文体基地和文化团队

年内，根据开发区 2016 年宣传思想文化工作要点和《北京经济技术开发区群众性文化团队管理与扶持办法》《北京·亦庄文化（体育）活动基地管理办法》，由开发区工委宣传部牵头，联合开发区社会发展局、党群工作部、总工会共同组织开展 2016 年度群众文化团队、文化（体育）活动基地扶持工作。扶持群众性文化团队 34 支，其中隶属企事业单位及社团的 13 个、街道办事处的 21 个；扶持文体活动基地 15 个。全年累计扶持的文化社团 87 个，文体基地 15 个。

（王天怡）

开展百姓宣讲 80 余场

年内，开发区工委宣传部制定落实“我们的价值观·亦庄榜样”百姓宣讲工作方案，完成 60 多篇新故事线索的征集，组织各基层党委开展总计 60 余场次的基层宣讲，组建 10 余人的工委宣讲团和工匠精神特色宣讲团，开展 20 余场示范宣讲，拍摄 1 部百姓宣讲微电影。开发区工委宣传部获得北京市百姓宣讲工作先进单位，工匠精神宣讲团获得市级特色优秀宣讲团称号，宣讲员王一凡、陈津津、郭天龙、石亦平、田东获得市级优秀宣讲员称号，企业党委王瑾获得百姓宣讲优秀组织员，以国家康复医院医师赵立伟为原型拍摄的微电影获得市级优秀微视频，两篇微故事获得市级优秀微故事。

（杨竹青）

举行各类新闻发布 58 场

年内，开发区工委宣传部围绕“供给侧结构性改革”、科技创新、人才发展、科技文化融合发展等主题，聚焦开发区打造科技创新中心主阵地、“中国制造 2025”、科技文化融合发展，以世界机器人大会、科博会、开发区首届“新创工程 · 亦麒麟”人才评选活动、全国“双创周”、文博会等重大活动为契机，举行各类新闻发布 58 场，新闻发布数量同比增加 30%，在主流媒体刊发各类稿件 1115 篇，头版 31 篇，引起社会反响。其中，世界机器人大会期间，接待组织新华社、中央电视台、北京日报、北京电视台等数十家中央及市属媒体，播发《唱响“智能制造”青春之歌——世界机器人大会缘何永久落户北京亦庄》《北京亦庄：机器人“奥运会”将成常态化品牌》《亦庄“智造”驱动“高精尖”再升级》《世界机器人大会闭幕 机器人产业引领亦庄“高精尖”》等一批重头稿件，讲好北京亦庄的转型升级故事。

（王涛 成小红）

政务新媒体打造“网上新闻发布厅”

年内，开发区工委宣传部提升政务新媒体品牌竞争力，打造“网上新闻发布厅”。开发区政务微博“@ 北京亦庄”设置话题 27 个，全年发布微博 3055 条，转发总数超过 17 万次。其中，“亦世界 · 亦时亦事”话题总阅读量超过 2100 万次，成为政务微博的品牌话题之一。与市外宣办网络发布处联合举办活动，在 2016 世界机器人大会期间组织“走进世界机器人大会小亦带您探秘机器人”下线活动，组织北京微博微信发布厅成员参观世界机器人大会，通过微视频等方式进行直播；“@ 北京亦庄”政务微博联合千龙网进行 1.5 小时的直播报道，继续探索与新浪、腾讯、搜狐等的合作，实现从两微一端到两微多端，提高新媒体品牌竞争力。

（隋国勇 毕诗豪）

内宣工作融合发展

年内，《亦庄时讯》共出版发行 48 期，推出“千面亦庄恰青春”“亦庄机遇智造未来”“亦言为定相约明年”“亦麒麟”“亦庄芯时代”五大特刊，开设“辉煌‘十二五’看亦庄答卷”“科技创新亦庄样本”“独具匠心在亦庄”“两学一做党旗在心中”“纪念建党 95 周年”等 21 个专栏，推出协同发展、创新创业、清洁空气等 750 个专版，编发稿件 8100 余篇、图片 1800 余幅。

舆情关注栏目“小亦跑腿”接报1200余条新闻热线，刊出100条，帮助企业社区解决难题200余个，组织4次规模性读者活动，成立HR会客厅、亦庄书画苑等社群部落。《亦庄新闻》共制作播出243期，每期时长约15分钟，总时长近3700分钟，网络总点击量1800余万次，比2015年增长38%，单期视频最高点击量14.7万次，比2015年增长17%。为两区“两学一做”学习教育、2016世界机器人大会、开发区第九届文化艺术节、北京·亦庄政策讲堂等提供全程拍摄98场，总时长9900分钟，制作播出清洁空气、安全生产、绿色出行等公益短片43个。网络新闻部门上传开发区内新闻1501条，图片143余张，更新亦庄图库照片240余张，开展“大美亦庄”摄影图片征集活动，征集图片300余张，制作《热烈庆祝中国共产党成立95周年》和《聚焦全面从严治党学习贯彻党的十八届六中全会精神》网络专题2个。“北京亦庄”政务微信发布图文信息1585条，平均单条阅读量为4287次，单条阅读量最高为7.10万次（10月18日《就剩一天，全世界的目光都将看向北京亦庄》），累计阅读量679万余次，总粉丝数为7.92万人。

（高宁 杨琳娜 赵玉凯）

完善舆情反馈机制

年内，开发区工委宣传部编制《每日舆情》250期，获得领导批示68次。形成“苗头性小微舆情简报、阶段性偶发舆情专报、突发性重点舆情快报”的分级舆情反馈机制。初步建立舆情会商机制，在开发区重大项目实施前、突发性舆情发生前期，组织相关部门及专家进行舆情会商。在年内道路升级改造、2016世界机器人大会等开发区内重大项目、突发性舆情和重大事件中进行舆情环境评估，提出舆情应对建议，指导相关部门规避舆情风险。与开发区内社区媒体加强沟通，引导宣传开发区正面形象，提升舆论引导能力。

（隋国勇 毕诗豪）

纪检监察

概况

2016年，北京经济技术开发区纪工委（简称开发区纪工委）、监察局针对开发区重点工作和重点项目，加强纪律、作风和反腐倡廉建设。有行政编制7人，包括纪工委书记1名、纪工委副书记1名、正处级纪检监察员2名、科员3名。

（张萌）

签订2016年党风廉政建设目标责任书

3月，开发区纪工委组织管委会各部门签订2016年度党风廉政建设目标责任书。本年度目标责任书的签订，要求责任主体在目标责任书中自行补充3~5条个性化、具体化责任内容，进一步做到权力责任清晰化。

（张萌）

党风廉政建设大会召开

4月15日，开发区召开2016年党风廉政建设大会，学习贯彻十八届中央纪委六次全会和市纪委十一届五次全会精神，对开发区 27 个职能部门 2015 年党风廉政建设考核情况进行通报，总结开发区 2015 年党风廉政建设和反腐败工作情况，部署 2016 年工作任务。

（张萌）

检查两节期间“四风”问题

9 月，开发区纪工委、监察局联合开发区工委办、组织部、宣传部、工商分局等部门组成两个检查组，重点对中秋节、国庆节期间，开发区各级党政机关、国有企业事业单位的党员干部遵守中央八项规定情况，是否存在奢侈浪费等“四风”问题和其他违规违纪行为开展监督检查。共检查机关食堂、饭店、超市、办事窗口等十余家单位，未发现违规违纪情况。

（张萌）

开展党风廉政建设责任制检查考核工作

市党风廉政建设责任制检查考核组到开发区检查工作　　田艳军 摄

11 月 30 日，市党风廉政建设责任制第三检查考核组组长杨健和一行 5 人到开发区，检查考核开发区 2016 年党风廉政建设主体责任履行情况，开发区领导谈绪祥、梁胜、王敬东、王合生、绳立成、袁立洪、沈永刚、张凤民陪同。杨健和对开发区党风廉政建设工作给予充分肯定，他指出，开发区 2016 年党风廉政建设工作有数字、有实例、有制度机制，希望开发区按照新目标继续奋进，推动党风廉政建设工作稳步提高。

（张萌）

聘用特约监察员 15 名

年内，开发区纪工委监察局重新制定《开发区特约监察员工作管理办法》，从企业高管、学校教师、社区工作者、退休老干部等人员中遴选产生 15 名新一届特约监察员。5 月 10 日，开发区召开特约监察员会议，开发区工委委员、纪工委书记王敬东出席会议，并为 15 名特约监察员颁发聘书。

（张萌）

工　会

概况

2016 年，北京经济技术开发区总工会（简称开发区总工会）评选出全国五一劳动奖章 1 名，首都劳动奖状单位 1 个、首都劳动奖章个人 6 名，北京市工人先锋号集体 2 个，“爱企业的好职工”658 名、“爱职工的好经理”28 名。评选开发区 32 家职工创新工作室，其中劳模工作室 6 家、市级工作室 10 家；完成创新成果 4080 项，创新专利 430 项，收集合理化建议 3524 条，培养技术人才 1676 人，创效 10.17 亿元。

劳动争议调解中心接待咨询与调解 2163 人次，接待满意率 100%。受理调解申请 146 件，结案 87 件，结案率 59.5%，调解成功 76 件，调解成功率 87.3% ，履行金额达 42.3 万元；化解 10 人以上集体争议 12 起，涉及 2084 人。年内，开发区总工会有 1 篇论文获得全国两区开发区第 29 次工会工作研讨会“优秀论文二等奖”。开发区总工会被评为北京市“优秀、工会工作标兵单位”称号。8 月 16 日，举办中西餐礼仪文化讲座，北京兴基铂尔曼饭店厨师、服务员等一线女员工 200 人参加。11 月 1 日，举办纪念红军长征胜利 80 周年职工书画摄影展，有 65 家企业选送职工书画作品 106 幅、摄影作品 260 幅参展，有 3600 人次参观。

（李怀亭 陈京生）

组织职工艺术团迎新春慰问演出

1 月 12 日，开发区总工会组织职工艺术团举办“迎新春——北京经济技术开发区慰问职工演出”。小品《岗位》、二重唱《给家捎个话》、达人秀《我是达人》等作品受到职工群众的欢迎。开发区工委副书记高言杰等领导和开发区内 56 家企业 500 名职工观看了演出。

（李怀亭 陈京生）

工会工作专题会议召开

1 月 14 日，开发区工委召开工会工作专题会议，研究部署健全群体性和突发性事件联动应急处理机制、预警机制、技能人才建设、党政相关部门资源整合、财政支持等工作。开发区工委副书记高言杰出席并讲话，总工会主席张凤民主持会议。开发区工委宣传部、组织部、工委办、管委办、科技局、人劳局、社发局等党政相关部门负责人参加了会议。会议强调，要进一步健全群体性和突发性事件联动应急处理机制，维护区域和谐稳定；加强预警机制建设，筑牢化解劳资矛盾的“第一道防线”；加强技能人才建设，培养一批“大国工匠”、技术带头人；加强资源整合，做到资源共享、优势互补、统一策划、协同发力，加大财政支持力度，给予工会必要的资金支持。

（李怀亭 陈京生）

举行庆“三八”表彰活动

3 月 4 日，开发区总工会举行开发区先进女职工颁奖暨“国际劳动妇女节”慰问演出，为获得“北京市三八红旗集体”“北京市三八红旗奖章”、开发区“巾帼标兵岗”“巾帼标兵”等 20 个集体和个人颁奖。开发区工委副书记高言杰、组织部部长王杰群等领导出席活动并颁奖。

（李怀亭 陈京生）

开发区职工夜校开学

3 月 21 日，开发区职工夜校正式开学。教学时间是每天 18：20—20：20；课程设置包括心理学、英语、书法、国学文化、艺术欣赏等。年内，开发区内 83 家企业 657 名职工报名参加学习。职工夜校成立于 2014 年 10 月，主要目的是探索创建适应企业职工工作学习生活实际需要，避免工学矛盾，使学习内容更加专业，开设科目更加丰富、学习时间更有保障、学习方式更为灵活的教育培训模式。开发区内 48 家企业的 130 名职工参加首期培训。

（李怀亭 陈京生）

增补 7 名工会委员会委员

3 月 24 日，开发区总工会召开第三届第六次委员会会议，审议开发区总工会 2015 年经费决算及 2016 年经费预算报告。审议通过《关于北京经济技术开发区总工会第三届委员会委员替补、增补的暂行规定》；表决通过《关于和智等 11 位同志不再担任北京经济技术开发区总工会第三届委员会委员职务的决定》和《关于聂兰菊等 4 位同志替补为北京经济技术开发区总工会第三届委员会委员的决定》。增补申海山等 7 名同志为开发区第三届工会委员会委员。是日，开发区总工会召开第三届第七次委员（扩大）会会议，开发区工委副书记高言杰、工会主席张凤民出席会议并讲话。审议并通过了常务副主席李怀亭作的《适应新常态、把握新机遇、迎接新挑战、体现新作为，充分发挥工会组织的重要作用》的工作报告、工会经费审查委员会工作报告。

（李怀亭 陈京生）

基层工会干部培训班举办

开发区总工会举办基层工会干部培训班　　单位提供

3 月 25 日，开发区总工会举办基层工会干部《北京市实施〈工会法〉办法》培训班，287 名来自开发区内基层工会主席参加培训。4 月 20 日—22 日，开发区总工会举办构建和谐劳动关系培训班，就化解劳动争议、集体合同和工资集体协商理论政策、人力资源发展趋势及 BPO 模式等内容进行培训。市总工会相关领导、开发区仲裁委员、人力资源协会和国家安全局开发区分局领导，150 名企业工会干部和人力资源负责人参加学习。7 月 8 日，开发区总工会举办工资集体协商培训班，针对工资、工时、工资支付规定，最低工资政策，劳动报酬内容和协商程序进行讲解培训。富士康精密组件（北京）有限公司、中芯国际集成电路制造（北京）有限公司等 3 家工会做了开展工资集体协商的经验介绍。开发区内 40 家重点企业 87 名人事部经理、工会主席、企业高管等人员参加培训。

（李怀亭 陈京生）

职工创新工作室授牌仪式举行

5 月 6 日，开发区总工会举行“职工创新工作室”授牌仪式。北京同益中特种纤维技术开发有限公司、施耐德（北京）中低压点滴有限公司等 10 家企业获“开发区职工创新工作室”称号；“张恩良创新工作室”“赵永纯创新工作室”等 5 家单位获得“开发区劳模创新工作室”称号；“泰德制药职工创新工作室”“中金数据职工创新工作室”等 5 家单位获市级职工创新工作室称号。创建职工创新工作室，旨在促进企业深入开展技术攻关、技术改造、技术发明等一系列科技创新活动，为高技能人才搭建锐意创新、攻坚克难的阵地，发挥作用、展示才能的平台，培养一支高素质的职工队伍，打造一批“高精尖”产业特色创新品牌，推动企业科技进步，增强企业自主创新能力。开发区总工会主席张凤民出席并为受到表彰的企业授牌。

（李怀亭 陈京生）

先进模范表彰大会召开

5月21日，开发区总工会召开劳动模范表彰大会。大会表彰获得全国五一劳动奖章、奖状，首都劳动奖章、奖状，北京工人先锋号，开发区“爱企业的好职工”“爱职工的好经理”等先进模范和先进集体。劳模代表郭凤莲为劳模精神传承仪式作寄语。大会发布《公益之星赵立伟》《技术能手张恩良》《海归精英林峰》3部开发区劳动模范系列微电影。全国总工会和市总工会的领导出席大会，开发区党政领导、相关部门负责人、职工代表和获得表彰的先进集体、先进模范人物600人参加大会。

（李怀亭 陈京生）

举办“亦生有缘”单身联谊会

5月27日，开发区总工会举行“亦生有缘·百里挑一”——单身联谊职工交友活动。来自北京亦庄国际生物医药投资管理有限公司、安川首钢机器人有限公司等6家企业100余名青年职工参加了活动，5对青年男女牵手成功。

（李怀亭 陈京生）

开展“亦佳人——最美前台”评选活动

6月17日，开发区总工会组织开展开发区首届“亦佳人——最美前台”评选活动，评选对象为公司前台接待员、客户服务员。经过前期网络投票，及自我介绍、选手走秀、职业问答和礼仪知识抢答等4个环节的现场考评，34家企业44名选手中，13名女职工获“第一届开发区最美前台”称号。

（李怀亭 陈京生）

开发区装备制造产业工会联合会成立

开发区装备制造产业工会联合会成立　　单位提供

6月29日，开发区总工会召开装备制造产业工会联合会成立大会，主要包含金属制品业、普通机械制造业、专用机械制造业、交通运输设备制造业、电气机械及器材制造业、电子及通信设备制造业、仪器仪表自动化控制系统及办公用机械制造业等行业企业。旨在发挥产业工会联合会的特色和优势，依法推动本产业内企业普遍建立工会组织、开展工资集体协商，维护职工合法权益；开展送温暖、困难帮扶等活动，服务职工需求；开展教育培训、文化体育等活动，提高职工队伍素质，促进职工全面发展。大会审议通过了工会联合会筹备组工作报告和《北京经济技术开发区装备制造产业工会联合会组织办法》，依据工会相关章程和规定，结合企业性质、行业分类和职工人数，以无记名投票的方式选举产生了装备制造产业工会联合会第一届委员会，常务委员会委员13人、工会主席 1 人，副主席 3 人。

（李怀亭 陈京生）

工会推出两项特色服务

7 月 28 日，开发区总工会召开“惠民生、保健康、精准服务”项目发布会，推出职工免费挂号就医和专享特惠购物两项提高工会会员生活质量的特色服务。一是开发区总工会与亦庄医院达成合作协议，凡开发区工会会员均可持京卡互助服务卡享受普通门诊免费挂号的服务项目。二是将北京可口可乐饮料有限公司、资生堂丽源化妆品有限公司、北京曼可顿食品科技有限公司、北京孝心美汇食品有限公司等 4 家企业作为服务商家，实行“一手货、零距离、出厂价、无代理”的专享优惠特惠服务，直接提供给基层工会会员。

（李怀亭 陈京生）

2000 份防暑降温品送进施工工地

8 月 17 日，开发区总工会开展高温慰问送清凉活动，为 X13 保障房项目工地高温作业岗位的职工，送去 T 恤、花露水、清凉油、饮料、毛巾等防暑降温用品 2000 份，确保工会经费投入到位、管理措施到位、防暑降温用品供应到位、高温津贴发放到位。

（李怀亭 陈京生）

职工艺术团首部原创话剧《筑梦》公演

12 月 7 日，开发区职工艺术团出品的原创话剧《筑梦》，在博纳星辉剧院首次公演，《筑梦》以生物医药产业海归人员为原型，讲述了北京亦庄一大批海外学人回国创业，实现产业报国的故事。开发区领导高言杰、王敬东、赵雅娟、张凤民等出席，开发区党政机关、企事业单位干部职工 2000 人观看了演出。年内，共演出 3 场，观看职工 5000 人次。

开发区职工艺术团原创话剧《筑梦》公演　　单位提供

（李怀亭 陈京生）

工会建设取得新成果

年内，开发区总工会增设《开发区总工会组建工作简报》，分析、交流建会情况。成立装备制造产业工会联合会，覆盖 308 家企业；新建 105 个独立工会组织，其中百人以上企业 49 家，百人以上建会单位职工入会率达 85.9%，单独建会数量实现新突破。

（李怀亭 陈京生）

多种途径开展职工培训

年内，开发区总工会创办职工夜校分站，开设商务 PPT 等 16 门课程，累计培训 1.3 万人次。开设远程教育，引进北京理工大学等多所知名高校，为企业职工提供标准化在线网络教学服务，168 人参加大专、本科学习，累计发放助学金 1.08 万元。开办亦庄 · 微 · 课堂 10 场，培训职工 5000 人。开发手机 APP 客户端，为职工提供线上线下相结合的教育服务平台。388 人取得维修电工中高级、半导体芯片中高级等 6 个工种的职业资格证书。1 家企业获全国工会职工书屋示范点建设单位称号；6家企业获北京市工会职工书屋示范点建设单位称号。

（李怀亭 陈京生）

关爱女职工

年内，28家企业签订《女职工权益保护专项协议》。2名女职工获“北京市三八红旗奖章”，2家企业获“北京市三八红旗集体”。646人免费妇科体检，257名基层女工干部接受心脑血管疾病和肿瘤早期筛查；85名女工纳入特殊疾病互助保障计划；106名参加在职女职工特殊疾病互助保障计划。建立6个爱心妈咪小屋，4个母婴关爱室。

（李怀亭 陈京生）

送温暖资金累计投入123.54万元

年内，开发区总工会“两节”（元旦、春节）开展送慰问、送粮油、送健康、送文化等“四送”活动，慰问困难职工265名，发放慰问金60万元。职工互助保险投保金额167.86万元，各项保险理赔192人，赔付金额18.89万元。温暖专项基金救助26名因家庭发生重大疾病和单亲子女长期患病的特困职工，累计发放救助金52万元。“金秋助学”11人，助学金16000元；994名困难职工享受“暖出行”补贴9.94万元，累计投入送温暖资金123.54万元。

（李怀亭 陈京生）

工会宣传报道登载180篇

年内，《亦庄BDA时讯》登载96篇、《工会博览》18篇、《劳动午报》39篇、《北京工会信息》12篇；中公网、千龙网刊登15篇，制作《前进中的帮扶中心》、《京卡系列——京京卡卡的幸福幸生活》等视频短片11部。《劳动午报》专题刊登“根基在职工，围绕职工精准服务”“思路一变天地宽 唯有创新突破”“围绕大局打造高技能人才队伍”等开发区总工会系列报道。

（李怀亭 陈京生）

青年工作

概况

2016年，共青团北京市委经济技术开发区工作委员会（简称开发区团工委）加强基层组织建设，提升服务青年能力，团结带领广大团员青年为建设宜居宜业和谐两区贡献力量。开展“奋斗青春最美丽”青春励志教育活动，挖掘开发区各行各业优秀青年的典型事迹48个；与开发区工委宣传部联合开展“我们的价值观·亦庄榜样”宣讲活动，8名青年宣讲员深入企业、机关和社区，举办宣讲活动20余场，覆盖青年5万余人次。举办“红色经典”读书观影活动、青年辩论赛、“不忘初心 继续前进”主题演讲比赛等活动。升级完善以“青春etown”为品牌，涵盖网站、微博、微信号的新媒体产品建设，向团员青年传播文化，传递服务、传送活力。

（臧华）

开发区学雷锋志愿服务月活动启动

3月4日，开发区志愿服务联合会在党群活动服务中心启动“亦志愿·亦快乐”学雷锋志愿服务月活动，在启动仪式上宣读开发区第二批学雷锋志愿服务站、示范站并授牌，发布包括绿色环保、城市运行、社区服务、助老助残、文化艺术、应急救援在内的2016年开发区志愿服务项目。本次活动有来自富智康精密组件(北京)有限公司、北京京东方显示技术有限公司、施耐德(北京)中低压电器有限公司等20家企业的120余名青年志愿者参与。

(臧华)

开发区第三届青年趣味攀岩挑战赛举办

4月23日,开发区团工委组织的第三届青年趣味攀岩挑战赛在金风大学举办,12支代表队120余人参加。最终富士康精密组件有限公司代表队获得团体赛冠军;富士康代表队的徐敏获得男子组冠军;天地人环保科技代表队的吴玉婷获得女子组冠军,3个代表队获优秀组织奖和道德风尚奖。

(臧华)

开发区共青团表彰大会召开

5月17日,开发区共青团表彰大会在博大大厦召开。大会回顾2015年开发区共青团工作;宣读达标创优活动和青年文明号、青年岗位能手争创活动表彰决定,表彰五四红旗团组织37个、优秀共青团干部47人、优秀共青团员59人、“青年文明号”单位22个、“青年岗位能手”63个。来自开发区内基层团组织的180余名团干部参会。

(臧华)

开展2016年度青年发展状况调研

7月1日至9月30日,开发区团工委进行2016年度调研工作。青年发展状况调研连续开展两年,从连续性、发展性、创新性上观察开发区企业青年的发展情况及发展需求,为服务青年、服务区域经济发展和产业转型升级奠定基础。

(臧华)

第二届创新创业大赛落幕

9月21日,北京亦庄第二届创新创业大赛决赛颁奖仪式在京津冀全球路演中心举办。经过4个月比赛培训、12场复赛的层层选拔,20个项目从679个报名项目中脱颖而出,获得奖项并享受到激励和扶持。获奖的20个项目主要涉及生物医药、医疗器械、科技金融、电子信息、新材料等行业,共获得扶持金额110万元。

(臧华)

开发区团组织负责人集中培训

开发区团工委举办团组织负责人专题培训　于晓玲 摄

9月23日—24日,开发区团工委举办“落实群团工作会议精神,提升团务工作能力”专题培训班,组织机关、总公司、街道、企业等基层团组织负责人、青年社会组织负责人、社区青年汇专职社工110余人参训,通过专题授课、参观学习、交流研讨等方式,提升团干部的政治理论水平和履职能力。

(臧华)

第三届开发区青年手机摄影大赛举办

9月30日至10月30日，由开发区团工委主办，开发区社区青年汇承办的“镜头抒写精彩人生，影像发展两区风采”第三届开发区青年手机摄影大赛举办，全区各界青年摄影爱好者参与。经过初赛、复赛和决赛，从参赛的100余幅作品中评选出金奖3名、银奖3名、铜奖3名、优秀奖6名。

（臧华）

开发区第九届羽毛球比赛举办

开发区第九届羽毛球比赛举办　单位提供

11月5日，由开发区党群工作部、总工会、社发局主办，开发区团工委承办的开发区第九届羽毛球比赛在金风大学体育馆举办。来自北京京东方显示技术有限公司、康龙化成（北京）新药技术有限公司等企业的35支代表队参加比赛。北京金风科创风电设备有限公司代表队获得冠军。

（臧华）

开展“温暖衣冬”公益活动

11月22日至12月10日，开发区团工委继续在全区开展“温暖衣冬”公益活动。活动得到北京京东方显示技术有限公司、悦康药业集团有限公司等开发区内各企事业单位和社会各界爱心人士支持，共募集冬衣外套2500余件，经过消毒清理后分批捐赠到首都贫困地区、内蒙古自治区兴安盟地区。

（臧华）

第三届青年三对三篮球赛举办

开发区第三届青年三对三篮球赛举办　单位提供

12月3日，开发区团工委在金风大学举办开发区第三届“区域化团建杯”青年三对三篮球赛，旨在加强基层团组织之间的联系交流，丰富开发区青年人的业余生活，推进区域化团建工作，开发区内企事业单位24支代表队参赛。大赛同时设有“谁是单挑王”趣味环节。北京凯斯瑞科技有限公司代表队获得冠军。

（臧华）

慰问生活困难团员青年

12月15日，开发区团工委对生活困难团员青年进行统计汇总，确定12名生活困难团员青年作为慰问对象，并采取一次性每人发放慰问金2000元的方式予以走访慰问。

（臧华）

团组织建设

年内，开发区推进园区团建、非公企业团建，加强开发区团工委自身建设，增设兼职团工委副书记4人和委员9人。新建基层团组织20家，完成换届选举3家。永康公寓社区青年汇建成运行，开发区5

家重点社区青年汇规范化建设和社工的专业素质提升。开展“落实群团工作会议精神，提升团务工作能力”专题培训班，组织机关、总公司、街道、企业等基层团组织负责人、青年社会组织负责人、社区青年汇专职社工 110 余人参训，提升团干部的政治理论水平和履职能力。

（臧华）

社区青年汇组织多项活动

年内，发挥社区青年汇的青年综合服务平台作用，组织开展各类文体公益活动 200 余次，联系企业 100 多家。开展青年趣味攀岩挑战赛、羽毛球团体比赛、三对三篮球赛等活动。开展开发区“服务基层项目计划”，开展职业生涯规划、读书指导、体育健身等课程 48 次，参与团员青年超过 5000 人。开展青年创新创业大讲堂和“快创分享会”创业沙龙，全年举办 24 期，参与青年 1000 余人。

（臧华）

志愿者服务开展

年内，开发区志愿服务联合会开展“亦志愿 · 亦快乐”主题系列活动，发布绿色环保、城市运行、社区服务、助老助残、文化艺术和应急救援等志愿服务项目。与大兴区红十字会合作，开展应急救援培训，组建开发区应急救援志愿服务队。参与团市委“温暖衣冬”活动，组织开发区基层团组织捐赠冬衣 2500 余件。

（臧华）

综合行政事务

北京经济技术开发区年鉴 2017

BEIJING ECONOMIC-TECHNOLOGICAL DEVELOPMENT AREA YEARBOOK

综 述

2016年，开发区加强政府信息公开，有效化解信访矛盾，回应社会关切。加大对重大投资项目及科技、民生领域的审计监督力度，提高财政资金使用效率和政府投资效益。加强绩效督查、强化一岗双责廉政责任，深入开展“两学一做”教育实践活动，着重解决了一批群众关心的实际问题。

开发区不断提升城市治理水平，建设完成安全生产一体化线上办公平台，实施涉危企业物联监控，升级独立危化品库房预警机制，引导工业企业减低危化品存量。加强瀛海镇集体经营性建设用地开发建设，完善产业配套服务设施。荣华、博兴街道启动“一站式”综合服务大厅。开发区应急系统强化公共安全体系建设，健全源头治理、动态管理、应急处置相结合的社会管理机制，开展防灾减灾宣传教育，做好便民电话和非紧急救助服务，受理北京市政风行风热线电话，应对防汛、空气重污染等极端天气，处置各类安全事故和群体性事件，完成全国两会、十八届六中全会和世界机器人大会期间的安保任务，为首都南部新区安全稳定发展提供保障。

开发区外事办围绕国家“一带一路”、京津冀协同发展战略和建设首都国际交往中心的战略定位，全年完成政务接待任务共计232批6355人次。

《北京经济技术开发区政务信息》围绕实体经济转型升级、经济运行调度、“高精尖”企业动态、科技创新和科技成果转化、京津冀协同发展等重点工作，全年向市委市政府报送信息300余条，被采用121条，在市有关单位中位列第二位。

开发区信访办贯彻落实《信访条例》，规范完善信访配套制度，畅通信访渠道，开展矛盾排查调处工作，发挥联席联动机制作用，推动信访疑难案件解决，维护群众合法权益，全年接待、受理群众来访233批1706人次。

（孙沐琳 王空颖 吴振坤）

政　务

首届新创工程领军人才发布会

2月2日，2016首届亦庄“新创工程·亦麒麟”人才评选发布活动在开发区举行，来自开发区公共服务、科技创新、高技能等领域的373名领军人才获此殊荣。落实第一批7519万元的人才政策专项资金，其中包括奖励资金5980万元、扶持资金257万元、培养资金1282万元。领导李长友、梁胜、白文、高言杰等出席活动并为行业领军人才颁奖。

（张清华）

出版《北京经济技术开发区年鉴（2016）》

3月16日，开发区启动《北京经济技术开发区年鉴（2016）》编纂工作，确定参编单位269家，比2015年增加8家。定稿成书87.2万字，采用照片225幅。12月底，《北京经济技术开发区年鉴（2016）》出版发行。开发区年鉴编纂委员会根据开发区“十二五”发展成就，调整《开发区年鉴》栏目框架，一级栏目由15个增加至19个，修改2个栏目名称。调整后的栏目框架在保持年鉴稳定性和连续性的同时，赋予年鉴鲜明时代特征和年度特点，更科学、全面地记述开发区经济社会发展情况。

（张辰）

修改《北京志·经济技术开发区志》试写稿

3月17日，市地方志办召开《北京志·北京经济技术开发区志》试写稿内部评议会，针对试写稿篇目框架、概述、大事记、正文提出具体修改意见。开发区志办根据市地方志办意见，组织两次区志篇目讨论会，重新调整篇目并补充资料，形成94万字的《开发区志资料长编》和27.8万字的《开发区志》送审初稿。聘请8名开发区退休老干部为区志审稿专家，安排审读。审稿专家以开发区志要突出区域特色为出发点，在开发区各阶段发展特色、篇目设置、志稿遗漏的重要事件、文字表述等方面提出修改意见。

（李秀芬）

中央领导调研开发区两家企业

汪洋与四达时代外籍员工亲切交谈　　企业提供

3月25日，中央政治局委员、国务院副总理、党组成员汪洋在北京市调研外贸工作，到北京京东方显示技术有限公司、四达时代集团两家进出口企业了解企业经营和进出口情况，并主持召开座谈会听取市政府和部分企业对市外贸工作的意见和建议。汪洋指出，面对严峻复杂的进出口形势，要紧紧围绕稳增长、调结构两大目标，多措并举，狠抓落实，遏制进出口下滑势头，为国民经济稳定增长提供支撑。

（兰简瑶）

两区召开党风廉政建设工作会

3月30日，两区召开党风廉政建设工作大会。会议传达十八届中央纪委六次全会、市纪委十一届五次全会精神，总结两区 2015 年党风廉政建设和反腐败工作，部署 2016 年两区工作任务指出，各部门、各单位在工作实践中，要结合两区落实“两个责任”的工作意见，多探索、多总结、多创新，不断提升围绕中心、服务大局的能力和水平，努力为两区经济社会的转型崛起、跨越发展，提供坚强有力的政治生态环境支撑和保障。会议由开发区管委会主任梁胜主持。市纪委常委韩索华出席会议并讲话。两区领导张晓林、王新、王有国等出席会议。

（张清华）

市领导到杂技学校调研

4 月 7 日，北京市副市长王宁到中国杂技团有限公司、北京市杂技学校（北京市国际艺术学校）调研。王宁考察演职员和师生的工作、学习、训练和生活环境，看望正在各练功厅训练的演员及学校师生，询问工作、学习和生活情况，听取总经理、校长张红对公司学校发展情况的汇报。

（匡娜）

市领导调研开发区医药生产工作

北京市领导调研开发区医药生产工作　　田艳军 摄

4 月 7 日，北京市副市长程红、市政府副秘书长徐志军到北京神州细胞工程有限公司、国药物流有限责任公司和赛诺菲（北京）制药有限公司调研，市食品药品监管局局长丛骆骆、开发区管委会主任梁胜和相关领导陪同调研。副市长程红一行听取了神州细胞工程有限公司创新研发产品的汇报；对国药物流吞吐能力的高速提升、现代化的管理水平、精密严谨的质量保障体系给予肯定，同时提出国药物流作为北京具有代表性的大型药械第三方物流配送企业，从规模、地位、辐射面及特殊药品管理方面都占有举足轻重的地位，为北京乃至全国药械市场安全起到积极的推动作用；要求赛诺菲在确保药品质量的同时稳步提高市场占有率，为首都医药产业做出更大的贡献。

（刘惠媛 刘伟毅）

市领导调研开发区食品药品监督工作

4 月 8 日，北京市副市长程红到开发区调研食品药品监管工作。程红强调，医药物流企业是生物医药产业发展的重要环节，要关注医药物流企业的发展情况，为生物医药产业发展提供保障。市食品药品监管局局长丛骆骆参加调研，开发区领导梁胜、沈永刚陪同。

（张清华）

市委领导到开发区调研消费市场情况

4 月 15 日，市委副书记、市长王安顺就消费市场情况、重点企业发展情况以及全市促消费遇到的机遇和挑战到开发区进行调研。王安顺强调，政府相关部门和各区要加强监测分析，落实主体责任，形成政策合力，强化督查考核，确保完成促进消费的年度目标任务，推动实现“十三五”良好开局。副市长程红、市政府秘书长李伟一同调研，两区领导谈绪祥、梁胜、沈永刚接待。

（张清华）

世界马戏联合会主席到杂技学校参观

4月21日，世界马戏联合会主席、蒙特卡洛国际马戏节副主席乌斯·皮尔茨到学校参观指导。皮尔茨重点参观学校的杂技与魔术表演专业，并观摩指导杂技专业原创的两个节目《多维拍球》《追梦》。他对教师们的训练方法和学生们的训练状态给予高度评价。

（吴青青）

全国政协调研组到开发区调研

4月22日，全国政协副主席、民盟中央常务副主席陈晓光率调研组到开发区就“改革开发区管理体制，促进开发区转型创新发展”专题进行调研。实地察看了北京京东方显示技术有限公司、四达时代集团、北京义翘神州生物技术有限公司等企业，了解企业发展情况，听取市有关部门汇报。陈晓光表示，“改革开发区管理体制，促进开发区转型创新发展”是民盟中央受中共中央委托组织的年度重点大调研。通过这次调研，民盟中央将深入总结开发区创新发展的好经验、好做法，积极建言献策，为促进开发区转型创新发展贡献一份力量。民盟中央副主席龙庄伟一同调研，北京市委常委、统战部部长戴均良，市政协副主席、民盟市委主委葛剑平，开发区领导梁胜、绳立成陪同。

（张清华）

市委领导调研开发区企业党建工作

5月6日，市委常委、组织部部长姜志刚带队到开发区调研企业党建工作情况。姜志刚要求，在认识上要有突破，要理直气壮、旗帜鲜明地开展好企业党建工作；在思想上要高度重视，而且要有信心，将企业党建作为党的建设的重要组成部分，毫不动摇地抓紧抓好相关工作；在方法上要有创新，抓企业党建工作要有别于传统领域的做法，要解放思想、大胆创新，主动适应北京特大型首都城市的特点和要求，将企业党建工作放到北京改革发展的大环境中去考虑；在机制上要有保障，要针对当前企业党建中存在的客观困难，加大政府扶持力度，重点在经费、活动场所等方面给予保障，不断夯实企业党建工作基础。两区领导谈绪祥、崔志成、梁胜、白文、高言杰、王杰群、王清旺陪同。

（张清华）

开展应急宣传教育

5月9日—15日，在全国第八个“5·12”防灾减灾宣传周期间，开发区应急办围绕“减少灾害风险、建设安全城市”主题，宣传党和政府“以人为本”的防灾减灾工作理念。主题活动日期间在中航技广场设立宣传周主会场，开展集中宣传和应急疏散演练。公安部消防局、市应急办、市安监局、市消防局领导出席活动并进行观摩指导。开发区应急办为北京二中亦庄学校、亦庄实验小学、中芯学校送去5000余本应急知识书籍。应急办会同建发局在开发区建筑工程安全培训体验基地开展宣传活动，开发区内外重点工程项目200名工人接受了一次全面的施工安全现场培训，免费领取了防灾减灾应急书籍。开发区应急管理网站开设“5·12”防灾减灾宣传专题，对宣传周各项活动进行集中报道，向市应急网全年报送工作动态96条，利用户外大型宣传广告牌、电子显示屏、网络、报纸、电视台等方式进行宣传，营造防灾减灾和公共安全氛围。

（吴振坤）

市总工会领导调研开发区工会工作

市总工会领导调研开发区工会工作　齐美娟 摄

6月7日，北京市人大副主任、市总工会主席牛有成到北京奔驰汽车有限公司参观赵郁劳模创新工作室，实地考察了开发区青年公寓工会服务站规范化建设和服务职工情况，分别听取开发区总工会和北京奔驰汽车有限公司工会工作汇报。牛有成指出，工会工作要坚持围绕需求服务、围绕效率创新、围绕大局公转，明确需求导向、明确效率导向、明确问题导向，并在“大工匠”培养方式方法上进行大胆尝试，通过工会平台进行劳模精神的正面宣传。他强调，今后开发区总工会要继续关注重点工作，明晰工作目标，创新工作方法，以基层工会活力的增强和服务企业职工精准度的提升，推动工会各项工作迈上新台阶。两区领导谈绪祥、梁胜、高言杰、沈永刚、张凤民陪同。

（李怀亭 陈京生）

国内外知名人士到京东调研

6月17日，全国政协副主席、民建中央常务副主席马培华，全国政协常委、国务院参事李玉光，民建中央副主席、市政协副主席、民建市委主委王永庆，市委统战部常委副部长周开让等一行到京东集团调研。京东首席执行官刘强东、执行副总裁蓝烨、副总裁马健荣等出席接待。调研组听取京东业务发展情况汇报，对京东品质电商的发展方向给予高度肯定，并对京东在互联网创新领域的发展与突破寄予期望。8月4日，亚洲国家邮政行业高级管理人员研修班到京东总部参观调研。研修班成员参观京东仓储和配送站点，了解京东在电商物流供应链领域的战略布局与技术创新，对京东物流体系所取得的成就给予高度评价。来自韩国、新加坡、印度尼西亚、泰国、哈萨克斯坦等20多个国家的邮政行业高级管理人员参加活动。8月16日，联合国开发计划署驻华代表处一行到访京东，双方针对在消除贫穷、消除饥饿、清洁能源、负责任的消费等领域开展合作进行探讨。

（侯娟）

市文化资产监督管理办到中国杂技团调研

7月8日，市文资办主任周茂非一行到开发区调研中国杂技团配套项目进展情况。周茂非指出，中国杂技团的发展承载着中国文化产业走出去的重任。希望在开发区的大力支持下，推动中国杂技团进一步发展。同时，将演艺集团其他优质资源引入开发区，为开发区文化创意产业做出新贡献。开发区领导梁胜、袁立洪、赵雅娟、沈永刚出席座谈会。

（张清华）

市委领导就促进经济发展到开发区调研

8月24日，市委书记郭金龙就促进经济持续健康发展主题在开发区调研。他强调，开发区要适应和引领新常态，落实五大发展理念，深化供给侧结构性改革，构建“高精尖”经济结构，为全市经济发展做出贡献。开发区要永葆青春。郭金龙主持召开座谈会，听取大兴区和开发区工作汇报。市有关部门负责人就开发区发展进行讨论。市领导张工、隋振江一同调研。

（张清华）

孟加拉驻华文化参赞到杂技学校考察

9月2日，孟加拉驻华文化参赞和孟加拉学生监护人一行2人到北京市杂技学校（北京市国际艺术学校）进行实地考察。来宾们参观了学校的校园环境、教育教学设施、生活环境等，对杂技与魔术表演专业的课程安排、餐饮标准等一些具体情况与学校领导进行会谈，双方就培训目标和学生今后的发展达成共识。考察结束后，孟加拉10名留学生于9月5日到达学校，他们将在学校学习杂技与魔术表演专业。

（吴青青）

两区领导干部大会召开

两区领导干部大会召开　　齐美娟 摄

9月28日，两区召开领导干部大会，会议传达北京市区委书记会议精神；部署维稳、城市运行保障、安全生产、环境布置等有关工作；传达中宣部有关文件精神。两区领导谈绪祥、崔志成、张晓林、王新、白文、王有国、高言杰等参加会议。谈绪祥要求，必须细化措施，全力抓好安全稳定各项工作。针对当前安全稳定面临的风险和挑战，要以严之又严、细之又细、实之又实的措施，着力补齐短板，堵塞漏洞，消除隐患，确保实现四个坚决防止的工作目标。

（张清华）

市领导调研开发区医药卫生体系

10月24日，北京市副市长林克庆到开发区调研医药卫生体系和发展情况。市食药局局长丛骆骆陪同调研。林克庆指出，疏解非首都功能的行动已经打响，许多市区医疗机构已向两区等地转移，并取得很好的效果，同仁医院二期项目要加快建设，争取早日惠及周边职工群众。政府在医疗机构运行上，一定要给医院足够的空间去发展，下定决心将这些医院运行好。同时，要将优秀的医药企业和新技术运用到医院发展中去，早日让百姓享受到新科技成果和新研发药物，为百姓谋福利。在确定产品临床安全有效的前提下，作为北京高新技术企业的领先产品应惠及民生，优先进入北京市医保产品目录和临床用药名单中。市卫生计生委、市医管局、市人力社保局、市食品药品监管局领导参加调研，两区领导谈绪祥、梁胜、王合生、沈永刚陪同。

（张清华 刘伟毅）

市青年联合会负责人到开发区调研

10月25日，北京市青年联合会主席郭文杰就“构建‘高精尖’产业结构下的企业发展空间”主题到开发区调研，参观开发区展厅、北京奔驰汽车有限公司、安诺优达基因科技有限公司和建元控股有限公司，听取情况汇报。开发区团工委、开发区青联、部分企业团组织负责人等 30 余人参与调研。

（臧华）

几内亚共和国总统到四达时代参观考察

几内亚总统孔戴与四达时代总裁庞新星交谈　　企业提供

10 月 30 日，几内亚共和国总统孔戴率政府高官代表团考察四达时代集团总部，并与公司总裁庞新星会谈。参观团参观四达时代研究院、译制配音基地、大型播控中心、高清演播室等地，了解科技产品和译制配音技术，看望非洲籍员工，了解公司在几内亚数字电视发展方面所做的工作，孔戴总统对四达时代在推动几内亚数字电视发展方面所做的努力表示肯定和赞扬。

（兰简瑶）

市环保局调研电子信息产业环保工作

11 月 15 日，市环保局副局长冯惠生率队到开发区调研电子信息产业的环保工作。冯惠生指出，开发区是北京市唯一的国家级经济技术开发区，同时也是高新技术企业的聚集地，在区域发展中应处理好国家产业发展战略与环境保护的关系，可以通过深挖企业减排潜力、鼓励企业应用国际顶尖技术、引导应用更节能环保的减排设施、发挥政府的服务职能，促成企业间排污交易等手段帮助企业实现经济和环保的共同健康发展。开发区管委会副主任绳立成出席。

（张清华）

市政府领导调研开发区锅炉低氮改造工作

11 月 18 日，北京市人民政府副秘书长刘印春到开拓热力永昌分公司针对锅炉低氮改造工作进行调研。刘印春现场听取了开拓热力总经理李树栋的工作汇报，对改造完成的锅炉进行了实地察看，肯定了低氮改造工作的成果。

（王宁）

马来西亚总理夫人特使参观杂技学校

12 月 13 日，马来西亚总理夫人特使与文化官员一行到北京市杂技学校（北京市国际艺术学校）参观访问，并就学校办学情况、课程设置、学生培养等方面与校领导进行交流。马方在交流会上提出希望与学校成为友好合作伙伴，开展校际师生互派互访，推进双方在文化领域的互利合作。

（吴青青）

市委领导到开发区调研

12 月 22 日，市委副书记、代市长蔡奇到开发区调研。蔡奇对开发区以提高质量和效益为中心，以供给侧结构性改革为主线，着力做好产业结构、产品结构和政府公共服务“三个调整”的文章，给予肯定。他强调开发区是高端产业集聚之地、创新集聚之地，也是领军企业集聚之地，应该出、也能够出伟大企业。副市长隋振江一同调研，两区领导谈绪祥、梁胜陪同。

（张清华）

开发区召开 2017 年度工作会

12 月 28 日，开发区召开 2017 年度工作会，书记谈绪祥出席会议并讲话，区长崔志成主持会议，开发区管委会主任梁胜作工作报告，邵恒、吴问平、白文、王有国、高言杰等两区领导出席会议。梁胜在年度工作报告中总结回顾了开发区2016年经济社会发展情况，并从7个方面对2017年开发区重点工作做了总体部署。谈绪祥强调，2017年的工作要以全局视野和历史眼光，认真审视开发区承担的职责使命，要充满信心，切实扛起引领实体经济发展的大旗；要不忘初心，切实扛起引领全面深化改革的大旗；要坚定决心，切实扛起引领两区跨越发展的大旗。会上，王合生传达了代市长蔡奇调研开发区的讲话精神。中芯国际集成电路制造（北京）有限公司、北京奔驰汽车有限公司、拜耳医药保健有限公司等重点企业就全年发展发言，体现了开发区重商亲商的特色，成为本次年度工作会的一大亮点。

（张清华）

接收各门类档案 2.43 万卷

年内，开发区档案室接收各门类档案2.43万卷（件），完成2014—2015年度文书、会计、审批等约4.98万卷（件）档案的加工整理工作，接待利用档案人员748人次，借阅、利用各类档案7431卷（件），复印资料7565页。对文书、会计、审批、执法、合同、工程、企业七大类纸质档案进行数字化扫描。全年共接收数码照片2085张，促进档案管理向信息化、数字化方式转变。

（田梦）

受理因公出访团组 26 批 61 人次

年内，开发区实际因公出访26批61人次。其中，党政干部实际出访13批37人次，开发区总公司、亦庄国投实际出访13批24人次。初审阶段取消无必要的出访4批9人次。因公证照收缴率保持100%。

（张晓明）

办理 APEC 商务旅行卡 21 张

年内，开发区内企业办理APEC商务旅行卡21张，比2015年增加10.53%，并指导企业建立相关管理制度。

（张晓明）

政务接待 232 批 6355 人次

年内，开发区外事办公室完成政务接待任务共计232批6355人次。其中，完成内宾接待任务共213批5982人次，外宾接待任务共19批373人次。

（张晓明）

群众来访接待 233 批 1706 人次

年内，开发区信访办全年接待、受理群众来访233批1706人次，比2015年分别下降31.87%和6.93%。其中，集体访39批1352人次，比2015年分别下降29.09%和增长6.79%；信件124封，比2015年下降28.32%。从反映问题形式来看：信访形式多样化和频率加快；重复投诉、缠访反映问题处理难度大、呈周期性波动趋势；自发组织的集体访问题突出；个别上访人员情绪激动、言语过激，甚至采用极端行为来表达诉求。从反映问题内容来看：城市管理问题比较突出，主要涉及城市道路建设、工程项目建设、住宅与非住宅类项目公共设施设备维修与管理问题；劳动关系问题占比较大，主要集中在欠薪和劳动权益保障等方面；合同争议问题占比有所下降，主要是信访人相较于司法途径更愿意走无成本的上访途径；社会管理问题占比下降较多，主要涉及部分居民的违章建筑、物业服务与管理、业委会的运作与管理；征地拆迁问题占比基本与往年持平，主要是拆迁安置等历史遗留问题重复缠访。

（王空颖）

受理信息公开申请 259 件

年内，开发区受理信息公开申请 259 件，比 2015 年上升 156.44%。其中，当面申请 193 件，比 2015 年上升 127.06%，占总数的 74.52 %；通过互联网申请 29 件，比 2015 年上升 2800%，占总数的 11.20%；以信函形式申请 37 件，比 2015 年上升 146.66%，占总数的 14.28 %。答复依申请信息 253 件，比 2015 年上升 153%。其中，“已主动公开”3 件，占总数的 1.19 %；“同意公开”125 件，占总数的 49.41%；“同意部分公开”8 件，占总数的 3.16%；“不同意公开（不是《中华人民共和国政府信息公开条例》所指政府信息）”2 件，占总数的 0.79 %；“不属于本机关公开”26 件，占总数的 10.28 %；“信息不存在”77 件，占总数的 30.43%；“告知作出更改和补充”12 件，占总数的 4.74%。

（王海凤）

组织开展应急演练

年内，开发区在完成“北京市应急队伍与装备管理系统”新一轮应急队伍和装备物资信息更新工作基础上，通过应急演练，切实强化各专业救援和志愿服务队伍的应急响应和物资保障能力。1 月 14 日，全市消防信息化指挥作战演练在揖斐电电子（北京）有限公司厂区开展，开发区应急办调动应急指挥通信车、消防支队出动 5 辆消防车 30 余名官兵参加演练。12 月 13 日，开发区应急办会同安监局在京东方组织开展危化品事故企业联动实战演练，模拟该企业发生氯气泄漏，政府部门迅速响应，京东方及周边联华林德、康宁显示、冠捷显示、东进等企业妥善开展先期处置和应急联动等措施，磨合应急联动机制。12 月 28 日，开发区应急办组织 15 家单位开展大面积供电事件桌面推演，通过信息报送、先期处置、应急联动、响应升级、善后处置等环节，进一步明确大面积停电事件应急工作指挥体系，理顺联动机制，完善应对措施，达到良好的演练效果。

（吴振坤）

应对各类突发事件

年内，在做好全年值守应急工作基础上，开发区贯彻执行公共安全季度形势分析和周例会制度，结合区域实际，针对性部署风险排查和突发事件防控工作，妥善应对空气重污染、“7 · 20”强降雨等极端天气，开展河北爆燃事故伤者的医疗急救资金垫付及驻区涉事企业赔偿协调工作，妥善处置各类群体性事件和中芯国际断电事故，完成全国两会、十八届六中全会和世界机器人大会期间安保任务。开发区无重特大突发事件发生。

（吴振坤）

受理市政府“12345”转办工单 4386 件

年内，开发区应急办受理市政府“12345”转办工单 4386 件。树立“全心全意为人民服务”的宗旨，听取群众意见，解答群众诉求，为民排忧解难，得到市中心转达市民来电表扬，并获赠市民赠送锦旗。

（吴振坤）

《开发区供给侧结构性改革研究》结题

年内，开发区研究室委托均衡博弈（北京）研究院，对开发区供给侧结构性改革进行研究。10月，完成报告，提出开发区供给侧结构性改革核心是“腾、改、调、控、补”，在此基础上提出具体建议。11月4日，组织结题专家评审，市委改革办专职副主任胡雪峰等6名专家参加，同意结题并提出完善意见。

（刘世奇）

《调研·建议》创刊

年内，开发区研究室主办《调研·建议》创刊，旨在通过内部专门刊物，集民智、聚民意，把脉开发区经济，为开发区转型升级和更好更快发展提供参考信息和对策建议。全年出版2期。

（刘世奇）

完成第三期开发区口述历史文字汇编

年内，开发区志办完成第三期开发区口述历史——专访视频剪辑、提取字幕、文字初编工作，专访成片视频时长46小时，文字资料汇编成册后共计41万字。收集整理57名受访人简介，精编出30个亦庄人物故事，通过个人在开发区的奋斗故事和主观感受，从侧面展现开发区的发展历程。

（李秀芬）

审　计

概况

2016年，北京经济技术开发区审计局（简称开发区审计局）围绕开发区工作中心，落实开发区管委会折子工程，依法履行审计监督职责。进一步突出审计重点，推进对公共资金、国有资产、国有资源、领导干部履行经济责任情况的审计监督全覆盖。加大对审计整改情况的跟踪检查力度，促进审计成果转化利用，使审计工作在维护财政经济秩序、推进深化改革、促进经济发展、保障社会公平、制约和监督权力运行、促进廉政建设等方面发挥更大作用。

（张萌）

完成7名领导干部经济责任审计

年内，开发区审计局开展7名领导干部经济责任审计，涉及被审计单位7个，延伸审计单位41家。审计金额234亿元，共提出审计建议18条。

（张萌）

财政预算执行和其他财政收支审计

年内，开发区审计局深化全口径预算执行审计，对开发区2015年度财政预算执行和其他财政收支进行审计，并延伸审计博兴街道和荣华街道。审计金额106亿元，从加强预算管理、加强内控建设、规范政府采购等方面提出3条审计建议。

（张萌）

两项专项资金整改审计和绩效审计

年内，开发区审计局加大对审计整改情况的跟踪检查力度，对2014年北京市重大科技成果转化和产业统筹开发区项目绩效审计的后续整改情况开展审计，核实已整改问题和审计建议落实的真实性和有效性，重点审查未整改问题和未落实审计建议部分，督促问题整改，促进审计成果的转化利用。现场延伸审计5家项目单位，审计金额4.7亿元。从完善管理制度、加强阶段性目标考核、规范协议约定条件、严格项目监管等方面提出 4 条审计建议。关注大额专项资金使用绩效，对科技资金开展绩效审计。抽查 70 个项目并延伸审计 20 家项目单位，从项目申报、验收、资金拨付使用等方面审查程序的合规性和资金的效益性。审计金额 0.5 亿元。从加强程序管理、强化项目单位监管等方面提出两条审计建议。

（张萌）

重大投资项目及民生项目跟踪审计 107 项

年内，开发区审计局全年启动实施（含延续）跟踪审计项目 107 项，其中拆迁腾退类项目 7 项、基础设施建设项目 72 项、关系民生项目 28 项。

（张萌）

拆迁腾退类项目跟踪审计 14.67 亿元

年内，开发区审计局在配合瀛海镇搬迁腾退还绿项目扫尾工作的基础上，重点做好奔驰二期项目用地开发、集贤地区土地开发、亦庄镇南工业区拆迁腾退、“12 平方公里”涉及通州区拆迁腾退等项目跟踪审计。集贤地区土地开发累计审核通过民宅 216 户，审定金额 2.67 亿元；非住宅 68 户，审定金额 7.79 亿元。亦庄镇南工业区拆迁腾退项目非住宅送审并通过审核 2 户，审定金额 4.21 亿元。

（张萌）

基础设施工程项目跟踪审计 1.29 亿元

年内，开发区审计局以政府资金的管理和使用为主线，全力做好综合配套服务区市政基础设施、“12 平方公里”市政基础设施、核心区及路东区市政道路改造等项目的跟踪审计工作，加大审计现场管理，并对进入结算阶段的项目组织专门的结算审计力量进行审计，累计送审 1.29 亿元，审定 1.17 亿元，审减 0.12 亿元，审减率为 9.3%。

（张萌）

关系民生的重点项目跟踪审计 36.93 亿元

年内，开发区审计局在继续推进“12 平方公里”安置房等项目结算审计工作的同时，完成累计送审 36.93 亿元，审定 30.07 亿元，审减 6.86 亿元。提前与相关部门、单位对接，合理配置审计资源，优化审计力量。

（张萌）

配合审计署和市审计局完成审计任务

年内，开发区审计局配合审计署和市审计局完成保障房跟踪审计等审计项目，开发区审计局负责协调相关部门成立联络小组，配合和统筹协调，保障审计署、市审计局两级审计组与相关单位工作顺利对接。

（张萌）

落实“决策留痕、结果查究”工作

年内，开发区审计局强化留痕管理，根据工作实际，组织设计“审计局初始动议事项记录单”和“审计局决策留痕记录单”，明确动议范围，进一步规范动议行为，严格程序管控，强化留痕管理。完善档案管理制度，进一步细化档案管理，确保各决策事项、各种工作轨迹清晰可查。落实“结果查究”监督机制，有组织、有计划、有步骤开展分口查究工作。统一编制《2016 年分口查究工作方案》，成立由分管领导牵头的查究小组，聘用第三方中介机构参与并分阶段组织实施。

（张萌）

法治

综述

2016年，开发区深化政府体制机制改革，深入推进“放管服”改革。梳理76项行政审批事项，取消、调整15项非行政许可审批事项。清理、规范16项行政审批中介服务和技术服务事项，编制权责清单向社会公示。推进商事制度改革，取消工商登记前置审批事项153项，推进“五证合一”登记制度，全程一站式服务大厅投入运行。深入推进政府工作机制改革。在全市实现三个“率先”：率先实行农民工工资保险保障制度，建立了农民工工资市场化保障渠道；率先通过“政府引导、企业参与”模式实现危化品独立库房升级改造和重点涉危企业物联监控；率先创建新型显示产品出口质量安全示范区，实现京津检验、通关一体化，减少通关时间，减免检验检疫费用。

开发区以确保开发区发展建设的安全稳定环境为主线，以平安开发区建设为目标，积极开展矛盾排查调处、社会面防控、社会治安综合治理工作，为开发区发展营造宜居宜业的社会环境。完善社会治安综合治理，坚持“打击整治零容忍”，推进“重点部位一街一车、一般地区一岗一巡”的防控模式，形成以武装巡逻车组巡重点部位、巡警及派出所巡逻车巡繁华场所、巡防队员以岗亭为中心半径“1公里”范围内步巡的社会面巡逻防控模式。结合辖区特点，加强对危化品运输车、大货车、摩的等重点车辆，酒后驾车、闯红灯等严重违法行为，违法超标等重点企业的无死角管控，坚持超标停车、逢车必查、违法必罚的工作方法，狠抓执法。针对城铁站周边，永康公寓、美廉美等重点秩序乱点，狠抓联勤联动。在全市首推执法效能模式，建立全新执法考评标准，在全市交通执法整治工作中百警率排名第一。集中开展“打基础、强整治、严管控”社会面火灾防控行动，对辖区内所有服务保障单位、人员保障场所、易燃易爆企业等消防安全重点单位进行专项检查。完成十八届六中全会、世界机器人大会两项重大活动的安保任务。

以两个街道办事处为依托，开展矛盾纠纷排查化解工作，在其内部增设司法所职能，构建“人民调解、行政调解和司法调解”三位一体的调节体系建设。

（张辰）

法制政府建设

概况

2016年，北京经济技术开发区法制办公室（简称开发区法制办）落实国家、北京市关于推进法治政府建设相关要求，推进法治园区建设，开展权责清单编制工作，建立依法行政专项考评制度，编制执法岗位目录、规范行政处罚执法，审查行政规范性文件草案、重要文件及各类合同协议，处理行政复议和行政诉讼案件及各类涉法问题，做好法制服务保障工作。

（张哲明）

北京市执法信息服务平台启用

4月，北京市执法信息服务平台投入使用。开发区研究室组织开发区管委会各执法部门登录平台填报各项信息。全年在该平台录入执法人员信息319条；编制执法岗位57个，关联执法人员258人；录入行政处罚、行政执法检查等多项数据信息；录入2016年度行政处罚案卷评查成绩共106条。

（宁知盈）

编制开发区管委会权责清单

年内，梳理开发区管委会各职能部门及其事业单位直接面对公民、法人和其他组织行使的行政职权事项以及公共服务事项，编制开发区管委会权责清单。涉及开发区管委会17个职能部门，收录权力事项2500余项。权力类别包括行政许可、行政确认、行政处罚、行政征收、行政强制、行政裁决、行政给付、行政检查、行政奖励、其他权力和公共服务。梳理内容包括事项名称、设定依据、实施主体、办理流程等。

（张哲明）

审核修改文件和合同协议65件

年内，开发区法制办审核修改行政规范性文件草案和各部门起草的文件21件，审核修改各类合同协议44件。向市法制办报备2项行政规范性文件，分别是《北京经济技术开发区科技创新投资引导基金实施细则》和《北京经济技术开发区科技股权投资基金实施细则》。

（张哲明）

处理行政复议和行政诉讼案15件

年内，开发区法制办以开发区管委会为被告的行政诉讼案件11件，其中法院判决驳回原告诉讼请求或裁定驳回原告起诉的共7件、被法院撤销原行政行为并责令重新作出的共4件。处理以开发区管委会为被申请人的行政复议案件4件，其中2件由市政府维持管委会原行政行为、1件由申请人撤回申请、1件被市政府责令履职。

（宁知盈）

依法行政绩效考评

年内，开发区管委会首次印发《开发区管委会依法行政专项考核工作方案》《开发区管委会依法行政专项考评实施办法》，首次将开发区管委会内设19个部门共同列入市政府法制办“依法行政考核考评管理系统”考核范围。设定法治意识和能力、行政行为的监督、行政执法规范、行政执法监督四大部分 15 项考评指标。参评部门年终依法行政绩效考评最高得分 91 分，最低得分 54.8 分，平均分 74.6 分。开发区管委会 2016 年依法行政专项考评最终得分为 4.42 分，在全市 59 个参评机关中排名第 32 位。

（宁知盈）

综 治

世界机器人大会安全保障

10 月 20 日—25 日，2016 年世界机器人大会在开发区举办。开发区政法工作部牵头成立安保工作领导小组，开发区公安分局、交通大队等单位制定各类安保工作方案。开发区公安分局每日部署安保力量在会场及周边执勤巡逻，完成大会开幕式、机器人比赛、机器人展览、亦智之夜等重大活动的安全监管工作，执行一级警卫任务 1 次、二级警卫任务 2 次。其间，无治安、刑事类案件发生。开发区交通大队对主会场周边道路和 30 余家企事业单位进行调查摸底，强化隐患排查，整治停车秩序，调整信号灯 21 处，根据区域特点指导监督市政等部门敷设彩色非机动车道路面 8 万余平方米，重新设置各类交通标志 20 余处，设置护栏 15 千米，施划标线 20 余千米。其间，开发区交通大队在东环路、荣华路、荣昌街、永昌路以及京沪高速出口等近 40 处交通节点，每日部署警力 40 余人、交通协管员 150 人。及时将展会周边实时路况和停车场利用率进行公布，引导广大市民避开展览高峰。开发区消防支队检查单位 288 家次，发现并消除火灾隐患 719 处，下发责令改正通知书 108 份，查封 3 家，责令“停产停业、停止使用、停止施工”1 家，实施行政处罚 12.2 万元。组织成立思想发动、灭火救援、社会面火灾防控、后勤保障 4 个小组，按照“大会”会场及周边 200 米 ~500 米区域、周边 500 米 ~1000 米区域和社会面动态前置巡视备勤的责任区划分，落实世界机器人大会期间严管严控措施。工作中，按照安保工作网格划分，每个网格部署一队由战训、防火、灭火人员构成的小组，5 部消防车实施动态巡视前置备勤，大会现场设置 1 辆消防车实名制驻点。并要求街道、企业微型消防站、互检联防组织等组织 2000 余名群防群治力量开展周边区域不间断巡逻防控；联合开发区公安分局、安监局等部门组织社会单位负责人、安全管理人约 1000 人对重点部位进行死看死守，做到每栋建筑至少有 1 人进行实名制看护，确保不发生起火冒烟事故。

（李婕 王海英 黎军）

处置群体性事件 30 余起

年内，开发区政法工作部协调开发区公安分局等政法单位处置郁金香舍小区居民维权事件等群体性事件 30 余起，接待来访 31 批、504 人次，其中集体访 6 批、456 人次。

（李婕）

开展治安乱点专项治理

年内，开发区政法工作部组织协调开发区公安分局、城管分局、交通大队等政法单位开展区内治安乱点专项治理，围绕辖区45个重点看护部位、6个地铁站点、3个繁华场所，日均投入巡逻警力46人次，车辆14辆次，坚持“打击整治零容忍”。截至年底，破获刑事案件92起，审结治安案件874起，刑事拘留130人，行政拘留137人。查处黑车、黑摩的扰序行为260余起，当场警告150余人，行政拘留以上处理黑车司机5人，开具违法停车告知单2017张，查扣黑摩的80余辆。推进“重点部位一街一车、一般地区一岗一巡”的防控模式，形成以武装巡逻车组巡重点部位、巡警及派出所巡逻车巡繁华场所、巡防队员以岗亭为中心半径“1公里”范围内步巡的社会面巡逻防控模式。发动保安员、红袖标等群防群治力量5000余人“跨出企业社区一步”履行社会责任，提升社会面管控力度。

（李婕）

公 安

概况

2016年，北京市公安局经济技术开发区分局（简称开发区公安分局）以“维护地区稳定和服务经济发展”为总体思路，开展打防管控各项工作，完成全国两会、G20峰会、“十八届六中全会”、世界机器人大会等专项安保任务，侦破“7·29”伤死案、“8·9”伤死案等一批重大敏感案件，维护辖区政治稳定和社会安定。围绕辖区政府机关、金融网点、地铁公交场站等人流密集繁华场所，加强社会面巡逻防控，强化日常地上地下一体化勤务、校园高峰勤务，开展堵卡行动37次，开展“交通、治安、环境”三大秩序整治工作200余次。强化日常维稳，组织防恐处突（防恐怖处置突发事件）演练3次，妥善处置群体性事件30余起。强化企业安保，做好日常对驻区企业安全防范检查和指导，在重点企业设驻警工作室。加强校园安保，深入中小幼学校开展安全检查25家次，消除安全隐患30处，开展法制安全宣传讲座2次，阻止以学生突发疾病为手段的电信诈骗案件2起。加强流动人口和出租房屋管理，排查区内流动人口登记情况和租赁房屋、房东信息情况，组织检查37次，检查出租房屋4446间。组织执法办案单位领导和民警执法能力闭卷考试2次。组织开展警营开放日活动1次，辖区企事业单位、居民代表、中小学生100余人走进天华路、博兴路派出所，参观警营，融洽了警民关系。对新增6家旅店业单位，3家典当业进行审查和备案。开发区公安分局2个集体荣立集体三等功，15人荣立个人三等功，49人获个人嘉奖，1人获北京市政法系统“群众心目中的好党员”称号。

（王海英）

完成“向群众报告”主题活动

1月，开发区公安分局组织户籍派出所和社区民警完成“走进派出所、走进警务室、走进社区向群众报告”主题活动，汇报2015年在社区安全防范、提高群众安全感和满意度方面开展的工作，征集辖区群众对公安工作的意见建议。召开派出所汇报会3次，社区民警报告会9次，参加群众650余人次，走访单位237家，走访社区群众 1114 人，慰问治安志愿者 517 人，发放社区宣传材料 3000 余份，征集群众意见建议 67 条，制定整改措施 30 余项，达到良好的警民共建效果。

（王海英）

开发区安防协会召开会议

2 月 3 日，北京经济技术开发区安全防范协会（简称开发区安防协会）召开第三次会员大会，审议通过第二届理事会报告、监事会报告及财务报告，选举产生第三届理事会和监事会。开发区管委会、公安分局领导，各会员单位共 200 余人参加会议。12 月 20 日，开发区安防协会召开全体会员大会，总结 2016 年安防工作，表彰安保工作中表现突出的北京京东方显示技术有限公司等 18 家单位，向驻区企业部署“两节两会”安保工作。开发区政法工作部、公安分局、安防协会等单位领导出席会议，开发区公安分局内设机构主要领导、内保民警，协会理事单位代表及全体会员代表 300 余人参加会议。

（王海英）

开展反恐处突演练

开发区公安分局开展反恐处突演练　　刘佳 摄

2 月 26 日，开发区公安分局组织开展反恐处突演练，对模拟涉恐警情进行应急处置，有效提升处突民警和处突队员的实战处置能力，30 人参加演练。

（王海英）

开展 2016 年春夏平安专项行动

4 月 20 日至 8 月，开发区公安分局开展 2016 年春夏平安专项行动，共召开专题会议 15 次，破获刑事案件 62 起，刑事拘留 62 人；通过巡逻抓获拘留以上处理的违法犯罪嫌疑人 95 人，社会面警情同比下降 39.5%；收缴管制刀具 5 把，查获招嫖卡片 2 万张。协助兄弟单位开展现场处置 6 次，抓获“盗非”嫌疑人 38 名，追回被盗非机动车 27 辆；会同开发区城管分局、交通大队、工商分局清理“黑车”“黑摩的”150 余辆次，整治“黑车”“黑摩的”等扰序行为 120 余起，查处“黑车”扰序人员 109 人。组织检查旅店 156 家次、机修 103 家次、典当 36 家次、电游 26 家次、歌厅 23 家次；检查网吧 58 家次，网站 83 家次，网络运营商 36 家次，开展计算机等级保护检查 16 家次。检查工厂企业 138 家次、危爆物品单位 65 家次、金融网点 25 家次，发现并整改隐患问题 5 处；检查电力单位 23 家次、重点部位 26 处，发现并整改隐患问题 3 处；检查商市场 56 家次、重点部位 16 处，发现并整改隐患问题 3 处。

（王海英）

公安部副部长到开发区调研

7 月 11 日，公安部副部长、北京市副市长、北京市公安局局长王小洪到开发区公安分局调研，实地察看北京京东方显示技术有限公司警务工作室。王小洪对开发区公安分局工作给予肯定，并要求开发区公安分局在北京市起到样板示范作用。

（王海英）

暴雨中救援被困群众

开发区公安分局民警在特大暴雨中执勤　　单位提供

7月19日，北京地区普降暴雨，局地大暴雨，持续降雨55个小时，平均降雨量达到212.6毫米，持续时长和降雨量均超过2012年“7·21”特大暴雨，开发区公安分局民警在特大暴雨中连续救援被困群众车辆12部，捡拾车牌40余个，全部交还车主。

（王海英）

进校园普法

8月15日、11月14日、12月21日，开发区公安分局开展“防拐防骗”主题教育讲座。民警为开发区机关夏令营班的70余名幼儿宣传讲解儿童防拐防骗常识；到北京市第二中学亦庄学校，为学校300余名师生宣讲校园安全防范常识；到北京电子职业学院，为全院30余名外籍教师现场讲解出入境法规、防电信网络诈骗常识。

（王海英）

开展涉外旅店专项检查

8月10日—23日，开发区公安分局开展全区涉外旅店专项检查。重点对各宾馆旅店涉外反恐防恐工作落实情况，G20期间发现72小时过境免签人员和涉及境外人员的可疑情况的处置情况、前台从业人员临时住宿登记的培训情况进行检查。检查涉外旅店15家，查验临时住宿登记表300余张，发现并处罚不按规定登记住宿旅客信息行为3起3人。

（王海英）

开展秋季校园安全检查

8月28日—29日，开发区公安分局联合开发区相关职能部门开展校园安全检查。检查组先后实地检查4所学校8所幼儿园。重点检查校园防恐反恐工作落实情况、保安人员及防护器材配备和使用情况、监控设施运行情况和校园安保力量业务培训等情况。发现并现场整改问题4件，消除了学校内部的安全隐患。

（王海英）

办理居住证3439个

10月1日起，开发区公安分局派出所户政大厅正式办理北京市居住证、暂住登记卡业务。年内，发放宣传材料4万份，张贴海报57张，办理居住证3439个，登记卡1883个。

（王海英）

人大代表选举和商超活动安保

11月15日，开发区213个投票点开展人大代表投票选举工作，开发区公安分局成立专项工作领导小组，制定工作方案，部署安保力量进行现场安保，确保了选举投票工作的安全。12月10日—12日，浙江蚂蚁小微金融服务集团有限公司旗下支付宝口碑网在北京各大商超市场便利店内举办“12 · 12 支付宝口碑全球狂欢节”活动，开发区公安分局组织警力对区内涉及此次活动的商超市场和便利店开展安保工作。

（王海英）

整治“黑车”“黑摩的”

开发区公安分局清理整治“黑车”“黑摩的” 徐健 摄

年内，开发区公安分局着力解决影响辖区社会面秩序的突出问题，重点清理整治开发区内“黑车”“黑摩的”等治安乱点。开展日常联合执法 70 余次，出动警力 350 余人次；刑拘 3 人、治拘 5 人、打掉团伙 2 个、当场警告 150 余人、取缔游商 90 人次。配合交通、城管查扣“黑摩的”80 余辆，清理“黑车”“黑摩的”400 余辆次，移交违法“黑摩的”20 余辆。

（王海英）

加强行业场所安全管理

年内，开发区公安分局组织召开全区旅店、娱乐场所安保工作部署会 6 次。检查各类行业场所 1700 余家次，共处罚旅店 11 家，罚款 5.9 万元；处罚机动车修理企业 3 家，罚款 9000 元。联合开发区消防支队、工商分局取缔一家疑似黑开旅店 3 家、行政拘留 3 人。在机动车修理业和旅馆业抓获网上在逃人员 3 名。处罚辖区某养生会所容留他人卖淫案 1 起，行政拘留 1 人；收缴某电子游艺厅赌博机 9 台。对新增 6 家旅店业单位，3 家典当业进行审查和备案；辖区行业场所安装社会信息采集系统 100%、上网率 100%，维修机动车的录入率、住宿录入率高位运行。

（康建峰）

强化境外人员管理

年内，开发区公安分局组织召开社区民警、涉外旅店临时住宿登记培训会 5 次；检查涉外酒店 90 余次，工作中检查出问题酒店 10 家，对 20 人进行当场处罚；出动警力 42 人次，辅警 22 人次，检查外籍人员 147 人次，行动中发现并处置“三非”（非法入境、非法居留、非法就业）非法外籍人员 3 人，治安拘留 1 人。

（王海英）

开展企业安全检查 1200 余家次

年内，开发区公安分局深入管辖企业开展安全检查，出动警力 600 余人次，检查单位 1200 余家次，发现并督促整改各类隐患问题 2000 余处，确保各项安保秩序平稳，无突出事故发生。

（王海英）

检查危险物品使用单位 590 余家次

年内，开发区公安分局开展危管物品安全检查工作，共检查剧毒单位 80 家次，发现并整改问题 3 处。检查易制爆单位

480余家次，注销单位3家，发现整改问题1处。检查放射单位32家次，发现整改问题1处。在重大活动期间严格落实“四停一封”管控措施，确保了区内危险物品的绝对安全。

（王海英）

完成警卫任务19次

年内，瑞士联盟主席施奈德·阿曼、几内亚总统阿尔法·孔戴、国务院副总理刘延东、北京市委书记郭金龙等到开发区参观考察。开发区公安分局制定警卫工作方案，出动警力执行现场勤务，完成警卫任务19次。

（王海英）

开展多项主题宣传活动

年内，开发区公安分局结合“1·10”、自行车实名登记、电信诈骗防范、烟花爆竹安全管理等多项主题活动开展专项宣传。通过“入企业、入社区、入工地、入学校、入医院、入商圈”等形式，组织多部门分别在区内多处设立宣传点，向群众发放宣传材料，面对面接待群众咨询，答疑解惑。活动悬挂横幅30余条，发放“110”宣传海报、防范电信诈骗提示、安全燃放烟花爆竹、预防煤气中毒等宣传材料2万余份，解答群众咨询6000余人次。开发区公安分局通过微信公众号“平安北京开发区”“开发区巡防队”，宣传法律知识、安全防范常识及民警工作，融洽警民关系。全年出微信92条，阅读量3.66万余次。

（王海英）

案例举要

破获白某某故意毁坏财物案

3月11日，开发区公安分局接开发区区内某汽车销售服务有限公司4S店报警，称有人驾驶汽车撞进4S店大厅内，致使双层自动玻璃门、服务前台、电脑、水幕墙等物损毁。开发区公安分局出警当场抓获犯罪嫌疑人白某某（1975年9月出生，男，北京市大兴区人）。经审，白某某交待了2015年12月至2016年3月间，因车辆维修费用问题与某汽车销售服务有限公司4S店发生纠纷，经多次沟通未果，遂驾车撞4S店的犯罪事实。经鉴定，被损毁物品价值共计7万余元。

（张建华）

破获韩某等人职务侵占案

3月，开发区公安分局破获韩某等人职务侵占案。3月12口，抓获犯罪嫌疑人韩某（1992年2月出生，女，河北省张家口市人），3月15日，抓获犯罪嫌疑人韩某某（1965年7月出生，男，河北省张家口市人，韩某之父）。经查，2014年7月至2016年3月，犯罪嫌疑人韩某利用在北京某贸易有限公司总裁办公室任综合文秘的职务便利，在其前男友杨某某（男，现役军人，由其所在部队处理）的帮助下，多次利用职务之便侵占公款据为己有。其间，韩某某得知女儿韩某职务侵占后，为其出谋划策。韩某父女两人共侵占公司1800余万元，部分赃款用于购买房产及消费。犯罪嫌疑人韩某、韩某某对职务侵占的犯罪事实供认不讳。

（张建华）

破获王某持有伪造发票案

4月13日，开发区公安分局抓获犯罪嫌疑人王某（1973年8月出生，男，安徽省含山县人）。经审，其交待了 2015 年 5 月，在大兴区旧宫地铁站向他人购买伪造的餐饮发票 53 本，后将发票存放于开发区某烤鱼坊内，开发区地税分局在日常检查中，将此批发票查获。经查，王某持有伪造的定额发票共计 2649 张。

（张建华）

抓获一砸撬机动车团伙

5 月 4 日，开发区公安分局巡警大队巡逻至开发区上海沙龙小区时，现场抓获正在实施砸撬机动车的 3 名犯罪嫌疑人白某某（1971 年 2 月出生，男，黑龙江省齐齐哈尔市人）、李某某（1970 年 10 月出生，男，黑龙江省齐齐哈尔市人）、刘某某（1970 年 1 月出生，男，北京市朝阳区人），起获笔记本电脑 1 台。经查，3 人均有多次入室盗窃、砸撬机动车盗窃前科，经审，3 人对砸车盗犯罪事实供认不讳。

（张建华）

破获屈某某非法吸收公众存款案

5 月 16 日，犯罪嫌疑人屈某某（1988 年 11 月出生，女，河北省涿州市人）到开发区公安分局投案自首。2014 年 10 月至 2016 年 3 月，屈某某成立某股权投资基金有限公司，以炒期货、外汇的名义，对不特定公众进行宣传，许以高额回报，非法融资 1 亿余元。因将资金挪作他用，无力偿还投资者的本金及利息，遂投案自首。犯罪嫌疑人屈某某对上述犯罪事实供认不讳。

（张建华）

破获田某妨害公务案

5 月 19 日，开发区公安分局抓获犯罪嫌疑人田某（1980 年 4 月出生，男，黑龙江省宾县人）、田某（1991 年 10 月出生，男，黑龙江省宾县人）兄弟二人。5 月 19 日，在开发区工商分局、市食药监管局开发区分局、城管分局、公安分局等部门联合执法检查其无照经营的麻辣烫店时，两人以点燃煤气罐等方式暴力阻挠抗拒执法，情节严重，被当场抓获。两名犯罪嫌疑人对上述犯罪事实供认不讳。

（张建华）

破获赵某非法持有毒品案

5 月 28 日，开发区公安分局抓获犯罪嫌疑人赵某（1983 年 12 月出生，男，北京市大兴区人）。经审，其交待了 5 月 27 日在开发区某酒店内私藏红色药片 12.29 克、淡黄色晶体 1.24 克、绿色药片 0.11 克，经北京市公安司法鉴定中心鉴定，均为毒品甲基苯丙胺（冰毒）。

（张建华）

破获“7·29”伤害致死案

8 月 4 日，开发区公安分局抓获犯罪嫌疑人徐某某（1989 年 5 月出生，男，甘肃省临夏县人）。经审，其交待了 7 月 29 日在某公司男更衣室内，因琐事持刀将同事李某某（男，河北省隆尧县人）胸部扎伤致死后逃跑的犯罪事实。

（张建华）

破获苏某某利用邪教组织实施犯罪案

8 月 14 日，开发区公安分局当场抓获散发邪教“法轮功”宣传品的犯罪嫌疑人苏某某（1948 年 12 月出生，女，北京市海淀区人），并在其居住地查获邪教“法轮功”宣传品 130 份，李洪志照片 1 张、笔记本电脑及打印机等物品。犯罪嫌疑人苏某某对上述犯罪事实供认不讳。

（张建华）

破获“9·5”抢劫案

9月7日，开发区公安分局抓获犯罪嫌疑人张某（1998年4月出生，男，甘肃省礼县人）、张某（1993年3月出生，男，甘肃省礼县人）、张某（1995年1月出生，甘肃省礼县人）。经审，3人交待了9月5日下午行至开发区荣昌西街时，对独自1人行走的某女子实施抢劫，抢走苹果6S Plus手机1部、现金500元的犯罪事实。

（张建华）

破获樊某非国家工作人员索贿案

11月19日，开发区公安分局抓获犯罪嫌疑人樊某（1988年5月出生，男，广东省广州市人）。经审，其交待了2015年年底至2016年8月在北京某贸易有限公司任职期间，利用职务上的便利，向其维护的商家北京某科技发展有限公司索要好处费12万元的犯罪事实。

（张建华）

检 察

概况

2016年，北京市大兴区人民检察院经济技术开发区检察处（简称开发区检察处）有工作人员7人，其中主任检察官1人、检察官助理5人、实习生1人。年内，围绕“全面提高法治化水平和检察公信力”和开发区重点工作，履行检察职能，做好犯罪预防、法律宣传、控告申诉和无行贿犯罪记录查询等工作，用法治思维和法治方式服务企业发展，促进开发区党风廉政建设，为区域经济和社会健康发展发挥作用。全年累计进行无行贿犯罪记录查询服务5469起。

（余婕）

开展荣华路改造项目专项预防调查

9月23日，开发区检察处与开发区建发局相关负责人就荣华路改造项目的专项预防调查工作展开调研，并与开发区企业发展服务局就如何在开发区企业开展检察预防工作进行沟通。

（余婕）

召开“送法进白企”座谈会

10月19日，开发区企业发展服务局与开发区检察处组织辖区内17家产业园区的企业代表召开“送法进百企”座谈会，北京奔驰汽车有限公司等企业代表18人参会。座谈会就检察机关如何协助企业开展犯罪预防工作展开讨论，代表们就企业如何进行犯罪预防工作，工作中遇到问题时检察处可以提供的法律服务方式、服务内容、服务要求等方面进行阐述，并针对企业在生产经营过程中遇到的具体法律问题提出建议。

（余婕 孔祥龙）

走进京东开展知识产权保护座谈

12月30日，开发区检察处与京东集团相关人员开展座谈。双方就党建工作开展和知识产权保护等主题展开交流。希望能在犯罪预防、知识产权保护等方面加强合作。

（余婕）

审 判

概况

2016年，北京市大兴区人民法院经济技术开发区人民法庭(简称开发区法庭)有在职干警14人，7名司法志愿者，3名常驻人民陪审员，审判组5组，1个劳动争议组和4名派驻法警。开发区法庭共受理各类案件2192件，审结案件1912件，未结案件280件。其中，审结建设工程、房屋买卖租赁、交通肇事等民事案件1609件，劳资纠纷303件。开发区法庭获北京市高院颁发的“北京市法院党建工作先进集体”称号、北京市政法委颁发的“五好党支部”荣誉称号。法官齐伟龙获北京市法院党建工作先进个人称号、全国法院党建工作先进个人称号。1名法官获大兴法院办案标兵称号，1名法官助理获优秀共产党员称号，2名法官分别荣立个人三等功、获民事审判专业优秀法官称号。“邱少云家属诉孙杰、加多宝一般人格权纠纷”案入选2016年中国法院十大民事行政案件及2016年北京法院十大案件，最高法院、央视组织的“2016年推动法治进程十大案件”。开发区法庭承接北京法院司法统计分析重点课题“北京经济技术开发区工业土地上房屋转让纠纷相关问题”，试行“以审判为中心”的庭务改革被北京高院司法专刊刊登，并作为司法改革先进经验在北京法院系统进行推广。

（李宝才）

走进北京可口可乐开展首次法律宣讲

1月7日，开发区法庭庭长一行到北京可口可乐饮料有限公司参加京忠讲堂揭牌仪式，就预防职务犯罪、规范合同用工管理和防控不良风险，与公司百余管理人员和业务代表开展首次法律宣讲。主要围绕职务侵占罪的法律规定，分析公司人员的犯罪形式和典型案例，讲解防控办法。从落实劳动规章制度、规范员工调岗、加强涉密信息管理3个方面，揭示企业在用工管理过程中的常见问题并提出相应的规范化建议。

（乔晗）

开展法律讲堂进社区活动

1月27日，开发区法庭与荣华街道办事处就双方共建工作达成每季度分主题去社区普法或举办公开示范庭的意见，开展“法庭街道共建”活动，共同参与创新社会治理，推动人民法庭工作向纵深发展。3月15日，开发区法庭依托“法庭街道共建”平台，在荣华街道开展“与法同行”法律讲堂进社区活动。开发区法庭庭长李宝才一行5人为林肯公园、卡尔公寓、郁金香舍等8个社区的居民和街道工作者40余人举办二手房买卖专题法律讲座。此次活动增强民众学法、守法、依法办事的意识，增进民众对法院工作的了解、理解与支持。

（乔晗）

联合亦庄镇政府聘用司法志愿者

4月11日，开发区法庭探索“一审一书一志愿者”的队伍建设新模式，联合亦庄镇政府聘用司法志愿者，与7名司法志愿者召开对接仪式。司法志愿者具体的工作职责是辅助书记员整理卷宗，发送司法专邮，通知当事人开庭等相关事宜，并完成法官交办的其他事宜。

（乔晗）

移送涉嫌伪造文书的当事人

4 月 20 日，开发区法庭法官张小娟将涉嫌伪造法院生效证明书的当事人孙某移送公安机关，孙某因涉嫌买卖国家机关公文罪被判刑。当事人伪造法院文书意图获取非法利益，扰乱了法院正常司法活动和公信力，破坏了社会管理秩序。将涉嫌伪造法院生效证明书的当事人移送公安机关接受法律制裁。5 月 8 日，北京电视台《法治进行时（专题）》栏目对该案进行报道。

（乔晗）

举办法庭开放日活动

开发区法庭举办开放日活动　　王鑫 摄

5 月 27 日，开发区法庭举办法庭开放日活动，邀请北京市大兴区亦庄镇第一中心小学 30 余名学生参观法庭、感受法治氛围、走进法庭零距离接触法官和法院工作。开发区法庭法官张小娟讲解相关知识，展示法徽、法袍、法锤等实物，并介绍审判长、审判员、书记员等不同的职责。学生还参观法庭的文化墙，观看法庭的立案排队系统，工作人员实际演示法庭的安检系统。开发区法庭承担未成年人的普法宣传教育工作，营造辖区青少年学法、知法和守法的氛围。

（张小娟 陈晶）

二手房买卖风险防范新闻通报会

6 月 23 日，开发区法庭召开“二手商品房买卖风险提示与防范”新闻通报会。法官康晨黎和张小娟分别进行主题发言和典型案例通报，《北青社区报》《大兴报》大兴电视台等媒体参加。通过本次通报会让社会公众对二手房买卖纠纷的常见特点和风险多发点有了全面的了解，提示社会公众总结、注意、防范通报会提及的法律风险点，有效避免纠纷隐患的发生。开发区法庭全年审理 228 件房屋买卖纠纷案件。6 月 24 日，首都政法综治网对此进行了报道。

（乔晗）

审理邱少华诉加多宝人格权纠纷一案

9 月 20 日，开发区法庭对邱少华诉孙杰、加多宝（中国）饮料有限公司一般人格权纠纷案作出一审公开宣判，判决侮辱邱少云烈士的两名被告公开发布赔礼道歉公告，且公告需连续刊登五日，两名被告连带赔偿原告精神损失费 1 元。两名被告均表示放弃上诉，同意依据判决内容履行义务。法院经审理认为：邱少云烈士生前在战斗中表现出的舍身取义、爱国为民的精神，在当代中国社会有着广泛的道德认同，是中华民族宝贵的精神财富，同时也是邱少云享有崇高名誉和荣誉的基础。中国法律规定，公民享有名誉权、荣誉权，禁止用侮辱、诽谤等方式损害公民的名誉、荣誉等民事权益。公民的姓名、肖像、名誉、荣誉受到侵害的，相关当事人有权要求侵权人停止侵害，恢复名誉，消除影响，赔礼道歉，并可以要求赔偿损失。11月21日—25日，网络“大V”孙杰与加多宝（中国）饮料有限公司连续五日在《人民法院报》刊登声明，就其公开发表传播对邱少云烈士的侮辱性言论产生的不良社会影响、对烈士家属造成的精神伤害致歉。《人民日报》《光明日报》《经济日报》、中央电视台、中央人民广播电台等一类媒体均发表报道和评论，央视网、人民网、环球网等50多家网站对8篇评论文章载文推送，中央电视台“新闻直播间”进行长达8分09秒的报道及特约评论。从案件的审理到履行，开发区法庭以法律的利剑捍卫了英雄的尊严，侮辱邱少云烈士一案由此结束。该案件入选2016年度人民法院十大民事行政案件。

（乔晗 舒博）

北京市人大代表到开发区调研

10月20日，市人大代表白俊国一行应邀到开发区法庭调研。代表们对开发区法庭在以审判为中心的庭务改革、多措并举服务区域发展、抓党建带队建促审判等方面做出的努力给予肯定。同时，代表们就加强队伍建设、加强法制宣传、保障法官在巨大压力下的身心健康等方面提出建议。

（桂洋）

建立陪审员纠纷调解进社区机制

年内，开发区组建诉讼纠纷分析研判团队。通过案件审理和网络渠道，研判涉纠纷发展态势并撰写信息，对有潜在隐患纠纷的案件及时报开发区政法工作部，为开发区提供决策参考。开发区法庭走访北京可口可乐饮料有限公司、京东方科技集团股份有限公司、北京奔驰汽车有限公司等3家重点企业，每季度举办法制讲座，发出司法建议，助推企业健康经营。与亦庄镇政府党委联合聘用司法协助者，适应司法改革新形势，解决案多人少矛盾；与博兴街道、荣华街道党支部对接共建，联动化解区域社会矛盾，合力参与创新基层社会治理；以党支部共建为载体，通过互动走访、案例点评、法官访谈的形式开展党建活动，推进基层法制建设；与重点企业党支部建立电子网络联络渠道，通过邮件沟通化解矛盾隐患，帮助企业顺畅运转；与开发区交通大队、人劳局、房地局、发改局等政府部门党支部建立联席会议，提供法律参考意见，解决群体性纠纷。探索建立陪审员纠纷调解进社区机制，分区分片将司法服务融入社区。对辖区的16名人民陪审员进行物业、供暖纠纷等调解专项培训，动员陪审员开展调解进社区工作，巧用陪审员双重身份。利用新闻发布会、微博直播等新媒体功能共发布81个审判信息及典型案例，延伸审判职能，提高司法公信。

（乔晗）

交通管理

概况

2016年，北京市公安局公安交通管理局开发区交通大队（简称开发区交通大队）机构规格为副处级，内设职能部门调整为综合中队、管理中队、执法中队和执勤中队4个中队，主要承担开发区路面交通秩序疏导、依法纠正交通违法行为、驾驶员管理、交通安全宣传教育和道路交通事故处理等工作。年内，开发区交通大队完成春节、两会、G20峰会、世界机器人大会、十八届六中全会等交通安保任务。车管站共办理驾驶证业务4.28万笔，临时号牌业务6.59万笔；发生亡人交通事故5起、亡5人，比2015年均下降44%；处理一般交通事故21起、伤18人，比2015年分别下降16%和22%；开发区交通大队1个集体荣立集体三等功，5人荣立个人三等功，22人被授予个人嘉奖，1人被评为优秀党务工作者，1人被评为优秀共产党员。

（闫盼娜）

举办学雷锋志愿服务月启动仪式

开发区交通大队举办学雷锋志愿服务月启动仪式 郑云 摄

3月4日，开发区交通大队联合开发区工委宣传部，在党群活动服务中心举办学雷锋志愿服务月启动仪式。此次宣教活动摆放宣传交通事故展板20块、悬挂宣传横幅2条；利用流动宣传车滚动播放“迎两会、缓拥堵、保畅通”宣传片，向参会人员发放《致辖区企事业员工的一封信》、交通安全宣传折页1500余份，受教育人数达1000余人。

（闫盼娜）

危化品运输交通事故应急处置综合演练

3月5日，开发区交通大队开展危化品运输车交通事故应急处置综合演练。演练现场为经海四路科创六街路口，一辆危化品运输车辆发生交通事故，造成运载气体泄漏。接警后，开发区交通大队立即启动《危化品交通事故处置应急工作方案》，大队领导和各部门分工负责指挥调度、交通维护、事故处置和设备保障工作，一线执勤警力3分钟内到达事故现场指定区域，并以现场为中心划定封闭区、管控区和疏导区，临时对交通限行和管制，分流车辆、隔离行人，开辟快速救援车辆通道，保障应急车辆用最短时间进入现场开展处置和救援，并配合相关部门开展堵漏、监测等工作。最后，事故处理民警现场勘查取证、确认事故责任，20分钟后现场清理完毕，撤除管制、恢复交通。共有25名民警、12辆警车参加综合演练。6月2日，开发区交通大队联合北京市运输管理局朝阳管理处、朝阳区安全生产监督管理局等部门，组织市属38家危化品运输企业代表，针对钢瓶泄漏如何处理、液体槽车行驶途中突然失火如何灭火、液体槽车行驶途中发生液体泄漏如何处置等3项内容开展应急演练。针对演练中出现的钢瓶泄漏操作人员未按规定穿戴手套、灭火演练人员未站在上风口灭火、液体泄漏演练操作人员未按规定使用面具等问题，要求企业开展针对性培训，强化主体责任落实，加大内部交通安全监管，将各类交通安全隐患消灭在上路之前。

（闫盼娜）

开展多种交通安全宣讲活动

开发区交通安全宣讲竞赛举行　　田艳军 摄

5月25日，以"治理拥堵、文明出行"为主题的交通安全宣讲竞赛决赛在北京电子科技职业学院举行，中国文明网、北京台《红绿灯》栏目、亦庄时讯等多家媒体全方位多角度地对宣讲活动进行宣传报道。10月27日，开发区交通大队组织50余名区管委机关职能部门车管干部和驾驶员，深入北京市交通安全宣传教育基地开展交通安全宣教活动。参观法律法规学习区、酒精检测体验区、公交车互动模拟逃生区等10个交通安全宣传教育区，丰富行车走路交通安全知识，增强车管干部履职责任心。东方时尚驾校宣讲团以如何避免轮胎爆胎、爆胎时如何处置、行车中遇突发情况如何处置等问题为教学内容，与参加活动的群体开展互动，传授突发情况应急处置方法。参加活动的车管干部和驾驶员共同参观重点车型演示区，模拟演示因追尾、超载、闯红灯、不避让行人等严重交通违法行为引发的重特大交通事故现场。11月23日，在北京市交管局举办的"治理拥堵、文明出行"微视频大赛上，开发区交通大队选送的北京电子科技职业技术学院艺术学院的微视频作品《分分钟让你堵车的方法》获最佳创意片奖。12月2日，开发区交通大队联合开发区工委宣传部以"社会协同治理、安全文明出行"为主题，自觉践行"珍爱生命、带上安全、倡导文明出行、争当文明骑士"为口号，集中组织辖区各职能部门、重点单位员工、邮政寄递业员工、社区居民等200余人，在博大公园南广场开展"122全国交通安全日"宣传活动。活动现场用流动宣传车滚动播放"122全国交通安全日"宣传片，发放《请您"珍爱生命、带上安全——122全国交通安全日"》的一封信等宣传材料500余份，200余人在"珍爱生命、带上安全、倡导文明出行、争当文明骑士"百人签名横幅上签字，悬挂宣传横幅5条，摆放展板40块，受教育群众达800余人次。年内，开发区交通大队围绕"遵守交通法规、安全出行从我做起""交通秩序大整治""文明安全驾驶，共创首都文明交通"等主题，联合东方时尚宣讲团，依托流动宣传车，以开展交通安全教育培训、知识讲座、座谈会、签订安全责任书等形式，开展交通安全宣传教育活动148场，印制发放各类交通安全宣传材料18万余份，受教育群众累计23万余人。深入储存放射性危化品单位、生产危化品企业及加油站开展安全检查12次，对企业交通安全防范责任制度和应急预案、企业资质和经营范围、道路运输许可证和从业资质、安全生产监管制度等方面进行全面检查，对车辆刹车系统、电路系统、油路系统、轮胎、警示三角架、GPS使用情况、尾气排放等内容进行督导检查。会同开发区安监局、工商分局等部门，集中对学校、企事业单位主体责任落实、车辆安全性能、验车、强制保险和GPS使用情况等开展联合检查十余次，对校园的交通环境、交通信号灯和安全标志配备情况逐一进行普查登记，并针对检查中个别单位存在的问题，依据《开发区交通安全防范责任制》规定，向14家单位下发《交通安全隐患通知书》，要求企业查找问题原因，立即整改，制订并落实整改工作措施。

（闫盼娜）

处置路东区供电检修紧急停电情况

4月15日，开发区路东区因供电检修，路口信号灯无法使用。开发区交通大队协调在科创六街、科创九街、科创十街和科创十二街安装4台临时发电机，保障主要道路路口信号灯的正常使用；早高峰安排岗位14人，负责重点路口的秩序维护和重点路段的巡逻防控；将10台临时信号灯提前放置在路面，管理中队民警做好路面巡视，早高峰期间荣华路紧急停电情况得到妥善处置。

（闫盼娜）

约谈企业调研秩序乱点

5月30日至6月15日，开发区交通大队以“企业自治、社会共治、警种同治”为宗旨，对辖区内秩序乱点相关单位采取约谈机制。开发区交通大队大队长韩志涌、副大队长直凤国和管理中队相关人员，实地调研京东商城、永康公寓、开发区国税局、开发区地税分局等秩序乱点区域，约谈主要负责人开展周边秩序乱点治理座谈会，对企业周边秩序乱点的整治问题作出部署，促进企业自治。

（闫盼娜）

处置“7·21”汛情

6月22日，开发区交通大队在荣京东街与东环中路路口下凹桥区积水隐患路段开展防汛模拟演练。此次演练模拟强降雨天气造成桥下积水道路交通中断。接到警情后，指挥室立即启动专项防汛应急预案，共出动民警12人、警辅力量18人。整个演练活动岗位、警力到位及时，各项管制措施落实迅速，信息上报规范准确。通过演练，提高开发区交通大队防汛工作实战能力，为防汛交通维护工作做好准备。7月21日，全市普降大雨，开发区交通大队加强路面管控力度，出动警力30余人、警车15辆，对经海一路科创五街路口、亦庄桥、凉水河二街等十余处存在安全隐患路段和重点部位设立指挥疏导点，安排警力加强巡逻管控，巡逻车统一配备胶筒、交通管制牌、警戒带等管制设施，协助拖移故障车3辆，提示过往司机、行人绕行200余人，确保辖区雨天交通安全畅通。

（闫盼娜）

“122”接处警接收警情1.98万起

年内，开发区交通大队“122”接处警共接各类警情1.98万起，比2015年增加2%。其中，交通事故报警12617起，比2015年增加31%；拥堵报警332起，比2015年增加12%；群众反映6932起，比2015年减少26%。出动警力1.7万余人次，接受群众咨询1.6万余次，为群众提供帮助7000余次，获群众赠送锦旗17面。

（闫盼娜）

占路施工监管

年内，开发区交通大队加强占路施工管理，采取施工前严格审批、施工期加强现场维护、施工后认真检查验收、严格落实安全责任制、严肃查处违规行为等措施，有效规范施工行为。全年受理道路开设道口 20 个，审批占道施工 7 个，临时施工 38 个。

（闫盼娜）

纠正交通违法行为

年内，开发区交通大队纠正各类交通违法行为 14.91 万起。以大货车、企业班车、危化品运输车、校车和 7 座以上金杯车为重点，对 206 起严重交通违法涉及的 127 家单位，432 家交通违法超标涉及的 1139 辆机动车，严格执行停运、停驶、消减通行证办理数量等管理措施。

（闫盼娜）

交通设施建设

年内，开发区交通大队完成荣华路、荣京西街、东环中路、东环南路道路改造和景园街部分道路改造；优化景园北街、天宝北街等道路交通组织；在博兴路、博兴三路、凉水河一街、荣京西街等路段增设抓拍闯红灯设备 10 处，美廉美超市周边增设违法停车抓拍设备 6 处，马驹桥新桥、荣华桥等进区主要路口增设货车违法抓拍设备 2 处，东环中路、东环南路、荣华路增加机非隔离护栏 14 千米。

（闫盼娜）

消 防

概况

2016 年，北京经济技术开发区公安消防支队暨中国人民武装警察部队北京经济技术开发区消防支队（简称开发区消防支队）机构规格为正团级，下设亦庄消防中队、经海路消防中队和博兴路消防中队 3 个消防中队，有执勤备战车辆 16 部，主要承担开发区各种灾害事故的处置和辖区消防勤务保障。年内，开发区消防支队完成春节、两会、G20 峰会、国庆节、十八届六中全会等重大消防保卫任务，确保全区火灾形势和部队管理的双稳定。开发区消防支队先后有 4 人荣立三等功。经海路中队党支部获市消防局先进党支部工作法第三名，亦庄中队党支部获总队先进党支部，1 人获市公安局优秀党员，3 人分别获消防总队优秀党务工作者、优秀党员和优秀团员。

（黎军）

召开 2016 年消防工作部署会

2 月 6 日，开发区消防支队召开 2016 年消防工作部署会议。会议总结 2015 年消防工作，通报消防警情。对先进集体和个人进行表彰，并组织签订《2016 年工作目标责任书》。开发区消防支队机关全体干部及所属各基层中队全体官兵 170 余人参会。

（黎军）

防灾减灾周活动举行

5 月 9 日，开发区在亦庄消防中队举行以“减少灾害风险、建设安全城市”为主题的“5 · 12”防灾减灾周消防主题宣传暨消防中队开放活动。开发区应急办、消防支队、社会发展局和荣华、博兴两个街道办事处相关负责人，开发区内企业职工、社区群众代表约 300 人参加。现场设置参观中队营房、特种装备器材展示、观摩消防技能表演、体验消防宣传车和云梯4个区域。开发区消防支队官兵现场组织员工、群众开展灭火模拟演示、绳索逃生体验等体验互动项目；观摩岩壁攀爬、绳索速降等铁军表演；参观中队营房内务。辖区市民通过亲身体验、实际操作、现场观摩，学习消防安全知识，增强消防安全意识，掌握逃生自救技能。5月12日，开发区在中航技广场举行“5·12”防灾减灾周主会场活动启动仪式。公安部消防局副局长张福生、开发区管委会副主任袁立洪、安监局局长吴伯军、消防支队队长徐群支、政委隗兆功，以及驻区职能局、重点单位、社区群众代表400余人参加。共同观摩东霖消防智能疏散与单兵定位系统演练，与会领导为社区消防宣传大使颁发聘书。活动现场设立宣传展板展示区、宣传品发放区、模拟逃生疏散体验区、消防车辆器材装备展示体验区、灭火操作体验区等，提升人民群众的防灾减灾和消防安全意识。

（黎军）

开展夏季消防检查工作

5月20日，开发区夏季消防检查工作动员部署会在党群活动中心召开。开发区防火委成员单位、重点单位、社区消防安全负责人等500余人参加。会上，下发夏季消防检查工作方案、加强电动车火灾防范等工作方案及消防安全三提示等宣传材料。5月10日至9月20日，开发区消防支队在辖区集中开展2016年夏季消防检查。重点针对易燃易爆危险品场所、超大城市综合体、超高层建筑，商场市场、宾馆饭店、娱乐场所、劳动密集型企业、福利机构等人员密集场所，高层地下建筑、仓储物流、施工现场、“三合一”等单位场所及社区应急车通道，采取集中整治的方式，深入排查整治火灾隐患。共检查单位1240家次，发现火灾隐患597处，督促整改火灾隐患718处，下发责令改正通知书435份，临时查封16家，责令“三停”13家，实施行政处罚58.3万元，行政拘留6人。

（黎军）

防汛器材测试

5月30日，开发区消防支队亦庄中队在亦庄企业文化园内对防汛器材进行集中测试。以辖区低洼地区、桥梁隧道、地下建筑和排水情况较差的居民区等灾情发生点为重心，在不同灾情条件下对中队淤泥泵、手抬泵、浮艇泵和车载水泵等防汛救援器材进行测试。在测试过程中，中队官兵对水泵在不同状况下正常运转的最大吸水深度、最短出水时间、最大流量、水泵扬程、工作时间等数据进行测定，明确了不同水泵在不同条件下吸水排水的优劣点及重点注意事项。通过测试提升部队防汛救援实战能力，确保辖区人民群众安全度汛。

（黎军）

开展微型消防站应急拉动演练系列活动

7月15日，开发区消防支队联合开发区应急办、安监局分别组织街道办、社区的微型消防站开展开发区社区微型消防站应急拉动演练活动启动仪式。开发区应急委成员单位、社区、重点单位安全负责人，微型消防站负责人、队员百余人参加。现场设立拉动演练区、灭火体验区、消防咨询宣传区、微型消防站车辆器材展示区等。

荣华、博兴街道办事处出动消防车 7 辆，队员 50 余人，发放各类宣传材料 1200 余份，解答群众咨询 30 余件。通过此次拉动演练活动，推动单位落实消防安全主体责任，锻炼微型消防站扑救初期火灾实战能力，夯实地区综合应急救援队伍建设基础，营造火灾防控的良好氛围。

开发区消防支队开展微型消防站应急拉动演练 于晓玲 摄

（黎军）

安装独立式感烟火灾探测报警器

7 月 15 日，开发区消防支队在上海沙龙社区服务中心举行安装独立式感烟火灾探测报警器启动仪式。开发区街道、派出所、社区负责人及群众代表 200 余人参加。年内，共为辖区 261 户老人家庭安装独立式感烟火灾探测报警器。

（黎军）

扑救富兴大厦伊泰合成技术公司火灾

7 月 15 日 5 时 42 分，位于开发区荣昌东街 7 号隆盛工业园内富兴大厦四层的伊泰合成技术公司发生火灾，市消防总队指挥中心先后调集开发区支队全勤指挥部、亦庄中队、博兴路中队和经海路中队，共计 15 部消防车、80 余名官兵赶赴现场。9 时 7 分现场处置完毕。此次火灾过火面积 20 平方米，疏散人员 12 人，无人员伤亡。

（黎军）

开展消防安全教育活动

7 月 19 日，以暑期假日为契机，开发区消防支队联合 2016 友善用脑爱心夏令营，开展消防安全教育活动。70 名儿童在老师和开发区消防支队官兵的陪同下，参观中队营区内务、观看车辆器材装备及器材演示，体验穿消防服比赛。通过此次活动，增强孩子们的消防安全意识和自防自救能力，增进家庭消防安全从娃娃抓起的意识。9 月 1 日—2 日，开发区消防支队采取多种措施开展开学第一课消防宣传教育活动。组织宣传员分别走进北京市第二中学亦庄学校、北京市中芯学校开展消防安全宣传教育。期间，开发区消防支队将消防宣传车开进学校，结合消防宣传车车载十一大系统，对北京电子科技职业技术学院、二中亦庄学校、亦庄中心小学、北京市大兴区二十一世纪实验幼儿园等大中小学、幼儿园师生及教职员工展开消防宣传活动。通过深入校园开展宣传，普及消防常识，为创建平安校园营造了良好的消防安全环境，增强广大师生消防安全意识和自防自救能力水平。年内，开发区消防支队培训师生 3200 余人次，发放各类宣传材料 6000 余份。

（黎军）

举办消防安全专题培训班

8 月 18 日，开发区防火委举办消防安全专题培训班。开发区各委办局、街道、区属国有企业、消防安全重点单位、社区、派出所消防安全主管领导及负责人 300 余人参加。通过分析开发区当前的消防安全形势和影响消防安全的主要问题，分别从消除各类火灾隐患，确保地区消防安全；

强化微型消防站建设，构筑高效的灭火救援体系；强化互检联防组织建设，织密火灾防控网络；强化宣传教育培训，提升人员消防安全素质；深入开展夏季消防检查工作，做到排查整治不放松等5个方面对落实各层级消防工作责任进行梳理。

（黎军）

第26届“119”消防宣传月启动仪式举行

11月8日，开发区举行第26届“119”消防宣传月启动仪式。市消防总队副政委张新华出席活动。开发区各社区和重点单位负责人、楼门长、消防志愿者等300余人参加。与会人员共同观摩林肯公园社区晟邦物业微型消防站灭火演练；现场设立灭火逃生体验、车辆器材装备、宣传展板展示、互动消防游戏等体验，让市民通过亲身体验，学习消防安全知识，增强消防安全意识，掌握逃生自救技能。

（黎军）

召开“12·19”施工现场火灾现场会

12月20日，开发区消防支队在宁波建工工程有限公司施工现场召开“12·19”施工现场火灾现场会。开发区建设发展局、安监局相关负责人，以及辖区施工企业单位负责人和管理人员等300余人参加。会上，重点公布“12·19”宁波建工工程有限公司施工现场火灾事故的基本情况，以及对相关单位实施的行政处罚；就做好施工现场火灾防控工作提出要求。现场发放区防火委印发的《关于开展施工现场消防安全专项整治工作的通知》。

（黎军）

发生火灾11起

年内，开发区发生火灾11起，无人员伤亡。机动车火灾4起，占火灾总数的36.36%，施工场所3起，占火灾总数的27.27%，生产企业火灾2起，占火灾总数的18.18%，“六小”单位1起，占火灾总数的9.09%，杂草1起，占火灾总数的9.09%。从火灾原因来看，电气火灾居首位，为6起，占火灾总数的54.54%，用火不慎火灾3起，占火灾总数的27.27%，遗留火种2起，占火灾总数的18.18%。从燃烧物来看，机动车4起，占火灾总数的36.36%；油烟道1起，占火灾总数的9.09%；实验室1起，占火灾总数的9.09%；配电室1起，占火灾总数的9.09%；厂房1起，占火灾总数的9.09%；彩钢板房1起，占火灾总数的9.09%；杂草1起，占火灾总数的9.09%；外保温材料1起，占火灾总数的9.09%。

（张智超）

接处警情况689起

年内，开发区消防支队接警689起，比2015年增长307起。其中，增援区外警情459起，比2015年增长279起，辖区内警情230起，比2015年增长28起，无有影响火灾。社会救助、抢险救援接警94起。其中，开门20起，跳楼16起，电梯困人14起，抽水11起，交通事故8起，取戒指8起，燃气泄漏5起，卡手3起，抓动物3起，落水1起，坠楼1起，扬言自焚1起，高空取物1起，锯树1起，摘马蜂窝1起。

（张智超）

两家挂账重大火灾隐患单位整改销账

年内，开发区消防支队推进辖区上海沙龙商业、国融国际两家挂账重大火灾隐患单位整改销账工作。两家单位于 2015 年 1 月 22 日立案登记挂账。形成专题报告报开发区管委会、公安分局，各级领导多次听取挂账重大火灾隐患整改销账工作专题汇报，组织召开十余次协调会、现场调研等专题研究部署。其间，开发区消防支队协调开发区房地局、财政局、安监局、荣华街道、物业办等相关部门，召开 7 次重大火灾隐患整改销账推进会。明确各相关部门职责，共同督办整改，彻底消除安全隐患等工作。4 次约谈两家重大火灾隐患物业管理单位负责人、管理人，就做好销账工作、落实整改期间消防安全措施，上门开展指导服务十余次。指导两家单位建立完善微型消防站，配备个人防护装备和基础器材，落实整改期间防火巡查，确保单位内部消防安全。截至年底，上海沙龙商业完成整改销账工作。

（黎军）

统计资料

北京经济技术开发区年鉴 2017
BEIJING ECONOMIC-TECHNOLOGICAL DEVELOPMENT AREA YEARBOOK

综 合

北京经济技术开发区主要经济综合指标一览表

项目	单位	2016 年	2015 年	增减（%）
工业总产值（现价）	亿元	2842.5	2555.5	11.2
#高新技术企业	亿元	2581.7	2333.2	10.6
营业收入	亿元	8044.2	6670.7	20.6
第二产业	亿元	3433.7	3013.3	14.0
工业	亿元	2933.8	2679.4	9.5
建筑业	亿元	499.8	333.9	49.7
第三产业	亿元	4610.5	3657.5	26.1
利润总额	亿元	399.7	384.6	3.9
第二产业	亿元	318.2	252.9	25.8
工业	亿元	305.4	239.6	27.5
建筑业	亿元	12.8	13.3	−3.6
第三产业	亿元	81.4	131.7	−38.1
进出口总值	亿美元	157.2	146.6	7.2
#出口	亿美元	49.5	52.6	−5.8
一般公共预算收入	亿元	169.3	134.9	25.5
一般公共预算支出	亿元	163.2	145.4	12.3
实际利用外资	亿美元	3.1	3.0	1.1
全社会固定资产投资	亿元	386.7	397.6	−2.8
社会消费品零售额	亿元	379.7	354.5	7.1
全部从业人员年末人数	人	345490	314059	10.0
全部从业人员年平均工资	元	101543	104982	−3.3

北京经济技术开发区规划土地面积一览表

单位：公顷

项目	面积	比重（%）
规划用地面积	4680.0	100.0
居住用地	473.3	10.1
公用设施用地	351.9	7.5
工业用地	1487.2	31.8
多功能用地	455.6	9.7

（续表）

项目	面积	比重（%）
道路广场用地	913.6	19.5
市政公用设施用地	83.3	1.8
绿地	812.9	17.4
特殊用地	0.4	…
其他用地	101.9	2.2

北京经济技术开发区进出口总值一览表

单位：万美元

项目	2016 年	2015 年	增减（%）
进出口总值	1572220	1465978	7.2
进口总值	1076777	940165	14.5
#外商及港澳台企业	954590	818618	16.6
#高新技术企业	374277	311107	20.3
#机电产品出口	783501	668575	17.2
出口总值	495443	525813	−5.8
#外商及港澳台企业	348448	352537	−1.2
#高新技术企业	286697	265938	7.8
#机电产品出口	438288	482094	−9.1

北京经济技术开发区一般公共预算收支情况一览表

单位：万元

项目	2016 年	2015 年	增减（%）
一般公共预算收入	1693302	1349167	25.5
税收收入	1655816	1334371	24.1
#增值税	551536	363932	51.5
#企业所得税	481967	333591	44.5
#个人所得税	153445	138419	10.9
#城市维护建设税	134179	126259	6.3
非税收入	37486	14796	153.4
一般公共预算支出	1632401	1454018	12.3
#基本建设	17042	17937	−5.0

北京经济技术开发区地区生产总值一览表

单位：亿元

项目	2016 年	2015 年	增速 %
地区生产总值	1172.6	1081.4	8.1
按产业分：			
第二产业	747.3	690.7	8.6
第三产业	425.4	390.8	7.3
按行业分：			
工业	718.0	660.4	9.1
建筑业	30.6	31.6	-1.9
批发和零售业	225.7	213.2	6.9
交通运输、仓储和邮政业	30.5	28.5	4.6
住宿和餐饮业	18.2	17.2	3.3
信息传输、软件和信息技术服务业	42.7	40.7	3.2
金融业	22.1	20.5	8.1
房地产业	8.6	7.6	0.3
租赁与商务服务业	13.8	13.3	1.6
科学研究和技术服务业	54.7	42.2	17.2
水利、环境和公共设施管理业	1.6	1.2	32.1
居民服务、修理和其他服务业	2.4	2.2	4.6
教育	1.9	1.4	33.2
卫生和社会工作	1.1	0.8	33.5
文化、体育和娱乐业	0.2	0.1	2.6
公共管理、社会保障和社会组织	0.5	0.4	33.3

说明：本表按可比价格计算

能源消费

北京经济技术开发区能源消费总量和万元地区生产总值能耗一览表

项目	单位	2016 年	2015 年	增减（%）
能源消费总量	万吨标准煤	175.0	163.1	7.3
万元地区生产总值能耗	吨标准煤	0.149	0.151	-1.2
万元地区生产总值能耗下降率	%	0.98	4.78	-79.5

说明：1. 本表中能源消费总量为等价值，取自北京市统计局反馈的年度最终核算数据；

2. 本表中万元地区生产总值能耗按照当年价格计算；

3. 万元地区生产总值能耗下降率按照可比价计算

北京经济技术开发区按三次产业分能源消费总量和万元地区生产总值能耗一览表

项目	单位	2016年	2015年	增减（%）
能源消费总量	万吨标准煤	175.0	163.1	7.3
第二产业		135.9	131.8	3.1
#工业		128.2	122.8	4.4
第三产业		33.8	26.3	28.2
生活消费		5.4	5.0	6.6
万元地区生产总值能耗	吨标准煤	0.149	0.151	-1.2
第二产业		0.182	0.191	-4.7
#工业		0.179	0.186	-4.0
第三产业		0.080	0.067	18.0
万元地区生产总值能耗下降率	%	0.98	4.78	-79.5
第二产业		4.77	5.99	-20.3
#工业		4.19	5.30	-21.1
第三产业		-15.86	-1.59	896.7

说明：1. 本表中能源消费量相关数据为等价值，取自北京市统计局反馈的年度最终核算数据；
2. 本表中万元地区生产总值能耗按当年价格计算，为初步核算数；万元地区生产总值能耗下降率按可比价格计算

北京经济技术开发区规模以上工业企业综合能源消费量（当量值）一览表

（按行业大类分）

单位：万吨标准煤

项目	2016年	2015年	增减（%）
合计	72.54	69.02	5.1
采矿业	1.89	1.92	-1.7
开采辅助活动	1.89	1.92	-1.7
制造业	59.62	58.11	2.6
农副食品加工业	0.02	0.03	-27.4
食品制造业	1.92	1.90	1.0
酒、饮料和精制茶制造业	0.74	0.74	-0.2
纺织服装、服饰业	0.03	0.05	-46.1
造纸和纸制品业	0.78	0.74	4.2
印刷和记录媒介复制业	1.76	1.77	-0.4
文教、工美、体育和娱乐用品制造业	…	…	
化学原料和化学制品制造业	3.90	3.78	3.1
医药制造业	6.05	6.09	-0.7
化学纤维制造业	0.85	0.80	6.7
橡胶和塑料制品业	0.33	0.32	3.8
非金属矿物制品业	0.07	0.05	37.3
有色金属冶炼和压延加工业			
金属制品业	0.22	0.22	-1.2
通用设备制造业	1.76	2.10	-16.5

（续表）

项目	2016 年	2015 年	增减（%）
专用设备制造业	1.76	1.77	-0.5
汽车制造业	11.03	9.60	14.9
铁路、船舶、航空航天和其他运输设备制造业	0.11	0.13	-20.2
电气机械和器材制造业	1.10	1.36	-18.6
计算机、通信和其他电子设备制造业	26.92	26.33	2.2
仪器仪表制造业	0.27	0.31	-15.2
其他制造业			
金属制品、机械和设备修理业	0.01	…	
电力、燃气及水的生产和供应业	11.03	8.99	22.7
电力、热力的生产和供应业	10.57	8.62	22.7
燃气生产和供应业	0.01	0.01	4.3
水的生产和供应业	0.45	0.37	23.3

北京经济技术开发区规模（限额）以上二、三产业能源消费量（当量值）一览表

（按行业门类分）　单位：万吨标准煤

项目	2016 年	2015 年	增减（%）
合计	98.64	92.35	6.8
第二产业	81.73	78.18	4.5
采矿业	1.89	1.92	-1.7
制造业	59.62	58.11	2.6
电力、燃气及水的生产和供应业	11.03	8.99	22.7
建筑业	9.19	9.16	0.3
第三产业	16.91	14.16	19.4
交通运输、仓储和邮政业	1.88	1.86	1.2
信息传输、软件和信息技术服务业	3.66	2.39	53.1
批发和零售业	2.13	1.80	18.3
住宿和餐饮业	1.92	1.84	4.5
金融业	0.03	0.01	105.2
房地产业	3.59	3.12	14.9
租赁和商务服务业	0.57	0.43	34.0
科学研究、技术服务业	1.97	1.71	15.1
水利、环境和公共设施管理业	0.39	0.23	69.3
居民服务、修理和其他服务业	0.08	0.09	-15.8
教育	0.15	0.16	-4.8
卫生和社会工作	0.22	0.21	4.1
文化、体育和娱乐业	0.08	0.06	42.4
公共管理、社会保障和社会组织	0.23	0.25	-5.5

说明：1. 门类“公共管理和社会组织”不等同于“公共机构”。公共机构目前暂无明确划分标准；
2. 当量值：亦称理论热值，是指某种能源一个度量单位本身所含热量

北京经济技术开发区规模（限额）以上二、三产业水消费量一览表

单位：万立方米

项目	2016年	2015年	增减（%）
合计	3713.95	3487.04	6.5
第二产业	3127.79	2927.67	6.8
采矿业	18.68	17.92	4.3
制造业	2875.10	2701.41	6.4
电力、燃气及水的生产和供应业	98.03	76.17	28.7
建筑业	135.97	132.17	2.9
第三产业	586.17	559.37	4.8
交通运输、仓储和邮政业	36.45	32.60	11.8
信息传输、软件和信息技术服务业	46.68	30.21	54.5
批发和零售业	65.89	84.54	-22.1
住宿和餐饮业	145.03	129.57	11.9
金融业	0.10	0.05	81.4
房地产业	131.56	127.31	3.3
租赁和商务服务业	26.23	15.17	72.9
科学研究、技术服务业	50.89	41.61	22.3
水利、环境和公共设施管理业	34.33	37.90	-9.4
居民服务、修理和其他服务业	3.63	4.43	-17.9
教育	13.47	14.76	-8.7
卫生和社会工作	12.24	17.36	-29.5
文化、体育和娱乐业	18.29	23.86	-23.4
公共管理、社会保障和社会组织	1.37		…

北京经济技术开发区供电一览表

项目	单位	2016年	2015年	增减（%）
报装户数	户	5634	5368	5.0
报装设备容量	千伏安	1373280	1306542	5.1
接电户数	户	128	112	14.3
接电设备容量	千伏安	619880	593377	4.5
期末供电线路长度	千米	1410	969	45.5
# 电缆	千米	1321	890	48.4
期末用电户数	户	90124	83801	7.5
# 工业户	户	343	310	10.6
用电量	万千瓦时	488234	448111	9.0
# 工业用电	万千瓦时	345171	324162	6.5

北京经济技术开发区供气一览表

单位：户

	项目	2016 年	2015 年	增减（%）
北京市燃气集团有限责任公司第四分公司	已接通户数	7751	7292	6.3
	工业	2	2	0.0
	公服	59	41	43.9
	民用	7690	7249	6.1
北京华油联合燃气开发有限公司	已接通户数	120450	104514	15.2
	工业	159	133	19.5
	公服	230	207	11.1
	民用	120061	104174	15.3

北京经济技术开发区供热一览表

项目	单位	2016 年	2015 年	增减（%）
供应能力				
蒸汽供应能力	吨／小时	915	915	0.0
高温热水供应能力	兆瓦	448	448	0.0
期末用热户数	户	316	310	1.9
蒸汽户数	户	239	240	-0.4
高温热水户数	户	73	66	10.6
其他	户	4	4	0.0
期末管线长度	千米	373.8	373.8	0.0
蒸汽管线长度	千米	193.8	193.8	0.0
高温热水管线长度	千米	180.0	180.0	0.0
其他	千米	0	0	
采暖面积	万平方米	1287.1	1254.5	2.6
蒸汽采暖面积	万平方米	882.2	878.1	0.5
高温热水采暖面积	万平方米	389.8	361.4	7.9
其他	万平方米	15.0	15.0	0.0

全社会固定资产投资

北京经济经济开发区全社会固定资产投资完成情况一览表

单位：亿元

项目	2016年	2015年	增减（%）
全社会固定资产投资	386.7	397.6	-2.8
#基础设施投资	29.1	28.6	2.0
#建安投资	125.3	149.1	-16.0
按产业分			
第一产业			
第二产业	213.5	185.3	15.2
#工业	213.5	184.0	16.0
第三产业	173.1	212.3	-18.5
#房地产开发	106.9	135.5	-21.1
按登记类型分			
#国有	41.1	74.5	-44.8
集体			
股份制	149.4	147.6	1.2
港澳台商	10.3	7.3	41.2
外商	173.6	147.7	17.5
私营个体	12.1	11.2	8.1
其他	0.0	9.3	-100.0

说明：1. 国有包括登记注册类型为国有、国有联营及国有独资公司的单位，
2. 集体包括登记注册类型为集体和集体联营的单位

2016年北京经济技术开发区全社会基础设施投资一览表

单位：万元

项目	投资额	比重(%)
合计	291345	100.0
电力、热力生产和供应业	11072	3.8
燃气生产和供应业	206	0.1
水的生产和供应业	2636	0.9
道路运输业	2319	0.8
邮政业	6519	2.2
电信、广播电视和卫星传输服务	32672	11.2
互联网和相关服务	4404	1.5
生态保护和环境治理业	4977	1.7
公共设施管理业	226540	77.8

说明：不含房地产开发基础设施投资

北京经济技术开发区全社会固定资产投资及新增固定资产一览表

（按行业分） 单位：万元

行业	投资额			新增固定资产		
	2016 年	2015 年	增减 (%)	2016 年	2015 年	增减 (%)
合计	3866647	3976205	−2.8	2882506	3309060	−12.9
农、林、牧、渔业						
采矿业						
制造业	2121017	1758860	20.6	1640382	2340284	−29.9
电力、燃气及水的供应业	13914	81109	−82.8	1216	53667	−97.7
建筑业	511	13252			11931	
批发与零售业	5267	130835	−96.0	5267	141786	−96.3
交通运输、仓储和邮政业	12444	27239	−54.3	8237	9047	−9.0
住宿和餐饮业						
信息传输、软件和信息技术服务业	132369	157460	−15.9	163181	72199	126.0
金融业						
房地产业	1291378	1390363	−7.1	910562	404383	125.2
租赁和商务服务业		8625			36537	
科学研究和技术服务业	20483	136650	−85.0	7103	37649	−81.1
水利、环境和公共设施管理业	231517	142850	62.1	146558	121517	20.6
居民服务、修理和其他服务业						
教育	154	82308	0.2		80000	
卫生和社会工作	34698					
文化、体育和娱乐业	2895	46654	6.2		60	
公共管理、社会保障和社会组织						

北京经济技术开发区房地产开发情况一览表

项目	单位	2016 年	2015 年	增减（%）
房地产开发项目个数	个	52	49	6.1
房地产开发投资额	亿元	106.9	135.5	−21.1
按用途分				
#住宅	亿元	51.8	66.8	−22.5
写字楼（办公楼）	亿元	18.1	17.7	1.9
商业营业用房	亿元	6.1	6.6	−8.3

（续表）

项目	单位	2016年	2015年	增减（%）
按投资构成分				
建筑安装工程	亿元	43.2	58.8	-26.6
设备工器具购置	亿元	0.8	3.0	-72.6
其他费用	亿元	62.9	73.7	-14.6
#土地购置费	亿元	39.7	42.4	-6.5
商品房销售额	亿元	156.3	111.0	40.7
#住宅	亿元	68.1	73.5	-7.4

北京经济技术开发区房地产开发面积一览表

单位：万平方米

项目	2016年	2015年	增减（%）
房屋施工面积	491.3	464.2	5.8
#本年新开工面积	100.1	93.1	7.5
#商业营业用房	48.6	49.7	-2.2
办公楼（写字楼）	181.1	159.6	13.5
住宅	140.5	148.1	-5.1
#公寓别墅	2.1	2.1	
房屋竣工面积	122.3	89.9	36.0
#商业营业用房	21.3	11.2	90.1
办公楼（写字楼）	21.2	45.7	-53.7
住宅	49.6	19.4	156.1
#公寓别墅			
商品房销售面积	48.8	38.0	28.3
#商业营业用房	0.6	1.0	-34.3
办公楼（写字楼）	27.5	12.8	115.2
住宅	18.1	23.1	-21.6
#公寓别墅			
商品房待售面积	60.1	60.6	-0.8
#住宅	8.7	3.4	156.8
#1-3年（含1年）	48.9	56.6	-13.5
#3年以上（含3年）	0.7	0.8	-11.3

社会消费品零售额

北京经济技术开发区社会消费品零售额一览表

单位：亿元

项目	2016 年	2015 年	增减 (%)
社会消费品零售额	379.7	354.5	7.1
按规模分			
限额以上	353.6	337.6	4.7
限额以下	26.1	16.9	54.4
按行业分			
批发业	14.9	13.2	12.9
零售业	355.0	332.5	6.8
住宿业	1.7	1.6	6.3
餐饮业	8.1	7.2	12.5

第二产业

北京经济技术开发区规模以上工业企业主要指标一览表

项目	单位	2016 年	2015 年	增减（%）
企业单位个数	个	276	280	−1.4
从业人员平均人数	万人	13.7	14.6	−6.1
资产总计	万元	40062480	32692655	22.5
负债合计	万元	20598023	16439839	25.3
固定资产原价	万元	16019765	14445719	10.9
工业总产值	万元	28425063	25555253	11.2
主营业务收入	万元	28658291	26181216	9.5
利润总额	万元	3054445	2396229	27.5
应交税金合计	万元	2576930	2326409	10.8

说明：应交税金合计包括应交增值税、应交所得税、营业税金及附加和管理费用中的税金

北京经济技术开发区规模以上电子信息产业主要经济指标一览表

项目	单位	2016年	2015年
企业单位个数	个	57	54
# 亏损企业	个	15	18
工业总产值（当年价格）	万元	6204970	6018824
工业销售产值（当年价格）	万元	6094217	5992925
# 出口交货值	万元	3105574	3348562
从业人员平均人数	人	35961	39390
资产负债			
资产总计	万元	13079587	8909711
流动资产合计	万元	7608689	4985118
# 存货	万元	849626	680799
# 产成品	万元	353505	300477
# 应收账款（净额）	万元	2466360	1234836
固定资产合计	万元	3636316	3135359
固定资产原价	万元	8007175	6820469
负债合计	万元	6584034	4000329
# 流动负债合计	万元	5106068	2810542
# 应付账款	万元	2278966	1122154
所有者权益合计	万元	6495553	4909382
# 实收资本	万元	5696176	4066657
损益			
营业收入	万元	6757079	6382329
# 主营业务收入	万元	6648316	6210593
营业成本	万元	5999165	5545439
# 主营业务成本	万元	5908228	5393483
营业税金及附加	万元	29556	35337
# 主营业务税金及附加	万元	29437	35159
销售费用	万元	140113	105940
管理费用	万元	465385	358791
财务费用	万元	28302	42078
利润总额	万元	292377	325628
应交增值税	万元	17318	82361

北京经济技术开发区规模以上装备制造产业主要经济指标一览表

项目	单位	2016年	2015年
企业单位个数	个	106	121
#亏损企业	个	28	32
工业总产值（当年价格）	万元	4522231	4715837
工业销售产值（当年价格）	万元	4433561	4743847
#出口交货值	万元	787682	736101
从业人员平均人数	人	33291	36908
资产负债			
资产总计	万元	8687322	8207212
流动资产合计	万元	6326983	5962967
#存货	万元	1017453	1084383
#产成品	万元	338878	336288
#应收账款（净额）	万元	2143755	2022412
固定资产合计	万元	749472	761762
固定资产原价	万元	1434710	1377117
负债合计	万元	4696898	4367317
#流动负债合计	万元	3872561	3883626
#应付账款	万元	1622285	1462375
所有者权益合计	万元	3990424	3804238
#实收资本	万元	1509267	1546005
损益			
营业收入	万元	5275646	5529528
#主营业务收入	万元	5093903	5353722
营业成本	万元	4046741	4302606
#主营业务成本	万元	3980779	4207711
营业税金及附加	万元	22403	25153
#主营业务税金及附加	万元	22352	24527
销售费用	万元	248709	295504
管理费用	万元	510505	486610
财务费用	万元	38137	47015
利润总额	万元	435214	408388
应交增值税	万元	148926	174482

北京经济技术开发区规模以上生物与医药产业主要经济指标一览表

项目	单位	2016 年	2015 年
企业单位个数	个	28	26
# 亏损企业	个	3	5
工业总产值（当年价格）	万元	3472718	3216769
工业销售产值（当年价格）	万元	3398995	2923453
# 出口交货值	万元	74687	65085
从业人员平均人数	人	23306	22822
资产负债			
资产总计	万元	5029307	4582048
流动资产合计	万元	3334191	2842104
# 存货	万元	1063794	919722
# 产成品	万元	443647	436075
# 应收账款（净额）	万元	749991	612528
固定资产合计	万元	505763	713198
固定资产原价	万元	810269	954491
负债合计	万元	2207888	1888356
# 流动负债合计	万元	1918774	1510597
# 应付账款	万元	708747	593027
所有者权益合计	万元	2821419	2693692
# 实收资本	万元	859850	824153
损益			
营业收入	万元	3697716	3272807
# 主营业务收入	万元	3546649	3150313
营业成本	万元	1759551	1488103
# 主营业务成本	万元	1620523	1380967
营业税金及附加	万元	32870	29604
# 主营业务税金及附加	万元	31922	29540
销售费用	万元	1091727	1022619
管理费用	万元	269312	236713
财务费用	万元	73100	77096
利润总额	万元	521820	461908
应交增值税	万元	254420	237696

北京经济技术开发区规模以上汽车与交通设备产业主要经济指标一览表

项目	单位	2016 年	2015 年
企业单位个数	个	17	14
# 亏损企业	个	4	2
工业总产值（当年价格）	万元	11597850	8957418
工业销售产值（当年价格）	万元	10925367	8870406
# 出口交货值	万元	61598	28663
从业人员平均人数	人	15725	15571
资产负债			
资产总计	万元	9039266	6851520
# 存货	万元	1302537	836902
# 产成品	万元	696961	277431
# 应收账款（净额）	万元	795796	669538
固定资产合计	万元	2338582	2368270
固定资产原价	万元	3318820	3034940
负债合计	万元	5394239	4405117
# 流动负债合计	万元	4844938	4075307
# 应付账款	万元	2094562	1580296
所有者权益合计	万元	3642353	2446402
# 实收资本	万元	1469362	1313178
损益			
营业收入	万元	10199784	8212603
# 主营业务收入	万元	10052233	8116109
营业成本	万元	7046730	5934448
# 主营业务成本	万元	6941754	5865008
营业税金及附加	万元	573172	499764
# 主营业务税金及附加	万元	573172	499764
销售费用	万元	867380	632594
管理费用	万元	217549	238995
财务费用	万元	5212	993
利润总额	万元	1508967	910176
应交增值税	万元	500893	425723

北京经济技术开发区规模以上都市工业主要经济指标一览表

项目	单位	2016 年	2015 年
企业单位个数	个	45	43
# 亏损企业	个	13	14
工业总产值（当年价格）	万元	1690647	1692338
工业销售产值（当年价格）	万元	1700005	1702882
# 出口交货值	万元	49838	52401
从业人员平均人数	人	19178	21458
资产负债			
资产总计	万元	2258503	2108240
流动资产合计	万元	1475193	1341193
# 存货	万元	238873	263312
# 产成品	万元	113646	128106
# 应收账款（净额）	万元	439868	345528
固定资产合计	万元	496474	498321
固定资产原价	万元	1108980	1065963
负债合计	万元	1215935	1106627
# 流动负债合计	万元	1187449	1085654
# 应付账款	万元	512210	378953
所有者权益合计	万元	1042568	1001613
# 实收资本	万元	800481	731030
损益			
营业收入	万元	2458145	2353172
# 主营业务收入	万元	2411153	2322259
营业成本	万元	1429245	1411903
# 主营业务成本	万元	1391154	1390766
营业税金及附加	万元	22559	19216
# 主营业务税金及附加	万元	22549	19168
销售费用	万元	643301	598411
管理费用	万元	161206	156902
财务费用	万元	1107	1083
利润总额	万元	192007	192611
应交增值税	万元	170728	153069

北京经济技术开发区规模以上现代制造业主要经济指标一览表

项目	单位	2016 年	2015 年
企业单位个数	个	145	148
# 亏损企业	个	32	40
工业总产值（当年价格）	万元	23178784	20349612
工业销售产值（当年价格）	万元	22316880	20009843
# 出口交货值	万元	3752364	3928150
从业人员平均人数	人	85205	91645
资产负债			
资产总计	万元	29692316	23158599
流动资产合计	万元	18708953	13748891
# 存货	万元	3396256	2752472
# 产成品	万元	1499573	1041417
# 应收账款（净额）	万元	5071535	3609967
固定资产合计	万元	6720593	6443060
固定资产原价	万元	12609054	11252108
负债合计	万元	15774888	12092289
# 流动负债合计	万元	13442363	10117321
# 应付账款	万元	5816480	3971583
所有者权益合计	万元	13917428	11030654
# 实收资本	万元	8561771	6804265
损益			
营业收入	万元	22720498	20367614
# 主营业务收入	万元	22178377	19884963
营业成本	万元	16297468	14848538
# 主营业务成本	万元	15924028	14482043
营业税金及附加	万元	643823	574709
# 主营业务税金及附加	万元	642871	573989
销售费用	万元	2181135	1894136
管理费用	万元	1152208	1025839
财务费用	万元	106969	126794
利润总额	万元	2565893	1951479
应交增值税	万元	835577	823518

北京经济技术开发区规模以上高技术制造业主要经济指标一览表

项目	单位	2016 年	2015 年
企业单位个数	个	121	120
# 亏损企业	个	28	31
工业总产值（当年价格）	万元	10763442	10310230
工业销售产值（当年价格）	万元	10582362	10046955
# 出口交货值	万元	3616335	3817265
从业人员平均人数	人	68212	72301
资产负债			
资产总计	万元	20148896	15420253
流动资产合计	万元	12507219	9246010
# 存货	万元	2183716	1908474
# 产成品	万元	863604	803469
# 应收账款（净额）	万元	3846834	2440949
固定资产合计	万元	4378910	4048703
固定资产原价	万元	9186506	8100274
负债合计	万元	9998083	7037676
# 流动负债合计	万元	8189252	5394040
# 应付账款	万元	3358665	2035928
所有者权益合计	万元	10150813	8346920
# 实收资本	万元	6980167	5286072
损益			
营业收入	万元	11661285	10972621
# 主营业务收入	万元	11311461	10611600
营业成本	万元	8702174	8081298
# 主营业务成本	万元	8444354	7812797
营业税金及附加	万元	66024	67661
# 主营业务税金及附加	万元	64957	67391
销售费用	万元	1259613	1163705
管理费用	万元	878465	742828
财务费用	万元	108477	132604
利润总额	万元	892690	857028
应交增值税	万元	283026	325525

北京经济技术开发区建筑业企业基本情况一览表				
项目	单位	2016年	2015年	增减（%）
建筑施工企业单位数	个	32	32	
建筑施工企业总产值	亿元	207.4	258.4	−19.7
主营业务收入	亿元	497.5	333.9	49.0
建筑施工企业利润总额	亿元	12.8	13.3	−3.6
建筑施工企业房屋建筑面积				
施工面积	万平方米	767.5	1248.3	−38.5
竣工面积	万平方米	159.3	114.0	39.7

说明：建筑施工企业房屋建筑面积包括在本市和外省完成的施工、竣工面积

第三产业

北京经济技术开发区规模（限额）以上第三产业主要指标一览表

（按行业、按登记注册类型分）　　单位：个，万人，亿元

项目	单位数	从业人员平均人数	资产总计	收入合计	税收合计	利润总额
合计	486	14.2	4052.9	4610.5	74.1	81.4
按行业分						
批发和零售业	157	6.1	1381.0	3983.9	26.9	22.5
交通运输、仓储和邮政业	10	1.0	109.4	136.9	7.9	25.7
住宿和餐饮业	26	1.1	20.7	28.9	1.7	2.9
信息传输、软件和信息技术服务业	55	1.9	261.9	132.5	5.5	−2.3
金融业	14	0.0	108.4	2.9	0.9	4.2
房地产业	68	0.5	1344.9	127.7	22.0	13.1
租赁和商务服务业	37	1.5	379.9	34.9	3.0	5.6
科学研究和技术服务业	85	1.4	378.3	135.6	5.5	10.1
水利、环境和公共设施管理业	5	0.2	7.7	5.6	0.2	0.9
居民服务、修理和其他服务业	6	0.1	8.0	3.8	0.4	0.4
教育	11	0.2	33.0	8.2	0.1	0.0
卫生和社会工作	6	0.1	14.0	5.9	0.0	−1.5
文化、体育和娱乐业	5	***	***	***	***	***
公共管理、社会保障和社会组织	1	***	***	***	***	***

（续表）

项目	单位数	从业人员平均人数	资产总计	收入合计	税收合计	利润总额
按登记注册类型分						
内资	408	9.6	2982.6	1821.5	52.6	46.7
国有	10	0.2	476.0	27.3	0.9	0.3
集体	1	***	***	***	***	***
股份合作	1	***	***	***	***	***
联营						
有限责任公司	240	7.7	2126.3	1579.2	45.3	42.3
股份有限公司	12	0.3	103.4	35.9	1.5	0.9
私营	136	1.3	274.5	176.2	4.9	3.1
其他	8	***	***	***	***	***
外商投资	44	1.5	268.3	205.5	9.2	31.4
港、澳、台商投资	34	3.1	802.0	2583.4	12.2	3.3

说明：“***”表示为使个别机构单位所提供的资料得以保密，该数据不予公布

北京经济技术开发区文化创意产业财务状况一览表

单位：个，人，万元

行业	单位个数	从业人员平均人数	收入合计	税金合计	营业利润	利润总额	资产总计
合计	110	38792	11112964.8	126684.2	17669.8	40544.5	5757718.1
文化艺术服务	2	***	***	***	***	***	***
新闻出版及发行服务	2	***	***	***	***	***	***
广播电视电影服务	4	462	15123.1	594.5	-224.2	296.7	68237.8
和信息技术服务	47	18244	1171034.5	46556.9	-57959.3	-49795.1	2008369.2
广告和会展服务	7	679	87193.1	5740.7	9818.3	10164.9	182220.4
艺术品生产与销售服务	4	418	1561586.5	-287.4	3923.4	5699.3	314850.7
设计服务	6	530	103240.0	1464.8	17695.7	17746.8	175956.8
文化休闲娱乐服务	5	1154	13408.2	862.7	-3542.2	-2523.4	27247.2
文化用品设备生产销售及其他辅助	33	16327	7993990.4	70651.7	71074.4	79432.3	2851803.1

说明：“***”表示为使个别机构单位所提供的资料得以保密，该数据不予公布

劳动工资

北京经济技术开发区从业人员和劳动工资一览表 单位：人，万元，元			
项目	年末人数	工资总额	平均工资
合计	311215	3127344	104247
农、林、牧、渔业	127	2153	169528
采矿业	2972	30134	100581
制造业	132626	1735028	128963
电力、热力、燃气及水生产和供应业	1354	13952	110205
建筑业	9976	87984	86183
批发和零售业	74489	405490	65311
交通运输、仓储和邮政业	10481	125998	117284
住宿和餐饮业	12695	65969	52557
信息传输、软件和信息技术服务业	16280	185652	114226
金融业	321	5297	171981
房地产业	5090	52392	107736
租赁和商务服务业	17798	135355	77368
科学研究和技术服务业	18708	210766	115488
水利、环境和公共设施管理业	2032	13104	64141
居民服务、修理和其他服务业	1030	9764	85424
教育	1774	15044	86909
卫生和社会工作	1520	15774	110231
文化、体育和娱乐业	1071	7613	70166
公共管理、社会保障和社会组织	871	9875	112728

说明：2016 年数据为北京市统计局反馈非私营法人单位数据

高新技术企业情况

北京经济技术开发区高新技术企业情况一览表				
项 目	单位	2016 年	2015 年	增减（%）
投产（开业）企业个数	个	841	748	12.4
工业总产值（现价）	万元	25816822	23332392	10.6
总收入	万元	44369315	38810670	14.3
# 产品销售收入	万元	26861146	24292812	10.6
利润总额	万元	3714492	3182688	16.7
实缴税费总额	万元	3301920	2796828	18.1

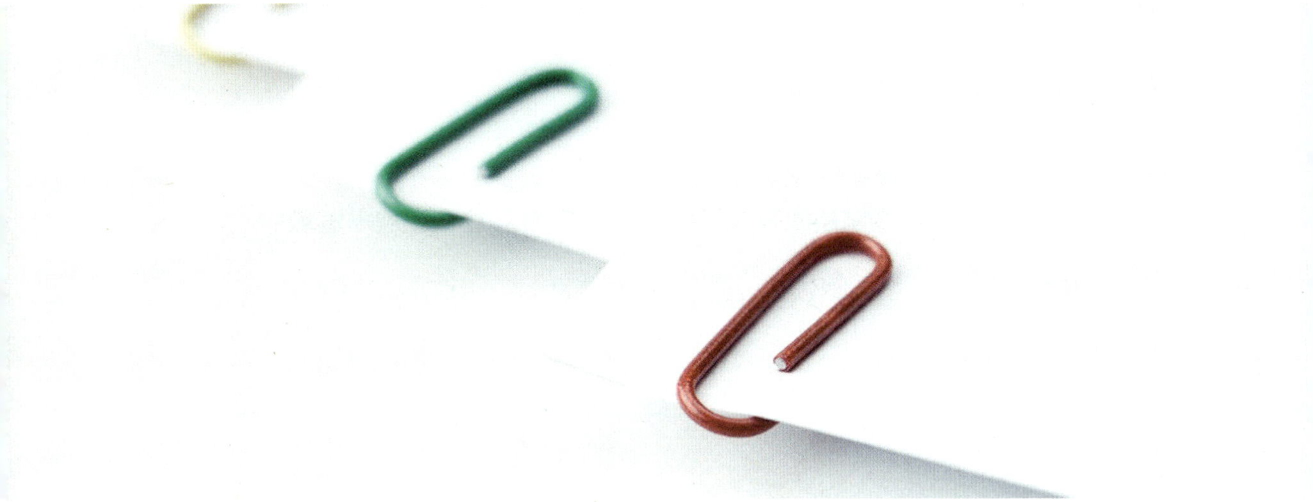

附录

北京经济技术开发区引进世界 500 强企业项目一览表

序号	企业名称	区内投资项目名称
1	通用电气（美国）	航卫通用电气医疗系统有限公司
2		北京通用电气华伦医疗设备有限公司
3		通用电气运输系统（中国）有限公司
4		北京通用电气（中国）融资租赁有限责任公司
5	通用汽车（美国）	北京奥多特汽车技术服务有限公司
6	德尔福（美国）	北京德尔福汽车系统有限公司
7		北京德尔福技术开发有限公司
8	IBM（美国）	北京金长科国际电子有限公司
9	康宁（美国）	康宁显示科技（中国）有限公司
10		北京康宁科技光缆有限公司
11	可口可乐（美国）	北京可口可乐饮料有限公司
12	金佰利（美国）	北京金佰利个人卫生用品有限公司
13	摩根斯坦利（美国）	第一联合资产管理有限责任公司
14		华摩通资产管理有限公司
15		第二联合资产管理有限公司
16	JP 摩根（美国）	通合资产管理有限责任公司
17		通源资产管理有限责任公司
18		北京怡斯宝特面包工业有限公司
19	高盛（美国）	融盛资产管理有限责任公司
20	联合技术（美国）	北京蓝天协鑫燃气热电有限公司
21	霍尼维尔（美国）	北京霍尼韦尔节能设备有限公司
22	TYCO（美国）	北京基士敦阀门有限公司
23	AP（美国）	爱而普空气产品高科技气体（北京）公司
24	施耐德（法国）	施耐德（北京）中压电器有限公司
25		施耐德（北京）低压电器有限公司
26		施耐德电气销售（北京）有限公司
27	联合利华（英国、荷兰）	和路雪（中国）有限公司
28	微软（收购诺基亚通信，美国）	诺基亚通信有限公司
29	诺基亚（芬兰）	诺基亚西门子通信网络科技服务有限公司
30		诺基亚（中国）投资有限公司
31		诺基亚联新互联网络服务有限公司
32		诺基亚（北京）通信技术服务有限公司
33		纬图通信贸易（中国）有限公司
34	拜耳（德国）	拜耳医药保健有限公司
35		拜耳光翌板材有限责任公司
36		纽内姆（北京）种子有限公司
37	安万特（法国）	北京安万特制药有限公司
38	赫斯特（德国）	梅塞尔北方工业气体有限公司（北京）

（续表 1）

序号	企业名称	区内投资项目名称
39	欧倍德（英国翠丰集团）	欧倍德时尚家居购物中心
40	松下（日本）	北京松下电工有限公司
41		北京松下照明光源有限公司
42	乐天，三井物产（日本）	乐天（中国）食品有限公司
43	三井物产（日本）	北京住力电通光电技术有限公司
44		北京三井联通通信技术有限公司
45	伊藤忠（日本）	北京伊藤忠华堂综合加工有限公司
46	飞利浦（荷兰）	北京中视联条件接收系统有限公司
47	三洋（日本）	三洋能源（北京）有限公司
48	东芝（日本）	拓普康（北京）科技有限公司
49		北京三广医疗器械有限公司
50	现代（韩国）	北京京东方光电科技有限公司
51	好利获得（意大利）	北京万高宝信息系统工程有限公司
52	日立（日本）	北京日立北工大信息系统有限公司
53	戴姆勒－克莱斯勒（德国）	北京奔驰－戴姆勒·克莱斯勒汽车有限公司
54	三菱汽车（日本）	三菱吉普
55	欧姆龙（日本）	欧姆龙分公司
56	美国应用材料（美国）	美国应用材料公司
57	百胜餐饮集团（美国）	肯德基配送中心
58	DOVER（美国）	奥科电子（北京）有限公司
59		楼氏电子（北京）有限公司
60	汤姆逊（泰雷兹集团）（法国）	北京汤姆逊中信数字技术有限公司
61	ITW（美国）	北京米勒电器制造有限公司
62	百事（美国）	北京 DOLE 食品有限公司
63	普利司通（美国）	北京凡士通空气弹簧有限公司
64	ABB（瑞士）	ABB 高压电器有限公司
65		ABB 低压电器有限公司
66	日本凸版（日本）	北京日邦印刷有限公司
67	博世（德国）	博世汽车检测设备（北京）有限公司
68		博世热力技术（北京）有限公司
69		博世力士乐（北京）液压有限公司
70	铃木（日本）	铃木（中国）投资有限公司
71	乐金电子（韩国）	乐金化学显示器材料有限公司
72	UBS（瑞士）	融瑞资产管理有限公司
73	德意志银行（德国）	德恒资产管理有限公司
74	英国航空（英国）	全鹰国际货运代理有限公司
75	TPG（TNT）（荷兰）	北京天地达快运有限责任公司
76	SK（韩国）	SK（北京）公路科技有限公司
77		爱思开（北京）咨询有限公司

（续表 2）

序号	企业名称	区内投资项目名称
78	SK（韩国）	爱思开（中国）文化创意产业发展有限公司
79		北京电控爱思开科技有限公司
80	卡夫（美国）	卡夫食品有限公司
81	中国石油（中国）	中石油海洋工程技术有限公司
82	敦豪（德国）	敦豪（中国）总部
83	三菱重工（日本）	北京首旅普兰德洗涤有限公司
84		北京三菱重工北人印刷机械有限公司
85	美国国际集团、德意志银行（美国、德国）	融德资产管理有限公司
86	3M(美国)	3M 北京技术中心（分公司）
87	李尔（美国）	北京北汽李尔汽车系统有限公司
88	皇家壳牌石油（英国、荷兰）	壳牌北京研发中心
89	法国里昂证券（法国农业信贷银行）	北京泰德制药有限公司
90	鸿海集团（中国台湾）	富士康精密组件（北京）有限公司
91		富泰京精密电子（北京）有限公司
92	伟创力（德国）	伟创力电源系统（北京）有限公司
93	强生（美国）	大宝化妆品有限公司
94	中冶集团（中国）	中冶京诚工程技术有限公司
95	英特尔（美国）	英特尔移动通信技术（北京）有限公司
96		北京望海康信科技有限公司
97	住友化学（日本）	住化华北电子材料科技（北京）有限公司
98	国家电网公司（中国）	国网信息通信有限公司
99		北京中电飞华通信股份有限公司
100	中航工业集团（中国）	中航技进出口有限公司
101		中航国际北京公司
102		中航凯新（北京）船舶有限公司
103	中信集团（中国）	北京中信新城房地产有限公司
104	沃尔玛（美国）	沃尔玛山姆会员店（亦庄店）
105	中国铝业集团公司（中国）	中铝物资供销有限公司
106	中电信息产业集团（中国）	瑞得盛科技开发有限公司
107	联想控股（中国）	网通宽带网络有限公司
108	中国机械工业集团（中国）	中国国机重工集团有限公司
109	首钢集团（中国）	首钢莫托曼机器人有限公司
110	华润集团（中国香港）	华润医药控股有限公司
111		华润电力燃料（中国）有限公司
112	KDDI 株式会社（日本）	北京亚太中立信息技术有限公司
113	采埃孚（德国）	采埃孚汽车底盘系统（北京）有限公司
114	中国石化（中国）	中国石化长城能源化工有限公司

（续表 3）

序号	企业名称	区内投资项目名称
115	中化集团公司（中国）	纽内姆（北京）种子公司（已计入拜耳公司）
116	旭化成化学株式会社（日本）	蓝星旭化成（北京）节能电解技术有限公司
117	国家开发银行（中国）	华芯投资管理有限责任公司
118		国家集成电路产业投资基金股份有限公司
119		国开新能源科技有限公司
120		国开新城镇（北京）管理咨询有限公司

（开发区投促局提供）

2016 年北京经济技术开发区引进中央企业项目一览表

序号	企业名称
1	航天九院十三所
2	北京中建大成建设发展有限公司
3	华润（北京）电力销售有限公司
4	华润电力投资有限公司华北分公司
5	中国长征火箭有限公司

（开发区投促局提供）

2016 年北京经济技术开发区竣工建设项目一览表

序号	竣工备案日期	项目	建设单位
1	1 月 4 日	208 号锅炉房	北京天坛生物制品股份有限公司
2	1 月 4 日	23# 配套商业楼，4# 人防出入口，3# 人防出入口，10# 人防出入口，人防管理用房，2# 门卫室，3# 地下车库（地下车库 IIB 段及地下车库 I 段），20# 住宅楼，3# 门卫室，2# 人防出入口，19# 住宅楼，21# 住宅楼	北京城建兴华地产有限公司
3	1 月 4 日	18# 住宅楼，4# 地下车库（地下车库 III 段），17# 住宅楼，6# 人防出入口，5# 人防出入口	北京城建兴华地产有限公司
4	1 月 7 日	9# 综合楼（含办公、商业）（（综合服务设施项目（国锐广场））	北京国锐房地产开发有限公司
5	1 月 11 日	5# 住宅楼，2# 住宅楼，4# 住宅楼，3# 住宅楼，1# 住宅楼	北京博大新元房地产开发有限公司
6	1 月 13 日	19# 后勤办公楼，16# 生产研发楼	福美宝（北京）白樟芝科技有限公司
7	1 月 13 日	18# 生产研发楼，17# 生产研发楼，17# 和 18# 地下车库及配套用房	福美宝（北京）白樟芝科技有限公司
8	1 月 15 日	万国数据亦庄数据研发中心装饰装修工程	北京恒普安数码科技发展有限公司

（续表 1）

序号	竣工备案日期	项目	建设单位
9	1 月 22 日	研发中试综合楼（森菲克斯生产研发中心项目）	北京森菲克斯科技开发有限公司
10	1 月 25 日	4# 研发生产楼，1-1# 车间和地下室，1-2# 车间，5# 研发生产楼，3# 综合楼，2# 车间	北京旁沃数控设备有限公司
11	1 月 26 日	零部件车间二，浴室，2# 门卫室，围墙，1# 门卫室，焊装车间，综合楼，零部件车间一	北京海纳川汽车部件股份有限公司
12	1 月 26 日	2# 人防出入口，裙房及共享大厅，A 座写字楼，地下车库及设备用房，1# 人防出入口，B 座写字楼	北京经济技术投资开发总公司
13	1 月 28 日	锅炉房等 6 项	北京经济技术开发区基建办公室
14	1 月 28 日	G9-10# 办公楼，G9-2# 办公楼，G9-1# 办公楼，一期地下室（含员工食堂），G9-12# 综合办公楼，G9-5# 住宅楼，G9-3# 住宅楼，1# 人防出入口	北京亦庄移动硅谷有限公司
15	1 月 29 日	S1# 商业设施及地下室，T1# 办公楼，S2# 商业设施及地下室，T2# 办公楼	大族环球科技股份有限公司
16	1 月 29 日	4# 厂房，1# 宿舍，8# 厂房，6# 厂房，7# 厂房，2# 宿舍，5# 厂房，地下室，3# 厂房	大族环球科技股份有限公司
17	1 月 29 日	T3# 办公楼，T4# 办公楼，S3# 商业设施及地下室	大族环球科技股份有限公司
18	1 月 29 日	9# 厂房，12# 厂房，10# 厂房，13# 厂房，14# 厂房，17# 厂房，11# 厂房，20# 厂房，16# 厂房，15# 厂房，18# 厂房，19# 厂房	大族环球科技股份有限公司
19	1 月 29 日	T6# 办公楼，S4# 商业设施及地下室，T5# 办公楼	大族环球科技股份有限公司
20	2 月 1 日	A 座 /B 座 / 裙房及地下室装饰装修改造	北京经济技术投资开发总公司
21	2 月 1 日	中国工商银行股份有限公司北京市分行开发区支行金地格林小镇网点支行装饰装修项目	中国工商银行股份有限公司北京经济技术开发区支行
22	2 月 1 日	厂房（数字化装备产业化基地项目）	北京泰诚信数字化技术有限公司
23	2 月 2 日	科创六街（经海一路—经海二路）燃气管线	北京北燃港华燃气有限公司
24	2 月 2 日	中压 A 天然气管线经海四路（科创一街—科创三街），中压 A 天然气管线经海四路（科创五街—科创六街）	北京北燃港华燃气有限公司
25	2 月 3 日	3# 楼、4# 楼、5# 楼、6# 楼，8# 楼、9# 楼、10# 楼、11# 楼，7# 楼，1# 楼综合维修工程	北京经济技术投资开发总公司
26	2 月 4 日	朝林国际酒店 C 座三层屋顶局部加建 SPA 功能区（朝林国际酒店项目），朝林国际酒店 C 座	北京朝林置业有限公司
27	4 月 8 日	GIS、测量、PND、研发楼及物联网配套楼，2# 厂房 3# 厂房，GNSS 研发楼，门房，科技试验楼、综合试验楼，人防出入口	合众思壮北斗导航有限公司

（续表 2）

序号	竣工备案日期	项目	建设单位
28	4 月 11 日	6C# 办公楼（综合商务设施项目（国锐广场）），6B# 办公楼（综合服务设施项目（国锐广场））	北京国锐房地产开发有限公司
29	4 月 26 日	门卫室 1，数据中心 2，门卫室 2，水泵房，围墙，数据中心，数据中心 3	北京科信盛彩置业有限公司
30	4 月 26 日	B1 办公楼，B11 办公楼，C0 商业楼，B4 办公楼，B8 办公楼，B9 办公楼，B13 办公楼，办公区域地下车库、设施用房及多功能室，B7 办公楼，B6 办公楼，B12 办公楼，B5 办公楼，B10 办公楼，B14 办公楼，B3 办公楼，B2 办公楼	北京经开工大投资管理有限公司
31	4 月 29 日	7# 住宅楼，2# 住宅楼，10# 住宅楼	北京万瑞房地产开发有限公司
32	4 月 29 日	PT2# 低基变配电室，4# 人防出入口，2# 人防出入口，PT1# 低基变配电室，5# 人防出入口，3# 人防出入口，汽车库，垃圾分类投放站，1# 人防出入口，8# 住宅楼，甲 2# 楼，1# 住宅楼，雨水调蓄池	北京万瑞房地产开发有限公司
33	4 月 29 日	5# 住宅楼，3# 住宅楼，6# 住宅楼	北京万瑞房地产开发有限公司
34	5 月 10 日	6E# 办公楼（综合服务设施项目（国锐广场））	北京国锐房地产开发有限公司
35	5 月 10 日	地下室，试制中心 (3)，观景平台，试制中心 (1)	恺王科技（北京）有限公司
36	5 月 18 日	生产主楼，门卫值班室，围墙	北京三鼎光电仪器有限公司
37	5 月 20 日	2# 进风竖井，F15# 住宅楼，F13# 办公楼，F17# 住宅楼，4# 人防出入口，F3# 住宅楼，6# 人员出入口，F1# 住宅楼，3# 人防出入口，F14# 办公楼，2# 地下车库及附属用房，F10# 商业楼	天通泰文化数码科技园有限公司
38	5 月 27 日	1# 中试楼	北京智飞绿竹生物制药有限公司
39	5 月 31 日	新建测试间	瓦里安医疗设备（中国）有限公司
40	5 月 31 日	围墙，地下室，数据中心（综合楼），南侧排风井	中国电信股份有限公司北京分公司
41	6 月 7 日	一期联合厂房，门卫及控制室	北京北汽李尔汽车系统有限公司
42	6 月 24 日	1# 住宅楼等 25 项（河西区 X86R1 地块二类居住（配建公共租赁住房）项目）（4# 住宅）（北京万瑞）（4# 住宅楼）	北京万瑞房地产开发有限公司
43	7 月 4 日	6A 办公楼（综合服务设施项目（国锐广场））	北京国锐房地产开发有限公司
44	7 月 15 日	3# 教学楼，16# 传达室，18# 传达室、19# 传达室，5# 教学楼，7# 宿舍楼，2# 教学楼，15# 主席台，20# 垃圾房，1# 教学楼，4# 教学楼，10# 宿舍楼，6# 教学楼，17# 传达室，14# 变配电室，21# 垃圾房，11# 宿舍楼，8# 宿舍楼，12# 综合楼，9# 宿舍楼	北京经济技术投资开发总公司

（续表 3）

序号	竣工备案日期	项目	建设单位
45	8 月 3 日	北京农商银行经济技术开发区支行装修项目施工	北京农村商业银行股份有限公司
46	8 月 5 日	博大世通国际物流（北京）有限公司	博大世通国际物流（北京）有限公司
47	8 月 5 日	103# 西区分冻包装车间（含动力中心一）	北京天坛生物制品股份有限公司
48	8 月 5 日	101# 生产厂房等 4 项（除 X67F1 地块围墙）	北京天坛生物制品股份有限公司
49	8 月 5 日	207# 污水处理站等 2 项（207# 污水处理站）	北京天坛生物制品股份有限公司
50	8 月 10 日	综合楼等 3 项（综合楼，门卫室，生产车间）	北京康沃电气有限公司
51	8 月 2 日	1# 生产车间等 7 项具体包括抗体、疫苗、诊断试剂产业化基地项目，东门卫室，综合楼，1# 生产车间，南门卫室，围墙，2# 生产车间	北京义翘神州生物技术有限公司
52	8 月 22 日	中航技易发研发办公室 D 座等 16 项二标段（总部办公楼、商务酒店、研发办公楼 D 座、裙房 3（含商业及职工服务中心）、备件库房、地下车库、设备用房及附属设施Ⅱ区段、人防出入口 1）（备件库房，研发办公楼 D 座，裙房 3（含商业及职工服务中心），人防出入口 1，地下车库、设备用房及附属设施Ⅱ区段，总部办公楼，商务酒店，网架结构屋顶）	中航技易发投资有限公司
53	8 月 25 日	1# 住宅楼等 13 项（路东区 E8R2 开发区产业配套人才公租房项目）（4# 综合楼，2# 人防出入口，疏散出口，6# 住宅楼，1# 住宅楼，1# 人防出入口，地下车库及设备用房，3# 住宅楼，7# 住宅楼，5# 住宅楼，8# 商业楼，2# 住宅楼，门卫室）	北京博大新元房地产开发有限公司
54	8 月 26 日	研发试产运营楼（综合楼）精装修工程	坤鼎（北京）投资发展有限公司
55	9 月 2 日	经济技术开发区支行宏达北咱网点支行装饰装修项目	中国工商银行股份有限公司北京经济技术开发区支行
56	9 月 12 日	4# 人员出入口，3# 人员出入口，C9# 楼（含办公及商业），C3# 楼及 C4# 楼（含办公及商业），C7# 楼（含办公及商业），1# 地下车库及附属用房，C8# 楼（含办公及商业），C6# 楼（含办公及商业），2# 人员出入口，C5# 楼（含办公及商业），1# 人员出入口，C1# 楼及 C2# 楼（含办公及商业）	天通泰文化数码科技园有限公司
57	9 月 12 日	亦庄山姆会员商店改造项目	沃尔玛（北京）商业零售有限公司
58	9 月 29 日	甲 1# 楼，12# 住宅楼	北京万瑞房地产开发有限公司
59	9 月 29 日	燃气锅炉房	北京万瑞房地产开发有限公司

（续表 4）

序号	竣工备案日期	项目	建设单位
60	9 月 29 日	锅炉房	北京义翘神州生物技术有限公司
61	10 月 17 日	综合楼（含食堂、集体宿舍、展厅、研发试验、研发办公室等），门卫室 2，门卫室 1，生产厂房，围墙	森特士兴集团股份有限公司
62	10 月 20 日	A5 住宅楼，A2 住宅楼（含底商），A4 住宅楼，3# 人防出口，A3 住宅楼，住宅区域地下车库（含设备用房及戊类用房），2# 人防出口，4# 人防出口，1# 人防出口，A6 住宅楼，A1 住宅楼（含底商）	北京经开工大投资管理有限公司
63	11 月 4 日	4# 人防出入口、X85－9# 住宅楼、垃圾房、2# 地库出入口、2# 地下车库、X85－7# 住宅楼、X85－3# 住宅楼、5# 人防出入口、X85－8# 住宅楼、X85－5# 住宅楼、6# 人防出入口	北京方兴亦城置业有限公司
64	11 月 4 日	X85－14# 住宅楼、X85－19# 住宅楼、X85－20# 住宅楼	北京方兴亦城置业有限公司
65	11 月 8 日	11# 住宅楼、12# 住宅楼、13# 住宅楼、15# 住宅楼、16# 住宅楼、17# 住宅楼、18# 住宅楼、3# 地下车库、1# 地库出入口、1# 人防出入口、2# 人防出入口、3# 人防出入口、独立商业、接待门厅	北京方兴亦城置业有限公司
66	11 月 10 日	X85－4# 住宅楼（公租房），7# 人防出入口及管理用房	北京方兴亦城置业有限公司
67	11 月 24 日	2# 商业楼，1# 配套公建商业楼，3# 商业楼，4# 商业楼，1# 门卫室，8# 住宅楼	北京博大新元房地产开发有限公司
68	11 月 24 日	1# 配电室，3# 配电室，2# 疏散出口，2# 人防出口，12# 幼儿园，3# 人防出口，5# 住宅楼，6# 人防出口，6# 住宅楼，幼儿园围墙，地下车库及附属设施，2# 门卫室，5# 人防出口，小区围墙，11# 住宅楼，2# 配电室，7# 住宅楼，4# 人防出口，1# 疏散出口，10# 住宅楼，1# 人防出口，9# 住宅楼	北京博大新元房地产开发有限公司
69	11 月 25 日	总部办公楼 A 座，6# 人防出入口，5# 人防出入口，2# 人防出入口，4# 人防出入口，3# 人防出入口，1# 人防出入口，总部办公楼 B 座、C 座	北京京东世纪贸易有限公司
70	11 月 28 日	围墙，B111 门卫室，门卫室，空中连廊，冷库，综合厂房	拜耳医药保健有限公司
71	11 月 29 日	围墙，8# 自用地面加油设备雨棚，1# 生产厂房，7# 门卫室，3a# 试验车怠速及静置实验楼，2# 管理及研发中心大楼，9# 自行车棚，4# 发动机实验楼，6# 门卫室，3b# 综合实验楼，5# 化学品库	北京德尔福万源发动机管理系统有限公司
72	11 月 30 日	生产厂房，食堂及宿舍楼，主门卫室，综合厂房，围墙（透空），辅料库	葆婴有限公司

（续表 5）

序号	竣工备案日期	项目	建设单位
73	12 月 2 日	厂房及配套办公楼（即开型体育彩票生产线建设项目，含废气 VOC 治理工程）	中体彩印务技术有限公司
74	12 月 5 日	B1/B2/B3/B4 地下车库及设备用房，B3 研发办公楼，B1 研发办公楼，B5 研发办公楼，B2 研发办公楼，B4 研发办公楼	北京亦庄京芯园投资发展有限公司
75	12 月 16 日	11# 地下车库（综合服务设施项目（国锐广场））	北京国锐房地产开发有限公司
76	12 月 26 日	中航国际北京航空城 L1# 楼精装修工程	中国航空技术北京有限公司

（开发区建发局提供）

2016 年北京经济技术开发区新开工建设项目一览表

序号	批开工日期	项目	建设单位
1	1 月 5 日	2014 年中国联通北京七区亦庄局外立面改造项目	中国联合网络通信有限公司北京市分公司
2	1 月 12 日	康宁至庆羊 110 千伏电缆线路工程第二标段（国网）	国网北京市电力公司
3	1 月 12 日	康宁至庆羊 110 千伏电缆线路工程第三标段（国网）	国网北京市电力公司
4	1 月 18 日	经济技术开发区支行宏达北路网点支行装饰装修项目（中国工商银行）	中国工商银行股份有限公司北京经济技术开发区支行
5	1 月 18 日	北京农商银行经济技术开发区支行装修项目	北京农村商业银行股份有限公司
6	2 月 1 日	6# 生产研发楼等 5 项（爱普益基因芯片制备及医学检验中心项目）	北京爱普益生物科技有限公司
7	2 月 1 日	冲压车间（410）（新建 MFA 冲压车间项目）、车身储存中心及车间通廊（增建 MFA 车身存储中心及车间通廊项目）	北京奔驰汽车有限公司
8	2 月 3 日	医疗综合楼等 3 项（北京同仁医院经济技术开发区院区扩建工程）	首都医科大学附属北京同仁医院
9	2 月 18 日	展示厅等 1 项（北京亦庄保税物流中心展示厅项目）	博大世通国际物流（北京）有限公司
10	3 月 16 日	康宁至庆羊 110 千伏电缆线路工程第一标段（国网）	国网北京市电力公司
11	3 月 16 日	加建厂房	中国机动车辆安全鉴定检测中心
12	3 月 25 日	T5 商务综合楼等 7 项（A18 地块商务综合体项目）（（T5 商务综合楼、T6 商务综合楼、Q3 共享大厅、C-2 地块轴线 Q47 与 Q48 之间沉降后浇带 ~T67/T7A~T7K、Q31~Q39/Q3H~Q3A、1-T57/T5A~T5L）之间（-1~-3 层）及 1# 地下车库出入口；1# 地下车库人员出入口）	北京亦庄盛元投资开发有限公司
13	3 月 29 日	T8 商务综合楼等 7 项（A18 地块商务综合体项目）	北京亦庄盛元投资开发有限公司

（续表 1）

序号	批开工日期	项目	建设单位
14	3 月 29 日	厂房及配套办公楼（即开型体育彩票生产线建设项目）（含废气 VOC 治理工程）	中体彩印务技术有限公司
15	3 月 29 日	T5 商务综合楼等 7 项（A18 地块商务综合体项目）（（T7 商务综合楼、Q4 商业裙房、C-2 地块轴线 T71~Q47 与 Q48 之间沉降后浇带 /T7A~T7K）之间（-1~-3 层）及 2# 地下车库出入口）	北京亦庄盛元投资开发有限公司
16	3 月 29 日	欧企产业园项目 1# 研发试制楼（欧企产业园项目）	北京坤鼎国际投资有限公司
17	3 月 29 日	欧企产业园项目 2# 研发试制楼（欧企产业园项目）	北京坤鼎国际投资有限公司
18	3 月 29 日	一号楼厂房等 6 项（世纪兴卓科技产业基地项目）及围墙等 3 项（世纪兴卓科技产业基地项目）	北京世纪兴卓科技股份有限公司
19	3 月 31 日	瑞合西一路（融兴街—融兴北三街）新建道路工程	北京经济技术投资开发总公司
20	4 月 8 日	北京亦盛精密半导体有限公司集成电路制造装备及零部件生产项目	北京亦盛精密半导体有限公司
21	4 月 12 日	装配一厂房、装配二厂房和综合厂房改造项目（世界机器人大会永久会址工程）	北京北人印刷设备有限公司
22	4 月 22 日	冲焊车间改造工程	北京奔驰汽车有限公司
23	4 月 22 日	X91-1# 住宅楼等 16 项（北京经济技术开发区河西区 X91R1 地块二类居住——配建公共租赁住房项目）（X91-C2 配套商业、X91-C3 配套商业、接待门厅（物业管理用房））、X91-2# 住宅楼等 25 项（北京经济技术开发区河西区 X91R1 地块二类居住（配建公共租赁住房）项目）（X91-8# 住宅楼、X91-9# 住宅楼、X91-10# 住宅楼、X91-11# 住宅楼、2# 地下车库、3# 人防战时主要出入口、4# 人防战时主要出入口、5# 人防战时主要出入口、6# 人防战时主要出入口）	北京方兴拓赢房地产开发有限公司
24	4 月 22 日	X91-2# 住宅楼等 25 项（北京经济技术开发区河西区 X91R1 地块二类居住——配建公共租赁住房项目）（X91-2# 住宅楼、X91-5# 住宅楼、X91-6# 住宅楼、X91-7# 住宅楼、1# 地下车库、1# 人防战时主要出入口、2# 人防战时主要出入口、1# 人员疏散口）	北京方兴拓赢房地产开发有限公司
25	4 月 22 日	X91-1# 住宅楼等 16 项（北京经济技术开发区河西区 X91R1 地块二类居住（配建公共租赁住房）项目）（X91-V1# 住宅楼、X91-V2# 住宅楼、3# 地下车库）	北京方兴拓赢房地产开发有限公司
26	4 月 22 日	瑞合西一路（亦驰街—融兴街）新建道路工程	北京经济技术投资开发总公司
27	4 月 22 日	瑞合东一路（融兴街—融兴北三街）新建道路工程	北京经济技术投资开发总公司

（续表 2）

序号	批开工日期	项目	建设单位
28	4 月 25 日	亦庄山姆会员商店改造项目	沃尔玛（北京）商业零售有限公司
29	5 月 6 日	光磁混合架构大数据云存储研发应用中心项目	中经云数据存储科技（北京）有限公司
30	5 月 12 日	西环北路（北环西路—荣京西街）道路改造工程第一标段	北京经济技术开发区基建办公室
31	5 月 18 日	融兴北三街（三海子东路—瑞合路）新建道路工程	北京经济技术投资开发总公司
32	5 月 18 日	西环北路（北环西路—荣京西街）道路改造工程第二标段	北京经济技术开发区基建办公室
33	5 月 18 日	电商成品库房——天语 3G 手机总装厂（一期项目）	科泰乐讯（北京）通信设备有限公司
34	5 月 20 日	A 栋软件研发生产楼等 9 项（久其软件研发项目）	北京久其政务软件股份有限公司
35	5 月 24 日	揖斐电一工厂生产厂房一层 M-SAP 区域装修工程项目	揖斐电电子（北京）有限公司
36	6 月 1 日	检测及配套中心（数字电视产业园配套 LED 封装厂项目）	京东贝（北京）光电科技有限公司
37	6 月 1 日	G9-3# 住宅楼等 2 项及 G9-1# 研发办公楼等 6 项（移动硅谷创新中心项目）精装修 1 标段（亦庄移动硅谷）	北京亦庄移动硅谷有限公司
38	6 月 1 日	G9-3# 住宅楼等 2 项及 G9-1# 研发办公楼等 6 项（移动硅谷创新中心项目）精装修 2 标段（亦庄移动硅谷）	北京亦庄移动硅谷有限公司
39	6 月 1 日	G9-3# 住宅楼等 2 项及 G9-1# 研发办公楼等 6 项（移动硅谷创新中心项目）精装修 3 标段（亦庄移动硅谷）	北京亦庄移动硅谷有限公司
40	6 月 1 日	北京经济技术开发区东环路（荣京东街—兴业街）道路改造工程第三标段	北京经济技术开发区基建办公室
41	6 月 6 日	陆道培血液病研究院项目房屋装修建设工程	北京陆道培血液病研究院有限公司
42	6 月 14 日	1# 研发实验楼等 9 项（国盛高新科技工业园）	北京博大国盛投资有限公司
43	6 月 14 日	经海一路（科创六街—东渠路）道路改造工程第一标段	北京经济技术开发区基建办公室
44	6 月 14 日	经海一路（科创六街—东渠路）道路改造工程第二标段	北京经济技术开发区基建办公室
45	6 月 14 日	经海一路（科创六街—东渠路）道路改造工程第三标段	北京经济技术开发区基建办公室
46	6 月 14 日	北京经济技术开发区东环路（荣京东街—兴业街）道路改造工程第二标段	北京经济技术开发区基建办公室
47	6 月 14 日	北京经济技术开发区东环路（荣京东街—兴业街）道路改造工程第四标段	北京经济技术开发区基建办公室
48	6 月 29 日	融兴南三街（三海子东路—瑞合路）新建道路工程	北京经济技术投资开发总公司
49	7 月 4 日	北京经济技术开发区东环路（荣京东街—兴业街）道路改造工程第一标段	北京经济技术开发区基建办公室

（续表 3）

序号	批开工日期	项目	建设单位
50	7 月 6 日	屋顶增建新产品检测室（新产品检测室增建项目）	中国家用电器研究院
51	7 月 25 日	厂房等 3 项（微电子装备扩产项目）	北京北方微电子基地设备工艺研究中心有限责任公司
52	7 月 27 日	主厂房等 2 项（新一代微创手术用人工关节生产项目）及围墙（新一代微创手术用人工关节生产项目）	吉恩兴业科技（北京）有限公司
53	8 月 3 日	A 区综合楼等 3 项（北京数字电视产业园配套服务中心建设项目）	北京亦庄数字显示产业管理有限公司
54	8 月 3 日	C 区综合楼等 3 项（北京数字电视产业园配套服务中心建设项目）	
55	8 月 3 日	中航国际北京航空城项目 L1 号楼精装修工程	中国航空技术北京有限公司
56	8 月 11 日	荣京西街（西环中路—荣华中路）道路改造工程第二标段	北京经济技术开发区基建办公室
57	8 月 11 日	西环北路（北环西路—荣京西街）(K1+510—K2+043.17) 及荣京西街（西环中路—荣华中路）（起点 K0+22.77~K0+251.19）道路改造工程	北京经济技术开发区基建办公室
58	8 月 11 日	焊装车间三（420/0，420/1）（MFA（奔驰前驱车型）项目）（二次）	北京奔驰汽车有限公司
59	8 月 17 日	北京经济技术开发区巡防大队驻地工程第一标段（1# 业务楼、警卫室、围墙）	北京经济技术开发区基建办公室
60	8 月 19 日	北京经济技术开发区巡防大队驻地工程第二标段 (2# 备勤宿舍楼）及体育中心改造工程	北京经济技术开发区基建办公室
61	8 月 19 日	21# 楼等 15 项（X13R2 地块居住项目）	北京首开住总房地产开发有限公司
62	8 月 19 日	6# 楼等 18 项（X13R2 地块居住项目）	
63	8 月 31 日	盈成泰 A 栋研发生产楼（样品组装中心）等 7 项	北京盈成泰科技有限公司
64	8 月 31 日	中献拓方办公楼及厂房外墙装修	北京中献拓方科技发展有限公司
65	9 月 7 日	荣京西街（西环中路—荣华中路）道路改造工程第一标段	北京经济技术开发区基建办公室
66	9 月 7 日	晶片加工车间等 2 项	中科晶电信息材料（北京）有限公司
67	9 月 12 日	C1 办公楼（首层为商业）等 7 项（数码科技园）（C3 办公楼及配套商业办公楼、C4 办公楼及配套商业办公楼、R2 人防出入口）、DX1 地下车库、员工餐厅、餐厅、设备用房及人防通道等 2 项（数码科技园）（DX2 地下车库、超市、员工餐厅、设备用房及人防通道项目）	北京经开工大投资管理有限公司
68	9 月 12 日	C1 办公楼（首层为商业）等 7 项（数码科技园）（C1 办公楼（首层为商业）、C2 办公楼（首层为商业）、R1 人防出入口）、DX1 地下车库、员工餐厅、餐厅、设备用房及人防通道等 2 项（数码科技园）（DX1 地下车库、员工餐厅、餐厅、设备用房及人防通道项目）	北京经开工大投资管理有限公司

（续表 4）

序号	批开工日期	项目	建设单位
69	10 月 13 日	生产研发综合楼（集成电路生产厂房建设项目）	中芯北方集成电路制造（北京）有限公司
70	10 月 18 日	厂房（车间夹层改造项目）	北京通用电气华伦医疗设备有限公司
71	10 月 21 日	融兴南二街（三海子东路—瑞合路）新建道路工程	北京经济技术投资开发总公司
72	10 月 28 日	开发区荣华路改造工程 1 标段	北京经济技术开发区基建办公室
73	10 月 28 日	开发区文化园路道路改造工程	北京经济技术开发区基建办公室
74	11 月 2 日	天然气管线拆改工程（奔驰前驱车项目二期用地开发项目天然气管线拆改项目）	北京华油联合燃气开发有限公司
75	11 月 14 日	1# 厂房等 4 项（药品信息化智能管控系统和导航经颅磁刺激医学治疗系统产业化项目）	北京华兴长泰物联网技术研究院有限责任公司
76	11 月 18 日	科创五街（经海一路—经海路）道路改造工程第一标段（0~K0+680）	北京经济技术开发区基建办公室
77	11 月 18 日	科创五街（经海一路—经海路）道路改造工程第二标段（K0+680~K1+280.58）及 X13、27−2 号区间路市政工程	北京经济技术开发区基建办公室
78	11 月 18 日	开发区荣华路改造工程 2 标段	北京经济技术开发区基建办公室
79	12 月 12 日	主厂房（全国结算中心、智慧数据银行服务中心及智能数据分析网关生产项目）	北京恒普安数码科技发展有限公司
80	12 月 30 日	中试楼（数字电视产业园配套 LED 封装厂项目）	京东贝（北京）光电科技有限公司

（开发区建发局提供）

2016 年两区认定公共技术服务平台一览表

序号	平台名称	承担单位
1	博奥晶典分子检测研究与应用公共服务平台	北京博奥晶典生物技术有限公司
2	智能终端产品检测平台	北京神州腾耀通信技术有限公司
3	重组病毒样颗粒疫苗制备公共技术服务平台	北京康乐卫士生物技术股份有限公司
4	微流控诊断公共服务平台	德诺杰亿（北京）生物科技有限公司
5	集成电路设计 IP 公共服务平台	灿芯创智微电子技术（北京）有限公司
6	创新药及仿制药一致性评价公共技术服务平台	北京悦康科创医药科技有限公司
7	重组蛋白药物及单抗药物中试服务平台	北京亦庄国际蛋白药物技术有限公司
8	智能制造计量检测公共服务平台	广电计量检测（北京）有限公司
9	细胞表达工艺技术平台	北京亦庄国际生物医药科技有限公司
10	电生理药物筛选服务平台	北京爱思益普生物科技股份有限公司
11	生物制造公共服务平台	北京凯泰新世纪生物技术有限公司

（开发区科技局提供）

2016 年开发区认定产业技术（知识产权）创新战略联盟一览表	
序号	名称
1	中关村天合宽禁带半导体技术创新联盟
2	北京亦创知识产权产业联盟

（开发区科技局提供）

2016 年两区认定企业研发机构一览表	
序号	企业名称
1	北京奥一新源科技股份有限公司
2	东方晶源微电子科技（北京）有限公司
3	北京日新达能技术有限公司
4	北京卡达克数据技术中心
5	北京奥腾岩石科技有限公司
6	北京天云融创软件技术有限公司
7	北京通力盛达节能设备股份有限公司
8	北京华进创威电子有限公司
9	北京晨飞雁通讯技术有限公司
10	中泰德信（北京）档案管理有限公司
11	北京逸群工程咨询有限公司
12	北京金雨科创自动化技术股份有限公司
13	北京斯利安药业有限公司
14	北京艾德摩生物技术有限公司
15	北京天坛生物制品股份有限公司
16	北京爱思益普生物科技股份有限公司
17	北京绿恒科技有限公司
18	中航高科智能测控有限公司
19	北京天云动力科技有限公司（大兴）
20	北京奇步自动化控制设备有限公司（大兴）
21	北京华科仪科技股份有限公司（大兴）
22	北京联众泰克科技有限公司（大兴）
23	北京阳光鸿志电气工程技术有限公司（大兴）
24	北京振利节能环保科技股份有限公司（大兴）

（开发区科技局提供）

2016 年德勤—亦庄高科技、高成长 20 强企业一览表	
序号	企业名称
1	北京博奥晶典生物技术有限公司
2	北京中电科电子装备有限公司
3	北京天诚同创电气有限公司
4	舒泰神（北京）生物制药股份有限公司
5	安诺优达基因科技（北京）有限公司
6	悦康药业集团有限公司
7	北京智飞绿竹生物制药有限公司
8	北京和利康源医疗科技有限公司
9	北京三盈联合石油技术有限公司
10	北京汉氏联合生物技术股份有限公司
11	北京金风科创风电设备有限公司
12	北京星昊医药股份有限公司
13	北京京运通科技股份有限公司
14	北京德鑫泉物联网科技股份有限公司
15	酒仙网电子商务股份有限公司
16	北京赛升药业股份有限公司
17	北京航天万源科技公司
18	远东正大检验集团有限公司
19	北京华测北方检测技术有限公司
20	北京博大网信科技发展有限公司

（开发区科技局提供）

2016 年德勤—亦庄高科技、高成长 20 强明日之星企业一览表	
序号	企业名称
1	北京通泰信诚科技有限公司
2	北京锐洁机器人科技有限公司
3	北京智象信息技术有限公司
4	聚束科技（北京）有限公司
5	东方博盾（北京）科技有限公司
6	北京中科紫鑫科技有限公司

（开发区科技局提供）

2016年北京经济技术开发区领导一览表

姓名	单位名称	职务	备注
李长友	中共北京市大兴区委	书　记	2月免
	中共北京市委经济技术开发区工委	书　记	2月免
谈绪祥	中共北京市大兴区委	副书记	2月免
	北京市大兴区人民政府	区　长	4月免
	中共北京市委经济技术开发区工委	副书记	2月免
	中共北京市大兴区委	书　记	2月任
	中共北京市委经济技术开发区工委	书　记	2月任
崔志成	中共北京市大兴区委	副书记	4月任
	北京市大兴区人民政府	代区长	4月任
	北京市大兴区人民政府	区　长	12月任
	中共北京市委经济技术开发区工委	副书记	4月任
梁　胜	中共北京市大兴区委	副书记	12月免
	北京市大兴区人民政府	副区长	12月免
	中共北京市委经济技术开发区工委	副书记	
	北京经济技术开发区管委会	主　任	
贲　勇	中共北京市委经济技术开发区工委	工委委员（正局级）	1月免
高言杰	中共北京市委经济技术开发区工委	委　员	
	中共北京市委经济技术开发区工委	副书记	
王敬东	中共北京市委经济技术开发区工委	委　员	
	中共北京经济技术开发区纪工委	书　记	
王合生	中共北京市大兴区委	常　委	
	中共北京市委经济技术开发区工委	委　员	
	北京经济技术开发区管委会	副主任	
绳立成	中共北京市委经济技术开发区工委	委　员	
	北京经济技术开发区管委会	副主任	
王杰群	中共北京市委经济技术开发区工委	委　员	
	中共北京市委经济技术开发区工委组织部	部　长	
袁立洪	中共北京市委经济技术开发区工委	委　员	
	北京经济技术开发区管委会	副主任	
赵雅娟	中共北京市委经济技术开发区工委	委　员	
	中共北京市委经济技术开发区工委宣传部	部　长	
陈小男	中共北京市委经济技术开发区工委	委　员	
	北京经济技术开发区管委会	副主任	
沈永刚	中共北京市委经济技术开发区工委	委　员	
	北京经济技术开发区管委会	副主任	
张凤民	北京经济技术开发区总工会	主　席	

（开发区组织部提供）

2016 年北京经济技术投资开发总公司领导一览表

姓名	单位名称	职务	备注
白　文	北京经济技术投资开发总公司党委	书　记	
	北京经济技术投资开发总公司	经　理	
罗伯明	北京经济技术投资开发总公司	副经理	
韩洪英	北京经济技术投资开发总公司党委	副书记	
	北京经济技术投资开发总公司纪委	书　记	
芦永忠	北京经济技术投资开发总公司	副经理	
	北京亦庄国际投资发展有限公司	董事长（兼）	
郭广庆	北京经济技术投资开发总公司	副经理	
卢自锋	北京经济技术投资开发总公司	副经理	

（开发区组织部提供）

2016 年驻北京经济技术开发区职能局负责人一览表

姓名	单位名称	职务	备注
朱学增	北京市工商行政管理局经济技术开发区分局	局　长	
田　建	北京经济技术开发区国税局	局　长	
丁锦宁	北京市地方税务局开发区分局	党组书记、局长	
青海涛	中华人民共和国北京经济技术开发区海关	关　长	12 月任
朱卫文		副关长	
张瑞宏	北京经济技术开发区出入境检验检疫局	党组书记、局长	
邹燕平	北京市公安局经济技术开发区分局	局　长	
韩志涌	北京市公安局公安交通管理局开发区交通大队	大队长	
徐　群	北京经济技术开发区公安消防支队	支队长	
唐庆军	北京市食品药品监督管理局经济技术开发区分局	局　长	
高增波	北京市质量技术监督局北京经济技术开发区分局	局　长	1 月任
肖建鹏		副局长	3 月任
任　斌	北京经济技术开发区经济社会调查队	队　长	
齐宝成	北京市大兴区人民检察院经济技术开发区检察处	处　长	9 月免
陈一娜		主任、检察官	9 月任
李宝才	北京市大兴区人民法院经济技术开发区人民法庭	庭　长	

主题词索引

北京经济技术开发区年鉴2017
BEIJING ECONOMIC-TECHNOLOGICAL DEVELOPMENT
AREA YEARBOOK

索引说明

本索引采取主题索引也称内容分析索引法编纂。主题词以《北京经济技术开发区年鉴（2017）》正文中出现的专业名词、名词词组为主。

本索引按汉语拼音音序排列，汉字打头的标目按首字的音序音调依次排列，首字相同时，则以第二字排序，依此类推；以英文字母打头的主题词，列于其前；以阿拉伯数字打头的主题词，排在最前面。

索引词条后的阿拉伯数字表示内容所在的页码，数字后的英文字母（a、b）表示正文中的栏别（从左至右）。

同一主题的内容在文中多处出现的，在索引中按页码顺序依次列出。

本刊的区情概况、特载、文件选载、大事记、统计资料、附录栏目内容不在索引范围内。

0～9

A

B

C

D

E

F

K

L

M

X

Z

北京经济技术开发区年鉴编辑部

电　　话　(010)67887287　67887137　67880343
传　　真　(010)67887287
电子邮箱　bdaqzb@163.com
网　　址　www.bda.gov.cn
通讯地址　北京经济技术开发区荣华中路15号
邮　　编　100176

bdayearbook
（微信）

http://bdaqzb.bda.gov.cn/
（网址）